戴晴

在如來佛掌中 【增訂版】

張東蓀和他的時代

香港中文大學出版社

《在如來佛掌中 ——張東蓀和他的時代》(增訂版)
戴晴 著

© 香港中文大學 2009, 2022

本書版權為香港中文大學所有。除獲香港中文大學
書面允許外，不得在任何地區，以任何方式，任何
文字翻印、仿製或轉載本書文字或圖表。

國際統一書號 (ISBN)：978-988-237-009-8

出版：香港中文大學出版社
　　　香港 新界 沙田 · 香港中文大學
　　　傳真：+852 2603 7355
　　　電郵：cup@cuhk.edu.hk
　　　網址：cup.cuhk.edu.hk

In the Palm of the Buddha's Hand: Zhang Dongsun and His Era
(Revised edition, in Chinese)
By Dai Qing

© The Chinese University of Hong Kong 2009, 2022
All Rights Reserved.

ISBN: 978-988-237-009-8

Published by The Chinese University of Hong Kong Press
The Chinese University of Hong Kong
Sha Tin, N.T., Hong Kong
Fax: +852 2603 7355
Email: cup@cuhk.edu.hk
Website: cup.cuhk.edu.hk

Printed in Hong Kong

目 錄

為什麼要書寫張東蓀？

哲學家與當代中國的未竟之路

陳冠中

　　思想家介入政治卻以政治行為成為歷史人物的大概為數不算多。思想性歷史人物的幽靈，能夠有資格在後人反思往事的時刻縈繞徘徊在歷史論述的結界上的，就更少有了。

　　他和她參與了歷史，卻不一定是歷史演變的直接推動者，更不必是得益者或犧牲者。他們遺留給後人的，往往是其政治行為對隱蔽歷史的去蔽以至對史識的開示，這是兩種珍貴的歷史禮物。公侯將相與政治大人物的歷史，大多只是成王敗寇的故事，存在的就好像是必然的，遮蔽着偶然性以及彼時彼刻的實相和並時共存的變易轉軌能量。然而歷史上也曾出現這樣的人物，他們有意識的思想主張加上適時的政治行為，雖驟然看去似無用於改變順序史實，但卻能助我們洞悉窺見某些關鍵時刻——充滿可變性的特殊日子——所孕育可分娩的不同歷史果實，或曰多樣的歷史可能性，令有識者慨歎：本該如此，惜失諸交臂！

　　晚年 (中美恢復交往的上世紀七十年代初) 曾說「還是我對」的張東蓀，就是一個頗接近這種理想境界的思想性歷史人物。他經過思想洗練的政治行為，助我們看到歷史轉折時刻潛在的路徑與選項，以我們的後見之明，可以說他的遭遇揭示了當代中國未竟之路、錯過的機會。

在張東蓀有所作為的人生時段，劃時代的中國政治「重大事件」，如果從清帝遜位、民國草創算起，當數國民黨二次革命、倒袁、五四、北伐、清黨、訓政、日寇侵華、國共反復和戰以至共產黨在大陸軍事勝利奪權的頭幾年。在這些重大事件中張東蓀都沒有缺席，幾乎是無役不與，屢屢發出一士諤諤的批評之聲，並經常以思想學理為指引，做出特立獨行的政治行為。

張東蓀在上世紀上半葉的中國思想與政治宗譜裏佔有特殊關鍵的位置，但卻不成比例地鮮少得到中外學界的關注，在上世紀八九十年代，內地有過兩三本專著，台灣也只出版過兩三本，另外就是討論張東蓀認識論的學術文章。故此戴晴的《在如來佛掌中：張東蓀和他的時代》2009年在香港出版是重要的補足，可以說戴晴嘗試以一書之力喚起華文政治思想界對張東蓀的凝視。

我和戴晴是在1992年認識的，回想我大約在2007年得知她正在花大力氣撰寫張東蓀評傳時，不無驚訝。她關注的重大議題甚多，在寫過王實味、梁漱溟、儲安平之後，這次是在撰寫張東蓀的專著！

戴晴無疑是個擅於挖掘資料、究根問底的調查型作家，她博覽群書，閱歷不凡，對黨史與當代政治尤其熟悉，然而書寫帶有哲學家身份的張東蓀，坡度是很高的。後來我有機會重覆多次參閱了她這本著作，還看了第二版的修正部分。書中從多年鍥而不捨、明查暗訪、機緣巧拾的獨家報料，到調動羅列的大量史料、抽絲剝繭的論述鋪陳、不吐不快的按語旁徵、不吝大膽假設的史見叩問，在在都能顯示出這是作者嘔心瀝血的力作。現在，讀者終於可以在較整全的文本基礎上談論張東蓀在這個大時代的意義。

如是我感到這是戴晴決心撰寫此書的原動力：張東蓀一生的言行，恰是一個時代的解讀鑰匙，將已被遮蔽的一脈進路再現出來，添加人們瞭解當代中國的維度，改變人們對那段歷史的尋常定見。換句話說，正如書的副題，戴晴透過書寫張東蓀，進一步闡釋說明了張東蓀所處的年代，也即是戴晴自己一直在印證反詰的時代。這正是我在上文所說的思想性歷史人物的言行對歷史的去蔽、對史識的開示作用的體現。

我也贊同戴晴在書中把篇幅集中於張東蓀在特定歷史處境下的政治言行，而不是他對哲學的洞見 —— 那應是當代哲學思想史的另外課題。張東蓀壯年時期除辦報、辦學、寫時評、斷續參政組黨外，他還是學院的哲學教授。在上世紀三十年代他曾頗全面地撰文著書引介各種類別的西方哲學，被認為是「中國近代哲學底系統建立人」以及「中國新唯心論領袖」(張東蓀不接受自己是新唯心論者這個標籤)。在大乘佛教空論、易經、道家和華文的根底上，他用功於康德、斯賓諾莎、詹姆斯、彌爾、羅素、懷德海、杜威、柏格森、翁德、曼海姆以至「唯用論」(實用主義)的希勒等的學說，進出認識論、邏輯學、知識社會學等西方範疇，提出了「泛架構主義宇宙觀」、「多元認識論」、華夏思維的「兩元相關律名學」等兼及中西語言、邏輯、文化、認識論與認知間互相關連的獨創見解，開拓力度可與日本哲學京都學派相比。我覺得張東蓀當年在哲學上的實際成就，已超過他自己曾說的哲學在中國「夠不上言創造，只要好好地介紹就行了」。但在當時中國除了政黨盟友兼推介柏格森的張君勱外，張東蓀在哲學尤其是認識論上幾無同道，反而只有論敵如金岳霖、賀麟、胡適、熊十力、馮友蘭以至唯物論者。近年，一些比較哲學和中國哲學史的研究者對他的相關律名學、多元結構認識論、知識文化學和中西哲理分立並置的進路有了較高的評價，相信張東蓀在世界比較哲學和中國當代哲學的先行地位將來會得到更多肯定(見文末「2021年張東蓀哲學成就補註」)。

如果世途順坦，張東蓀得以自由問學，他在1940年代中後至1973年逝世前是應該會在哲學研究上與時俱進而且具備自成一大家之言的潛力。但在個人被長期專政的惡劣情況下，他在1950年發表最後三篇哲學文章後，再沒有機會和心力在自己開拓的多元結構認識論體系的基礎上作出發展。張東蓀晚年曾撰詩五十首(現僅存四十六首)，詠頌四十多個西方哲學史上之古今大家與流派，仿效佛家義諦入詩，以四句七絕二十八個字分別總結評點各哲人哲派的思髓，可見他對各家之言始終一貫思之念之，有着做學問者千山過後的通達領會，但再不可能有像1950年前的具有哲學史格式意義的突破性體系建樹。

　　哲學研究之外，我認為他的政論、政治主張，以及各種非純學術性的社會文化歷史思想著述包括「社會主義論戰」、「唯物辯證法論戰」等筆戰，皆值得大家好好地讀得通透一點。就現實國情而言，到四十年代中他從日本侵略者牢中九死一生出來後，除了整理三十、四十年代初已動筆的書寫以結集出版外，為了應付那幾年時局巨變，涉政之外，剩下的精力他也只可能用在推動、論證政治哲學和政治經濟學理念。1949年初他帶到西柏坡，可能還想藉贈書以影響毛澤東的，就是他「最不滿意」的最後一本著作《民主主義與社會主義》的增訂四版。

　　至於他以學理與實證經驗為依據的政治主張，現在一般可統稱為社會民主主義的自由主義。這是四九年前中國自由主義者的主流。由抗戰到四九年前後，知識界有的親蘇，有的親美，有的主張「兼善美蘇」的協和外交，張東蓀是後者。在經濟政策上，這階段的政治自由主義者，有的認可張東蓀所言的「以增產而求平均」的福利式混合經濟的國家「發展主義」，也有的改為接受蘇式計劃經濟，張東蓀本屬前者，但也一度受後者吸引。政治上，他們反內戰，反對一黨專制獨裁，主張權力制衡、憲政法治、多黨民主、階級調和、軍隊國家化，以及保障各種民權包括表達自由。

　　他們最接近實現理想的歷史契機，是在四五年抗戰勝利後到四六年初的全國政治協商會議前後。這個期間國民黨、共產黨、民主黨派和無黨派人士共同製訂了堪稱「中間路線」的施政綱領（即和平建國綱領），若循初衷，還會推展至國民大會制憲和成立聯合政府。這一切在當時並不是空想，而是抗戰後，和平中國的最佳政治選項。這也是張東蓀和許多同志一生等待的時刻，可惜事與願違。後來的流行說法是「第三條道路中間路線注定是走不通的」，但這只是當權者的成王敗寇邏輯與偽科學的歷史決定論影響下的人云亦云的後設見解，當年何來「注定」？試問四九年前的政治主張，又有哪一種是後來注定走得通的呢？若說中間路線與國民黨的主張走不通，共產黨人在抗戰中期提出的新民主主義與勝利初至四九年的共同綱領，不也與執政後不久的面貌大異其趣，不也都可以說當時這些甚得人心並有助共產黨順利當政的主張是走不通的嗎？到結束文革以至改革開放，又等

於承認毛澤東執政的前三十年道路是走不通的！既然都走不通，那麼為什麼後來只突出強調說第三條道路是走不通的呢？是不是因為還有一句前置的潛台詞：雖然這條道路比其他道路更有利於國家民族卻不利於中共黨的領導？

如果——有說歷史沒有如果，但歷史識見的建立卻離不開如果，否則只剩下上文說過的成王敗寇，何來歷史開示？——如果多黨民主、混合經濟、協和美蘇的中間路線聯合政府在彼時彼刻的中國落實，就是說，如果國民黨以國家為重，遵守「政治民主化」、「黨派平等合法」、「用政治方法解決政治糾紛，以保持國家之和平發展」等承諾，結束訓政，啟動憲政，而在此同時，如果中國共產黨願意像二戰後擁有武裝力量的法國共產黨和意大利共產黨一樣參與並依循多黨普選議會民主制的民國法統，奉行軍隊國家化，那麼抗戰後的中國歷史就要改寫，就國家的此後發展而言，不難想像將會比現實裏的血腥內戰和共產黨建政後厲行階級鬥爭的頭三十年為好。

張東蓀在1973年死於文革獄中。之前幾年，一度的同志張君勱，以多年知交身份，在美洲發表了一篇張東蓀至死看不到的〈東蓀先生八十壽序〉，稱身在虎口的張東蓀是「視自由民主過生命者」，可謂是知張東蓀者。但張君勱跟着說張東蓀「而乃獨欲周旋極權淫威之下，冀或遂願生平，何殊與虎謀皮」則言不及義，有貶損張東蓀之嫌。

張東蓀在四六年後既不願意與國民黨共謀，也沒有如在香港的民盟左翼般倒向共產黨，甚至不像在上海的其他民盟頭面人物般顧盼。他重視思想原則勝過生命，想的是人在北平該做的事、能做的事。避免北平毀於戰火是當仁不讓的要務，勸阻中共不要與美國為敵是關乎國運的大事。

據戴晴書中披露的細節，張東蓀曾以「話不投機」、「非常失望」來談論他四九年一月西柏坡之行，大概就是因為當時毛澤東業已決定一面倒親蘇。那年春夏，他在北平「無精打彩」，沒有隨着才剛北上回歸的民盟中人積極營謀用事，而民盟一些頭面人物似也已開始冷待他。張東蓀更對自己在新政權裏的角色頭銜以及在新民盟的職位沒有希求，如葉篤義說：「他對政府和國家中的名位都無所謂，而想的

是可能變天和第三次世界大戰。」共產黨執政不久，名動一時的各大知識分子紛紛響應號召自我改造，張東蓀還是不肯撰文自斥，以至有友人擔心「怕他消極態度惹起黨的不滿」，亦已有人批評他「在新民主主義的國家中不積極」。到五二年底，他就成了共產黨執政下第一個被治罪的重量級知識分子兼民主黨派人士。後來官方公開資料更說早在五一年就已密定了他特務分子叛國罪，受整時間遠比其他民主人士早，此後至死除了闔家被迫害外，他不曾再有政治作為了。

要記得張東蓀本來就是住在北平的，四九年留下沒有出逃也是自願的，但若就此在一篇有蓋棺定論用意的賀壽文章中，月旦一個一生無役不與的特立獨行者「獨欲周旋極權淫威之下」以至「何殊與虎謀皮」，實有失公允。

如果說張東蓀對共產黨有任何幻想的話，那就是他雖然一生都不認同共產主義的政治理念，但仍然認為假如中國共產黨執政，為了國家建設，應該還是會珍惜人材，讓大家在不同位子上為國家作出貢獻的。在這點上，他看錯了毛澤東與他的中國共產黨。張東蓀四九年已經冷淡面對新政權，不過大概也沒有想到共產黨會這麼容易撕毀該黨從四五年一直到四九年都在信誓旦旦主張的共同綱領，哪怕是四九年那一版已經染了紅色的共同綱領。他和他同代知識分子恐怕都不曾預見這個號稱新民主主義的政權這麼快就變質變臉，預示着其後二十多年的狂風驟雨。

張東蓀從西柏坡之行開始的失望情緒，極可能延續貫穿着他也有參加的一次投票選舉，即1949年9月30日在北京召開的，中國人民政治協商會議第一屆全體會議的中央人民政府主席選舉。

但主席的選票「少了一票」與他有關嗎？張東蓀自己終其一生，對此次投票是沒有任何表示的。至於後來竟以「出賣情報」的「叛國罪行」來整治這位知識界和民主黨派的代表人物，震攝效果不可謂不強大，然其理據過程以今日來檢視仍是甚不可解。在這個有太多不可告人秘密的國度，期待當權者坦誠公佈真相怕是緣木求魚。戴晴以一己之能、竭盡全力去查證，在書中提供了稍縱即逝、得之不易的間接證據，結合有關人物的性格分析、因果推測、黨的潛規則與一貫

作派，小心求證已知的官方材料，大膽假設並鎖定上述二事的關聯，以質問鄧小平為什麼在1979年仍批示張東蓀案不予翻案。此書能夠有如此揭示，在現實條件下已實在難能可貴，也替未來有心的歷史史實尋找者留下了重要線索。固然，上述二事在世人不知何年月才能看到解密檔案（如果檔案在也沒有被竄改）或權威知情者（如果還在世或有留言）道出真相之前，恐怕只能一直是懸案。

　　有所不為的同時，擇善固執地讓「對」的主張、「對」的行為，無畏地在公共領域呈現出來，而不是隱藏在心中或只是私下發牢騷，這樣獨立人格的先賢，就算不是所有讀書人敢於學習的榜樣，也應是令人心儀和受到肯定的。《在如來佛掌中：張東蓀和他的時代》一書以豐富多姿的評述替張東蓀和他的時代樹立了一個立體的造像，也還了張東蓀一個公道。這位受到知識界冷落多年的歷史性思想人物，近年在各方學者的努力下，終於回到二十世紀中國最重要知識分子的殿堂了。

2021年張東蓀哲學成就補註：

　　2015年我的「另類歷史」小說《建豐二年：新中國烏有史》有一章是假想張東蓀與妻在1949年避共去了香港直到1973年逝世，度過了另外一種哲學人生。老朋友戴晴（及張東蓀的孫輩後人）看了此小說，想到請我替她力作的張東蓀評傳增訂版寫序，這是緣起。然後在2016年底台北的中國現代文學學會年會的閉幕演講上，我講了「一種華文：各表、同表、共生」，再提出「……上世紀三十年代，哲學家張東蓀就研究形聲文字、華漢邏輯與華人認知之間的關連……這裏要強調的是華文的特性絕不能與語音中心的文字混為一談」。當時我依據的是張東蓀1940年在日控北平完稿但要到勝利後的1946年才出版的《知識與文化》一書及其幾篇附錄文章（包括1938年初寫的「思想言語與文化」），以及僅有的左玉河、張耀南的專著，加上陳榮捷、張汝倫、姜新豔、葉其忠和漢學家羅亞娜的論介，知悉張東蓀曾在那個階段嘗試解釋華漢民族特有的「心思」和他「對中國人所用的名學姑妄名之」的「兩元相關律名學」，並以這種受「象形文字」（形聲文字、

表意文字）影響的華漢名學，來反差從亞里士多德「同一律」邏輯隨變出來的「西方人思想」。張東蓀說：「我始終主張西方人的思想離不了亞氏名學的支配……我可敢斷言：中國人的心思根本上是『非亞里斯多德的』。」又說：「中國文字是象形文字，這一點不僅影響及於中國人的言語構造並且影響及於中國人的思想（即哲學思想）。」在我替戴晴的巨著寫完序言後的幾年間，張東蓀的結構認識論、知識文化學、中西語言和名學比較和中西哲學分立並置的主張皆得到更多注意，羅亞娜、姜新豔、葉其忠、張耀南都有較新的或我之前沒讀到的著述，更肯定了張東蓀在中國當代哲學甚至世界比較哲學的獨特地位，且不說國內外一些研究張東蓀政論和政治思想的新著。有關張東蓀影響西方學術的一項發現是：2019年香港的《方圓》期刊第二期刊登了當時在香港中文大學任教的張歷君的〈文本互涉與相關律名學：論克里斯蒂娃對張東蓀知識論的接受〉，詳細解說了1960年代後結構主義名家克里斯蒂娃的文本互涉論是如何輾轉受到張東蓀1938年的「思想言語與文化」論文的外文譯本影響。克里斯蒂娃2012年在上海復旦大學演講時也說了「就在我把巴赫金思想引入法國之時，我發現了一位名叫張東蓀的中國學者的研究……讀了（張東蓀）這篇文章，你們就會看到巴赫金到克里斯蒂娃一路的思想與中國思想中的某些因素的聯繫。」在另一本2014年的著作中，克里斯蒂娃說「有人指出了亞里士多德的邏輯在應用於語言時的不足之處，這不是偶然的：一個是中國哲學家張東蓀，他來自另一種語言視野（表意文字的視野），在他那裏，陰—陽間的『對話』代替上帝」。克里斯蒂娃復旦演講集的譯者祝克懿在2016年的一篇文章裏說：「在遙遠東方的哲學家張東蓀的文章能被譯載於《原樣》（*Tel Quel*），而且與蘇聯享有世界聲譽的文藝理論家巴赫金並駕齊驅，影響到克里斯蒂娃創新思維的形成，成為直接促成互文性（intertextuality）理論生成的動因，可見張東蓀其人與其文，肯定有值得我們關注、去挖掘的相關要素與成分。」

增訂版序

戴　晴

沒想到，銷金豔聞大當其道的今天，如來佛掌中孤獨的哲人，還有讀者。更沒有想到，紙媒如此艱難的當代，出版社還勉力在十多年之後推出增訂版。

不像胡適、不像錢穆，甚至不像羅隆基，東蓀先生學問領域本來就冷偏，其為人，更不事張揚。加上當局有意捻滅，選擇為先生做傳——那樣時代此等樣人——本著者痛感初初動筆的時候，太不知深淺。

但初版到今天已超十年。這可不是1900年前後，也不是民國北京或者南京政府時期，包括1980年代。但無可阻擋地，互聯網正從根上改變中華，以及中國人。就這本書而言：述說者、聆聽者；不同群體、不同層次……橫無際涯、無孔不入的信息，越過宣教提綱（防火牆），無時無刻不在敲打着我們的承受與分辨能力。

於是，作為調查記者，或者説，惶惶苦思的説故事人，得以就此機會，將初版時候沒查到的、弄不懂的和理解錯了的，如實向讀者託出。當然，就算得以在此釐清些許，相對他們的和我們的時代而言，一定還有查不到、弄不懂和百思不得其解的。如若還有再修訂的機會，那一定是更年輕、更有學問的人，在一個比「互聯」更不得了的環境下做了。

借助「修訂」，這裏最要説的，是近七十多年前的北平和平轉手。古都未見焚於戰火，誰人第一功？毛不止一次提張東蓀，張周圍的書

生們也有點不知就裏地自我期許起來。但一座城能這樣大手筆拿下，從面到點精准執掌，誰都知道——毛。但司令須有下屬。下屬裏邊，哪個最關鍵、最無可替代？於是，在這一版裏，特別加重講述傅作義貼身機要秘書、1938年秘密入黨的法學院畢業生閻又文。他不屬四野華野、不屬南系北系、不屬華北局城工部，一根蛛絲樣的單線，直通李克農周恩來。如此事關重大，即使在這版，著者也沒敢展開：傅為什麼單單將他帶到西柏坡？紅色政權下，依舊潛伏？目睹此後傅部給成建制發到朝鮮前線、目睹前袍澤身份不明地吊在公安部勞改……什麼感受？以及反右和反右傾，加上傅作恭餓死在夾邊溝……曾為理想捨棄一切，而今承受着怎樣的內心煎熬？48歲，他就離世了——那是1962年，在農業部糧油局長的任上。已然發掘出的驚險故事，網上已經沸沸揚揚。更深層的，尚無把握。

「軍委六條」——北平和談關鍵時刻致林彪電，毛親撰，時至今日已難於從官家發行物中查到全璧。此電，是「老同志」董世桂於1980年代發掘並獨家完整公佈的[1]。其中後來被黨史部門代之以省略號的第六條（「己」項），極為突兀地點名彭澤湘，這個在紅色中國近乎湮滅的早期同志，更是此次和談最早提議、且一直介入高端斡旋的要角兒：「中共叛徒」，「不要信任他」。此情，從開始接觸史料，就弄不懂。後來專門為彭先輩做傳，細究他的一生，依舊攪不清。直到近年倘佯於篇篇舊籍文檔，忽覺「聯合政府」實在是事關重大：二戰前後，美、蘇、國、共及第三勢力，「聯合政府」四字，無不朗朗上口：此政體，從皇權走出，或許最可採用。但是，若細細揣摩眾位所言——同語異念、同床異夢啊。而到了毛手裏，好個阿物兒，怎能不依據時勢，忽迎忽拒忽展忽斂呢？但這「聯合政府」，和軍委電報，和彭澤湘，有什麼干係麼？著者此處引一則邱會作故事：監押八年，他才苦思出「不是怕他跑，是怕他不跑」——1948年底軍委電報（己項），那判令（命林彪踢開彭澤湘），是在集結已畢、合圍完成之後，直戳李濟深（兼及傅作義）啊！老子離太和殿，只差一步了。爾等還自以為有些許實力、妄想跟中共玩「聯合」？！

　　一篇〈別了，司徒雷登〉，中國通向世界的大門，關了近四分之一世紀——如此無知，如此剛愎恣妄，怎麼回事？究竟出於決策者胸中之鬱憤（美帝的錢全給了老蔣了），還是駑駘（線裝的商君、三國、資治裏邊，既無文藝復興，更不見人權與憲政）？或者說，這無知卻極具心計，而且有本領把期待與仇恨一隱十多年的「馬＋秦」，就在那幾天了，終獲定心丸一大枚——特使米高揚來了、劉少奇再追過去……政局迅變中，北邊老大終於將毛認定為中國第一（錢袋也無旁騖地敞開了）。三十年的渴盼啊！美國人此刻的自檢，包括付諸行動的善意（貸款、大使館不隨遷），一掠而過——當然，態度須鮮明決絕。〈別了，司徒雷登〉，幾十年間，鏗鏘鑿入億萬人腦袋。疑問，確實有過，特別1972年之後。但初版的時候竟然沒注意，此外事異常（或云騁懷「嗰瑟」），不在美國，更不在可敬可憫的司徒老人。劉少奇拿到了定心丸！

　　……

　　要說的太多，一篇短序無法一一容納。

　　這是一個時代，老舊中華正走向商業（而今須加上「科技」了吧）文明。無論東蓀先生、做傳人還是讀者，無不以自身特定角色，幸運或不幸、清醒或迷瞪翻騰其間。

　　共勉啦！

註 釋

1.　董世桂、張彥之：《北平和談紀實》（北京：文化藝術出版社，1991）。筆者1990年代末致電北京軍區老幹辦，想聯繫作者，追問「軍委六條」詳情。回話：不見。已經挨批評了。

在抓階級鬥爭的時期，由公安部某局負責偵控的一個政治案件，通過採用技術手段，查獲了被偵察對象的一些可疑活動。因為該對象是個社會名人，須及時向中央報告，又要注意保密。案件的進展情況公安部只報周總理和毛主席。上報材料不打印，由專人手抄一份，公安部常務副部長徐子榮簽名後，以絕密件報周總理辦公室。幾天後，原件退回，上面有毛主席親筆批示：「在如來佛手掌之中。」

——邢俊生：《公安史話‧我給徐子榮當秘書》
（2007 年 11 月 21 日）

開 篇

投票選舉中央人民政府主席

以悲憫胸襟，迎接世界大變局。

—— 張東蓀：《民主主義與社會主義》

（1948年9月）

1949年9月30日。中國人民政治協商會議第一屆全體會議最後一天。

這一名稱非常重要。之所以選擇這一名稱而非其他，暗含了即將誕生的共和國之合法性。因為，如果國內、國外輿論已經認可了國民政府於1946年召開「老政協」對改組政府與召開國民代表大會所具有的合法性，那麼，把為「國民黨反動派」所破壞的政協會議接着開下去，就有了不言而喻的正當性。籌備期間，參與者多泛稱其為「新政協」。1949年9月會議正式舉行後，新政協鄭重更名為中國人民政治協商會議。對此，毛澤東毫不隱諱。他在開幕詞中說：

> 我們的會議之所以稱為政治協商會議，是因為三年以前我們曾和蔣介石國民黨一道開過一次政治協商會議。那次會議的結果是被蔣介石國民黨及其幫兇們破壞了……[1]

按照議程，兩項選舉將在這一天舉行：先以「整個名單」（即「主席團所提名單」）付表決的方法選出政協全國委員會委員180名；然後，全體代表再以無記名聯記的方法選舉中央人民政府主席、副主席和委員56名。

　　宋雲彬在日記中對此有詳盡説明。他提到中央人民政府委員的選舉，是依據29日全體會議的決定，以無記名聯記法投票。代表在選舉時有權捨棄名單中的任何一人或若干人而另選，選票上每一候選人姓名下都留有空白，如代表不願選某人，可在某人姓名上加一「×」，在下面另寫上想要選舉的某人姓名；只「×」去某人，不另寫他人也可。[2]

　　據《人民日報》第二天報道，這項選舉，出任大會執行主席及選舉總監督的是劉少奇、李立三等五人，周恩來則對選舉辦法作扼要説明。事實上，面對年齡、經歷各異的投票人，為防止出現廢票，周恩來的説明還真不算「扼要」。比如，他簡直像對小學生一樣，就選舉方法對投票人諄諄叮囑：「要用鋼筆，沒有的我們秘書處會送上毛筆。在要選的人名字上打圈，要重重的圈。不要選的打叉，叉要重。折疊的方法是這樣的⋯⋯」　他還特別説明代表們可以圈選自己。[3]叮囑之後，劉少奇宣佈：「到會有選舉權的代表共576人。」

　　《人民日報》記者對會議作了如下描述：

　　　　⋯⋯如數發下選票後，在我們開國史中最莊嚴的儀式正式開始。每一個人經過一度深思，立刻在選票中表達出自己的希望。其實，代表們都是胸有成竹的。誰領導了中國的革命，誰把災難重重的中國人民解放出來，誰一定被選為中央委員會主席。他會繼續領導我們，永遠走向勝利。

　　　　大會選出六十個代表作監票人。九個票箱由九個監票人監守着。監票人詳細檢查了票箱，小心謹慎地鎖起來，鑰匙交給執行主席，然後開始投票。整個過程是那麼嚴肅認真，表現着政協會議從始至終的精神。毛主席仔仔細細寫好了自己的票，在四時二十分整，把票投進第三號票箱。

　　　　從開票箱中檢出五百七十六票，與發票數目完全相符。執行主席李立三説：「有選舉權的代表都投票了，我們的投票是有效的。」人們熱烈鼓掌，慶賀投票手續的完美無缺。[4]

投票完畢，檢票人進行檢票時，全體代表沒有閒着：通過了政協會議宣言、給解放軍致敬電、豎立紀念碑決定，還隨即到天安門廣場行紀念碑奠基禮。然後，回到會場聽取選舉結果。

再看《人民日報》的報道：

七時三十分，執行主席劉少奇宣佈選舉結果。他一字一句地說：「中央人民政府主席，毛澤東，五百七十五票。」會場代表一致起立，熱烈鼓掌。樂隊奏起「東方紅、太陽升、中國出了個毛澤東」的樂曲。代表們合着樂聲的節拍鼓掌，其中並夾着「毛澤東萬歲」的口號聲。樂聲剛剛停止，有節奏的掌聲又升揚起來。全場情緒沸騰，歡欣鼓舞。這是眾望所歸，每一個人都為自己投了偉大領袖一票而感到光榮、驕傲。[5]

當時的軍隊代表、作家劉白羽的敘述尤為生動：

（從天安門廣場）回到懷仁堂，我忽然感覺到今天的燈光格外明亮。今天在這裏，一個全新的、獨立自由的新中國就要誕生了，所有的代表都和我一樣，心裏有着一種興奮和激動。

七點三十分，執行主席劉少奇按鈴、開會，隨即宣佈了選舉結果，當宣佈道：「毛澤東以557票（讀者知道，這數字應為575。這一錯誤，不知出於排版工人的疏忽，還是劉作家自己激動得顧不得那許多細節了——著者按）當選為中華人民共和國中央人民政府主席」時，全體代表都興奮得站起來，一面鼓掌，一面歡呼：「毛主席萬歲！毛主席萬歲！」樂隊奏起「東方紅，太陽升，中國出了個毛澤東……」歷史在這裏翻開了新的篇章。毛主席巍然站立在人海之中，垂手肅立，臉上露出嚴肅的表情。大家都知道，他接受的不只是全場的鼓掌與歡呼，在這一刻，他承擔起了中國人民的命運。……

至此，大會執行主席宣佈主席團的工作結束，下面請新選出的中央人民政府主席、副主席主持大會閉幕式。毛主席首先走

上主席台，全體代表起立熱烈鼓掌，而後主席、副主席一起站在主席台上。宋慶齡站在毛主席左面，朱德在毛主席的右面。

毛主席站了好一陣，等候人們激動的浪潮平息。但浪潮一直沒有平息，他終於提高聲音宣佈：「中國人民政治協商會議第一屆大會已經圓滿成功，現在請朱德副主席致閉幕詞。」

當朱德走向台口的麥克風，戴起老花鏡，宣讀閉幕詞時，會場才暫時安靜下來。他宣讀完畢，毛主席站起來正要宣佈散會時，一個夢幻般的奇跡出現了：莊嚴的講台上發生了巨大的變化，他身後的帷幕上，呼啦啦展開了一面巨大的五星紅旗。這是經過全體代表決議通過、在中國大地上展開的第一面五星紅旗。它是那樣莊嚴、美麗，從那一刻起，它就一直飄揚在天安門廣場上空，也同時飄揚在每個人的心裏。

毛主席等代表們就坐之後，剛要開口講話，暴風雨般的歡呼、鼓掌聲又一次升騰而起，達到整個會議的高潮，大家都感覺到，從此刻起，在這一片神聖而光明的土地上，人民終於成了主人。

毛主席等待着，一任大家把飽滿的情感宣洩出來……

但時間終於到了，毛主席毅然說出了「散會」兩個字，隨後整個會場的沸騰又一次騰空而起，大家再一次為新的共和國誕生鼓掌歡呼……[6]

在場的大部分人可能已經注意到，投票人576名，毛澤東得票575張！那時他們一定認為，這是很自然的呀，那沒投的一票當然是毛主席自己的──以偉大領袖的謙虛、自信、豁達，他一定會這麼做。半個多世紀之後，我們或許可以認為，對此，起碼在當時，與會者不曾有過絲毫懷疑。

但是錯了。因為，就在當時，就在那紅旗翻滾、樂聲嘹亮、熱淚揮灑的當場，起碼有兩個人知道事實並非如此──兩個人。一個是確實在自己名字上邊鄭重地畫了圈的毛澤東；另一個人就是沒有投

毛澤東在1949年9月30日的政協會議上被選為中央人民政府主席。
資料照片，未在正式刊物上發表過。毛此時已經知道在場的人裏邊，
有一個人沒有投他的票

他票的那名代表，唯一的一名——本書主人公、同屆當選的中央人民政府委員、時任燕京大學教授：張東蓀。

　　讀者會説，別忘了，那是「無記名聯記」，誰知道哪張票是誰畫的。更何況，就算有一位代表沒有在毛的名字上畫圈，誰有興趣追究？你的結論下得未免過於唐突。

　　説得不錯。可惜屬於正常推理。如果我們以此邏輯（而且僅僅以此邏輯）推斷毛澤東領導下的共產黨的行為，那就失之於簡單了。

　　著者在此奉上一個直到1990年代還鮮為人知的故事：

　　生於1886年的張東蓀育有四個兒女。長子，北大教授、生物學家張宗炳（1914年生）；次子，物理學家、中國科學院學部委員張宗燧（1915年生）；三子，畢業於西南聯合大學社會學系的張宗潁

（1920年生）；最小的女兒，高能物理學家張宗燁（1933年生），如今是中國科學院院士。

張宗燁1952年考入北大物理系，屬於成績優秀的安靜學生。畢業時候填報志願，因為太愛物理而政治上不大開竅，竟填報了「科學院近代物理所」，也即1958年後的原子能研究所。可能因為這女學生實在是「除了物理，不問其他」，居然皮肉無損地從事高度機密的工作凡五十年。

大約1993、1994年，在一次會議或者工作間隙，張宗燁碰到了五十年代後期從中宣部調到該所，除物理外，一直從事黨的工作——當時是近代物理所的黨支部書記、如今也已是按時交納黨費、一切以黨的利益為上的何祚庥同志。

在和她聊天的時候，忠於科學忠於黨、性情卻還殘留了幾分天真率直的何祚庥，突然很感慨地對他的老部下提起當年「老話兒」：

> 這麼些年都沒告訴你，當時我們可是大大地保了你。你到所裏一直是內控使用。……我們給你說了好多好話。其實對你一直就是一種……。剛剛解放，中央人民政府選毛澤東當主席……結果這裏邊居然有一張反對票。當時他們就猜，唯一的可能就是你爸爸幹的。雖然不能肯定，但他們猜除了他不會有別人。

張宗燁沒敢追問何同志這內部信息的來源。她估計是反右期間傳達下來的。[7]當然她也沒敢去想，「他們猜」裏邊的「他們」究竟是誰，以及到底為了什麼、依據哪條規矩，去研究那張反對票。

> 何祚庥跟我說，當時他印象非常非常深：那時剛解放啊，無論如何沒有想到會有人投反對票——敵人這麼快就鑽到這麼小的圈子裏邊來了。[8]

如果讀者（特別是歷史學界）依舊認為這也屬於不可盡信的「孤證」，我們只好寄希望何祚庥和別的一些為黨所信賴的好同志站出來

作證；[9] 如果他們不肯，而普通人對政協與人民政府檔案的查詢權仍不見任何鬆動⋯⋯ 就請讀下邊的故事吧。

主人公的故事將告訴你，那一張連投票者自己都知道絕對不會對結果發生任何作用的、在毛的名下沒有畫圈（或者畫了「×」）的票，為什麼會在這時刻投出去。

於是，我們將知道，對歷史以及活躍其中的人的命運的闡釋，有沒有板上釘釘的證據，可能並不是最主要的。因為證據會失落（甚至會篡改或偽造），但由思維主導着的行為，卻會在一個接一個歷史時刻，爆發出耀眼的道德與智慧光彩。

註釋

1. 毛澤東：〈中國人從此站起來了〉（1949 年 9 月 21 日），載《毛澤東文集》，第五卷（北京：人民出版社，1999），頁 342。

2. 宋雲彬：《紅塵冷眼 ── 一個文化名人筆下的中國三十年》（太原：山西人民出版社，2002），頁 170。注意他在這裏用的「捨棄」一詞，即在這回的投票中，沒有「反對」與「棄權」的區別，只含「同意」或者「不同意」兩個意思。但周恩來的解說裏邊，多了一個劃圈（同意）── 於是有了劃圈、劃叉（不同意）和什麼都不劃（棄權）的三重意思。

3. 龐松：《共和國年輪·1949》（石家莊：河北人民出版社，2001），頁 365–366。

4. 〈「慶賀中華人民共和國的誕生」── 記人民政協最後一天大會〉，《人民日報》，1949 年 10 月 1 日。

5. 同上註。

6. 劉白羽：〈難忘那一天〉，《光明日報》，2004 年 11 月 1 日。

7. 2009 版推出後，有讀者致信著者，認為張宗燁在這裏的估計有誤。她可能沒有想到，在 1960 年代初，當她所在的科學院原子能物理所將搬進山裏，連同中國第一台原子能加速器，成為國家頂級保密單位。她能繼續留在這個研究崗位上麼？可能就是這一次，作為出身不好的業務骨幹，她的審核人員有可能調閱到公安部有關其父（即張東蓀）的檔案。

8.　摘自 1996 年 12 月 15 日著者對張家親屬的採訪。詳見本書第四章。

9.　事實上，已經有親歷者撰文敍述開票經過。參見王仲方：〈我參加新政協籌備會〉,《人民公安》,1999 年第 1 期。詳見本書第四章。

第一章

1949 這一年

1949這一年，多少大事——
歷史走向、家國命運、生死契闊……
竟翻覆於立決的一瞬。

六十四歲的主人公給推上前台，
扮演起不過一介書生
義不容辭、勉為其難、搭補幫襯、勖勵規箴之角色。

但在這年，中國是容不得書生的——
特別是，不諳為政權變、不知審時度勢，
而且，還不肯通融。

本章有關北平和平解放的部分內容，曾以 "1948: How Peaceful Was the Liberation of Beiping?" 為題，在澳洲國立大學 2007 年 9 月 5 日的第六十八屆 George E. Morrison Lecture 上發表，演講稿其後由白杰明 (Geremie R. Barmé) 和閔福德 (John Minford) 翻譯成英文，在網上期刊 *China Heritage Quarterly* 第十四期 (2008 年 6 月) 上刊登。2009 年，以「和平解放的北平？」為題在香港做公開演講；2010 年，以相當克制的刪改文字版，發表於廣東省政協主辦的《同舟共進》(為此聯繫上了李濟深和彭澤湘後人)。據傳，該刊編輯和主管為此受到批評和處分，也為此再沒能發表本著者作品，但一直保持友好聯絡至今。

一

年初：軍委來電

1949年1月6日（農曆臘八），北平西郊。兩名皮帽長袍、學究模樣的人，正冒着凜冽寒風，一路北行。他們是誰？

年序更長、身骨也更弱些的，正是本書主人公、燕京大學教授張東蓀。與他結伴前行的，則是國軍華北剿總少將處長周北峰[1]。他們將代表守城的傅作義，與圍城之共軍談和。

那天清晨，傅的剿總政工處處長王克俊先接上換了長衫的周少將，到西城李閣老胡同張東蓀長子張宗炳家會齊，安排出城車輛並通報出城路線及聯絡記號；接着，中共地工崔月犁到場，代表解放軍平津前線司令部，為兩名和平使者安排穿越火線的路線：出西直門直奔海甸（今稱海淀）。崔月犁鄭重傳達：在那裏有人接應，聯絡口號「找王東」（往東的意思）。據周北峰1979年撰文：

> 我與張東蓀乘車出發，到西直門後，汽車停下受檢查。這時過來一個（著者註：國軍）軍官，……奉命在西直門接應，說：「出西直門後，直奔萬牲園（即現在的動物園），在前面白石橋拐彎處，有人接你們，請吧！」
>
> 我們坐車一直向頤和園方向駛去。到了白石橋，一個（著者註：國軍）軍官攔住我們的汽車，打開車門看了一下說：「汽車不能向前開了！請下車吧！」他又對我說：「這是第二道防線，距前沿戰壕只三五百米，你們步行到那裏後，有人指給你們穿越火

線的路線和辦法。我認識您，前面那個軍官不認識您，我給您寫個條子，你交給那個人，他是個連長。」接着他開給了我一個紙條。

這樣，我們這兩個夾着皮包戴着皮帽的大學教授打扮的人，持杖步行前進。我與張東蓀一面前進，一面注視着道旁的情況。走了十幾米，後面那個軍官大聲喊道：「請走馬路中間，千萬別走兩旁的土路，土路上埋有地雷。」

我倆繼續向前，到了前沿戰壕。這時從路旁草棚裏走出一個人，我即將紙條給他。他看後說：「你們過去吧。從昨天到今天這裏很安靜，沒有響槍，你們小心點就是了，聽見打槍就臥倒，等那邊招手再向前走。」我們又走了約一百米，突然聽見有人喊：「站住！」我們順着聲音看到農研所門口的石橋上有六、七個解放軍戰士。我們就搖晃着手中的小白旗向他們走去。到了跟前，他們問我們是幹什麼的？我們說我倆是燕京大學的教授，好久沒有回家了，要回家去。一個班長模樣的戰士像是有點了解我們的情況，便領我倆到了他們的指揮所。

這個指揮所設在海甸鎮西南角的一個大院內，一位幹部和我們談了話。我們說「找王東」，並簡單地說明了來意。他很熱情地招待我們吃了一頓麵條。飯後讓我倆在一個屋子裏休息一下。看樣子，顯然是預先接到關於我們情況的通知了。[2]

此行是具有歷史意義的「圍城解紐」（北平和平移交）之一步。他們搖着的那面旗子，是一條剛從東蓀先生孫子、時年四歲、後來成為「X案件」之主犯的張鶴慈小床上撕下來的床單，旗桿則取自他的玩具紅纓槍。

燕京哲學系主任、年屆六十四歲的張東蓀，怎麼捲進這起起武夫的遊戲中？

讓我們回到1948年底1949年初——在這兩個多月的時間裏，中國正經歷着近代以來最後也是最慘烈的一場大廝殺。兩邊打出的旗號，一曰主義，一曰正統。被戰爭蹂躪不堪的中國人都知道，這兩

個曾為「兄弟同志」的武裝政治力量，從 1927 年反目到此時，談談打打，已有二十一年。

這時已不是 1928 年。那一年兩黨聯手北伐之後，城市中和國民革命軍中的「赤匪」即幾近趕盡（殺絕？）[3]，「革命火種」們，比如王明博古周恩來諸位，無暇揖讓而率先逃脫，流竄到或國際本部（莫斯科）或偏遠山鄉蘇維埃。

這時也不是 1938 年。那年，在抵禦外侮的大局之下，四萬六千工農紅軍編入一百七十萬人的國軍序列，接受政府的統轄與供給。

到了 1948 年冬天的時候，已經更名為中國人民解放軍的前八路軍、新四軍，跟國軍已經打了兩年多。到遼瀋戰役「殲敵四十三萬」接近尾聲、淮海戰役「殲敵五十六萬」合圍已經完成之當口，用毛澤東的話說：

> 中國的軍事形勢現已進入一個新的轉折點，即戰爭雙方力量對比已經發生了根本的變化。人民解放軍不但在質量上早已佔有優勢，而且在數量上現在也已經佔有優勢。這是中國革命的成功和中國和平的實現已經迫近的標誌。[4]

障在他們面前，最主要的就是華北剿總傅作義的領地。這裏有工商重鎮天津，還有集中國文化精粹的五朝古都北平。共產黨雖然志向宏遠，話也說得氣沖牛斗，但從「萬無一失之決勝」的軍事角度，此時不僅軍力不足，而且已經相當疲乏。華北的拿下，當然最好少花些氣力。要是同時贏得「文明之師」、「仁義之師」之名聲，就是兵家之祖孫子所謂的上上策了。

我們的主人公正是在這樣的背景下被拉到了歷史前台。在這個註定要載入史冊的歷史悲喜劇中，他的作為，至今未見廝殺雙方正式言書論定。非政界呢？無論在當時與事後都一直關注時局的他的老友，有如下評說：

「調停傅作義功」（張君勱：〈張東蓀先生八十壽序〉）；
「和平解放北京，張東蓀是有功人之一。」（梁漱溟：《這個世界會好嗎》）

燕京大學教授、哲學系主任張東蓀

　　所謂「之一」，是說還有其他關鍵人物，第一個當然要數最後下令獻城的傅作義了。

　　正式獻城三週後，抗戰名將、傅前總司令宜生請求前往西柏坡「拜見」毛澤東，開口即稱「我有罪」。毛對這謙恭的降將說的第一句話則是：「你做了一件大好事，人民不會忘記你。」[5] 但「大好事」，不是說做就做得成的吧？此場景過後近半個世紀，有研究者給出更多細節[6]：

　　……隨後，有人引見了傅作義身後的隨身機要秘書閻又文。毛澤東笑著說：「閻又文，你的文章寫的很好啊！」

　　文章？想必在場的人 —— 包括傅作義 —— 都跟著笑起來。毛說的，當然是兩年前那篇：1946年秋，內戰開打，傅部正氣沖牛斗準備拿下張家口。敵前叫陣的《致毛澤東公開電》，首刊於該部《奮鬥日報》，激情文采雙迸發。此舉，本屬對峙雙方常態，並無甚新意。蹊蹺的是，南京《中央日報》和延安《解放日報》，也競相全文轉載！更蹊蹺的，千忙萬忙中的毛主席，竟然連文章帶作者都記得。閻又文，誰呢？讀者見過這張照片麼 ——「隨身機要秘書」？

從左至右：顏惠慶與邵立子(他們作為李宗仁的北上和談代表，正造訪西柏坡)、
周恩來、傅作義、鄧寶珊、葉劍英、閻又文

　　説得更確切些，閻當時在傅部的職務，是華北「剿總」辦公室副主任(官拜少將)，年齡不過三十郎當。歷史留下的這張照片，有點不尋常吧。箇中底細，傅作義知道多少 —— 當時，以及隨後？

　　後世讀史的人，幾乎無人不將這「大好事」定位於拯救古都於焚毀、免除生靈於塗炭云云，卻不知其所以又「大」又「好」，以毛澤東，還有他攻城略地之戰將林彪、聶榮臻等人的角度，其實「大好」在「抑留」—— 得以將傅作義和他轄下的五十多萬軍隊「抑留」在華北，而後接受切割到班的改編，以單兵身份加入解放軍，為順利拿下南中國戰場提供最大優勢。

　　如何才「抑留」得住？毛林聶最終部署是「圍而不打，隔而不圍」、「隔斷平津、包圍唐山、殲擊蘆塘」[7] —— 逼降傅作義。為催促疲憊不堪的東北野戰軍迅速進入，毛 —— 他此時通過李克農放在傅身邊的絕密單線臥底(讀者猜到是誰了吧)，已然掌握了蔣介石欲將華北六十萬軍隊南撤的意圖[8] —— 對林彪說得最為直白：「你們是早點入關，抓住敵人，把敵人殲滅在平津地區呢，還是等平津的敵人跑了，你們再去追擊，追到很遠的地方去殲滅它？部隊要休整也可以，但休整完後，你們就要到長江以南去打仗了，現在舒服將來吃苦。」[9]

　　但「殲滅」須動刀動槍。能不能調動軍事以外的力量(政治、經濟、輿論、人情)，爭取不費一兵一卒，達到「穩定傅作義不走」[10]之目的呢？毛本人也不是沒有過和平解決北平的打算 —— 誰不願意兵不血刃而獲勝呢？從已經披露的資料看，第一次是在1948年那個有名的「九月會議」中間，他曾向徐向前偶然提起。吃夠了閻錫山苦頭的徐當即否定。

　　但這回已不是空穴來風。因為，傅作義也不想再打了。

　　他原先和蔣介石商定的是，撤離北平、固守津沽，萬一不利，立即由海上撤退。到1948年底，無論國民政府還是蔣本人，都已讓他徹底失望。加上李宗仁、司徒雷登與其他黨國故舊的説項，傅作義已經傾向於聯絡國共之外的政治、軍事力量，置身廝殺之外，以保存住自己實力。

我們可以看出，這設想，與共產黨的志在必得——得平津、得華北、得長江和全中國，有多麼大的差距。

差距愈大，和談就愈難，也更具挑戰性。誰來挑這個頭呢？

如果不將廣布各個領域的北平地下黨所聯絡的零星活躍人物算在內，作為不同政治勢力，最早介入的，則是既有「勢」也有「力」，且自以為真正站在國共中間、擔綱「第三勢力」的中國國民黨革命委員會主席李濟深了。

作為他的代表，彭澤湘1948年10月抵達北平，懷揣一封「人人都能看出卻沒法模仿」[11]的親筆信，通過傅作義心腹[12]兜售最能打動這名正受着萬眾矚目之守將的「言和方案」：

> 走第三條路線，獨樹一幟，既不追蔣，也不投共。
> 通過談判，宣佈起義，華北獨立，成立聯合政府。[13]

當察覺到傅作義希望中間力量的陣容再強勢一些的時候，彭代表立即拉上了民盟、農工民主黨和在他看來有影響的社會賢達。[14]

為把事情做得萬無一失，彭還搬動了雖然無黨無派、卻是極有份量的符定一，因為他曾是毛澤東的校長和老師，還從軍閥手裏救了龍潛時期偉大領袖一命。

由彭所代表的「第三方面」，將傅「有意言和」的信息，通過與符定一聯絡的地下黨，於11月7日和14日送出去之後，未見回音。傅作義於是通過自己女兒、再用與她有聯絡的北平地下黨的電台直接給毛澤東發電報，希望能派南漢宸來談判[15]。中共依舊沒有搭理。

符老先生自己趕到石家莊（11月18日）。

傅作義這回得到了回音。只是沒有從毛澤東，而是從他在華北的老對頭、也是當時直接與之對峙的將軍聶榮臻處。這封實際由毛澤東自己起草、在他的老師兼校長抵達第二天發出的回電，看上去只是不鹹不淡地説了一句「希派可靠代表前來接洽」（11月19日電），[16]但作為運籌帷幄的主將，當時毛卻是「靈光一閃」，而且真的行動起來——他立即將不過一天前的考慮「東北野戰軍按原計劃休整到12月半」，[17]改為決定東北野戰軍提前入關（11月18日電）。[18]而且「行

動須十分蔭蔽」，又指揮胡喬木編撰假消息，説林彪如何在瀋陽休息慶功等，以迷惑敵人[19]——「擬利用此機會穩定傅作義不走，以便迅速解決中央軍。」[20]

果然，從11月23日，東北野戰軍十個縱隊開始入關，華北的兩個兵團也進抵平津地區。到了月底，看見等着談判的傅軍「尚是固守計劃，沒有撤退計劃」(11月26日電)，偷偷進關的共軍也樂得從容佈局，間作小小休整。兩週之後，新保安、張家口拿下。包圍北平、切斷平津之部署完成。[21]

這樣的動作，傅作義能全無察覺？雖然對全盤計劃的來龍去脈尚不完全摸底，但也不能再端着架子等。12月中旬，依聶榮臻言，他正式派出了自己的代表(下屬報系《平明日報》社長)，姿態低了些，但談判底線依舊——「嫡系部隊保留，成立聯合政府」。

這邊只接受了「談判」這一説法(符老先生那次算是「傳信兒」)，即史稱「第一次正式談判」，但開出的，卻是傅作義絕難接受的著地還錢(俗稱齊腳脖子砍)：「全部繳械、接受改編」。目的麼，只為爭取更多的時間：「對平、津、張三敵的正式攻擊，須待部隊休整一時期方能開始。」

在這持續十天的僵持中，固然林聶得以調整部署、小作休整，實際也給了國民政府以機會，將華北的六十萬軍隊調到南方作最後一搏，令中共「抑留」不成。

12月中以來，蔣介石連連派出心腹：身邊的軍令部長徐永昌，軍統局長鄭介民；最後是攜帶了總裁親筆信的蔣緯國——連美國太平洋艦隊司令也出面了，[22]力勸傅作義火速南撤。而傅轄下的中央系部隊，有的一直在壓他，有的則是準備自己起事配合共軍。[23]

在這樣的戰局之下，共產黨已經沒有必要再用「和」來拖時間了，立即公佈四十三名最著名的「戰爭罪犯」(傅作義名列其中)，故意把事情做絕，將沒用的中間人物都打成敵人：誰提和平，誰就附合了敵人的「和平陰謀」，就成了共產黨自稱所代表的「人民」的敵人——黑臉上場，逼對方降價。

　　12月25日，傅作義撤回了自己的談判代表。在接着的幾天，中央軍委收到核心臥底及時報告，得知精神已近崩潰的傅作義正將劉后同、彭澤湘等請到居仁堂，願將中斷的談判繼續。毛感到應該抓住時機，稍稍換個面孔主動出手——這就是「48/49年尾年頭」那兩天裏的「軍委來電」。

　　本書主人公登場。

　　12月31日中央軍委覆林彪電：

> 轉來兩次北平地下黨來的電報[24]已悉。請你覆電北平地下黨，轉告傅作義派有地位的能負責的代表和張東蓀一道出城到你們那裏來談判。[25]

　　注意，傅倚重的中間人（劉後同和彭澤湘），這邊本已得知。軍委却提出新的人選：張東蓀。數小時後（1月1日凌晨），又追了一封：

　　（一）新保安、張家口之敵被殲以後，傅作義及其在北平直系部屬之地位，已經起了變化，只有在此時才能真正談得上我們和傅作義拉攏並使傅部為我所用，因此你們應認真進行傅作義的工作。

　　（二）你們應通過北平市委將下列各點直接告訴傅作義：

　　　　甲、目前不要發通電。此電一發，他即沒有合法地位了，他本人和他的部屬都可能受到蔣系的壓迫，甚至被解決。我們也不能接受傅所想的一些做法，傅氏此種做法是很不實際的，是很危險的。

　　　　乙、傅氏反共甚久，我方不能不將他和劉峙、白崇禧、閻錫山、胡宗南等一同列為戰犯，我們這樣一宣佈，傅在蔣介石及蔣系軍隊面前的地位加強了，傅可借此做文章，表示只有堅決打下去，除此以外再無出路；但在實際上，則和我們談好，裏應外合，和平地解放北平，或經過不很激烈的戰鬥解放北平。傅氏立此一大功勞，我們就有理

由赦免其戰犯罪，並保存其部屬。北平城內全部傅
系均可不繳械，並可允許編為一個軍。

丙、傅致毛主席電，毛主席已經收到。[26]毛主席認為傅
氏在該電中所取態度不實際，應照上述甲、乙兩
項辦法進行方合實際，方能為我方所接受。

丁、傅氏派來談判之代表崔先生態度很好，嗣後崔可再出城
來聯絡傳達雙方意旨，唯我們希望傅氏派一個有地
位的能負責的代表偕同崔先生及張東蓀先生一道
秘密出城談判。

戊、傅氏此次不去南京是對的，今後亦不應去南京，
否則有被蔣介石扣留的危險。

己、彭澤湘是中共叛徒，過去有一時期曾為蔣介石做過某些
特務工作，其人買空賣空為我方所不信任，希望傅氏也
不要信任他。

（三）上列六點最好由平市黨委派一可靠同志，經過傅作義親近的人
（出城談判之崔某如何）的引進，當面直接告訴傅作義，並告傅保守秘
密。如張東蓀出城不能保守秘密，則張可以不出來。[27]

軍委 一月一日二時

　　無論當事人還是後世史家，都習慣將這封長電稱為「軍委六點意
見」，即電報（二）中的甲、乙、丙、丁、戊、己共六點具體指令。電
報的抬頭寫的雖然是「林」，讀者如果仔細揣摩電報第（二）項開頭的
一句話，這指令竟然是發給談判對手傅作義的。

　　讓我們再對電文作仔細分析：「六點」中的前三點，針對的是傅
作義本人——在「抑留」他的軍隊已經不成問題的情形下，如何防他
本人或「通電全國，停止戰鬥」（這將顯得像是他主動），或隻身投
蔣，或「不成功，則成仁」。毛澤東要的是一個活着的、歸順的、能
當招牌為他所用的前國軍三級上將。

　　接下來的兩點（丁、戊）就是實現規劃的具體安排了，包括人員
選定。其中顯得突出的，或者因為史料披露過於零散，而讓後世讀

史人覺得蹊蹺的，是在不過數百字的電文中，三次提到粗粗看上去和戰事沒什麼直接關係的燕京大學教授，也即本書之主人公。似乎是，和談雙方的中間人，我方只認可此人。

後來事情的發展，果然一環扣一環，按照電報所規定向前推進：北平地下黨員李炳泉──他在一個多月前陪同電報（三）中所說「傅作義親近的人（出城談判之崔某）」做第一次談判之後沒有返回。沒想到這次竟然派上了大用場。

1月1日當晚，林、聶親自找李炳泉談話，要他立即回北平向傅作義親口轉達──據當事人多年後回憶，這「六點意見」，是林彪口授，李炳泉記錄之後默記。臨行前，林、聶還要這青年記者最後給他們背一遍。從甲到乙，近500字，愣是一字不差。

第二天一早，聯絡員將他送到清河林聶前沿陣地。然後，炳泉同志「獨自飛步第二次穿過流彈橫飛的無人區」，到達德勝門外守城傅部前沿。盤查之後，於當晚抵達城內大草場十六號，也即他的堂兄、傅部「剿總」少將聯絡處長李騰九家。堂兄對這沉穩聰慧的堂弟知道多少？未見後世評述，但李家在此當口，的確已被袁永熙、錢瑛他們發展為北平地下黨南系活動點了。

李炳泉到家，再快也應該是傍晚了。副總司令此刻在哪裏？

據第一任北平市長何其鞏的三女何嗣珈（當時正讀初中）回憶，父親正邀傅作義、鄧寶珊、張東蓀到家中便餐，贈送「山重水複疑無路，柳暗花明又一村」條幅，力勸傅「保護古都，流芳千古，不做民族罪人」。而據《劉后同日記》記載，這天下午四點，傅作義正應他之約，在東城新開路18號劉宅，與張東蓀、彭澤湘密談──「別時已萬家燈火」。

估計就在這前後，500字電報一遍遍翻騰於腦際的李炳泉，在李騰九陪同下，經崔載之引薦，進到中南海當面向傅作義做了轉述。[28]

傅作義接下來如何動作？據劉后同《紀略》記載，傅作義在那天深夜，已難掩內心痛楚與無奈：「共方代表李炳泉所提條款……辭近恫喝」。

但他已經沒有了別的選擇。

　　於是，按照(丁)項安排，先派政工處處長王克俊把張教授請到居仁堂，得到「同意參加和談、轉達意見」的肯定答覆後，於夜間召見了他的心腹，即電文規定的「一個有地位的能負責的代表」周北峰。讀者此處或許記得1月1日「軍委來電」中毛澤東周到的叮囑：「如張東蓀出城不能保守秘密，則張可以不出來。」但教授還是決定自己走一趟。對這次居仁堂見面，當時讀小學的張飴慈後來聽父親說，爺爺回家告訴爸爸：「氣氛相當緊張。他打着裹腿，槍就放在桌上手邊。」

　　應該就在這時，傅對他說了「六條中的己項」，請東蓀將對方的意思，向「和談」最早的提出與運籌者彭澤湘轉達。[29]

　　1月6日，兩位教授在雙方前線部隊的安排下，通過火線。即本文開頭時描繪的那一幕。張教授是否想到，此時的談判，已劃定在交戰雙方。傅作義五十多天前立意停火之初衷(聯絡第三勢力、華北獨立等等)已不見痕跡——〈軍委六條〉中相當突兀的「己」項，其用意，正顯現於此。

　　下午，他們在西山見到了程子華；第二天清晨，坐着大卡車，在一班武裝戰士護送下，於下午時分到了薊縣城東南八里莊。用飯時，聶榮臻出迎。

　　周北峰首先表明來意：「傅將軍上次派出的崔載之、李炳泉二位代表，到這裏一個多星期了，談判沒有多少進展，很是着急，就又派我們來了。」張東蓀說：「傅先生這次派我們來，就是希望能盡快達成和平協議，以免北平毀於戰火，二百萬人民遭受塗炭。」[30]——以他的學問經歷，對軍閥政客的全部心思未必瞭然。他表達的，是他認為此次使命所在——古都、百姓。

　　這顯然不是一頓禮儀性晚餐，軍委早在前一日晚間即接到程子華報告，當日下午已有具體指示發到聶榮臻處(「中央軍委關于對傅作義代表周北峰應嚴正表示的四點意見」)。「恫喝」依舊，但也夾雜些許安撫。電報要求聶部仔細觀察對方反應，將結果及時電告。[31]

　　經與兩代表反復周旋，感覺傅作義後退的「底」大致摸清後，「前線」(林聶)立刻(1月8日)發電報到軍委，明確報告傅的條件：

1）北平、天津、塘沽、綏遠一齊解決；

2）要平、津以後能有其他報紙（意即不只是中共一家報）；

3）政府中要有進步人士；

4）軍隊不用投降或在城內繳槍的方式，採取調出城外分駐各地用整編等方式解決。[32]

作為 1950 年代即到北京讀書，後來一直在北京生活寫作的人，著者真為這四條中的第二條，即在如此嚴峻時刻，即將獻城的傅將軍，還想着北平的新聞自由，不免心頭一熱。無奈半個多世紀過去，北京的報紙直到今天，依舊在中共一家控制之下。

毛的答覆當夜（1 月 9 日凌晨）就到了。雙方久經沙場，在合圍已經完成的情況下，傅作義在軍事上會取什麼態度，本來已在意料之中。所以毛此時的答覆，已將重點轉到贏局之後的政治經濟善後把定上：如何減少損失、如何獲得民心：同意 1、4 兩條，補充了「兩軍對峙，軍民糧食均有極大困難，故應迅速解決」；「避免平、津遭受破壞」等。[33]

電報特別強調，「有張東蓀在場，故我們應注意運用策略」，一定「使張東蓀看了認為我方寬宏大量，完全是為保全平津人民的生命財產而出此」。「逼傅在 12 日開始實行」——實行什麼？用林彪的話說，就是「所有軍隊一律解放軍化，所有地區一律解放區化」。他開出的時間，比毛所定寬限了兩天：1 月 14 日。

對於傅作義所提的 2、3 兩項，毛只一句話：「政府中有進步人士。平、津報紙不只中共一家，是中共民主綱領中原來就有的，故不成為問題。」林彪更提到：「關於出版、信仰自由問題，我們的民主綱領中早有闡述，這裏不多說了。」[34]

手握重兵、殺生無算的雙方，在如此緊急的時刻居然都談到民主政治，究竟是常見的大話包裹，還是因為代表民意的教授在場？但在傅作義已不剩一兵一卒，「聯合政府」[35]更成破碎春夢的局面下，區區一個文人見證的「民主政治」端倪，有絲毫意義麼？

2008年此書付梓前，張飴慈告訴著者，文革初起，林彪成了「二把手」之時，祖父曾對他談起當時的印象：第一天到薊縣，只見到聶榮臻，態度非常好，但什麼問題都不談。林彪是第二天才見的，十分嚴肅，繃着臉，逐條地、字斟句酌地摳條文。直到全部完成，臉色才緩和下來，開始與客人搭話——我們現在已經知道，這其實是「前線」在接到「軍委」指令性電報前後的姿態。張飴慈説，在祖父的印象中，劉少奇、林彪、羅瑞卿都是十分嚴肅、不苟言笑的人，而陸定一、陳毅，祖父的原話是：根本看不出來是共產黨員。由於祖父的關係，我父親接觸過徐冰和齊燕銘，在他眼裏，他們更不像黨員，會跳舞、會玩，像個公子哥兒似的。

祖父也談到他當時對薊縣解放區的印象很好。晚上把他安排在一間有一鋪大炕的屋子裏。炕一頭燒得很熱，一頭是涼的，害得他熱醒涼醒爬來爬去沒睡好。

後來的故事我們已經非常熟悉：

1月9日，雙方在《會談紀要》上簽字。周北峰將文件密藏在衣服夾層，於次日回到北平，立即向傅回覆。傅猶豫着，但眼見時限已到，不得不再派出代表請求延期。周北峰和鄧寶珊（「第三次和談代表」）到五里橋後，他還在猶豫。直到丟了天津，才最後在《北平和平解決問題的初步協議》上簽了字。

張教授呢？據周北峰回憶，張説：「我不簽了。……周先生是傅先生的代表，由他簽字就行了。」對於此後行止，雖然毛主席在電報中特別提到「如張東蓀不願久待，即可派車送他來中央所在地，並派人妥為照料」，[36] 東蓀先生決定還是先回家。前線指揮部遂派車將他送到已經在共軍掌控中的燕京大學。

家裏人見他嚇了一跳，「你什麼時候出來的?!」（指出城），因為家人都以為他在城裏宗炳家中。到後來知道他人不知鬼不覺地繞過海淀去了趟薊縣，張家後人回憶，奶奶（也就是東蓀夫人吳紹鴻女士）接過教授帶回的對手所贈禮物，一件狐皮袍子，不知是嗔還是讚：「三過家門不入啊！」

張東蓀與家人在燕東園34號，攝於1949年。從左至右：張東蓀、張宗炳、
東蓀夫人吳紹鴻、爾田夫人潘氏、張宗燁、宗炳夫人劉拙如

　　共產黨的全勝雖然已在意料之中，但仗其實還沒打完。對於他自己剛剛經歷過的那場冒險，以及那時正進行着的「只要簽字就立即熄火」的第三次和談，「他什麼都沒提，只說在家不能久呆，即將啟程到石家莊見毛澤東」。

　　2月1日，新華社發表評論（毛澤東起草），[37]分析了為什麼結局可能更漂亮的「北平、天津、塘沽、綏遠一齊解決」未能付諸實施：

> 基本的原因是傅作義將軍還想打一打。天津打敗了，二十九個鐘頭內十幾萬人解除武裝，陳長捷、林偉儔、杜建時等一齊被俘，北平孤立了，毫無希望了，決心走第二條路，和平解決北平問題的可能性從此產生。人民解放軍十五日攻克天津，十六日林彪、羅榮桓、聶榮臻三位將軍即和傅作義將軍的代表鄧寶珊將軍、周北峰將軍成立了和平地解決北平問題的基本協議，往後數日又成立了細節方面的許多協議。周北峰將軍是在一月八日由張東蓀教授引導出城和林彪將軍等談過一次的，這回出城是第二次。和平地解決北平問題的基本原因是人民解放軍的強大與勝利，難道還不明顯嗎？[38]

　　張東蓀的名字在一個月內第五次出現在由毛澤東起草的共方文件中。

　　在這個評論中，毛用「由張東蓀教授引導出城」所傳達的意思似乎是：讀者諸君，請注意和談的主動方不是傅，這名戰犯的代表是由代表民意的教授引出來的——正合了他在1月9日電報裏耿耿於懷的地方：避免僅由「傅作義派人出來具有欺騙作用」。

　　還有一個有趣的細節是：在傅已經接到周北峰秘密帶回的《會談紀要》，但捱着不答覆的時候，毛愈來愈不耐煩——這批不識好歹的家伙居然「拒絕我們迫其就範的方針」，妄想「迫我就範」，兩天前曾表現出對民主自由予以優容的「雅量」，很快就不見了，倒是氣不打一處來：「此外，並提出什麼報紙及政府用人等事，好像他們是代表人民說話，向我們要求民主權利。」（1月11日毛起草中央軍委致林彪

聶榮臻電)³⁹。這封電報是到二十世紀末才公諸於世的，替傅作義傳達該意圖的張東蓀當時完全不知曉，終其一生也沒有可能知道。至於天津的拿下怎麼漂亮成那樣，若沒有對陳長捷軍事部署的準確掌握(這絕不是傅東菊拿巧克力調動小弟弟偷出父親鑰匙就能拿到的)，劉亞樓也沒那麼神吧？

1948年12月底，在共軍部署悄然完成情況下，傅作義的最終就範，已經是板上釘釘的事情，無論哪位名人陪同(或者「引導」)傅的代表前來，結果都是一樣的。這段時間，到傅將軍面前薦人與自薦的信息，也一波又一波地由地下黨傳到中共中央總部。比如最早動議並且一直張羅策劃的李濟深代表彭澤湘；比如毛自己最信賴與親近的老師符定一；比如傅的「老師」劉后同(他有女兒在延安)；比如老市長何其鞏和後任市長何思源，還有更加散淡的侯少白或張伯駒……或者在最緊張的1月16日，應邀出席傅作義「聽意見」西餐會的徐悲鴻、朱光潛、許德珩、楊人緶等。

為什麼單選張東蓀？

毛澤東要借重的，是張東蓀國共間的獨立色彩與廣泛社會信譽，以顯示共產黨「北平和平交接」用心最光彩的一面：文明與仁義。他要借重張的親眼所見、親耳所聞——由他將共產黨形象播揚於外。起碼毛當時認為，與新華社的報道相比，張教授親口說將更加服人。更為重要的，張教授除了學識與信譽，就實力(或曰威懾或鉗制力)而言，絲毫不具——連這方面的心思都沒有——也讓毛覺得踏實。

毛的設計完全實現。

1月下旬，傅作義宣佈了北平城內國民黨守軍接受和平改編。1月31日，共產黨軍隊入城(2月3日又「正式」入了一次——這回已有組織前來的夾道歡迎)。

在《會談紀要》最終簽訂後回到北平的當天傍晚，張教授在燕京禮堂作了那個著名的「老鼠與花瓶」的演講：

> 北平是個花瓶，傅作義是瓶子裏的老鼠。老鼠是可惡的，人人都想消滅它，但它卻躲在一個精美的花瓶中；既要消滅老鼠，又要不打碎花瓶，就不得不採取和平方式，用和談的辦法解決。

聽眾把禮堂擠得水泄不通。大家一致認同他的比喻：北平攻守雙方力量之比，恰如大漢子和小老鼠。而那滅鼠的人，不但很知道花瓶的價值，更有珍惜之心。張家後人多年之後還記得當時情景：「很多人寫詩吹捧，他自己也有點飄飄然起來。」

飄飄然是家人對他的打趣。張教授看重的，其實是箇中的奉獻、艱辛，以及歷史上的份量。張家至今保留着一幅由數封朱絲欄八行信箋——橫列裝裱而成的「圍城題詠」手卷，記有鄧之誠、張伯駒、林宰平等人詩作，褒揚同為文人之老友的斡旋之功。手卷的最後是東蓀自己寫的幾句話：

> 戊子冬，北平圍城，余與劉后同、侯少伯、彭岳漁、張叢碧[40]倡議罷兵，以保全人民古物。以余為雙方信任，使出城接洽。當時慮或不成，慄慄為懼，乃幸而一言得解。事後友人義之，有此題詠誦，余亦自謂生平著書十餘冊，實不抵此一行也。因裝成幅，留示子孫。（斷句標點為著者試加）

這裏，他特別提到共方在關鍵時刻排除的彭澤湘，沒有絲毫的以強權之好惡定親疏的「政治態度」——所謂紅色政權下的「眼力見兒」。當然也有這樣的可能：東蓀先生根本沒摸清毛的路數：哪裏在乎什麼「我黨叛徒」啊——毛一腳踢開的，是彭背後的李濟深，以及李濟深代表的第三勢力，以及更為他所忌恨的「聯合政府」。

對於不覺之中做了共產黨的啦啦隊，張教授既不曾細想，也沒有察覺。他依舊處於巨大的興奮中——為北平、為民眾、也為自己的理念。不少人記得他對自己此舉所作的那個評斷：「北平和平解放，平生第一快事。」

快事之後，就剩下閉門著述了麼？不，作為中共尊貴的客人，他，還有經他推薦的燕京與清華兩所大學中同美國關係密切的教師，將出發趕往西柏坡——當時中共中央所在地。

想來，如果八個月之後的中央人民政府主席選舉發生在這時候，毛澤東是篤定能得到全票的。因為在出發前往西柏坡的時候，潤之先生在張教授心目裏，是夠格做國家首腦的。

讀大如圍城四景題識

叔遜唐望歐光翁劇談嫻似為寫一書為己讀金墨墨

山光寅夕陽藏山飛簷香遠切不細不時夜信賤玉

城接淇和虎萬陪基松州郡萬歲月行棹基桃妝如雷夢雉李遠詩棹卞通築安先生

一光年忘諸

庭黃五藏老千世梧峰傅版革得蓀

西山閣世渾至語侵斂相泛箕雄說節

庚寅正日救黑夏仁虎楊時年七十又七

傳揮年邁古城忽景惆年駒筆後排鞋催恙

三十吾撥毫真清墨人心霞業宛卯徽天辛勢局

柱撑閣世漢諜屠斂今柱毫支完墓夕跫贊沈吟

杭州菓十

撱春傅古籍手生將何為泉上此百年平此偷毛雄
壯我至朱藜威抗乃亦奇雷運天下士排盡丕扶持
敝聊徒苦民稿燕誠諜時不禹至雍宇詰眉四軍如行
至研陷是法絲出郭岐徒步超黃茲堅冰務長故夜
宿三家店至藏寒志庭易北揚石門八一甌紅旗軍門一
相見業樂苟破群大計遠以室雁隆古炎寫團城百萬
家遠脫象克灾田絕寨力日影自後歷史此遠歷
人絢民之難我誓謂是者作此吾所紫慎閣君言悵
恬為仲眉電途群與李去歲人熊劉胮如寨鋒高緬
寶已卑大木夏拜題一繩不可惟衆絕足扶赦泉志
國以文夫惟為群象枚圍起京師除誓細事事時名
寧是期

庚寅六月北雲林志鈞七十三歲作

戊子夬北坪圍城念三劉后閻侯夕伯彭岳演港竟曾得語羅
耗州傅金人敕古鄭念食芳敔方倍伩伩敔微慎信莒居寮啟欽慎
先煝傅金人敕究左一直扎樑圖茲人寅之言此堅端金多食分莒深平

第十六作冊黃六城二門久圍家政檀莒千千稗
東藤自諜

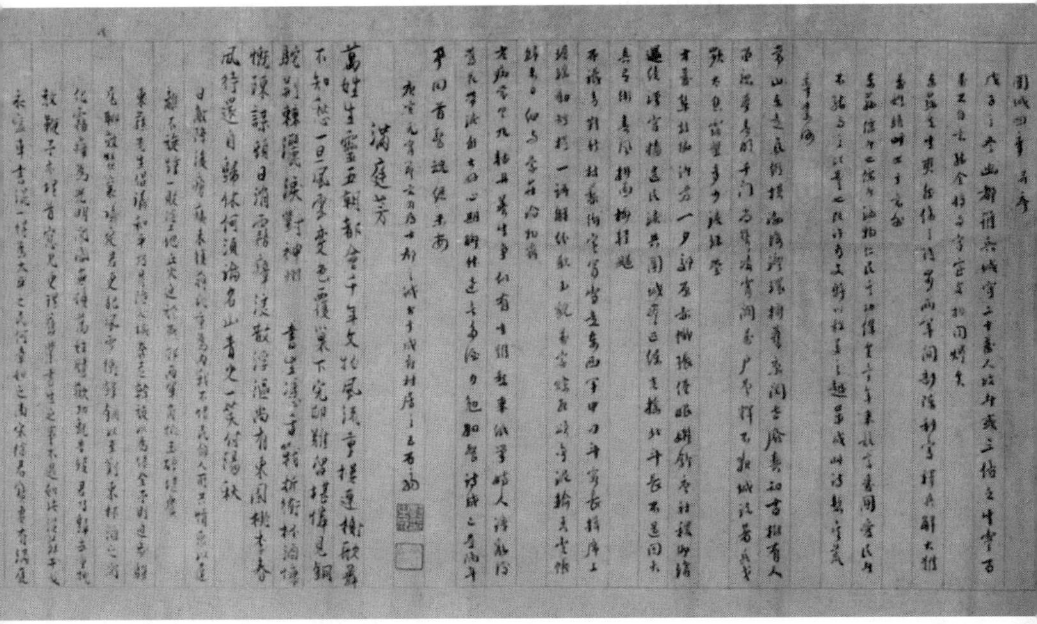

由數封信箋裝裱起來的「圍城題記」手卷，載有張東蓀的朋友
褒揚其斡旋之功的題詠
（另見頁461–465的圖片）

註 釋

1. 周北峰（1903–1989），山東永濟人。曾留學法國，獲碩士學位，歷任哈爾濱法學院及山西大學法學院教授。1938年曾被傅作義派到延安，1945年日本投降後作為傅部代表與八路軍會商。與侯少白並稱為傅系最具學識的將軍。去世前歷任北京市政府參事、綏遠民政廳長、內蒙古自治區水利廳長、區政協副主席、區政府副主席、區人大副主任。

2. 周北峰：〈北平和平解放〉，載全國政協文史資料委員會編：《中華文史資料文庫》，第七冊（北京：中國文史出版社，1996），頁225–234。引文有刪節。

3. 1927年「四一二」對共產黨人的「大屠殺」，到互聯網普及之後，遭灌輸之中國民眾，方知不過宣傳口號而已。但第一次合作徹底告終。共產黨重打鼓另開張。

4. 毛澤東：〈中國軍事形勢的重大變化〉（1948年11月14日），載《毛澤東選集》（第二版），第四卷（北京：人民出版社，1991），頁1360。

5. 董世桂、張彥之：《北平和談紀實》（北京：文化藝術出版社，1991），頁344。

6. 網文：董世貴：〈閻又文與北平和平解放〉，華聲報主辦「中國僑網」。

7. 〈準備隔斷平津包圍唐山殲滅蘆台塘沽之敵〉（1948年12月8日）、〈關於平津戰役的作戰方針〉（1948年12月11日），載《毛澤東軍事文集》，第五卷（北京：軍事科學出版社、中央文獻出版社，1993），頁340–343、360–362。

8. 瀋陽解放的第二天，11月3日，傅作義接到南京急電，赴南京參加最高軍事緊急會議。此行，傅作義要匯報的就是這份作戰計劃。他絕對想不到，蔣介石還沒有聽到，整個計劃先被毛澤東洞若觀火。閻又文這份情報的重要和及時，對華北乃至全國戰局都影響深遠。轉自「泰州市海陵教育網」（2012）。

9. 陳伯鈞：〈兵臨城下──回憶解放北平〉，載《紅旗飄飄》，第十四集（北京：中國青年出版社，1995），頁104–120。

10. 1948年11月18日中共中央軍委致林彪、羅榮桓、劉亞樓電。參見中共中央文獻研究室編：《毛澤東年譜（1893–1949）》，下卷（北京：人民出版社、中央文獻出版社，1993），頁392–393。

11. 李沛金：《我的父親李濟深》(北京：團結出版社，2007)。

12. 通過山西籍反蔣的國民黨續式甫，找到傅作義老友侯少白。

13. 董桂之、張彥之：《北平和談紀實》，頁71；周北峰：〈北平和平解放〉，頁225–234。

14. 侯少白同傅作義談了以後，告訴彭澤湘，傅認為在當時環境下不能同彭面談，也不便接受李濟深的信，但委託侯少白作他和彭的聯絡人，雙方意見由侯傳達。經過幾次間接交換意見後，傅作義就表示願意考慮彭所提出的問題。這時彭就約民盟在北京的負責人張東蓀及農工黨負責人張雲川共同進行。彭同時找到符定一，由符定一幫助彭和中共取得聯繫。符定一通過中共地下黨的安排，即赴石家莊與中共面談傅作義提出的和談問題。參見馬連儒：〈彭澤湘：輝煌與坎坷伴隨一生〉，《人物》，2001年第7期。

15. 南漢宸 (1895–1967)，傅作義太原陸軍小學同窗，誠樸幹練，二人堪稱「手足之交」。自1939年專門調任中共新建立的統戰部副部長，一直與傅作義保持聯繫。在如此重大時刻無以應命，表面看，是他已轉行金融；但毛此刻絕不回應傅的任何主動之舉、絕不許與傅聯絡的人物與他有任何私誼，似佔第一位。

16. 毛起草以聶榮臻名義發出致彭澤湘電文為：「符老先生帶來虞寒(虞寒，即七日、十四日──著者按) 兩日大示收到，當即轉呈上峰，弟個人認為某先生既有志於和平事業，希派可靠代表至石家莊先作第一步之接洽，敬希轉達某先生。」參見《毛澤東年譜 (1893–1949)》，下卷，頁395。

17. 「(一) 東北野戰軍提前於本月二十五日左右起向關內開動。(二) 不管蔣、傅軍是否撤走，仍按原計劃休整到十二月半然後南進。兩個方案何者為宜，望考慮電覆。」(11月17日電) 參見《毛澤東年譜 (1893–1949)》，下卷，頁392。

18. 「望你們立即令各縱隊以一二天時間完成出發準備，於二十一日或二十二日全軍或至少八個縱隊取快捷方式以最快速度行進……」(11月18日電) 參見《毛澤東年譜 (1893–1949)》，下卷，頁393。

19. 「部隊行動須十分蔭蔽」，「請令新華社及東北各廣播台在今後兩星期內多發瀋陽、新民、營口、錦州各地我主力部隊慶功祝捷、練兵開會的消息，以迷惑敵人。」(11月20日電) 參見《毛澤東年譜 (1893–1949)》，下卷，頁396。

20. 11月18日電。參見《毛澤東年譜 (1893–1949)》，下卷，頁393。

21. 具體為：「華北剿總」五十萬軍隊，已經被分割、包圍在五個地塊上，攻擊平、津、張、唐諸敵之作戰業已開始。(12月11日電) 參見《毛澤東年譜 (1893–1949)》，下卷，頁415–416。

22. 據周北峰回憶，傅作義派他談判前，曾對他說：「前些日子胡適偕司徒雷登來北平，曾談過讓我退守山東沿海一帶。」孤證，暫立此存照。1949年，蔣勻田在華府與魏德邁見面，談到美海軍青島基地——目的在於支持平津三角地帶傅作義的守軍，牽制中共軍隊不得即刻大舉南進。前提是傅作義守軍「恐將犧牲，無法撤出」。參見蔣勻田：《中國近代史轉捩點》(香港：友聯出版社，1976)，頁229。

23. 1948年12月底，劉仁向林、聶作關於北平地下黨工作的全面彙報時說，如果「傅作義不接受和談條件，我軍要攻城的話，有人給我軍當內應，不會費多大力氣，就可以進城的」。參見董世桂、張彥之：《北平和談紀實》，頁162。12月23日，中共已經決定接受侯鏡如的九十二軍起義，「該軍最大作用是便利我軍攻城，最好該軍能於適當時機在取得傅作義信用的條件下，控制一兩座城門，或於我軍攻城時奪取一兩座城門，或給我軍偽裝部隊以進城的便利。」(12月23日電) 參見《毛澤東年譜 (1893–1949)》，下卷，頁427。

24. 北平地下黨兩則來電，無論毛、周年譜還是傳記，都未見刊載。據中國革命博物館黨史研究室《黨史研究資料》(內部資料) 1968年第1期頭條文章〈自述〉，作者彭澤湘講述了從11月中至12月底，他在北平與各方聯絡的情況，特別提到這一工作「直到12月31日傅作義答應派代表出城會商為止」。

25. 張東蓀突然在這封電報裏出現，遍查文檔，只在彭澤湘〈自述〉(頁10) 中尋到線索。原來彭在他起草的「報告十二月三十日與傅作義晤談結果的電文中，有傅作義決定『派負責代表出城，弟等 (即我和張東蓀) 陪行』的話……」。

26. 指12月23日發給人尚留在平津前線指揮部的他的代表崔載之的那一封。與第一封比較，傅這時已經放棄自己的「建國之道」，表示「絕不保持軍隊，也無任何政治企圖」，但希望給他一個「轉圜時期」，在這一時期，「盼勿以繳械方式責余為難」——即毛在軍委來電 (丙) 中說的「所取態度不實際」。崔為傅作義之心腹，傅系《平明日報》社長，第一次前來

談判的代表。參見北京市檔案館編：《北平和平解放前後》(北京：北京出版社，1988)。

27. 「軍委六點意見」目前找到權威機構公佈的全本，為北京市檔案館編的《北平和平解放前後》，頁 54–55 所載。引文中斜體字部分為中共北京市委黨史研究室、北京市檔案館編：《北平的新生》(北京：北京出版社，1999)（頁 75）一書引用的版本所有，但《北平和平解放前後》沒有。粗體字部分為《毛澤東年譜 (1893–1949)》下卷所未錄入。有一種意見認為這是輯錄者嚴格按照電報原稿中筆體，將毛澤東所撰與他人增補加以細緻區分的結果。

28. 董世桂、張彥之：《北平和談紀實》，頁 172。注意該書作者（軍人作家董世桂）這裏的用詞：傳達。

29. 見彭澤湘：〈自述〉，《黨史研究資料》，1983 年第 1 期。

30. 王紅雲：〈北平和平解放和談記〉，《縱橫》，2002 年第 1 期。

31. 至於轟是怎麼觀察的，他本人的回憶錄裏沒明講。周北峰說是共方背着張東蓀特別通知他：「轟司令員在東邊的那個院子裏，請你過去談一談。」但在董世桂、張彥之的書裏，轟則與張東蓀單獨談話。

32. 1949 年 1 月 8 日林轟致軍委電報。參見《毛澤東年譜 (1893–1949)》，下卷，頁 431。

33. 《毛澤東年譜 (1893–1949)》，下卷，頁 431。

34. 董世桂、張彥之：《北平和談紀實》，頁 185。

35. 這裏所指，當然是李濟深、傅作義、彭澤湘心目中，由協力廠商聯絡國共兩造而成的聯合政府，與日後當幌子用的毛、林（乃至斯大林）所言的「民主聯合政府」，顯然兩碼事。

36. 北京市檔案館編：《北平和平解放前後》，頁 59。

37. 該篇評論題為〈面臨全國革命高潮和國民黨大崩潰　偽南京政府被迫同意北平和平解決　全國問題的解決就有理由遵循這一道路〉。

38. 〈北平問題和平解決的基本原因〉，載《毛澤東新聞工作文選》(北京：新華出版社，1983)，頁 278。

39. 《毛澤東年譜 (1893–1949)》，下卷，頁 432。

40. 岳漁為彭澤湘字，叢碧為張伯駒字。張叢碧介入北平和談，除他們老友詩詞唱和，未見其他文獻、回憶提到。

二

正月：西柏坡

如今的70後、80後們，很少知道保安與西柏坡了。作為紅色中國之國都，史書上多提北京（1949–　）與延安（1936–1947），間或有人説説瑞金（1932–1934），非黨史行業而知道西柏坡（1948–1949）的，多已達書癡級。

西柏坡其實是中共的驕傲。從計謀疊出、調兵遣將而最終得到江山這一點而言，毛澤東在這裏真是把他的才具發揮到了極緻。正如周恩來後來説：「毛主席是在世界上最小的司令部裏，指揮了最大的人民解放戰爭。」[1]

我們的主人公和他的朋友，在國共內戰的第三個戰役接近尾聲的時候，迎着凌厲北風，踏進了這間司令部。

他們大約是1月15日前後出發的。一行四人，全部是「民主人士兼大學教授」。民進中央理事雷潔瓊在燕京大學社會學系任教；她的夫君犯罪學家嚴景耀，與她同黨派、同大學、同系。另一位是清華大學教授費孝通，當時不僅在業務上已如早晨十一點鐘的太陽，在思想文化界也非常活躍。[2]

為什麼單單邀請他們四人？

據雷潔瓊回憶，他們夫妻是受人在香港的馬敍倫先生之委託，到西柏坡與中共中央共商大計。[3] 民盟費孝通的見解沒這麼籠統，更沒這麼拿捏。在晚年（2000年）回答朱學勤提問「當時去西柏坡是怎麼一個去法」的時候，他只含糊響應：「這個內幕不知道了。被挑的

人，我、雷潔瓊〔和她——著者按〕的愛人、張東蓀……他是政治活動家。……首先是張東蓀把我引到西柏坡。他是帶隊的。」[4]

至於張東蓀，我們現在確切知道的，只有數日前對峙的雙方在薊縣簽訂《會談紀要》時候他說的那句話了：「我不日便到石家莊去，不回北平了。」（周北峰回憶）[5]「我這次不回城裏了，準備先返回燕京大學，然後啟程去石家莊拜見毛澤東主席。」（聶榮臻回憶）[6]

作為具有代表性的知識分子，在北平地下黨的安排下，他們乘坐大卡車，由八名解放軍戰士護送，從西郊八大處出發，途經石家莊，好像在那裏等了幾天，[7]最後直奔西柏坡。作為後世讀史的人，很少有人不存疑惑：啊，在那幾天！[8]毛澤東有時間見閒客？

或許不算閒客，因為北平快解放了，共產黨要從革命黨轉變為執政黨，總得經過一個手續，取得全國（甚至世界）認可吧。他們的應邀，以及隨後享受到的高規格貴賓待遇（以當時的標準），或許就是這大策略中的一環。

雷潔瓊以官話回憶了這次「難忘的幸福會見」：

> 周恩來同志把我們介紹給毛澤東、劉少奇、朱德等中共領導，這是我第一次見到毛澤東。毛澤東同志和我們夫婦親切握手問好，與我們共進晚餐。他談笑風生，氣氛十分活躍愉快。飯後我們圍坐在毛澤東的書房裏，徹夜長談，聆聽他關於如何把革命進行到底、知識分子問題、對民主黨派的要求以及新中國建設的談話，使我得到一次畢生難忘的馬克思主義思想教育。[9]

費孝通當然也有說套話的時候，[10]但在晚年，並且面對自己出類拔萃的學生，倒沒再浪費讀者時間，亮出些許心頭埋藏的話，坦承這次前往，是他日後政治生活的起點：

> 我那時是知識分子的頭頭，經常發表政論。符合知識分子的心理，符合知識分子要求的水平，又要西方，又要中國，我兩面都有了，所以那時是知識分子的代表。我當時是中國最好的columnist（專欄作家）……我的思想的高潮，是民主、人權。……

我與政治的關係，首先是張東蓀把我引到西柏坡。……一共四
個人。

朱學勤插話：「那很奇怪，當時比費先生更有知名度更有影響的
人還大有人在啊。」對此，費孝通承認：

> 多了。……他（張東蓀）對我不錯的，但我不太買他賬。我
> 在燕京大學時旁聽過他的一門哲學課，我聽不出什麼道理，到考
> 試的時候，他給我70分。我沒有70分的記錄的。我是記得他的
> 賬的，他如果給了我90分，我就服了他了。這很有意思。他同
> 我一直不錯的，我到西柏坡去，就是真正成立聯合政府，共同綱
> 領就是這時寫的。他帶我一同到西柏坡。……
>
> 儲安平想去沒有去成。他還怪我怎麼不叫上他。他也不知
> 道內幕。但我們知道背後肯定有一套東西在運作。

什麼東西，又如何運作呢？2000年俄羅斯解密的斯大林毛澤東
秘密檔案，在一定程度上揭示出他們這些憂國憂民的學問家在中共棋
盤上的位置。

解密檔案公佈了毛在大約一年前（1947年11月30日）發給斯大林
的一封長電。在彙報了可喜的戰事進展後，毛將視線轉到未來建國
要務，提到曾經一同抗強權、爭民主的盟友——勝利後該如何對待？

> 隨着民盟的解散，中國中小資產階級民主派已不復存在。民盟
> 中有同情我們黨的人，雖然它的多數領導人是動搖分子。他們
> 迫於國民黨的壓力解散了同盟，從而表明了中等資產階級的軟弱
> 性。在中國革命取得徹底勝利的時期，要像蘇聯和南斯拉夫那
> 樣，所有政黨，除中共之外，都應離開政治舞台，這樣做會大大
> 鞏固中國革命。[11]

毛在這裏指的，是1947年11月6日「民盟總部解散」（由主席張
瀾正式宣佈）——意味着共產黨在國統區失掉了有組織的吶喊者。明
明知道這幕解散是出於「國民黨的壓力」（包括軍警特的真動手），卻

歸結為受害者的「軟弱性」。此「得罪中共」事件，讀史人或許沒有十分注意：當時具體出主意的，是自詡為「內方而外圓」的黃炎培；在誰都不肯表態的時候向張瀾遞了一張小條。這細節，是否在一定程度上解釋了，為什麼到了1957年，毛毫無道理地對任之(黃炎培)下那樣大的狠手(六個成年子女，五個被打成右派)。從這封信或許能看出些端倪。

斯大林在拖了幾個月之後(1948年4月20日)，才就此頭號重大議題(國家政體)回電。他說：

> 我們不同意這種看法，我們認為，中國各在野黨代表著中國居民
> 中的中間階層，並且它們反對國民黨集團，它們還長期存在，中
> 共將不得不同他們合作，反對中國的反動派和帝國主義列強，同
> 時要保留自己的領導權，也就是領導地位。可能還需要讓這些
> 政黨的一些代表參加中國人民民主政府，而政府本身要宣佈為聯
> 合政府。[12]

注意：此時斯大林明確點出的「聯合政府」——我們知道，蘇聯之政體並不是。那麼，這想頭哪兒來的？

其實，「打倒獨裁，成立民主聯合政府」，本不用斯大林給中共上課。早在1944年，在日軍拼卻最後力氣發動了那場代號為「一號作戰」的豫湘桂戰役，中國面臨國土成片丟失、國府聲望大降之際，社會上初成之政治勢力開始發聲。同樣處於在野黨地位的毛見狀，立即拾起年輕的美國朋友謝偉思剛剛告知的「政府訓令」[13]——那個讓他覺得「或可用之」的「聯合政府」，立即調整部署。8月17日，在一封董必武給周恩來的電報上，毛批示：「應與張(瀾)、左(舜生)商各黨派聯合政府。」[14] 同時派出周恩來到重慶叫陣。

臺上的老蔣當然不幹，在野的毛卻是再接再厲地抓著不放。由是，蘇美兩大佬的布局，在中國這方未經現代養育的板結土地上，只見前臺旛旗招搖，卻難於扎根孕生。

「聯合」不成，仗接著打。到1947年10月解放軍發佈宣言，到12月毛為中共中央提交〈目前形勢和我們的任務〉，這幌子，還在不停

地搖，雖然隨著雙方實力的增減，這「聯合」二字之蘊含，以及，與誰聯合，怎麼個聯法，毛要再掂掇了。

但斯大林4月20日那封回電，非同小可——只須對曾經的和今後的相當一段年月不可少的依賴掂量掂量——於是，中共中央書記處剛剛搬到西柏坡，毛澤東就把這一事體擺上首要日程。但國家眼看就到自己手裏，再讓在野黨合理蹦躂，我毛澤東打算出手做什麼（我們試著設想一下此後的肅反、鎮反、出兵朝鮮……）不是很麻煩麼？

左右權衡……

眼下已經確知的是，4月30日，中共擬出絕非應時炮仗那樣的慶祝「五一」節口號，針對美蘇布局、針對國共大局逆轉、針對檯面上「聯合」實際只許聽喝的布局——「各民主黨派，各人民團體，各社會賢達迅速召開政治協商會議，討論並實現召集人民代表大會，成立民主聯合政府。」

在這裏，對「中間黨派及民眾團體的代表人物」的甄選特別重要。因為共產黨（包括蘇共）要的，並不是什麼平等聯合，而是一黨絕對領導下的好看場面，雅稱「同舟共濟」。究竟哪些有實力的前同志既請得動、撐出來的場面又最看得過去，就大有學問了。除了宋慶齡必須擺在適當的地方，毛澤東將李濟深、沈鈞儒定為首位，於5月1日親筆致信。

對方響應熱烈，載入史冊的「五一口號」出籠。[15]

雖然強調「必須由參加會議的每一個單位自願同意，不得強制」，周恩來還是開出共產黨最倚重的二十九人名單。[16]為當事人和後世史家津津樂道的「新政治協商會議」籌備工作，從此正式上了軌道。[17]

二十九人中有張東蓀和雷潔瓊，沒有資格尚淺的新星費孝通。

估計就在這前後，北上哈爾濱參與籌備的邀請送到張東蓀手上。去還是不去——這可是攀附中共最佳機會。或者，用毛後來的話，翻成「這賊船，上還是不上？」

張家後人記得北上邀請這回事。張東蓀的抉擇是婉拒。他說：「課還未完，暑假後即去」——但實際上沒有去。他心中的這番猶豫與最後的推託，說得直白些：面對執政強權，獨立學人到底應該拉開

多遠？或者說，強權下，自身獨立與自尊，願意捨棄多少？這，在他的盟中同志張瀾、羅隆基那裏，其實是一樣的。據葉篤義回憶：

> 1948年，周新民曾幾次寫信給我，勸說張瀾去香港。張瀾先是說：「任之（黃炎培號）去我就去，任之不去我也不去。」後來黃炎培沒有給我們打招呼而獨自離開上海了。張瀾又說：「努生去我就去，努生不去我也不去。」羅隆基說：「我同他們不一樣。他們的行動是比較自由的，而我是被拘留在療養院裏的。我的行動太不方便。」[18]

到後來，在同為盟內領袖的史良親自出面規勸羅隆基的時候，他又抬出一個新的理由：「浦熙修現在被關在監獄裏，我一走就一定連累她。」

張瀾還是說，羅要不去，他也不去。……時間一拖再拖，拖到1949年5月10日──國民黨特務終於出手，把他們扣了起來。這一扣，反倒成就了共產黨。不久，被中共地下工作者成功搭救出來的張瀾等人，已經不得不立即前往北平，拜望毛主席了。

扯遠了，再回來講西柏坡的故事。

如果僅從雷、費二人在共產黨中國穩步上攀所達到的高位看，張東蓀這回還真挑對了人──這兩位與中共的關係，可謂善始（於西柏坡）善終（非共產黨人士而長期擔任高官並獲高規格葬儀）。讀史人一般容易忽略嚴景耀。在名額如此珍稀的情況下赴西柏坡參謁，當然不會僅為陪伴夫人。嚴本經燕京選派赴美國讀博士，卻在那裏接觸並信仰了馬克思主義，還曾到蘇聯教學並研究。雖然思想左傾，司徒校長對這個自己一手培養的高足（以及杭州「小同鄉」）卻毫無芥蒂。

這對夫婦所在的民進[19]一直保持溫和好乖特色，不大具有鮮明獨立政治見解，此即雷潔瓊仕途順利之奧秘所在；費孝通略有不同：民盟人才濟濟、大佬雲集，張東蓀向毛澤東推薦他，是因為愛才。但要越過諸位大佬，比方說在1949年就當上中央政府副主席，一時也沒那麼容易。所以他的發跡，除了賞識他的共產黨一路護航[20]和生老病死的自然規律之外，更要靠他盛年之後，只過着中共安排給他過

的政治生活，對於自己極有根基與前途的社會學研究上，主動選擇毫無建樹的自裁。

張東蓀本人呢？

若論他和共產黨的交情，絕非雷、費兩位可望其項背。在這一節，我們先不說他與陳獨秀的私交；不說他早在共黨魁首之先，就會過了真正的中共締造者(共產國際派來的維金斯基)；不說他和早期中共理論鼻祖的論戰；不說《八一宣言》後他怎麼力排眾議，呼籲社會容納共產黨這樣一支民族自救的政治力量；不說他如何與彭大將軍簽訂共同抗日的協議；不說他冒着性命危險為「中共地工」斡旋漢奸；不說他在老政協上的表現；甚至不說共產黨最看重的「是否參加偽國大」上舉足輕重的選擇——這些，我們都會在以後的故事裏從容道來。這裏只說中共中央書記處遷到西柏坡之後，他作為民盟非「親共左派」的領袖人物之一，究竟做了什麼，使得毛澤東隨後對他作出一系列令人頗費思量的舉措。

至今未見學界對共產黨在1948年打定主意召開「政治協商會議」而非不過兩天前毛親筆寫下的「人民代表大會」，並且再不提「成立民主聯合政府」，做出細緻推敲。

「政治協商會議」這幾個字，直到1948年4月還沒出現在當時共產黨的語言裏——或許在他們心中，重慶的那個「政治協商」，自1946年被蔣介石、陳立夫破壞以後，已經成了一件往事，一個歷史詞彙。

4月25日，毛澤東通知他的同志們開會的時候，說的還是「成立臨時中央政府」，但兩天後的27日，「政協」這一名稱突然出現在毛澤東寫給劉仁(晉察冀中央局城市工作部部長)的信中：

劉仁同志：

　　去年張東蓀符定一兩先生有信給我，我本想回信給他們，又怕落入敵手，妨礙他們的安全，今年張東蓀先生又想和我們聯絡，現在請你經過妥善辦法告訴張符兩先生，我很感謝他們的來信，他們及平津各位文化界民主戰士的一切愛國民主活動，我們是熱烈同情的。此外請經妥人告訴張符兩先生，我黨準備邀請

他們兩位及許德珩，吳晗，曾昭掄及其他民主人士來解放區開各民主黨派各人民團體的代表會議討論：

（甲）關於召開人民代表大會成立民主聯合政府的問題；

（乙）關於加強各民主黨派各人民團體的合作及綱領政策問題，我黨中央認為各民主黨派及重要人民團體（例如學生聯合會）的代表會商此項問題的時機業已成熟，但須徵求他們的意見，即他們是否亦認為時機業已成熟及是否願意自己或派代表來解放區開會。會議的名稱擬稱為政治協商會議。會議的參加者，一切民主黨派及重要人民團體均可派遣代表。會議的決議必須參加會議的每一單位自願同意不得強制。開會地點在哈爾濱。開會時間在今年秋季。

上述各點請首先告知張東蓀先生，並和他商量應告知和應邀請的是些什麼人。

毛澤東

卯感[21]

《中共中央檔選集十七．1948》

信中所說的張東蓀、符定一來信，是一封什麼信呢？[22] 毛澤東特別囑咐「上述各點請首先告知張東蓀先生，並和他商量應告知和應邀請的是些什麼人」，在這裏，張、符二位所得到的信賴、倚重，甚至超過了「五一口號」的兩位面上的頭面人物。為什麼？

讀者切不可小看這一名稱的確立，這是共產黨在中國當政合法性的重要依據：中央人民政府是由各政黨參加的政協所選出，共產黨政權有別於趙匡胤、朱元璋，它不是打下來而是民眾代表推舉出來的。

如果聯繫到半年後在和平解放北平的拉鋸戰中，對這位燕京大學教授超乎尋常的倚重——召開政協的主意，會不會是來自這位平日說話不多、但將「協商與對抗」看作是現代社會基本要素的老政協會議代表？而把「目擊、協調北平和談」這一歷史榮譽「送」給他，除了信賴，帶不帶點答謝的味道？

其實，在「政協」的主意納入運作、「五一口號」也提出之後，毛澤東還曾有過動作，想將張東蓀拉得再近一些。這就是5月31日致函劉少奇等四書記，考慮將張東蓀等教授盡快接到共產黨治下的華北政權做官的主意。[23] 這計劃想來沒有得到響應。

不知4月27日那封信劉仁是怎麼傳的。7月間，在符定一率周建人、劉清揚、吳晗、楚圖南、焦菊隱、馬彥祥等民主人士到達華北解放區的時候，沒有張東蓀。後來，在8月成立的華北人民政府裏，僅張東蓀的一位同學、同志、密友外加親戚接受延攬，擔任副主席，即1949年後出任最高檢察署副院長的藍公武。[24]

到了9月，周恩來大忙起來。與逃台國府爭奪社會精英人物的戰鬥打響。他擬定了邀請到解放區商討召開新政協的民主人士名單，包括香港、上海和長江以南的李濟深、張瀾等七十七人；平津張東蓀、符定一、李錫九等二十四人。[25]

據雷潔瓊回憶，在他們四人的西柏坡之行（1949年1月）中，毛當時還提到「將革命進行到底」，毛說：「革命勝利後就要召開新政協，成立中華人民共和國，希望民主黨派站在人民大眾的立場同中國共產黨採取一致步調，真誠合作，不要半途拆夥，更不要建立『反對派』和走『中間路線』。」[26]

毛說這話，究竟用的是什麼口氣，開玩笑？還是鄭重警告？雷副委員長歷來與幽默無緣，毛公之胸中溝壑，無法從她的官樣文章中傳達出來。

據《協商建國——1948–1949中國黨派政治日誌》一書記載，就在那次，張東蓀送給毛澤東一本封筆之作《民主主義與社會主義》，毛澤東回贈一套東北解放區出版的《毛澤東選集》。[27] 張東蓀向來看重自己嘔心瀝血之著作，也有把新出版著作送給知音的習慣。比如1946年參加老政協的時候，就曾將《理性與民主》贈周恩來和吳玉章。到了親身介入的北平圍城解紐大功告成，他那時或許認為，作為士、作為學者、作為以言論干政的獨立知識分子，他與面前這個相識已久[28] 但一直未深交、如今即將成為一國之首的湖南青年，在未來中國應該怎麼治理這一話題上，是有共同語言的。

　　張家後人證實了這本《毛澤東選集》的存在：深藍色布封面（可算是當時的精裝書），後來一直保存在張東蓀的長子張宗炳手裏。張飴慈在父親家中見過，只是沒有毛的簽名，為此張宗炳還覺得有點遺憾。這一細節提示我們，第一，互相贈書時，張東蓀沒有要求對方簽字；第二，他並沒有把這書當成手邊案頭讀物──像沈鈞儒那樣（「書桌上滿是毛著」），或是向客人展示的阿物兒──像郭沫若那樣（「他滿牆掛的都是毛詩詞」）。

　　張鶴慈在六十年代初當大學生的時候，讀過這冊珍本。不僅讀了，還直接導致他對毛澤東及其思想統制的反感。這可能是贈書者當時無論如何沒有想到的：

> 我對毛澤東的反感，源起於讀他的解放前老版的毛選一卷本，那
> 是毛與我祖父的見面禮。我突然發現，〈論聯合政府〉中的許多
> 文字和新版的都不一樣，尤其是提及美國的部分，我當時的感覺
> 就如抓住了小偷：修改可以，但必須有說明。

　　這部毛著「珍藏版」在文革中被抄走──雖然絕對不屬於「四舊」。如果是從張宗炳家抄去，北大生物系63級的同學應該有人知道是誰幹的。

　　張東蓀帶到西柏坡的，是《民主主義與社會主義》增訂四版。據《觀察》雜誌廣告，該書1948年秋業已付印，到1月份，正是書已寄到北平可以送朋友的時候。之所以稱做「增訂」，是因為將作者去年7月完稿的「書後結語」，即〈增產與革命〉，正式收進《民主主義與社會主義》書中。在這篇文章中，作者沒有像往常一樣一概否定革命，而是認為：「一個社會或國家倘其演變到生產不能再增的地步，則這個國家非革命不可。」

　　至於革命的對象，針對中國的現實，他指的是完全不事生產的地主和豪門與官僚資本。對於那些「不但沒有把舊有的生產限制的藩籬衝破，並且亦沒有開闢出來增加生產的新天地」的種種「起事」，他認為根本不配稱為革命，無奈「這一類的革命在中國為獨多，我曾名之為換朝代」。

這樣的議論，在1949年1月，正屬行改天換地的毛澤東大概不會覺得被刺傷——不僅「換朝代」對他而言沒什麼負面意義；「開關增產新天地」——如果不問基礎與制度，毛詩人的夢做得比誰都浪漫。

估計毛有機會讀到他的文字。因為當時北平地下黨設有一個第四室，主要任務是對國統區報紙雜誌進行剪輯整理，並將其中與城市工作有關的內容摘出，編印成簡報送給領導參考。只是不知在西柏坡他們有沒有機會就此深談，否則發表出來又是一篇與「窯洞隆中對」比肩的「泥房隆中對」了——只不過議論的要點沒放在民主制度，而是放到了普通民眾之物質幸福不可隨意剝奪上。這是因為，雖然張東蓀沒有一概反對革命，但他對革命加了一個限定條件，即「以增產而求平均，並非僅以再分配而求平均」，他認為：

> 這其間區別甚大，因為均貧富既非增加生產總量，並且同時對於增加生產的努力進行上反是一個妨礙，故必須力避此種過激而有害的舉動。須知凡是一個革命，如果僅是把經濟上的不平等用再分配的辦法來平均一下，其結果並未使生產總量有所增加，這個革命終歸失敗。

此時，距離揪住劉少奇的「剝削有功」還有一年；距資本主義工商業改造還有七年；對東蓀先生的高見，即將進城的將領們或許還沒有什麼抵觸。

至於眼下被廣泛引用的《張東蓀傳》中關於張東蓀與毛澤東在外交「一面倒」上的廷爭，包括見面的氣氛乃至對話都一一列出，著者傾向於是該書作者的杜撰。[29]

外交是否「一面倒」，這個已經超越外交範疇的政治選擇，對毛和中共太重大了。那時候，他希望前往蘇聯覲見斯大林的要求一次次被駁回，而斯的代表米高揚要幾天後才到；美國的對華政策，也還沒摸到實處……。面對着四名任教於有美國背景大學的教授（其中三名還是留美生），毛或許會很有意地提個頭，觀察他們的反應。這場面，從張家後人的回憶裏或許可得到片面證實。

　　回到北平之後，對西柏坡一行，張東蓀僅和他的長子有所議論。到文革時候，有感於對劉少奇的批鬥，他又與長孫談起西柏坡。張飴慈總的印象，「回來以後非常失望」。他確切記得的，是祖父對他說：「在石家莊西柏坡見到毛，話不投機。……毛大談梁啟超。並說將來外交上『一面倒』。」

　　不知在當時，毛有沒有對張東蓀說，讀他和梁的作品，早在青年時代做着「救國夢」的時候就開始了。那是1921年1月1日、2日兩天，毛在新民學會長沙會員大會上的發言：「現在國中對於社會問題的解決，顯然有兩派主張：一派主張改造，一派則主張改良。前者如陳獨秀諸人，後者如梁啟超、張東蓀諸人。改良是補綴辦法，應主張大規模改造。……」[30]

　　張飴慈記得，文革中大批劉少奇時，爺爺對他談起西柏坡時候毛對劉的評價。爺爺說，他們談話的時候，「劉少奇進來又出去了。毛在他走後說：『這是我們黨裏犯錯誤最少的人。』」因為彭真當時也在挨鬥，祖父那次還說「親自聽到毛對周恩來說，彭此人大有才、大可用，把北京這地方交給他」。張東蓀沒有告訴自己的親人，也是那次，共產黨方面曾問過他對做「北京大學校長」的興趣 —— 這都讓他覺得氣悶。而這氣悶，要到遭整肅後的1959年才在他的詞作中抒發，[31] 這我們以後還要談到的。

　　1月31日半夜，北平和平解放的消息傳來。周恩來看完電文，當即派幹員連夜出發去北平，以備黨中央遷入。

　　2月1日，周恩來安排滯留李家莊的民主人士和共產黨一起進城接收。雷潔瓊夫婦參加進這一隊伍，還在燕京當了一夜東道主。張、費也同車回校（「入城式那天回來」），只不過沒有那麼激動，也沒那麼投入就是了。

　　同一天，2月1日，李濟深、沈鈞儒、馬敍倫、郭沫若等五十六人聯名致電毛澤東、朱德，慶祝人民解放戰爭的偉大勝利 —— 裏邊沒有張東蓀。

他沒有參加致電，毛卻在自己為新華社寫的述評中點了他的名。[32] 2月4日，《人民日報》北平版創刊。清華、燕京教授發表宣言：〈擁護毛主席聲明〉，張東蓀名列其中但沒有領銜。

到2月25日，當林伯渠陪同趕到東北的民主人士乘火車離瀋抵達北平的時候，「到車站歡迎的有中共方面的林彪、羅榮桓、薄一波、葉劍英、彭真，各界民主人士中有張東蓀、胡愈之、楚圖南、千家駒、雷潔瓊、費孝通等及全國學代會代表、鐵路工人代表共百餘人。」在這條消息裏，他的名次排到最前邊。

3月25日，毛澤東一行乘坐汽車從西柏坡出發，到涿縣換火車抵清華園車站，在頤和園稍事休息後進北平。從留下來的照片中我們看到，張東蓀作為「各方民主人士之一」出席了西苑機場的歡迎式。他只穿了一件呢大衣（裏面還是長袍布鞋），站在譚平山與沈鈞儒之間，背後是陸志韋、李維漢和朱德。

當天晚上，毛澤東約他的非共產黨朋友到頤和園樂壽堂吃飯，張東蓀也在應邀之列。晚飯後，即開始座談，一直談到次日清晨。

共產黨拿下了古都北平。順手佈局了只見掌聲與笑臉的協商（沒有對抗與制約）。毛澤東面臨着一個新的戰場——心靈征戰。在樂壽堂高高的拱頂下，他是不是在想，在不遠的將來，敗在（或拜倒在）他腳下的，將不再是那些國民黨的上將、中將，而是這批與他推杯換盞、道貌岸然的飽學之士了呢？

註釋

1.　西柏坡位於河北省平山縣。毛澤東在這裏指揮了遼瀋、淮海、平津三大戰役等二十四場戰役。他在一間僅16.3平方米的舊民房裏，共為前線起草197封電報。有關三大戰役的統計如下：

1949年3月毛澤東進北平時的情況（圖片來源：新華社）

戰役名稱	時間	天數	殲敵（萬）	電報數	共軍國軍力量對比
遼瀋戰役	1948年9月12日至11月6日	52	47.2	46	70萬：55萬
淮海戰役	1948年11月6日至1949年1月10日	66	55.5	64	60萬：80萬
平津戰役	1948年11月29日至1949年1月31日	64	52.1	89	100萬：60萬

2. 在《觀察》第4卷第22期（1948年暮春），有一篇清華教師胡慶鈞介紹費孝通的文字：「一個年紀剛到三十八歲的中年學者，在社會人類學的崗位上努力了十年，享到了如許的盛名，獲得了很高的國際聲譽，這不能不說是近代中國學術史上一件罕見的事。」

3. 「民進的馬敘倫同志從哈爾濱給我們來信，請我的愛人嚴景耀去華北解放區出席中共中央召開的有關民主黨派的會議。」參見雷潔瓊：〈一次難忘的幸福會見〉，載邵康主編：《毛澤東和黨外朋友們》（北京：團結出版社，1993年），頁35。

4. 朱學勤：〈費孝通先生訪談錄〉，《南方週末》，2005年4月28日。

5. 周北峰：〈北平和平解放〉，載全國政協文史資料委員會編：《中華文史資料文庫》，第七冊（北京：中國文史出版社，1996），頁225–234。

6. 王紅雲：〈北平和平解放和談記〉，《縱橫》，2002年第1期。

7. 吳黔生等：《肝膽相照》（北京：軍事科學出版社，1993），頁41。

8. 1月14日，解放軍向天津守敵發起總攻。三十小時後雙方簽署了《關於北平和平解放初步協議》十四條。21日，傅作義宣佈北平城內守軍接受和平改編。接著，最重頭的：斯大林代表米高揚將於31日到達。估計他們是在協議簽定之後出發的，一直留到重頭戲開場。

9. 雷潔瓊：〈沒有共產黨就沒有新中國是真理〉，《光明日報》，2001年6月12日。

10. 1998年紀念響應中共「五一」口號五十周年之際，各民主黨派中央領導人赴西柏坡參觀學習。民盟中央名譽主席費孝通說：「撫今追昔，我認為五十年前各民主黨派響應中國共產黨的號召，聚集在中國共產黨周

圍，擁護共產黨的領導，這是一個正確的歷史選擇，是民主黨派的優良傳統，是中國共產黨統一戰線工作的勝利。我深切地感受到：只有中國共產黨才能救中國；只有社會主義才能發展中國。」

11. 轉引自A‧列多夫斯基編，馬貴凡譯：〈毛澤東同斯大林往來書信中的兩份電報〉，《中共黨史研究》，2001年第2期。

12. 同上註。

13. 1944年7月7日，羅斯福總統提出將國共軍隊全部交史迪威指揮。美國駐華大使高思建議在蔣介石領導之下組成一個聯合軍事委員會或聯合最高統帥部，以便團結中國各黨派共同抗日。……7月下旬，美軍觀察組前往延安，美國的外交官員謝偉思等也受命同往。謝偉思對國民黨政府持批評態度，於是熱心與中共中央領導人討論聯合政府問題。（共識網蘆藝洋：《黨際關係視角下1937年–1949年毛澤東中共全國性政權建構思想的演變》）

14. 《毛澤東年譜(1893–1949)》，中卷（北京：人民出版社、中央文獻出版社，1993），頁536。

15. 「五一口號」非同小可。因為接下來的新政協將以此劃線：各民主黨派凡贊成積極響應者，可以參加新政協，後來者則需審查資格。新政協籌備會關於代表資格的政治標準是嚴肅的。有些黨派、有些個人雖然提出申請，卻沒有被接受；也有些黨派、團體、個人，卻被主動邀請參加。負責擬訂參加新政協的單位及代表名額的是第一小組，組長李維漢、副組長章伯鈞。第一小組提出處理意見，再報全體會議決定。參加新政協的黨派單位，除中共及在香港公開響應「五一口號」的十個民主黨派，又增加九三學社、台灣民主自治同盟、新民主主義青年團等三個黨派單位。

16. 5月2日，中共中央電示上海局，明確指出：準備邀請各民主黨派及重要人民團體的代表來解放區商討召開政治協商會議。周恩來開出二十九人名單：「擬邀請李濟深、馮玉祥、何香凝、李章達、柳亞子、譚平山、沈鈞儒、章伯鈞、彭澤民、史良、鄧初民、沙千里、郭沫若、茅盾（沈雁冰）、馬敍倫、章乃器、張炯伯、陳嘉庚、簡玉階、施復亮、黃炎培、張瀾、羅隆基、張東蓀、許德珩、吳晗、曾昭掄、符定一、雷潔瓊及其他民主人士前來解放區參加協商。」周恩來後又親自擬定包括上述人士在內的港滬和江南民主人士七十七人名單、平津民主人士二十四人

名單。讀者如果有興趣，可以比較一下上述名單和後來進入政府與政務院的非共產黨官員。

17. 直到1948年8月1日，中國共產黨中央委員會主席毛澤東才得以覆電香港李濟深等十二人並轉告各民主黨派、各人民團體及無黨派民主人士，稱「5月5日電示，因交通阻隔，今始奉悉。……」，可見將「蔣介石反動派」之外的各種力量糾合在一起有多麼困難，特別是中間還夾着一場「美帝」對第三勢力的扶持。讀者如果記得我們在第一節中說過的毛對李濟深的代表彭澤湘打算拉傅作義建立第三勢力的憤恨，就知道這拖延了三個月還得不到回音讓他有多焦急。

18. 葉篤義：《雖九死其猶未悔》（北京：北京十月文藝出版社，1999），頁68–69。

19. 即中國民主促進會，1945年成立，是上海文教界與工商界懇談會的底子。

20. 費孝通對朱學勤說：「我的生命路線的選擇，不是我選擇的，是共產黨決定的。向哪一條路走？當時有好幾條路呢。一條是做教師，在清華是我做事裏面生活最安定的一段時間，待遇啊、條件啊都很好，朋友很多。當時彭真與李維漢爭我，彭真想給我北京市政策研究室的職位，後來李維漢把我要去了，他是統戰部的，他地位很高，在江西南昌起義時被稱為『羅邁』，他權力很大，總理下來就是他，他是總理的秘書長。……我們同李維漢處得很好的。他是賞識我的人，知識分子是要別人賞識的，李維漢是共產黨裏面第一個真正賞識我的人。……回到民族學院，宣佈我是右派了。他們也很複雜，決定我是右派也是很複雜的事情，我一直幫他們的。他們後來也承認，統戰部後來幫我的人不少，李維漢幫我的，到後來也是他把我弄出來。所以我受的罪不多，一直到『文化大革命』才真的開始。」參見朱學勤：〈費孝通先生訪談錄〉，《南方週末》，2005年4月28日。

21. 中央檔案館編：《中共中央文件選集》，第十七冊（北京：中共中央黨校出版社，1992），頁143–144。

22. 這封信一定還保存在中央檔案館。根據「中央檔案館國家檔案局利用部」發佈的文件，中共對其檔案工作，是相當重視的。1945年9月，在中共準備離開延安向東北（和全國）發展的時候，成立了「材料保管委員會」，「徵集、接收中共中央和中央軍委的重要檔案資料並負責轉移」，由中央秘書處處長，也即日後的第一任中央檔案館館長曾三負責。第一次大轉

移是從延安到興縣，九十箱，驢馱人背走了一個月。第二次是從興縣到西柏坡，銷毀了一部分（不是蘇區清肅ＡＢ團的檔案吧？──著者歉），裝入六十四個鐵皮箱，全部由牲口馱運。第三次是從西柏坡轉向北平，這回裝了兩輛大卡車，周恩來和楊尚昆統一指揮。當時，對於即將成為第一執政大黨，中共頗為自詡，所以在西柏坡時期，有關檔案的規定疊次出台，如〈中央秘書處材料工作細則〉、〈中央辦公廳關於承辦和收發電報及歸檔程序〉等。

23. 毛澤東5月31日致函劉少奇、周恩來、朱德、任弼時：請考慮將張東蓀、吳晗、許德珩等盡快收平、津接出來，以便徵得他們同意後，選為華北行政機構的委員，並有一二人任部長，一二人任副部長。參見《毛澤東年譜(1893–1949)》，下卷，頁313。

24. 8月7日至19日，華北臨時人民代表大會在石家莊召開，選舉董必武為華北人民政府主席，薄一波為第一副主席，藍公武為第二副主席，楊秀峰為第三副主席。

25. 中共中央文獻研究室編：《周恩來年譜(1898─1949)》(北京：人民出版社，1990)，頁808。

26. 雷潔瓊：〈一次難忘的幸福會見〉，載《毛澤東和黨外朋友們》，頁37。毛在那時其實不會使用「召開政協」、「中華人民共和國」這個後來才確定的稱謂。如果不是秘書粗心浮氣，只能説雷副委員長陷於套話難於自拔了。

27. 郝在今：《協商建國──1948–1949中國黨派政治日誌》(北京：人民文學出版社，2000)，頁166。

28. 據記載，1919年11月，張東蓀、毛澤東、舒新城發起創辦《湖南教育月刊》。參見于平凡：《中國民主自由運動史話》(香港：自由出版社，1950)，頁72。

29. 參見左玉河：《張東蓀傳》(濟南：山東人民出版社，1998)，頁422–423。

30. 毛澤東：〈在新民學會長沙會員大會上的發言〉，載《毛澤東文集》，第一卷(北京：人民出版社，1993)，頁1。

31. 《賀新郎》的前言：「曾有人兩度以北京大學校長向余游説，一在虜獄中，一則在石家莊旅居時。又一九五二年陳某欲余自白，以不得為部長為憾。當時引為侮辱，嗣知人之自視與他人之相視，實有千里相隔，亦不足怪，但可一笑置之耳。偶然憶及，紀之以詞。」

32. 該述評刊於1949年2月3日的《人民日報》(石家莊版)上,收入《毛澤東新聞工作文選》(北京:新華出版社,1983,頁277–280)時改名為〈北平問題和平解決的基本原因〉。

三

炎熱的夏天：「一邊倒」

　　從西柏坡搬進雙清別墅的毛澤東，穿的雖然還是那身大棉襖，頭腦中的戰場，早已不再是四平街上的殺戮。在客廳、在書房、在握手與交杯換盞中，他將與他想像中的對手進行毫不妥協的較量：心理、性情、智慧、價值觀、當然最重大的——誰說了算。這場他名之為「其樂無窮」的大戰，將覆蓋他1949–1976年（五十六歲至八十三歲）後半生，並從此與希特勒、斯大林、波爾布特、齊奧塞斯庫等比肩列名現代暴君榜。[1]

　　這場戰爭正式開場於1949年，這改變了幾代中國人命運的、瞬息萬變的一年——雖然腹稿，早在1948年、1947年，甚至更早的時候就開始打了。

　　不長於交際的張東蓀，[2] 在1949年春夏之交的大熱鬧裏，顯得出人意料的孤單。

　　在這無可與人言，甚至也無從著文排遣的孤單中，有切盼、有焦灼、有追悔⋯⋯他感到有什麼即將發生，但又不能確切預知，更不知道該如何應付——比如北平易手之際，這邊氣勢洶洶發佈的那個「罪大惡極，國人皆曰可殺者」的四十三名頭等戰犯名單。前四十一名黨國大員後邊，赫赫開列的，竟然是四十二號曾琦和四十三號張君勱！

　　他依舊住在燕京，只在城裏有事的時候，暫時在長子宗炳外交部街的家中歇腳。雖然「收歸國有」的指令要到1951年2月才正式下

達，但在1949年的春天，貝公樓一帶已是另一番氣象。身著軍裝、腰繫皮帶的人進進出出。臨湖軒再不見老校長的身影。

1947年南京最後一面之後，張東蓀再也沒有見到司徒雷登及傅涇波，但書信往來依舊保持——既非禮節性的問候，也不是摯友之間無隔閡的交流。研究西方哲學之餘，正在構築自己的思想體系[3]的張東蓀，沒有宗教與留學美國的背景。英文水平雖然已可在專業領域自如閱讀，聽也過得去，說還是要靠翻譯。僅就私交而言，張東蓀與司徒雷登似乎並不很親密。他太嚴肅、也太專注，專業學問之外的興趣相當有限，對於「行樂須及時」等人生格言不僅無由領悟，反倒常為遠得沒邊的國事、天下事日常著急。他是燕京教師中唯一一名國民參政員（1937年、1938年）、老政協代表（1945–1946年）、是國共兩邊首腦都著意籠絡的高資望民間人物。

司徒雷登1946年改任美國駐華大使之後（仍兼任燕京校務長），不免從新的角度看待這位任系主任的同事。到了1949年，期望通過以峻刻自律、操守嚴謹而聞名學界的張東蓀，與即將成立的新政權建立不露痕跡的聯繫，也就順理成章。另一方面，張東蓀雖然早在老校長大使任命剛剛發表的時候，就已「看透中國政情之複雜，深知此任務（調和兩黨，建立民主聯合政府）難以完成。一旦失敗則勢必有損司徒雷登一世清名」，[4]但對司徒雷登（代表美國當局）與中共溝通的意向，無論出自理念還是同事之誼，於公於私，均願助一臂之力。

這年早春，司徒大使和傅涇波依舊在南京。

對燕京四教授的西柏坡一行，想來他們已有所聞。但他們未必知道，毛澤東已經相當興奮（或曰有意試探）地向他的客人們透露了新中國「一邊倒」的基本國策；而斯大林的特使不日之內即到解放區，並將與中共首腦人物會面這一重大消息，則完全懵然。

幾乎就在同時，北平「解放」後的第四天，1949年2月4日初，美國國務院數月前（1948年9月8日）制定的那份《重審並制定美國對華政策》文件，獲得了杜魯門總統正式批准。文件著重分析國民黨失敗和共產黨成功的原因，明言美國必須擺脫腐敗的國民黨政府，並和中共打交道——不僅必然而且可行。[5]

雖然對蔣介石的評價頗高且私交甚厚,但司徒雷登作為前傳教士,更傾向於將他看成是中國巨變時期皈依了基督的政治領袖。司徒誠摯地寄予情感與厚望的,是他出生與傾注心血的中國[6]——作為大使,執行本國政府政策更是責無旁貸。所以,對國務院的「新精神」,司徒沒有任何抵觸,立即以基督徒與大使的責任心,打點精神上陣。

動得最快的,是感到自己的機會終於到來的國民黨內反對派(民革)。3月下旬,陳銘樞即開始派自己秘書羅某到南京聯絡美國大使。司徒在羅的陪伴下到上海,託陳向即將建政的共產黨人(比如周恩來先生)致意,說自己將建議美國政府,支持中國的經濟建設二十億元。[7]

在這敏感的、牽一髮而動全局的日子,傅涇波盡量保持與燕京舊雨的聯絡。時間急迫、局面微妙,老校長需要與人交換意見:和一個具有學識和歷史感,卻與老的和新的政權都沒有利害牽扯的人交換意見——當然這人最好是意識形態上色彩不濃烈,且公正不阿。

形勢發展很快,快到幾乎出乎所有人的預料。

1949年4月21日,毛、朱二人發佈〈向全國進軍的命令〉。這其實意味着,中共將成為「除了南斯拉夫外唯一真正在政治和軍事方面不直接依靠蘇聯軍隊而獲得政權的,他們必定會引以自豪並堅持獨立自主」。[8]

4月23日,人民解放軍佔領南京。

接着,就是那已經廣為人知的、意味深長的情節:國民政府「遷都」廣州,而美國政府僅命使館參贊劉易斯·克拉克(Louis Clark)以「代辦」名義赴穗。大使本人留守未動,故宮機場還留下了一架大使專用雙引擎小型運輸機。這一舉措的餘波是:除了蘇聯,西方主要國家的大使館,都沒有隨原國民政府南遷;司徒本人在戰時交通管制環境下,還能在各個城市往來穿梭。

所有這些,對紅色中國向蘇聯「一邊倒」的外交政策有着怎樣的影響呢?

　　長久以來，讀史的人大多以為，「一邊倒」這一基本國策的確定，定是出於討好老大哥蘇聯：第一，在冷戰中給社會主義陣營這邊加碼；第二，在中共心目中，只有大哥高興了，方可依賴。用毛的話說：打架，背後站着個大個子，心裏踏實。

　　而蘇聯，起碼在中共已經渡江拿下上海那一段時間，是不是如人們想像的，正擺出僵硬凜然的冷戰架勢，不許自己的「小兄弟」與美帝有任何勾搭呢？

　　據大約半個世紀後披露的資料，在1949年中共進入北平，拉開架勢與南京李宗仁政府和談（其實，説「周旋、虛與委蛇」或許更確切）的這段時間裏，斯大林曾多次事無巨細地介入到國共、中美事務中。細究蘇聯這時的態度，確實看不出要在中共與美國之間使壞，加劇二者間之緊張，以為其所用。

　　應該説，自從四野進關、北平拿下，蘇聯對中共這個小兄弟不得不刮目相看了。隨著米高揚特使密訪西柏坡，斯大林4月間的那份電報，起碼在表面上奠定了後來幾個月裏，毛澤東頸毛直豎地與美國打交道的基礎。應該説，出於對蘇美關係的看重，對於新中國與美國「建立外交關係和進行正常的貿易往來」，態度非常溫和。到了6月，蘇聯駐華大使羅申還向司徒雷登表示：蘇聯願意改善美蘇關係，並研究解決中國問題的辦法。[9]

　　於是，4月20日，渡江戰役發動之前，黃華奉周恩來之命，南下鐘山，擔任「南京市軍管會外事處處長」。直到1999年接受電視台與黨史研究室採訪時，剛剛從副總理位置上退休的黃華，才將當年這一最高機密昭示於眾。原來，是周恩來特意安排他這名燕京肄業生前往南京，「伺機和校長司徒雷登接觸」。司徒在日記中寫的則是：「據説黃華是因為我的關係，才被派到這裏來的。」

　　4月25日，出了一椿三十五軍擅自派兵入侵大使官邸的事。司徒大使合乎情理地生了氣。毛主席遂親自起草電文過問——這一並非由政治家設計的細節，直接導致中共入滬部隊動人的紀律嚴明。女作家陳渝慶五十年後告訴著者，她的父親、建築學家陳占祥，就是因為見到這些可愛的睡在屋簷下的戰士，而毅然決定留下不走的。[10]

也是在這幾天，與「大兵闖使館」異曲同工，懷着「新中國主人公」之驕傲，還出現了南京電報局停止外國記者發新聞的事情。此節又勞動毛主席於4月30日親自寫下關於「好」、「壞」記者的絕妙電文：

> 我們認為南京、上海兩處暫時均不要停止外國記者發新聞電。南京方面應重新開放，讓外國記者發電，並且不要檢查。待他們發一個時期看其情況如何，再由中央決定或全部停止外國記者發電，或准許好記者發電，停止壞記者發電。[11]

4月20日，長江上發生英國艦艇紫石英號事件。毛澤東為解放軍總部發言人李濤撰寫了措詞嚴厲的反帝聲明。與預期相反，司徒大使推進「新精神」之決心，不僅沒有因這事受到干擾，反而決定加快步伐：5月6日下午，一直靜待未敢擅動的黃華，接到傅涇波的電話。傅以老同學的口氣，問什麼時候可以去看他。

在第二天的會面中，傅涇波幾乎將春天批准的國務院文件《重審並制定美國對華政策》悉數告訴了這位前同班同學。除了「美國一年來漸漸了解了過去對國民黨的認識錯誤，已經停止援助蔣介石」等，還委婉道出他們長於教育與宗教事務的老校長坐在大使位置上的為難之處：在國外獲得的任命；對外交不在行；對國務院不熟悉⋯⋯。傅還談到這次國民黨撤退前，何應欽希望司徒去廣州，而他決定留在南京不走，就是希望同中共接觸。而這點，是獲得了國務卿艾奇遜同意的。

接下來的，當然是安排黃華前往拜望老校長了。致電北平請示之後，5月10日得到毛澤東的回電（細心的讀者此時一定可以注意到，前邊之所為，多出於周恩來的佈置。至此，永遠將意識形態放在第一位、對「人權」「自由」懷有無以排遣之警惕的毛澤東親自介入）：

（一）黃華可以與司徒見面，以偵察美國政府之意向為目的；

（二）見面時多聽司徒講話，少說自己意見，在說自己意見時應根據李濤聲明；

(三) 來電說「空言無補，需要美首先做更多有益於中國人民的
　　事」，這樣說法有毛病。應根據李濤聲明，表示任何外國不
　　得干涉中國內政……(詳見下文——著者按)；

(四) 與司徒談話應申明是非正式的，因為雙方尚未建立外交
　　關係；

(五) 在談話之前，市委應與黃華一起商量一次；

(六) 談話時如果司徒態度是友善的，黃華亦應取適當的友善態
　　度，但不要表示過分熱情，應取莊重而和氣的態度；

(七) 對於傅涇波所提司徒願意繼續當大使和我們辦交涉，並修
　　改商約一點，不要表示拒絕的態度。[12]

對比前文所述斯大林的長電文，第三項「不得干涉中國內政」這
一條，毛澤東說得非常詳細，甚至前後語句重複(這絕對不是他寫電
報的風格)，已現胸中之氣蓄勢噴湧之前兆。茲將全文謄錄如下：

來電說「空言無補」……(接上)過去美國用幫助國民黨打內戰的
方式干涉中國內政，此項政策必須停止。如果美國政府願意考
慮和我方建立外交關係的話，美國政府就應當停止一切援助國民
黨的行動，並斷絕和國民黨反動殘餘力量的聯繫，而不是籠統地
要求美國做更多有益於中國人民的事。你們這樣說，可能給美
國人一種印象，似乎中共也是希望美國援助的。現在是要求美
國停止援助國民黨，割斷和國民黨反動殘餘力量的聯繫，並永遠
不要干涉中國內政的問題，而不是要求美國做什麼「有益於中國
人民的事」，更不是要求美國做什麼「更多有益於中國人民的
事」。照此語的文字說來，似乎美國政府已經做了若干有益於中
國人民的事，只是數量上做得少了一點，有要求他「更多」地做
一些的必要，故不妥當。

望讀者特別注意「做有益於中國人民的事」。不同的人對此是有
不同的想像的。飛機大炮？麵粉巧克力？人權觀念與民主制度？

　　5月13日，有毛主席指示在胸，黃華前往大使官邸。會面時傅涇波在座。楊奎松在他的分析裏說：「人們事實上可以把這次談話看成是新中國成立前夕中美雙方的第一次重要的外交接觸。」此言甚是，但是，外交往往對內政發生很大作用。比方說，它對後來毛絕對不許外人干涉「內政」傾向的影響，怎麼估計都不會過高──當然這裏所說的外人，已不僅僅指外國人。比如文化人梁漱溟就是國家農業政策制定的外人；經濟工作也不是彭德懷份內的事。至於這「內」與「外」會在什麼時候以及如何劃定，只能聽憑偉大領袖自己「胸中鴻猷」了。

　　在會面中，黃華忠實轉達毛的電文「停止援助國民黨，割斷和國民黨反動殘餘力量的聯繫」。對此，司徒書生氣十足地解釋，「只要國民黨政府仍然存在並得到美國承認，美國與國民黨政府之間的外交關係多半不會因為中共的軍事勝利而迅速改變」。

　　接着說到至關重要的「干涉中國內政」問題。作為崇尚自由主義的司徒雷登，以大使身份表達的──我們後世讀史人現在已經清楚看出──是一句多麼要命的話：「美國的承認，要視新中國政府是否能夠廣泛吸收『民主分子』參加。」[13]

　　5月17日和31日，傅涇波再見黃華，明確告訴他，在對中共的政策問題上，美國國務院與國會是存在着極大分歧的。形勢緊迫，司徒雷登力主與新中國建立友好關係，望得到中共方面的信任和諒解。

　　北平方面沒有回音。

　　陳銘樞就是這個時候作為李濟深的代表，帶着大使館代為收集的美中關係資料，北上專程拜望中共的。

　　張東蓀也有回信。據司徒5月28日日記，他邀請張東蓀7月20日前到南京面談，張也答應前來──以到上海會見民盟主席張瀾、羅隆基為契機。

　　為將事情做得更確實，司徒本人再次前往上海。這回是會見民盟的領袖人物羅隆基：

司徒約見羅隆基，託其向周恩來傳達這樣的口信：中國如能放棄「一邊倒」的外交政策，他可以向美國政府建議，給予中國六十億美元的支持，幫助中國經濟建設。羅隆基到達北平之後，在未傳達這個信息之前，聽到民革的陳銘樞已經向周恩來做了相同的傳達，而遭到周的斥責。於是他就放棄了這個念頭。[14]

到了八十年代，在華盛頓傅涇波寓所，燕京老校友、東蓀先生的學生林孟熹曾直接向這位當年不離左右的校長私人助理發問：「司徒校長在中國政局問題上，究竟最聽信誰的意見？」「張東蓀。」傅涇波毫不遲豫地回答。[15]但在1952年被逼作「檢討」的時候，張東蓀自己說的是：「因為國共談判沒有成功，對美國政府能接受司徒雷登這樣的建議，根本不抱希望，也就沒有任何動作。」

他的這一見解，其實在許多同儕之上。因為他的「不抱希望」，指的是正積極活動的司徒、傅涇波背後的「美國政府」，還不說北平的態度。他持如此見解的時候，中央情報局秘密檔案還沒有公佈，沒有可能確切知道當時美國的政策：「美國的安全利益要求將中國置於蘇聯的控制之外。」[16]他這樣想，大約源於1947年7月在南京同當時的總統特使魏德邁會面時，美國方面對民盟切切給出的忠告所持的無知的輕慢。後來事態的發展，包括美國政府自己的自省，都證明了受到雙重理念——經典意識形態與現實利益——制約的美國，[17]與毛澤東這個遊刃於儒、法、道、術，經千年之提煉而成就的「人精兒」打交道，有多麼困難。

雖然處於心情沉重的失望之中，對於老校長的託付，還須有所交代。到了夏天，在美國已經決定撤回全部外交人員之後，張東蓀、羅隆基、周鯨文前往駐北平總領館，為柯樂博（O. Edmund Clubb）送行。他鄭重地託柯將自己這回「有負重託」的過程轉告司徒先生。這時，他強調的是北平方面。也就是說，司徒，包括他們自己作為「第三勢力」所期望的「以民盟來做美國和中共之間的橋樑」這一「幻想」，在中國已經完全沒有實現的可能。

他們的赴約道別，發生在1949年初夏，沒有打算也沒有必要對北平軍管當局隱瞞。而由於南北交通阻隔，他們與司徒間的信件往

來都通過美國駐北平總領館，總領館也立即向華府詳細報告，包括司徒所報：「我已要求張前來，並深信他所掌握的情況將來我帶回華府甚為有用。」

這封電文附有總領事柯樂博的說明：

> 張說他已經向周（恩來）提出，佔領上海之後，他需要前去看看。周已經批准張的建議。因此張暫定五月底或六月初動身。他……要求我告訴你如果他去上海的話，隨後他會去南京看望你。

這裏的「前去看看」，指的是在「左派」民盟人物已「緊隨黨的教導」去了香港、去了東北、又來了北平之後。他作為這個圈子之外，但仍受到共產黨倚重的民盟中委，正可名正言順地到上海聯絡張瀾、羅隆基（其實其時史良等也在上海）。此行得到周的首肯。對此，可以理解為共產黨對當時還具有相當份量與影響力的民盟「非左派」人士的關切，或許也含有周為了「非一面倒」，對他們有所倚重的意味。

後來，由於有國共兩邊的特工戲劇性地介入搶人、救人，張瀾「投向黨的懷抱」已成定局。這意味着張東蓀南下已無名目。司徒和傅遂收到張的回覆：「妻子有病，不便遠行。」林孟熹記得，這年夏天，他正聽張教授的課，「並未聞師母有疾。」也就是說，上海解放前後，由於客觀的或者主觀的原因，張已不能或不便與美國駐華大使直接聯絡——雖然到了6月18日，篤信「精誠所至　金石為開」[18]的司徒，在致電國務院時候還說：

> ……我推測陳銘樞及其他人已北上參加北平之政治協商籌備會議。在返回華府之前，我將設法取得有關之第一手資料。張東蓀也將是代表，他仍會經上海來南京看望我。

然而，對於司徒希望「帶回華府甚為有用」的「他所掌握的情況」，用不着親自到南京，張東蓀已經對柯樂博談過了：

> 張昨天見到周恩來，後者特別在與外國貿易的問題上顯示出能夠接受的姿態。他（張）說像毛澤東、劉少奇和周恩來這樣的人，

已意識到重建貿易和對外關係的需要，但尚未達到足以將他們的觀念和判斷加到比較下層的頭上的地步。那些人是受另一條路線教育出來的。他強調他的信念：目前在如何對待美國的問題上，已存在一種向調整位置發展的趨勢，但共產黨人行動得很慢。(電文附件)

看來教授對「泥腿子」們已經多少有些領教。但對毛澤東顯然看走了眼，也不了解其下屬包括劉少奇、周恩來等對這人的絕對服從。其實在對美關係這樣重大的題目上，毛、劉和周會是一樣的人麼？「比較下層」的幹部，干涉得了毛麼？「貿易和對外關係」，包括與其息息相關的平民生活，在毛的考慮裏，又能佔什麼份量？

對張所說的「行動得很慢」的位置調整，司徒和傅，可能還有張東蓀，都還沒有徹底絕望。

5月底，司徒提出想到剛剛易手的上海。黃華反應相當正面：對「一名普通美國公民」的要求，按照「特殊情況」做了周詳的安排。

6月2日，柯樂博致電國務院：「……張宗炳在三次不同談話中主動表示，相信共產黨人終將會『接受美國援助』——這一重要政治判斷，大家都相信源自張東蓀。」

6月6日，柯樂博致電國務卿：「張宗炳告知，周恩來最近對教授們的演講中，說到中國共產黨人不會走鐵托主義路線。張宗炳說此番解釋不符合情況。據他父親的看法，事實上，共產黨人正在走這條路線。」

讀史人現在已經清楚看出，張教授的判斷，其實是在沒有認清本質前，對「中國共產黨人」書生氣的讚揚：氣節操守，茲事體大，「中共諸公」怎麼會做他人尾巴？

在同一天(6月6日)，黃華在得到批准後，主動約司徒(還有傅涇波)在外事處再度面談，對原先談過的(也就是毛規定的)三原則，不敢有一絲鬆口。司徒則就國際法向他的學生解釋，在「中國沒有一個新政府」的局面下，無所謂承認，也不能與尚有存在條件的舊政權斷絕外交關係。更有甚者，第一次當大使的司徒雷登一點不具外交

官常持的「與人方便，自己方便」（practical convenience）的靈活姿態，再次明確告訴黃華，承認與否，將視未來中國的政府裏是否能夠盡量吸收一些民主開明的人士參加而轉移。[19]

讀者此時可以想像，讀到黃華發回去的報告，周與毛的感受——不同的感受。

對比毛此時的「原則性」，和他1944年在延安見美國政府代表謝偉思時候的靈活性，可知他最崇尚的，本是實用主義。至於1949年初夏他所持的具有實用效應的原則性將落實到何處，詳見後文。

在這個時候，蘇聯怎麼想呢？據楊奎松研究，作為冷戰的一方，它相當坐得住，對美中關係能發展到什麼程度，竟沒有絲毫的緊張不安：

> 這時中共代表與美國大使的整個談判過程，幾乎都是在斯大林的密切關注與建議下進行的。毛澤東不斷地向斯大林詳細地通報這種接觸的最新結果。斯大林甚至明確認為：未來新中國的恢復和建設如果能夠得到美國在經濟上的某種幫助，也未必不是一件好事。[20]

斯大林的這一姿態，決定了毛澤東1949年春夏之交時所持的態度：姑且聽你的，且耐下性子，一邊「偵察美國政府之意向」，一邊等待轉機。而在南京，勉為其難地當着外交官的教育家司徒雷登，與自己學生王汝梅（黃華在燕京讀書時的名字）之間那場「雞同鴨講」式的接觸，也就一直維持着。這會晤，引起了留在南京各國外交使節不小的議論。天性樂觀並勇於行動的司徒，決定在自己職權範圍內繼續向前推進。

6月8日，傅涇波對黃華說：使館接到美國副國務卿魏伯電報，希望司徒雷登「在返美前能夠與周恩來先生會見一次，順便看看燕京大學，獲知中共方面的意見」。這一提議頗具可操作性。因為依照多年慣例，每到6月24日，司徒校長總是在臨湖軒與燕大師生一起「過生日」。傅涇波希望黃華將此意向北平方面傳達。如果成行（即得以赴北平面見周恩來），校長「返美活動將更有力量」。

　　估計就在這前後，張東蓀以及燕京其他能使得上勁的人物，如校長、總務長、教務長等也接到傅涇波的信，望大家齊努力，以促成此事。

　　這時候，還發生了一件至今未能白紙黑字證實的情況：6月1日，司徒雷登接到一份由北平總領館轉來的所謂「周恩來密訊」，稱中共高層領導在對蘇對美方針上產生了「嚴重的意見分歧」。華府對此很當回事，不料覆信為周恩來峻拒。後世研究者認為這不過是當時西方報人(兼情報人員)對北平上層「有所聞」(外加猜測)之後掀起的風波。[21]

　　不過話說回來，雖然沒有具體文件對此加以證實，但只要讀過毛氏雄文，就知道在那一階段，他確曾面對來自「自己陣營」的質疑：「你們太刺激了」；「我們要做生意」；「我們需要英美政府的援助」……。[22] 正因為這樣的願望比較普遍地存在於國內國外、官方民間，對以「較勁」為平生樂事的毛澤東而言，反而為他匠心獨具的「一面倒」加了碼。

　　行文至此，著者特別想提醒讀者諸君注意屬於政治心理學的研究領域中，常常發生在專權者身上的「偏執」「逆反抗拒」性格：愈遭反對，強行推進的欲望愈強烈。綜觀毛澤東一生，最典型的案例，莫過於1959年廬山那次 —— 原本打算反「左」而召開會議，最後以反右大開殺戒。

　　再回來說1949年的故事。

　　要求前往北平(循舊例於6月24日在燕京大學過生日)的試探氣球拋出，卻得不到回音 —— 也就是後來張東蓀(在被迫檢討時候)說的司徒與傅「遲遲不能成行」。

　　6月11日，有三名人員陪同照顧的司徒雷登趕到剛剛「解放」了的上海，見到三百多位燕京歷屆畢業生，包括共產黨員和共產黨的盟友，比如章漢夫。司徒對大家說，在南京見到了王汝梅，他現在是共產黨在南京的外交代表。十三年沒見面了，現在與他見面交談，還是和過去一樣沒有拘束。在後來的日記中，司徒雷登提到周裕康

(燕京大學總務長蔡一諤的親戚)告訴他:「毛澤東宣稱,我會被作為許多中共人士的老朋友而受到歡迎。」

6月18日,黃華主動問傅涇波,司徒訪問北京的時間安排,有沒有得到肯定的答覆。希望讀者特別記住這個日子,因為就在第二天,6月19日,已經起起伏伏拖了半年的「美國駐瀋陽領事館人員從事間諜活動」一事突然公佈了。

不僅在當時,就是很久以後,也沒有幾個人將這兩個事件聯起來想。後人知道的是,終於,6月25日,老校長接到現任校長陸志韋十天前發出的邀請信。陸志韋寫道:「昨天(6月15日)上午我見到周先生。……毛澤東已宣稱你有興趣來燕京訪問,我估計當局可能予以同意。」[23]——大家注意到了吧,到這時,北平方面有所介入的人士都在強調,雖然最早的安排是周做出的,但此時的決策者,已經是毛本人。

一封重要函件晚到這麼多天,恐怕不是因為郵路那時尚未恢復。在這十天裏,中共方面有了不少動作,以通俗的政治術語形容,就是一手硬、一手軟,大棒、胡蘿蔔一齊上。在同意司徒北上的同時,春天以來第一個針對美國政府的強硬行動開場:美國駐瀋陽領事館人員「從事間諜活動」於6月19日公佈——但僅僅公佈而已,依舊留著將來或不了了之、或再度升級的餘地。而絕對不可公告的,則是劉少奇實打實的步伐:6月21日,他率團秘密北上。在莫斯科,用了幾乎兩個月的功夫,商議中國入股蘇聯陣營,以小弟身份接受大哥經濟技術全面援助。

北平這邊呢,或者說,周恩來幾近絕望的努力?也是在6月21日,毛特別就司徒有意訪問北平一事對南京市委及華東局專門做批示,稱不管他是否再提,在司徒雷登返美前約十天左右,即可表示,「如他欲去平,可獲允許,並可望與當局晤談。」[24]

6月28日,黃華正式通報大使館:已獲北平來電,同意校長的燕大行;希望與當局晤面事亦有可能。當傅涇波為搶時間,提出司徒雷登此時已是「衰弱老人」(七十三歲),無法長時間乘火車時,黃華

也很有誠意地表示「如要乘坐(他自己的那架)飛機亦可安排」[25]——
處於對立位置上的兩個老同學相當默契,都盡力避免因細節不慎而毀
掉全局。而細節安排到這一程度,已經是在重大決策上時時窺測聖
意、如履薄冰的周恩來,所能做到的極限了。

　　九十年代中期傅涇波懷着深深的感慨,對林孟熹詳述這千鈞一髮
時刻的層層細節的談話,在接到中共方面傳過來的信息之後,考慮到
美國當時的輿論民情,以及院、會之間的分歧,比如不過三天前(6
月25日),十六位共和黨議員和四名民主黨議員曾聯名致信杜魯門總
統,要求他不要承認中共政權等等,依傅涇波的意思,大使應立刻出
發,行到半途,也就是想要阻擋也已經來不及的時候,才依照規矩請
示。但信奉主,而且終生不打妄語的司徒,罵了他這半子、半助手
一句:"You rascal !"(你這個小搗蛋),於6月30日,將此局面正式電
告國務卿艾奇遜:

> 此行定能推進相互之間的更好了解……它將為美國官員提供與
> 中共領袖進行非正式談話的唯一機會。此種機會可能從此不再。
> 這將是一個富有想像力和冒險精神的行動,顯示美國對於中國正
> 在進行的變化的開明姿態,並將可能令今後中美關係獲益。

　　歷史機緣往往就是如此不巧,據傅涇波在將近半個世紀之後的分
析:處置該案,本屬國務卿職權範圍。如果當時美國有一位強勢國
務卿,而不是比較弱勢的艾奇遜,在接到司徒報告之後,完全可以立
即拍板,不必請示總統,拿到國會去討論。可惜……

　　接到司徒雷登的報告後,美國府院雙方立即進行緊急磋商,結論
是司徒雷登的北平之行「可能提高中共的威信」,造成美國即將承認
新中國政權的錯覺,並在國內引起反對派的攻擊。於是,已經做好
一切準備,即將啟程北上的駐華大使,接到了國務院的指示:在任何
情況下都不得訪問北平。

　　後來的研究也證明,就算不論強勢弱勢,國務卿艾奇遜遠不是一
名如英國凱南那樣的現實主義政治家,得以掙脫「基於意識形態的道
德要求」而從「現實主義國家利益」出發考慮問題。[26]

傅涇波不得不將「請示」及駁回一節，如實通報黃華。事實上，根本沒等到美國方面的明確響應，中共中央已明確表示，從我們已經同意之後你還要再請示的6月30日起，對於司徒雷登來北平問題，不再有任何興趣。毛澤東等到了自己的機會──在對他的同僚做了有限讓步之後。難道是我們共產黨人主動邀請你麼？這是絕對不能原諒的。

讀者在這裏一定注意到了此刻毛之恣意，那幾乎置外交運籌於無物的恣意，若聯想到迪克西使團（軍事觀察組）到延安的時候，他曾表現出的殷勤與切盼，很難讓後世讀史人克制住不對這位如此之逞性做一番探究。原來，就在黃華傅涇波格外小心地籌措那段日子，劉少奇等三幹員秘密訪蘇。

小兄弟中共──苦苦依附近30載，如今終獲刮目相看！

毛澤東以自己的風貌出場──〈論人民民主專政〉在當日發表，[27]「一邊倒」正式出台：別再夢想什麼鐵托的第三條道路！新中國將義無反顧地倒向蘇聯！至於什麼「真正容納民主人士參加的聯合政府」，對不起了，用不着你們多嘴。我們要的是「人民民主專政，或曰人民民主獨裁」：

> 積四十年和二十八年的經驗，中國人不是倒向帝國主義一邊，就是倒向社會主義一邊，絕無例外。騎牆是不行的，第三條道路是沒有的。我們反對倒向帝國主義一邊的蔣介石反動派，我們也反對第三條道路的幻想。……
>
> 人民是什麼？在中國，在現階段，是工人階級，農民階級，城市小資產階級和民族資產階級。這些階級在工人階級和共產黨的領導之下，團結起來，組成自己的國家，選舉自己的政府，向着帝國主義的走狗即地主階級和官僚資產階級以及代表這些階級的國民黨反動派及其幫兇們實行專政，實行獨裁，壓迫這些人，只許他們規規矩矩，不許他們亂說亂動。如要亂說亂動，立即取締，予以制裁。對於人民內部，則實行民主制度，人民有言論集會結社等項的自由權。選舉權，只給人民，不給反動

派。這兩方面,對人民內部的民主方面和對反動派的專政方面,互相結合起來,就是人民民主專政。[28]

生活在中國這塊土地上的每一位讀者,都可以從自己,以及自己的長輩、親屬、朋友、熟人的親身經歷中知道,從「人民民主專政」到後來的「無產階級專政」,「人民」感受了怎樣的「民主制度」,享受到何等樣的「自由權」。而中共在代表人民對同為公民者「實行專政」、對「帝國主義的走狗……及其幫兇們」做出界定,有多麼隨意!讀此雄文,還有誰會以為,「一邊倒」僅與外交有關麼?

將黃華派到南京的周恩來,在這樣重大的時刻,必須顯得更憤怒、更決絕才行。據楊奎松敍述:

周恩來電稱:司徒雷登去燕京及希望與當局晤談,均為司徒雷登所提,「決非我方邀請」,「此點必須說明,不能絲毫含糊,給以宣傳藉口」。事實上,同意司徒雷登前來,也只為分化美蔣,「我們對美帝亦決無改變其政策的幻想」。[29]

到8月2日,司徒雷登「挾起皮包走路」了。8月5日,就在他抵達珍珠港的當天,美國政府《美中關係白皮書》發表。一週後,8月12日,新華社(我們已經知道,其實就是毛澤東)在接下去不到一個月的時間裏,連撰五篇評論,「對白皮書進行透徹的分析與批判」,其態度之峻刻、用語之刻薄、行文之一瀉千里,為自覺受盡了委屈與蔑視的中國共產黨人吐氣伸冤之酣暢淋漓,外加對美國的仇視、疏離與無知,不僅在政治,甚至從文化與文學層面,影響了幾代中國人。

在毛的筆下,司徒雷登,外加張東蓀、羅隆基們,成了這個樣子:

人民解放軍橫渡長江,南京的美國殖民政府如鳥獸散。司徒雷登大使老爺卻坐着不動,睜起眼睛看着,希望開設新店,撈一把。……他還看見了一種現象,就是中國的自由主義者或民主個人主義者們也大群地和工農兵學生等人一道喊口號,講革命。總之是沒有人去理他,使得他「煢煢子立,形影相弔」,沒有什麼事做了,只好挾起皮包走路。[30]

綜觀中國外交史，似乎未見有人撰文論述，一個主權國家，應否由筆力雄健的領袖，如此恣意地抒發鬱悶於胸中的怨與恨——完全不顧如此激揚文字，是否會給他國政府造成「蓄意激怒」的印象，[31]而為以後的外交操作造成障礙，乃至悲劇性地改變歷史走向。不錯，一個巴掌拍不響——你美國是怎麼對待我們中國人民的？[32]但綜觀《美中關係白皮書》，其中雖然有對中共的不恭之處，但主要內容還是檢討他們自己錯誤的對華政策，並拿腐敗無能的蔣介石問罪。作為主要靶的，蔣介石反應相當平靜，只例行公事地發表了一個語氣平和的抗議聲明，[33]而本應對這樣的檢討表示歡迎甚至加以利用的中共方，卻是出人意料地激烈。

怎麼回事？

近年來，美國檢討該階段自己作為的文字，以及中國的專家研究美國政策的文字，已如汗牛充棟。但對毛澤東此刻的借題抒發，以著者之有限閱讀，只有他自己的評價與事實最為接近。這就是在國門給關上二十多年終將重新開啟的1972，這人半仰在沙發裏，對來訪的尼克松說的那句直將翻譯打翻在地的話：「和尚打傘，無髮（法）無天。」[34]

從後來被歌頌為「秋收起義驚天地，文家市上軍號響亮」的1927年上井岡山到中共「七大」，歷經十八年黨內鬥爭的驚濤駭浪，毛澤東在共產黨內正式確立了至高無上的地位，有了「無法無天」的資本。但是，從本質上講，這名出身農家的師範生，就其心理定勢而言，依然沒有脫出埋藏很深的追逐實利之心機。究竟出於何等樣的實利考慮，使得他不僅不為數十億美元經濟援助所動，連靠山斯大林的勸說也敢置之不顧，堅決與美帝所崇尚的文明決裂？五篇洋洋大評，對他而言，僅為滿足一時之快意？

如果我們將前邊說過的另一件事，一個看似沒什麼直接相關的案子——「美國駐瀋陽領事館人員從事間諜活動案」的處置，放在一起想一想，也許能找出破解的線索。這就是始於1948年底，經幾次反覆，拖了近一年方結案的「華德間諜案」。[35]

對於「美帝以金錢為誘餌、打着民主自由的旗號，一而再再而三地干涉中國內政」，毛澤東忍到這時候，已經夠了。就算沒有在他看來純屬裝模作樣的「司徒請示」以及《美中關係白皮書》的刺激，他也遲早要與「亡我之心不死」的美帝徹底翻臉。

6月19日，中國方面奉毛之命，公佈了「美國駐瀋陽領事館人員從事間諜活動」的情況。

五天後（6月24日），毛澤東決定將此事件升級，親自批示公開廣播題為〈英美外交——特務外交〉一文。6月30日，按照「好」、「壞」記者的原則，正式批准禁止美國新聞處在中國的活動，並決定對美國駐瀋陽總領事華德等一干人進行公開審判。據楊奎松研究，這一決定是在很短的時間裏做出的，短到來不及具體通知中共東北局，短到來不及研究是否應當追究華德等人的間諜罪責——今天的讀史人已經很清楚，這樣做當然有目的：為〈論人民民主專政〉造勢。

細心的讀者此時一定已經注意到了，這正是陸志韋獲得授權發信給司徒，但那信卻可疑地滯留在不知什麼地方的那十天；也是張東蓀說的他「遲遲不能成行」的那十天。

我們知道，從1941年到1949年，美國政府支持的，一直是毛的死敵蔣介石（對毛而言，日本侵略者還在其次）。「迪克西使團」到延安的時候，毛之熱情表現空前（可以說也是絕後的）：主義可以放在一邊；「共產黨」三個字也可以不要。無奈，寄託了巨大期望的援助依舊未到，希望再次落空。到了1946–47年，美帝國主義兇相畢露，軍事上前所未有地大力援蔣，就差親自上陣放槍了。結果如何？如今我自己搶回了江山！坐在金鑾殿上的，已是我共產黨人！這回，想要用我對付蘇聯了，是麼？

這累積了八年，累積於兩場大戰中的氣，自不待言。但毛什麼人？記在肚子裏幾十年的仇，爆發前一分鐘你都察覺不出來。

他懷着高度戒懼，在蘇聯粗心浮氣的指示[36]，假裝任從周恩來小心翼翼的慫恿，與美國發生接觸。他牢記曾經受過的創傷，謹守着七屆二中全會（當年3月上旬召開）制定的自衛之底線：儘管美國人想

承認我們，我們卻不忙於與這些帝國主義國家建立關係，而要特別警惕帝國主義「內部破壞」的陰謀。用毛的話說，就是防止孫行者鑽入牛魔王的肚子搗亂，而「孫行者即美帝是也」。

有這樣的想法墊底，他同意黃華前往接觸，「以偵察美國政府之意向為目的」。從黃華發回的報告裏，他知道自己的戒心確確不是無的放矢：美國的承認要視新中國政府是否能夠廣泛吸收「開明的民主分子」參加 —— 這難道不是要干涉中國的內政？難道不是想在純潔的共產黨內安插奸細？南京市委當時就對司徒雷登這段話做了生動解說：「聯合政府內應吸收美帝走狗」。[37]

但廣泛吸收開明的民主分子參加政府，本是1946年馬歇爾特別使華，希望迫使蔣介石政府接受的條件。所針對的，是中國這個大國裏邊的專制獨裁，無所謂國民黨或者共產黨。中共當時對此不但竭誠擁護，還作出若干相當智睿、大度之舉措，以促其成功，很有成熟在野大黨的氣概。而台上的蔣介石，則以或虛與委蛇、或翻臉不認賬，迫使美國政府「知難而退」。

從來國共兩黨，因為同為黨國專制，總是在不同形勢下「反之亦然」。但到了1949年，在冷戰的大背景中，毛澤東心裏清楚，絕對不會再出現一個屬於他的「紅色魏德邁」了。

毛澤東對美帝的警惕，並非始自黃華報告。有據可查的是，早在1948年底(12月4日)，正當三大戰役血肉橫飛之際，不知從哪個渠道發回來的一則「談話材料(說是從一個美國記者那裏獲悉)」，已然引起他嚴重注意：

> 美國國務院現政策之中心，在於如何在新的聯合政府中造成一有效的反對派，以抵抗中共力量，美國則在某種方式下承認新的聯合政府，恢復與中國貿易，對新中國投資，以此方式分化中共統一戰線，竭力支持聯合政府中之非共產分子。美國承認聯合政府的條件是政府的構成須為美國可接受者，聯合政府得承認美國海軍、陸軍在上海、青島等地的基地權。

毛將此「傳聞」批送全體相關中共要員（劉、朱、周、任、彭真、胡喬木）：「此種陰謀必須立即開始注意，不要使美帝陰謀在新政協及聯合政府中得逞。」[38]

而當被周派到南京「偵察對方意向」的報告發回，對美帝「赤裸裸地打算在新中國政府裏支持民主人士，以抵抗共產黨之政治攻勢」這樣一個陰謀坐實之後，毛澤東的基本國策一錘定音：對外，「把這個世界上最強大的帝國主義國家當成自己頭號敵人，時刻保持高度警惕，並且針鋒相對地進行鬥爭」；對內，則把試圖鑽進牛魔王肚皮的美帝代表，一個個收拾掉。

作為一個大國至高無上的統帥，他正面臨一場新的戰爭。在這場如何「造福」他的子民的戰爭裏，他的敵人——或者更確切地說，他新的、凌駕一切之上霸主地位的主要威脅，已經不再是王明、不再是張國燾、不再是蔣介石和青天白日旗下乘戰機、駕坦克的美式裝備國軍，而是有帝國主義在後邊撐腰的民主個人主義者。[39]

對這些大小毛猴，偉大領袖自有他的一套。「自由主義者」或所謂「民主個人主義者」麼？管你西裝革履；管你長袍馬褂——他的戰場，不見硝煙、不見升旗降旗、不見合同條款。他將直戳心靈。好名的，好利的，好面子的，好風雅的⋯⋯你總有一好吧？我就鬥你那一閃念，讓你從此規規矩矩——什麼自由、平等、人權、民主，「堅決徹底乾淨全部」清除乾淨，從此絕了你美帝的望！

在1949年炎熱的夏天裏，張東蓀憂慮地注視着自己曾經寄予希望的共產黨人——怎麼突然間換了一副面孔？從西柏坡返回，面對着新中國（同時也包括他自己）的「大好形勢」，張東蓀反倒「消極」、「苦惱」，也從此枉擔一生「反對一邊倒」的名聲。

可能連他自己都沒有看透：他不主張「一邊倒」，覺得僅從常識判斷，也不該有這樣的外交方針啊，這不明明加劇冷戰引起第三次世界大戰麼？他在這裏真是低估了毛。這名將自己列位於秦皇漢武、唐宗宋祖之上的農家子，想的遠不止此。作為雄才大略的共產黨領袖，最討厭的，是「有人干涉他的內政」：干涉他從農村徵糧，干涉他

發動政治運動，干涉他清洗異端……。為什麼要「一邊倒」？套句《紅樓夢》中的名言，人家蘇聯就從來不說這樣的混賬話。

在有可能被看做「孫悟空代表」的人裏面，也有相當明智機巧的。在毛澤東確立「一邊倒」的關鍵時刻，民建[40]表現突出：《白皮書》發表之後，新華社第四篇文章還沒有發出，黃炎培主席已親自撰寫了一篇〈我對於美國這份白皮書的看法〉，接着以組織（民建）的名義對美帝予以斥責的聲明：〈加強內部團結和警惕，答告美帝好夢做不成〉出現在《人民日報》上（8月24日）。聲明特別敬告《白皮書》作者：發展「民主個人主義」的好夢是做不成的。中國民族資產階級和帝國主義基本利益的矛盾決定了它對一切帝國主義（包括美帝國主義在內）的態度，中國民族資產階級不會變成美帝發展「民主個人主義」的資本或條件。只有新民主主義才是它唯一的光明幸福的道路。

毛澤東極為高興，這正合了他幾天前在〈別了，司徒雷登〉中的斷言：

> 他還看見了一種現象，就是中國的自由主義者或民主個人主義者們也大群地和工農兵學生等人一道喊口號，講革命。總之是沒有人去理他，使得他「煢煢孑立，形影相弔」……[41]

毛立即函告胡喬木：這民建發言人對《白皮書》的聲明寫得極好。請予全文文播、口播，並播記錄新聞。他本人則連續（在兩天裏）致信「任之先生」：

> 民建的這一類文件（生動的、積極的、有原則的、有前途的、有希望的），當使民建建立自己的主動性……
> 民建此次聲明，不但是對《白皮書》的，而且說清了民族資產階級所以存在發展的道理，即建立了理論，因此建立了民建的主動性，極有利於今後的合作。[42]

美帝若想把民主自由的希望寄在以民建為代表的工商、文教人士身上，是沒什麼戲了。

　　與美帝決絕後，中共一手包辦了新中國中央人民政府，數量可觀的開明民主人士給安放到直令革命老軍頭跳腳怒罵的高位。1949年10月1日，新政權決定向世界公佈剛剛產生的中央人民政府主席、副主席名單。感到由衷高興的張瀾，建議同時公佈五十六名委員──「讓全世界看看我們的陣容」！當時沒有人想到，或者想到了也沒有膽子指出，這陣容會持續多久。

　　「一邊倒」在紅旗與熱淚中收場。開國大典只有四名外國記者到會：蘇聯一位，意大利一位，朝鮮兩位。在緊閉的大門裏，毛澤東完成了他的鎮反、肅反、統購統銷、工商業「改造」、反右、大躍進、人民公社和文化大革命。沒有任何外國政府就此干涉，也沒有任何一個國際組織就「反文明」或「反人類」罪對他予以正告。

　　大門裏邊的「民主個人主義者」呢？

註 釋

1.　澳洲國立大學歷史學教授、中國歷史及文化專家白杰明（Geremie Barmé）有言：如果毛澤東這時候（1949年）得暴病死掉，定列位世界公認優秀領導人物。

2.　林孟熹在《司徒雷登與中國政局》（北京：新華出版社，2001）一書裏，對本書主人公曾有「一向慣於周旋於不同政治勢力之間」的定評。此說或許可以看作張東蓀在危難之時介入政治運作時候的風格，而非喜交朋友、愛熱鬧的習性。

3.　1946年後，《知識與文化》、《思想與社會》、《理性與民主》、《民主主義與社會主義》相繼出版，被認為是「近代中國第一個建立起哲學體系的思想家」（郭湛波語）。

4.　同註2，頁67。

5.　張偉：〈1949年，司徒雷登差點到北京〉，《環球時報》，2002年7月8日，第十九版；黃正瑞：《台灣問題面面觀》（北京：台海出版社，2004）。

6. 「我一生中大部分的時間以中國為家。精神上的縷縷紐帶把我與那個偉
   、 大的國家及其偉大的人民緊緊地聯繫在一起。我不但出生在那個國度
   裏，而且還曾在那裏長期居住過，結識了許多朋友。我有幸在那裏度過
   了我的童年，後來又回到那裏當傳教士，研究中國文化，當福音派神學
   教授和大學校長。」參見閻人俊譯：《在中國五十年——司徒雷登回憶
   錄》(香港：求精出版社，1955)。

7. 陳銘樞於上海解放後的6月初啟程，並特請美國駐華使館為他準備一套
   有關「美中關係及美國援華之事實材料」。陳在北平交流材料，並獲得
   毛、周等接見——但也就是接見而已。7月，陳銘樞返回南京，帶回
   毛、周的答覆，稱中共既定原則是美國必須停止援蔣，容忍中共結好蘇
   聯，才能同美國進一步談判。參見薛瑞漢：〈1949年司徒雷登滯留南京
   與中美和解問題淺析〉，《世紀週刊》，2004年8月27日。

8. 埃德加·斯諾：〈中國將成為蘇聯的衛星國嗎？〉，《密勒氏評論報》，
   1949年4月19日。轉引自楊奎松：〈一九四八年至一九五六年美國中央
   情報局對中國局勢的評估和預測〉，《中共黨史研究》，2005年第6期。

9. 郝在今：《協商建國——1948–1949中國黨派政治日誌》(北京：人民文
   學出版社，2000)。

10. 在1949年10月之前，幾乎所有美國在華情報人員和外交官，都懷疑中
    共建政能力。司徒雷登認為，「國民政府可以給中共造成更多的困難，
    包括帶走全部檔案和撤退富有管理經驗的政府人員，就足以讓從農村出
    來的共產黨人員難於適應城市的生存。」參見楊奎松：〈一九四八年至
    一九五六年美國中央情報局對中國局勢的評估和預測〉。

11. 中共中央文獻研究室編：《毛澤東年譜(1893–1949)》，下卷(北京：人
    民出版社、中央文獻出版社，1993)，頁492。

12. 《毛澤東年譜(1893–1949)》，下卷，頁499–500。

13. 楊奎松：〈華德事件與新中國對美政策的確定〉，《歷史研究》，1994年第
    5期。

14. 葉篤義：《雖九死其猶未悔》(北京：北京十月文藝出版社，1999)，
    頁57。

15. 林孟熹：《司徒雷登與中國政局》，頁166。

16. 參見註10。

17. 經典意識形態與現實利益。見王立新：〈意識形態與美國對華政策——以艾奇遜和「承認問題」為中心的再研究〉，《中國社會科學》，2005年第3期。

18. 此八個字，見《司徒雷登日記》手稿第一冊最後一頁結尾處中文手書。

19. 轉引自註13。

20. 同註13。

21. 林孟熹：《司徒雷登與中國政局》。

22. 毛澤東：〈論人民民主專政〉，載《毛澤東選集》（第二版），第四卷（北京：人民出版社，1991），頁1473–1474。

23. 楊奎松對此節的描述，雖然日期稍有出入，但基本事實並無差異：6月27日，傅涇波攜來陸志韋16日給司徒雷登的信，稱毛澤東已宣佈你來訪燕京之意，事實上這也確實是毛澤東的意思。參見註13。

24. 〈中央給南京市委及華東局的指示〉，轉引自註13。

25. 也有研究說：司徒雷登接信後，以返美行期迫近為由，要求早日去北平，並希望他乘留在南京的美國飛機前往。周恩來指示：允許司徒雷登去燕京一行，彼希望與當局晤面事亦有可能。……他如來京只能掛一列車，派人護送，不能許其乘美機來平。參見張業賞：〈毛澤東為何寫《別了，司徒雷登》〉，「大眾網」（http://dzrb.dzwww.com/dazk/ws/200403/t20040324_638947.htm）（2006年5月24日）。

26. 參見註17。

27. 官方論說披露，6月24日下午六時，毛澤東曾給胡喬木寫信，請他寫一篇紀念七一的論文。胡喬木的稿子寫出後，毛澤東沒有用，自己重寫了一遍，這就是毛澤東說過要答覆張治中、張瀾等觀點的文章，著名的〈論人民民主專政〉。

28. 同註22，頁1473、1475。

29. 轉引自註13。

30. 毛澤東：〈別了，司徒雷登〉，載《毛澤東選集》（第二版），第四卷，頁1496。

31. 同註17。

32. 此處「中國人民」，在毛的心目裏，最大可能是他自己。參見中美關係史學者們有關1944–1945年「迪克西使團」進駐延安的敍述：迪克西使團「鑒於作戰上的最高需要，……傳統對華政策的原則（即僅支持非共產黨的

國府——著者按),不得不改變,以適應一個前所未有過的局勢」,意欲支持中共這支抗日力量,被毛澤東稱為「中國抗戰以來最令人興奮的一件大事」,受到同志加貴賓之接待,但最後毛澤東期待的訪美面見羅斯福卻終成泡影。

33. 事實上,平和的語氣,出自「外交部所擬的正式聲明稿」,蔣總裁直指其「無力無氣」。總裁的真實感覺留在已經對公眾開放的《蔣介石日記》中:「今日美國發表對華白皮書實為我抗戰後最大國恥也」;「比之俄國侵害我國制我死命之毒計給更惡也」。參見李黎:〈最是倉皇辭廟日〉,《萬象》,2008 年 12 月。

34. 進入七十年代初,中蘇兩國關係的持續惡化和中蘇戰爭的壓力,迫使毛澤東向「萬惡的美帝國主義」伸出了橄欖枝,邀請尼克松訪華,緩和中美關係,意圖結成中美反蘇同盟,來頂住蘇方咄咄逼人的攻勢。1973 年2 月基辛格第四次訪華期間,毛澤東在會見基辛格時,提出了著名的「一條線」戰略的設想,即按照大致的緯度劃一條連接從美國到日本、中國、巴基斯坦、伊朗、土耳其和歐洲的戰略線(一條線),並團結這條線以外的國家(一大片),整那個「王八蛋」(指蘇修)。可見蘇中兩國的關係已經與交戰國相差無幾。當時翻譯沒弄懂偉大領袖此處文采風采兼具的調諧,將「無髮(法)無天」直譯為「不見天的光頭」。

35. 1948 年 11 月 15 日,美國駐瀋陽總領事華德接到瀋陽軍管會通知,令其將電台及其收發報裝置在三十六小時之內送交保管。通過公函往來,華德根據此前中方的符合外交規範、甚至堪稱友好的態度,請求「准予繼續使用」。不料幾天之內,不僅器材被沒收、領事身份不被承認,還失去了人身自由——電燈、電話和自來水供應也被全部切斷。我們現在已經知道,這其實是東北局書記高崗應蘇聯駐軍之請,將美、英、法留在瀋陽的領事館「擠走」的策略。隨後,在中央的開導下,他們又將自己的行動調整為「首先給美國舊領事以限制」,對英、法則稍微緩和些。沒想到軍事形勢的發展,出乎意料地快。到月底,考慮到全國勝利之後可能與美國建交,華德的軟禁狀況好轉。就在這時,一起重大間諜案在東北破獲,據稱全部為美國特務,並直接由美國駐瀋陽領事館提供裝置、經費及領導——雖然至今未見確鑿證據。華德此後依舊被軟禁,但毛澤東手裏多了一張牌。1949 年 5 月中旬,美國政府表示將關閉瀋陽領事館,中共方面也沒有具體考慮是否要追究華德等人的間諜案責任問題。到

6月初，東北局對於華德等人的軟禁相當放鬆，華德本人已得到瀋陽當局的認可，並且開始做閉館和撤退的準備。突然，6月中，毛澤東通過直接與間接的方式，向希望到北平的美國大使傳達「可以」之信息的同時，發佈了「美國駐瀋陽總領事華德從事間諜活動案」。參見註9楊奎松文。

36. 斯大林回覆，不時顯得「無產階級立場與感情」不那麼鮮明，其實有他的小算盤。「作為國際共產主義運動盟主，對中國此時局勢既喜又憂。他既喜見中共戰勝美蔣，又擔憂將來中共一統天下難以駕馭，寧願保持一個弱小的國民黨政權以制衡之。」見林孟熹：《神州夢碎錄——司徒雷登與中國政局》，頁116。

37. 轉引自註13。

38. 《毛澤東年譜 (1893–1949)》，下卷，頁410–411。

39. 艾奇遜在《白皮書》中預言「中國的民主個人主義終於會成為改造社會的有效力量」——「中國悠久的文明和她的民主個人主義終於會再顯身手，中國終於會擺脫外國的羈絆。對中國目前和將來一切朝這個目標的發展，我認為都應當得到我們的鼓勵。」

40. 民盟元老、第一任主席黃炎培，雖然沒有完全退出民盟，但1945年底又成立了自己的活動平台——中國民主建國會。

41. 同註30。

42. 《毛澤東書信選集》(北京：人民出版社，1983)，頁333、335。

四

天涼好個秋：民主個人主義者

《白皮書》提出寄望於中國的「民主個人主義者」。他們是誰呢？

最容易想到的，是經首次「行憲」而當選為副總統的李宗仁。事實上，在《白皮書》發表後，美國公使曾主動拜訪他，李宗仁立即投入實際活動，有意樹幟由美國政府支持的、居於國與共之外的「第三勢力」，哪怕暫時在異鄉。不過，這一努力很快就胎死腹中。至於著名的自由派民主人士如胡適、傅斯年、張君勱，也已紛紛離開故土。

留下的民主黨派人士呢？對即將建立的政權，他們會有些什麼作為？

綜覽1949年還存在並活動着的「第三勢力」，其成立有早有晚、與新的當政者淵源有深有淺、組織之間也有分有合。組建的初衷，也大都是反對一黨獨裁。究其較有影響力者——青年黨和民社黨，因「立憲和行憲國大」，已經倒向國府；它們之外，有在中共敦促下湊數的；有些口氣雖大，但號召力有限的；有長於軍事而短於思想文化影響的……；真正居中且成氣候的，似非民盟莫屬了。

1949年的民盟，既不同於1941年作為第三勢力黨派聯盟（名字也是「民主政團同盟」），也不同於1946年政協會議時，有自信、有承擔的民間多元利益代表。那時，它居於國共中間，雖然沒有一槍一卒，卻以言論和無時不在的影響力表現自身份量。究其緣故，第一當推有自由世界在後邊撐台（此處之「撐台」，固然有種種情況下的物

質支援,但最根本的,是認知與價值判斷,比如本書主人公);第二是國共當時都想拉攏(而非滅掉)他們;第三,他們趕上了古老中國千載難逢的機會:世界性民主潮流的勝利,大批留洋學子返回並身居要津(他們不會動不動就抄家伙,「給老子兩個連……」)。用我們的主人公張東蓀的話說,他們「接受西方文化雖只有將近五十年,然而卻居然在思想文化界中養成一種所謂『自由胸懷的陶養』」。[1]

這些好不容易彙集在一起的因素,在大戰結束、眾生期盼和平的時刻,居然使得老大中華這個千年專制古國,鮮見地透出一絲生氣:正當的言論不僅可以發出,還能讓虎視眈眈地握着槍的豪強坐下來聽。和今日花著當局大把銀子的文教名流們相比,其發言人考慮更多的,確是國家民族而非自身得失升遷。

張東蓀一直是民盟中常委兼華北地區總部主委。1946年梁漱溟擔綱調解和平失敗辭去秘書長之後,他還曾勉為其難並且毫無作為地當選充任了幾個月。到1947年夏,國共和談破裂、國府發佈「動員戡亂令」,民盟因為明顯的反獨裁傾向而顯得靠攏在野的中共,最終被老蔣定為「亂黨」而且開了殺戒。當此危機時刻,本以為可當作靠山(哪怕精神與輿論支持)的美國使館,明確表示「不便干涉」。為了盟員的人身安全,主席張瀾在11月忍痛宣佈「自動解散」。

1948年1月,沈鈞儒、章伯鈞、周新民[2]等,懷着憤恨與理想,通過中共的鼓勵外加具體安排,逃亡到香港,堅決拒絕蔣幫的反動政令,召開民盟里程碑式的一屆三中全會,成立起了臨時總部——沒有主席參加(張瀾在上海),人員也不夠法定人數。「臨總」號召盟員「徹底摧毀南京反動獨裁政府」,「堅決驅逐美帝國主義的勢力出中國」,「積極的支持以人民的武裝去反抗反人民的反動的武裝」。[3]如此血脈賁張,毛澤東只淡淡地評說道:

> 將自己處於國共兩黨之間的中間地位的某些民主人士,在國民黨的突然的攻勢之下,使自己處於被動地位。事實證明:經過此教訓,民盟工作由被動變為主動了。[4]

　　所謂「主動」，以未參加該全會的民盟非左派人士看來，自己的組織，正「從一個走所謂第三條路線的中間派，逐漸轉變為在中國共產黨領導下的一個民主黨派」。[5]

　　張瀾什麼態度呢？「臨總」文件信誓旦旦，說沈衡老行前曾與他密商。但從表老沒有應他們之請，寫「代表授權信」（同時在上海的史良就寫信請沙千里代、吳晗也請千家駒代），說明張瀾、羅隆基，估計也包括本書主人公張東蓀，對這一「猛打舵向左轉」之舉，尚持觀望態度。該全會激烈的反蔣、反美聲明，張瀾似同意前者而對後者有所保留，[6]但在民盟官方出版物上，則有這位主席「提出傾向中共一邊的口號是及時的」一說，可惜未注明出處和時間。[7]不管怎麼樣，作為民盟威望最隆，而且是主要籌款來源的前主席，他還是不止一次，命葉篤義從民盟基金中為「臨總」諸公匯寄活動經費——這或許是民盟機關最後一次花自己的錢了。

　　1948年秋天，在周恩來、潘漢年的安排下，這批民盟「左」派領袖，按照黨的計劃（包括共產黨出資、通關節、租賃外國貨輪），從香港到了東北解放區，「共同籌備新政協會議」。第二年，「民盟總部」搶在共產黨前邊，3月5日就遷到了「人民的北平」。抵達第二天即致函張瀾——沒有這名「聖人」出任主席，別說對絕大多數盟員，就是共產黨那裏，也是說不過去的：「本盟總部臨時工作委員會已於5日在北平宣告成立，盼早日命駕來平，參加領導。」

　　「臨時工委」二十二位委員中，沒有張東蓀——他本是民盟元老，直至那時為止還是頭面領導，而且當時人也在北平。究竟是「左」派們匆忙間的有意疏忽，還是他們邀請（甚至推選）了張東蓀，而這位教授因為意見不同（比方說，臨時工委一成立，即致函中共中央毛澤東「願以至誠接受貴黨領導」），而予以婉拒？此中原委，或可以從中央統戰部1949年2月28日的綜合報告《新政協的陣營》中窺見一二。

　　這篇報告稱，民盟中央常委十一人中，「……右派分子居多數，左派分子僅占兩個，……民盟著名領袖除陳鈞儒、張伯駒外，尚有張瀾、黃炎培、張東蓀、羅隆基，他們在民盟群眾中的威信雖已降

1949年張東蓀與政協民盟代表團於中南海。

前排：李相符、費孝通、劉王立明、張瀾、沈鈞儒、丘哲、史良

中排：胡愈之、羅子為、章伯鈞、張東蓀、李文宜

後排：辛志超、葉篤義、周新民、楚圖南、周鯨文、羅隆基

著長袍者只有張瀾和張東蓀。注意：向來在意儀表的史良，此時已穿上當年最時髦的列寧裝（對比張瀾身邊的劉王立明）

低，但仍成為右派及中派的中心。張瀾與西南地方勢力向來保有聯繫。羅隆基是親美分子，主張聯合政府中容許反對派。張東蓀企圖做民盟主席，拉攏張瀾、黃炎培、羅隆基等，排斥沈鈞儒、史良以至章伯鈞。⋯⋯」最後建議對民盟「須採取改組中央常委、建立進步分子為主導的核心、容許共產黨員在內等措施」。[8]

據此可知，起碼在當時，張東蓀已然依據統戰部的意圖給排除在外。但「與西南地方勢力有聯繫」的張瀾還有相當利用價值。

電報是發出了，可惜「住」在虹橋療養院的表老，已經處於軍統監管之下。

5月下旬，上海攻克。北平這邊立即通過潘漢年向張瀾等人轉達「請即聯袂北來，主持四中全會，商訂本盟今後決策」之誠意。[9]這回落款人裏有了張東蓀，排在民盟北平五要人中的第四位。張瀾立即回電（6月1日）：「沈衡山、黃任之、章伯鈞兄轉民盟臨工會公鑒：各電敬悉。盟員中有數人遭難，弟等平安脫險。瀾、努、良、沈同叩」——收電人裏沒有前發電人張東蓀。這顯然不是為電報省字，也不是上海方面的大意。情況可能恰恰相反，以羅隆基之小精明，準是刻意將沒有到香港、不是北平「臨時工委」成員、也從未表態同意一屆三中全會聲明的東蓀先生，從「那路人馬」中分出來。

收電人裏也沒有前發電人中的第五位周新民。在羅隆基看來，他算什麼盟員？根本就是一名共產黨員。周則大度地對羅這種無原則的愛恨情緒化不予計較。據章詒和文，反右之後，盟中「左」右兩派（此時章伯鈞已經從「左」派給劃到右邊去了）在一家西餐廳不期而遇，羅與「打手們」怒目相對，「左頭兒」胡愈之（1933年共產黨員，當時的民盟副主席兼常務秘書長——章伯鈞反右前的職務）裝作沒有看見，周新民則踱過來與他們一一握手。[10]

北平上空飄起紅旗。經過了生死之大起落，在共產黨打下的地盤上，兩路人馬又走到一起。張東蓀此時的位置，只能用「微妙」二字概括了。比如到6月15日新政協籌備會議召開的時候，民盟七代表中本有中常委五名。但在共產黨（統戰部）定奪下，真正有實權的籌備會常委會裏，卻沒有了主席張瀾、羅隆基和張東蓀。榮列常委

並與毛主席光榮合影的，是沈鈞儒和章伯鈞（他們在七代表中排名第一、第二，主席張瀾第三，張東蓀第四）。

　　細究大家在此前一年間的活動，或許可以對上邊所説「小動作」予以索解。也在一定程度上預示了後邊有共產黨直接介入的「大動作」。

　　就在國共內戰的大局基本已定，沈鈞儒等聯袂乘船北上的時候，同樣懷着對新中國的期待，張瀾等留滬中委對即將執政的中共説的，卻是另外一番話。也就是後來幾乎把經手者葉篤義嚇個半死的那封羅隆基執筆的「致中共《建議書》」。[11] 據葉篤義記憶，其主要內容共有四條：

1）內政上實行議會制度；

2）外交上採取協和方針（即對美蘇同樣友好）；

3）民盟有退居為合法的在野黨的自由 —— 著者按：這是相對於國民黨政府以「販毒」、「通共」等罪名，曾對民盟實施過的政治壓迫。此處重提，可能意在對即將上台的中共防着一手。不錯，中共後來的確沒使出這種低級手段去消滅民盟。民盟自願置於共產黨絕對領導之下的故事（從1947年至今），只能證明，比之於諷誦《聖經》加《曾文正公家書》的老蔣，毛實在是技高一籌。

4）盟內共產黨員應公開身份，黨員和盟員避免交叉 —— 著者按：這條顯示，無論公開還是私底下，民盟都拒絕共產黨或顯或隱的領導。[12]

　　也是在這前後，在馬寅初離開上海到解放區的時候，張瀾送行，給出兩條意見特別請他轉告中共：

1）用人唯賢而不要用人唯黨；

2）「共」字上面必須還有一個「中」字。言外之意，絕對不同意中國第一執政大黨是哪個國際的支部。[13]

　　那時候報紙[14]上還出現過這樣的報道：張瀾表示希望毛澤東成為中國的鐵托。[15]

對於革命，包括武裝化的政治，終生竭盡全力保護地方與平民利益的張瀾曾經說：

> 一旦社會主義之潮流洶湧澎湃而來，盲動盲從，徒襲社會主義之名詞、揭社會主義之旗幟，而肆行其掠奪殺戮之慘，其禍之廣延迅捷，為有十百倍於近年之以土匪而冒護法靖國之名荼毒地方者。[16]

所以，中共奪得政權奠基之舉的「三大戰役」，在表老眼中，無疑以數百萬生命和剛剛得以喘息的民間活力為代價，是不會有什麼好印象的。這也就是為什麼，不僅中共，連他的在滬中委都一直催他，但他一直拖着，不肯去香港，也不肯去哈爾濱，直到軍統毛森把他搶到手，準備塞進駛向台灣的船裏──在這萬分緊急的時刻，周恩來／李克農系統的吳克堅[17]直接策動「戴罪立功」的特務[18]，於最後一分鐘將他奪回黨的懷抱。

被奪回之後兩週，張瀾抵達北平，周恩來、還有「他的學生」朱德接站。總司令上來就是一個軍禮。毛澤東第二天到他下榻的飯店拜望，當晚家宴恭候。

這是張瀾。張東蓀呢？

從西柏坡回來後，他沒離開過北平。他本該很忙，很張羅，很興奮才是，但是，從春到夏，竟然是從未有過的無精打采。

去西柏坡前，他曾經應邀出席一個知識分子座談會。與會者多為燕京、清華和北大的教授：許德珩、章友江、袁翰青、雷潔瓊、吳晗、嚴景耀、張伯駒、聞家駟、樊弘……。依慣例，東蓀先生為座談會開場，也如往常那樣，對時下大家最關注的題目發言。他沒有迴避，但只說了短得不能再短的幾句──要麼在敷衍，要麼教授自己也正胡塗着：

> 今天知識分子在中國問題並不嚴重。所以有問題，是社會有了變化之後，知識分子在社會地位上也將有變化。
>
> 以後的問題，不是人家對知識分子怎樣，而是知識分子本身對國家如何貢獻，以及如何解決自己的問題。譬如在心目中想

像一下將來的社會，覺得會是一個什麼樣子，自己就決定以哪種知識來貢獻，這樣做自會心安理得。作為發起的話，簡單如此。

不能說肺腑之言（像他慣常那樣）通篇無一句，但對照不久以後執政黨把知識分子放在砧板上的架勢——希望他們既跟黨走又「心安理得」，教授此刻怕是很沒眼力架了。

講話記錄發表在當月的《中國建設》，並依慣例出了小冊子《知識分子的新方向》。[19] 封面上，張東蓀名列第二。壓軸的一篇，已經是時新人士對蘇聯的介紹：〈新知識分子的理論與實際〉——自此，上海營造社的《中國建設》遂成絕響，成為北洋時期以來，中國出版自由可憐的尾聲。

而不過數月前，在他應清華學生之請，到校作題為「雙十談國事」演講的時候，卻是那麼清醒、犀利。那天他談的是革命，不僅因為「雙十」本來就是革命紀念日，即將到來的共產黨的革命，也讓所有（非地下黨員）的學子既興奮、又好奇。張教授並非一概反對革命。他認為「社會不公到了一定程度，改良又無法推行的時候，革命必發生。究其所以發生，與其說緣於革命者，毋寧說在於被革命者」。[20]

這回，在「革命勝利」即將到達之時，他希望青年們有清醒的判斷。在列舉了自辛亥以來中國發生的一次次「革命」之後，張教授說：

> 三千年來的中國歷史，換朝代也不知有幾十次。如果這樣的換朝代也算是革命的話，在這三十多年中，命也革過幾次了。袁世凱被革之後，張作霖、吳佩孚不也都被革了嗎？國民黨的革命與歷史上的革命完全一樣，吳稚暉先生就曾說過：革命就是你不好，打倒你，我來幹。我看這是不對的。既然是革命，就要拿得出自己的一套。土地改革也罷、其他也罷，總要拿出自己一套本領來。在這種打倒你、我來幹的政治中，民主是無從談起的。

> 對於革命的認識，要打倒假革命，才有真革命。革命就是要使中國走上一條嶄新的路，絕不是歷史上任何的舊路。

盟中之「左」派呢？什麼是他們心目中「嶄新的路」？

沈鈞儒1927年剛參加國民政府工作，就已和中共早期黨員宣中華等密切合作。後世據其做派，贈送給他的那條「比共產黨還左」的雅謔，早在當時就當之無愧了。[21] 後來，從1936年的救國會、到1939年的國民參政會 (在1941年時跟着共產黨不出席)、1946年的老政協、1947年的國民大會……若説沈鈞儒、史良諸同志之行止，唯借趙樹理之妙言不足達意：「中共説長，盟『左』説不短；中共説方，盟『左』説不圓」，包括戲劇效果極佳的「交紅心遊行」之類行止。[22] 只可惜「民主人士的左派旗幟」這一確評，直到1963年1月2日，在敬愛的周總理為他做八八米壽的時候才鄭重贈給他。

至於章伯鈞，無論從其青年時代的經歷 (惲代英、蕭楚女志同道合的同志，由朱德介紹入黨)、其學養 (專攻馬克思列寧主義哲學)、其感情色彩濃烈的反蔣、作為國民參政員在延安的表現，[23] 四十年代後期與中共之珠聯璧合，[24] 還有「建國」之後的名利雙收，包括得知被定為頭號右派時候所表現出對黨的體貼和諒解 (「老毛是要借我的頭，來解國家的困難了」[25])，以及「老毛」對他從來沒有像對真正黨外人士那樣「多禮」……僅定位為中共賦予實權的頭號民主人士都不夠了。整個一個「光榮的黨外布爾什維克」呀。

說到史良麼，我們只須對比一下她正式發表的、其八股氣無人企及的著作，與稱她「史阿姨」的章詒和對她音容笑貌之描述，就知道政治將人異化並分割，能到多麼歎為觀止的程度。史良擔任司法部長，正值上百萬人慘遭冤殺的「鎮反」、「肅反」，她有過什麼作為？緊接着，完全違背政協《共同綱領》而且毫無法律程序可言的「五反」(我們權且把「三反」看成中共內部整風)，就算不敢抗拒，可曾有過哪怕一、二進言？有明確記載的倒是，在1957年6月14日民盟中央的批判會上，她曾以法學家的資格，認為儲安平的言論「有罪」。作為女性政治家，我們只希望她在對中共政治無甚大礙的《婚姻法》上，有些説得過去的業績 (著者眼下還沒有找到)。

這些深刻的、融入血液與意念的差異，外人難於區分。李宗仁代行總統之後，積極謀和，最看重的第三方面人物，是李濟深、章伯

鈞和張東蓀——特別發出電報，邀請他們三位去南京。[26] 當然為共產黨所阻止。

在這樣重大時刻，李宗仁(包括他周遭的智囊)會亂點鴛鴦譜？可見在他眼中，本書主人公當時的政治定位。

民盟「左」派來到北平——如今當然用不着張瀾籌款了。日後經費哪裏來呢？據楊尚昆回憶，關於共產黨黨務活動，可否「依靠黨產收入和黨員黨費，而不吃國家」，關鍵時刻，毛主席一錘定音：

> 當時經營黨產還有一個更長遠的考慮，就是全國勝利後，共產黨就不領國家的錢，自己吃自己的。進北平前，要開中國人民政治協商會議了，任弼時同志和朱老總提出：你共產黨不用國家的錢，其他那麼多民主黨派有什麼辦法？這個問題受到大家的重視。1949年1月初的政治局會議上，大家分析利弊，毛主席在會議結論中明確作了結論：對待民主人士是個重要問題，我們應該公開地坦誠地和他們合作，統統吃國家的。黨產的問題，以後不搞為好，有飯大家吃，向他們說明就是。[27]

統統吃(共產黨)國家！不僅飯，連辦報的錢共產黨都包下了[28]——民盟還能有自己獨立的政治路線麼？在即將召開的新政協，共產黨給了民盟十八個代表名額，大權控制在組織部長章伯鈞手中。論功行賞在即，民盟裏邊的派系紛爭，從原本正當與正常見解切磋，跌落到人事糾葛之下流——無權的非左派也得「紮堆兒」了。據章詒和敍述：

> 這個「無形組織」的宗旨，用羅隆基自己的話來說，它的「主要對象是章伯鈞，是不讓章伯鈞獨霸民盟的組織委員會。」而此時，代表第三黨的父親又是與救國會的史良親密合作。於是，民盟中央內部便形成了楚漢相爭的局面。一邊是章史連手的當權派，因統戰部的支持，他們自命為左派；一邊是羅隆基、張東蓀為首領的非當權派，英美文化的背景和自由主義者色彩，被人理所當然地視為右派。而民盟領袖沈鈞儒、張瀾，對這兩派也是

各有側重。這個情況，別說是具體管理民主黨派的中央統戰部，就連毛澤東、周恩來也是心知肚明。一九四九年，召開第一屆中國人民政治協商會議。會前，周恩來拿着民盟出席會議的名單，都是先和沈鈞儒、章伯鈞商量，再與羅隆基、張東蓀討論，而決不把這水火不容的章羅兩派攪和在一起。因為周公知道：他倆碰面只有吵，什麼事情也討論不出一個結果來。[29]

葉篤義說的也大同小異：

> 我到北平的第二天晚上，羅隆基就約我同到劉王立明家談話。……張東蓀當時也在劉王立明家。當天晚上羅對我說，我只弄到一個候補代表，還是張東蓀和他力爭出來的。張表老沒有替我說一句話。他還說沈鈞儒和章伯鈞各有一個小圈子，而又互相合作，我們盟內一些無黨派的人應當彼此多聯繫，否則一定處處吃虧。我聽了這一席話非常動容。於是以後經常不斷地到劉王立明家碰頭。……
>
> 小圈子第一個集中談的是政協及政府人事安排問題。張東蓀當了中央人民政府的委員，心滿意足了，把政協委員讓給曾昭掄。羅隆基看到章伯鈞和史良當了部長，而他沒有當上，滿腹牢騷。周鯨文想當政務院委員，我想當副部長。除了張東蓀而外，其餘的人都為自己的安排不滿意，而認為自己在盟內受了排擠。[30]

張東蓀的確介入了這個「小聚會」，確實將政協委員讓出來，也確曾為葉篤義的代表資格而力爭。但若說他得了賞賜即「心滿意足」，恐怕是最終成為共產黨員[31]的葉家老三，對這個他曾經為之出生入死協助工作的盟內前輩最大的誤會了。

其實，在為自己的地位，還有為共產黨是不是「生了我的氣」等忐忑的時候，葉篤義對張東蓀還是有觀察的：

> 羅隆基重視人事，張東蓀卻不感興趣。他對政府和國家中的名位都無所謂，而想的是可能變天和第三次世界大戰。[32]

除此不著邊際的愁城，一直憂心於士或知識分子的社會地位與職責，張東蓀更為他的同儕難過：

> 知識分子今天已分化了，直成一個五牛分屍的狀態。所以分化的原因乃是由於各人太思慮自身的利害而把大局的利害置於次要之列，或竟置於腦後。

什麼是大局？除了前邊說的中國將走上嶄新的路、世界大戰等，梗在他胸中的，是私兵傳統深厚的中國軍隊——平民膏血供養、黨酋私倚為至寶的槍桿子。他認為：

> 中國自有歷史以來，軍隊只是為帝王打天下的，從來很少有替民族全體來抵抗外來的侵略者，即偶有之，也總是戰敗。……中國今後的安全，仍是託命於國際的安全保障理事會之手。從這一點來說，我們可以大膽主張中國沒有保留巨額軍隊之必要。換言之，即中國的軍隊既不能單獨作戰以抗擊侵略者，則其用處至為有限。不妨徹底裁兵，而改為國民徵兵之義務教育，使每個公民皆有軍事知識，一旦有事即聽從國際軍隊之指揮調遣。至於在本國既決定實行民主政治，想從政治上得着一個永絕內戰之道，則決無軍隊分省駐紮之必要。即軍分區亦可不必。……軍人當以其軍事上的學識而見重於社會，不必擁有軍隊。於是軍人便與政治不發生直接關係，使其不為任何人爭地盤與打天下之用，不做擁護某一人某一派的工具。必須如此，中國方能上軌道。

此番言論，無論在那時候還是今天，只要執政者依舊堅持黨指揮槍，明確反對軍隊國家化，均屬可惡的「哪壺不開提哪壺」。[33]

後來，葉篤義被任命為政務院政法委員會委員（上班拿工資），與黨走得愈來愈近。依曾昭掄看，是「得到了黨的信任」；用羅隆基的話說，是「黨內有人緣」。這名老資格的小字輩則反過來替老夥伴們着急：

> 解放後我一方面在工作崗位上取得了黨的信任，一方面覺得羅隆
> 基、張東蓀同章伯鈞、史良比起來有些像扶不起來的阿斗。……
> 我經常勸羅隆基多同統戰部接觸，借此同章伯鈞、史良競爭。
> 我經常勸張東蓀多寫些表示態度的文章，怕他的消極態度惹起黨
> 的不滿。[34]

無奈張東蓀不僅扶不起來，還不吃「扶」。

在這年 (1949) 6 月底 7 月初，文化學術界「組織起來」的時候，隨
着新法學、新史學研究會籌備會紛紛成立，新哲學研究會也召開了
「發起人」會議，討論籌備會的組織章程和暫行草案。主席是老黨員
李達，三十年前「社會主義論戰」的對手，〈張東蓀現原型〉作者；副
主席是延安來的艾思奇，十四年前「辯證唯物主義論戰」的對手；此
外倒也延攬了一位研究康德的鄭昕。這個「發起人」會議選出了十一
人的「籌委常委」，把他、還有金岳霖、湯用彤都算了進去，加上專
攻馬列主義的胡繩，卻沒有了怎麼看都應該延攬入局、而且也及時向
毛表了衷心的馮友蘭。

新哲學籌備會提出組織中國新哲學研究會的意義：「團結全國哲
學工作者傳播馬列主義哲學和毛澤東思想，以期正確認識中國新民主
主義社會發展的規律，並批判吸收舊哲學遺產，在文化思想戰線上展
開對各種錯誤思想意識的批判。」

這類「大話」，我們今天已經知道，或騙騙小孩子，或嚇唬沒底
氣的文抄公。張東蓀什麼人？就算他對這些新、老革命家和他們的
「哲學」研究，曾經心懷非比尋常的寬宥，但在這樣的號令下與他們
共事，怎麼打得起精神？更何況不過幾個月前，還曾針對他們對「批
判」之喜好而有過率直的奉勸：

> 我卻有一個印象，似乎民主人士（此處的民主人士是張教授對正倡
> 言民主的革命者非嘲諷性恭稱──著者夾釋）的言論中很少對於
> 這一批非偽裝的自由主義者採爭取與聯絡的態度，總是動輒稍見
> 異議，即不問動機，一律加以駁斥。態度尤其是往往流於尖刻

毒辣，尤其是對於自由主義一詞不加以分析與剖解，只是一味蒙頭蓋臉，亂罵一陣。這樣實在容易使人誤會，以為民主人士沒有容忍與寬大，亦就不具有自由的胸懷的陶養的風度。我雖然並不承認民主人士是真正如此，但我仍願以「有則改之無則加勉」一語來奉勸民主陣線的一班言論家。[35]

他說的，是1948年底那次超乎尋常地失了分寸乃至風度的批判。據馬逢華回憶：

> 民國三十七年（1948年）十二月十五日到次年二月一日，北平是一座圍城。黑暗、寒冷、飢餓、骯髒。北京大學的五十周年校慶，原來預備擴大慶祝的，這時因為局勢急轉直下，終於草草了事。校園裏面，除了在「安全委員會」領導之下，有一部分學生在「民主廣場」挖掘避彈壕溝之外，其餘是一片死寂。文學院東方語言文學系主任季羨林先生一天在北樓飯廳裏苦笑着說，「咱們都像是下了鍋的螃蟹，只等人家加一把火，就都要變紅了。」……
>
> 北平圍城的後期，……沉悶了好久的北大「民主牆」上的那些牆報，忽然又熱鬧起來，並且不知道為了什麼，有幾個牆報集中了火力，向沈從文展開攻擊。還有一份牆報把郭沫若從前在香港寫的辱罵沈從文（「粉紅色的作家」）、朱光潛（「藍色的作家」）和蕭乾（「黑色的作家」）等人的文章，用大字照抄。有些牆報指責他的作品中的「落伍意識」，有些則痛罵他是一個沒有「立場」的「妓女作家」。[36]

對「前進陣營中的民主人士」，張東蓀克制着內心厭惡，用語盡量客氣。他不知道，這批「民主陣線言論家」其實是在奉命行事。所謂「命」，即發佈於1947年10月底那個駁斥「和平統一大同盟」的黨內指示。在這則周恩來起草的指示中，毛澤東特別加寫了一段關於「在政治上要孤立自由資產階級」的話。[37]張東蓀那時候不知道，郭沫若、邵荃麟輩哪裏僅是欠缺「自由的胸懷的陶養的風度」，他們當時

的地位是「挨了批評的香港地下黨」，必須本着「矯枉必須過正」、層層加碼的規矩，格外賣力，以再度贏得組織信任。他同樣不知道的是，類似具有相當殺傷力的鬧劇，還要在以後的三十年（乃至六十年）裏不停搬演。

共產黨指揮若定，包括對張東蓀的指揮。作為人所共知的「功臣」，張東蓀不用活動，已經在新局勢下「得到了重用」。

除了即將撤離的美國領事館人員，在這段時間，與張東蓀有交往的，還有下文將說到的一位名叫王志奇的「小卒子」。[38] 而8月5日《白皮書》發表後，燕京大學124位教職員在前地下黨學生的指揮下「聯合發表聲明，斥責這一文件」，他，還有陸志韋、鄧文如、趙紫宸等，悉數打包捆紮列名。

但「小圈子」不能光發牢騷。痛感自身憲政與法制方面的所長無法發揮，[39] 羅隆基只好另闢蹊徑：組織「聚餐會」以文會友，開展學術報告和討論。諸如《蘇南義田的歷史研究》（潘光旦）、《美日媾和的法律問題》（梅汝璈）等，都是此時發表的。擅長階級鬥爭的共產黨，對這類題目，也就假裝沒看見。但組織這類研討的「羅隆基、張東蓀小集團」，已然按照其標準被確認了。

難道這就是美帝懷着切望、毛澤東忌之極深的「民主個人主義者」？

9月21日，周恩來最後報告新政協會議的籌備和代表名額分配：張東蓀列位民盟正式代表（共十八名）；任大會主席團成員（民盟五人之一，開會時須登上主席台）；參加「國旗國徽國都紀年方案審查」。

9月30日，他以得票倒數第二，當選為中央人民政府委員。[40]

緊接着，該政府第一次會議任命周恩來為政務院總理，第三次會議任命董必武、陳雲、郭沫若、黃炎培為副總理——民主人士佔了一半；政務院委員十五名——民主人士九名，佔60%；政務院所轄機構負責人九十三名——民主人士四十二名，佔45%。張東蓀被任命為政務院文化教育委員會委員。

這回，只能借用廣東人的話了：嘩！居然到了這樣的比例——不僅超過了他們自己的渴想，幾個月前叨叨絮絮的美帝，也不曾料到

中央政府委員合照。前數第三排右數第三位是張東蓀

吧？比例之外，美帝(其實也包括國人在內)更加料想不到的，他們當中相當一批，還屬老資格的青皮紅瓤「心裏美」(水蘿蔔)呢。

毛澤東笑了：未來中國的政府裏盡量吸收一些民主開明的人士參加，用得着你美帝來干涉麼？至於這樣的比例會在決策中起多大作用、會維持到什麼時候，更是你管不着的了。

做到這一步，也只能出自毛這樣的大手筆。誰都知道，古今中外，革命之後，最難之處，莫過於處置功臣。譚震林在春天裏，就曾經得意洋洋地在市幹部大會上説：「毛主席在北京做皇帝，我們都是封疆大吏。」[41] 到真的建了國，政協會議代表(各黨派、團體)名單一公佈，打天下的英雄們立時炸了鍋：什麼!?老子在戰場上打倒、活捉的敗將，怎麼全混進來了？同志們出生入死，一個月才五塊錢；他們大米加豬肉，我們小米加青菜。有的更形象：「什麼民主黨派，不過是一根頭髮，拔了就拔了！」

但在毛看來，有些人可以「拔了就拔了」，比如北平和談時候的彭澤湘，比如國共和談時候的甘介侯[42]，乃至何其鞏。但有的大角兒，不拿在手上玩玩，不僅不夠意思，其教喻意義(或曰殺雞儆猴效用)，也放棄得過於輕易了。

1949年11月中旬，民盟召開一屆四中全會擴大會議。這是怎樣的一個會呢？葉篤義以為不過是「總結過去的經驗教訓，確定今後的方針。批判的對象集中在羅隆基的親美路線」；[43] 殊不知其更為重大之處，直到八年後的整風反右，才由一直潛伏在他們身邊的老共產黨員周新民明確道出：

> 這次全會，在盟章上明定接受中國共產黨的領導，羅隆基、張東蓀深為不滿，但是他們鑒於大勢所趨，又不敢公開反對，乃借人事安排鬧得四中全會開了一個多月，無法閉幕。羅隆基、張東蓀、潘光旦、范樸齋等四人曾請求周恩來出來幫助和指導。周總理接受他們的請求，約定沈老(鈞儒)、章伯鈞、羅隆基、張東蓀以及其他負責同志於某一日晚間，到國務院(著者按：應為政務院)西花廳商談，沈老和其他負責同志均準時到會。等到深

夜十二點鐘，羅隆基和張東蓀仍拒絕不來，四處打電話催促，
羅、張始寫一信派范樸齋送來。經周總理嚴屬批評，范樸齋又
倉皇奔回，報告羅、張，到了深夜一點多鐘，羅隆基、張東蓀才
狼狽而來。[44]

會議中間，毛澤東到場，給批得灰頭土臉的自由派留了一條
活路：

1949年12月5日傍晚，中共中央主席毛澤東和黨中央的其他領
導同志在中南海頤年堂接見參加民盟一屆四中全會的全體代表。
毛主席和代表們一一握手，關心地問到了開會的情況，然後，語
重心長地說：一個政黨是不能不犯錯誤的，總是要有錯誤的。

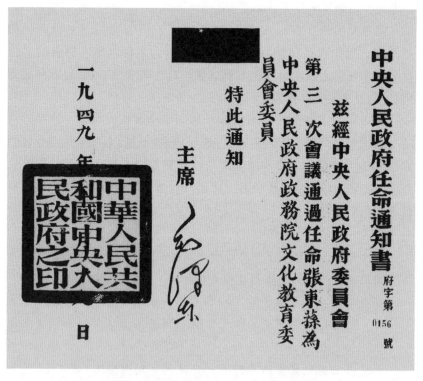

中央人民政府任命張東蓀為政務院文化教育委員會委員的通知書

克服的方法就是要多加分析。一個黨內有許多山頭，但是要克服山頭主義。沒有不團結的理由，都是民主人士、革命同志，只要運用批評和自我批評的武器，就會無往而不勝。[45]

周恩來也專門為他們開了招待會，說民盟「是大有希望、大有前途的」。雙方(在共產黨的斡旋與指導下)達成協議──中國民主同盟，作為「參與政權的一分子」終成正果：

> 「本盟接受中國共產黨的領導，與之密切配合工作，以期在革命建國的偉大事業中盡其最大的努力。」從此，中國民主同盟以中國共產黨領導的人民民主專政政治制度下參政的新型政黨的地位，活躍在中國的政治舞台上。[46]

這是張東蓀最後一次過問民盟事務，是他打起精神最後的抵抗──以慘敗告終。用羅隆基的話說：「盟章有了這樣一條，民盟的生命就結束了。」[47]

到12月底，安排人事的五中全會接着召開。除了難以撼動的正副主席張瀾、沈鈞儒，設立了十人「中央政治局」，章伯鈞被挑選為「政治局」秘書長(總排名第三)，張東蓀從原先排名第四，落到最後一名。

沒有出局，可能出於統戰部的客氣。但他們這批「曾經犯過錯誤」的親美分子，在大家都一門心思、一股勁地靠攏黨、爭取進步的時候，也不能說完全沒用。政協民盟代表第十名的周鯨文後來回憶：

> 北京政權成立不久，統治民主黨派的中共統戰部，先把各黨派中的民主人士，分成三類格：一、積極分子；二、中間分子；三、落後分子。我和羅隆基、劉王立明等人被列入「落後分子」這一格。每有發言，就有積極分子攻擊批評。此外，統戰部儼然以民主黨派的太上皇自居，不但遇事指導，而對個別的人又常給以顏色看看。[48]

　　但在開始的時候（《白皮書》發表和新政協會議之前），毛澤東確實沒把張東蓀當外人。除去種種場面上的應酬，主席伉儷對他的宴請，在同類人中算是多的。這些，正史、野史都未見記載，但張家的人記得「爺爺回家說」，有一次，張東蓀、張奚若[49]在座，毛主席說：「中南海裏蓋了房子，是不是搬進來住？」二人均辭謝。毛沒有生氣，只說了一句：「你們是要自力更生呀。」對此，張奚若好有一評：「宴無好宴，這是對你不放心。」（也有一說：此話出於沈鈞儒）

　　後來，在別的場合，毛（也許是毛的屬下，曾轉致毛的好意）問起東蓀先生對位置安排、待遇等等的「要求」。張東蓀表示，一切職務不要，也不進中南海，只保留燕京大學教授。至於辦公室、秘書、警衛等，他都謝絕了，但接受了司機和車（中央人民政府委員的待遇）。張飴慈記得父親對他說過：爺爺什麼職務都不願承當，在盟內也不願。平時本有早睡習慣，此時不得不跟着黨整夜地開「完全擁護的會」。每每開會回來就發脾氣，恨恨地說：「拍馬屁！」

　　黃炎培顯然不作如是想。1949年3月毛剛到北平，宴請大家之後的第二天，又單獨設晚宴招待，兩人暢談時局直到深夜。他的傳記作者說「這是其他人士沒有得到的殊榮，使黃心潮澎湃。」——這澎湃幾個月後就落到了實處：民建在《白皮書》上立了大功。至於報答，聲明的起草人孫起孟[50]轉年1月即被接納為光榮的共產黨員，黃本人則在幾個月後被安置在副總理位置上。

　　選為中央人民政府副主席後，張瀾的夫人及兒女從四川遷到北京。表老保持其一貫風格，一次次拒絕國家為他安排的住宅——在他看來，那些院子委實太大了，房屋也委實太好了。後來，終於找到一處小小的舊宅院。[51]開國大典前幾天，按照周恩來指示，有關方面撥了一筆服裝費，希望他能一身簇新地出現在天安門城樓。張瀾婉言退回，說：「國家的錢，即人民的錢，我怎麼可以用來做了長袍穿在自己身上。但總理的考慮是對的，我保證著新裝與民同慶。」他自己出錢，趕製了一件布長衫，罩在舊棉袍之上。[52]

　　擔任了最高人民法院院長的沈鈞儒，據他的女兒回憶：在那時候曾經提過一個意見，說共產黨對民主人士太優待了——他當時住的

房子很寬敞，很漂亮，還有一個警衛排。……他每天都打打太極拳，還很喜歡打乒乓球。對於時事，父親非常關心，對於當時的書報閱讀得非常認真，在他的書桌上，擺滿了主席的著作。

章伯鈞呢？「革命成功」，無論房舍還是氣概，幾乎在一般中共高官之上。章詒和的著作給出了不少細節：

> 那時，父親官場得意，我家住的是座有七十九間房的大四合院。……（這院子後來）一分為二，正院住的是中共高官，先搬進去住的是萬里，後為段君毅。跨院分給了藝壇領導高占祥。
>
> 新中國成立，我父親在政府和其他部門擔任許多職務，……每年都要出國，參加世界和平代表大會。他春風得意，心情舒暢。[53]

斡旋失敗後就離開民盟的梁漱溟，上邊的熱鬧都沒有參加。他是在1950年1月，「奉毛澤東、周恩來之召」到北京的。毛從蘇聯返回的第二天就在頤年堂設宴招待，問「梁先生」：「這次到北京，可以參加我們政府的工作了吧？」梁遲疑片刻之後的回答是：「像我這樣的人，現擺在政府外邊，不是更好麼？」這前後他一直借住在親戚家，毛得知後，令徐冰先將梁全家安排住頤和園石舫附近一四合院（兩年），隨後在城裏安排了住房。[54]依照毛的安排「到各處看看」之後，梁漱溟寫了〈兩年來我有了哪些轉變〉（《光明日報》1951年10月），以及〈何以我終於落歸改良主義〉（1952年5月，五萬言，交林伯渠秘書長閱後呈毛澤東）。

比較慘的是民革的柳亞子。自以為必定落到頭上的高官厚祿，不僅須自己開口，竟然在中共、更在民革連連碰釘子。柳詩人最後決定「清高」，僅寄希望「潤之」能將頤和園「賞賜」給他。在這麼一個小小的願望都不予滿足的大窩火下，這邊廂與當今詩詞唱和，那邊廂卻與警衛動起了干戈，終於在歷史上留下那句不大為人所知的主席調侃「醉尉夜行」[55]，還有幾億中國人倒背如流的領袖名句：「牢騷太盛防腸斷」。

「小民革」呢，這個悄無聲息地為中共得天下盡了大力的「組織」？

到了抗日戰爭最後階段，中共這邊注意到，在國民黨與國民政府上層，包括實業界，有一批服膺於周恩來個人魅力，並且願意「進步」的思想左傾人士。中共見機把他們攏到了一起——「從國民黨內部推動堅持團結、民主、抗戰的鬥爭」。這是一批對資財地位毫無垂涎之意的富家子，裏入革命大潮本出於理想，對分天下自然沒什麼感覺。於是，49年交椅分派大會前夕，周恩來一句話，一絲波瀾沒有，就原地解散了。當然在正史上，也得了這樣的名頭：

「小民革」與中共之間彼此相知甚深，在鬥爭中同中共始終保持一致，在國民黨內起了進步的分化作用，是一個黨外布爾什維克組織。

細細思索1949年從春到秋，也就是大家湧進北平之後，共產黨（主要是毛澤東）對「可能成為鑽進肚皮的孫悟空」——張瀾、陳銘樞、梁漱溟、羅隆基、張東蓀、劉王立明、葉篤義……的態度和處置，不禁感喟交集。敬誰拒誰，親誰疏誰；什麼時候把哪個拉一下，什麼時候對誰推一把……，毛澤東、周恩來、李維漢諸同志配合得絲絲入扣，把古人「將欲廢之，必固興之；將欲奪之，必固與之」；「將欲敗之，必姑輔之；將欲取之，必姑予之」[56] 的機謀玩得淋漓盡致。

力主階級和諧，對馬克思列寧主義絕對不敢苟同的張瀾，從出任民盟主席之始，就聲言：「共產黨能放棄階級鬥爭，走上民主的道路，民主同盟即與之攜手取友好態度；如共產黨還要蹈襲無產階級專政的階級鬥爭，民主同盟絕不與之合作。」[57]——說這話是在1945年。那時候，西南地方將領劉文輝、潘文華、龍雲等，還有相當一批實業家，包括國府官員都是民盟的秘密成員，毛澤東當然硬着頭皮聽。進北平之後，雖然被胡耀邦贊為「高尚的精神，這就是他的頑強的民主精神、民主思想」、「優良的氣質，就是他有強烈的正義感」，[58] 表老當年風采已然不再。唯一令人尚感欣慰的，是1953年梁漱溟遭毛訓斥時，他沒有像別的「民主人士」那樣臉一抹給極峰助威，而是在第二天「上書」毛澤東，說「『反動透頂，一貫反動』，其言重矣，其論失公正矣。」[59]

對陳銘樞的安排，與他的期望值相比，幾可算「說不過去」了（中央人民政府委員、中南軍政委員會委員）。作為軍人政治家，他對國家政治體制沒有什麼建言，批評毛，多集中在執政風格上：「政治修養上熱而不淡，疾而不舒，燥而難寧，察而不周；自然為黨見與感情所沸動，生出了浪潮，喜功好大，難以制止。……好好的一個優良的國家，純樸的民情，去搞俄式的清算鬥爭，三反五反，弄到中國八年來混亂不清，天天是忙於鎮壓肅反，已不成為國家政治。」可惜這些話直到1957年，遭民革老同志痛批之後才得以披露。1953年的大會上，他是僅有的在發言中沒有對梁漱溟惡言惡語的與會者。

梁漱溟理論修養自成一家，根底深厚。對毛，是無論私下還是公開，無論身處高位還是低位，都能講出自己真見識的人——或許性情使然，或許對領袖的「雅量」及與自己的私交，有不切實際的估計。他1953年在全國政協常委會擴大會議小組討論上說的話，本被周恩來看好（「很有代表性」），才建議他第二天到大會上發言的。沒想到多年積聚在毛心裏的不快（估計是從梁那裏總不見阿諛，或是還有別的），驟然爆發。之後梁漱溟鞠躬退場、閉門思過，「政協委員照當，工資照發，也沒有受到任何正式的處分」。因為從此沒了聲音，1957年也用不着再整一次，直到批林批孔的1974年才又見風采。可惜到八十年代接受本著者採訪的時候，對1953年那次令好幾代人欽佩的風骨一現，居然一再說「是我不好，我不該惹主席生氣」。

遭迎頭痛擊之後，羅隆基調整步調，努力適應新社會。雖說給歸到一個小集團，他與張東蓀其實很不同。張傾心自由與獨立，多出自學理思考，而羅隆基推崇民主與現代政治，主要來源於他所受到的訓練——包括他的性情。他當然知道民主政府須基於平等與協商的原理，但從他所發的那個精彩之極的不平之鳴——「周總理是南開出身的，毛主席是北大出身的，我是清華出身的，為什麼他們就能代表無產階級而要我代表資產階級和小資產階級呢？」，[60] 可看出他長於運作而缺乏深湛思維，特別是對古老中華君臣將相思維定勢缺乏認知的特徵。

　　淳厚、賢淑的劉王立明本來最得張瀾信賴。她不大有自己獨到的見解，不料1951年因無城府而說了實話（蘇聯軍人在東北的違紀行為），給一把抓住，以「反蘇」言論受盟內嚴厲批判。她從此脫離「小集團」，只乖乖地按照黨的要求做無傷大雅的婦女工作了。

　　公子哥兒出身的葉篤義，當年以自己剛剛繼承的資財辦進步書店，多麼富於朝氣。49年之後數度驚嚇，終被統戰部梳攏，自1983年起連任民盟五屆、六屆副主席。靠攏黨幾十年，出生入死、威脅利誘、批鬥、牢獄……親嘗遍，少年時候自由派底色仍難於抹去。最後出版了回憶錄《雖九死其猶未悔》，讀者讀到了「九死」，讀到珍貴史料，卻難於弄清葉先生究竟為什麼而不悔。

　　張東蓀在1949年受到的對待最值得思量。

　　平心而論，他名聲不那麼赫赫、人脈聯絡也不是那麼廣博，未見四處活動，眷寵卻從天而降。如果不是張瀾的特別堅持，只能看作是毛澤東的安排了。

　　毛澤東這麼對他，如若不為照顧而是有意延攬，那這回真是打錯了算盤。就理論而言，若說陳獨秀、李漢俊他們都已經離開，陳伯達、艾思奇畢竟小了一輩，弄得毛對張東蓀早期著述不甚熟悉，但《觀察》他們總會派人看的吧？怎麼單單挑上張東蓀（還有更年輕些的張奚若）呢？或許偉大領袖受的奉承已經太多、太甜膩，反倒喜歡湖南辣子？

　　一直到文革初起，張東蓀才對他的長孫飴慈談起毛澤東的「厲害」。他說，建國前，有一次在頤和園開會，毛站起來蹺起大拇指說，「北平和平解放，張先生第一功」。會後張找到毛，表示這樣說不合適，因為北平和平解放，盡力者大有人在，「這樣說，我要得罪許多人了」。毛回答說，得罪人是我得罪人，和你無關。飴慈還記得爺爺當時再次提起十六年前西柏坡一幕，說毛這人厲害呀，他大談梁啟超，以崇拜的口氣。對《時事新報》前後那一段，是相當了解的。張飴慈又說：

> 還有一次看演出，爺爺正好坐在毛和周的後面。演出前，爺爺聽見周對毛說「聽說陳銘樞和南京方面還有聯繫」。說話間，毛

偶然回頭看見了坐在身後的我祖父。幾分鐘後，毛再回過頭，對祖父說，散戲之後有些事情要和他談。戲演完了，毛問他：「聽說陳銘樞和南京方面還有聯繫，你怎麼看？」原來毛無法肯定剛才周說的話爺爺是否聽到，索性把問題挑開。

張東蓀和張奚若確實以對獨裁政府沒有好感而聞名。徐志摩在1925年說，「奚若這位先生……是個『硬』人。他是一塊岩石，還是一塊長滿着蒼苔的(岩石)」。「他的身體是硬的」，「他的品行是硬的」，「他的意志，不用說，更是硬的」。到了1956年張奚若仍直言：「喊萬歲，這是人類文明的墮落。」對毛澤東的估評，就是那個名句「好大喜功，急功近利，鄙視既往，迷信將來」。

他們過去表現得「硬」、反對專制獨裁、對當局嚴厲批判，這固然給處於困難時期的共產黨幫了大忙，但毛澤東難道不清楚，其中起作用的是學養與誠實，並非投機與投靠。

看走眼一次沒關係。他有的是時間改正。

無論是得意的沈鈞儒、章伯鈞們，還是開始失意的陳銘樞、羅隆基們，可能都不知道，早在若干年前，共產黨對他們這批人的「地位」、「名份」，早有打算。毛澤東說：

安排民主人士好處很多：第一，可以「賺」人，各方面的非黨人物都有當副主席、部長、司令員的，「朝裏有人」，國民黨不打自垮。……第二，可以「賺」來四萬萬人民，賺來土地改革。第三，可以「賺」一個社會主義。這叫做和平過渡到社會主義。[61]

周恩來在1950年也承認：

我們所以承認這些人物，是因為他們有群眾。我們所以要做他們的工作，也是要經過這些人物去教育其群眾。[62]

這些，他們自己知道麼——在1949年9月？
天涼好個秋啊！

註 釋

1. 張東蓀：〈知識分子與文化的自由〉，《觀察》，第5卷第11期，1948年
    11月。

2. 周新民（1897–1979），法學家、政治活動家。安徽廬江人。1926年加入
    中共，1942年加入民盟，1943年被中共南方局派往昆明，受命擴大愛國
    統一戰線。1947年底民盟醞釀一屆三中全會期間，中共對他這名最早的
    跨黨盟員有什麼具體指示，目前尚未見文字披露。建國後歷任中央人民
    政府辦公廳副主任、最高檢察署秘書長、全國政協副秘書長、民盟組織
    部長、中科院法學所副所長等。

3. 孫曉華主編：《中國民主黨派史》（瀋陽：遼寧人民出版社，1999），頁
    167–168。

4. 毛澤東：〈關於情況的通報〉，載《毛澤東選集》（第二版），第四卷（北
    京：人民出版社，1991），頁1298。

5. 葉篤義：《雖九死其猶未悔》（北京：北京十月文藝出版社，1999），頁58。

6. 據葉篤義回憶，參見註5，頁58–59。

7. 方然：《民主的求索者——張瀾》（北京：群言出版社，2005），第15節。

8. 章立凡：〈民主協商建國的歷史回顧〉，《炎黃春秋》，2009年第4期。

9. 電文：上海市政府潘副市長轉張主席表方暨羅隆基，史良，郭則沈諸同
    志：世電諒達。諸同志久困滬濱，領導盟務，殊為敬佩。上海現告解
    放，請即聯袂北來，主持四中全會，商訂本盟今後決策。特電歡迎，並
    盼告行期。沈鈞儒 章伯鈞 黃炎培 張東蓀 周新民暨臨工會全體同志
    1949，5，31。

10. 章詒和：《最後的貴族》（香港：牛津大學出版社，2004），頁358–359。

11. 這封《建議書》還在討論的時候，史良、楚圖南、郭則沈等即表示反對，
    最後以「在滬中委致信沈、章」的名義，由葉篤義交給當時正在上海的吳
    晗，委託他交沈、章轉中共。1949年8月，葉篤義輾轉到北平後，對照
    當前局勢，想起這封信，嚇得夜不成寐，只希望吳晗沒有轉。讀者細
    想，有這個可能麼？沈、章怎麼可能不希望共產黨知道羅隆基輩有過這
    樣的心思。果不其然，信正在共產黨手裏。只是在1949年那時候，李
    維漢高姿態地容他「過去的就算過去了，一切從頭學起」。參見葉篤義：
    《雖九死其猶未悔》。

　　　此信，據吳晗在1957年批判會上揭發，內容略有出入：羅隆基託他帶封信給沈鈞儒，信中羅隆基要求沈老「代表民盟向中共中央提出以下幾個條件：(一)不要向蘇聯一邊倒，實行協和外交；(二)民盟成員與中共黨員彼此不要交叉；(三)民盟要有自己的政治綱領，據此與中共訂立協議，如中共不接受，民盟可以退出聯合政府，成為在野黨。」參見章詒和：《最後的貴族》，頁309–310。

12. 葉篤義：《雖九死其猶未悔》，頁67。

13. 葉篤義：《雖九死其猶未悔》，頁68。

14. 據葉篤義記憶為《申報》。

15. 張氏稱：「我希望毛澤東抱定〈新民主主義論〉裏的理想，而不要服從共產情報局的政策。」轉引自趙錫驊：〈張瀾在開國大典前夕〉，《紅岩春秋》，2004年第5期。

16. 同註7。

17. 見姚華飛：《隱蔽戰線傳奇英雄吳克堅》(上海：學林出版社，2012)。

18. 楊虎並非簡單地「戴罪立功」。據王仲方〈毛澤東未全票當選主席〉(《文史博覽》，2015年第9期)：「我還見到了一位奇特的代表。這位代表60歲左右，身穿深色西服，戴着禮帽和一副深色眼鏡，由李克農親自陪同。他直趨而入，也不簽到，看得出是一位有特殊身份的代表。他是誰呢？後來才知道，他就是國民黨原上海警備司令、赫赫有名的楊虎。在白色恐怖時期，他曾指揮殺害過多名共產黨員。他怎麼會出現在政協會議上呢？我好奇地打聽後才知道，他是安徽人，與李克農同鄉。李克農在上海地下黨特科工作時，利用同鄉關係爭取過他，並與他建立過秘密聯繫，他給共產黨提供過情報，特別是在解放上海的戰役中提供了幫助。聽說，當時蔣介石對上海控制很嚴，認為萬無一失，卻不知道共產黨解放軍的秘密電臺就設在楊虎家中，他為解放上海立了大功。在上海解放初期，國民黨潛伏特務十分猖獗，楊虎也對我們打擊土匪特務提供了協助。對於楊虎成為政協特邀代表，當時我頗為感慨，中國共產黨真是寬大為懷，不計前嫌，做到了團結一切能夠團結的人。」

19. 《中國建設》北平版第1卷第2期，1949年1月，中國建設出版社。

20. 張東蓀：〈增產與革命〉，《中建》半月刊，第3卷第4期。

21. 1927年4月大清洗中，他最親密的中共戰友宣中華遭殺害，在其遺物中，發現他稱沈鈞儒為「真左派」。參見沈譜口述：〈沈鈞儒：民主人士

的左派旗幟〉,「中國政協新聞網」(http://cppcc.people.com.cn/GB/34961/ 3328444.html),2005 年 4 月 18 日。

22. 那是在 1958 年,北京民主黨派向新疆同儕學習,民盟的遊行隊伍高舉紙糊「紅心」,率隊者沈鈞儒。在 3 月 16 日「開會詞」中的保證是:「我們決心把民主黨派成員的千顆心,萬顆心,聯成一顆心,把這顆心獻給黨,獻給人民,獻給社會主義!……我們請黨、請毛主席、請全國人民作我們的監誓人,隨時考驗我們的忠誠和決心,督促我們向前再向前!躍進再躍進!」見宋永毅:〈「大躍進」是如何推動的?——政治運動造就的恐懼和造假風〉(《當代中國研究》2009-1,總 104 期);錢鋼:〈紅心的故事〉,「民間歷史」網站 (http://mjlsh.usc.cuhk.edu.hk/Book.aspx?cid= 4&tid=86)。

23. 赴延安訪問的六位國民參政員之一的傅斯年,對其他五人恭維毛澤東不敢苟同。他形容早年參加共產黨的章伯鈞,在延安的表現,可看做是「由第三黨歸宗」。

24. 1946 年底蔣記國大前後,司徒雷登以自己的觀察,曾私下問過與他有師生之誼的葉篤義,「沈鈞儒和章伯鈞是不是共產黨員」。參見葉篤義:《雖九死其猶未悔》,頁 60。

25. 章詒和:《最後的貴族》,頁 304。

26. 李維漢:〈真假和談的鬥爭——記北平和談〉,《中共黨史資料》,第 16 期。

27. 楊尚昆:《楊尚昆回憶錄》(北京:中央文獻出版社,2001),頁 11。該回憶顯然迴避了黨的經費中蘇聯援助、「打土豪」(劫掠)和其他黑色收入(如鴉片種植和貿易)。精細的研究有待同儕精進努力。

28. 1949 年 5 月 14 日下午,在北京飯店 113 室舉行了民盟總部第十一次會議,討論中共中央統戰部委託其接管敵偽報紙的事。會議決議提及「開辦費請政府撥款」。另外,關於國庫負擔黨費問題,民盟本來概念清晰。章詒和追憶章伯鈞、羅隆基晚年談話稱:1941 年的民主政團同盟為政治民主化、要求結束黨治,特別提出:政府一切機關嚴行避免為一黨壟斷及利用政權吸收黨員;不得以國家收入或地方收入支付黨費,包括政黨活動之所需經費。當時這些條款都是針對國民黨的。蔣介石看罷,為此對張瀾大發脾氣。而此前黃炎培怕對國民黨刺激太大,曾明確要求刪去反對國庫負擔黨費等條款。參見章詒和:《最後的貴族》,頁 31、338。

29. 章詒和：《最後的貴族》，頁 305–306。

30. 葉篤義：《雖九死其猶未悔》，頁 78–79。

31. 葉篤義一生三次提出入黨——1953年、1962年和1981年。最後得到批准是在他已經從民盟副主席位置上退下來的1993年，時年八十一歲。葉家兄弟姐妹十幾人，各有所成，個個出類拔萃。

32. 葉篤義：《雖九死其猶未悔》，頁 80。

33. 今天，「黨對軍隊的絕對領導是我軍永遠不變的靈魂」(江澤民語)、「是人民不可動搖的根本原則」(胡錦濤在建軍八十周年及全軍英模代表大會上的講話)、「毫不動搖堅持黨對軍隊的絕對領導，堅決聽從黨中央和中央軍委指揮。」(習近平)

34. 葉篤義：《雖九死其猶未悔》，頁 82。

35. 同註1。

36. 馬逢華：〈懷念沈從文教授〉，《傳記文學》(台北)，1963年1月號，首發自《自由中國》(台北)，1957年2月1日。

37. 中共中央文獻研究室編：《毛澤東年譜(1893–1949)》，下卷(北京：人民出版社、中央文獻出版社，1993)，頁 248。

38. 葉篤義回憶，張曾帶王志奇到民盟總部見張瀾和他，說王想送張瀾一件皮襖。二人見了王，也接受了禮物。

39. 羅隆基的核心政略概括起來有兩項：一是要求政治民主化，另一個是主張軍隊國家化。而政治民主化的內容就是結束黨治……比如嚴行避免任何黨派利用政權在機關、學校推行黨務；政府一切機關嚴行避免一黨壟斷及利用政權吸收黨員；不得以國家收入或地方收入支付黨費；包括政黨活動之所需經費等等。

40. 據新披露的宋雲彬日記，在張的名字下邊畫「×」的，有宋一個。宋先生從專業看，屬於文字學家、教育家；政治傾向(以及待遇)：沈鈞儒麾下救國會；浙江省政協副主席、省文聯主席；1957年未能倖免。

41. 武宜三：〈千家駒們的悔恨與徐四民的明白〉，「新世紀新聞網」(http://www.newcenturynews.com/Article)，2005年10月27日。

42. 甘介侯，李宗仁幕僚。因在「解放戰爭」中曾試圖和緩局勢，毛親自著文臭罵之——「這類從事『和平攻勢』的政治掮客」。參見〈中共發言人聲明拒絕甘介侯來平〉，載《毛澤東新聞工作文選》(北京：新華出版社，1983)，頁 281–282。後李宗仁回國，提出一個可以動員回國者的名單，

其中便有甘氏。周恩來看過，當即劃去甘的名字，並告訴李宗仁，此人不能回來。甘最後客死美國新澤西。

43. 葉篤義：《雖九死其猶未悔》，頁73。

44. 轉引自章詒和：《最後的貴族》，頁312。

45. 孫曉華主編：《中國民主黨派史》，頁178。

46. 同上註。

47. 章詒和：《最後的貴族》，頁312。

48. 周鯨文：〈與中共領導人談法治〉，載《中國大陸自由化運動——救中國、救亞洲、救世界的鑰匙》（香港：時代批評社，1982），頁275。

49. 政治學和法學教授張奚若在〈蘇俄究竟是不是我們的朋友？〉一文中說：「帝國主義國家僅僅吸取我們的資財，桎梏我們的手足，蘇俄竟然收買我們的良心，腐蝕我們的靈魂；帝國主義只想愚弄我們的官僚和軍人，蘇俄竟然愚弄我們的青年和學者；歐戰後帝國主義還高唱尊重我們主權的口頭禪，蘇俄竟然無緣無故地佔據了我們的外蒙古；帝國主義只能暗中幫助吳佩孚張作霖，蘇俄竟然明目張膽地在廣東做我們的高級軍官和外交官⋯⋯。你說它不是我們的敵人是什麼？」徐志摩說：中國對蘇俄的問題，到今天為止始終是不曾開刀的一個毒瘤，裏面的膿水已經滿了，但是卻沒有獨立見解的人去觸動它。他認為張奚若是這個最無恥的時代裏能夠挺身而出的最知恥的人。參見智效民：〈火燒晨報館事件〉。在國民參政會上，張奚若發言批評國民黨，被蔣介石打斷，張憤然退場。國民黨當局將下次開會車馬費送上門，張說「無政可參」，原費退回。

50. 孫起孟（1911–2010），教育家，1950年1月加入中國共產黨。1955年4月後，先後當選為民建第一至三屆中央副主任委員，第四屆中央副主席。1987年12月後，先後當選為民建第四至六屆中央主席。1996年12月、1997年11月先後被推舉為民建中央名譽主席。他也是第一至五屆全國人大代表，第二至六屆全國政協常委。1988年4月、1993年3月先後當選為第七、八屆全國人大常委會副委員長。

51. 張瀾並非1949年才如此。他任四川省長期間，不造公館，夫人在家鄉務農。1943年任「慈惠堂」理事長時，住該堂所屬培根火柴廠簡陋車間。

52. 梁曉聲：〈先生之風 山高水長——紀念張瀾先生〉，《出版參考》，2006年第17期。

53. 章詒和的著作也提到，當了右派以後，房子沒有變。雖然失去了在懷仁堂看戲的資格，可以到全國政協參加晚會，去特供的小賣部買肉、蛋，到新僑、聽鸝館等供應首長的內部餐廳就餐。除每日三本的《參考消息》，司機、警衛、勤雜、秘書、保姆一應俱全。更令章伯鈞欣慰的，是得到西方世界的看重。據章詒和文，「最新的大英百科全書已經上了中國一九五七年反右運動的條目。他們的基本解釋為：章伯鈞，羅隆基是在社會主義國家制度下，要求實行民主政治。——這樣一個簡單的條目內容，讓爸爸激動徹夜。」參見章詒和：《最後的貴族》，頁367。

54. 吳黔生等：《肝膽相照》(北京：軍事科學出版社，1993)，頁95。

55. 毛澤東1949年5月21日致柳亞子信：「某同志妄評大著，查有實據，我亦不以為然。希望先生出以寬大政策，今後和他們相處可能好些。在主政者方面則應進行教導，以期『醉尉夜行』之事不再發生。」參見《毛澤東年譜(1893–1949)》，下卷，頁505。

56. 分別引自《老子》和《戰國策》。

57. 〈民盟的緣起主張與目的〉，原載《新中國日報》，1945年2月26日，第2版，轉引自方然：《民主的求索者——張瀾》。

58. 轉引自丁石孫：〈「他有很高尚的精神」——紀念張瀾先生誕辰130周年〉，《中國統一戰線》，2002年第8期。

59. 同註52。

60. 引自《大公報》1957年8月11日吳晗發言，轉引自謝泳：〈政治與學術之間——羅隆基的命運〉，載牛漢、鄧九平主編：《六月雪——記憶中的反右運動》(北京：經濟日報出版社，1998)，頁292。

61. 薄一波：《若干重大決策與事件的回顧》，上卷(北京：中共中央黨校出版社，1991)，頁34。

62. 周恩來：〈發揮人民民主統一戰線積極作用的幾個問題〉，載《周恩來統一戰線文選》(北京：人民出版社，1984)，頁177。

第二章

學人・思想者

由洋翰林而現代學人，絕非難事 ——
不是一個、兩個，而是整整一批，
近乎兩、三代。
可見認知上的現代化轉型之難，
並不如「打倒孔家店」者所溢估。

由現代學人而黨人，竟如江河傾瀉，
多少優秀者裹挾其間。
主人公徒然呼朋引類、擴大陣容，
可憐在覆蓋了全社會的黨人與黨爭裏，
勢孤力單……

一

洋翰林

張東蓀生於光緒十二年（1886），逮住了同光期的尾巴 ——清代末年難得的一段社會尚得休養生息的安定時光。

他的生日是12月29日，按華曆算，屬丙戌年末（十一月十四日），比同屬狗、但生於1887年1月的張君勱年長二十天。陳獨秀比他年長七歲，毛澤東則年少七歲。

他的故鄉是浙江杭州府錢塘縣（今杭州）。這地方近代文化名人出得太多，夏曾佑（1863）、章太炎（1869）、夏衍（1900）、梁實秋（1903）、施蟄存（1905）、高陽（1926）……弄得他們已經沒興趣以自己為家鄉、或以家鄉為自己添光彩。著者與張家子弟接談，很少聽到他們提起「老家」，好像已經忘記自己光風霽月、人文薈萃的故里。

這或許與幼年東蓀一直隨父親住在他河北任上有關？在公開場合（以及對子女），他講帶上海口音的官話；在家中對髮妻，說的則是蘇杭一帶的吳語。

東蓀屬於從海寧遷到錢塘縣的張家第十世。他的高祖第六世張雲璈，嘉慶時湖南安福、湘潭知縣（其父侍郎、副都御史張映辰，舅父大學士梁詩正，岳父大學士嵇璜）；第七世張裵，泰州知州；第八世張之杲（東甫公），泰州知州；第九世張上龢，也就是東蓀的父親，一直在直隸偏遠、貧瘠小縣（昌黎、博野、撫寧……）任縣令。東蓀出生的時候，上龢正在內邱任上。到第十世，已經是他這一代了：

長兄張爾田曾中舉人，官至刑部主事。所以，東蓀所在的錢塘張家，從第五世張映辰起，「皆仕宦，代有撰述，稱為清門」。[1] 據錢穆文章，張家還與龔（自珍）家世姻。[2] 孟劬是爾田先生的字，錢氏論定定菴取禍之由，而以爾田先生之言為準則，足可證出張家與龔家之親密關係，亦可反證出張家當日之名門清望，絲毫不讓與同里出了「許氏八乃」之錢塘許家（許乃普、許庚身家族；這個家族後來還出了一個以寫歷史小說而名揚天下的高陽）。

張東蓀晚年曾續修家譜，[3] 屬自己那欄，一直空着。僅有族人早年所書：

> 第十世　萬田　字東蓀　上龢嫡四子　陳氏出　生於光緒丙戌十
> 　　一月十四日酉時
> 　　娶吳氏　江蘇人吳慈鶴孫振祐之孫女堯善之女（名紹鴻）
> 　　生於光緒乙未九月二十日未時

其中「名紹鴻」為東蓀自己補加。

家譜，依傳統須標上「官職」、「業績」。他對自己在國共兩方所獲「官職」，不說不屑．顧，想想也是痛苦多於欣慰吧。但將子孫的名字無遺漏一一親筆寫上，是不是覺得畢竟「張家有後」——自己的遭際一言難盡，孩子們的成績足以告慰先祖了。

還不足八歲（1894），母親即病逝。時值光緒末年，兄弟二人隨父扶柩返籍。錢塘縣家中，三位姐姐都已出閣，年齡長他一輪的兄長從此擔負起扶持幼弟、敦促讀書之責。

張爾田（1874–1945），一名采田，字孟劬，號遯庵、遯庵居士，中國近代史家，詞家。居上海時，與海寧王國維、孫德謙齊名，時人目為「海上三子」。三子之中，國維於史重地下文物，孟劬（即我們主人公的長兄兼啟蒙師傅）於史重「文史互證」，所著《史微》八卷，曾為日本列為大學研究文史者必讀之教科書。時至二十一世紀，還能見到青年學子在網上逐條逐句就《史微・題辭》「疑義相與析」。爾田任刑部主事是在光緒年間，後改官江蘇試用知府。辛亥後，「高隱不仕」，潛心著述。1914年，應趙爾巽之聘，任清史館協修。到後來，

第八世

之杲

原名曾保字汝為號東甫裴嫡三子生於乾隆
壬子五月二十三日卯時殁於咸豐癸丑八月初一日
中時年六十二歲葵海甯州許村鎮南鄉千
金橋
幾塘縣附貢生連酌增常例報捐知縣分發江
蘇道光庚寅署華亭縣辛卯護理松江
府事壬辰補嘉定縣知縣調署吳江縣知縣乙未
以嘉定任內勤捐辦賑出力奉
旨賞加州銜是年丁母憂丁酉服闋己亥調署蘇州府
晉葆同知庚子補陽湖縣知縣辛丑調署長洲

縣知縣兼理元和縣事癸卯升授泰州知州歲
豐癸丑粵匪陷江寧揚鎮相繼不守泰州戒嚴
積勞成疾丁巳奉
旨照軍營立功後積勞病故例從優議恤追贈道銜
賜祭葵恩慶二子以知縣歸部候選
誥授奉直大夫有初日山房詩集六卷泰州保衛記一卷
晉贈中憲大夫先緒丙戌奉
旨崇祀泰州名宦祠
娶沈氏國學生同里諱嘉字獻臣公次女生於嘉
慶丙辰十二月二十六日子時殁於嘉慶己卯

誥贈宜人

晉贈恭人

妾潘氏生於嘉慶壬戌二月十七日丑時殁於道
光壬寅八月十六日子時年四十一歲合葵海
甯州許村千金橋

誥贈宜人
村千金橋
七月初一日子時年二十四歲合葵海甯州許

子三 上達 上綬 上綸

女二長適乾隆甲寅舉人刑部江西司主事同

張氏族譜中有關張東蓀的一支，載有第八代張之杲（號東甫）的生平資料

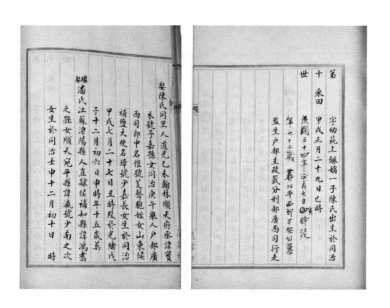

張氏族譜中所載第十世張爾田（張東蓀兄長，原名采田）的資料。可看出，爾田歿日是由東蓀書寫的。潘氏長嫂的歿日未書

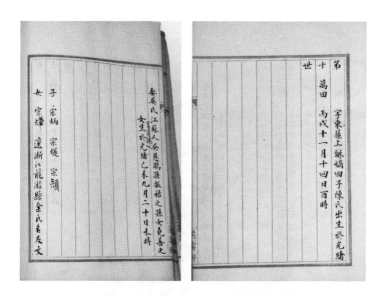

張氏族譜中所載張東蓀的資料，東蓀自己的一頁空著，而妻子的名字是由東蓀補填。女兒的名字由父親書寫，女婿的名字或許是張宗燁所填

這是張家現存時間最久的一張家族照，攝於1914年。當時家裏為張東蓀訂了親，他回杭州完婚。前排小藤桌兩邊坐着的，是張爾田夫婦。後排右邊第二是新郎張東蓀，當時二十八歲。張東蓀夫人吳紹鴻（後排右一）那時年僅十七歲。坐在前排的婦人，是因喜事而趕回娘家的張家幾位老姑奶奶

上圖張東蓀部分的放大

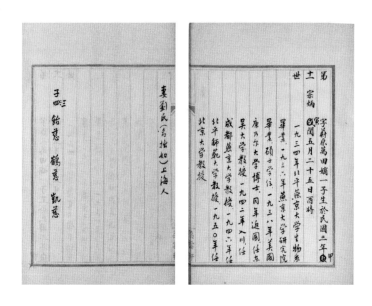

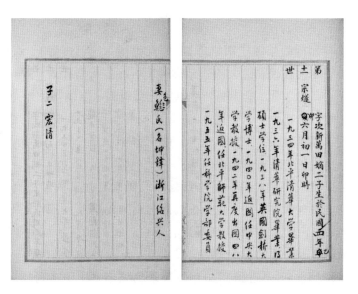

張氏族譜中所載張東蓀的三個兒子張宗炳（本頁上圖）、張宗燧（本頁下圖）和
張宗潁（第118頁上圖）的資料

雖然沒有如他的摯友王國維那樣「經此世變，義無再辱」，到民國後還曾擔任北大教授和燕大國學總導師，但終生篤信孔孟，唯求「心安義盡」，「有犯之者，必大聲所呼以斥，雖親舊，無稍假借」。[4]

　　張爾田藏書巨，著作豐。[5] 東蓀也一樣。除此以外，兩兄弟無任何資財。爾田藏的主要是史書，東蓀書架上的，除了中外哲學著述，全是成套的詩書與詞書。

　　在東蓀成長的年月，清末新政已經開始。張家因世代為官，並一直以文風自重，頭腦中難免根深蒂固地重文輕商，這對張東蓀內心深處（或曰下意識）的價值抉擇，有不可忽視的影響。從少年時候，對當時正蓬勃生成的自由經濟，以及這一階層對法制的渴盼，他一直沒有特別關注——直到1920年陪羅素到湖南鄉下，才驚呼「中國唯一的病症就是貧乏，中國真窮到極點了」。聯想到他們整整一批呼嘯於當時的啟蒙學者，耗費大量心血於國體、政體、立憲、組黨，而對中國說來如此致命的領域缺乏傾心甚至血肉相依的關注（張瀾似應除

外。當然這已是另外的故事了），雖然在下湖南那次，他曾斷言「中國除了開發實業以外無以自立」，但對「私有財產」，以及「恆產、恆心」與人格獨立，以及結社、組黨、權力制約……之間的關係，有概念卻無徹心通骨之痛；對統領公民全部資財的大規模國有計劃經濟，有議論卻少切膚的警惕，[6] 很難不讓後世論者為他們感到分外痛惜。

張家流傳着八世祖東甫公任泰州知府時候的故事：太平軍攻陷江寧之際，堅守泰州，病死任所。東蓀一生，既不曾大富也未大貴，對集聚財富幾乎沒有概念。他不喜歡按照「田」字排序而輪到自己的「萬田」，自作主張取了「東蓀」——「東甫公之孫」這樣一個名字，立志終生效仿先賢，以個人之學識操守，建功立業——或許也包含了對暴民革命的厭惡。這些，我們全都能從東蓀日後之悲劇人生中尋到蹤跡。

東蓀沒有進過新式小學，也沒有玩伴。不知父、兄以《詩》還是《書》為他開蒙。從他以近古稀之年一上手就顯出不同凡響的詩詞造詣，[7] 可以看出長於文史的張爾田施之於幼弟的嚴格訓練。但兒童總是兒童。沒有鐵環、空竹、百草園，孤獨的孩子，身體並不強健，往往沉溺於遐想：

> 著者於幼年時候常常自己一個人在那裏懷疑，覺得天下最奇怪的事情莫過於有「我」：究竟「我」是哪裏來的呢？何以幾千幾萬幾億幾兆的人都不是我，而只我一個人是我；何以幾千幾百年無我，而忽然於此時有我？「我」就是一個什麼東西？真是不可解！天下最神秘的恐怕莫過於此吧。[8]

對於沒能受到普通中等教育，他的確有一份遺憾：

> 很慚愧，我就從來沒有受到很好的中等教育（新式教育）。現在大學教書，時時感覺到中學根基不夠。像哲學中，有許多地方要碰到物理化學的問題。因此我感覺到，在今天，中等教育的重要性，實在超過了大學教育。[9]

他對專業的興趣，在很早的時候就打下了：

> 著者有哲學興趣是在十六歲的時候。當時得讀佛書（《大乘起信論》與《楞嚴經》），不禁手舞足蹈。後來看了心理學書，反對於佛學大起懷疑。[10]

但有機會讀到非國學領域的現代社會科學著作，比如心理學方面的書，是到日本以後的事。在出洋之前，基於少年冥想的性格特點，依舊流連於佛理中：

> 我是十八歲讀《楞嚴經》便起了哲學的興味。平素嘗有一種癡心妄想：以為非窺探宇宙的秘密、萬物的根由不可。於是習作冥想。中間雖有幾年動了救國的念頭，從事研究政治，然而始終沒有拋棄這個癡心。[11]

他實際生活在中國由傳統開始向現代社會轉型的時期。這樣的時代，對勞作與悠遊其間的自由人、知識分子、士，乃至操生殺大權的政客，究竟是怎麼一種感覺？對他們由良臣、順民向現代社會公民（包括現代政治家）轉型，有什麼樣的基礎要求？

兩兄弟從此一直共同生活。夏循坦在〈張先生孟劬傳〉描述了長兄幼弟恂恂悅悅的情景，並不是一般作傳者的諛詞：

> 先生幼年失怙，介弟東蓀，年在齠齓，庭訓之餘，撫教並施。友於至篤。迨其授室，雍睦之稱，遍於戚黨。闔門內外，迄無間言。其刑之於化，孰能及之。至若接人以誠，苟屬知交，咸生敬慕。其啟迪後進，孜孜不倦。平生寡嗜欲，自奉約而與人厚。……

兩兄弟各自成家後，無遺訓、無宗族制約，不僅一直住在一起，錢糧上也沒有分開過。大奶奶（爾田夫人）任由弟媳當家，直到1950年去世，凡四十年。自立世起，兄弟二人對鰥寡戚屬的扶助，從來沒有停止過。宗燁的姑母、姨母，以及她們的孩子，都曾長期

住在張家。孔孟之教對這兩兄弟而言，不是知識，而是精神、人格與日常生活倫理──在二十世紀的中國都市，直是鳳毛麟角。

對孔孟之學，及其在轉換時期的地位與作用，張東蓀其實有相當精到的解說：

> 我們若果把後世對於孔子的推崇（實即利用）一概不論，則必可看見孔子本身是人類中一個偉大的思想家，至少可與柏拉圖、亞里士多德相鼎足而立。[12]

在號稱民國，且鼓動「全盤西化」的「現代」中國，他不主張全面抨擊傳統（比如「打倒孔家店」），自己也不以儒家自居。對儒學，他認為：

> 所不幸的就是自漢朝以後，儒家獨尊，於是史家的思想格局乃只有一個了。以後便只是以儒家的「史眼」來編歷史。……漢朝對於秦朝可以說是一個反動，儒家又起來了。這個儒家卻和原始的儒家不盡相同。毋寧說是把道家法家都雜拼在內。[13]

> 孔子的真正主張只是一個政治理論。所謂正心誠意、修身齊家、治國平天下。斷沒有不修身養性而能齊家的；斷沒有不誠意而能治國的；斷沒有不正心而能平天下的。梁任公先生名此為德治主義。[14]

這是他們兄弟終生遵循的原則。胡適在這裏稍不小心就顯得輕飄；少年即入清華的羅隆基則有「知識性功利主義」之嫌；至於終生包裹在線裝書裏的毛澤東，主要師承，應該說是法與術，外加江湖權詐，與孔孟一直格格不入──從這些典型的、對中國現代化進程有着巨大影響的人物身上，我們或許可以品味出西學浸入傳統中華文明時候的非一律性。

1901年8月，清政府下令，自下年起，科舉考試不再用八股文。光緒也在他的「上諭」中明令各地興辦學堂：北京設京師大學堂、省書院改設大學堂、府廳設中學堂、州縣設小學堂和蒙養學堂。[15]

　　錢塘縣似應得風氣之先。張東蓀那時十五歲，卻沒有趕這個潮流。兩年後，1903年，張之洞擬定《約束遊學生章程》及《獎勵遊學畢業生章程》，清末留日高潮開場。

　　這回，他趕上了。

　　其實清廷在這時候還成立了以載振為尚書的商部，頒佈了一系列鼓勵工商業發展的措施，如《獎勵公司章程》等。對此，張家好像沒什麼感覺。大批留學生到日本，首選近代軍事技術，他也沒有動心。

　　1904年，張東蓀十八歲，獲選清廷浙江省公派留日生，「去長髮，更服裝」，入東京帝國大學哲學系，與藍公武、馮心支一同擠住在本鄉丸山新町。

　　那時候，他還不認識梁任公。但梁對於留學生（「最敬最愛之中國將來主人翁」）的期望，則幾成為他們一批人的自許與自勵：

> 　　人之天職，本平等也。然被社會之推崇愈高者，則其天職亦愈高，受國民之期望愈重者，則其天職亦愈重。
>
> 　　不徒在立國家政治之基礎而已，而又當立社會道德之基礎。諸君此之不任，而更望諸誰人也。[16]

　　讀者此時是否注意到，任公也沒有一個字提到實業與實業家。沒有實業與實業家，沒有由此而帶來的工商業的繁榮，以及應時而生的交通、通訊、協議、合同……並由此生成的法律，中國努力推行現代化的學人終如浮萍──空懷一腔從外部世界學來的知識，往往難逃軍人政客的利用、撥弄。

　　但無論如何，當時的中國確實處於很有希望的轉折點。無論民間還是當政者，都有了一番新的氣象。1905年12月，清廷派五大臣到日、英、法、比、美、德、意、奧考察憲政並奏請立憲。他們帶回大量政治書籍，編成《列國政要》及《歐美政治要義》，供立憲參考。接着清政府於1906年9月1日頒佈「預備仿行憲政」諭旨──可惜實施之日一拖再拖。

　　留學域外的讀書人卻是跬步日積。隨着眼界的拓展，張東蓀的研究領域已經從佛學進入西方社會科學，雖然主修哲學，但以二十歲

的精力和敏銳的感知力，他實際上已經行動起來，意圖將一般性的「學務」，提升到學術研究的層次，擔當起「天將降之大任」：

> 中國近來學務雖似發達，至於學術尚在幼稚，此俗之所以不治而無由進入文明之域也。

於是和他的同學發起「愛智會」——

> 專以提倡國人學問為務，並欲會合東西哲人，共研究宇宙究竟、人生究竟二大問題，以增進世運，劃除俗污，裨大地山河，得光明莊嚴。[17]

這是他們的成立宗旨，也是東蓀在當學生的時候，立下的志向。遣詞造句上，難免留有佛家典籍遺痕，文體也是文言向白話的過渡。這篇宣言草於1906年，整整一百年後，中華大地上二十歲年紀的人極少再關注這些「大問題」，扯開喉嚨恣意唱的，是「我愛你，愛着你，就像老鼠愛大米」。

不僅辦社團，三個年輕人還辦起了雜誌，即1906年創刊於東京的《教育》。錢從哪裏來？廣泛徵股。刊務等雜事誰承擔？就他們三個人。且看《教育》所闢欄目：社説、學説、科學、思潮、批評、記事、雜俎、文苑和問答。這份120頁的「大型綜合期刊」在東京出版印刷，由上海四馬路開明書店總經銷，國內、日本之外，居然遠銷至香港、南洋等地。當時他們有沒有想到，不過十多年後，三人中的兩人，正掌控着中國最有影響的報刊呢（《國民公報》、《晨報》、《時事新報》、《改造》）。

有趣的是，張東蓀致力於西方哲學的研究，是從佛學而心理學，進而由「唯用論」（今譯實用主義[18]）入手。當時他最為心儀的，莫過於在法國起步的美國實用主義哲學家威廉·詹姆斯了（當時的譯名為乾母斯）。青年東蓀接觸到他的學説，正值詹氏晚年在哈佛大學任教的一段時間。他的理論，估計對後來張氏最有創見的「認識論」有不可估量的影響。可惜無論詹姆斯、皮爾斯，還是張東蓀，都沒有對共產黨治下的新中國，在信仰—經驗—認識—政策相互砥礪的鏈條

上發揮任何影響。一直到七十年代末，中國思想界方「驚喜」地發現，原來「實踐是檢驗真理的唯一標準」（意即毛主席的話未經檢驗，不能一概當成真理）。這一其實相當粗淺的社會政治（而非哲學）命題，雖然在依舊將毛澤東思想奉為護法神祇（注意此處之「法」為合法性的意思）的中國，尚有其「先進性」，但只要想想，一百年前，二十歲的清廷留學生，就已經在思索：

> 實踐是生活之路，但通過實踐人未必即獲得客觀的真理。雖然每個人都是從生活的實踐中獲得他對世界的看法，但每個人從生活的實踐中獲得的看法各不相同，則是理所當然的。
>
> 要想真正地認識普遍存在的、被所有的實踐分享的、被歷史所證實的真理，一個人要獲取一個「超信仰」。這個超信仰是無法被實踐證實的，但它可以幫助一個人使他的生活變得更豐富和美好。[19]

也就是說，「真理」與「信仰」，是相當個人化的，不能由誰來指定。有趣的是，直到2007年，當一位據說富於「智慧與學問」的明星在官辦電視台脫口說「老百姓要信仰國家」，為學者指出其謬誤的時候，[20] 居然還引發一場口水戰。張東蓀說：

> 所以從社會觀點看，有了文化的需要，就會有理論，理學便是這樣的東西。如果一定要去問這是不是真理，那就麻煩了。真理是相對的，上帝並不像熱水瓶一樣，可以拿出來印證。理論的產生是基於文化要求，社會要求，時代一變，要求一變，真理也就跟著變了。以前的真理便不再是現在的真理。我對於莊子的「彼亦一是非，此亦一是非」的「相對論」並不同意。他這是「公說公有理，婆說婆有理」，如果公婆都有理，豈不沒有是非了？相對不能是 Relativism 而應該是 Relationism，就是說在這一環境中是有效的，在另一個環境中就沒有效了。理論是不能實驗的，科學才是能實驗的。我們可以根據這個來看看哲學是什麼與哲學家應當做什麼。[21]

　　後來，到了1947年，在為《觀察》寫《獄中生活簡記》的時候，生理學知識有限的傳主，經自己「實際體驗」而驚呼起來：原來「身體機構是一個獨立自成系統的東西，並不受心理指揮」（我們受過正常中學教育的人都知道這屬於「第二套神經系統」，即植物神經系統），從而「平素所不歡喜的兩元論，便為不可逃避的結論」──「可見一切真理必由於實踐與親歷，專憑空論不能有所決定。」對於另一條因為出自毛澤東之口而在當代中國幾成金科玉律的命題：「理論聯繫實際」，以著者有限閱讀，只有水利及氣象專家黃萬里給出公開批評：「世上沒有不聯繫實際的理論，只有上升不到理論的實際。」

　　學成回國之後，東蓀回憶起這段寫、譯、編，並且不時相駁辯的日子：

> 在日本留學時代就看馬克思主義的書，藍公武我們三個人住一間屋。從思想上講，（接觸）馬列主義在蘇聯大革命前。……後來我對馬克思以外的社會主義、無政府主義、基爾特等都有點同情，凡是左的都好。[22]

> 我於宣統年間曾撰有一文，名曰〈真理篇〉（介紹西方各哲學流派），載友人馮立德、藍公武氏合辦的《教育》雜誌，現早散失無存了。自撰那篇文章後，我自命為一個唯用論者。我十餘年來時時咀嚼，覺其滋味正如橄欖一樣，愈嚼愈有味了。[23]

　　有趣的是，後世官方史家在肯定這三位青年的努力以及所達到的學術水平時，謹循宣教八股，不管方的圓的，一股腦裝進「主旋律」：

> 《教育》……對西方資產階級自然、社會科學學說的傳播，對封建文化思想的衝擊，起到了積極的作用，客觀上有利於正在蓬勃發展的資產階級革命運動。[24]

　　這真是秦瓊誇關公了。他們對革命沒有興趣。排滿、罷黜學吏、種族革命、政治革命……，所有這些熱血賁張之舉，無論當時日本清廷留學生鬧得多麼起勁，這幾個青年都沒有投入。他們心繫於基本的社會改造：

當清末造，不佞與三數友人，聚談於東京，憤政治改革無術，乃
欲先從事於社會改良，即所謂者，以為預備焉。唯政治改革，
為功也速；社會改革，為功也遲；二者雖相互為表裏，然其成事
之遲速，固不可同日而語。須知改革當務其本，治國首在人
心。人心為因，國治為果。改革人心之道，首在教育。[25]

　　雖然不如晚年感受那樣深切，他在當時已經模糊覺得，「為功也
速」的政治改革，如果沒有「為功也遲」的社會改良為基礎與後盾，太
容易為大、小政客所利用了——結果也只有一個：政治與社會的倒
退。我們在後邊會看到，僅僅這看似細微的認識上的差別，造成他
與陳獨秀、毛澤東怎樣不同的路向。

　　這批1904年赴日學生，是在辛亥革命前夕，即宣統三年時回國
的。六年苦讀，張東蓀獲得的，想來是東京大學哲學學士。這一學
位，由清朝皇帝看來，就算是完成了會考，獲得貢士身份。一路公
車回到故國京都，部試、保和殿復試（這是清室最後一次考試大典，
想必盡量簡化，起碼「大卷子」是不必寫了，因為五歲的宣統絕無可
能「朕將親覽焉」），鴻臚寺點唱之後，被授予翰林院庶吉士，即後人
戲稱之「洋翰林」。

　　一同參加殿試的，還有一位早稻田大學政治科的江蘇生員張君
勱[26]。1907年，他們在日本就已經結識：同赴天台教觀第四十三世諦
閒大師東遊講經，並從此開始了他們延續近七十年、覆蓋中國三個朝
代之終生友情。

　　殿試之後，清廷已經沒有設庶常館的規模，諸位海歸新進也無所
謂到館。張君勱留在北京教書。張東蓀則首途上海拜望兄長，帶着
幾箱子書和一肚子學問。雖說冠了一個「洋」，幼弟得授翰林，對張
家不管怎麼說也是一樁大事，何況「功名」於張爾田，就算到了民國，
也是有相當份量的。

　　東蓀這年回上海，成就一生中第一件大事：他正碰上《東方雜誌》
改版，結識了張元濟新啟用的主編杜亞泉，並且以「聖心」為筆名，
發表了他「議政生涯」中第一篇政論文：〈論現今國民道德墮落之原因
及其救治法〉。

與長兄爾田差不多同齡的杜亞泉，也有功名在身。感受到世外吹來之疾風，毅然放棄「正途」，轉向了自然科學。他自學數學、物理、化學、植物學、動物學，並以自己之大名，在上海創辦科學期刊《亞泉雜誌》。東蓀他們赴日本讀書的那幾年，亞泉加盟商務編譯所，任理化部主任。到他們回國的時候，除了理科的中小學課本，他的三部具有開創意義的自然科學辭典：《植物學大辭典》、《動物學大辭典》和《小學自然科學辭書》已告完成。那年，杜亞泉（筆名滄父）不過三十四歲，正在「應上蒼之命」，對《東方雜誌》大動手術，把原先的「選報」雜誌（其頭條當然是《宮門抄》與《奏摺》），變為具有現代風格、現代智能，並立足現代知識前沿的大型綜合刊物。

「聖心」的〈論現今國民道德墮落之原因及其救治法〉，使用的依舊是半文半白體——東蓀以此文體寫作，又持續了七八年，直到主編《時事新報》。這篇文字，從踏上故土的直接感受開始，接着是在大量閱讀基礎上廣徵博引：

> 人民之弱益見，亡國之兆益深，欲從而興之，其誰是賴？
>
> 昔之怒罵政府，今則轉為苛責人民。向之希望人民者，今則對人民而悲涕矣！

放眼神州，昔日德教甚隆之文明古國，怎麼成了今天這個樣子？種種原因之中，張東蓀認為「政制」為首要：

> 專制之國，人民多恐懼忌避之心、偽詐卑賤之行；戰敗之邦，人民多利己苟安之想，無勇敢自尊之氣。
>
> 道德之墮落，靡不基於生計困難；生計困難，實由於政治不良。

而國門開啟、西風東漸，又是什麼結果呢？

> 西洋文明輸入，吾人未受其益，而已先受其害矣。……當西貨入口，無不爭購，人心之趨赴，實有不可制止之勢。不數年，

> 吾民生計大易形狀：向之樸素者，今變為浮華；昔之儉省者，今
> 易為奢侈。……種種不品之行，皆發源於此。

像不像已臨二十一世紀之今日中國？合不合余英時所說：「一種
文化傳播，總是從最邊緣、最淺薄開始……」

如何救治？述說落到他堅持了一生，還為此發生過幾次大爭論的
觀點上。除宗教、鴉片等等，最為緊要的，是由政制而導致的教育：

> 現今教育系統之不完備、制度之不良，稍有知識者，皆能道之。
> 蓋教育之為事，貌似易而實乃艱。苟不計社會之狀態，而所教
> 育之人皆不能應社會之要求，則社會必日漸衰微。教育之為
> 害，實有不可言喻者也。

但教育狀況實際是社會的反映。他不可能預見到五十年代初那
場將人工具化的教改；也無法估量將教育置於意識形態宣傳之下，對
鞏固政權所具的功效；更遑論已然將大把撈好處放在第一位之今天。
他呼喚的「未來」，在那時候，頗帶有社會轉型期「賢人政治」、「開明
權威」之色彩：

> 改革人心，必自政治、經濟、教育始，而三者之中，尤推教育為
> 先。革政之事至艱，非一二書生放言高論所能成事。必有過人
> 之力，超人之識，剛毅中正，慎言篤行者，其使民也有方，其化
> 民也以理，於是天下之人皆從而為其所使，固不必一一執人心而
> 正之，否則抑亦迂矣。

篇末，這位學成歸國士子空懷一腔報國之心所發的感慨，幾成他
自己日後奮爭與挫折的寫照：

> 嗟呼，今之國民道德如此，政治如此，經濟、教育又如此，吾欲
> 託空言以濟世，得毋迂乎？然而自奮其力，不饒不屈，人人如
> 此，則後之結果正未可知。固不待概世之雄出，而天下已將期
> 於治。吾願普天下之人，咸矢斯志。其庶幾乎？其庶幾乎？

東蓀以一首譯詩作為文章的結尾——語出丁尼生。如此精彩的譯作,恐怕今日中國詩壇難再:

> 今吾子之沉迷兮,
> 正長夜之將來;
> 弗以吾言為謔兮,
> 豈盡謬而不然。[27]

東蓀在日本苦習六年,究竟能閱讀幾種文字?張家後代也頗費猜疑而不得確證。這篇〈論現今國民道德墮落之原因及其救治法〉相當自如地引用了英、法、德、俄、芬蘭等國十多位學者的原文著述:Westermarck(韋斯特馬克),Spencer(斯賓塞),Montesquieu(孟德斯鳩),Novicov(諾維科夫),Hill(希爾),Le Bon(勒龐,法國心理學家)……雖然不無青年學子大掉書袋之稚狂(那年他二十三歲),但也可以想見,他們那時蟄伏在丸山町埋頭啃大部頭的狂熱。

見過兄長後,他又返回北京。是否得到了什麼差事?未見文字記載。很快,革命爆發了:

> 我雖不敢居功說我是參加辛亥革命的一分子,但在革清朝的命的潮流裏也曾廁身其中。當時不知道成功與失敗的條件是什麼,就只知要革清朝的命。那時候有了一些民主主義的書像魯索的《民約論》等對我影響很大,不過那時候我們不是說「民主」,而是說「共和」。[28]

由於清王室逾常的懦怯無能(制度改革當斷不斷;無力制止貪污;以統制經濟肆意侵犯大眾利益),致使一生主張平緩過渡的「洋翰林」如張東蓀者,都跳過了在中國推進君主立憲這一可能的國運,直接進入由「革命」催生的「共和」。[29]

> 辛亥那年八九月間我還在北平,一些主張革命的地下工作者一聽說武漢革命於是紛紛南下,我也坐船到了上海。到南方後,臨時政府在南京成立,孫中山就任臨時大總統,我還在內務部當了

一名小官。……當時我感到命是革了，這個國家從別人的手裏
拿到了我們自己手裏，但不知怎麼辦才好。……我看了一下周
圍的人都不像在作事情的，於是沒幾個月我就走了。我認為自
己貢獻的道路不在這裏，還有其他的地方。[30]

　　所謂內務部小官，指的是中華民國臨時政府內務部秘書。張季
鸞當時也在南京，任總統府秘書，大總統就任第一篇文告就出自他之
手。「這個國家從別人的手裏拿到了我們自己手裏」，「我們」是誰？
怎樣才算是「拿到了手裏」？代表前進方向的新的政治領袖人物，究竟
該「怎麼辦才好」？

　　聲望最高的孫文，無奈之中，先是決定（被決定？）自己改行當實
業家（修鐵路），後來在掌握着私兵的獨裁者之卑劣殘忍面前，以同
樣獨斷和不堪的手法發動「二次革命」，從已經成長並日漸成熟的政
黨退回到宣誓效忠個人的會黨。

　　最有資格的政黨領袖梁啟超（「人氣集於一身」），雖然有立憲運
動、「政聞社」、《新民叢報》的廣泛基礎，但對於新出現的專權者袁
世凱，潛意識中的「明君良相」意識，竟然在每個困難關頭成為其行
為之舊轍。1912年回國之初，張君勱等曾百般論辯，勸他把自己的
位置定在獨立的在野黨領袖位置上，任公偏偏選擇「拋卻宿怨、傾心
輔佐」——看不到經清末新政，隨着經濟發展而出現的民間社會，也
看不到他們要求自己政治上代言人的局面。對沿着現代政黨政治（批
評與監督專權者）向民主與法制推進，梁啟超竟無由擺脫「以國師自
居」之情結，甘居策士地位，被老袁玩弄於股掌。

　　張東蓀太清高耿介，有見識而無耐性。「解放腳」式的過渡期政黨
政治，令他無法忍受——「自己貢獻的道路不在這裏」。在哪裏呢？

　　我本身雖始終是一個獨立思想者，但卻有一點特別的地方，就是
從來不願在行為方面無故與人立異。所以在辛亥革命的那一年
曾參加孫中山先生所組織的南京政府，後來政府解散大部分人都
到北京參加袁世凱先生所組織的政府，我則不願參加。彼時孫
中山先生組織國民黨，把凡在南京任過事的人一律作為黨員，我

的名字也在其列，但我亦未加承認。後來我的朋友以進步黨人為多（藍公武、張君勱均為骨幹），且較密切，我卻從未正式加入該黨，也向不與聞他們的黨的活動。外間對我的這種不明白我是知道的，但我亦不希望人知。我以為一個人只要行心之所安就夠了。急於向人表白是現代人的一種做法，中國儒家的精神根本不是如此的。[31]

這裏説的國民黨，即是由同盟會等四個小組織在 1912 年 8 月間合併而成的新黨。其情勢可以從居正[32]的描述略見一二：「自南京臨時政府成立，同盟會的聲光確是一躍千丈」，「自南都建立，一日附者率數千」；「然以現勢權位之所在，投機分子，均紛紛入會，同盟會固有之純潔性質，已漸變而進於複雜之途」。這樣的局勢下，張東蓀選擇大異於常人的抽身遠避 —— 1949 年 9 月 30 日那驚世駭俗之舉動，此時已略見端倪。

新老黨人湧向北京。他則返回上海，加入《大共和日報》擔任編輯。

這份報紙 1912 年 1 月 4 日在上海創刊，章太炎任社長，馬敍倫任總編輯，對開兩張，有時還加出畫報一張 —— 其規模已經超過八十年代改革前的《人民日報》。《大共和日報》除「社論」、「要聞」、「評論」等，還有「譯聞」和副刊。胡適譯作《割地》（即都德的《最後一課》），就是寄自美國，發表於這年 11 月 5 日的。

這份報紙，一直生存到 1915 年。張東蓀沒有做得很久，也沒有特別突出的約稿組稿業績。據推測有兩個原因，一是家裏為他訂了親，他必須回杭州完婚。那年新郎二十八歲，新婦吳紹鴻女士出身於已趨衰敗的蘇州世家，年僅十七。這對由「包辦」而結成之伉儷，無人前之卿卿我我，卻一生情深意篤。張家孫輩記得，「奶奶説，跟他一輩子，始終擔驚受怕。成親第二天，一大早就走了。一天早晨出門，中午拍來電報，已到上海。」二是在《大共和日報》做編輯，他優於常人的撰述能力得不到發揮。事實上，到 1913 年，東蓀已經開始為梁啟超主編的《庸言》寫稿，〈余之民權觀〉、〈余之孔教觀〉就發表在那時。

近代中國，梁啟超本是政黨政治實踐的先鋒，也是提出「輿論監督」這一概念的第一人。在他的「輿論觀」中，言論與出版自由是基礎和重心：西方文明日進月邁，乃源自「思想自由、言論自由、出版自由。此三大自由者，實唯一切文明之母」，中國之所以落後，就是因為缺少這種打基礎的自由──這樣的見識，與東蓀自然「心有戚戚焉」。

《庸言》半月刊初創於天津（1912年底）：梁啟超剛從日本返回，「和袁慰革」之幻想還沒被現實所擊碎。「庸言」之取名，即循着他的理想，意味着平允之言，實用之言，獨立之言。至於如何實現，在梁的想像中，共和了，三大自由當不言而喻。直到1914年，在黃遠生接掌《庸言》報之後，方才在任公理想的基礎上，提出了「言論獨立的法律保障」。

有了法律文本就有了一切麼？三綱五常隨着政治制度消解之後，平民百姓還有沒有精神生活的主導？在「信仰大破，人慾橫流」的社會裏，「詩書傳家，忠厚繼世」傳統已不再，於是有了「定孔教為國教」的倡議──即使新派人物也知道，「富於科學的研究性」的美國人，卻同時保有「篤於宗教的信仰心」。

這前後，康有為在上海發起「孔教會」，立孔教為國教，梁啟超、藍公武都是發起人，張爾田也曾擔負重要角色。張東蓀對提倡孔學「踴躍三百者」，但對「立為國教」，外加祭孔等等，則有不同意見──「無足為孔子增光，迨亦畫蛇添足之類」。他的〈余之孔教觀〉先在《庸言》1913年第7期發表，隨後又在當時儒學會的刊物《孔教會雜誌》轉載。

東蓀另有幾篇文字：〈中國之社會問題〉、〈論憲法之性質及其形式〉，也是在《庸言》上發的。比如他關於勞動／資本的一段議論：

> 中國今日正不患勞動者之多，但患工場之少爾。工場興，貧民得其生計，則盜賊自然減少。語云：衣食足然後知禮義，殆不刊之言也。……資本家立工廠必為勞動者所大歡迎，決無有反對資本主義者……。

對比1949年劉少奇到天津對實業家的鼓勵，恍如昨日。

屆時當政的袁世凱，雖然被後世譏為大奸雄，卻還沒有無所顧忌到明言依靠「槍桿子、筆桿子」以維持其專權。他，還有後來的北洋派，在他們主政期間，對言論的干涉有限，加上新國民對新事物的期待，以及梁任公和其他撰述者在思想與遣詞造句上的個人魅力，《庸言》很顯活力。當時的大聞人、程硯秋的老師羅癭公[33]還在《庸言》包下一個專欄，專講近世掌故：〈庚子國變記〉、〈德宗承統私記〉、〈中日兵事本末〉、〈割台記〉、〈中俄伊犁交涉始末〉等，很攏人氣。這年年底，梁啟超在其家信中說：《庸言》第一號印一萬份，頃已罄，而續定者尚數千，大約明年二三月間，可望至二萬份，果爾則家計粗足自給矣。[34]注意：當時中國人口不足四億，當局也還沒有許諾「普及中、小學教育」。

1914年，袁世凱包攬御用參政會，梁啟超受聘為參政員。這實在太過分了，當即遭到相當一批進步黨黨員和各界人士指責。張東蓀雖非該黨黨員，也決定不再為《庸言》撰稿。

估計梁是在他最高官位（司法總長）上悟出自己的被利用與耍弄的。他與袁的關係，最後只剩下〈異哉所謂國體問題者〉這則告別文告——但這只屬於學人心跡自剖，幾乎不具政治運作功能。其實，專制者的政治嗅覺和對於「孰個劣孰個不劣」[35]的判斷，向來準確。對意志堅強、方法對頭，而且軟硬不吃的宋教仁、黃遠生、湯覺頓諸人，老袁（老孫？）終於拿出的，是肉體消滅一招。

可能因為家安在了上海，也可能因為專業領域與人脈聯繫之所在，到了1914年，東蓀開始為另一份新創的刊物《正誼》雜誌（編輯人谷鍾秀）撰稿——也有一說是「共同創辦」——他與沈鈞儒的交誼正始於這前後。[36]

谷鍾秀何許人？他與張爾田同齡，民國以來，一直是政學會要角。谷氏為直隸定州巨室，谷門「鍾」字輩兄弟早年赴日留學即加入同盟會，鍾秀更是一位長於權術的領袖。辛亥起義之初，十一省代表齊集武昌，鍾秀即以直隸諮議局代表參加，屬於創立民國之元勳。想來他與張東蓀結識，就在那前後。迨南京參院遷往北京，鍾秀當

選為北京參議院議員。國會成立，改任眾議員，與議長張耀曾相交頗深。《正誼》創辦，正是孫文的以暴易暴、國會解散、制憲停頓之時——民初以來對新共和、對政黨政治、對袁世凱所抱巨大期望已成泡影。

谷鍾秀在這樣的時刻編這份《正誼》雜誌——取漢代董仲舒所説「正其誼，不謀其利；明其道，不計其功……」，從而「促進政治之改良，培育社會之道德」。[37]

張東蓀對「正誼」的解説，更是充滿激情：「正誼者，陰謀之降符也；法律之保障也；政治之救濟也；道德之淵源也。」[38]

説白了，他們感到，提倡國民經濟的同時，社會一般狀況已經變為「居上者以利誘威逼，在下者群投湯赴火日趨於末路而不自覺」。「振興社會刷新政治」已迫不及待——提倡正誼以招「將絕未絕之國魂」。

張東蓀更為細密的分析是：

第一，當時社會特色之一，是武力權力交相為用而陰謀迭生。新進人物不提倡正誼，而「以陰謀制陰謀，以手段制手段」。對於陰謀，作者認為唯正誼，亦即「圓滿一己之義務而不侵佔他人之權利」可以制之——依舊未脱儒家「正心誠意」的道德範疇。

第二，法律死物。法治之國不在於有法律條文，而在於國民有擔保法律之能力。此能力可體現在一國的社會和政治能力上，「社會上之保障為眾意，政治上之保障為自覺，法律上之保障為法力。眾意生正誼，自覺生責任，法力生效力，三者有循環之關係焉。」由此可見，在1946年底的「制憲國大」上，他與摯友君勱的分道揚鑣，並非意氣用事或黨派情緒使然。讀者或許會聯想到，1954年以來的共和國憲法，因為眾意無由表達、處處依賴政府的「人民」缺乏公民自覺、黨委領導下的法院無獨立裁決資格，不恰如一沓廢紙？這局面在五十年代之後愈演愈烈。

第三，對趨於腐敗的政治，作者認為執政者的良心和自覺，以及由此而生的「個人責任」是良好的政治的擔保。他認為政治家良心首先體現於「去私欲；去私欲則一切陰險手段盡消滅矣」。對比四十年

代末的黨國權貴，對比今日撈足了就往海外跑的貪官，一肚子書，且
着迷於傳統德治的張東蓀顯得多麼呆氣。

有論者認為，「以谷鍾秀與楊永泰為代表的《正誼》派基本上照搬
了儒學正宗的心性論，在學術與思想上皆無標新立異之處」，[39] 著者
以為未必公正。1915年張東蓀發表於該刊的一篇長達萬言的〈中國之
將來與近世文明國立國之原則〉，正可作為反駁之證據。

在他看來，「國之支柱」，既不在版圖人口，也不在GDP或者尖
端武器，而在於「國民之人格」。中國國民人格的未發達，正緣於「政
治之摧殘」。至於摧殘形態，則是我們中國人已經覺得如空氣陽光一
般無任何不自然的「政府干涉」（如自建政始即今日更加朗朗上口的
「在黨和政府的關懷下」；「黨疼國愛」）。

但自由與競爭，對中國人，包括最優秀的人物而言，是不是太隔
膜了些？與他們已經「融入血液」的綱常、揖讓、容諒、中庸……是
否太衝突？張東蓀對此無絲毫迴避。他說：

> 捉摸近世文明國之根本意味者，有章君秋桐之調和論及不佞之對
> 抗論。不佞非敢自慢，實以為苟不及。

他自己雖然遠離黨務活動，但在認識上，則堅信為抗衡強大之專
權，「社會上必須有對抗」，而「細觀近日梁任公所言所行，似於對抗
之理，尚不得其三昧」：

> 第二次革命以前，即保持對抗之局，維繫至今，絕無今之黑
> 暗可斷言也。吾民無識，一聞黨爭，輒為不愉。於政府初立之
> 秋，黨爭固烈，而吾民之惡黨，亦同時增高。實則惡黨與黨爭
> 同屬感情作用，絕無一分理由之可訴。吾人痛切言之，黨爭果
> 僨事乎？黨爭果有損於國家之元氣乎？當彼沸騰之時，鮮不為
> 答，然自今日已無黨爭之際觀之，則前次之黨爭實未僨事，且未
> 嘗致絲毫損害於國家。苟有聞吾此語而驚者，其人必仍留有當
> 時感情之遺影，為其所蒙不能自立也。……

自由競爭為一切進化之根源，無自由競爭則無發展，吾民而
欲束手待斃也，則永永束縛於一樽可也。[40]

懷有「國師」情懷的梁氏在理論上固然「不得其三昧」，在知識上
受足了西方教育的胡適又是如何對「蔣公」？沈鈞儒、章伯鈞等一干人
對「偉大領袖」豈不更是惶恐趨附？1949年後，在「肝膽相照、同舟
共濟」的粉飾聲中，「對抗」何曾體現過？東蓀所倡之對抗，不是一直
到了蔣經國解除「戒嚴」後，才逐漸在台灣踐行的麼？

早在兩年前，在另一篇〈對抗之價值〉中，他更提出現代政治中
的「有形之對抗」，即擺到桌面的政治鬥爭，必須遵循「三原則」：

相反二勢力，不使其中之一居於國家最高機關；
對抗二勢力和平競爭，不得動用武力；
二勢力之競爭應限制在憲法之下。[41]

可以說，近、現代中國，沒有一個殺向政壇的勢力（或個體），
能夠遵循這些原則，包括如今的商場、職場。到二十一世紀，已然
騰飛的中國，商場上最牛的一句話是「上頭有人」；平民抗議，動輒武
警（包括正規軍）出場；在掌控了武力之執政黨的紀檢委、政法委凌
駕於各級法院之上，憲法還有尊嚴麼？

1918年前後他曾堅決反對組黨，箇中要害也在能否對抗：

近代各立憲國之政黨所以成立發達者，皆由於此也。返觀吾國
之政黨為如何乎？除獻媚於政府之外，不能有自由之主張；除屢
進屢退之外，不能有活動之餘地，此無他，對抗力不厚故耳。[42]

不僅當時的進步黨、國民黨，到後來蔣、毛時代，哪個非執政黨
不是如此？但強大的民間社會、潔白無私之政壇人物，能由《正誼》
之呼籲而生成麼？就算這樣的人物出現，就一定能讓以「起事」為上
上手段的革命黨、以謀差事而吃國會飯的代表、議員們（如今是「被
黨挑中進入人大、政協的代表、委員們」），能在對抗中求協商，協

商下互諒互讓，最終達成妥協，保障共和政體健康運轉？能讓現代民主政治基本觀念：自由、民主、法制、政黨，在濟濟一堂的政客中形成共識？

《正誼》出版了九期，到袁世凱在眾叛親離中「賓天」，即告停刊。

政治，凡生活在現代社會的人都知道，不過是利益與力量較量之後的妥協。利益在哪裏？哪些力量可依仗？不僅《正誼》沒有回答，東蓀自己也已看到：「泛言對抗與調和，而不從社會活氣着想，終為無濟耳。」

那時《新青年》還沒有創刊，〈文學改良芻議〉也還沒有出籠——此二者，被後世正統史家封為啟蒙運動之先聲，「吹響了文學革命的號角」。再加上1919年5月4日的街頭抗議，以及俄國人帶着錢來建立的共產國際中國支部——此四大件，套一句章士釗1962年說過的話：「今之論士，語涉辛亥革命，往往過於誇張，估計成功二字，溢量殆不知何許。」

僅以在應用領域提倡白話文，〈文學改良芻議〉也算不上「號角」吧？且看這則京師自來水股份公司在1910年報紙上登的廣告：

> 我們公司辦這個自來水，是奉皇上旨意辦的，全集的是中國股，全用的是中國人，不是淨為圖利啊。只因水這個東西，是人人不可離的，一個不乾淨，就要鬧病，天氣暑熱，更是要緊。所以開市以後，凡是明白人，沒有不喜歡這個水的。

沒有一句違背胡博士的倡言吧？無論就遣詞達意、情感抒發還是流暢通順。「溢量」，出於無知，還是政爭？

但中國正處在巨大的變革之中。政論家張東蓀的感受是：革命家、改革家、政客……，全都在「政治摧殘人物、社會淘汰優秀」的基底上忙亂，「政象停止、社會苟安」。以民國三年之經驗，他總覺「政治革命太速，社會革命太遲耳」；「政治革命若離開社會革命而獨立，則為全無意味」，[43]「必政治與社會分離，使政治之干涉範圍愈小，則社會之活動範圍愈大，於是社會以自由競爭而得自然發展也。」

有沒有一點像中國七十代末執政的共產黨決定給農民鬆綁的景象？至於中國「近世文明國立國之原則」，在他看來，既不是外匯存底，也不是聯合國席位，更不是以遠遠超過唐代和清代的「官吏／納稅人」比例：

> 國之支柱也，恃國民之人格。……
>
> 中國國運之興也，不在有萬能之政府，而在於有健全自由之社會。而健全自由之社會，唯由人民之人格優秀以成之。此優秀之人格，苟政府去其壓制，使社會得以自由競爭，因而自然淘汰，則可養成也。易言之，中國之存亡，唯在人民人格之充實與健全，而此人格則由撤去干涉而自由競爭，即得之矣。於諸自由之中，尤以思想自由及思想競爭為最也。[44]

這是從最最細微處來講「立國」了。這一觀點，通貫其一生。但他自己呢？他後來的思想及精神生活處於何種境地？自1910留學歸來，張東蓀再沒有離開過他的故國。從二十七歲立身立言，到生命結束的八十七歲，政府的壓制，竟是一日甚於一日。我們今天講他的故事，正為述說中國達到「近世文明」之艱難。

好在辛亥革命、二次革命、討袁，以及後來廣東、廣西打的那幾仗，與鴉片戰爭以來六次內外戰爭相比，規模都不甚巨，平靜了幾年的民間，獲得休養生息。更因為自清末新政發佈，至此已經二十年，「生死存亡迫使這個專制政府不能不放鬆控制，讓老百姓得到一定程度的經濟自由。」與此同時，北洋諸武人，不僅不怎麼干涉言論，對清末新政所奠定的自由經濟的制度基礎（人才成長、資金集聚），也未加觸動。[45]

從南到北，整個中國社會（特別是大都市、交通發達的城鎮），呈現久違了的活氣。

羽翼漸豐的工商階層和知識階層自行其是，公民社會的雛形已經形成——這是不是就是張東蓀寄予期望，看作一切變革之基礎的「社會活氣」？連他向來最不屑的「世風日下，淫邪奢靡之小說，在坑滿坑在谷滿谷」之代表《禮拜六》，也在「二十一條」面前表現出凜然的品

格：發表「國恥專號」，搜集各報正義新聞。「哀情鉅子」周瘦鵑也專門創作了《亡國奴日記》，最後還在「反袁救國」的遊行示威中朝鼓吹帝制的《亞細亞日報》扔炸彈。

二十世紀初的中國人，從不同的角度、不同的層次，以不同的風格，七手八腳地把老舊之中華拖向新時代。這難道不是特定歷史階段的文化更新？不是開始了延續至今的艱難啟蒙？

這一年(1914年)，他還與丁佛言等創辦《中華雜誌》；與汪馥炎、楊端六等在上海創辦《新中華》雜誌；並開始在章士釗於東京主辦的《甲寅》雜誌上發表政治理論方面的文章：〈政制論〉、〈憲法與政治〉、〈吾人理想之制度與聯邦〉等。雖然不如他的摯友張君勱介入得那麼具體而深入，但用他自己的話說，這段時間，一直活躍地參與政治活動，「動了幾年救國念頭，從事研究政治」——以評議時局、研究政體、介紹西方政治理論和制度來介入。[46]

歸國四年，就個人而言，成效卓著。一是「洋翰林」已成就為民初著名的政論家；二是已然為夫為父——成家立業是也。1914、1915年，兩個兒子相繼在家鄉老宅出生，了卻張家自1886年即不見添男丁的焦慮。二十一年後，兩青年同時考上全國每個學科只有一名的留美庚款名額，這就是後來相繼歸國服務的長子、著名昆蟲病毒學家張宗炳，和次子、著名物理學家張宗燧。

往後的兩年，未見東蓀有新作發表。不為別的，只因時局緊張起來。

1915年12月18日，梁啟超為「倒袁」到上海，這是張東蓀第一次見任公。同時會面的還有藍公武、黃炎培等。一週後，護國之役爆發。第二年春天，梁到廣西，東蓀沒有隨同前往，但也一度被袁世凱通緝，避入租界。用他自己的話說：

> 我認得他(梁任公)是在民國四五年，那時他到上海，我們大家共同反對洪憲帝制。自此以後，過從漸密。[47]

> 到後來袁世凱要做皇帝推翻共和，反對的我也是一個，不能說有功，但可以說，在反袁一幕中對得起自己的良心。[48]

他或許已經想到，扳倒一個顯形的皇帝，並不意味着破除梟雄們套著總裁、主席、總書記等等不同冠冕的皇帝夢；更無法把忠臣良相轉變為現代政治家：

> 倒袁的時候，我以為這是化除政爭的好機會。因為到了那時，無論緩進激進，無論極權分權，無論總統制內閣制，而共同的敵人只是帝制。既有共同的敵人必須有聯合的戰線。聯合戰線一經組成，則黨爭便可化除。久而久之，養成一種聯合的習慣或同盟的習慣。不料倒袁以後，各方面所得的教訓卻正是一個反面。他們不但不認與人合作為必要，卻反而以為以前的排斥人家沒有徹底。於是大家都想來一個徹底的排斥。[49]

1918年末，梁啟超同蔣百里、丁文江、張君勱等人以半官方身份考察歐洲。上船前夕，「是晚我們和張東蓀、黃溯初談了一個通宵，着實將從前迷夢的政治活動懺悔一番，相約以後決然捨棄，要從思想界盡些微力，這一席話要算我們朋輩中換了一個新生命了。」[50]

「從思想界盡些微力」，張東蓀從此「誓不為政治性質的運動」，以「教育、著書、譯書」終其一生——多麼平樸的心願。唯獨在二十世紀之中國，則幾近奢望。時局之險惡，已容不得他們從容辦教育和出版。

雖然應梁之請，慨然接手護國軍時期「唯一之言論機關」《時事新報》，但他自己的志向實不在此：

> 弟對於政治，厭惡已深，以後誓不為政治性質的運動。將以譯書著書報答與族眾。即雜誌與日報之言論事務亦頗思擺脫。將來如有教育事業可為者，弟願追逐於當世諸公之後。或兄等為社會活動，弟則以教育為助。兄等對於舊勢力為炮兵、騎兵以事攻擊，弟則願守輜重，或作農夫，為諸公製造糧食也。[51]

可能正是這則宣言，引出了陳獨秀在《新青年》八卷一號（1920年9月出版）上對他的揶揄：

我們中國不談政治的人很多，主張不談政治的只有三派人：一是學界，張東蓀先生和胡適之先生可算是代表；一是商界，上海底總商會和最近的各馬路商界聯合會可算是代表；一是無政府黨人。[52]

對此，張東蓀沒有回應。我們在後邊將會看到，無論談與不談，就中國這方廣袤貧瘠的土壤而言，理想家灑下的血，有時候連痕跡都留不下。

註 釋

1. 卞孝萱、唐文權編：《民國人物碑傳集》（北京：團結出版社，1995），頁450。

2. 據錢穆核定龔自珍出都公案時曾引張孟劬言「自庵出都，因得罪穆彰阿，外傳顧太清事，非實也」，實因「張家與龔世姻，故知之」。參見《中國近三百年學術史》（北京：商務印書館，1997），頁612，轉引自趙洛：〈龔自珍南歸之謎〉，《北京晚報》，1990年12月23日。張家族譜前半部已失，無法進一步核實。

3. 《增訂張氏近世考》，為張家所藏家譜。

4. 張爾田：〈與人論昌明孔教以固道德書〉，轉引自左玉河：〈試論民國初期張東蓀政治思想的演變〉，載《中國社會科學院近代史研究所青年學術討論會論文集》（2001年卷）（北京：社會科學文獻出版社，2002）。

5. 張爾田著作包《史微》、《槐後唱和》、《遁庵樂府》、《遁庵文集》、《蠻書校注》、《錢大昕學案》、《玉溪生年譜會箋》、《蒙古源流箋證》等。

6. 見張東蓀的封筆之作《民主主義與社會主義》（上海：觀察社，1948）。

7. 1952年代被「養起來」之後，東蓀即作「獨宜老人《草間人語》」：行年六十有七，始學為詩，繼而又勉為詞，乃竟忘老至，不自量力，妄欲與詩伯詞宗抗手，亦良堪發謔也。三年間積稿，詞得一百三十闋，詩七十首，錄而存之，以詩附詞後，共二百首……

8. 張東蓀：《人生觀ABC》（上海，世界書局，1928）。

9. 張東蓀：〈從事教育與問政治〉，《國訊週刊》，第427期，1947年。

10. 張東蓀：《思想與社會》（上海：商務印書館，1946），〈序論〉。

11. 張東蓀：《新哲學論叢》（上海：商務印書館，1929），〈自序〉。

12. 張東蓀：〈現代的中國怎樣要孔子〉，《正風》半月刊，第1卷第2期，
    1935年1月。

13. 張東蓀：〈現在與將來〉，《改造》，第3卷第4號，1920年2月。

14. 同註12。

15. 舒新城編：《中國近代教育史資料》（北京：人民教育出版社，1961）。

16. 梁啟超：〈敬告留學生諸君〉，轉引自李安山：〈中國華僑華人研究的歷
    史與現狀概述〉，「中國新聞網」（2003年8月8日）（http://www.chinadaily.
    com.cn/gb/doc/2003-08/08/content_253360.htm）。

17. 〈愛智會之成立〉，《教育》，第1卷第1號，1906年10月。

18. 即 pragmatism，胡適曾為該詞的中譯大費躊躇。可惜的是，「實用主義」
    一詞在中國也快一百歲了，卻一直沒有將它原本所含的「講求實際、活
    躍執拗、實幹且重實效」等積極含義突出出來。在今日漢語裏變得相當
    負面，幾成無原則是非，一味取巧重實利。張東蓀譯的「唯用論」似比較
    中性。

19. 張東蓀：〈哲學家是什麼？哲學家應該做什麼？〉，《時與文》，第1卷第
    5期，1947年。

20. 黎鳴：「任何人信仰的對象都只應該是超越的、抽象的東西，例如上
    帝，真理，或在社會生活和國家中，至少也必須是類似真理的副本——憲
    法。」至於那位明星，大家都知道，北師大于丹是也。

21. 同註19。這一命題，在改革時代的中國，一直被當作啟蒙之先聲，一直
    未見有人從哲學的角度予以論證，直到2009年，李公明在〈七七級的墓
    誌銘與通行證〉（《萬象》2009年第2期）中談到早在1978年，一名華南
    師範學院歷史系同學林偉然，就指出其作為「哲學上的認識論命題卻是
    自相矛盾的。因為究竟什麼樣的實踐可以用做檢驗的標準本身就是一個
    問題；而所謂的『檢驗』，也有其自身依賴的標準、方法。」林同學已於
    1997年在美國完成博士學位後往生。

22. 《新燕京》，1952年6月3日。

23. 張東蓀：〈唯用論在現代哲學上的真正地位〉，《東方雜誌》，第20卷第
    15、16期，1923年6月。

24. 丁守和主編:《辛亥革命時期期刊介紹》,第二集(北京:人民出版社,1982),頁441。

25. 張東蓀:〈中國之社會問題〉,《庸言》,第1卷第16號,1913年7月。

26. 也有資料顯示,張君勱為1910年9月考授進士五十九名之一。這一年,無張東蓀、藍公武。

27. 英國詩人丁尼孫(Alfred Tennyson,1809–1892),今通譯丁尼生,名作如〈海斯佩麗德絲之歌〉。原詩為

    Thou art mazed, the night is long,
    And the longer night is near:
    What! I am not all as wrong,
    As a bitter jest is dear.

28. 張東蓀:〈論真革命與假革命〉,《展望》,第2卷第24期,1948年10月。

29. 據〔日〕宗方小太郎《1912年中國之政黨結社》,張東蓀曾在宗室長福、湖南公選資政院議員羅傑等為首的「辛亥俱樂部」擔任「庶務員」。該俱樂部當時「有純官黨之說,其後隨其會員之增加,公然亮出民黨旗幟向政界號召」。據作者分析,由於著名革命黨寧調元等隱身期間、潛居各地,「該俱樂部遂變為純粹之民黨」。

30. 張東蓀:〈論真革命與假革命〉。

31. 張東蓀:《理性與民主》(上海:商務印書館,1946),〈序論〉。

32. 居正(1876–1951),1900年中秀才,1905年赴日本入法政大學預備部。同盟會元老。1935年國民政府司法院正院長。1949年後任台灣國民黨監察院委員,潛心佛經研究。

33. 羅癭公(1872–1924),名惇曧,字孝遹,癭公為其號,以號行。順德大良人。著名劇作家。與梁鼎芬、曾習經、黃節合稱「近代嶺南四大家」。曾官至郵傳部郎中(清代)與國務院參議(民國)。藏書繁富,特別留心當代史料的搜集輯存。

34. 丁文江、趙豐田編:《梁啟超年譜長編》(上海:上海人民出版社,1983),頁661。

35. 語出毛澤東:《湖南農民運動考察報告》。

36. 陶菊隱《政海軼聞》(上海:上海書店出版社,1998)有一則「辦共和」:「民國三、四年,袁氏每與人談辦共和之成績如何,對各省大吏來京請訓者亦以是為詢⋯⋯選舉科主管幹事楊永泰,幹事張東蓀、沈鈞儒、徐

傅霖、羅文幹、張耀曾、伍光建、仇鼇等。文事部主任幹事楊光湛。政
務⋯⋯。」

37. 谷鍾秀：〈發刊詞〉，《正誼》，第1卷第1號，1914年1月。

38. 張東蓀：〈正誼解〉，《正誼》，第1卷第1號，1914年1月。

39. 黃嶺峻等：〈民國初年：道德規範的尋求與傳統文化的回潮〉，《江漢論
壇》，2005年第11期。

40. 張東蓀：〈中國之將來與近世文明國立國之原則〉，《正誼》，第1卷第7
號，1915年2月。

41. 張東蓀：〈對抗之價值〉，《庸言》，第1卷第24號，1913年11月。

42. 同註40。

43. 張東蓀曾記有一段趣聞：「我記得君勱與稚暉在德國的時候有一段趣
話。那時正在推翻袁洪憲，張君勱說，我代表立憲黨，你代表國民黨，
我要求國民黨先讓立憲黨執政五年。稚暉不答應。原來他們都沒有得國
內的消息，哪裏曉得全沒有這麼一回事呢！」參見張東蓀：〈現在與將
來〉，《改造》，第3卷第4號，1920年12月。

44. 同註40。

45. 袁偉時：〈二十世紀中國社會變革的可貴開端──我看清末新政〉，
《二十一世紀》(香港)，2001年2月號。

46. 同註10。

47. 張東蓀：〈我亦談談梁任公辛亥以前的政論〉，《自由評論》，第19期，
1936年。

48. 同註28。

49. 張東蓀：〈黨的問題〉，《再生》，第1卷第3期，1932年7月。

50. 梁啟超：《歐遊心影錄》(北京：東方出版社，2006)。

51. 張東蓀：〈中國之前途：德國乎？俄國乎？〉，《解放與改造》，第2卷第
14號，1920年7月。

52. 陳獨秀：〈談政治〉，《新青年》，第8卷第1號，1920年9月。

二

現代學人

1 辦報

1917年，張東蓀接手《時事新報》。那時候，這份報紙不但已經有了近十年的歷史（如果從汪劍秋創《時事報》、狄葆豐創《輿論日報》的時候算起），其間在張君勱、黃群任事期間，即袁世凱稱帝前後，還相當火爆。那回，《時事新報》先是發表邵飄萍極力倡導新聞救國的〈論新聞學〉；接着，和北京《國民公報》呼應，公佈袁的復辟密電，在全國形成絕非老舊中華帝國所能有的「輿論」；緊接着，是流傳於後世的時評〈預吊登極〉：

> 京電傳來，所謂皇帝者，不久又將登極。嗚呼！皇帝而果登極，則國家命運之遭劫，殆亦至是而極矣！但二月云云，尚需多少時日，各處反對之聲勢，再接再屬。所謂登極者，安知非置諸極刑之讖語乎！記者是以預吊！[1]

張東蓀這回接手，算是真正有了自己的陣地。對他而言，最須恪守的，自然是言論的尊嚴和人格（報格）的獨立，誠如梁啟超（署名時事新報同人）在《時事新報》出滿五千號時候所寫：

> 吾儕從事報業者，其第一難關，則在經濟之不易獨立。……同人等殊不敢以清高自詡，但酷愛自由，習而成性，常覺得金錢之來，必自勢力，無論受何方面金錢之補助，自然要受該方面勢力

> 之支配；即不全支配，最少亦受牽掣。吾儕確認現在之中國，
> 勢力即罪惡，任何方面勢力之支配或牽掣，即與罪惡為鄰。吾
> 儕不能革滌社會罪惡，既以滋愧，何忍更假言論機關，為罪惡播
> 種；吾儕為欲保持發言之絕對的自由，以與各方面罪惡的勢力奮
> 鬥，於是乎吾儕相與自矢：無論經濟若何困難，終不肯與勢力家
> 發生一文錢之關係。[2]

　　而最拿手的，對東蓀而言，應是論說、時評與對西方學術文化的
譯介了。這幾項，應該說是創造性繼承而非創新，因為《時事新報》
從來就不是一份娛樂或商業性報紙。

　　1918年元旦，柏格森的《創化論》(張東蓀譯)開始在報上連載，
共三個月。[3]這位曾因為「文筆優美，思想富於吸引力」而獲得諾貝爾
文學獎(1927年)的法國哲學家，歷來強調「創造與進化並不相斥，因
為宇宙是一個『生命衝力』在運作，一切都是有活力的」。他反對科學
上的機械論、心理學上的決定論與理想主義。頒獎的瑞典學院認
為，柏格森的生命哲學在批判傳統哲學的理性主義、機械論和決定
論，以及解放人類思想方面，具有巨大意義。

　　《創化論》是柏格森1907年前後在歐洲發表的，正是東蓀留學日
本的時候。想來那時他們就讀到了這部著作。從他隨後動手翻譯，
並介紹到中國，前後不過十年——那時柏氏還沒有獲獎。

　　接着，在「新文化運動」時期影響深遠、並孕育出大批優秀文人
的《時事新報》副刊《學燈》出籠：

> 方今社會為嫖賭之風所掩，政治為私欲之毒所中，吾儕幾無一席
> 之地可以容身。與其與人角逐，毋寧自闢天地，此學燈一欄之
> 由立也。[4]

　　開篇，即是一直困擾張東蓀，讓他時刻牽掛於心的主題：教育。

> 近來吾國教育弊端百出，如學制之荒謬，教員之墮落，學風之卑
> 下，此外邪說披猖，道德陵夷，尤為傷心之象。苟有人焉，以

鑄鼎燃犀之筆，為之一一揭發，與紕繆之主義激戰，以其文字投諸本報，當敬為披露，並願以優厚之酬資，為定交之紀念。[5]

可能覺得如此抽象的號召，在八股、制藝、策論依舊盤桓於文人（哪怕沒了辮子的）腦袋裏的時候，還不足以得到生動、活潑、具有戰鬥力的文字。幾週後，再發「啟事」：

本欄徵求全國中等以上學校調查報告（詳述歷史沿革及現在狀況，如能將校長照片及校舍攝影附寄，尤所歡迎）。諸君如以平日參觀所得，賜稿鄙報者，無任歡迎。[6]

光號召還不夠。他通過專欄設置，讓投稿者清楚明白自己議論的方向與方式。「教育研究」、「教育界消息」、「講壇」、「學校指南」、「青年俱樂部」……逐一開闢。《時事新報》的這個綜合性副刊，佔了整整兩版，隨報附送，也可單獨訂閱。因為初創，總主筆不得不親自撰文以打下根基。據研究者翻檢舊日報刊，在頭一年的前八個月裏，僅「講壇」一欄，張東蓀就為《學燈》寫了〈國人讀書力之缺乏〉、〈中西思想之絕對相反〉、〈說鬼〉、〈論譯書〉、〈論報紙〉、〈運命思想亡國論〉等十數篇論說。對「教育小言」欄目也是如此。

當時《新青年》雜誌創刊三年，正處於它聲譽最高峰：

本志同人本來無罪，只因為擁護那德莫克拉西（民主）和賽因斯（科學）兩位先生，才犯了這幾條滔天的大罪。要擁護那德先生，便不得不反對孔教、禮法、貞節、舊倫理、舊政治；要擁護那賽先生，便不得不反對舊藝術、舊宗教；要擁護德先生又要擁護賽先生，便不得不反對國粹和舊文學。……若因為擁護這兩位先生，一切政府的壓迫，社會的攻擊笑罵，就是斷頭流血，都不推辭。（陳獨秀）

嗚呼！太西有馬丁・路德創新教，而數百年來宗教界遂闢一新國土；有培根、狄卡兒創新學說，而數百年學界遂開一新天地。

儒教不革命、儒學不轉輪，吾國遂無新思想、新學說，何以造新國民？悠悠萬事，唯此為大已籲！（吳虞）

「不塞不流，不止不行」。中國人要過「現代生活」，就必須與孔教決裂，與孔教為核心成分的整個舊文化、舊倫理、舊道德、舊思想，甚而舊風俗、舊習慣決裂。（胡適）。[7]

張東蓀沒有對陳、胡、魯迅、吳虞的言行做過抨擊。他對於所謂「不破不立。破字當頭，立也就在其中」（毛澤東語）看來並未認同。更為關鍵的是，他對口號式革命委實不敢恭維。有趣的是，在五四文化論戰中，他的對手是章行嚴和梁漱溟。他主持的《時事新報》明確提倡：

對於原有文化，主張尊重，而以科學解剖之；（讀者須知我是主張用科學，即民族心理學、人種學、地文學、社會學、歷史學等來研究東西文化的。）對於西方文化，主張以科學與哲學調和而一併輸入，排斥現在流行之淺薄科學論。

他的根本觀念是：

我們若認定中國今天既需要新道德、新思想、新文藝，我們就該盡量充分的把它輸入，不要與那舊道德、舊思想、舊文藝挑戰，因為他自然而然會消滅的。[8]

所謂「淺薄科學論」，以他們當時的見解，顯然指西方流行的「科學主義」或曰「科學萬能」論：

只講「德、賽」兩先生是不夠的，還當講「費先生」（哲學）。歐戰後西人想到了須請「費先生」出來，講個根本和平的辦法。因為費先生是很可以幫助賽先生達他的目的，並且人類應該有一種高尚的生活，是全靠費先生創造的。總之，前數十年是賽先生專權的時代，現在是賽先生和費先生共和的時代。這是歐美一般

賽先生和費先生的門生所公認的。何以貴誌只擁護賽先生，而不提及費先生呢？[9]

雷海宗〈評漢譯《世界史綱》〉一文最先刊載於1928年3月4日《時事新報》。在文中，雷海宗認為，時間上和空間上人類史都不是一息相通的，人類史實際是好幾個文化區域各各獨自的發展演變，因此世界通史根本無法寫出，若勉強寫成，要麼是「一部結構精密不合事實的小說」，或者是「前後不相連貫的數本民族專門史勉強合成的一本所謂世界通史」。由此出發，他批評《史綱》是威爾斯「鼓吹世界大同的一本小說傑作」，而作為世界通史，「此書本身無史學價值，我們不可把它當作史書介紹與比較易欺的國人」。望讀者就此議論，與近年風靡世界的《人類簡史》對照。

張主筆親自編副刊。《時事新報・學燈》先是刊載外國文學譯著（1918年12月首發），到1919年4月，開始發表國人的創作，從此一發不可收拾：從第一年（1918年）3月創刊，《學燈》先是每週一期；兩個月之後每週二次，到年底已經是每週三次；第二年乾脆改為日刊，本來星期日休刊，後來為作者、讀者所鼓舞，終於逐日發行。

這年6月，新闢了「社會問題」、「婦女問題」、「勞動問題」等專欄。受歡迎的作品有介紹無政府主義、杜威實驗主義、新村主義、工團主義、基爾特社會主義以及杜里舒、羅素、柏格森唯心主義哲學的譯著，也包括馬克思的《勞動與資本》（從河上肇日本文版轉譯）。在文學方面更是不拘一格，先後介紹托爾斯泰、安徒生、莫泊桑、哈代、屠格涅夫、魏爾蘭、波特萊爾、愛羅先珂、惠特曼、左拉等不同流派的作家，出版「歌德紀念」和「但丁六百年紀念」專號。

那時的「當代文學青年」，受到《學燈》熱情鼓勵。宗白華應張東蓀之聘，在《學燈》上增設「新文藝」專欄，開始刊載新詩。鄭振鐸徵得張東蓀的同意，在《時事新報》上開闢文學副刊《文學旬刊》。三次在他處投稿而遭拒的郭沫若，其「火山噴湧」般的詩作（〈抱和兒浴博德灣中〉、〈鷺鷥〉、〈死的誘惑〉、〈鳳凰涅槃〉），就是從這裏突洩而

出，從而「得到了一個詩的創作爆發期」[10]——1919年夏天，這名正在海邊磨蹭着不想唸醫科的窮學生，接到主筆張東蓀的來信，請他將手邊零星翻譯的《浮士德》「整個兒譯出」。

沈雁冰的一系列白話翻譯小説《在家裏》（契訶夫）、《一段弦線》（莫泊桑）、《情人》（高爾基）……也是在《學燈》上發表的。日漸成熟之後，後日文化官員的演練也陸續出現：〈介紹外國文學作品的目的——兼答郭沫若君〉。

隨着一個又一個博學、熱誠、人脈廣闊的編輯[11]的引入，特別是主筆在選題、觀點、行文風格上開放，《時事新報‧學燈》實在可稱為新鬥士、新文藝家的沃土。

蔡元培的〈國外勤工儉學會與國內工學互助團〉，發於1920年元旦的《時事新報》增刊。俞平伯讀了這位蔡同學的《石頭記索隱》之後的批評文字〈對於《石頭記索隱第六版自序》的批評〉，也發表在這裏（1922年）。郁達夫處女作〈銀灰色的死〉，發表於1921年。徐志摩的詩〈聽槐閣之訥樂劇〉和〈康橋再會罷〉，也在這裏連續推出。

早期中共領袖裏，最具學者氣質者非張聞天莫屬。他的〈對於中華書局新思潮社管見〉也上了報。在給張東蓀的信裏，張聞天説：

> 吾們且看現在青年普遍的心理什（麼）樣？他們自己沒有對於各種學問做根本的研究。人家要研究問題，他也加入研究，拿他的直覺寫出來。寫出直覺還不要緊，而心目中另抱出風頭的目的。……在思想改造的時代，此種事情當然免不了。但是此種現象，只能一現，長此以往，國家破產、思想破產。[12]

毛澤東1920年5月抵滬，繼續驅張（敬堯），《時事新報》成了他的言論陣地。〈湘人為人格而戰〉刊於6月9日。待到驅張成功，又接着發了〈湖南人再進一步〉。他那篇「眼光遠大，議論也很痛快」（胡適語）的〈民眾的大聯合〉經俞頌華之手，在該報全文轉載。後來，這位日後的「馬加秦」又為《時事新報》撰寫了〈反對統一〉，認為各省自決是改建真中國的唯一的法子：

胡適之先生有二十年不談政治的主張，我現在主張二十年不談中央政治，各省人用全力注意到自己的省，採省門羅主義，各省關上各省的大門，大門以外，一概不理。[13]

出身清苦的潘漢年還只有十七歲，就已經是《時事新報》的訂閱者。他十四歲開始在家鄉當小先生，第一篇論述〈打破小學教科書之我見〉就發表在《時事新報・學燈》上。接著，又發表了〈致張東蓀先生的信〉（1923 年 10 月 20 日）、〈教會學校與中國教育〉（1924 年 6 月 7 日）和〈到鄉間去——為暑假學校問題，敬和王平陵君討論〉（1924 年 8 月 26 日）等。

「她」字的誕生和普及，《時事新報・學燈》功不可沒。劉半農的〈「她」字問題〉和相關爭論，1920 年在這裏發表。聞一多的〈一個觀念〉那首詩（收於《死水》）也是該報首發。

魯迅無疑是《時事新報・學燈》的讀者。雖然沒有主動「賜稿」，但涉入了不只一次的論爭。如對大學生胡夢華批評《蕙的風》的批評；對駁吳宓〈新文化運動之反應〉的評論等等。[14] 為響應他在《新青年》發表的〈隨感錄〉對《時事新報・潑克》副刊諷刺畫的批評（「我輩即使才力不及，不能創作，也該當學習」），《時事新報》則發表署名「記者」的〈新教訓〉，罵魯迅「輕佻」、「狂妄」、「頭腦未免不清楚，可憐！」（1919 年 4 月 27 日）

還有胡適痛批周作人「新村運動」的演講〈非個人主義的新生活〉（1920 年），質問他怎麼能用改良手段去「變舊社會為新社會，變舊村為新村」？

擔任主筆的張東蓀主要主持言論，在青年編輯眼中，很有老夫子派頭：

(他)每天下午來館，處理論說文稿(自撰社論、審閱特約專論、來論、譯述文著)和《學燈》稿件，交排字房後即回家。有時社評回家去寫，則指定工役專人於晚間去他家取來。[15]

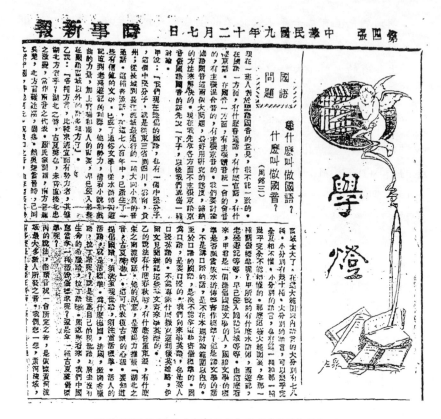

這是1920年12月《時事新報》副刊《學燈》的報頭。
或許就是何思誠所說「提倡讀書的標籤」

　　1920年五四運動周年紀念時候報紙所持姿態，很具東蓀特色。何思誠在七十多年後批評道：

（屆時）從南到北，驟然煽動起一股破壞學生愛國運動的逆流，厚誣青年「曠課不讀書」，大叫大嚷「回課堂去」，氣焰甚為囂張。就中以蔣夢麟、胡適、傅斯年、羅家倫之流，紛紛提出口號、發表文章，此唱彼和，最為賣力；而《時事新報》和《學燈》也大喊「學生上課」，遙相呼應。從這時起，《學燈》的報頭上（即刊名上）

繪了一幅小圖案畫，排列着「哲學、文藝、科學」三本書，作為提倡讀書的標籤，藉以眩惑一些人的眼目。[16]

曾第任《時事新報》助理編輯、要聞編輯、編輯主任，最後擔任副主編（從1923年至1931年）的何先生，在二十世紀末對自己報紙所作批評，特別具有舊文人接受黨改造的熱誠：

如問讀寫什麼樣的書呢？只要一看該刊爾後所端出來的一套「大雜燴」貨色，就可窺見一斑了。例如：哲學，把羅素、詹姆士、杜威、柏格森等的東西都搬動過，甚至對尼采的超人主義，叔本華的厭世主義，以及斯蒂納爾的極端個人主義，也無例外地吹噓。社會科學也一樣，趁羅素、杜威、孟祿、杜里舒等人來華講學時際，多方稗販他們的唯心主義觀點，連篇累牘地刊登他們的《教育哲學》、《社會結構論》等講稿，宣揚不遺餘力。[17]

梁實秋在回憶文章〈我的一位國文老師〉裏，寫到《時事新報》及其主筆，在那個新舊交錯時代的社會影響：

徐先生自己選輯教材，有古文，有白話，油印分發給大家。〈林琴南致蔡孑民書〉是他講得最為眉飛色舞的一篇。此外如吳敬恒的《上下古今談》，梁啟超的《歐遊心影錄》，以及張東蓀的《時事新報》社論，他也選了不少。這樣新舊兼收的教材，在當時還是很難得的開通的榜樣。我對於國文的興趣因此提高了不少。徐先生講國文之前，先要介紹作者，而且介紹得很親切，例如他講張東蓀的文字時，便說：「張東蓀這個人，我倒和他一桌上吃過飯。」這樣的話是相當地可以使學生們吃驚的。吃驚的是，我們的國文先生也許不是一個平凡的人吧，否則怎能夠和張東蓀一桌上吃過飯？[18]

《時事新報》首發作者茅盾，成名而後成官，即使晚年回憶也不失最後被追認為共產黨員的立場（望讀者特別注意此「人生之成功者」對事實所取的為我所用之態）：

　　到了一九一九年春夏之交，五四運動爆發了。在它的影響和推動下，我開始專注於文學，翻譯和介紹了大量的外國文學作品。《學生雜誌》不適合刊登的，我就投稿給上海的《時事新報》的副刊《學燈》。……由於我常在《學燈》上投稿，《時事新報》的主編張東蓀辦《解放與改造》時就約我寫文章。張東蓀屬於研究系。研究系在政治上屬於右翼，但在「五四」運動後，也偽裝進步。張東蓀甚至還與陳獨秀他們共同商議發起上海的馬克思主義研究小組。《解放與改造》刊登介紹外國各派社會主義運動的文章，《時事新報》的副刊《學燈》登載擁護「五四」新文化運動的文章。但當梁啟超（研究系首腦）從海外歸來，態度即變。張東蓀在《時事新報》上發表社論〈由內地旅行而得之又一教訓〉，即為自己重復右傾找「理論根據」，以後就不談社會主義，且反社會主義了。……《解放與改造》上有一欄叫「讀書錄」。我在這上面介紹的第一篇是張東蓀給我的材料，叫〈羅賽爾《到自由的幾條擬徑》〉（《解放與改造》一卷七號），小題目是無政府主義，社會主義，工團主義。羅賽爾主張基爾特社會主義，反對社會主義，也反對無政府主義和工團主義。那時已是一九一九年尾，我已開始接觸馬克思主義，我覺得看看這些書也好，知道社會主義還有什麼學派。那個時候是一個學術思想非常活躍的時代，受新思潮影響的知識分子如飢似渴地吞咽外國傳來的各種新東西，紛紛介紹外國的各種主義、思想和學說。……

　　那是在1920年，商務印書館當局還沒有約我主編《小說月報》的時候，《時事新報》的主編張東蓀見我經常在《時事新報》副刊《學燈》上投稿，認為發現了一個人材，有意要拉我到《時事新報》工作。大約是七八月份，他因事離開上海，把我請去代理了二三個星期《時事新報》的主筆。也就在那一段時間，我在《時事新報》上寫了一些短文。後來，我終於沒有被張東蓀拉過去，一則我要編《小說月報》了，二則，這也是主要的，因為我開始信奉馬克思主義，而張東蓀卻公開反對馬克思主義了。[19]

　　至於後世論者所說「五四運動後，《學燈》益趨保守，逐漸淪為抵制馬克思主義思想傳播的輿論陣地」。[20] 這，我們知道，已經屬於宣傳官員的套話。

　　至於那個直到二十一世紀才得到史家注意的中國命運之關鍵轉折——陳炯明反對孫中山未成，《時事新報》，或者就是主筆張東蓀，則見解鮮明。他堅決反對武力北上，主張各政治勢力合作妥協。其反對革命的意向，直接表現在版面上。何先生記載：

> 3月12日孫中山在京逝世那一次，當電報傳到上海時，《民國日報》……進步人士……深表哀悼，但僅有幾步路相隔的《時事新報》，在接到京電之後，第二天就在刊登孫的逝世新聞的同時，發表了一篇題為〈孫文死矣〉的社評，態度之惡劣，達到了令人難以容忍的地步！在通篇充滿敵意的社評中，竟說「孫的精神，早已死於他和陳炯明破裂之日，今死者，僅其軀殼而已」（大意）。可謂極盡了惡毒誹謗放肆攻訐的能事。[21]

　　這樣的社評（〈孫文死矣〉），在二十年代中期，以張東蓀等報政主持人看來，不過一己之言論，沒想到當天下午就「吃到了一枚炸彈」。而到1927年革命軍進佔上海之後，蒞臨大員張靜江劈頭質問《時事新報》訪員的，竟是「為什麼一再譏諷我們，研究系真不是好東西」；「不要以為躲在租界裏就驚動你們不得。我還是可以封你們的門，試試看！」

　　《時事新報》對社會的覆蓋可說相當廣，但幾乎沒有農民和農村研究，也少見銀行、商會、企業家、金融家論說，雖然曾有一位應修人（1900–1933，湖畔詩人，烈士），在給主持《時事新報‧學燈》筆政的張東蓀的一封信裏，說他要痛下決心，投身農界，「改良農業，造福農民」。

　　時至今日，作為後世論者，我們能否這樣推斷：張東蓀對農村與農民的隔膜，直接影響到他對出身農家毛潤之之為人，以及這名革命家「農村包圍城市」戰略策略之成功的估盼。

在張東蓀主持報務時期，由於當局的壓迫（不允許到租界以外發行），經費窘迫之陰霾從來不曾散去，有時候到了主筆須捐出自己薪水的地步。

接辦《時事新報》的同時，亦即梁啟超出國前夕數人通宵暢談前後，他們一批人還成立了一個「新學會」──從學術思想上謀根本的改造，以作為「新中國」的基礎。〈新學會宣言書〉由東蓀執筆起草：

> 我們現在創辦這個「新學會」，就是抱定……第一，我們現在承認國家的革新是沒有取巧的快捷方式的，是必須經過那條思想革新的大路的。第二，我們承認學術思想的革新有一條快捷方式，那條快捷方式就是研究歐美先進國幾百年來積聚所得的最後的結果。……我們的希望是研究世界最新的思潮、最新的學說，用來作為我們研究中國種種問題的參考材料，再盡我們的能力把這種學說傳播出去，使全國的人都添無數參考印證的材料，使中華民國的思想有一些革新的動機，使中華民國的新生命有一個堅固的基礎。[22]

「新學會」當然要有自己的會刊。《解放與改造》雜誌於1919年秋創刊。張東蓀的〈第三種文明〉就發在這期上。在這篇文章裏，作者從人類文明的分期談起：

> 人類的文明，自有歷史以來，可以分做三個時期，每一時期各有特徵，可以說第一種（習慣與迷信的文明）、第二種（自由與競爭的文明）和第三種（互助與協同的文明）。[23]

他認為，二十世紀前的數百年，是西方社會經歷「自由與競爭」，也即「個人主義與國家主義文明」的蓬勃期，而剛剛結束的世界大戰，把第二種文明的破綻一齊暴露了；也就是說，國家主義與資本主義已到了末日，不可再維持下去。

> 我們說大戰比如春雨，第三種文明的萌芽經了這春雨，自然茁壯起來。但是尚須吸取陽光，才能成熟。

那「互助與協同的文明」，是一個什麼樣的前景呢？張東蓀認為，

因為尚未成熟，不能詳細說明。然而也有幾點可以預言的：

　　一，思想上道德上必定以社會為本位。

　　二，經濟上必定以分配為本位。

　　三，制度上必定以世界為本位。

　　四，社會上必定沒有階級的等次，雖不能絕對，也須近於水
　　　　平線。

　　對照今日，不能不為他們當年敏銳、精當的思慮鼓掌。當然就
分期而言，以我們今天對世界的有限觀察，有大約二十至三十年的
誤差。[24]

張東蓀主編的《解放與改造》，1919年9月創刊於上海

那麼，中國能否跟上世界的步伐？

不過我們有一個最苦痛的地方，就是中國今天的現象是十七世紀、十八世紀、十九世紀、二十世紀的人聚於一堂。雖則歐美先進國也是複雜的，他們的思想也有差池，但是新的究竟居多數，且相差也不甚遠。我們則不然，一則開化的很少，二則距離得太遠。大多數的人仍逗留在第一種文明與第二種文明之交。不但沒有第三種文明的資格，並且也沒有第二種文明的陶養。這個真是苦痛極了。

這後進的先覺者之苦痛，證之於李璜：

自五四以來，這十二三年間，我們真是受不了。十五六世紀的文藝復興所有「人性」的要求，十七八世紀啟明(蒙)運動所有「個性」的要求，及十九世紀的「國性」的要求，三樣東西一齊來，怎不令青年朋友要發狂了呢！[25]

但我們的主人公居然越過孫傳芳、蔣中正、毛澤東和鄧小平，直接預言九十年代以後的中國：

世界改造以後，必定是取互助主義與勞動生活。互助主義不必說了。從勞動生活說來，我們人口很多，生活很低，自然能取得一個地位。不過大改造未成以前，在這個青黃不接的時候，不能不有一個辦法。據我看來，第一是文化運動——廣義的教育；第二是設法變外貨為外資；第三是移民。

什麼樣的文化運動呢——

提倡互助的精神，培植協同的性格，養成自治的能力，促進合群的道德。

而「提倡」、「培植」、「養成」、「促進」，絕非革命性格，無不指向教育與漸進的改良，雖然列寧《俄國的政黨和無產階級的任務》之節譯《鮑爾雪佛克(今譯「布爾什維克」)之排斥與要求》(李寧譯)在卷

一號即予以刊載。[26] 在這樣一個新陣地，當時的戰士，儘管筆戰上火花迸濺，並沒有黨同伐異之戾氣。陶菊隱說：

> 五四運動的發祥地是北大，研究系與這股暗流早有合流共趨的跡象。張東蓀在上海主持《時事新報》，藍公武在北平辦《國民公報》，陳博生辦《晨鐘報》（《晨報》前身），都是文化運動的前驅。[27]

雖然沒有隨梁啟超到歐洲「旁觀和會」，留在上海的張東蓀十分關注他們的行程，特別致書張君勱：

> 公等此行不可僅注視於和會上，宜廣考察戰後之精神上物質上一切變態。對於目前之國事不可太熱心，對於較遠之計劃不可不熱慮。[28]

1920年，梁啟超從法國回到上海，雄心勃勃，打算辦報、辦刊、辦大學，要推動留學、組織學術社團，還要辦貿易公司、輪船公司……但中心還是文化運動，一如艾愷所說，踐行他「不斷將西方思想對中國引介的事業的一個延長」。

當年5月，梁將《解放與改造》更名為《改造》（由新成立的「共學社」主辦），將基爾特社會主義精神向「實際的方面」貫徹，宣傳溫和的社會主義，主張腳踏實地的社會改良。

除了作計劃、「以淺近簡明為主」系統編譯西方名著外，他們還打算專門聘請外國學者來華演說——「講學社」應運而生。經費哪裏來？董事捐款：當時中國社會已經有此能力。周佛海記得他從日本給《解放與改造》投稿的日子：

> 第一年除學校功課以外，專門只看社會主義的書籍，……當時梁任公一派的人，在上海辦有《解放與改造》半月刊，我常常投稿，都刊載出來，稿費非常豐富。這種稿費，大部寄回家養母，一部拿來買書。
>
> 民國九年夏天，動身（到杭州）之前，到《時事新報》館訪張東蓀。他是《解放與改造》的主持人，我因投稿的關係，和他常

常通信。我到了報館，他還沒有到。……後來東蓀來了，卻談
得非常投機。他們當時組織「共學社」，翻譯名著，請我也來譯
一本，我便擔任翻譯克魯泡特金的《互助論》。……張東蓀告訴
我，陳仲甫（獨秀）要見我。……有一天我和張東蓀、沈雁冰，
去環龍路漁陽里二號，去訪仲甫。當時有第三國際遠東代表俄
人吳庭斯基在座。……[29]

　　這次漁陽里會見，就其歷史份量與場面戲劇性而言，精彩之
極——這我們在後邊還會說到。

　　除了辦刊，「共學社」還曾邀請國際大學者來中國講學，如英國
哲學家羅素、印度詩人泰戈爾、德國哲學家杜里舒等。本來還要請
經濟學家凱恩斯、哲學家柏格森等，因故未成。當然最大的成就還
是編譯新書，僅1922年就出版了四十多種，總計大約有一百多冊，
引進了許多社會學、哲學方面的書籍，涵蓋馬克思主義、無政府主
義、基爾特社會主義等各種不同的思潮。

　　在這期間，在這批政治、社會理想相近，但學理、見識尚有切磋
餘地的夥伴間，還發生了一場後世稱為「科玄之爭」的辯論——今天
有論者認為是「中國現代哲學真正的邏輯起點」。[30] 雙方的言論陣地就
是丁文江主持的《努力週報》和張東蓀任主筆的《時事新報》。

　　事情的開場極為平常，但不可否認的是，其根源早在他們遊歐、
在對「淺薄的科學觀」有所察覺的時候就埋下了。1923年2月，張君
勱在清華大學的一次演講中，提到「人生觀」，認為人生的問題不能
僅用科學來解決，「意志自由」就是一例：「人生觀為主觀的，直覺
的，綜合的，自由意志的，人格各異而是單一性的」，「科學」則是「客
觀的、為論理方法學所支配的、分析的、受制於因果律的，起於自然
之齊一性的」，「故科學無論如何發達，而人生觀問題之解決，決非科
學所能為力，唯賴諸人類自身而已。」

　　地質學家、同時也是張君勱至交的丁文江見文「勃然大怒」，認
為這是對科學的進攻，立即撰文駁斥，擁護胡適所提「人類今日最大
的責任和需要，即是把科學方法應用到人生問題上去」，稱張君勱被
歐洲來的「玄學鬼」附身。「科玄論戰」開場。

張東蓀是在「科學派」已經取得壓倒聲勢的時候才上陣的。他先是在《學燈》上發表梁啟超、孫伏園的答辯文章並加按語，接着，在刊出林宰平的重頭文字〈讀丁在君先生的「玄學與科學」〉以及陸志韋的〈「死狗」的心理學〉之後，終於按捺不住：

> 其事起於張君勱論人生觀而又輕蔑科學之言。丁在君起而維護之。一方以為科學不能解決人生，故人生觀不能統一。他方以為凡人生無不可入科學，故終可得一定於一尊之科學的人生觀。丁在君之維護科學，是也；乃因維護科學之故而侵犯哲學，痛詆玄學為無賴鬼。於是愛哲學者，如屠孝實等，為之抱不平焉。余亦其中一人。[31]

> 只因為我有個脾氣是不喜歡錦上添花而只喜歡雪中送炭。在丁先生第一篇文章發表時，就有人來報告於我，說丁先生方面已預備有許多人對於張先生自己一個人來「群起而攻之」（這個話本是謠言，不過《努力週報》迄至今日除張先生自己的文章外，所有談到「科玄論戰」的無一不是反對張先生的）。我當時聽了這個傳聞，雖明知不可靠，但卻預料丁先生方面（即攻擊張君勱的方面）總不會寂寞的，用不着我來湊熱鬧。於是我決定對於丁先生來燒一燒冷灶。[32]

張東蓀這篇〈科學與哲學——一名從我的觀點批評科玄論戰〉，為台灣學者葉其忠評為「對科玄論戰最有份量的論著」。[33]

不久，紅色「唯物史觀派」參戰。現在尚不見有研究給出令人信服的論述，這一「參戰」，究竟是該黨早期的組織行動，還是他們自己的言論抒發。但「高瞻遠矚」凌駕一切、特別能扣帽子，以及「親不親，階級分」之特色，已躍然紙上。見共產黨人鄧中夏的評述：

> 東方文化派……他們真狡獪！他們知道光是攤出東方的舊古董來，恐怕不能博得青年們的叫好，於是乎不能不翻個花樣，好攪亂青年們的眼花，麻醉青年們的神經。「東方文化派」可分為三系：梁啟超、張君勱、張東蓀等為一系……梁啟超一系，底子上

雖然是中國思想，面子上卻塗滿着西洋的色彩。他們講玄學，卻把西洋的玄學鬼如柏格森的「直覺」，倭依鏗的「精神生活」，歐立克的「精神元素」都搬來作他們的幌子。這是他們的花樣了。

　　東方文化派可說代表農業手工業的封建思想（或稱宗法思想），科學方法派可說是代表新式工業的資產階級思想，唯物史觀派可說是代表新式工業的無產階級思想；這些思想都不是偶然發生的，都有他們的背景。[34]

我們應該結成聯合戰線，向哲學中之梁啟超、張君勱（張東蓀、傅侗包括在內）、梁漱溟，政治中的研究系，……教育中之黃炎培……等這些反動的思想勢力分頭迎擊，一致進攻。[35]

到了年底，東亞圖書館將雙方的文章歸併，編成《科學與人生觀》，由陳獨秀、胡適作序。

陳獨秀認為重要的是「歷史觀」，而非「人生觀」。個人之「情感」、「意志」、「信念」、「良知」，在波瀾壯闊的歷史進程中，蒼蠅嗡嗡叫而已：

只有客觀的物質原因可以變動社會，可以解釋歷史，可以支配人生觀，這便是「唯物的歷史觀」。[36]

胡適則斷言：

我們要知道，歐洲的科學已到了根深蒂固的地位，不怕玄學鬼來攻擊了。幾個反動的哲學家，平素飽饜了科學的滋味，偶爾對科學發幾句牢騷話，就像富貴人家吃厭了魚肉，常想嘗嘗鹹菜豆腐的風味；這種反動並沒有什麼大危險。那光焰萬丈的科學，決不是這個玄學鬼搖撼得動的。[37]

胡適怎麼如此遣詞？無論從做人與問學，都顯得反常。不幸（或有幸）他當時不為人知的信函終於在狠批和盲捧之後得以逐一發表。從這封致陳獨秀的信（1920年底），我們或許得以窺得胡「博士」更深的內心活動，比如說，好名位？（信中之「他」為梁啟超）：

你難道不知我們在北京也時時刻刻在敵人包圍之中？你難道不知他們辦共學社是在《世界叢書》之後，他們改造《改造》是有意的？他們拉出他們的領袖來「講學」——講中國哲學史——是專對我們的？（他在清華的講義無處不是尋我的瑕疵的。他用我的書之處，從不說一聲；他有可以駁我的地方，決不放過！但此事我倒很歡迎。因為他這樣做去，於我無害而且總有點進益的。）你難道不知他們現在已收回從前主張白話詩文的主張？（任公有一篇大駁白話詩的文章，尚未發表，曾把稿子給我看，我逐條駁了，送還他，告訴他，「這些問題我們這三年中都討論過了，我很不願他來舊事重提，勢必又引起我們許多無謂的筆墨官司！」他才不發表了。）你難道不知延聘羅素、倭鏗等人的歷史？（我曾宣言，若倭鏗來，他每有一次演說，我們當有一次駁論。）[38]

倒真不把陳獨秀當外人。但這是胡適麼？黨同伐異怎麼如此扎眼地鑲嵌在溫敦大度的「常態」之下？

再回到科玄之爭。二十多年後，張君勱在為張東蓀的《思想與社會》作序的時候，更透徹地闡明了自己的觀點：

> 吾輩當時提倡此派學說，初非由柏氏反對黑氏，乃由此派哲學側重人生，尤好言人生之特點，為自由、為行動、為變化，正合於當時坐言不如起行，唯有努力奮鬥自能開出新局面之心理。
>
> 科學主義並非科學，只是一種幼稚淺薄的哲學，科學不能包籠一切。共產黨取此觀念時為努力抹殺科學之外的哲學、文學、藝術、宗教。這是典型的「五·四」之後的淺薄思想，最終為政黨所用。

決心以激進的革命改造中國，並且成功獲得政權的共產黨怎麼看待這批人的努力呢：

> 刊物發表了大量宣傳西方各種社會主義思潮的文章，提出要「從唯物主義轉到精神主義」，「去馬克思而返於康德」，反對馬克思

主義的社會革命論，反對科學社會主義，反對俄國十月革命，強
調中國的當務之急是發展資本主義，企圖把革命高潮拉到改良主
義道路上去。他們的言論受到了《新青年》、《共產黨》等刊物的
批評，引起了關於社會主義問題的論戰。[39]

然而自視為馬列嫡傳的共產黨人，無論在當時還是掌了權（包括
絕對的話語權）之後，都不見提及恩格斯的這段話：

> 不管自然科學家採取什麼樣的態度，他們還是得受哲學的支配。
> 問題在於，他們是願意受某種壞的時髦哲學的支配，還是願意
> 受一種建立在通曉思維的歷史和成就的基礎上的理論思維的
> 支配。[40]

《解放與改造》雖於1919年9月創刊於上海，卻以北平新學會名
義出版，一共出了兩卷共二十四期（主編張東蓀、俞頌華）。一年
後，從第三卷開始，更名《改造》（主編梁啟超、蔣百里）。改版之
前，也即該年7月，張東蓀把他和張君勱討論國事的三封往來信件發
表了，標題是〈中國之前途：德國乎？俄國乎？〉，主張中國只能走
德國社會民主黨的道路，而不是俄國布爾什維克的路。

《改造》出到1922年秋天的第四卷第四十六期，也告停刊。

1925年10月，徐志摩擔任《晨報》副刊主筆，發起了一場「對俄
問題」大討論：中國對蘇俄的問題，到今天為止始終是不曾開刀的一
個毒瘤，裏面的膿水已經滿了，但是卻沒有獨立見解的人去觸動
它 —— 即日後著名的由「首都革命」好漢「火燒晨報」的直接動因。張
東蓀發表〈甘地動機與馬克思動機〉參加辯駁。

1927年，北伐軍拿下上海。由張公權作伐，史量才購進《時事新
報》。他的初衷當然是期望保住這份報紙在上海所具之影響力，但無
論政局，還是勉為其難的留守人員，都已無法堅持原先風格與方針。

被革命軍作為「學閥」而通緝的前主筆，留在報社已沒有可能。
用何思誠的話說，就是「迭經內部商討，對張東蓀言論失策嘖有煩
言。張乃悻然引退，拒不到館」，「張東蓀的離職，在該報來說，雖

移開了一大目標，但沉澱於某些人心胸中的不愉快，總不是一下子所能澄清冰釋得了的」。這裏的「某些人」，指的應是剛剛端着槍、開進上海的權勢人物。待到蔣介石的「文膽」帶着國民黨的宣傳津貼費入駐，取悅當道、競逐獵官，即成為這份曾經生機勃勃的報紙的基調——其生命自然也就終結了。

本來已經在中國公學以教務長代理校長職務的張東蓀，經此事變，「順理成章」地從辦報轉為辦學。

2 辦學

1920年，梁啟超從歐洲返國，應邀到中國公學演講。

清代規制，民間只許辦中學和小學，成立於1906年的中國公學，遂成為中國第一所民辦大學。百年過去，翻檢發黃的紙頁，品呸一撥又一撥人對它的描述，隨着述者的不同喜好與立場，只令讀者墮入五里雲霧之中——同盟會辦的？立憲派辦的？革命的大機關？現代學人的政治基地？比如先做學生（1906年）後來又做校長（1928年）的胡適的敍述，[41] 就並非無意地不提梁啟超在1915年和1920年間的努力。

最有意思的是，這所大學最初的籌辦者，竟是在讀的學生。

1905年，清廷駐日公使館與日本文部省共謀，頒佈《取締清國留日學生規則》，目的當然是為剿滅留學生中的革命活動。那年，我們的主人公張東蓀正蜷伏在東京本鄉丸山新町的小屋裏如癡如醉地讀書；少年胡適剛到上海，嘗試着用白話文編小說。但同盟會那時在東京已經相當活躍。這年11月，先有八千多名留日生罷課抗議，接着江庸、汪精衛、許壽裳等人發起「維持留學界同志會」（復課派），然後是「歸國派」和「復課派」口誅筆伐，互相拆台。這裏邊還摻雜了清廷在上海張開的準備兜捕的口袋，以及孫文為保護革命種籽命令「歸國派」收斂等等。

但高潮中還是有三千多名學生退學回國。怎麼辦？留學生裏邊出現了自強的領袖人物。幾名剪了辮子並著洋裝的青年（絕對令當時

上海人側目）奔走、籌募，最後在北四川路租了一所民房，義薄雲天地按照自己的理想，籌建了面向全國十三省的中國公學，並組建了體現民主與共和的執行、評議兩部（負責校務）。他們策劃了大學班、中學班、師範班、理化專修班等，聘請于右任、馬君武等教員。可惜萬難之中，原先的激憤與豪情多在冷眼與寒風中消逝，到1906年春天開班時候，只剩下318名前留日生。

骨幹之一、擔任最為艱巨的庶務的姚宏業，為喚起國人對公學的關注，憤而投黃浦江自盡；另一名骨幹張邦傑也在兩三年後，為校務盡瘁而死——都在二十上下的年紀。另一名從一開始就擔任執行部幹事的王敬芳同學堅持着，以無比的堅韌與見識，包括博大的心胸與靈活的姿態，混跡於高官、巨賈、實業家與學界泰斗之間，終於撐到了1920年。

如果此時不是1920年，而是他們剛立住腳的1906年，激進學生領袖王敬芳或許不願拉攏在《新民叢報》上連載「開明專制論」，並與胡漢民、汪精衛拉開架勢辯論的梁任公。但此時公學已經走過了大佬提攜（鄭孝胥、熊希齡和兩江總督端方，他們都屬立憲派）、地方常款補助、民國政府財政撥款、大兵佔領校舍、實業公司助款等各個階段，它的創始人也一步步成熟——校長王敬芳已經是一名實業家，正擔任着中國公學最主要的注資機構河南福中煤礦公司的經理。

在他的堅邀之下，剛剛遊歐歸來，帶着滿腦子見解和一肚子計劃，而且在1915年曾經擔任過公學校董會董事長的梁任公決定接辦。他（以及校董會）的目標，是要把這所學校辦成「文化運動、社會事業、政治運動」的重要基地。

經過反覆衡量——特別考慮到辦學經費的籌措，任公請王敬芳繼續留任，而自己一定殫精竭慮，多方活動籌款。至於金錢之外最關鍵角色，他選擇了張東蓀：教務長（即代理校長）兼大學部主任。

這一年，王敬芳三十五歲上下，任公四十七歲，東蓀三十四歲，從一開始就事無巨細介入的蔣百里三十三歲。

平心而論，梁啟超這樣的招牌人物，本是應該出任校長的，但為蔣百里反對掉了。他還反對使用「大學」二字，主張把精力放在「精」

上，創辦高深學問的學府。他認為梁啟超必須到校教書，把任公活潑人格的研究精神作基礎，採用中國古代書院和近代英國的講座制。對此，張東蓀是不贊成的，認為不僅近代教育與古代不盡相同，也不贊成以任公一人之人格為中心，而應依仗「一團人」（志趣相同者）之人格。東蓀最看重校中之教員──不僅為學生，更覺得「許多學者，非設法養之不可，不然其學者之地位失矣」──「以教員之方法而養人才，亦為辦學之目的也」。[42]

但一報一刊正入佳境，張東蓀難於割捨。對此，梁啟超的意見是：

> 公決任教務長，甚喜。唯同時擺脫報務，卻可不必。掛名主持，大事乃過問，不礙事也。改大學今年已來不及，須俟來年暑假否？抑中途尚有改進之餘地，請示覆。[43]

東蓀將全副精力投入到學校的規模、建制、課程、教師……的運作中。他之所以甘心跳進這樣一所煉獄，當然主要出於對教育的理念。年輕的姚烈士十四年前遺囑中關於「中國公學不啻我中國民族能力之試金石者也」；中國的教育，「莫不有民立學堂與官立學堂相競爭、相補救……今我中國公學實為中國前途民立大學之基礎」，張東蓀肯定不僅同意，甚至願意為此獻身。

他投入運作。第一當然是選人──最先選定的是俞頌華，「應張東蓀邀請出任中國公學教授兼教務主任」。據這位教務主任回憶：

> 我在參加《東方雜誌》工作之前，曾與張東蓀先生同在中國公學服務並擔任些教科。他辦學的時候，據我所知道，有兩個特色：一是毫無黨派成見，專門聘請好的教授；一是積極充實圖書設備，提倡自由研究的學風。這話在那時中公畢業及讀過書的校友都能負責證明的。所可惜的，那時經費有限，而且他主持校政的時間亦不夠長。不然，我相信中公一定能如北大和燕大一樣有悠久的卓著的成績。[44]

關於延聘好教授，俞頌華説：

> 有一個時期，我曾主持過教務事宜，要物色一位法律系主任教
> 授。我請錢先生[45]介紹，他經過考慮之後，鄭重提出謝冠生[46]先
> 生，介紹我去和他先談談。那時東蓀求賢若渴，立刻同我去訪
> 問謝先生。謝先生同我們彼此都陌生，從未見過面，不過我們
> 邀聘之意甚誠，並且有錢先生介紹，他信任錢先生，就也與我披
> 誠相見，最後他竟欣然允諾。謝先生國學極深，我們還請他出
> 其餘緒，兼講過一學期「國學門徑」，全校選讀此學程者真是十
> 分踴躍。我們法律系的人才，經謝先生造就的很多。全校同學
> 當時但知謝先生是國內不可多得的名教授，卻沒有一個人知道，
> 謝先生的執教「中公」是錢先生介紹的。[47]

東蓀自己在中國公學擔任「現代政治名著選讀」，選的是拉斯基的《政治典範》。這門課，原擬請張君勱來講授，後來雖然由張東蓀講授，用的卻是張士林（張君勱筆名）所譯的講義。

努力延聘的人裏邊還有劉秉麟、舒新城。

年齡少東蓀五歲的劉秉麟原曾是中國公學中學部及大學預科的學生（1909年至1912年）。後入北大經濟系，畢業後又回母校效力。在梁任公接管前，正擔任着公學大學部教務長。東蓀接掌後，他得以抽身到英國倫敦大學經濟學院研究生班、德國柏林大學經濟系研究員班進修。五年後回國，立聘為大學部教授兼商學院院長。

後來被冠名為「中國近代著名教育家、出版家和辭書編纂家」的舒新城，還不滿三十歲，即受聘為中國公學中學部主任。對這位精力無限的湖南人，東蓀可説相當不陌生。1918年10月，作為長老會基督徒，並任職教會學校，他就有一篇文字在《時事新報·學燈》上發表（〈我於教會學校的意見與希望〉），不意引起長沙教會教育界的嚴重不滿，舒鬥士只好捲起鋪蓋走路。轉年秋，他又在長沙創辦了《湖南教育月刊》，自任總編輯，以「研究我國教育應採之宗旨，介紹世界教育之思潮，批評舊教育之弊端，商榷新教育之建設」為方針。

1920年，一種新的，注重「個別教學」，也即試圖將「關注個別差

異」和「完成集體統一」融為一體的教學方法，所謂「道爾頓制」[48]傳到
中國。不知舒新城通過何種渠道獲知這一成果，可以想像的是，滿腦
子全是如何改革中國教育的這名革新家，在得到這一信息同時又獲得
聘任時，有多麼興奮。這年秋天，「道爾頓制」開始在上海中國公學中
學部實驗，並迅速得到全國教育聯合會的關注。與此同時，舒新城還
在他的地盤上開男女同學之先河，並且把「選科制」和「能力分組制實
驗」、課程結構以及學生自治會改革等等一齊推上日程。不僅如此，
他還招朋引類地延聘了葉聖陶、朱自清、朱光潛、劉延陵、吳有訓等
一批少年新進。有趣的是，他所作的一切，無論在北京的梁啟超，還
是現場負責的張東蓀、王敬芳，包括身臨其境的或活潑或老成的學
生，都樂觀其變；對他的大力革新難掩反感的，竟是他的同事，也即
後世記錄者所說的「守舊派教師」（包括老派學生）。他們觀念雖老，
方法卻時新：「煽動學生鬧事，排斥幾位新教員」，雙方都採取「強硬
的辦法」，互不妥協，風潮延宕。用胡適的話說：「上海中國公學此次
有風潮，趕去張東蓀，內容甚複雜；而舊人把持學校，攻擊新人，自
是一個重要原因。」最後，張東蓀離開中國公學教務長職務。俞頌
華、劉秉麟、金國寶等著名教授也相繼辭職。風潮結束。到了1924
年夏，張東蓀曾再度受董事會推薦，主持中國公學。這回他辭去《時
事新報》主編而專任。但很快就不再主持校務而專門教書了。

這不過是所有繁難事務中的一樁。

最讓張東蓀頭疼的，是幾乎所有學校都面臨的，一口氣都鬆不得
的經費不繼……。對這類有良心的校長都鐵定面臨的「死的心都有
了」之局面，張東蓀自己沒有留下文字，[49]我們卻可以參照他的同齡
卻不同經歷的老友蔣夢麟（他也是1886年生，但沒有在十八歲留日，
而是在二十二歲上等到了庚款留美第一撥）就學潮和經費的記述。蔣
夢麟提到，最大的困難是校方與政府之間的經濟糾紛，政府的校款總
不能按時撥到，無法實行預算。政府只有偶爾發點經費，往往一欠
就是一兩年，無法購置教學設備、擴充校舍，連教授們的工資都發不
下去，真是傷透腦筋。學生要求更多的自由行動，政府則要求維持
秩序，日夜奔忙的唯一報酬，就是兩鬢迅速增加的白髮。[50]

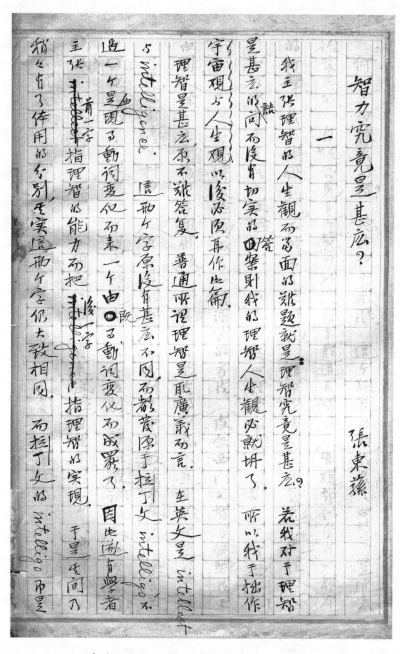

智力究竟是甚么？

張東蓀

一

我主張理智即人生觀而為面以說題就是理智究竟是甚么？若我對于理智

是甚么的問而後有切實的回答則我的理智人生觀必就垮了。所以我于拙作

宇宙觀以人生觀以後必須再作此篇。

理智是甚么原不難答復。普通所謂理智是祇廣義而言。在英文是 intellect

5. intelligence．這兩个字原沒有甚么不同而都黄原于拉丁文．intelligo 不

過一个是現了動詞變化仍而来一个由了動詞變化仍而成裏了．因此遂有學者

主張前一字指理智的能力而把後一字指理智的实現．于是遂問内

稍稍有了作用的分別，在這兩个字仍大致相同，而拉丁文的 intelligo 乃是

張東蓀哲學論文〈智力究竟是什麼？〉手稿之一頁

　　蔣夢麟在寫給張東蓀的信中，比喻自己就像一隻飛蟲投到了蛛網裏，一不小心就有蜘蛛從屋角爬出來咬上一口，若無破釜沉舟的決心，早就被嚇退了。勞心至極也只有拿王守仁的四句話來自嘲了：「東家老翁防虎患，虎夜入室銜其頭，西家兒童不識虎，執策驅虎如驅牛。」蔣夢麟寫道：人人說市中有虎，我說任憑虎吞了我就罷了，沒有吞我之前，我不妨做些做人應該做的事。[51]

　　具體到中國公學，那一團亂麻的日子怎麼過的？可見於1928年之後的校長胡適的描述：

> 十一年(1922)，公學請張嘉森先生為籌辦大學主任，計劃改組大學事；次年(1923)張東蓀先生辭職，由陳築山先生代理校長，即將原有之商科專門提高程度，改升大學。十二年夏，因添辦高級中學，學舍不敷用，故將商科大學遷設上海。十三年夏(1924)，董事會推張東蓀先生任商科學長，陳築山先生專辦高中。十三年之秋，江浙開戰，浙軍佔用吳淞校舍，高中遂停辦。十四年春間，商科大學遷回吳淞，同時籌劃添設哲學、政治、經濟諸學系，擬仿倫敦大學經濟學院的制度，做成一個社會科學的大學。[52]

　　此時，中國實業尚未恢復，但大的文化環境，因為沒有拿槍和掌控資源的「黨」所規定的一統天下，中國學界可說自由之風吹遍大地：博大、鎮定、自信。

　　1925年，與中國公學有着差不多的「一怒為自尊」經歷，而且一直被目為中國最好的民辦大學之一的光華大學，在一片反帝與自強的浪潮中創建。張君勱(接受五省聯防總督孫傳芳之資助所開辦)的政治大學(後改自治學院，吳淞政治學院，後為國民黨查封)也開課了。張東蓀在光華任哲學教授兼文學院長，講授「倫理學」，同事有潘光旦、容啟兆，王造時等。在政治大學，張東蓀任哲學講習，「張爾田、孫德謙等，任子史講席，海外歸來者，潘光旦、聞一多、吳經熊、吳國楨等，也各就所學講授，一時稱為得人，校聲鵲起。」[53]此外還有張季直的吳淞政治大學(江蘇省公辦，講解英國的民主政治模式)。

但一流人才仍不敷分派。「東南大學校長郭秉文主張『自由講學』。延攬了國內外許多名流學者，不分黨派，利用這個最高學府講壇，充分發表個人的政治主張，讓學生也自由選擇自己的政治信仰。」1922年夏天，學校董事會決定仿照美國哥倫比亞大學，開辦了暑期學校。擔任暑期學校課程的教師，除該校權威教授外，郭秉文還羅致了海內外知名之士：美國杜威博士講授「實驗教育哲學」；美國吳衛士博士講授「昆蟲學」；美國孟祿博士講授「教育學」；德國杜里舒博士講授「生機哲學」；胡適博士講授「實用主義」；梁啟超教授講授「先秦政治思想史」；江亢虎博士講授「勞動問題」；張東蓀教授講授「新聞學大意」，還有該校常務校董和工科教授楊杏佛的「政治改造思想」等，此外還延聘了佛學大師歐陽竟無作了一次「佛法非宗教非哲學而為世人所必需」的講座。

南開大學的類似做法是在第二年：梁啟超應聘主講南開大學暑期學校，還代校方轉邀名學者羅素、杜里舒、泰戈爾以及張君勱、梁漱溟、蔣方震、張東蓀等來南開講學。

梁啟超的夢是「佔幾所大學為據點」，「培養新人才、宣傳新文化、開拓新政治」。他與他的同志者自己辦學、在著名大學獲得教職、舉辦講座，佔為據點。所謂「要之清華、南開兩處必須收作吾輩之關中河內」。舒新城在致梁任公書中描繪說：若能張東蓀等掌中國公學，張君勱、徐志摩在南開講演，公及蔣百里往南京尤其是東南大學講座，「如此鼎足而三，舉足可以左右中國文化，五年後吾黨將遍中國，豈再如今日之長此無人也。」

這類生機勃勃的活潑局面，在後來的戰亂與「定於一尊」卻輪番戕賊的近百年中國裏，再沒有出現過。

其實，正是從這時候起，張東蓀的專業興趣慢慢回到求學年代的哲學思索與探究。《近代西洋哲學史綱要》[54]就在那年出版，與自己的學生姚璋（又名姚舜欽）聯合署名。後來（1930年），到姚璋自己的專著《八大派人生哲學》出版的時候，在〈自序〉中，專門有一段對老師的回憶：

（求學時）……幸而遇到哲學家張東蓀先生來光華大學教授哲學，於是得閒輒往請教。張先生非特給我許多鼓勵，並與我具體計劃以寫成此書。每草成一篇，即為我詳細校正。遇着光華圖書館裏的書不夠參考時，又把他家的藏的名貴書籍借我應用。書成之後，更為我作序文，與書局接洽印行的事情。總之，此書之成，最當感謝張先生。茲將此書謹獻給張先生，聊以做一個紀念罷了。[55]

張家兩兄弟都為這青年學子寫了序言。我們且看張東蓀序言中的一段，可知他當時備課和輔導學生的努力：

我們須知，不講 ethical theory 則已，苟要講便無法離開 types。我們試檢下列各書：（中文書名為著者試譯）

Dewey and Tufts, *Ethics*.《倫理學》

Mackenzie, *A Manual of Ethics*.《倫理學手冊》

Martineau, *Elements of Ethics*.《倫理學原理》

Muirhead, *Elements of Ethics*.《倫理學原理》

Paulsen, *A System of Ethics*.《倫理學的一個體系》

Seth, *A Study of Ethical Principles*.《倫理學原理研究實例》

Sidgwick, *The Methods of Ethics*.《倫理學方法論》

Thilly, *Introduction to Ethics*.《倫理學入門》

De Laguna, *Introduction to the Science of Ethics*.《倫理科學入門》

Wright, *General Introduction to Ethics*.《倫理學撮述》

Broad, *Five Types of Ethical Theory*.《倫理學理論之五種範例》

Hyde, *Five Philosophies of Life*.《生活哲學之五種》

Riley, *Men and Morals*.《人與道德》

Dunham, *Principles of Ethics*.《倫理學原理》

Carritt, *Theory of Morals*.《道德倫理》

以上諸書還是我見及的為限，此外還不知更有多少。

　　還沒等到這本書的讀者一本本翻找教授指定的書，局面又變
了——1927年，北伐軍攻佔上海。

　　後世讀「新中國」教科書長大的三代人（生於四十至八十年代），
只知道「四一二反革命政變」，國民黨突然間翻臉大殺共產黨人。沒
有人告訴他們翻臉前上海的情形；沒人告訴他們，那時候應「五省聯
帥」孫傳芳之請，擔任淞滬商埠總辦（相當於上海市長）的，是最具緩
進革新思想的丁文江。[56] 只要不開仗，社會總能休養生息。而剛剛有
了點氣象的工商文教，統統為自命正統的軍事佔領當局所打斷。

　　丁文江首當其衝：改造大上海的計劃泡湯，先避走大連，後蝸居
北京；一整批文化人也以「反動學閥」的罪名遭通緝：章太炎、張君
勵、張東蓀、黃炎培、沈信卿、蔣維喬……連劉海粟都名列其中；
《時事新報》被接管；中國公學由黨（國民黨）所信賴的人接辦；張君
勵的政治大學遭封閉……青年黨李璜記載了當時「不革命即為反革
命」的氣氛：

> 民國十七年左右，大家被國民革命統一了中國，其執政者，右如
> 胡漢民，左如汪精衛，皆志得意滿，而瞧不起五四時代新起的這
> 一班，年在三十餘歲，留學外國，而學識略有成就的知識分子，
> 一律認為是自由主義者，非排斥不可！……其時，清黨已了，
> 中共之未被殺被囚者，不是遠走高飛，便是在國民黨內藏之深
> 深，……柳河之役以後，胡漢民忽然唱出了「黨外無黨，黨內無
> 派」的斯大林式的一黨專政調子，不但思想與三民主義不合的國
> 家主義派青年黨不許其並存於中國，就連同是國民黨而首倡反共
> 抗俄的西山會議派，也一併在排出政壇之列。[57]

　　這是一陣相當了得的「革命風暴」。側身其間者，已能感到些許
肅殺之氣。但平心而論，隨着國民政府在南京站穩了腳跟，那風
麼，真是吹過就算了，與五十年代之後將文化人再度客氣地請到台
上，由共和國總理帶着他們集體自辱相比，其兇險、緻密、絕無藏身
之處與可遁之途，就對中國文化傳承與傳承者的傷害而言，只算是
「小兒科」了。

　　如若不信，只看張東蓀隨後的經歷。作為叨陪末座的被通緝學閥，他沒有竄逃，僅避入租界數日。他不再辦報，用他的話說：

> 我之所以脫離報界就是因為民國十六年以後，報紙完全變為他人的喉舌不能說自己的話了。只在民元到民國五、六年之間短短時期中真有言論自由，這是我所親歷的。[58]

　　中國公學不能做了，李璜創辦的知行學院 (1929年，上海英租界幹部訓練學校) 開張。張東蓀義務教授「哲學概論」——對這門課，他底氣十足。因為這幾年間，他不但有〈柏格森哲學與羅素的批評〉、〈相對論的哲學和新倫理主義〉、〈休謨哲學與近代思潮〉等哲學專著在當時最重要的期刊上發表，《人生觀》、《精神分析說》、《新哲學論叢》等重要哲學普及讀物，也以單行本出版了。張君勱 (歐洲政治思想史)、羅隆基 (行政學)、梁實秋 (英文文選)、左舜生 (中國近代史) 都前往捧場。李璜自己也教一門社會學。

　　張東蓀依舊在光華大學教書 (想來儲安平此時正就讀於此)。由於校長張壽鏞無以倫比的理財能力，以及他與江浙財團的淵源，缺錢打仗的蔣介石，為籠絡他，對光華大學手下留情。黨治之下，張東蓀等人得有一席喘息之地。此時雖然已不是「民元到民國五、六年之間」的景象，「反動學閥」們的精神並未遭到毀滅性摧折。俞頌華記得：

> 張東蓀在上海光華大學做教授的時候，每次開教務會都要宣讀總理遺訓，張一聽就奪門而出，並說：「下次再讀遺訓，我就不來了。」在當時這是何等犯忌的事。[59]

　　到1930年，同在光華任教 (政治系) 的羅隆基，不過在《新月》上發了一篇維護人權、批評專制的文章，陳布雷——他當時在教育部次長任上——即「以部令停止羅隆基在該校教授之聘」。應該說，就事情本身而言，與張教授並無干涉，但此情在他看來，實為「我國私立大學教育史上奉部令開除教授的首開記錄」。為對這種惡劣做法表示抗議，張東蓀、潘光旦二教授亦隨之去職。[60]

　　後來，在民國和人民共和國，比這惡劣百倍的毆打暗殺員工、批判流放教授……一樁樁一件件在同儕的注視乃至幫從下發生，大家多心懷揣揣而苟且──直到2006年。這回是北京──人民大學教授張鳴為學術委員會對另一名教師的不公憤然辭「官」。[61]中國學界再度回到它有些許正氣、些許不可犯的凜然之氣之起點？

　　從他自己的辦學經歷裏，張東蓀對國民黨的認識再度加深。民初時候的渾噩；「二次革命」時候的悖謬；北伐以後的殺戮和緊隨的「訓政」……弄得他不得不把自己稱作「是向來反對國民黨的一個人」，認為「國民黨之取北洋軍閥而代之，完全是換湯不換藥」：

> 就中國人民知識能力不及格來說，倘使為事實，則必是全國的人民都如此，決不能有一部分人民被訓，另一部分人民能訓。被訓的人民因為沒有畢業，所以必須被訓，試問能訓的人民又於何時畢業過呢？何時同一人民一入黨籍便顯分能訓與被訓呢？[62]

> 自治未辦，不能實行憲政，這是人人都承認的。那麼就趕辦自治好了，為什麼要反而取消已有的人民言論自由權呢？人民自由權既是憲政要素之一。國民黨最後的目的既在憲政，為什麼現在必須先把這個已存在的要素的萌芽拔去呢？按理應該對於已有的萌芽加以培植。可見國民黨的訓政是等於斬了已生出來的樹苗而偏說另外可以種出新樹來。[63]

　　但萌芽──所有萌芽──上天所賦之生的願望，以及成長的意志力，是斫伐者無從估量的。他開始與瞿世英創辦《哲學評論》(1927)，擔任主撰述，並出版了《西洋哲學史》(上下)(1930)等教科書。

　　1930年秋，張府闔家遷居北平──他得到了司徒雷登的聘書，任職燕京大學哲學系，講授倫理學。北平對張東蓀，雖然算不上舊遊，也曾經幾度流連。只不過西郊來得不多──那年月到那地方，還得僱騾車呢。

對燕京源於《聖經》的校訓「因真理，得自由，以服務」（Freedom through Truth for Service），也就是司徒校長説的：「我們的目的，是以養成一種合作、建設、服務人群的精神以服務社會國家……我們不要變成世界上最有名的學校，也不要成為有史以來最有名的學校，而是要成為『現在中國』最有用的學校」，與張東蓀的理念無任何相悖。燕大主要通過美國教會籌資，[64] 屬於一般意義上的教會學校。但校長司徒作為一名教育家，卻明確提出「使燕大徹底中國化」。他認為，「燕大必須是一所經得起任何考驗的、真正意義上的大學，至於信仰什麼，則完全是個人的私事」。對於司徒所堅信的「任務，是讓老師盡可能自由地去從事他們的工作」，我們的主人公自然服膺，雖然據他自己説，並非事事與校長見解一致。

國學，在燕大的課程安排上，受到非同尋常的重視。不為別的，只因為前來就學的，都是中國學生。創始之初，教師陣容已經相當了得，劉廷芳、洪煨蓮、李榮芳、趙紫宸、簡又文、許地山、陳垣、吳雷川等，除了學術上的聲譽，他們同時又是教友或教會名人。北伐之後，「天上掉下了林妹妹」，一整批滿腹經綸卻不耐煩黨訓的長袍先生北上蒞臨燕大就職：顧頡剛、鄧之誠、容庚、錢穆、林宰平、郭紹虞……張東蓀的長兄、國學家張爾田同時獲邀，教授中國歷史。

到校第二年，1931年，他開始出任哲學系主任；同時擔任燕京學社顧問（adviser）。那時馮友蘭雖然主要在清華，也曾在燕京兼課。也是在這年9月，由東蓀提議，司徒校長電邀兩年前因逃避國民黨通緝而第二次留德的張君勱回國，任燕京大學哲學系教授，講授黑格爾小邏輯。

張東蓀走進燕大講堂——自從東京伏案苦讀以來，累積凡二十年的心得，終於有了發揮的平台。只看他在燕京開的課程：倫理學；西方思想史；Plato（柏拉圖）；Hobbes（霍布斯）；Locke（洛克）；Berkeley（伯克萊）；Schopenhauer（叔本華）；Bergson（伯格森），以及其他當代哲學家。偶爾也涉及到唯物主義、語言、思想和歷史哲學諸方面。比如在那時候，他已經向學生介紹了Comte（孔德），Hegel

張東蓀和燕京大學的同事。攝於 1932 年前後。張東蓀和鄧文如當時還屬小字輩
（後排右一和右二）。洪煨蓮和趙紫宸也在後排（後排左一和左二）。
前排正中長髯者為張爾田。前排左一唯一一位西裝小生是陳夢家

（黑格爾），Mars（馬斯），Croce（克羅齊）和Rickert（李凱爾特）
……。這無疑是學人張東蓀一生當中最愜意的時光。據俞頌華描述：

> （到了燕大之後）張東蓀氏所處的環境，我覺得有為許多文化工
> 作者所羨慕的。……他在燕大講學，燕大校長司徒雷登崇尚自
> 由研究的學風，與他自己以前辦理中國公學所採的方針差不多一
> 模一樣。不僅在講學上不受任何拘束，並且他可放言高論，無
> 論在口頭上或文字上都可發表其獨特的見解，即使不為一部分人
> 所諒解，但校長不但不加限制，且還予以相當保障。不說別
> 的，他只要和潘光旦教授的退為圖書館主任一比，軒輊立見。
> 他所處的講學環境，在今日的中國，可以說得是最優越了。[65]

東蓀自己並沒有辜負那段光陰——明知板結生地耕耘的艱難：

> 說起來，似乎太可憐了。中國不但是在哲學思想界上沒有
> 創造，並且從來沒有忠實的介紹。本來我們東方要想對於西洋
> 哲學上有一些貢獻，加入於他們的創造中，這是談何容易呢！例
> 如日本，吸收西方思想起訖今五六十年，尚未曾出有特創的哲學
> 家。……所以我們中國在今天實在是夠不上言創造，只要好好
> 地介紹就行了。
>
> 我相信西方的科學要輸入中國，必須把西方的哲學也同時進
> 來。因為在思想上，哲學始終站在與科學合作的地位。雖有時
> 矯正科學而與科學家爭吵，卻並不想要打倒科學。至於有人主
> 張中國現在可以只要科學而不要哲學，這未免太不知哲學的性質
> 了。我們只須一讀科學史，便見有許多哲學家的姓名是見於科
> 學史上的，可見哲學往往作科學的領導。
>
> 我以為居今天而介紹西方哲學思想，對於中國前途決不是無
> 益的事。[66]

世界書局出版的《哲學叢書》由他主編，上下兩卷共十六種。不
僅《認識論》、《現代哲學》、《現代倫理學》等著作收在裏邊，他在課

堂上講授的「現代哲學」、「價值哲學」，也分別根據學生許寶騤、高名凱課堂筆記整理出版，[67] 其火爆情形可見一斑。

1935年10月，與瞿菊農一道，又創辦了《文哲月刊》。他撰寫了〈發刊詞〉，並發表了〈彭基相譯笛卡兒方法論序〉、〈關於宋明理學之性質〉、〈思想自由問題〉等文章。

後來晚些時候，牟宗三在他的專欄「哲學週刊」（《廣州民國日報》）撰文，以哲學家為對象，對中國哲學界發表評論。牟認為，能稱得上哲學家的人，必須是確有見地能成系統的人。在他看來，這樣的人，中國不多，五四時期一個也沒有；五四以後有三位，熊十力先生、張東蓀先生、金岳霖先生。三位先生分別代表了三種學問：元學、知識論和邏輯。他認為，熊、張、金三先生，是現代中國哲學的三棟樑。若沒有這三個人，也只好把人羞死而已。有了這三個人，則中國哲學界不只可觀，而且還可以與西洋人抗衡，還可以獨立發展，自造文化。而後人認為，事實上，牟宗三本人在近現代世界哲學的宏大背景中，把熊、金、張的哲學同冶一爐，中西融通，創造性地建立了他自己的哲學體系，為重建中國哲學提供了一個典範。

應該説，燕京大學的張東蓀教授已獲得公認，是五四以來第一個嘗試創建中國現代哲學體系者，和「中國新唯心論領袖」。孫道升説：

> 中國研究西洋哲學的人，不可謂不多，説到能由西洋哲學中引申出來新的意見，建設新的哲學，恐怕只有張東蓀先生一人。[68]

與他在有關辯證唯物論開戰的葉青則説：

> 中國在五四時代才開始其古代哲學底否定，現在固沒有堅強的近代體系，然而已在建設之中了。作這種企圖的，首先要算張東蓀。所讀歐洲過去和現在的哲學著作很多，不像五四胡適那樣只讀一點美國書，失之淺薄。如果我們説梁啟超和陳獨秀是中國近代哲學的啟蒙運動者，那末張東蓀就是中國近代哲學底系統建立人。[69]

對待同輩學人，東蓀情誼真摯、期待熱切。以佛學為基底的北大教授熊十力，一般認為「建立了新儒家真正意義上的哲學體系」。在建構自己體系過程中，對西方哲學的了解，多通過東蓀轉介。二人在十年間，還曾有過反覆切磋、辨析。錢穆在《師友雜憶》中寫道：

> 余其時又識張孟劬及東蓀兄弟，兩人皆在燕大任教，而其家則住馬大人胡同西口第一宅。時余亦住馬大人胡同，相距五宅之遙。十力常偕余與彼兄弟相晤，或在公園中，或在其家。十力好與東蓀相聚談哲理時事，余則與孟劬談經史舊學。在公園茶桌旁，則四人各移椅分坐兩處；在其家，則余坐孟劬書齋，而東蓀則邀十力更進至別院東蓀書齋中，如是以為常。[70]

在1934年7月，張教授借《哲學叢書》出刊「緣起」，再次談到為形成新文化而引介「西方文化泉淵」(哲學)的迫切：

> 我們相信中國必須衝鋒吸收西方文化，而西方文化之總匯不能不推哲學。所以西方文化之輸入不能不以哲學為先導。因此我們主張在盛大歡迎西方科學的時候，決不能把哲學加以排斥或拒絕。
>
> 我們相信人而生於現在的世界必須大放目光，看一看各方面的主張。哲學對於我們的貢獻，至少可使我們免去拘墟之見。在這一點上，正助以輔助科學。
>
> 我們又相信苟其對於任何問題要下一番研究工夫，必須先養成一種批判的精神。哲學對於這一點所能操練我們的腦筋的卻亦不下於科學。
>
> 我們又相信中華民族此後的生存就看能否創出一種新文化。但新文化的產生必有相當的醞釀時期。在這個時期中，吸收的工夫居一半，消化的勾當亦必居一半。大家都知道不有吸收，不有消化，便不能有所創造。所以我們願在這個過渡時期內設法使人們的胃中裝得有些食料。他日消耗了，有所創造，便是今天的收功。

　　因此發刊這部哲學叢書，想把西方文化泉淵的哲學為真面目的介紹，同時對於將來的如何形成一個新文化亦想略略加以指示。這區區微意便是本書的緣起了。

　　自從因「沒有辦法說話」而離開報界，在大約十年的教學生涯中，他在稚幼荒蕪、須從概念從頭說起的哲學領域，總算提攜了一批人手、打出了一片天地。但就總體而言，雖然「不可完全付之闕如」，似乎並不樂觀：

　　　　在不得已之中，亦可尋出幾點來說一說。第一是對於西方哲學的介紹，在近幾年確比以前不同了。不復是「報告」(information)性質，乃兼有「研究」性質了。……就中符號邏輯的輸入中國亦是可紀念的一件事。(如沈有幹的《現代邏輯》與吳士棟的《論理學》)。第二，可以說是有獨立研究的趨勢，這一點在北平發刊的《哲學評論》雜誌上可以看得出。撰稿人中有金岳霖，黃子通，瞿世英等。他們好像有一個共同點，即是只知研究而不知派別。
　　　　此外亦還有可述的：以我所見，熊十力的《新唯識論》不失為近年來的一部奇書。書內所主張亦許為我們所不贊同，然而其為好學深思的結果，則不容否認。[71]

　　對熊十力的成就，他填《金縷曲》，誠心盛讚「熊子今傳矣」，深深感慨「年來我亦求諸己。檢吾躬，屏除習氣，幸餘有幾？只愧二三知己者，世論悠悠安計？」最讓他欣喜並覺得安慰的，是攻哲學的同人「養活潑自家心地」，雖然對《新唯識論》這樣的大作，「初讀罷，雜悲喜」。

　　對於幾年來，本人著作頗豐，[72] 以及被時人看作是「中國新唯心論的領袖」，說起來倒是淡淡的幾句：

　　　　我個人亦曾提出一種認識論上的意見——就是認識的多元論。我不敢說有何創見，然而卻亦由多年思考而得。或許我此說

未必能成立，然而把多元的解釋用於認識作用上，這一層我願意列為問題，請大家來討論。現在我提到自己，亦只是為此而已。[73]

他最為痛恨的，是專制者將哲學變為實現自己政治野心的工具：

哲學本來是冷門，而在中國居然熱鬧了。其所以然不在於國人自動地喜歡哲學，乃在於有見於俄、意的情形。俄國的共產黨有他的「欽定哲學」；意大利的棒喝團亦有他的「御用哲學」，於是善於模仿的中國人便把哲學亦當作時髦東西了。但是據我看來，哲學與自由思想是分不開的。哲學而變為欽定的與御用的，這便是裝甲的哲學。哲學而變為武裝的，則必定不是哲學。這乃是哲學其名，而宗教其實。所以我在本篇中不願意提起俄羅斯與意大利的哲學。（德國國社黨亦有他的哲學，真是「哲學哲學，天下多少罪惡借汝之名以行」）[74]

俞頌華在四十年代對他的老友張東蓀有一番論說：

一言以蔽之，他是一個不折不扣的學者，不是一個黨人，也不是一個政治家。如果有人期待他做一個黨人或黨魁，在政治舞台上立功，那就不是他的知己；我們只能期待他在立德與立言方面有不斷的貢獻。人不是萬能的，各有短處與長處。他能立德立言，並且在這一方面已經有了成就，所以他始終能站在時代前鋒，為青年學子所敬愛的導師。至於他參加政治，至多也只能在立德的方面示範，若使要他在政治上，尤其是在今日中國的政治上立赫赫之功，那是決不可能的。

他是徹頭徹尾的一個自由主義者，他有獨特的見解與主張，他喜歡獨往獨來，特立獨行，而不願受任何拘束的。對於什麼政黨的所謂鐵的紀律，他是感到頭痛的。[75]

註 釋

1. 邵飄萍：〈預吊登極〉，《時事新報》，1915年12月。

2. 〈本報五千號紀念辭〉，《時事新報》，1921年12月10日。

3. 選擇柏格森為連載之首，不知與梁等人在歐洲與他的會面有否關聯。宗白華1919年發表〈談柏格森「創化論」雜感〉，應是閱讀《時事新報》之心得。

4. 張東蓀：〈學燈宣言〉，《時事新報》副刊《學燈》，1918年3月4日。

5. 張東蓀：〈學燈啟事〉，《學燈》，1918年4月。

6. 張東蓀：〈學燈啟事〉，《學燈》，1918年4月。

7. 這位新文化運動主將，晚年對自己的功績略作修正：我們打倒孔家店，及今回想，真同打死老虎，既不能居功，以不足言罪也！

8. 張東蓀：〈新與舊〉，《學燈》，1918年12月14日。

9. 張東蓀：〈讀新青年雜誌第六卷一號雜評〉，1919年。

10. 郭沫若：《創造十年》（上海：現代書局，1933）。

11. 自創刊至1928年4月4日改為《學燈教育界消息》的十年裏，先後任編輯的有張東蓀、匡僧、俞頌華、郭虞裳、宗白華、李石岑、鄭振鐸、柯一岑、朱隱青、潘光旦、錢滄碩等人。

12. 張聞天致張東蓀（1919年12月12日），載《張聞天早期文集》（北京：中共黨史出版社，1999），頁37。

13. 毛澤東：〈反對統一〉，《學燈》，1920年10月10日。

14. 魯迅：〈反對「含淚」的批評家〉，載《熱風》（北京：人民文學出版社，1973）。

15. 何思誠：〈上海《時事新報》從研究系落入國民黨手中的演變概要〉，《文史資料選輯》，第136輯（北京：中國文史出版社，1999），頁133。

16. 同上註。

17. 同上註。

18. 梁實秋：〈我的一位國文老師〉，載《梁實秋散文》（北京：人民文學出版社，2005），頁197。

19. 茅盾：《我走過的道路》，上冊（北京，人民文學出版社，1981），頁115–116，213。

20. 宋原放等主編：《上海出版志》(上海：上海社會科學院出版社，2000)，頁684。

21. 同註15。

22. 張東蓀：〈新學會宣言書〉，《解放與改造》，第1卷第1號，1919年9月。

23. 張東蓀：〈第三種文明〉，《解放與改造》，第1卷第1號，1919年9月。

24. 具有第三種文明特色的環境保護運動興起、非政府與非營利組織蓬勃，沒有發生在第一和第二次世界大戰結束的時候，而是再遲些，到了二十世紀六十年代。

25. 李璜致胡適信(1931年)，轉引自耿雲志：〈傅斯年對五四運動的反思——從傅斯年致袁同禮的信談起〉，《歷史研究》，2004年第5期。

26. 轉引自蔡國裕：《一九二〇年代初期中國社會主義論戰》(台北：商務印書館，1988)。

27. 陶菊隱：《蔣百里先生傳》(上海：中華書局，1948)，頁77。

28. 張東蓀：〈與君勱、子楷、百里、振飛四兄書〉，載丁文江、趙豐田編：《梁啟超年譜長編》(上海：上海人民出版社，1983)，頁893。

29. 周佛海：《往矣集》(上海：古今出版社，1943)，頁28–32。

30. 黃玉順：《超越知識與價值的緊張：「科學與玄學論戰」的哲學問題》(成都：四川人民出版社，2002)。

31. 張東蓀：〈科學與哲學〉，《東方雜誌》，第22卷第2號，1925年1月。

32. 張東蓀：〈勞而無功〉，《學燈》，1923年6月9日。

33. 葉其忠：〈從張君勱和丁文江兩人和《人生觀》一文看1923年「科玄論戰」的爆發與擴展〉，〈中央研究院近代史研究所集刊〉，第25期，1996年。

34. 鄧中夏：〈中國現在的思想界〉，《中國青年》，第6期，1923年11月。

35. 鄧中夏：〈思想界聯合戰線問題〉，《中國青年》，第8期，1924年1月。

36. 陳獨秀：〈科學與人生觀·序〉，載《科學與人生觀》(上海：亞東圖書館，1923)。

37. 胡適：〈科學與人生觀·序〉，載《科學與人生觀》。

38. 轉引自陳文彬：〈五四時期知識界的「挾洋自重」〉，《書屋》，2006年第7期。

39. 張仲禮主編：《上海社會科學誌》(上海：上海社會科學院出版社，2002)。

40. 恩格斯：〈自然辯證法〉，載《馬克思恩格斯選集》（第二版），第三卷（北京：人民出版社，1995），頁533。

41. 胡適：《中國公學校史》。

42. 張東蓀：〈覆百里書〉（1920年10月），載丁文江、趙豐田編：《梁啟超年譜初編》，頁926。

43. 梁啟超：〈致東蓀兄書〉（1920年9月10日），載丁文江、趙豐田編：《梁啟超年譜初編》，頁920。

44. 俞頌華：〈論張東蓀〉，《人物雜誌》（上海），第2卷6期，1947年6月20日。轉引自張耀傑：〈俞頌華：「大公至正」的新聞先驅〉，《歷史背後：政學兩界的人和事》（桂林：廣西師範大學出版社，2006）。

45. 錢智修，號經宇，古文學家、翻譯家，前清末年畢業於復旦公學，與于右任、陳寅恪是同窗，後任《東方雜誌》主編近二十年。編譯過林肯、達爾文、威爾遜等西方偉人傳記。1947年病故上海。

46. 謝冠生（1897–1971），名壽昌，浙江嵊縣人。畢業於上海震旦大學，巴黎大學法學博士。曾任商務印書館《辭源》與《中國地名大辭典》編輯，先後執教於震旦大學、復旦大學、中國公學及法政大學。1926年出任武漢國民政府外交部秘書，旋即任職於南京政府外交部，兼任中央大學法律系主任及法學院代理院長，曾任國民黨中央評議委員及主席團主席。1971年病逝台北。著有《戰時司法紀要》、《法理學大綱》、《羅馬法大綱》、《中國法制史》等。擔任中國公學法律系主任時，應是二十五歲上下。

47. 俞頌華：〈憶錢經宇（智修）先生〉，載《商務印書館九十年》（北京：商務印書館，1987），頁97–101。

48. 「道爾頓制」，由美國教育家柏克赫斯特所創，1920年2月在美國麻省道爾頓中學校實行此制，遂以校名而為其命名。

49. 在《梁啟超年譜長編》中，有「（時事新報）僅有三月之糧」（1922年）；「中國公學年息六萬」（1923年）等。參見丁文江、趙豐田編：《梁啟超年譜長編》。

50. 趙柏田：《歷史碎影——日常視野中的現代知識分子》（北京：中華書局，2006），頁25。

51. 同上註。

52. 同註41。

53. 張君勱：〈張東蓀先生八十壽序〉，《展望》，第172期，1969年4月。

54. 張東蓀、姚璋：《近代西洋哲學史綱要》(上海：中華書局，1925)。在此之前，張東蓀的作品以政論為主；西方哲學領域，他只有譯著出版：《創化論》、《社會論》(商務印書館，1922)；《物質與記憶》(商務印書館，1923)。商務印書館1924年出版的《科學與哲學》，屬於他編輯的論爭集，不算專著。

55. 姚舜欽：《八大派人生哲學》(上海：中華書局，1931)，頁240。

56. 地質學家丁在君是「新時代最良善最有用的中國之代表；他是歐化中國過程中產生的最高的菁華」(胡適)——雖然他對自己的定位是「治世之能臣，亂世之飯桶」。之所以「出此下策」，是因為他覺得「有知識、有道德的人，不肯向政治上去努力……只要有幾個人，有不折不回的決心，拔山蹈海的勇氣，不但有知識而且有能力，不但有道德而且要做事業，風氣一開，精神就會一變」。

57. 李璜：〈談王造時與羅隆基〉(上)，《傳記文學》(台灣)，第39卷第2期。

58. 張東蓀：《思想與社會》(上海：商務印書館，1946)，〈序論〉。

59. 同註44。

60. 沈雲龍：《民國史事與人物論叢》(台北：傳記文學出版社，1981)，頁409。

61. 另一名青年。

62. 張東蓀：〈我們所要說的話〉，《再生》，創刊號，1932年5月。

63. 張東蓀：〈生產計劃與生產動員〉，《再生》，第1卷第2期，1932年6月。

64. 學校的經費是教會出的。燕京大學在名義上是由美以美會、北長老會、倫敦會等教會團體合辦的。基督教教會的根據地主要是美國和加拿大，以美國為主，在紐約有「中國基督教大學董事會」，在上海有「中華基督教教育會」，多的時候，支持着十六所大學，到1947年即抗日戰爭勝利之後，還保留幾所。燕京大學是其中之一，也是規模最大、辦得最好的一所，畢業的人也多，在政治上、國際文化上影響是最大的。

65. 同註44。

66. 張東蓀：〈現代哲學鳥瞰〉，《東方雜誌》，第26卷第17號，1929年6月。

67. 張東蓀：《哲學叢書·現代哲學》(上海，世界書局，1934)；《哲學叢書·價值哲學》(上海，世界書局，1934)。

68. 孫道升：〈現代中國哲學界之解剖〉，《國聞週報》，第12卷第45期，1935年。

69. 葉青：〈張東蓀哲學批判〉，《二十世紀》，第1卷第3期，1931年。

70. 錢穆：《八十憶雙親師友雜憶合刊》（台北：蘭台出版社，2000），頁170。

71. 張東蓀：〈十年來之哲學界〉，《光華大學》半月刊，第3卷第9–10期，1935年。

72. 1929年：《人生觀ABC》、《精神分析ABC》（世界書局）、《新哲學論叢》；1931年：《道德哲學》、《哲學與科學》（中華書局）、《哲學》（世界書局）；1932年：《現代倫理學》（上海新月）、《創化論》（譯著，上海商務）；1933年：《柏拉圖對話集六種》（上海商務）。我們可以看出，此時還是以譯介為主。到了1934年，具有創見的作品出現：《價值哲學》、《現代哲學》、《認識論》（世界書局）。

73. 同註71。

74. 同註71。

75. 同註44。

三

友情與論戰

在張家，有兩副僥倖逃過紅衛兵烈焰的條幅，分別出於康有為與梁啟超之手；[1] 除了這兩位，我們的主人公與孫逸仙、蔣中正，都有直接的交往，毛、劉、周等更不必說了。然而，據張家後人說，到了五十年代，爺爺「從不談跟孫中山的關係，倒常愛說他的舊交陳獨秀」。爺爺說他「與仲甫私交最好。在上海漁陽里，喊叫着進院，二人摔倒在雨地裏」（對張飴慈的採訪）。

這裏說的是1920年陳獨秀從北京脫險之後，他們在上海的第一次見面。在年序上，東蓀比這位共產黨第一任總書記差了不到半代（七歲）。他們的友誼（或論戰）始於何年呢？

想來不會是陳總入杭州中西求是書院的時候。因為，雖然同在一地，東蓀那時候年齡還太小（十一歲）。待到仲甫因為反清從安慶逃亡日本，入東京高等師範學校速成科，在兄長督責下悶頭用功的東蓀對他的激情澎湃，或許有所聞，但肯定沒有太在意，因為當時這樣的青年與類似的事件並不少。到了仲甫很快回國之後，1903年在上海協辦《國民日日報》、1904年在蕪湖創辦《安徽俗話報》，張東蓀正準備赴東京。辛亥之後，兩人都當過一陣子小官，也都參加了1913年的討伐袁世凱。

估計兩人真正相互「拜識大作」，並且有了一些了解，是在陳獨秀反袁失敗、1914年出獄後到日本幫着章士釗創辦《甲寅》雜誌那陣

飆奕英妾舌繫蓮風流張緒又華年玉樞更

聽澳陽掺擊鼓岑年草百篇

東蓀仁兄

康有為

側身天地更懷古

東蓀尊兄

獨立蒼茫自詠詩

梁啟超

康有為及梁啟超分別贈張東蓀的條幅手跡

子。這時，人已在上海、且以撰述為主要謀生手段的張東蓀，正連續在《甲寅》上發表文章。

到了陳獨秀再回上海，並且開始編《青年》(一年後更名為《新青年》)的時候，想來二人已有相當機會晤面。張東蓀沒有為《青年》(和《新青年》)寫過文章，可能主要因為在那兩年裏，他正忙着自己的《大中華》。在激情(激進與速成)與詩意方面都內斂得多的東蓀，與這份雜誌在格調上的差異，大概也是原因之一。

到1917年獨秀名聲大噪，受聘到北京任北大文科學長，並且以《新青年》、《每週評論》，外加紅樓這樣的陣地，與蔡元培、李大釗、胡適一道，提倡文學革命，介紹「德」、「賽」兩先生，並且激烈反對舊思想、舊文化、舊禮教之當口，張東蓀和他有些漸行漸遠的味道 ── 他那時候已經與梁啟超訂交，正忙着「憲法研究會」活動，[2]並接手《時事新報》──以編輯、紹介中外報章、西方學術文化為主。

但畢竟都在為國運擔憂，為中國之未來找出路。到了1919年，對那場青年學生衝上街頭的「五四」抗議，兩人都曾為激情促使而行動。陳獨秀就不用説了，直到6月11日還單槍匹馬到街上散發自撰的《北京市民宣言》。一直對「激進」相當警惕甚至忌憚的張東蓀，也沒能冷眼旁觀。在後來的文章裏，他懷着欣慰招認説：

> 那年「五四」運動發動的當時，我正在上海的時事新報館任事，立刻我就作論説，為他們的後盾。一直鬧到六月三日，在上海居然又喚起一個運動，這就是所謂的「六三」運動。……我雖不是「五四」運動的當事人，然卻是「六三」運動的當事人。[3]

張東蓀「作論説」的時候，想來趙家樓已然起火，三名官員也或挨打、或逃竄。民族情緒如此償張，連東蓀先生這樣的人都已經忘記，現代法制國家的基本秩序，起碼應該與「個性解放」並列，列入公民教育的基本教程。當然那時陳(獨秀)、胡(適)、吳(虞)諸位同志「打倒孔家店」狂瀾的諸般後續，[4]還沒有陸續登場，以「目的正當」為大旗的諸般激進乃至殘忍的革命狂歡，也還沒有彰顯出對中國扎實

緩進的致命性破壞。張先生1948年所説的上邊這番話，是否可以看作因憤恨當道而對 (學生乃至盲眾) 運動依舊抱有同情的理解？

胡適直到晚年仍感遺憾，認為是五四運動打斷了新文化運動的正常發展，「把一個文化運動轉變成一個政治運動」。無奈散傳單的前北大文科學長已經被捕。胡適四方尋求援助，曾有一信致上海《時事新報》主編張東蓀：

> 獨秀先生被捕事，警廳始終嚴守秘密，不把真相發表，也不宣佈態度，直到前日才始許一人前往見獨秀，他現在染時症發寒熱，他的朋友聽見很着急，現在有許多人想聯名保他出來養病，還不知能辦得到否？[5]

到13日，北京、上海等地報刊，都以顯著版面，就陳獨秀被捕、獄中遭虐等刊發消息評論。還沒等張東蓀動作，安徽名人胡適已得知北京的警察廳長吳炳湘亦屬皖籍，於是以「同鄉之誼」打通了關節。「思想界的明星」獲釋，並在次年隆冬時節化妝成廚子成功逃脱抵滬。

運動的激情過後，大家歸於冷靜。中國新知識界開始分化。

《新青年》暫停。《每週評論》由胡適接手。「杜威演講錄」專號之後，胡博士自己最著名的〈多研究些問題 少談些主義〉發表。李大釗以〈再論問題與主義〉回應；胡適繼續做「三論」、「四論」。張東蓀看重學理，對「渾樸的社會主義」的「鼓吹」、對馬克思主義的批評，自民國初年，就一直沒有停止過。我們在上節已經講到，東蓀那時候正創辦《解放與改造》半月刊；發表〈第三種文明〉、〈我們為什麼要講社會主義〉，以及〈突變與潛變〉。他加入「五四」時期思想論戰，堅決不同意以黨派活動來代替思想界的自由探討。

比張東蓀又年輕了幾歲的毛澤東，那時候還沒有自己的陣地，正如飢似渴地攫取：1918–1919年間，毛澤東「每天不間斷地閱讀北京、上海、湖南等地的報紙，讀得十分認真仔細」。他的住所，「滿屋都是報紙」。[6]

這年盛夏，毛澤東在《湘江評論》發表〈民眾的大聯合〉。對此，胡適給予極高評價：「武人統治天下，能產生出我們這樣一個好兄弟，真是我意外的歡喜。」[7]

繼《湘江評論》之後，這不屈不撓的青年，不僅響應胡適「多研究些問題」的號召，在湖南起草《問題研究會章程》，開列了大小144項問題，並且北上京城，上書並登門拜望，爭取這位風頭最健的人物對湖南學生的支持。回到長沙後，毛立刻與舒新城一道發起創辦《湖南教育月刊》，再致信胡適請求支持。這封信是在胡適研究中發現的。[8]在信裏，舒新城（代表毛澤東）將觀念（以及後來的命運）完全不同的三個人並列為可對自己予以提攜的準師長。想來胡、陳二位因為太忙沒有回應，只有張東蓀作了簡單回覆。該月刊則立即將他們列名為刊物發刊人。[9]

對於胡適，1936年毛澤東接受斯諾採訪的時候，曾說在五四前後，「我非常欽佩胡適和陳獨秀的文章，他們代替了已經被我拋棄的梁啟超和康有為，一時成為我們的楷模」。[10]對陳獨秀，毛在1945年七大預備會議上也稱他是「五四運動時期的總司令」；對張東蓀的評語，最早見於1921年。他當時認為，

> 現在國中對於社會問題的解決，顯然有兩派主張：一派主張改造，一派則主張改良。前者如陳獨秀諸人，後者如梁啟超、張東蓀諸人。改良是補綴辦法，應主張大規模改造。[11]

這是毛澤東價值觀發生劇變的一段時間，因為不過數月前，1920年10月，當湖南省教育會舉辦「學術演講會」，邀請蔡元培、章炳麟、張東蓀、羅素等人前往演講的時候，他還應長沙《大公報》之特請，為該報「自行迅速刊佈」而擔任記錄。

理念上的分歧，並沒有影響仲甫與東蓀的私交。最有趣的是新漁陽里一幕。

新漁陽里六號，本來是李漢俊住所。後來他搬到哥哥李書城處，那裏遂轉給戴季陶。常去談天的，是當時一批思想先潮人物，

包括後來的國民黨「元老」邵力子；共產黨早期的理論家、而後憤而脫黨又慘遭軍閥殺害的李漢俊；正在上海編輯着當時中國最活躍的三大副刊之一的張東蓀；在「新中國」以茅盾之名位居文化泰斗之位的沈雁冰；還有因為當漢奸而病死獄中的周佛海，以及遭暗害、遭刨墳、至今仍是謎一樣的「大少爺」沈玄廬……。這一批後來政治道路完全不同的人，之所以聚集到新漁陽里，正如中國任何時代（或許不包括1957年以後的中共治下？）具有使命感的知識人一樣，不過在熱切地討論問題：有爭論和分歧，但只限於思想和言論。

就在這時，俄國人維金斯基夫婦到來了。

他是拿了李大釗的介紹信去見五四運動的精神領袖陳獨秀的，名義是蘇聯《生活報》記者。他先是一聲不吭地觀察，而後介入討論，繼而提出整合三大報刊，「把《新青年》、《星期評論》、《時事新報》結合起來，乘五四運動的高潮建立一個革命同盟，並由這幾個刊物的主持人物聯合起來，發起成立……」云云。[12] 當時沒有人特別注意，只是後來回想起方弄清楚的是：這名蘇共黨員一直在不動聲色地引導，並逐漸把「自己」的意見談了出來。他認為：中國現在的新思潮，雖然澎湃，但是第一太龐雜，有無政府主義、工團主義、社會民主主義、基爾特社會主義，五花八門，沒有一個主流，遂使思想界弄到如今這樣的混亂局面；第二，沒有組織。做文章、說空話的人多，實際行動卻一點都沒有。這樣是絕不能推動中國革命的。他的結論是：必須組黨，具體說，就是中國共產黨。

這想法一出，大家幾乎一致贊同。後來的「反共理論家」戴季陶當時很激動，說幹就幹，立即幫同起草了《中國共產黨黨綱》（他的這一態度事後被孫中山罵了一頓，戴只好表示以後「無論如何一定從旁贊助，現在暫時退出」）。張東蓀是當時唯一一名堅決反對者。他堅持認為，大家聚在一起只作學術研究；他反對組黨，更反對在工業落後的中國開展階級鬥爭。這種「消極撤火」的態度在當時的那個場合無疑於背叛，當然沒人理他。包惠僧這樣形容：「這樣一來，首先就嚇倒了張東蓀，他立即退出了這個運動。」[13]

　　茅盾對張東蓀的「打退堂鼓」，解釋說：「他所持的理由是：他原以為這個組織是學術研究性質，現在說這就是共產黨，那他不能參加。因為他是研究系，他還不打算脫離研究系。」[14]

　　此說其實不確。第一，張與研究系的關係，無所謂「脫離」或是跨黨行動等。到了五十年代被迫檢討的時候，觀念並沒有變：

> 有的同志們希望知道一些我過去政治活動的事實。這太長，不容易講周全。我只想就重要的輪廓講一講。我從日本留學歸國後，認識梁啟超。他請我做過研究系主辦的《時事新報》主筆。但是，外傳我參加過他底進步黨與研究系，都是不確的。當時我沒有明確的政治思想，只是無原則的介紹一些新學說，提倡文化上的啟蒙運動。[15]

　　第二，研究系與陳獨秀，並非事事南轅北轍。比如講學社邀請羅素來華，梁啟超就力促「黃任之、陳仲甫」介入迎送。

　　第三，這是最根本的，張東蓀反對將思想與學術討論，變為政黨行為，反對在工業落後的中國實行階級鬥爭……並非起自此時。他反對的不僅僅是由外國人跑來出錢、出指導員、出政策的黨，對於以黨來「統制」思想，他似乎有一種天生的憎惡與齟齬：

> 民國十三年光景，我和陳獨秀先生來往甚多，彼時他們雖明知我是贊成社會主義，但在組織共產黨的時候卻不敢來約我。因為他們亦未嘗不知我反對在這樣工業未發達的中國鼓動階級鬥爭的罷工與怠工。所以我始終是一個「非黨派者」。[16]

　　新漁陽里六號這一聚談場所，從此讓給了堅定的激進分子，後來乾脆轉租給共產國際遠東部──這時大家才弄清維金斯基的真實身份：他是攜帶着第三國際的命令和經費，到中國來組建支部的。

　　這次聚會之後，《共產黨》月刊開始秘密發行，各地的共產主義小組紛紛成立，陳獨秀邀請老少人等正式成立黨。毛澤東等摸索改造舊中國的激進社會主義者，正式登上歷史舞台。

　　平心而論，那時候誰都沒閒着。

　　軍閥正準備開戰：4月至7月，直系五都督、奉系三都督成立「反皖八省聯盟」；吳北上張南下倒段；直皖大戰，段祺瑞通電辭職……研究系和我們的主人公當然也正緊急籌劃。那是他們最奮發有為的一段時間——以全新的眼界和公民（並非良相、並非軍閥賞賜的官長）之身份，貫徹「救治中國」的全面主張。

　　而就在他忙碌着、對社會不停地觀察認識着、同時直率地發表自己見解的時候，竟引發了一場辯論，一場後世稱作由他「挑起」的與共產黨人的激烈辯論：「社會主義論戰」。

　　起因是講學社邀請羅素來華演講。當時正傾心於「同業公會社會主義」的張東蓀全程陪同。東蓀當時年屆三十五，除了幼年在河北窮困縣城父親任上看過幾次過堂、打板子，一直生活在相對富裕發達的江浙、滬上。待到他們一行人來到湖南（其實還沒有出長沙），張東蓀為當地的貧困、落後，以及官吏之橫行驚呆了。他立刻在自己的報紙上寫下觀感：

> 　　中國的唯一病症就是貧乏，中國真是窮到極點了。使中國人從來未過過人的生活的，都得着人的生活，而不是歐美現成的什麼……主義。
>
> 　　救中國只有一條路，一言以蔽之，就是增加富力。而增加富力就是開發實業。[17]

　　在這篇不足二百字的通訊裏，他列舉了種種「主義」：社會主義、國家主義、無政府主義、多數派主義，實際是檢討自己，覺得過去太尚空談，「富民」的實際努力不夠——並沒一字提到馬克思、列寧，或者共產主義。沒想到第二天（11月7日），為當時的激進黨人所掌控的《民國日報》副刊《覺悟》（邵力子[18]主編）上連發兩文對之痛批。作者分別為望道（陳望道）和江春（李達），言辭空前尖銳激烈。陳望道[19]的〈評東蓀君底「又一教訓」〉，直指張東蓀的「轉向」：

> 　　東蓀君！你現在排斥一切社會主義……卻想「開發實業」，你所謂「開發實業」，難道想用「資本主義」嗎？你以為「救中國只有一條路」，難道你居然認定「資本主義」作唯一的路嗎？

　　　　東蓀！你旅行了一番，看見社會沈〔沉〕靜，有些灰心，想
　　要走舊路嗎？

　　　　我怕東蓀君轉向，社會更要沈〔沉〕靜，又怕東蓀君這時評
　　就是轉向的宣言！

　　李達[20] 的文章比陳望道的更為尖銳，筆下毫不留情，標題便是
〈張東蓀現原形〉。李同志後來被尊為黨內理論權威，無奈該篇署名
江春的文章本身只是強詞奪理式的胡罵：

　　　　張東蓀本來是一個無主義無定見的人，這幾年來，他所以能夠在
　　文壇上沽名釣譽的，就是因為他有一種特長，會學時髦，會說幾
　　句言不由衷的滑頭話。他作文章，有一種人所不能的特長，就
　　是前言不顧後語，自己反對自己。這時因為他善變，所以前一
　　瞬間的東蓀與後一瞬間的東蓀是完全相反的。總之，張東蓀是
　　文壇中一個「迎新送舊者」。

　　李達翻出張東蓀過去在《解放與改造》雜誌上寫的〈我們為什麼要
講社會主義？〉，與張東蓀的「新作」相對比，來了個以子之矛攻子之
盾，揭露了張東蓀的「前言不顧後語」。緊接着，11 月 8 日，《覺悟》
的主編邵力子也親自上陣，發表〈再評東蓀君底「又一教訓」〉。邵力
子畢竟是報人，跟東蓀是同行，話說得溫和一些，但還是擺出一層層
道理向「東蓀君」「請教」，「請東蓀君仔細想想」：「中國貧乏的原因在
哪裏？談論什麼社會主義等，是否足為開發實業的障礙？」；「用什麼
方法去增加富力、開發實業？」

　　對這些「迎頭痛擊」，張東蓀沒有直接答覆，陳獨秀卻覺得問題
非同小可。11 月 24 日，在把蔡元培、張申府等一干赴法人士送上船
之後，仲甫坐下來，提筆寫了兩封公開信：〈致羅素〉；〈致張東蓀〉。

　　　　羅素主張中國不必提倡社會主義，這不是誤中國人麼？……
　　倘是別人弄錯了，你最好是聲明一下，免得貽誤中國人，並免得
　　進步的中國人對你失望。

> 如果說中國貧窮極了，非增加富力不可，我們不反對這話；如果說增加富力非開發實業不可，我們也不反對這話；如果說開發實業非資本不可，且非資本集中不可，我們不但不反對這話而且端端贊成；但如果說開發實業非資本主義不可，集中資本非資本家不可，我們便未免發笑。

他問張東蓀：

> 同是中國人，何以政府及勞動階級都不可靠，只有資本家可靠呢？……
>
> 由資本主義漸漸發展國民的經濟及改良勞動者的境遇，以達到社會主義，這種方法在英、法、德、美文化已經開發政治經濟獨立的國家或者可以這樣辦，像中國這樣知識幼稚沒有組織的民族，外面的政治和經濟侵略又一天緊迫似一天，若不取急進的革命，時間上是否允許我們漸進的改良呢？
>
> 既不贊成用革命的手段集中資本，而中國的資本家向有不願以財產充資本之習慣，而先生等又不歡迎外國資本主義，將以何法來開發中國底實業呢？

這兩封信沒有佔邵力子《民國日報》的版面，獨秀在自己的《新青年》上專門開闢「關於社會主義的討論」專欄。時至今日，在《新青年》創刊近九十年後，陳獨秀研究者撰文稱：

> 1920年12月1日出版的《新青年》八卷四號，彙集了張東蓀等人文章和陳獨秀給張東蓀的來往信件以及陳獨秀、陳望道等的批評文章，共十三篇，用「關於社會主義的討論」的總標題發表出來，以便廣泛地發動大家開展辯論。在辯論中影響較大的文章如九卷一號上發表了李達寫的〈討論社會主義並質梁任公〉文章，九卷三號上的陳獨秀的〈獨秀覆東蓀先生信〉、〈社會主義批評〉等。這場爭論，陳獨秀、李大釗、李達等堅持要走社會主義道路，反對走資本主義道路，堅持社會革命，反對社會改良，深刻地批駁了張東蓀等的改良主義。[21]

在將近半個世紀後，張君勱的評說是：「五四前後，東蓀與陳獨秀之對立，儼如清末孫康之相冰炭其最著者也。」[22]

但張東蓀等的改良主義究竟是什麼呢？這年年底，他在自己的刊物《改造》發表了長文〈現在與將來〉——「做一個比較正式的說明」：

> 我作了一個小小的短評引起了無邊的風浪，在我卻是非常的榮幸，在社會上也成了一個懸案。當時和我駁論的人很多：有些是我所畏敬的師友，我無不答覆——如周佛海君就寫信數次討論此問題——有些我明知其為手指五弦目送飛鴻，所以我不屑和他們辯論（即有人罵我狂妄我也願受），後來劉南陔君要求我做一個比較的正式說明，我遂作了〈現在與將來〉一篇。[23]

> 羅素先生說，「吾到俄國，即相信自己亦為一共產黨人；然與一班深信共產主義之人來往後，我之疑念轉加一千倍，不唯不信共產主義，即凡人類所最崇仰與冒苦而求之一切信條，吾亦不敢相信。……則吾深幸西方人之有懷疑態度。」我自聽了這些議論以後，本來潛伏在心中的懷疑態度便發了出來。我在《時事新報》上撰了一個時評，表示我的懷疑點，大旨和羅素先生在京的演說，說「我暫不以社會主義贈中國，因為中國現在即實行社會主義必沒有好結果」相同。於是許多朋友就寫信來問我究竟是什麼意思。我想一一答覆卻很麻煩，不如作一篇文章罷。

> 我這篇就是提出幾個問題而求其解答。第一個問題是中國現狀是什麼？第二個問題是從現狀的潛伏趨勢裏推測未來呈何狀？第三個問題是我們的使命是什麼？[24]

在這篇文字裏，他特別提出「偽勞農革命」，認為「或可一度發生」，則「一個是破壞；一個是假借名義」。這兩點，不用說，已經由中共此後幾十年的「農民運動」、「農村包圍城市」、「土改」、「統購統銷」、大饑荒和如今城市化大潮中的農村廉價勞力、統一壓低農產品價格所證實。

　　第二年春，梁啟超為文呼應，做八千字〈覆張東蓀書論社會主義運動〉。對達到社會主義這一理想的階段性，和對這一理想本身須作「信仰」和「學理」區分，都有了更明確的論述。他們認為當時諸般學理中，晚出的「基爾特社會主義」比較完滿，比較適合中國原有的「同業公會」制度。

　　隨後，更多學人介入辯論，緩進改良的一方有蔣百里、彭一湖[25]、藍公武等；激進革命的一方則又有李大釗、蔡和森、李漢俊等著名共產黨人。他們最主要的觀點是：中國社會黑暗到了極點，「除了勞動者聯合起來，組織革命團體，改變生產制度，是無法挽救的」。以今天眼光看，極難得地，雙方都有相通融、求共識的方面。獨秀等人雖然言辭激烈，也並沒有給誰扣政治帽子予以懲處的意願和威權。

　　時年二十八歲的毛澤東也捲了進來，表現得比半年後的總書記還要氣勢磅礡 —— 上述眾論者只局限於中國，他已經高瞻遠矚地思索世界革命了：

> 改良是補綴辦法，應主張大規模改造。至用「改造東亞」，不如用「改造中國與世界」。提出「世界」，所以明吾儕的主張是國際的；提出「中國」，所以明吾儕的下手處；「東亞」無所取義。中國問題本來是世界的問題，然從事中國改造不著眼及於世界改造，則所改造必為狹義，必妨礙世界。至於方法，啟民主用俄式，我極贊成。因俄式系諸路皆走不通了新發明的一條路，只此方法較之別的改造方法所含可能的性質為多。[26]

　　到了1921年9月，張東蓀乾脆在《時事新報》開闢副刊 ——《社會主義研究》。後來的事態發展，我們大家已經非常熟悉。激進者堅決地、義無反顧地「走俄國人的路」：工人夜校、農民運動、南昌起義、蘇維埃、長征……直到大躍進、文革和今天的權貴資本及誰都不許妄議的偉大復興；緩進者除了辦報、辦學、組黨、介入「參政」、斡旋和平……一直未能對激進革命有任何制約。當然他們也無法阻止以主義為名，建立專制主義的一黨獨裁政權。

關於社會主義的討論

陳獨秀

（一）東蓀先生『由內地旅行而得之又敎一訓』

有一部分人住通商口岸，眼所見都是西洋物質文明的話都可

工業狀態，於是覺得西方人所攻擊西方物質文明的話都可

移到東方來，而忘了內地的狀態和歐洲大不相同。

我此次旅行了幾個地方，雖未深入腹地，卻覺得救中

國只有一條路，一言以蔽之：就是增加富力。而增加富

力就是開發實業，因爲中國的唯一病症就是貧乏，中國眞

窮到極點了，羅素先生觀察各地情形以後，他也說中國除

了開發實業以外無以自立，我覺得這句話非常中肯又非常

沈痛。舒新城君嘗對我說：『中國現在沒有談論甚麽主

義的資格，沒有採取甚麼主義的餘地，因爲中國處處都不

夠。』我也覺得這句話更是非常中肯又非常沈痛。現

在中國人除了在通商口岸與都會的少數外，大槪都未曾得

着『人的生活』。筑山君自美國來信，他說美國農夫比中國

中等人家還要好得多，可見得中國大多數人都未經歷過人

的生活之滋味。我們苟不把大多數人使他得着人的生活

，而空譚主義必定是無結果。或則我們也可以說有一個

主義，就是使中國人從來未過人的生活的都得着人的生

活，而不是歐美現成的甚麼社會主義甚麼國家主義甚麼無

政府主義甚麼多數派主義等等，所以我們的努力當在另一

個地方。

這個敎訓我以爲是很切實的，好高務遠的人不可不三

思之。

（二）正報記者愛世先生『人的生

陳獨秀在《新青年》上專門開闢「關於社會主義的討論」專欄

其中還想說一說的是，東蓀此時特別提到的「研究與認識社會主義」，是否需要「宣傳」。他說：

> 民國元年的時候只輸入了「社會主義」四個大字，多一個字也沒有。這兩年來，卻有了 Propaganda（此字譯為「宣傳」太輕，而譯為「煽惑」又似乎太重），而不像日本那樣真面目的介紹，與學理上的商榷。因為這種事業必須學者來幹，不單是熱心的青年所能濟事。 所以我敢說中國現在最不需要的就是社會主義的 Propaganda，一湖君雖然說盡量把社會主義不是搶產殺人的道理宣傳出來，然而我相信這種宣傳決不能減輕偽赤化的危險，因為這是一種消極作用，天下決沒有不與積極作用相連的消極作用而能生效力的。……公武君說真的決不能引起偽的，固然不差，但是種種 Propaganda 卻不能算真的。我並無絲毫權力能禁止他人做這種「煽動」事業，但我總以為中國現在絕對沒有煽動的必要。[27]

那時候，毛澤東「槍桿子 筆桿子 幹革命靠這兩桿子」尚未被奉為真經。以此為職志的幹部、官員們也還沒預見到壟斷性 Propaganda 如何由毛天才地通過「整風」，為「人民」奪天下立下大功，且一直是維持該「人民」利益最重要的支柱，無知即無畏地穩擔當家要角。

到了二十世紀末，中共的史學家胡繩開始以個人身份反思馬克思主義。稍微不帶 Propaganda 地說到這一次討論：

> 「五四」以後，在當時的馬克思主義者同梁啟超、張東蓀等人之間，有過一場關於社會主義的論戰。現在看來，梁、張等的觀點雖然有許多不對，但有一點不能說是錯的，那就是認為當時中國的經濟很落後，還沒有條件搞社會主義。陳獨秀等對他們的反駁，無非是說社會主義比資本主義好，中國可以跨越資本主義去實現社會主義。怎樣跨越呢？陳等就回答不了，因而並沒有駁倒他們。[28]

　　梁任公的長文後來收入《飲冰室合集》。1959年，已經被趕出北大校園的張東蓀「借得梁任公近著第一輯，內有覆余書論社會主義運動者，重讀之，不勝感喟，賦七律一首」：

> 寒夜千披舊賜書，亂絲誰可共爬梳。
> 激風料定千波湧，邀局輸由一子疏。
> 昔日徒憂今日事，何方能按此方圖。
> 獨憐隔界難通語，欲問先生笑我無。

　　如果説，二十年代初的「社會主義論戰」，是李達等共產黨理論家就張東蓀的「感慨」發難，從而挑起了一場論爭的話，三十年代關於「辯證唯物主義」的論戰，實實在在地就因他而起。張東蓀那時已北上任燕京大學哲學系主任，在授課（現代哲學、知識學、康德哲學、中國哲學史等課程）、演講（應清華大學馮友蘭之邀）、出版專著（《現代哲學》、《認識論》，主編《哲學叢書》）的同時，正面地、毫不留情地、從刨老根到批評現實表現，尖銳甚至尖刻地批評「唯物史觀」和「辯證唯物論」，以捍衛屬於學理範疇（而非黨派、政治、社會動員範疇）的純粹哲學的純正。

　　故事還要從他離開上海，北上就職開始。

　　1930年秋天，他受聘任職燕京而遷居北平。到校第二學期，即擔任哲學系主任和燕京學社顧問，開始了他學術生涯最具華彩的一章。當時中國的「哲學界」——如果有的話——用孫道升的話說，可分為「純宗西洋哲學的實用主義、新實在論、新唯物論和新唯心論」，以及「兼綜中西哲學的唯生主義、新法相宗、新陸王派和新程朱派」，[29] 在「新唯物論」條目下，孫道升說：

> 　　新唯物論亦稱辯證唯物論，馬克思、恩格士、伊里奇等所倡導之哲學也。……平心而論，西洋各派哲學在中國社會上的勢力，要以此派為最大，別的是沒有一派能夠與他比肩的。這一派哲學的哲學家為數最多，如陳獨秀、李大釗、李季、葉青、陳豹隱、李石岑、張申府、張季同、吳惠人等諸先生都是。

這許多新唯物論者又因仁智見異而分為截然不同的兩派，一派是想把解析法輸入於新唯物論中去的，另一派是沿襲俄國日本講馬克思學說的態度的。前者可稱為解析法的新唯物論，此派具有批判的、分析的精神，其作品在新唯物論中，可謂最值得注意的、最有發展的。張申府、張季同、吳惠人等先生可為代表。

張季同即張申府弟，即「很後悔多説了幾句話就陷進反右擴大化羅網」的北大教授張岱年。張教授1978年獲得改正，1984年入黨。他談到自己如何自青年時期即「閱讀了馬克思和恩格斯的著作，以及其他的唯物主義哲學的譯著，認識到辯證唯物論和歷史唯物論是當代最有價值的學説」，終於站到黨的立場，將理想落到實處。可惜孫道升已不能為其「歸宗」而修正自己的論説。

張東蓀對馬克思主義哲學的非難，開始於1931年。鋒芒直指「經濟基礎決定上層建築」，和從此派生出的「存在決定意識」。他認為馬克思「以偷關漏税之法遂置人類之全部精神文化於物質的經濟構造上」。考慮到馬、恩同時還是社會活動家和革命鼓動家，他斷言所謂唯物史觀，不過是革命的「一種手段」，「與真理無絲毫關係」，「此種自相矛盾之談居然列為學説，誠人類之奇恥，思想史上之大污點也。」[30]

到了9月，他又在《大公報》副刊《現代思潮》上發了一篇〈我亦談談辯證法的唯物論〉，對當時正紅火地來自俄國、日本的馬克思主義哲學，大潑涼水：

在我淺陋的腦中好像俄國最初根本上不要哲學，後來卻又想另外造出一個新哲學來。所以我今天説到「俄國哲學」這個名詞，似乎有些不妥，然而又似乎亦還得説下去。[31]

接着直指「物質」及「物質之變化」這兩個馬克思主義哲學核心概念。1932年他發表了〈辯證法的各種問題〉，1933年1月寫〈動的邏輯是可能的麼？〉，從邏輯學角度非難辯證法；1934年6月在《新中華》上發表〈思想的論壇上幾個時髦問題〉，反對哲學具有黨派性的觀點。到1934年6月25日，則是三萬言的〈唯物辯證法之總檢討〉：

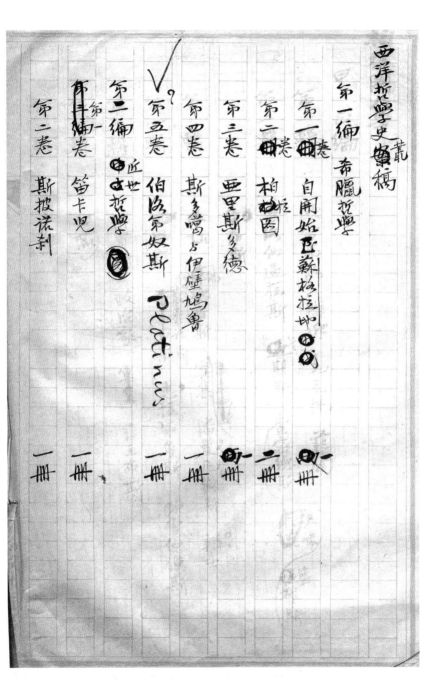

張東蓀哲學著作《西洋哲學史叢稿》手跡

哲學是自由思想的產物。蘇格拉地為了哲學而被毒死，但他們卻造成了希臘的哲學。布魯諾（Bruno）為了哲學而受絞刑，但近世哲學卻由他們而開始。所以哲學之花，必須由自由思想之空氣方能培養。沒有自由思想亦就沒有哲學。……

如果哲學一詞是取廣義的，把歷史理論與社會理論包括在內，則這種學說當然亦是哲學之一種；倘使以為除了歷史理論與社會理論便沒有哲學，則事實確然顯示：哲學於歷史理論與社會理論以外，有其獨具的問題，這些問題乃是哲學之本有的範圍。

辯證法唯物論只是歷史理論與社會理論，而不是哲學；換言之，即決不能取哲學而代之。一切無聊的爭論都由於不明這個分別而起。一班辯證法唯物論的信徒總想打倒正式的哲學，其實只是糾擾不清罷了。他們始終不明白馬克思主義上所講的問題與哲學上所講的問題完全是不同的。可憐亦復可笑。[32]

不是有意遮掩，或者雲山霧罩。他所渴想，與中國背負的重擔，與中國學界須大步朝前趕的距離，委實太大：

說到可憐，我們中國人今天真是可憐！在思想上差不多一點兒自主性都沒有了，只知模仿，恰如鸚鵡學舌，猴孫弄棍。……

我以為今天中國所需要的不是哪一種哲學，而只是可以使哲學滋長與發展的空氣。用一個比喻來換言之，我們今天所需要的，不是樹上結的果子，乃只是一個很好的田地，可以容我們去努力耕種。倘使我們能努力，不愁沒有果子收穫。否則生在石田裏而希望果子，必不會成功。因此我以為中國研究哲學的人們不可僅急急於創造哲學系統，而同時亦應得注意於哲學空氣的造成。須知哲學只有在哲學的空氣中可以滋長，若在武裝中則決不能生存。英國的哲學家喬德（L. E. M. Joad）似乎亦看到這一點：他約了一班學者作了一個《宣言》，主張全世界上愛自由的人們聯合起來，以抗現在各處的這個「反自由主義」狂瀾。我認他不為無見。總之，中國今天的情形亦正和世界一樣，所以我說不需要某種哲學，而只需要可以使哲學發展的「思想自由」。[33]

　　出而應戰的，是1923年加入法國共產黨、1925年加入俄國共產黨，歸國後任中共區級或省級宣傳部長的葉青（即廣東區委宣傳部長、湖南省委書記任卓宣）。此公自視頗高，覺得中共黨內公認的理論家陳紹禹「只是共產國際代表米夫身後的『一個黃口小兒』」。葉青在後來的黨內紛爭中，被判為托派分子而遭關押、判處。國共分家且「虎口脫生」之後，感念蔣中正的不殺之恩，搖身一變成了國民黨的中央宣傳部副部長。在此任上，他接連寫出《中國政治問題》、《抗戰中的問題》、《與社會主義者論中國》、《三民主義與社會主義》等文章和小冊子，說「陝甘寧邊區是封建割據」，「八路軍、新四軍遊而不擊」等等。為此，大陸這邊一直把他稱作托派、叛徒和戰犯。他為捍衛馬克思主義，而對張東蓀這個「中國近代哲學底系統建立人」[34]的窮追猛打，是在他被誣為托派之前。即使如此，他的奮而反擊，也未入後世官方史家之法眼：

> 張東蓀和托派分子葉青之間的論戰，其實質都是反對馬克思主義哲學。這一論戰是國民黨政府實行反革命文化「圍剿」的一個組成部分。……實際上是唯心主義營壘內部如何反對馬克思主義哲學的一場紛爭。[35]

　　後來，張東蓀把雙方的論爭集成一本小冊子《唯物辯證法論戰—— Critical Essays on Red Philosophy》，副標題為英文（赤色哲學批判小輯），僅收「純粹哲學」一方的言論。用東蓀自己的話來說：

> 　　本書既名曰論戰，則理應登載正反雙方的主張。無如贊成唯物辯證法的書籍現在大有滿坑滿谷之勢。而反對除散見於各雜誌外，從無專書。所以本書雖名曰論戰，而實際僅登載反對一方面之論著。
> 　　本書對唯物辯證法作反對的批評，乃只限於所謂赤色哲學，而絕非對於共產主義全體而言。

　　封面上印了一則他手寫的題記——這我們留到第四章詳說。至於書中各篇章之作者，他說：

或許我們所見有相同的地方；然而亦儘管是各行其是——因為只限於編成此書，我們是合作的。至於哲學上的主張與相信，我們仍本個人自由分歧發展的原則做去，決不有任何聯帶關係。

葉青在1935年也照此體例，編輯出版了《哲學論戰》，收入了論戰兩方面的四十篇文章。在這前後，按照後世史家的說法，「馬克思主義哲學工作者艾思奇、鄧雲特（鄧拓）、李達等也參加了論戰，對先時的兩家：張東蓀和葉青，一併橫掃。」而在更詳盡的資料裏還列出了陳伯達、胡繩、弱繩、滄白等。其中滄白的文字〈《唯物辯證法論戰》讀後感〉，發表在1936年《清華週刊》（四十四卷二期），正是張岱年剛從師範大學畢業，前往擔任助教，「較詳地講述了辯證唯物論，稱之為『當代最偉大的哲學』」的時候：

單就導演而兼任主角的張東蓀來說，已經是個不稱職的演員。因為他自從開始反對辯證唯物論直到如今還是一個不知辯證唯物論為何物的聰明人。

對滄白的這個鏗鏘結論，張東蓀或許不大抵觸。因為在一年後創辦《文哲月刊》的時候，張本人已經覺悟到這場論爭的荒謬：

我自信我近來有一個發見：就是我發見馬克思派所用的名辭都與我們相同，而其意義都與我們不同。他們所謂哲學不是我們所謂哲學（亦許就正是打倒我們的哲學）。他們所謂唯物論不是我們所謂的唯物論，他們所謂辯證法不是我們所謂辯證法，他們所謂邏輯不是我們的邏輯。他們所謂認識論亦不是我們所說的認識論。我們駁他們，他們來罵我們，實在都是無的放矢，非常可笑。[36]

他堅持認為：

自從馬克思主義侵入了哲學界以來，不屑說玄學成了問題，即名學亦成了問題。於是整個兒的哲學都成了問題。

在以前哲學無論如何變化，而哲學自身終只是哲學。迨馬派一出，哲學卻變為社會思想的產物了，變為代表社會上階級利

益的呼聲了，變為經濟的結構中自然而然所發出來的東西，好像膀胱分泌小便一樣了。

因此我個人以為馬克思主義之突起於人類思想界是一件絕應注意的事。質言之，即等於一個關。若是不能渡過，則不僅哲學從此葬送，即其他高深思想，亦同受影響。

他隨後還就馬克思主義——特別是列寧主義的核心，即「階級、階級鬥爭和無產階級專政」，發表過一系列的抨擊。那時候，曾經擁抱過這一套理論的陳獨秀已經被關進監獄，而蘇聯（第三國際）指導中國革命之政策的來回轉變，包括與國民黨的摻和（爾後分家）、南昌兵變、建立（而後撤出）蘇區、西竄抑或北竄（「長征」）……，共產黨已經無暇把力氣放在維護這一主義的光輝與純正之上。而這段時間以來的論爭，對哲學家張東蓀隨後觀察中國大局，分析各派政治力量，也未構成無可化解之芥蒂。隨着日本侵略勢力一步步擴張，在民族危亡大義面前，他與他的哲學論爭對手在政治層面的合作，隨着《八一宣言》的發表，進入到第二階段。

註釋

1. 分別為：「颯爽英姿舌粲蓮 風流張緒又華年 三摑更聽漁陽摻 擊鼓岑年草百篇 東蓀仁兄 康有為」；「側身天地更懷古 獨立蒼茫自詠詩 梁啟超」。
2. 後稱「研究系」，以《晨報》、《時事新報》為機關報。張東蓀為該系成員，並曾任議會秘書長，後由於段祺瑞的無為，一批以學者而入仕者退出。
3. 張東蓀：〈中國民族的良心〉，《國訊》，1948年。
4. 如受業於北大的山東省立第二師範學校校長宋還吾，常發動學生在孔廟牆上張貼「打倒孔家店」、「打倒舊道德」等標語，暗助師生在孔廟演出悲喜鬧劇《子見南子》（林語堂編劇《子見南子》，發表於魯迅、郁達夫主編的《奔流》月刊，1928年11月）。
5. 《時事新報》，1919年6月26日。

6. 方漢奇：《報史與報人》(北京：新華出版社，1991)，頁227–228。

7. 適：〈介紹新出版物〉，《每週評論》，第36號，8月24日。

8. 「適之先生：前幾天我寫了一封信給先生，想已經收到了。現在《湖南教育月刊》已出版，特贈先生一本，並且要求先生三件事：一、請先生批評指教。二、請先生在各報紙雜誌上介紹。三、請先生做文章給本月刊。我們在湖南發行出版物，很不容易。自從去年大兵之後，人民生計，艱難異常。教育界奄奄無生氣。現在十月已經過完了，五月份的經費還沒有發下。原在教育界的人，因生活艱難，都往別處去了。所以我們組織《教育月刊》，除了錢的問題，還有人的問題。並且我們處在這塊地方，不比在別處，言論很難自由。從前的《湘江評論》與《新湖南》，先生都看見過的，都不能夠存在。我們現在「改弦更張」，組織《教育月刊》，意思是想把生命延長，但是結果如何，現在還沒有把握。我們抱定宗旨，只要一日不被高壓壓倒，我們總盡我們的力量，去作文章，去籌款。自己沒有錢，作起文章到外面去賣錢。前回我寫信給先生，要求先生介紹我們到別的雜誌報章上作撰述，一面雖是為自己，一面還是為《教育月刊》。以上所講的是我們的苦衷，除了先生與陳獨秀、張東蓀先生外，決沒有同別人說。因為這些話，不是身歷其境的人，決不願意聽的。要引起他們的同情是更不容易的。先生呵！我們的情形，先生既然曉得了，那前面所要求的三件事，總要請先生幫助指教才好！舒新城十一月四日」參見《胡適來往書信選》，上冊，頁135–136。

9. 《湖南教育月刊》(張東蓀，毛澤東，舒新城等)，1919年11月創刊於長沙。參見于平凡：《中國民主自由運動史話》(香港：自由出版社，1950)，頁72。該刊後來的命運未見記載，估計頂多出兩、三期。

10. 斯諾著，董樂山譯：《西行漫記》(北京：三聯書店，1979)，頁125。

11. 毛澤東：〈在新民學會長沙會員大會上的發言〉(1921年1月1日)，載《毛澤東文集》，第一卷(北京：人民出版社，1993)，頁1。

12. 包惠僧：〈黨的「一大」前後〉，載《「一大」回憶錄》(北京：知識出版社，1980)，頁25。

13. 同上註。

14. 茅盾：《我走過的道路》，上冊(北京：人民文學出版社，1981)，頁175。

15. 張東蓀：檢討草稿。

16. 張東蓀：《理性與民主》(上海：商務印書館，1946)，〈序論〉。

17. 張東蓀：〈由內地旅行而得之又一教訓〉，《時事新報》，1920年11月6日。

18. 邵力子 (1881–1967)，近代教育家、政治家。《民國日報》和《覺悟》副刊的創辦人，與陳獨秀共同發起馬克思主義研究會，早期中共黨員。1927年因出席國際大會脫離中共；1949年4月，赴北平和談失敗後宣佈脫離國民黨。

19. 陳望道 (1891–1977)，中共一大的代表，日本留學生，《新青年》編輯，《共產黨宣言》譯者。1923年拒絕挽留堅決脫黨。後來在修辭、語言學上多有建樹，《辭海》修訂第一任總主編，新式標點符號推行學者。

20. 李達 (1890–1966)，中共創始人之一，馬克思主義啟蒙思想家。他曾留學日本，撰寫介紹科學社會主義與歐洲工人運動的文章，歸國加入《新青年》編輯。1921年出席了中共一大，當選為中央宣傳主任。同年翻譯出版《唯物史觀解說》、《馬克思經濟學說》等書。李達一直傾力彰顯毛澤東，著述有《實踐論解說》、《矛盾論解說》和主編《唯物辯證法大綱》。因為脫黨又入黨，雖歷任湖南大學、武漢大學校長、中科院哲學社會科學部委員、這屆那屆的政協人大職務，還當了第一任中國哲學學會會長，最終在文革初期的連續批鬥中喪生。他當時曾經寫信向正在同一城市「暢游長江」的毛澤東求助。毛沒有理睬。

21. 帥文潔：〈《新青年》與陳獨秀馬克思主義觀〉，「陳獨秀研究」網站 (http://www.chenduxiu.net/ReadNews.asp?NewsID=403)，2004年12月14日。

22. 張君勱：〈張東蓀先生八十壽序〉，《展望》，第172期，1969年4月。

23. 張東蓀：〈一個申說〉，《改造》，第3卷第6號，1921年2月。

24. 張東蓀：〈現在與將來〉，《改造》，第3卷第4號，1920年12月。

25. 彭一湖 (1887–1958)，中國民主建國會發起人之一。建國後曾任政協全國委員會委員、民建中央常務委員。以直言多次遭毛澤東點名，成為「右派」代表人物。直到2007年，在中國歷經八十多年的共產革命，終於從專制帶來的極度貧困走入貧富分化的權貴資本主義的時候，還有左派學者在引述毛澤東1957年的斥罵：「至於梁漱溟、彭一湖、章乃器那一類人，他們有屁就讓他們放。讓大家聞一聞，是香的還是臭的，經過討論，爭取多數，使他們孤立起來。他們要鬧，就讓他們鬧夠。多行不義必自斃。」參見陽敏對王紹光博士的專訪，見《南風窗》雜誌。

26. 同註11。

27. 同註23。

28. 鄭惠：〈胡繩訪談錄〉，《百年潮》，創刊號，1997年1月。

29. 孫道升：〈現代中國哲學界之解剖〉，《國聞週報》，第12卷第45期，
　　1935年。

30. 張東蓀：《道德哲學》（上海：商務印書館，1931）。

31. 張東蓀：〈我亦談談辯證法的唯物論〉，《大公報》副刊《現代思潮》，1931
　　年9月。

32. 張東蓀：〈唯物辯證法之總檢討〉，載張東蓀編：《唯物辯證法論戰》（北
　　平：民友書店，1934）。

33. 張東蓀：〈十年來之哲學界〉，《光華大學》半月刊，第3卷第9─10號，
　　1935年6、7月。

34. 郭湛波：《近五十年中國思想史》（北平：人文書店，1935）。

35. 楊春貴：〈「唯物辯證法」的論戰〉，載《中國大百科全書・哲學卷》（北
　　京：中國大百科全書出版社，1987），頁907。

36. 張東蓀：〈發刊詞〉，《文哲月刊》，創刊號，1935年10月。

第三章

國家藍圖

報國之攻，緩急有為。
入侵者鐵蹄下的拳拳抗爭，
一直為主旋律掌控者
以不屑或猜忌而將其徹底邊緣化。

只為平虜兼反專制，
走出書齋的主人公，
終與理念上的論敵結為並肩作戰之盟友
————悲劇即始於此。

全副身心投入。
不見大王幡旗，
正忽遠忽近地飄啊飄。

一

組黨與國民參政會

1　國社黨與《再生》

　　中國的皇權統治結束於1911年。接着是十七年的軍閥混戰。國民政府1928年定於一尊之後，直到七十年代，第一代專權者死掉後，才在其指定的第二代專權者(其實就是他的兒子)手上，開放了黨禁報禁，而到了由第二代指定的第三代專權者(他的權力漸漸「縮水」)主政之後，才見真正意義上的在野黨。大家都知道著者說的是大清帝國之後的民國史：蔣介石、蔣經國、李登輝和民進黨。

　　從中間橫插一杠，奪得了大片江山，重新制定國號的共產黨中國，從一開始就宣稱自己崇奉「多黨合作制」。可惜直到今天，除了唯一一名真正的在野黨「中國民主黨」(雖然我們只能在概念而非別的一切上如是看，其領袖也不是在牢裏就是在海外)，別的所有通過共產黨而吃國庫的「民主黨派」，沒一個不是低眉順目、屏聲斂氣，乖乖地給有槍(從而也就有錢)的執政黨當花瓶。

　　但在這百年歷史上，有沒有過哪怕一絲一毫的可能，出現過算是有些氣概、有點兒規模、獨立於專權之外、能為國家做出些許貢獻、有組織、也有自己社會基礎與財政來源的政治力量呢 —— 即使以我們後人苛刻的眼光來評定？

　　大家會說北洋時期的國民黨和抗戰勝利後的民主政團同盟。不錯，在特定的歷史條件下，他們活躍過。但平心而論，其功效，也只在幾個關鍵「點」上的有限運作：發表議論、分配席位、制定和約、

斡旋軍閥間錙銖必較的劍拔弩張……。從來沒見過廣鋪在民間，無日無時地、全方位地對專權的監督、限定與抗爭。

中國歷來重文輕商，背負了太重的農業/皇權/私兵傳統。因為戰亂（包括軍閥們的稱王和外族侵凌），萌生中的實業總是遭遇一場接一場的摧殘。於是，獨立政黨的土壤，要麼被忽視，要麼無由養息。但活生生的人，碰巧受了教育、有見識、有理想的人，或者按照張東蓀的觀念——「士」在新時代的變種——總要思索、要關注、要活動、要為國效力。所以，組黨之議論，時時攪擾着文人，特別是那些在歐、美見識了民族國家與政黨政治的西化文人的心。

北洋時期為搶席位而兀然冒出的一堆大小黨就不去論它了。曾經有過的，或許會成點氣候的一次，是在大家過了「咸與共和」之熱鬧，又經歷了種種思潮之衝擊，領袖人物自然湧現出來之當口。據陶菊隱記載：

> 五四運動的大本營為北大。研究系為了配合這股新潮流，張東蓀在上海主持《時事新報》，藍公武在北京辦《國民公報》，陳博生在北京辦《晨鐘報》（《晨報》前身），都成了新文化運動的同路人。……梁啟超由歐洲回國後，有將研究系改組為黨的願望。丁文江、張君勱兩人極為贊成，想以胡適之為橋樑，打通北大路線，表面不擁戴一個黨魁，暗中則以梁與蔡元培為其領導人；並打算以文化運動為政治運動的前驅。由於張東蓀反對黨教合一，此議遂被擱置。此次組黨雖未成，卻未嘗不是張君勱辦政治大學的契機，也是成立民社黨的一個遠因。[1]

在這裏，我們看出了中國近代史上著名的「幾可以孿生兄弟視之，友誼之篤，無與倫比」（台灣學者張朋園語）的「二張」，從應否將思想啟蒙與組織政黨合在一起向前推進的分歧裏邊，也可知梁漱溟在1985年8月6日對艾愷所說顯然不確——

> 東蓀本人在燕京大學教書。他跟張君勱是好朋友。一般都說張東蓀是張君勱的靈魂。張君勱在政治上的行動立場都是聽張東蓀的，人家說他是張君勱的靈魂。[2]

　　博學、沉靜、堅韌如張君勱者，難道會以他人意志為靈魂？何況他們友誼雖篤，見識卻是獨立的。上引陶菊隱有關組黨一段即其一，而且也絕對不是枝節、策略上的分歧。1920年在「別急着組黨」上，張君勱同意了張東蓀；到了1933年，在「太可恨了，組它一個黨」同仇敵愾中，張東蓀同意了張君勱；再後來，到1938年參政會期間，兩人心態已有很大差異；而到了1946年底的制憲國民大會，依舊友誼甚篤的「二張」，因見解（而非利益）的不同，已經在行動上徹底分道揚鑣——這我們將在下文詳述。

　　通觀二人之生命軌跡，情形似乎是，在對待西學、國學的引進或揚棄上，他們觀念十分接近；對抗專制，二人近乎完全一致；[3] 為此必須有堅實的社會基礎，包括物質生活與精神素養，二人也是一致的；接着的問題是如何達成，以及其間不可免的種種操作。

　　每每危機或者轉機出現，張君勱往往立即投入實際運作，張東蓀則看重自己對重大國是發言的權利——當然到了國勢危殆之關口，比如繼續內鬥還是一致抗日、北平能不能免於戰火……他也難免出頭。以致直到九十年代，從不見在重大決策上觸動當局，只在「文化」中徜徉的學者如張中行，還在刻薄他，說他「不忘朝市」。

　　讓我們回過頭來講文人組黨的故事。

　　三十年代前後，在一個久違的國家統一且無大戰事局面下，知識界自發地開展了一場關於「民族復興」的大辯論。雖說這場討論主要是在「人文精英」間展開，如胡適與張君勱，但已經在國民當中掀起熱潮與活氣。

　　民國之後，幾乎沒有一場論爭不征伐其間的張東蓀，這回沒有介入。不能說這次論爭的主題對他沒有觸動，恰恰相反，許多話題，如文化與社會組織結構的重新建造，國人身上的惡習慣、劣根性，文化王道氣象和霸道文化的侵略，民族主義思想淡薄……都是他在近十年間多次提出的。只為這時候他剛剛北上入燕京，再不必為通緝、為籌款、為學潮、為行政與人事發愁，得以完全專注於自己心愛的學問：授課、譯介、論說、創新。[4] 不錯，1931–1935年的「唯物辯證法」論戰，確是由他挑起並擔綱，但主要動力在哲學，而非政黨。

但是，如果把張東蓀看做一名書齋學者，哪怕一時一地，或者某個特別時期，也是不確的(這裏所謂書齋，是一個中性名詞，不具任何褒貶)。這是一批少年時代即浸泡於正宗國學的人，下意識裏難免有儒者的自我期許，不僅對周遭社會現實具有天然的回應傾向——「先天下之憂而憂」，而且容易沉潛於「籠而統之」的國學思維定勢。恰如知曉「勾股弦」並用於構築營造，而不深究幾何學；恰如對「非典」採用強肺壯氣以抵「時疫」，而非取出切片、追尋「冠狀病毒」。許紀霖認為他們太「現實」了，痛惜他們的思路過多地關注於社會公道的具體方案上，而缺乏從學理上深入地論證自由與公道之間的關係。但如果我們設身處地回到上世紀三十年代的中國，回到他們當時所處的情境——

戰事漸息，長於軍事征伐的國民政府，還不大明瞭「自由」、「人權」、「法治」為何物；實業在中國正一步步生長，政府當局除了徵稅，並沒有看到重建現代社會秩序的迫切性——正如政治學教授張奚若所描述：「治理國家和建設國家方面卻一籌莫展」。當政的諸公欣欣於「國家終於到手」，宣稱秉承「國父遺訓」(即堅持社會須處於「訓政」期)，施政手段卻是百孔千瘡，包括「黨的建設」——無論是在理想勸誘、利益推動，以及縝密的組織、鐵的紀律方面，根本無法與它打不死的政治對手(共產國際中國支部)相比。

那時候，黃河長江正一瀉千里，東北的密林綿延起伏，山西的煤也靜靜地睡在地下。清末官費和庚款派出的留學生，正一批批回來。他們在外邊開闊了眼界，裝了一肚子學問；他們忍下近百年來國家屢戰屢敗、割地賠款的屈辱，認定中國一定要復興，也一定能復興，只要大家一起努力——

1929年春天，胡適剛一接手《新月》雜誌，就把這份純文學刊物轉為兼論時事政治的園地。待到羅隆基出任主編，《新月》已經成為文人議政的戰場：針對國民黨的現實政治，高倡「人權」、「法治」。一時間，胡適、羅隆基變成人權派的代表人物，發表了大量文章——這不過其中一撥子。[5]

「九一八」前後，民族危亡迫在眉睫。聚集在北平、天津、上海等大都市的一批新老朋友，用後世官方史家的話說，「研究系參與分子、信仰國家社會主義的教育界、學術界人士及青年學生，及少數失意政客、封建餘孽等」，大家議論國事，磨拳擦掌、義憤填膺。他們必須發言、必須有所作為——不說反蘇反共的「醒獅派」中國青年黨（他們由「少共」而「巴黎玫瑰村」而「野戰抗日」，1931年，終於由秘密轉為公開），以及發表〈我們的政治主張〉的中華革命黨（後來的農工民主黨），就連「處於兩個高潮之間」（其實就是國民黨翻臉屠殺之後的低潮）的共產黨，就言論而言，也異常活躍——有中共介入暗中操作的「中國自由大同盟」、「左翼作家聯盟」等成立於1930年春天；共產黨內的「左派反對派」（托派）也在那兩年成形。

當時還不時興拿「綠卡」，也不大見成材學子千方百計獲取他國居留權。那時候，無論官派、庚款還是商會資助（外加勤工儉學），留學生們一概蜂擁回國報效或者折騰。用張奚若的話說：「學些實在的學問，回來幫助建設革命後的新國家。」[6] 用曾琦的話說：「本國家主義之精神，採全民革命之手段，以外抗強權，內除國賊。」用中共的話說則是：「一聯國際無產階級及弱小民族作反帝國主義的進攻；一聯國內被壓迫民眾作推翻帝國主義走狗之中國軍閥的革命。」[7]

從名義上看，已經不再是臣民的國民依舊處於「訓政」期。但那時候的「訓政」，若與1949年以來「人民當家作主」之後的「無產階級專政」相比，無論從對資源的控制、對傳媒的壟斷、對異議者的箝制，特別是文人學士的自我制約……都難於望其項背。當然，那個年代的知識人也不是經歷過肅反、鎮反、反右和文革，任由黨支部書記呼來喝去的「老九」，更不是權貴壟斷之下「社會主義市場經濟」的智囊新寵。他們剛剛衝出異族、皇權窒息，通體的新學問、新氣概，一心渴望國家現代化、隨時準備對國是發言……。

人人理直氣壯、大家各有主張，政治氣氛一片活躍。其中最急切、衝動、得風氣之先，且因為沒什麼可失去，從而逮住機會絕不放手的；還是以師範生、小知識分子為骨幹的共產黨——其理論和作風，多「短平快」地沿襲自俄國、日本。

牟宗三說：

> 民十八、十九、二十年左右，國民黨的統治正在蒸蒸日上，共產黨政治上失敗，但思想宣傳上卻取得了壓倒的優勢。知識分子一般意識上的傾向都為共產黨的思想所吸引。坊間書肆，滿坑滿谷，都是他們的小冊子。[8]

老實說，當局還真不知道該怎麼辦。在三十年代前後，「禁令」看上去聲色俱厲，但以「黨國」的理論體系與人員素質，還真拿不出什麼威逼利誘輪番上的有效約束。「訓政」麼？請問你蔣中正打算怎麼個訓法？他曾宣稱：

> 法西斯主義……是衰退社會中的一服興奮劑；……
> 法西斯主義能救中國嗎？我們回答：能。法西斯主義就是現在中國最需要的東西。[9]

不幸此刻板文本和貫徹執行中的零散動作，反成為勇氣十足的教授們發言之靶的。

就在這時候，在「九一八」的前一天，張君勱從德國回來：1931年9月17日抵北平。國家到了這樣的地步，可以想見他們聚談時候的激憤。怎麼辦？大家都有話說。先創個社交換意見吧——「再生社」在北方成立。

如果說1920年陪伴梁啟超遊歐，思想上受到的主要衝擊是對資本主義的失望，這次張君勱回來，卻從歐洲人的反思，從他們着意尋求社會制度的整治上，見到自己祖國可以借鑒的曙光：不是階級鬥爭，不是蘇俄式的奪權而後專政，而是德國人的社會民主主義——通過民族國家的確立，提出「尊社會之公益，而抑個人之私利」，通過「社會所有」、「公私共有」的混合經濟制度，解決私人資本的集中和壟斷問題。這與羅隆基的「實行專家政治」，「要求財政管理權」；與張東蓀的「學術獨立與言論自由」、「基爾特社會主義」都沒有衝突。連湯薌銘、諸青來等民國初年抗議老袁破壞「臨時約法」的民憲黨大佬，都覺得要放眼世界，並為國家做點什麼了。

　　有了「社」，當然是要發言了。第二年5月，再生社機關刊物《再生》月刊出版。創刊號上出現一篇宣言〈我們所要說的話〉，署名「記者」，實際上是經大家議論而由張東蓀執筆的創刊詞：言辭平樸，卻從容又堅決。作為後世讀史人，我們不難從中窺見他們一批人各抒己見之後的綜合——絕對的家國情懷、修正的民主主義和經濟上的國家社會主義。「二張」之間，沒有衝突，也沒有爭論。但細細揣摩他們的立場，實已經出現細微差別：張君勱心儀國家之強大（國家利益、民族利益），而東蓀更看重民眾和個體——平民利益不得以大口號、大名義剝奪。

　　1933年，當局在黨禁上收緊，「再生社」遂作出建黨的決定。他們把總部放在北平，天津則設特別區委，上海、武漢等地設分部。歸國即入燕大教書，旋即匆匆離開的張君勱，往來於平、津、魯、豫，指揮一切。十多年後，張東蓀對當時情景描述如下：

> 　　至於到九一八事變以後，忽然和張君勱先生組織國家社會黨，乃純是為了國民黨的「黨外無黨」一句話而激成。我既相信民主主義，當然是反對一黨專政，國民黨不許另外有黨存在，我們民主主義者便不能不另立一個黨，以表明我們的思想是自由的。目的不過如此。
>
> 　　當時張君勱先生與我明白相約，說他日如國民黨有一天放棄了一黨專政，我們的黨便自動宣言解散。我對於這個宣言是始終留在心上。張君勱先生以後的行為如何我不敢說，至於我自己卻早已自知是不適宜於黨派生活的一個人。[10]

　　這不正是幾乎半個世紀之後，有心報國的學人們一遍遍討論的「見壞就上，見好就收」？它屬於策略、見識，抑或品格？

　　中國國家社會黨（國社黨）究竟如何作為呢？與一上手就抓軍隊的國、共、青三黨（包括一直有此意願的第三黨）相比，國社黨諸位，雖然名之為「冬烘先生」未免謔而近虐，但文人名士派頭卻是難免。

　　就算「冬烘」，「血薦軒轅」之豪情也毫不讓人。蔣勻田回憶：

假使欲追溯本黨的歷史淵源，恐怕比同盟會還要早些，也可以說是中國講憲政最早的一個政黨。研究系、進步黨，雖然在名字上、內容上和今日的國社黨並不完全有關連，但未嘗不可以說是一脈相承。[11]

憶國社黨創黨人宣誓成立時，亦極機密，即在舊國會議員胡石青先生的北京寓所。胡先生係創黨人之一，當天在他後院書房宣誓畢，他以主人身份，曾致互勉之詞。最使我銘心而永不能忘者：他說一黨專制之下，而組織反對黨，無論如何行動，總難免特工之追蹤。所以將來遭遇艱難，甚至被捕下獄，皆勢所難免。今天大家既下決心為國家犧牲、為民主鋪路，一切艱險危難，入監下獄，甚或犧牲生命，都應列在可能的預算中。今日如能如此預計，將來倘有不幸遭遇，始能臨難無苟免，而處之坦然。[12]

張東蓀曾著文回憶這位前北洋政府教育次長：

友人胡石青先生在二十餘年以前曾在著述中大倡「一度革命」之說，即革命只可限於一次；既不可再度三度接續不已，亦決不可使革命狀態延長。革命完成後即當走上建設之途，不復再是革命了。[13]

中年以上讀者可對照求學時代所處「不斷革命」、「繼續革命」之灌輸無停息局面。

第二年(1934)7月，中國國家社會黨第一次全國代表大會在天津召開。剛剛在南方的《新月》雜誌和北方的《益世報》都轟動了一番的羅隆基也參加了，還當選為中央總務委員兼宣傳部長。「二張」也被選為總務委員。中央總部設在北京西城石板房。

應該說，在動盪的三十和四十年代，處於全民抗日與推進憲政的大局下，當政的國民黨對他們還是相當禮遇的。當時「臨難無苟免」之精神準備，幾成過慮。待到共產黨拿了天下，「民社黨」(與民憲黨合併後的國社黨後身)隨民國政府遷到台灣，1989年在中國大陸編成

的詞典，依舊將其列名為「民主黨派」，認可「中國國家社會黨，在抗戰時期和戰後，成了中國最成氣候的三個在野黨之一（另外兩個是青年黨和第三黨）」，並且客觀地轉述其理論基礎（以國家民族本位為中心的國家社會主義，即「絕對的愛國主義與漸進的社會主義」）和政治主張（「以民主政治為根本原則」，國民代表會議為最高權力機構，成立容納多黨派的聯合政府中央行政院。其經濟主張是實行國家社會主義，使公營、私營和合作經濟在國家統一計劃下分部經營管理，反對生產工具國有和廢除私有制度，反對階級鬥爭理論，而主張漸進的社會主義）。[14]

撰寫詞條的人認為，在文化政策方面，國社黨主張學術自由獨立。黨員以張君勱、張東蓀的學生居多，缺乏群眾基礎和組織力量，影響很小。

說「影響很小」，不能看做有意貶抑，儘管在1945年國共和談期間，處於「言和」前沿的中共幹員（如周恩來、徐冰等精明務實的政治家），包括毛澤東本人，並沒有這樣看。[15]

從國社黨成立到《再生》發刊這兩年間，張東蓀再次擔起政論家之角色——這是自二十年代以來，在他把大量精力投入辦報、辦學、教書和撰述之後的「再度出山」。考慮到他那時候在教育界、哲學界已經達到的聲望，以及本人呼之欲出的富於創建性的撰述，對他的這一姿態，同人當中，或激賞推許、或惋歎譏諷，他自己倒是十分明確：

> 至於我亦偶爾作政治上的文章，這只是我以為一個公民總應當對於國事發言。我嘗對於現在大多數大學教授們的沉默認為奇怪。大學教授是一個資格，公民又是一個資格。正好像一個人在家庭是父親，在商店是伙計一樣。本來可以兼的。現在他們好像做了大學教授就不必做公民了那樣，這是我所不能了解的。
>
> 並且須知以公民資格對國事發表意見，並不就是幹政治。貫徹政治上的主張必須看其性質。若是主張共產與法西斯，自然本人非去硬幹不可。但主張民主政治與自由主義卻不然。我

是個民主政治的信徒又是個自由主義者。我希望民主政治實現
即無異乎希望人人都取得自由權。並不是我有什麼固定的主義
強使人家跟我走。所以民主自由主義者的政論，其性質與共產
法西斯主義者的政論根本不同。而況在今天的中國，我們自由
主義者的發言，與其說是進攻的，毋寧說是防禦的；與其說是積
極的，毋寧說是消極的；與其說是想有所取的，毋寧說是想有所
恢復。質言之，即我們決不是想拿些什麼加於人，乃只是怕人
家拿些什麼強加於我。因為倘使我的自由權不被侵犯，則民主
政治也就可以說是成立過半了——我是人人中之一，我的自由
權成立則大家的自由權亦同成立。

　　我之對於政治完全是一種打抱不平的態度。雖時時發表政
論，然從來不計及本身。……我之好為政論不外乎想抵抗那個
要毀滅文化的內外潮流。[16]

對於1931年頒佈的《訓政時期約法》(當局曾允諾六年訓政期限。
在此期間，國民黨獨攬政治權，訓練人民行使選舉、罷免、創制、複
決等權利，平民只有服從才可以享受公民集會結社言論出版等權利)[17]，
他不認為當政的國民黨，僅僅因為軍事征伐得手，就會出現質的變
化。這是一個與「北洋」沒什麼兩樣的「特殊勢力」——「軍閥化、貪
官化與坐地分贓土匪化」。他說自己是「向來反對國民黨的一個人」：

中國自辛亥以來始終未上政治軌道，並不是因為在人民方面有何
不足，實在是只因為有了特殊的惡勢力不願意受憲法與法律的約
束。……國民黨在野時，我們未曾表示過同情，亦就是因為早
見到他們一旦秉政亦脫不了特殊勢力的惡習。我們當時寧願與
國民黨為敵，就只在於此。到了今天，社會上一班人，當恍然
明白了罷。國民黨之取北洋軍閥而代之，完全是換湯不換藥。[18]

這種直指痛處的抨擊，既非出於私仇，也非出於黨爭——

老實說，我們黨外的人，本來不能有所列論，並且亦不願管此閒
事。無奈國民黨與國家的關係太密切了。他的一舉一動都足以使

國家蒙極大的影響。我今天來說幾句話，原是想使國家的損失，
少因國民黨而加重，人民痛苦少因國民黨而延長，如此罷了。[19]

　　令他最為憤怒的，是作為國家公器的政府只知道自肥自利——
「把軍隊作為自家的工具，把國庫作為自家的私產，把人民當作奴
隸。於是全國離心，已成分崩離析之象。」[20]

　　望讀者注意，這些言論都是在北伐勝利、張學良輸誠、共產黨被
清剿，當政的國民黨正大權在握、意氣飛揚的時候發出的。他沒有噤
口，握著槍行「訓政」的黨也沒有封雜誌、派警察。不幸的是，沒過
多久，這一批評立刻為十九路軍的淞滬抗戰和隨後對「福建人民政府」
的鎮壓所證實——為消滅異己，在當道眼裏，民族大義是得讓路的。

　　到了三十年代中期，中國公民被侵犯的，已經不僅是言論思想
了。《塘沽協議》、《何梅協議》、《淞滬停戰協議》，「冀察政務委員
會」，包括對打了勝仗的察綏民眾抗日同盟軍的鎮壓，對（後來也）主
張抗日的工農紅軍的圍剿……，無論作為大學教授還是在野黨領
袖，張東蓀更不能不發言了。

　　發在他們機關刊物《再生》創刊號上的那篇〈我們所要說的話〉，
可看做憂心如焚的知識人對國事見解的公佈。老實說，從技術上
看，這篇文字實在不像一個黨的綱領，只能算是一批在學養底色與知
識源頭而言，並不盡相同的獨立思想者們針對執政黨之獨裁「所要說
的話」。但七十年過去，這話即使放在今天，也令人感到直指時弊、
擲地有聲：

　　　　或有人以為思想與言論太開放了，勢必導致國議紛紜，使政
　　治不能順利進行了。我們亦知國家的政治求其敏捷與效率高，只
　　在於行政系統是否如身之使臂，臂之使腕。而對於社會上的輿論
　　並無關係。並且社會上輿論愈發達，行政反可得其助力。因為既
　　許可言論自由以後，反對政府的思想固然可以發表，而贊助政府
　　的言論更可以發表。因為真正民治的政府，他的基礎是坐在產生
　　政府的大多數公民的同情上，其政治的設施又適合大多數人民生
　　活實際的需要；所以言論愈自由，政府愈能得輿論的贊助。

我們所要說的話

一

記者

中國底个民族到了今天，至前途当有两条路：在一是真正的傷顏，至一是真正在
的裏比。先就裏比来説爱，自清末以至現在，在表面上好像至那里時々刻々掙
扎着以抵抗这个裏比，此趨勢但实際上抵抗的効力却遠不及下面的力量。所
以到了今天，從國民経済上看，從國際地位来看，從政治組織上看，從民眾道德上
以至見以高出于四五十年以前。我们固然知道一个大民族有他的悠久歷
史与廣大地域，決不会一旦即致滅亡。但歷史上却亦不是这種先例，就是无
論你民族如何大，只須你長久不能從一長久在內戰之中，你就会逐漸為外族所
吸收了。中國這幾年的没毫不振作甚至靡懈。我们且把這近三十年的歷

張東蓀執筆（署名「記者」）為國社黨起草的政治宣言〈我們所要說的話〉手跡，
刊於 1932 年 5 月《再生》創刊號上

　　要知道贊助政府的言論，這決不是專靠政府自己所製造的宣傳。倘使不許言論自由，而政府一味宣傳，決不會生何等效力。所以從這一點上可見政治上效率的提高，與社會上自由的開放，不但無抵觸與矛盾，並卻正相助相成。

　　因為我們雖則很愛護政治的效率，但我們卻更愛護思想的自由。以為無政治的效率，則行政失其意義；但倘無思想的自由，則國家失其靈魂。所以思想自由是人民的根本。縱使兩者即有衝突，我們斷乎不可犧牲自由而遷就效率。像俄國那樣的辦法，必須先經過一個階級的專政，把人民所有的自由暫時犧牲，而以為將來或可有一個自由天國出現。

　　我們則以為國家是一個民族全體的公器，斷不容哪一個階級來據霸一時，而犧牲其他的自由。倘事實上有此，則宜努力打破。於理論上更不可認為應該。

　　所以我們主張為政治效率起見，針箍權力當然宜於集中，但集中的限度是以行政為界，斷不容侵犯到社會上去，把人民的自由亦受管轄。[21]

作為政治宣言，〈我們所要說的話〉明確提出了「修正的民主政治」（又稱「科學的民主政治」）：

我們對於政治，是把根據效率的科學與個性差別的科學，以與站在平等原理上的民治主義調和為一；於經濟是把易於造產的集產主義與宜於分配的普產主義以及側重自治的行會主義調和為一；於教育是把淑世主義與自由主義調和為一；然後三方面再綜合之，成一整個兒的。[22]

同時列舉了關於政治、經濟、教育等方面包括政治民主化和軍隊國家化的九十八條政綱。非常突出的一點是：載明「不收現役軍人為黨員」——到了1945年9月，重慶談判期間，蔣勻田還就此正式向毛澤東解說——深信民主政治的成功，是以全民的信心與力量為基礎，不是單憑武力可以打出來。與國社黨的主張相反，中共使足了

勁在軍隊中發展黨、團員，甚至將其列為晉升（即所謂「提幹」）前提，同時絕對不許其他「民主黨派」（即使甘當肝膽相照的助手）在軍隊中有任何組織。

以後的幾年裏，張東蓀的政論，在《再生》、《自由評論》等刊物上不停地出現。與前期在《東方雜誌》、《庸言》上刊發的文字相比較，我們可以看出，他論說的目標，已經從寬泛的社會分析，轉到對當政的獨裁者之剖析，如〈階級問題〉、〈為國家計與為國民黨計〉、〈民主與專政是不兼容的麼？〉、〈結束訓政與開放黨禁〉等。這最後一篇，發表於1935年11月國民黨第五次全國代表大會前夕，直指一黨專制和親日案，火力異乎尋常地猛烈。

那年頭的中國，僅就放言論政，包括民間具有針對性的努力，真可說是五色紛呈。而提着槍收稅徵糧的政治勢力：日本駐軍、偽滿政權和領地逐日縮小的國民政府，包括八路軍與新四軍的根據地，則各懷心思；在朝在野的各個黨派（包括掌控了軍隊的和沒有軍隊的），都各有盤算——沒人知道哪種勢力會在什麼時候作用，也沒人估量得出中國將如何前行。

就在這時候，世界政局出現了變化。

2 《八一宣言》與評共產黨「轉向」

1935年夏，德、意、日在東、西兩線瘋狂擴張。面臨着法西斯的進攻，蘇聯告急。以保衛蘇維埃聯邦為宗旨的共產國際，政策發生根本轉變。

駐莫斯科的中共代表團，立即將這一新精神與國內華北事變的嚴峻局勢聯繫起來。團長王明（其時正在基思洛沃斯克療養）火速趕回莫斯科，與康生、吳玉章、林育英等代表團成員討論之後，起草了〈為抗日救國告全體同胞書〉。結尾處，「筆端帶有感情」地呼籲道：

> 無論各黨派間在過去和現在有任何政見和利害的不同，無論各界
> 同胞間有任何意見上或利益上的差異，無論各軍隊間過去和現在
> 有任何敵對行動，大家都應當有「兄弟鬩於牆外禦其侮」的真誠

覺悟，首先大家都應當停止內戰，以便集中一切國力（人力、物力、財力、武力等）去為抗日救國的神聖事業而奮鬥。

書成，王明將其譯成俄文，立即送斯大林和季米特洛夫審閱，得到讚許。

7月25日，共產國際七大在莫斯科召開，正式確定了各國共產黨連手「建立反法西斯統一戰線」的策略方針，並對中共代表團那份緊跟形勢的宣言予以高度評價。

8月1日那天，莫斯科的中國代表團以神來之筆，給這份文件冠名為響亮上口的《八一宣言》，並以「中華蘇維埃共和國中央政府和中國共產黨中央委員會」的名義正式發表。其實，中華蘇維埃已蕩然無存，六大之後的中共中央也已七零八落。至於正式發表，也就是陸續在幾份國際共運的刊物上刊登：俄文版《共產國際》（共產國際機關刊物）；英文版的《共產國際通訊》；還有一份巴黎出版的《救國報》（中文）。那時候沒有傳真機，毋論互聯網。共產黨員再「氣沖雲霄」，也無法激勵穆爾斯電碼與活字排版。如若將原件傳送、翻譯、出版、發行等所需時間打進去，這份宣言越出「國際」的圈子而面世，估計已經是秋末冬初──第一個收到的，恐怕不是剛剛踏上陝西土地的遵義會議新領袖，而是在上海塔斯社工作的錢俊瑞。

共產國際七大從7月25日開到8月20日。會還沒散，因為事關重大，大家覺得必須將此新精神盡快向國內的同志們通報。代表團裏邊參加起草的林育英（林彪堂兄）主動請纓，將3500字的草案熟記於胸（真虧了這個曾受過日寇酷刑的「鋼人」！），於7月底，也就是《八一宣言》這個響亮標題還沒想出來的時候，繞中亞、穿新疆戈壁，駱駝不停蹄地往同志們身邊趕。這一趟走了三個半月，到這年初冬，即11月中旬，終於趕到了陝西的瓦窯堡。

從本著者讀書的五十年代起，中學歷史課本和有關宣教材料，關於這一重大事件，歷來有如此表述：

華北事變以後，中華民族面臨亡國滅種的危機。1935年，中國共產黨發表「八一宣言」，號召停止內戰，一致抗日。同年底，

中共中央在陝北瓦窰堡開會，確定了建立抗日民族統一戰線的方針，得到全國各界愛國人士的擁護。[23]

從那時候到現在，不下五億人口，均須背下這段話，以應付升級、升學考試和時事測驗。直到2006年中學課本修訂時，《八一宣言》的發表者才被改為中共駐共產國際代表團。

那麼，「北上抗日」的紅軍，與《八一宣言》有什麼關聯麼？

1935年初夏，法西斯在歐洲發飆的時候，紅軍正困在兩河口，一、四方面軍正為北上還是南下爭論不休。在共產國際七大開會的日子裏（7月25日至8月20日），身心俱疲的周恩來（他是遵義會議後新「三人軍事組」領頭人）患了肝膿瘍，已經不能主事，毛澤東開始獨立負責軍事。在《八一宣言》的最後一稿經共產國際書記處成員表決通過的那天（9月10日），毛澤東一派的中央紅軍，正以近乎奔命的方式從張國燾身邊逃開。而在林育英騎着駱駝往陝北趕的那段日子，紅軍打下了通渭縣的直羅鎮（9月底），並且終於可以在久違了一年之後，再次看到報紙——他們這才第一次得知日寇鐵蹄對華北的踐踏，得知原來自己正奔命前往的陝北，不僅有紅軍，還有一個蘇區根據地！

這年10月，在「長征勝利結束」的吳起鎮，毛澤東在黨內的位置得到確認：負責軍事。待到背負了兩大任務[24]的張浩（也就是林育英。浩，是他為這趟歷史性的「浩然前行」特別給自己取的一個新名字）趕到陝西瓦窰堡的時候（11月中），「西北革命軍事委員會」主席[25]毛澤東正忙着打直羅鎮（對方是東北軍的牛元峰，並非日寇）。出面接待林育英的，是黨的負責人洛甫、博古。

張浩同志離開莫斯科的當口，無論《八一宣言》這個響亮標題，還是將其發佈地改放到長征路上這樣的主意，都還沒想出來，但主持大局的張聞天已經敏感到事關重大，果斷以「蘇維埃共和國主席毛澤東、工農紅軍軍委主席朱德」的名義（注意，並非由「中國共產黨」發佈。張聞天那時候多麼明白，後世的共產黨宣教精英不知怎麼愈活愈胡塗）發佈了「蘇維埃和紅軍」的《抗日救國宣言》。[26] 至於這個

宣言是如何發佈的，通過了哪家電台、報社，到目前為止，均未見披露[27]——考慮到當年紅軍的艱難處境，可能根本就是一個草稿，或者哪位長官在什麼會上唸唸了事，自然不會有任何歷史影響。

只要比較一下兩個文本：陝西發佈的這個宣言與後來正式頒佈的《八一宣言》，第一讓我們驚歎的，是張浩同志驚人的記憶力；第二就是官方史家靈活閃爍外加相當無恥的身段。歷史課本上那模棱兩可、還特別扯上毛澤東的「8月1日，中國共產黨發表《八一宣言》號召停止內戰，一致抗日」，可算是該身段之經典。

到了1935年秋末冬初，俄文、英文和中文的《八一宣言》，還是從不同渠道、輾轉而艱難地傳到了中國[28]——其速度和林育英穿戈壁差不多（雖然林育英找到了紅軍，但莫斯科接通與中共中央的電訊聯絡直到1936年6月中旬才完成——否則西安事變要重寫了）。[29]

正「憋」在上海，只能動不動玩點兒犧牲巨大之「飛行集會」的周揚等零散黨員（注意，中共後來對那時候革命力量的評價是「白區損失100%，紅區損失90%」）興奮莫名。[30]可惜由於獲得信息渠道的差異，對其「精神」的領略難免各有千秋：「國防文學派」，即周揚等「四條漢子」，獲得宣言的渠道是《共產國際通訊》，心中的領袖是遙遠的莫斯科。因為不曾離開過城市，對能與政府合作抗戰（而不是拿命鬧着玩兒），絕對「偷着樂」。加之出自蘇聯作家之手的「國防文學」觀念，對他們而言，不僅具有天生的親和力，還特別給人壯膽兒。而到過蘇區、參加了長征、這回接受特別派遣從陝西回到上海的馮雪峰就不同了。他代表的是瓦窰堡的中共中央，對白區還有多少人在幹什麼不甚了了——或許說，也不甚放在心上。他沒有先聯絡「左聯黨團書記」周揚，而是登門拜望自己的「老師和戰友」魯迅，並在胡風的陪伴下，傳達了具有瓦窰堡特色的《抗日救國宣言》。雖然那時「國防文學」的口號已經在周揚他們的推動下有了成績，「左傾傾向」（或曰無產階級情感）鮮明的胡風，即使考慮到當時的政治局面，也覺得不舒服、不愜意——何況他從根兒上就看不起周揚等一干人。他們打出自己的口號「民族革命戰爭的大眾文學」，並在魯迅彌留之際，相當率直兼倔強地（馮雪峰和胡風的性情）將分歧公開。

現任黨團書記的周揚和曾任書記、現任特派員的馮雪峰，誰都不服誰。大家在權力（「無產階級文藝第一旗手」）上較勁，祭出來的卻是冠冕堂皇的無產階級大話。「兩個口號」（「國防文學」與「民族革命戰爭的大眾文學」）之爭，從那時候一直爭了半個世紀，把後世既熱愛黨又崇敬魯迅的青年弄得一頭霧水——直到大家都死掉，直到「第一旗手」的含金量逐日降低，直到毛澤東與魯迅都不再是神。

口號本身沒什麼了不得，對抗日、對反法西斯也沒有什麼促進或者促退。從1936年到1945年，沈從文該寫《湘西散記》還是寫；聶耳的《義勇軍進行曲》、徐悲鴻的《田橫五百壯士》也是照譜照畫；連郭沫若的「中華全國文藝界抗敵協會理事」和直到今天聽起來還挺像樣子的八路軍與新四軍軍歌，也沒因為這兩個口號之爭受任何影響。

如果這樣的爭執發生在別的領域、別的人群中間也就罷了。無奈文學與藝術最大的特色就是與公眾見面——不僅作品，還有人物，更不要說解疙瘩的障礙還在毛本人。在對周、胡二人之經歷與作風大致瞭然情況下，毛其實樂得高高在上地看戲，有興致的時候也下場挑撥一把。他本與魯迅格格不入（即專制者與反專制鬥士的格格不入），卻不妨礙在他沒登上專制寶座之前的某一時刻、某一局面和某種情緒下，對此人破格垂青（兼利用），根本不顧與他更近的當道一派（「四條漢子」）的尷尬。

最為馮雪峰和胡風看不起的周揚，揣摩聖意的本領遠在他們之上，更遑論攀附與網羅。對左翼文藝及其人士比較熟悉的好幾代中國人，都清楚馮、胡同道個個恃才傲物，而周揚的黨羽則成功霸住了幾乎所有的關鍵崗位——這也是爭執久拖不決的原因。

行文至此，著者禁不住說說半個世紀後的一椿同樣把大家弄得一頭霧水的公案。那是在文革之後思想解放發軔期（1983年），有了些許醒悟的周揚在紀念馬克思逝世一百周年之際，做了一個關於「異化」的報告——以我們今天的眼光看，恭奉馬列為鼻祖之立場絲毫未變，只不過以前光撿一條胳膊，如今往前邁了一小步，說還有條腿那。不料依舊自詡為意識形態總管的胡喬木立刻發難，逼周揚檢討，直把這名前總管逼到「抑鬱而死」。記得那時官家及半官家思想宣傳界

一個個大眼瞪小眼，只有當年「兩個口號之爭」的親歷者夏衍將迷局一句話點明：「要是這個報告讓喬木去做，就什麼事也沒有了。」[31]

這期間，本書主人公張東蓀呢？他那時屬於什麼傾向？

1935 年 11 月，孫道生在〈現代中國哲學界之解剖〉中對已見雛形之中國哲學界「八派」作出定義，[32] 其中張東蓀被認作「新唯心論」的代表：

> 中國新唯心論的領袖，無異議的當推張東蓀先生。中國研究西洋哲學的人，不可謂不多，說到能有西洋哲學中引申出來新的意見，建設新的哲學，恐怕只有張東蓀先生一人。……他的著作很多，總在 120 萬言以上。如《新哲學論叢》、《人生觀 ABC》、《道德哲學》及《認識論》等，都是近二十年中國哲學出版物中第一流的著作。就中以《認識論》一書是他的精心傑作。著者認為張先生在這部傑作中有三點最大的貢獻：一是條理部分認識論；二是名理絕對獨立論；三是普泛架構主義。[33]

全副精力集中於教學和撰述——因為有燕京那樣的環境；因為有何炳棣那樣的學生。當然作為公共知識分子，他不會放棄自己作為公民的權利。1935 年 4 月，中國哲學會第一屆年會在北平召開，他提交論文的題目即為〈從我們所謂哲學看唯物辯證法〉。之所以單單挑選這樣一個題目，只為切實感到，面臨某種可能到來的變革（革命），哲學不僅在它的發源地，在包括中國的亞洲，都出了問題。這篇論文是作為「發刊詞」發表於《文史月刊》第 1 卷第 1 期（1935 年 10 月 10 日）。

到 11 月，在國民黨第五次全國代表大會前夕，他又在新創刊的《自由評論》上發表〈結束訓政與開放黨禁〉，猛烈抨擊一黨專政和親日案：

> 各方面的消息似乎證明結束訓政已成為「內定」的了。結束訓政既成為內定，則不久的將來便可變為事實。但我們必須對於結束訓政看一看其中有何種涵義。

在普通的涵義上來看，似乎可以說結束訓政即是取消黨治。所謂取消黨治就是取消一黨專政。取消一黨專政就是同時允許他黨存在。這亦就是取消「黨外無黨」與「黨高於一切」的標語。同時亦就是取消「黨國」二字。因為黨國是「國為黨所有」的意思。

我以為國民黨如果真心要結束訓政，最好是在這一次的五全代會以後，即把黨費由國庫支出者完全停止，同時頒佈一道命令聲明所有民運必須的黨部指導的法令亦一律停止其效力。如此便可算訓政真正結束了。至於結束訓政以後的開始憲政，恐怕尚需時日。

中國政局瞬息萬變。就在這前後，北平爆發了「一二・九」、「一二・一六」學生運動。幾乎同一天，12月17日，共產黨在新落腳瓦窯堡，積極召開緊跟國際「轉向」的政治局會──「反蔣」變「聯蔣」。

轉年2月，劉少奇銜命秘密抵達天津的同時，一篇文章出現在《自由評論》第10期上：〈評共產黨宣言並論全國大合作〉。

這是「清共」之後，國統區第一次公開發表的不以「共匪」對待共產黨的文字。

在公開發行的報刊之上，這麼早就公開而且基本正面評論《八一宣言》，瓦窯堡的共產黨沒有可能做；京、滬、平、津剛剛死而後生的地下黨尚沒氣力做；後來與共產黨生死難分的左派人士隊伍還沒有集結成功；對「共產」、「革命」懷有無從化解之警惕與反感的自由派人士不屑理會──但這篇文章出現了，而且出自對共產意識形態從無寬諒的燕京大學教授張東蓀。而這位教授，還是大家記憶猶新的與紅色寫家數次論爭的中流砥柱。

他從哪裏得到的消息──北方救國會？燕京同事斯諾或者林邁可？[34]

國家政治經濟結構如此，教育程度如此，社會組織不成熟程度如此，如何面對？拼命、造反、殺出一個新天地……激憤之情在人群中湧動。東蓀先生呢？他早在「火燒趙家樓」之前就有議論：「完全拒絕之，為勢既不能；完全承諾之，其果亦不良。則捨調和外無他策矣。」

至於如何調和，只有：

> 當採納其主義中之含有至理者，……然後對其過激之謬説提起
> 正確之輿論以宰制之，則其勢必漸殺也。要之，一方面於經濟
> 制度社會組織先自改良，此為釜底抽薪。他方面於思想研究，
> 致其精微明辨，則人民有反覆之思維，能自辨是非，則感情之論
> 不足以動之也。易言之，即過激主義之穩健化。[35]

這回，過激到幾把自己滅掉的共產黨不再和當局搶地盤，而是要
聯合抗日，自然屬於「其主義中之含有至理者」——至於究竟是主義
中之至理，還是審時度勢的策略，張教授已經難於沉下心細細辨析。
因為那時日本南侵之野心，已經無人不曉，而剛剛開過的國民黨第五
次全國代表大會，已經以五百八十多票的多數，通過「委員長所提的
親日方案」，成為政府的「對日根本方針」——專權者又出此令人羞憤
之下策，讓他傷心不已。

他的願望，或者説那時候有知識、有議政能力的人的共同願望，
是「把全國有政治能力與主張的人們一齊拉在同一戰線下。倘能如此
便是中國的一個大轉機。中國已經錯過了許多的機會，使我們一般
老百姓失望又失望」。

張教授素以不苟言笑聞名於師生間。文章平實理智，從沒有過
「哎呦呦」等興歎。北上燕京任教之後，所感受的，是難得的讀書人
做學問的時光。課上課下，自信而自得。然而這回，《八一宣言》發
表了。在張教授看來，該文不僅言辭至理至性，竟然出於整日叫嚷
「世界革命」、「無產階級專政」之「赤匪」之手——不能不令人動容。
雖然沒如水深沒頸的洛甫、博古，哪怕周揚、夏衍那樣，感到「如獲
至寶」，「就像一盞明燈」，[36] 但作為愛國者，特別是共產主義及共產
黨的批評者，張東蓀受到深深的震撼——他們變了，中國共產黨
人，從根子上變了：

> 一個向來主張除私產的黨，現在居然説保護財產和營業的自由
> 了。以一個向來主張無產階級專政的黨，現在居然説實行民主
> 自由了。以一個向來主張完全世界革命的黨，現在居然説為國

家獨立與祖國生命而戰了。以一個向來受命於第三國際的黨，現在居然說中國人的事應由中國人自己解決了。以一個向來主張用階級鬥爭為推動力對於一切不妥協的黨，現在居然說願意與各黨派不問以往仇怨都合作起來。這是何等轉向，這個轉向是何等光明！我們對於這樣勇敢的轉向，又應得作何等佩服！[37]

似乎是，曾經有過的論爭和論斷變得不再重要。他正要以前論敵的身份，力排眾議，向大家彰示，「全國大合作」抗擊敵寇的局面太值得珍惜，而為這一局面作出「轉向」的共產黨，多麼勇敢光明、意義重大：

我所以提出問題來討論是因為這件事在思想界有相當的關係，亦可以說，我認為共產黨的轉向，是最近中國思想界上一件大事。但各報雜誌上從無論到。這未免是一種卑劣心理的表現。我因為沒有人來說話，所以才特別多說幾句話。[38]

嘩，對自己多麼苛刻：「卑劣心理」！可憐的書齋書本夫子啊，他們固然擅長於理論與邏輯推斷，但對於革命家們的韜略、圖謀、伎倆……比方說共產黨整個抗戰期間生存發展之大政（「一分抗日，二分敷衍，七分發展，十分宣傳」）[39]，怕是做夢也估量不到的。既然是「中國思想界上一件大事」，張教授為什麼把它發表於梁實秋的《自由評論》，而沒有作為自己黨派的發言，發表於《再生》？如果我們對張教授了解得更多一些，估計就不會以常人之邏輯衡量他的作為了。交發該文，從張、梁二人之友情而言，是對創刊不久的《自由評論》的支持（「還稿債」），而沒有看作是國社黨一次重大的行動——從而也反證了該黨的鬆散：沒有人懷有「黨性」、「黨的紀律」之類的念頭；東蓀本人對黨務，似乎並不十分「上心」——雖然被選做總務委員。從根子上，他只是一名關注時勢的學者，而非黨人。

但這些，都不影響他徑直說出自認為對局勢最中肯的建言。不錯，對於專制，他不僅有在中國生活了幾十年的感受，更有學理層面的警惕。在理論上，他認為「過激主義」，即布爾什維主義或馬列主

義，是「產於俄，傳於德，今則浸浸而播至英法日矣」，或稱「西班牙傷風症，流行於全球也」，而「在中國勉強實行，將貽害無窮」。行至中國，比如北京爆發的所謂「首都革命」示威遊行（1925年底國民黨左派策動下的火燒晨報館事件），「讓群眾運動演變成暴力事件，既是革命黨人的主張，也是近代中國的宿命。透過這個案例，我們可以看到，一個社會如果沒有寬容的風氣，就會變得更加殘忍，更加可怕。」

對他而言，隨着整個自由世界的反省與探索，「公有制的社會主義強國」則近於一個寄託了期待的模糊憧憬。雖然加入一批文人組黨又發政論，他從來沒有想過、也從來沒有在行動上把自己當成政壇人物。於是，對政客「怎麼有利於自己就怎麼說」（並不一定做）這一常態，他居然沒有絲毫警惕。這回也一樣。東蓀先生天真到無可救藥地在評說中指斥「唯黨是從」之要不得，並且死抓住人家共產黨「不過說說而已」的東西不放：

> 所謂黨團作用乃是隨着共產黨的潛伏運動而生的一件東西。即對於黨外的人只講利用，指認為工具。換言之，即對於黨外無真誠只有詐偽。在我們看來這種黨團作用實在是一個毀壞人類天真性情的東西。……
>
> 共產黨必須聲明在國難未度過時期中（至少十年內）放棄共產主義活動，以使一般怕社會主義革命的人們安心；共產黨必須把其軍隊集中在一個區域，以便萬一有事則可擔當一面；共產黨應在其統治區內實行「救災安定民生」、「廢除苛捐雜稅」、「整理財政金融」、「加薪加餉」、「實行免費教育」等政策，承認只有一個中央政府，蘇維埃政府應變為地方政府。……
>
> 我們歷來不反對國民黨與共產黨，而只反對一黨專政，以為一切罪惡皆由此而生。現在共產黨提議合作是顯然放棄了專政，這真是一件最可慶幸的事了。[40]

他的一個重要思索（起碼可以看成敝帚自珍的命題）——「中間性的政治路線」，雖然要到1946年才鄭重提出，但在此刻，從對共產黨轉向的讚揚中，已可見端倪：

大家須知共產主義與三民主義以外，實在有很多的人們，是於經
濟贊成社會主義、於政治相信民主主義的。這一類人們雖尚未
形成具體的大規模組織卻是很有潛力。我相信有許多同情於共
產黨的人卻其實只是這一類的信徒。[41]

　　他本意是對學界和公眾發言，沒有料到評論發出後，居然受到新
到任的中共北方局書記(後來的共和國主席)的回應。劉少奇這封署
名「陶尚行」的信，直接寄給了該文作者，即張東蓀本人，還着重說
是「明白公開的答覆」，並希望「將這封信在貴刊上發表，並在貴刊上
答覆我」──特別具有「凡事長於自作主張」的「少奇同志」特色。

　　然而，儘管明知(在內部也如是說)自己黨過去沒少犯「鮮血和性
命為代價」的錯誤，但陶尚行的這封信，依據「黨內黨外有別」之原
則，仍是一套官話，見不到絲毫的誠懇：

　　　中國共產黨向來沒有主張過：在中國立即要廢除私有財產制
　度，立即建立無產階級專政，中國的事不應由自己來解決、而應
　由他國人來解決，共產黨與中國不應為中國民族自由獨立與生存
　而戰。共產黨並沒有主張過無論什麼時候對於一切都不應妥協
　合作。

　　　相反，中國共產黨與國民黨曾經長期合作過。共產黨歷來
　就號召全國人民為中國的完全自由獨立與領土完整而奮鬥到底！
　素來就反對他國人對於中國民族內部的事情橫加干涉。[42]

　　就算張教授對「國際」與中國支部幾乎是「父子黨」的關係知之不
詳，對「中國支部」拿人家錢，放棄國格、緊跟蘇聯的一次次良知喪
盡之舉，願意暫時放在一邊，但對這樣「沒理攪三分」、臉一抹即不
認賬的官腔，一定已經相當厭倦。用現時的話說，就叫做「太沒勁了
吧」！他把來信交給《自由評論》，表示本人「對於這個問題沒什麼話
可說了」。

　　《自由評論》將轉來的文字以〈關於共產黨的一封信 ── 致自由
評論編者並轉張東蓀先生〉為題刊於4月號，相當平實地加了一段「編
者的話」：

陶尚行是什麼人，我們不知道，很明顯地他是在替共產黨辯護，但是他是在用和平辯論的態度，不是一般共產黨常用的謾罵詛咒的態度。

文章發表後，一名許姓讀者又致信張東蓀，對陶信提出批評。5月17日，張東蓀再提筆，先在《自由評論》上發表〈關於陶許兩封信的感想〉，接着，也許對於共產國際的大會有了較多的了解，也許是對作者表現的「共產式的思維方式」深深惋惜，終於又提起筆，為自己的刊物《再生》寫了〈從教育的意義上歡迎共產黨的轉向〉，[43] 表達了對陶尚行站在本黨之立場上所作「辯護」的感受：

> 我們在局外認為共產黨轉向了，而共產黨的代言者偏要說是向來一貫的，不能不令人覺得這是一種怙惡。換言之，即這是由於一種「面子」作用在那裏作祟。……
>
> 我們未嘗不知道中國共產黨的轉向又何嘗是中國共產黨單獨自主的行為呢？依然只是受了世界共產黨的轉向之波及罷了。
>
> 因為他們是習慣於生活在指導之下，只知奉令承教。他們對於上級所發互相衝突的兩個使命，只可一樣去服從，不知其中有矛盾。即使知道有些相反，亦必只好加以強辯，說明其可以聯接。這是他們的職務，恐怕亦就是唯一的職務罷。因為不如此，則鐵的紀律不能維持。[44]

行文到此，不得不佩服張東蓀、梁實秋，以及那位許姓投書人之目光銳利。因為幾乎半個世紀，三代中國人（無所謂共產黨員抑或並非該黨的人）都生活在「陶尚行」冠冕堂皇的模棱謊言裏。直到毛、劉離世，到部分歷史文檔可供專門研究者調閱發表，我們才知道，在他們這場文字交「不過一年前，也就是1934年中期至1935年夏，翻檢中共蘇區的領導人與國際的請示與指導，還都是如何鞏固根據地、如何保住紅軍實力。在反圍剿的艱難環境下，腦子裏基本沒有『抗日』這一概念」，[45] 在知識界、輿論界，共產黨專注的，依舊是鄉下的農民運動和城市的集會鬥爭。

可能太執著於自己的專業了（方法論與認識論），張東蓀覺得，共產黨這個黨，壞就壞在「思維方法不對頭」。而思想界的責任，則是「從教育的意義上歡迎共產黨的轉向」，「反對共產黨就只是專在於其思維方法的態度」。不知是否出於教師的職業習慣，對於共產黨，他竟然鄭重發出經歷史證明，只可稱之為「滿擰」的呼籲：

> 這個轉向在政治上與結果上亦許不十分大，而在思想上與教育上的意義卻十分重大。因此我覺得全國教育界對於共產黨的這個轉向應得重視。[46]

如果從政治學原理出發，此番交手，其實屬於他最關心的權力制衡：抗擊專制的力量走上了正軌（民族聖戰）。對此，他立即反應，表示衷心歡迎，完全沒有想到，他的「以正視聽」的做法，正合了共產黨統戰的需要——雖然那時候這個部門還沒出現。

不知道劉少奇在他向中央的報告裏怎麼評說這幾篇「雞同鴨講」式的你來我去。目前查到與此有關的，只有1936年8月5日中央致信河北省委電：

> 我們認為北方黨的工作，自胡服同志到後，有了基本轉變。……能採取適當方式，直接影響全國統一戰線最有權威的刊物，努力擴大抗日戰線，……[47]

胡服即劉少奇；最有權威的刊物，應是《自由評論》和《再生》。在絲毫不客氣的批評面前，報以如此大度又不失原則立場的響應，在共產黨，特別是執政後的共產黨，幾可告闕如——而這回的這個態度，是因為自身依舊處於艱難中，還是由於當時的掌舵者為張聞天，抑或少奇同志正要得到重用？

其他愛國者呢？據新中國正史，國民黨左派宋慶齡、何香凝、柳亞子等都得知了這份《八一宣言》，他們「表示衷心擁護。在上海從事救國運動的各界人士相互秘密傳閱，奔走相告，一致認為《宣言》說出了他們的心裏話，反映了他們的願望和要求。屢試屢蹶的『第三黨』根據《宣言》精神，重新起草了自己的黨綱，制定了同共產黨合作，

實行聯共抗日反蔣的總方針」。[48] 箇中操刀者，正是我們在第一章說到的那個北上運動傅作義議和的李濟深代表彭澤湘。

張教授有關「政治上」和「教育上」的「意義」，錯在哪裏了？或者說，他的「滿擰」，到底擰在了什麼地方？

我們已經知道，由世界局勢引發、國際政策調整而導致的中共這回的「轉向」，在「政治上與結果上」效果立竿見影：共產黨從此擺脫「赤匪」之惡名，在全民族抗戰中理直氣壯地壯大崛起，終於拿下全國。毛澤東在瓦窰堡會議和洛川會議之後所走的幾步毫無心肝卻極具成效的棋，連周恩來、彭德懷一時都看不出來，更不要說教授們了。好在《自由評論》的編者除了點出「陶先生似乎把共產黨說得太好了」之外，尚有下邊一段論說，不知是不是指毛澤東親自部署並親臨指揮的「紅軍抗日先鋒軍渡黃河東征」（1936年2月間）：

> 抗日救國的事業，必須以全國一致為先決條件。局部抗日，是於國家有害的，因為一部分鬧出亂子之後必至還有一部分來簽辱國條約。必需全國有力者都有死裏求生的決心：誰都不準備苟安偷生，然後始可以言戰。⋯⋯在這樣的情形之下，你們以數萬飢餓之眾高揭抗日的旗幟渡河入晉，這樣能否收抗日之實，誰都不免要懷疑的。恐怕事實上只能糜爛地方、惹起敵人加速進攻吧？

這一步棋（紅軍抗日先鋒軍渡黃河東征），正是瓦窰堡版《八一宣言》的具體落實。目標為「把國內戰爭和民族戰爭聯繫起來，擴大抗日力量和主力紅軍」；具體步驟是「聯絡駐陝北綏德米脂的八十四師（高桂滋），攻打賣國賊閻錫山」。行動結果，有學者作了具體敍述：

> 中央紅軍到陝北後，又面臨嚴重的經濟困難。這樣貧困的地方，一下來了這麼多紅軍，當地農民根本無力供養。劉志丹也拿不出多少錢來支持中央。錢的問題真是叫人頭疼。彭德懷、林彪電報告急。因為沒有棉衣，沒錢買柴火，戰士都凍壞了。毛澤東意識到紅軍生存問題的嚴重性和迫切性。

1936年2月20日，在毛澤東親自指揮下，紅軍開始東渡黃河。三天的渡河很順利，只遇到閻錫山部隊的輕微抵抗。一進山西境內，紅軍就感到比陝北富裕得多。童小鵬隨中央直屬隊到了石樓縣的下堡鎮，看到這個地方「雖然只二百餘人家，街上也不過幾十間鋪子，但是它的建築，尤其是居民家中的佈置，排場得很」。王平帶着紅十團在洪洞縣東南的蘇堡鎮打土豪和籌款。一天，有個老長工報告，某地主家有個暗窖，裏面藏了不少東西。紅軍找到暗窖，打開一看，光皮襖就一百多件，還有不少古董字畫。有一個銅盆，用手在盆邊摩擦就會飛起水花，據說價值十幾萬元。但是這些文物字畫都不如現大洋對紅軍更有用處。僅在蘇堡鎮一地，紅軍就籌款上萬元。

紅軍進了山西，閻錫山急忙調兵加強太原以南的防禦。誰知紅軍卻掉頭向南，晉南是山西的富裕地區，紅軍所到，並不主動找晉軍作戰，而是打土豪、籌款擴軍。在山西邊打邊休整了兩個多月，毛澤東認為東征目的已經達到，不與敵人決戰，下令主動撤兵回陝北。在掩護紅軍渡河回陝北的戰鬥中，劉志丹軍長不幸中彈犧牲了。

紅軍東征取得了很大成功，短時期內紅軍擴充八千人，籌款五十多萬元（一說三十多萬）。對於貧困的紅軍來說，這是一筆很可觀的收入。[49]

其實，就算紅軍手裏不是土造槍，而是大刀棍棒，石樓、洪洞那些富戶也絕不是對手。出發之前，偉大領袖已經估計到這一絕不僅僅是五十萬元的勝利。他計收全功、意氣風發的《沁園春·雪》就在這年2月寫下：

北國風光，千里冰封，萬里雪飄。
望長城內外，惟餘莽莽，大河上下，頓失滔滔。
山舞銀蛇，原馳蠟象，欲與天公試比高。
須晴日，看紅妝素裹，分外妖嬈。
江山如此多嬌，引無數英雄競折腰。

昔秦皇漢武，略輸文采，唐宗宋祖，稍遜風騷。

一代天驕，只識彎弓射大雕。

俱往矣。數風流人物，還看今朝！

這首詞公開發表，是在1945年9月抗戰勝利、詩人赴陪都與蔣總裁談判之時。挾勝利之喜悅的雄偉氣派，頓時傾倒大批政客文人，只可惜沒見學者點出寫作時間──詩人雄心勃發的興奮所在。

到了21世紀，洛川會議終於進入關切自己歷史知情權的新一代中國人的視野。「看今朝」之始，1937年8月22日，在紅軍接受改編為「國民革命第八路軍」前夕，中共中央在洛川開了那個政治局擴大會。倉惶北竄時候的「西北革命軍委主席」毛澤東，此刻正式晉為「中共中央軍委主席」（此銜他攬了近40年直到棄世）。在會上，毛說：

> 要冷靜，不要到前線去充當抗日英雄，要避開與日本的正面衝突，繞到日軍後方去打游擊，要想辦法擴充八路軍、建立抗日游擊根據地，要千方百計地積蓄和壯大我黨的武裝力量。對政府方面催促的開赴前線的命令，要以各種藉口予以推脫，只有在日軍大大殺傷國軍之後，我們才能坐收抗日成果，去奪取國民黨的政權。我們中國共產黨人一定要趁着國民黨與日本人拼命廝殺的大好時機全力壯大，發展自己，一定要抗日勝利後，打敗精疲力盡的國民黨，拿下整個中國。
>
> 有的人認為我們應該多抗日，才愛國，但那愛的是蔣介石的國，我們中國共產黨人祖國是全世界共產黨人共同的祖國即蘇維埃（蘇聯）。我們共產黨人的方針是，要讓日本軍隊多占地，形成蔣、日、我，三國志，這樣的形勢對我們才有利，最糟糕的情況不過是日本人占領了全中國，到時候我也還可以藉助蘇聯的力量打回來嘛！[50]

何等樣的邏輯、膽魄、意志，還有手段！這意念，退一步説，萌生於由弱轉強關鍵時刻，對隻手奪天下的梟雄而言，似不奇怪。令人難於想像的是，這套簡直羞於對人言的把戲竟然一直清晰盤桓在此

人腦中。到他拿下了天下，不僅1959年，在廬山會議上，面對怔營惶怖的同志們大罵彭德懷，到他1964年見佐佐木更三，到1972年見田中角榮……這發跡之始的真經，列寧、希特勒都不敢如此煌煌昭示吧？可見寶愛珍視之至。

夾了一段官家黨史諱莫如深的東征與洛川會議，現在再回過頭來說「滿擰」。

政治家執著於「政治上與結果上」，東蓀先生期待的「思想上與教育上」呢？著者傾向於不在這裏浪費筆墨——我們每個人從自身經歷都能知道，如果從那時候起就發生令教育界和學界感到欣喜的轉變，還會有後來橫恣中華大地歷七十年（1980年代短暫喘口氣）愈演愈烈的災難麼：整風、搶救、思想改造、反右……直到文革、直到不准妄議、媒體姓黨？

因為談到本書主人公「從教育的意義上歡迎共產黨的轉向」，很難不向讀者諸君介紹另一個很具民國範兒之溫馨的故事——也發生在教授間，也在那個時候：

> 1936年毛主席到達陝北後，周炳琳先生、許德珩先生、周夫人（新民學會早期會員魏璧女士）同許夫人（新民學會早期會員勞君展女士）一起商量給毛主席送些陝北急需的東西，並由魏璧女士和勞君展女士一起坐洋車（人力車）到東安市場選購了一批金華火腿、懷錶（當時那種只有會移動的阿拉伯數字而沒有時針和分針的懷錶）和布鞋，用周炳琳、許德珩、魏璧、勞君展等人的名義，委託在北京的中共地下黨人徐冰教授和夫人張曉梅女士送到陝北給毛主席。毛主席收到後，曾回信表示「衷心感謝」。[51]

毛的回信如下：

各位教授先生們：

　　收到惠贈各物（火腿、時錶等），衷心感謝，不勝榮幸！我們與你們無間，精神上完全是一致的。我們的敵人只有一個，就是日本帝國主義，我們正準備一切迅速地進到團結全國出兵抗

日，我們與你們見面之期已不遠了。為驅趕日本帝國主義而奮鬥，為中華民主共和國而奮鬥，這是全國人民的旗幟，也就是我們與你們共同的旗幟！謹致

民族革命的敬禮！

毛澤東

(1936年) 十一月二號[52]

「我們的敵人只有一個」——當時誰不這樣想呢？不過幾天前的 10月下旬，中共中央剛剛收到北方局發來的電報，得知「北平各大學教授徐炳昶、顧頡剛、張蔭麟、楊秀峰等，包括左傾者、藍衣社分子、國民黨自由主義者在內的各派人士，聯名發表《教授界對時局意見書》，向政府提出八項要求 …… 文化教育界已發起簽名運動，簽名者已百餘人。…… 平津教授對外交宣言發表後，在廣徵簽名，張東蓀、羅隆基、陶希聖等已聯合參加救亡」。[53] 這是近代中國極為短暫的平息內鬥、共赴時艱的時光。很快地，權力爭奪再度壓倒一切。很快地，到了共產黨得天下之後的交椅分派。許姓作者不知何人；梁實秋已經遁走台灣；張東蓀得到中央人民政府委員和全國政協委員；許德珩得到政務院法制委員會副主任委員、水產部長；周炳琳辭北大法學院院長之職，專任經濟系教授——那是在1949年。到1952年的「思想改造」運動裏，周教授再也不能回到1936年時候的心情，即所謂表現「態度惡劣」是也。情況報上去。毛澤東特批：

像周炳琳那樣的人還是幫助他們過關為宜。[54]

望讀者記住這則結束知識分子思想改造運動的重要批示——大教授、大學問家，掌中玩捏啊。周炳琳教授率直坦誠。他曾經真心喜歡的，是受專制欺壓的、走上團結抗日道路的毛澤東；厭惡的，是扼殺自由的專制者 (1946年制憲國大由國民黨包辦舉行，周炳琳曾站在共產黨一邊，勸胡適不要出席，説：「此時赴會，是否為賢智之舉動，琳以為尚值得考慮一番。」)。1952年的「惡劣態度」之外，到反右期間，他更認為「紂之惡，不如斯之甚也！」

毛澤東放他一馬，出於念舊，抑或留下個把真性情人以粉飾場面？

3　國民參政會

局面膠着。

「不能把國家的命脈斷送；不能使民族的生命危殆；不能為個人名譽而使中國滅亡」──這是國家元首蔣介石強虜當前「隱忍退讓十年」（從濟南慘案到盧溝橋事變）為自己立的口訣。但是，沒有等他自己奮而迎戰，1936年底，「西安事變」發生。國共合作、聯合抗戰已成不可阻擋之勢。

事變中，斯大林的親自介入搭救，使得「士官生＋青皮」出身的蔣介石，獲得一種受到頂級強人青睞而生發的自我期許。他的「攘外必先安內」看來須暫時讓位了，以響應朝野上下之一致呼聲「全民攜手、持久抗戰」──這不僅僅是向給錢給槍的斯大林作出的姿態，更是贏得人心的基調。因「獨裁」、「訓政」而挨的罵……全可以暫不計較。除了富有道具效果的黑披風、白手套之外，蔣某還要在言辭、心胸上更像個元首、領袖。

「西安被難」驚魂初定，汪、蔣等人即定下了7月中之後（在他們避暑的地方）「廣泛聽取各界知名人士意見」。當局打算邀請二百餘人前來盧山，分三次舉行「談話會」，名單已經汪、蔣親定，不計對元首曾經有過的態度；不計政治底色；唯一的標準是議政能力。來賓包括「各黨派和無黨派人士」，但大家都以個人身份出席，連入座都按姓氏筆劃，可見當局對「黨外有黨」的忌諱。談話會還有「一批國民黨中央要員和政府各部門的高級官員作為陪客」，形影不離。對比今日，共產黨反倒顯得大大咧咧──殊不知人家功夫全做在隱處，濟濟一堂開會，總是一片祥和。

儘管如此，各黨各派終於等到了這一天，紛紛從秘密狀態下浮出，致電國民政府，要求立即對日作戰。以個人身份應邀出席的國

社黨張君勱、青年黨左舜生，以及農民黨、村治派的人，包括著名大學校長、實業巨頭等，都在盧山慷慨陳詞。

正在這當口，「七七事變」發生了。

經瓦窯堡會議、特別因西安事變而「挨了（蘇聯之）跐兒」的共產黨，雖然一直與當局舉行秘密談判，而且周恩來等當時就候在盧山，也沒有受到邀請。[55] 儘管如此，在「七七」第二天，共產黨還是發出「願在委員長領導之下為國家效命」的電報[56]；身份依舊是「紅軍將領」的彭德懷、林彪等，也鄭重表示「願即改名為國民革命軍，並請授名為抗日前驅，⋯⋯ 與日寇決一死戰！」

張東蓀是盧山談話會受邀者之一，也前往並佩戴了圓形白底藍色「五老峰」會徽，[57] 但幾乎沒有說話。對當時國民黨中政會主席汪精衛和副主席蔣介石（這次談話會主人），不僅毫無淵源，也沒有好印象——儘管蔣的此次演說幾乎立刻成了全體國人朗朗上口的誓言：「如果戰端一開，那就是地無分南北，人無分老幼，無論何人，皆有守土抗戰之責任，皆應抱定犧牲一切之決心。」[58]

日本全面侵華所造成的民族危機，將中國的「第三勢力」（張東蓀在自己的文章中稱之為建設民主國家的「新勢力」，國社黨自然包括在內）正式推到前台。張東蓀沒有被「一個領袖、一個國家⋯⋯」迷住。對國共兩黨「曲不離口」的「總理三大政策」（聯俄、容共、扶助工農），從被提出的二十年代中期，到共產黨得到全國政權之後，張東蓀無論是教學、演講還是著述，連提都沒有提過。就算他在那時候對蔣介石的「抗戰到底」之「底」有比較樂觀的估計，但作為思想家，並不認為專制標榜的「高效」，是戰時動員之必須：

> 沒有一個專制國遇着了外患，而能夠辦到舉國一致的。一個國家，政治愈專制，一旦有了外患，其政府想要舉國一致去對付，因人民平日不信任的緣故，決不會有結果。⋯⋯我敢鄭重告訴大家說，以後的出路只看中國能不能有一個新勢力，這個新勢力出來必須把一切舊勢力惡勢力奮而廓清之。[59]

這話是1937年說的。到了21世紀，拜高科技之賜，通過無所不在的互聯網，歷史真相被(有限)扒出。「人民平日不信任」情聲並茂地落到實處，漢語新詞催生出：「帶路黨」、「愛國賊」。連綿的專制，在怎樣塑造國民——即使到了「物質極大豐富」的時代！

國民政府的諮詢機構於8月組成，其前身是國民政府的國防參議會。第二年3月，國民黨開大會通過了《抗戰建國綱領》和《組織國民參政會案》(望讀者注意此處我們實在太熟悉的「黨說在先」與「唯黨說了算」)，決定設立「國民參政會」。

南京淪陷。

國民黨決定「國民參政會一屆一次會議」改在武漢舉行，參政員當然由執政黨(也就是國民黨)「遴選」，人數也以他們本黨黨員佔優勢。但共產黨及其他當時最為活躍的黨派和團體，都有人入選。比如共產黨參政員的第一名就是毛澤東。他當然一次面都不露。後來大家聯手反專制的民主政團聯盟(以及民盟)的骨幹人物，如黃炎培、梁漱溟、羅隆基、晏陽初、沈鈞儒、章伯鈞、張君勱、張東蓀、曾琦、李璜、左舜生等，悉數入圍。姿態之高，不僅此前的國民黨，就是當下執政已然六十年的共產黨，都不曾有過。

甚為有趣的是，大會之前，國民黨決議恢復領袖制，推蔣中正為總裁——其譽望之隆，似已在當年孫中山之上。新任總裁再接再厲，推出「化多黨為一黨」計劃——哪怕這一黨的名稱換成別的，不再叫「國民黨」。雄心勃勃的中國青年黨表示接受，老成的國社黨僅答允「考慮」。曾經挺過1924年至1927年從熱戀到斷頭整個過程的中共，給出的方案最老到，「將以最積極、最熱忱、最誠懇的態度，擁護國民政府，實施《抗戰建國綱領》，在蔣委員長領導下奮鬥」，並再度建議「各黨黨員加入國民黨，仍自保其政治上組織上的獨立」——這不是老戲新演麼？老蔣再以民族領袖自我期許，也不敢冒這個險了。只表示，大家的努力，「國民黨願推誠接納」，只盼中共「履行諾言」。

1938年7月6日，戰時最高民意機構「第一屆國民參政會」在武漢成立，張東蓀作為國社黨代表[60]參加。當時的輿論認為，參政會的

形成，是「向着政府方式的民主化記錄上一個真正的進步」；[61] 當然也有人把它叫做「大規模的請客」，誰受到邀請，誰不在被邀之列，悉聽主人尊便。細細考察當時諸位參議員的行止，只能說，哪怕到了同仇敵愾的「最危險的時候」，哪怕每個個體的學識、品德均屬於一流，但距離現代社會議會民主、政黨政治，實在還遠得樂觀不起來呢。

只看本書主人公1938年5月的那次武漢赴會之行。

從淪陷的北平出發，張教授不僅須冒遭拘押的風險，還要千里繞道香港。身體從來不曾強健、對種種名分也相當不在意的張東蓀，為什麼汲汲於這麼一次聚會呢？原來他正為自己的一個夢想，或曰一個「設計」所迷，以為救中國於危亡，非此莫屬：

> 當時正是南京陷落以後，政府遷到漢口，我在燕京大學教書。燕京雖然在陷落的北平開了學，我卻潛赴漢口。我那時挾着滿腔熱血，希望將我所想到的這番意見直接向政府陳述。〔到武漢後〕我先把這個意見告訴友人，友人乃對我說，現在的國共合作並不是建立於誠意真心之上，這一番意見不見得會被採納。我於是大掃興而返。[62]

他想貢獻於當道的「這番意見」是什麼？在武漢見到的「友人」又是誰呢？

將張東蓀前前後後的撰述加以比較，這「意見」，或許就是他反覆掂掇、左思右想而設計出的「由新勢力所推動的中間性的政治路線」，即「在政治方面比較上採取英美式的自由主義和民主主義，同時在經濟方面比較上採取蘇聯式的計劃經濟與社會主義」。而會面的友人，據已有證據推測，應是陳獨秀。

據當時正在燕京讀書，志願為這趟跋涉擔任教授助手的葉篤義[63] 記載，他們是在1938年5月，與另一名國社黨人劉石蓀（秘密參加國民參政會）一同去武漢的。張東蓀曾在旅途中問葉篤義願不願意參加國社黨，葉說不願意，只願意與他個人合作。抵達後，三人住在武昌的徐家棚，張和劉參加了國社黨的會議。

在這前後，他們遇見了原燕大學生、「一二·九」前後非常活躍的共產黨員陳矩孫[64]（或許事先即有約定，否則怎麼會如此湊巧？），由這位前清帝師的嫡孫牽線，張東蓀與（託「共同抗戰」之福）剛剛獲釋的陳獨秀見了面。據葉篤義回憶：「約陳的信是我送去的，……事後張東蓀對我說，他們的談話沒什麼內容，不過彼此敍一敍近況，陳的情緒很低落等等。」[65]

怎麼會沒有內容的？張東蓀一定把自己希望向政府及諸方政要陳述的那番意見鄭重向老友解說了。這時候已經是1938年而非1919年和1924年，對自己所「創建」的黨和前同志都有了更深了解的仲甫，則為他點破「現在的國共合作並不是建立於誠意真心之上」。

張、陳會面其實還有另一番意思。據陳矩孫1986年告訴著者，在他的慫恿下，經張東蓀居中聯絡，已被開除出黨的前總書記與共產黨該屆政治局常委、長江局書記之一周恩來見了面。著者當時對中共黨史過於無知，竟然沒有就此窮詰猛追。現在才知道，這次見面，不但已在康生發表〈剷除日寇偵探民族公敵的托洛斯基匪徒〉[66]之後，也在陳獨秀的朋友聯名為他辯誣加上陳自己的辯白、[67]包括葉劍英等三人再替黨張目的「覆函」[68]之後，更在張聞天和毛澤東願意考慮陳獨秀提出的「合作抗日三條」，而為處於托派清肅第一線、唯莫斯科馬首是瞻的王明嚴詞拒絕（1937年8月）[69]之前後[70]。

即使這樣，張、周、陳三位還是見面了。僅僅出於早年的情誼，還是為以後事情圜轉留出餘裕？不會因為周恩來已經得到指示，須特別敬重國社黨諸位吧？中共中央文獻研究室編的《周恩來年譜（1898–1949）》對這一會見無隻字記載，對這類政黨間的秘密拉攏，張東蓀自己也不提。1946年撰寫《理性與民主》，談起已然仙逝的老友，只說：

> 曾記在民國十一二年的時候，陳獨秀提出德先生（即民主）與賽先生（即科學），只有二者足為中國當務之急，實有灼見。二十七年五月間，我在漢口尚和他見面一次，多年老友，相見不無感慨。臨別時他還對我說，自由主義尚有大提倡之必要，可謂語重心長。不料從此即成永訣。

還沒等國民參政會開幕，陳獨秀就離開武漢到四川去了。應該說，仲甫當時已近乎完成如李劼所稱「革命的陳獨秀」向「陳獨秀的革命」轉變：隨着共產革命的深入和發展，前總書記越來越理性，而後繼者越來越重實利、越來越張狂，自然，「革命的創始人變成了革命的局外人」。

會議期間，張東蓀還正式與共產黨的代表周恩來、董必武見了面。當時，國社黨台柱張君勱的《清明正本以救危亡》建議案，因「言論過於激烈」而未能提出。對黨派政治失望之餘，君勱曾與東蓀商議，或許應着手文化改造？東蓀後來回憶：

> 原來在南京陷落後，政府移到漢口的時候，我在漢口與君勱先生商談，本有再辦一個書院的計劃。他託我到桂林去看地，以便造屋。迨我到了桂林，白鵬飛先生要請我在廣西大學任課。我以為燕京大學如能存在，不如在淪陷區多照顧幾個未能入內地的青年為宜，乃即潛歸北平。[71]

寫於1946年的這段話，完全沒有提周恩來在促其北返中所起的作用。據葉篤義記載，還在武漢準備啟程北歸的時候，張東蓀就曾告訴他與周恩來的見面，以及「回到北平之後，同中共的地下人員繼續合作」[72]──想來延安／長江局／華北局（或許還有絕密的中央社會部？）都已經知道了北平一批愛國教授的「救國會」。他自己也覺得，「參政會諸君，沒有大作用，於是自己覺得還不如回燕京來做一些切實的工作好。」

這年的12月，張君勱在民社黨機關刊物《再生》雜誌上，發表〈致毛澤東先生的一封公開信〉，主張取消邊區、取消八路軍和新四軍。當時的局面：「以毛澤東為代表的中央政治局（強硬）路線」剛剛借「六屆六中全會」確立，國民政府關於邊區行政的所有意圖，全被看作「意圖侵吞邊區」而立遭拒絕。更有甚者，張君勱的建議，居然越過有形之事務，涉及到形而上之領域：

> 竊以為目前階段中，先生等既努力於對外民族戰爭，不如將馬克思主義暫擱一邊，使國人思想走上彼此是非黑白分明一途，而不

必出以灰色與掩飾之辭。誠能如此,國中各派思想,同以救民族救國家為出發點,而其接近也自易矣。

對這封信,雖然官方研究(如《毛澤東年譜(1893–1949)》)以不置一詞表達了對它的蔑視,但後來發生的事情告訴我們,一生不曾碰過槍的這位,終於在1949年被勝利者十分解恨地定為「一級戰犯」——雖然在抗戰勝利後短暫地用得着他那一段,毛還能表現出得體的克制與禮遇。

精明的羅隆基曾表示,這封信不能代表國社黨立場(當時羅還是該黨總務委員)。張東蓀在私下對老友也有規勸。[73] 其實,從學理上對共產黨提出批評,張東蓀的言論並不在張君勱這封信之下。或許,救民族於危亡壓倒了一切——張君勱在對現代「民族國家」[74]的鍾愛與信仰上,是超過張東蓀的。

曾有傳言,蔣中正為此給張君勱的書院撥了款。就算撥款屬實,張君勱的這封信,也絕不是為獲這區區饋贈所發。[75] 但是,「二張」分歧之「青萍之末」,終於在此時顯現。

註 釋

1. 陶菊隱:《蔣百里傳》(北京:中華書局,1985),頁51–52。

2. 艾愷採訪,梁漱溟口述,一耽學堂整理:《這個世界會好嗎:梁漱溟晚年口述》(上海:東方出版社,2006)。

3. 其不一致之處不在理念而在做法,例如在對待共產黨和毛澤東方面。1938年,張君勱發表了〈致毛澤東先生一封公開信〉;1946年,張東蓀埋頭《理性與民主》並演講〈政治上的自由主義和文化上的自由主義〉。

4. 見侯祥麟的描述:「哲學教授張東蓀有句話給我印象至深,他說學哲學如同吸鴉片,會上癮,學了哲學就離不了,還想更深入地研究。當時我想,照他這麼說,哲學其實沒有什麼用處。……張東蓀是當時著名的哲學家,他拒絕為日本人工作,一直從事抗日的社會活動。」參見《我與石油有緣——侯祥麟自述》(北京:石油工業出版社,2001)。

5. 事情起源於1929年3月上海市教育局長陳德征向國民黨第三次全國代表大會提交了一個議案〈嚴厲處置反革命分子案〉，提議對「共產黨、國家主義者、第三黨、及一切違反三民主義之分子」，應不猶疑地予以嚴厲處置——法院不需審問，只憑黨部的一張證明便可定罪處刑。胡適先給司法院長王寵惠寫信，並抄送國聞通訊社（對方沒敢登）。接著寫了他著名的《人權與約法》。羅隆基（《論人權》）、梁實秋、王造時等緊隨。當局以逼胡適辭去中國公學校長、拘留羅隆基、查禁《新月》雜誌等手段予以對付，一場保衛人權戰打響。令後世讀史人不解的是，共產黨在這場本應看做對自己聲援的論戰中所取的立場：比如大家已經十分熟悉的瞿秋白文章（以魯迅名字發表）〈王道詩話〉，就對胡適百般挖苦。

6. 智效民：〈張奚若：個人是最終的判斷者〉，載《胡適和他的朋友們》（昆明：雲南人民出版社，2004），頁75。

7. 中共中央文獻研究室編：《周恩來年譜（1898–1949）》（北京：人民出版社、中央文獻出版社，1990），頁68。

8. 牟宗三：《五十自述》（台北：鵝湖出版社，1989），頁64。

9. 蔣介石1935年在國民黨藍衣社集會上演講。

10. 張東蓀：《理性與民主》（上海：商務印書館，1946）。

11. 《再生》，104期。

12. 蔣勻田：《中國近代史轉捩點》（香港：友聯出版社，1976），頁74。

13. 張東蓀：〈增產與革命——寫了《民主主義與社會主義》以後〉，《中建》半月刊，第3卷第4期，1948年7月。

14. 楊親華等主編：《中國民主黨派詞典》（北京：中國政法大學出版社，1989），頁69–70，25–26。

15. 見當時國社黨駐民盟代表蔣勻田描述：這天是（1945年）9月25日，毛到重慶之後的一個月。在他的心目中，與國民黨內政學系有相當淵源的二張（張君勱、張東蓀）很有份量。毛澤東鄭重向蔣勻田通報說：「和國民黨的談判已經失敗了」。蔣勻田問他失敗在什麼地方，毛澤東回答說：「與國民黨相約彼此保守秘密，不過蔣先生既然代表一個有歷史的政黨，我不應當向你保守秘密，希望我們共同保守秘密。」參見蔣勻田：《中國近代史轉捩點》，頁2。

16. 《自由評論》，第35–36期，1936年8月。

17. 張東蓀：〈黨的問題〉，《再生》，第1卷第3期，1932年。

18. 張東蓀：〈國民無罪——評國民黨的憲政論〉，《再生》，第1卷第8期，1932年。

19. 張東蓀：〈為國家計與為國民黨計〉，《再生》，第1卷第6期，1932年。

20. 同上註。

21. 記者：〈我們所要說的話〉，《再生》，創刊號，1932年。

22. 同上註。

23. 參見全日制普通高級中學教科書《中國近代現代史》（下冊）（北京：人民教育出版社，2000，第2版），頁26。

24. 「傳達國際精神和調解一、四方面軍關係」，近年已有研究者指出，其中第二項，實為毛澤東與張浩私下攘定，以冒國際之名，平復繼而瓦解四方面軍。望讀者參考有關論證，此處不詳述。

25. 那時候毛澤東、張國燾鬥法，互不承認，為避免僵局，只好採取沒有「中央軍委」的這個變通方式。

26. 中共中央文獻研究室編：《毛澤東年譜 (1893–1949)》，上卷（北京：人民出版社、中央文獻出版社，1993），頁491。

27. 據載，《八一宣言》（估計是莫斯科版而非張浩背下來的）為「張沖屬下的『中統』南京香鋪營電台」收悉，張「隨即將電文抄送蔣介石和其他要員」，到1936年春夏，《申報》刊登了一條「尋找伍豪啟事」，要求被尋人於5月5日到上海北四川路新亞酒店某房間，與落款者一晤。中共派出了潘漢年作為中共和共產國際的代表，與張沖、陳立夫在上海、香港、南京多次磋商。潘於是年8月8日從莫斯科返回延安，彙報並傳達國際指示。三天後的政治局會議，毛澤東和周恩來建議將「抗日反蔣」口號放棄，此口號在9月1日中共中央指示中被改為「逼蔣抗日」。參見張雲：《潘漢年傳奇》（上海：上海人民出版社，1996）。

28. 準確的關鍵日期，有正式記載：《中國蘇維埃政府、中國共產黨中央為抗日救國告全體同胞書》（《八一宣言》）1935年7月14日莫斯科的中共代表團一致通過。王明譯成俄文後交斯大林和季米特洛夫審閱；8月2日，季米特洛夫在共產國際七大的報告中明確贊同「中國共產黨的倡議」；9月10日，《八一宣言》經共產國際書記處成員表決通過並於9月24日獲得共產國際執委書記處會議批准。10月1日，《八一宣言》（中文版）在巴黎出版的《救國報》和莫斯科出版的《共產國際通訊》（英文版）刊登。1935年12月刊登於《共產國際》（俄文版）雜誌第33–34期。

29. 詳見李永昌：〈中共中央與共產國際電訊聯繫〉，《百年潮》，2003年第11期。

30. 周揚「真是興奮得不得了」，用「如獲至寶」來表達當時「無法形容」的「內心的興奮」。夏衍也從史沫特萊那裏看到了在巴黎出版的《救國報》。這是他們和黨失去聯繫後第一次得到黨中央的指示，第一次得到共產國際的指示。夏衍用「正像大旱遇到甘露」來形容自己的心情。參見徐慶全：《周揚與馮雪峰》（武漢：湖北人民出版社，2005）。

31. 參見李銳2002年1月25日在北京大學知識分子問題研討會上的講話。

32. 八派為：實用主義——胡適；新實在論——金岳霖；新唯物論——張申府、葉青；新唯心論——張東蓀；唯生論——陳立夫；新法相宗——梁漱溟、熊十力；新陸王派——梁漱溟；新程朱派——馮友蘭。

33. 《國聞週報》，第12卷第45期，1935年11月。

34. 林邁可（Mical Lindsay），英國爵士（後入美國籍）。1937年到中國，任燕京大學經濟學、邏輯學教授。太平洋戰爭爆發當天潛往八路軍平西根據地，被聘為八路軍通訊部技術顧問和新華社英文部顧問。1944年離晉察冀去延安，著有《八路軍抗日根據地見聞錄》一書，對八路軍高效率的指揮、通訊、情報工作等作了詳細的介紹。1945年返回英國。

35. 張東蓀：〈世界共同之一問題〉，《時事新報》，1919年1月15日。

36. 連睨視一切的毛澤東這回都比較服氣（或者見到商機）。他當時主管軍事。國際代表張浩的到來（11月中），和隨後以他的名義發表的《救國宣言》（11月底），他並沒直接參與。直到12月17日瓦窰堡會議召開，聽了洛甫他們關於黨的政治路線的報告之後，一直忙着打仗籌款的他，對局勢才有初步了解。據《毛澤東年譜（1893–1949）》：「關於這次會議開頭幾天的情況，毛澤東在12月19日給彭德懷的電報中說：『政治局會議開了三天，關於總的政治問題（形勢及任務）討論完了。真是一次很好的討論，可惜你沒有來參加。明後天討論軍事問題。』」參見《毛澤東年譜（1893–1949）》，上卷，頁497。

37. 張東蓀：〈評共產黨宣言並論全國大合作〉，《自由評論》，第10期，1936年。

38. 同上註。

39. 毛澤東1937年8月在陝北洛川會議講話摘要，《毛澤東選集》。

40. 同註37。

41. 同註37。

42. 《劉少奇年譜》，上卷，頁149。

43. 金岳霖在《晚年回憶》裏說林宰平同他說過「張東蓀太愛變了，而且變動得可快」——不見上下文，也不見前因後果。本著者作為張東蓀文本與行狀的研究者，出於對林、張兩位前輩學人的尊敬，在此提出：或許這裏張東蓀先說「沒什麼話可說」緊接着又撰文，還連撰兩篇，即屬此「愛變」作為？

44. 張東蓀：〈從教育的意義上歡迎共產黨的轉向〉，《再生》，第3卷第10、11期合刊。

45. 具體見王新生（中央黨史研究室研究員）：〈共產國際與紅軍長征〉，《光明日報》，2006年10月23日。

46. 同註44。

47. 〈中央書記處給北方局及河北省委的指示信〉，轉引自馬輝之、李楚離：〈回憶劉少奇同志在北方局〉，《人民日報》，1980年5月14日。

48. 參見「中共中央統一戰線工作部」網站（http://www.zytzb.org.cn/zytzbwz/theory/lishi/lishi13.htm）。

49. 轉引自劉統：《北上：黨中央與張國燾鬥爭紀實》（南寧：廣西人民出版社，2004）。

50. 這句話出自毛澤東1937年8月在陝北洛川會議的講話摘要。曾經被收錄在毛選裏，後來當然是被刪除了。有最初版本毛選的可以找。

51. 張友仁：〈周炳琳先生二三事〉，《北大人》，2003年夏季號。

52. 《毛澤東書信選集》（北京：人民出版社，1983），頁84。

53. 《劉少奇年譜》，上卷，頁164–165。

54. 毛澤東：《對北京市高等學校三反情況的簡報》，載《建國以來毛澤東文稿》，第三卷（北京：中央文獻出版社，1989），頁422。
指派周炳琳的老朋友，包括他的女兒去和他談話，做思想工作。同樣辦法，也用在了陸志韋等在共產黨眼中類似的人身上。

55. 「盧山談話會的時候，共產黨沒有份。我同林伯渠、博古同志三個人不露面，是秘密的。」見《周恩來選集》（北京：人民出版社，1980），上卷，頁194–195，引自金冲及主：《周恩來傳》（北京：中央文獻出版社，1998），第一冊，頁592–593。

56. 「願在蔣指揮下努力抗敵,紅軍主力準備隨時出動抗日,已令各軍十天
    內準備完畢,待令出動,同意擔任平綏線國防。」(毛朱彭林劉徐7月14
    日致葉劍英電報)

57. 參見徐炳升:〈1937年廬山談話會見聞〉,載《上海文史資料選輯》,第
    44輯(上海:上海人民出版社,1985)。

58. 以抗日大義號召國人的同時,在武漢淪陷前兩個月,蔣、何的代表,還
    曾專程到香港向日求和,意圖回復「七七」之前狀況。基礎是「中日合作
    共同防共」──滿洲與蒙古都可以商量。參見施樂渠:〈蔣介石在抗戰
    期間的一件投降陰謀活動〉,載《文史資料選輯》,第一輯(北京:中華書
    局,1960),頁67。

59. 張東蓀1937年在青年會的演講〈思想自由與文化〉,發表於《文史月刊》。

60. 國家社會黨提名參政員共七人:張嘉森(君勱)、胡汝麟(石青)、羅文
    幹、張東蓀、羅隆基、梁實秋、徐傅霖。

61. 〈中國為民主奮鬥和目前政治危機〉,《亞美雜誌》,1943年10月。

62. 張東蓀:〈中間性的政治路線〉,《再生》,第118期,1946年6月。

63. 這也是葉篤義(1909–1998)和張東蓀訂交的開始。從1938年至1952年,
    葉篤義多次以學生、助手、代表、盟內同志的身份,與張東蓀保持密切
    往來,直到張以「叛國」定罪。在1952年的鬥爭、1968–1972年的審問與
    1994年出版的著作《雖九死其猶未悔》中,劫波渡盡且正在申請入黨的
    葉,也一概遵循旨意,未對張的為學、為人與境遇說過一句有違政策的
    話。然而,在他得知本著者將以獨立知識人的立場為東蓀先生作傳之
    後,終以病弱之軀,給予熱誠的鼓勵與切實的幫助。

64. 陳矩孫(1913–1987),富家出身、學識豐富且執著於理想的共產主義
    者。他1935年在燕京讀書時加入中共,任中共燕大支部書記和北平市
    委秘書。後因「越軌」及反抗組織對他情感生活的干涉而遭開除,旋即為
    第三國際接納為直接黨員。1938年這回,他正以似非而是的共產黨員身
    份在武漢活動。陳矩孫1939年奔赴延安親自向劉少奇訴冤再度入黨,
    並接受派遣再回燕京大學讀研究生。1941年太平洋戰爭爆發逃離北平
    時,組織關係丟失。1946年重入黨。1949年後在福建師範學院任職,
    獲選為省政協委員。

65. 葉篤義:《雖九死其猶未悔》(北京:北京十月文藝出版社,1999),頁9。

66. 該文刊於《解放週刊》(1938年)，誣指陳於「九一八」接受日本偵探機關津貼。

67. 〈七人聯名公開信〉，《大公報》，1938年3月16日；《掃蕩報》，1938年3月20日。

68. 《解放日報》，1938年3月21日。

69. 據研究陳獨秀的學者表示：洛川會議(1937年8月22–25日)上，毛澤東和張聞天順便提出陳獨秀問題。毛澤東提出，中國托派與蘇聯托派不能相提並論，認為可以與仲甫達成某種合作關係，以期一致抗日。王明一聽，便聲色俱厲地表示反對，說我們和什麼人都可以合作抗日，只有托派是例外。我們可以和蔣介石及其屬下的反共特務等人合作，但不能和陳獨秀合作，因為陳獨秀是每月拿300元津貼的日本間諜。當與會者表示疑義時，王明又堅持說斯大林正在雷厲風行地反對托派，而我們卻要聯絡托派，那還了得……。參見徐光壽：〈陳獨秀「漢奸」事件始末〉，《黨史縱覽》，2007年第2期。到了1959年，在毛澤東8月16日的總結講話中，再次提起此事。在提到「右派還是可以改過來」的時候，劉少奇插話說，陳獨秀抗戰初期曾經要求到延安來。如來，看到革命勝利，也可能改。毛接著他的話說：他後來去世。那個責任在我，我沒有把他接來。那時候我們提了三個條件，當時我們還不穩固，他不能接受。見李銳《廬山會議實錄》，頁312。

70. 1936年10月，《救國時報》發表署名「伍平」的文章，稱「陳獨秀就是拿著日本津貼的漢奸」。後來，此說被康生等人引用，在《新華日報》、《解放》週刊等媒體著文批判陳獨秀，「叛徒之稱」也陸續出現。

71. 張東蓀：〈士的使命與理學〉，《觀察》，1946年。

72. 葉篤義：《雖九死其猶未悔》，頁9。

73. 許寶騤接受左玉河採訪時說：「張東蓀看到此公開信後，曾讓人轉告張君勱：不要過分批評共產黨，不能倒向國民黨懷抱。」參見左玉河：《張東蓀傳》(濟南：山東人民出版社，1998)，頁338。本著者認為飽經磨難的許先生記憶有誤。這不是張東蓀的語言！

74. National State，這才是他們1919年春從巴黎把戰後列強交易的消息送到北京，期望國家在這片古老的土地上絕處逢生之主旨。

75. 許紀霖：《無窮的困惑——近代中國兩個知識者的歷史旅程》(上海：三聯書店，1988)，頁162。

二

淪陷北平

1 在淪陷區

1952年「知識分子思想改造運動」期間，和所有「被放到火上烤」的人一樣，燕大教授張東蓀也寫了自己的「檢討」。其中有關抗戰前後，也就是他正式與共產黨連手、共赴國難的那段日子，教授作出如下交待：

> 抗戰前，和張申府、許德珩一些人組織了一個救國座談會，當時寫了一篇文章，主張聯共抗日（過幾天，姓陶的寫信贊成。解放後和劉少奇說起，他說是他），這是和中共關係的開始。

> 那時希望與中共取得聯繫，救國座談會派了一位叫彭澤湘的去延安，回來帶給我一封毛的親筆信。

> 華北區派一個叫王伯高的（與我直接）聯繫。

先說「救國座談會」。張申府記得的是：

「一二·九」運動開始於學生，轟動了全國，各階層愛國人士紛紛響應，掀起了全國抗日救國運動的新高潮。各地的救國組織紛紛成立，北平成立了「救國聯合會」。我記得有一些進步教授都參加了這一組織，其中有：吳覺先(武劍西)、潘懷素、程希孟、章友江、黃松齡、嚴景耀等(都已故)，還有一些健在的，如楊秀峰、許德珩等和我；另外，一些進步的學生也積極參加了這一

組織。我們幾個教授經常在南河沿的「歐美同學會」(解放後改名
為文化俱樂部)聚會,討論當時的時局,研究開展抗日救國活動
等問題。[1]

裏邊沒有張東蓀——是不是張東蓀說的那個「救國座談會」?許
德珩怎麼說呢?

根據少奇同志的指示,北平學聯於(1936年)五月四日發表了爭
取師生合作的文件。在這個文件中,學聯檢討了過去處理師生
關係上的不當之處,……北平學聯改組成為北平學生救國聯合
會,從而取得了廣大師生的支持。一年多的時間裏(權且估計為
1936年2月至1937年7月——著者按),中國共產黨領導下的華
北各界救國聯合會成立了。由華北的一些進步團體發起,又在
上海成立了全國各界救國聯合會。[2]

這裏的「北平學聯改組成為北平學生救國聯合會」,指的應是
1936年10月北平學聯公開舉行第一屆成立大會。這次大會,「請許多
教授參加,有張申府(左派)、馮友蘭、張東蓀……」;[3] 而「中國共產
黨領導下的華北各界救國聯合會」,是不是張東蓀他們的「座談會」後
來發展成的那個「北方救國會」呢?許德珩是一直自覺接受黨領導的。
張東蓀呢?據他回憶:

抗戰前,和張申府、許德珩一些人組織了一個救國座談會,在北
平成立「北方救國會」,有何其鞏〔當時中國大學校長〕、湯薌銘、
許寶騤、姚曾虞等。同國民黨、共產黨都有聯繫。[4]

而張申府說:

1936年我被釋後,住學院胡同甲二號,專門從事救國會活動。
那時經楊秀峰、徐冰介紹,認識了彭真,他化名「高先生」,常
到我家去。同時還認識林鐵、蕭明,當時北平共產黨的黨部在
南新華街附近,我曾去過那裏。[5]

　　想來這個救國會，和何其鞏、張東蓀他們那個「北方救國會」，就算一開始曾經和張申府、許德珩等坐在一起，後來也分開活動了。張申府雖然人在北平，但他「專門從事」的「救國聯合會」，應該是上海「七君子」的那一個──因為此後他一直以這個救國會領導人的身份活動，包括被聘為國民參政會參政員。

　　考慮到五十年代中期之後，大家寫文章都自覺不自覺地跟黨套近乎，對於為黨所不喜的人，比如張東蓀教授，則與自己瓜葛愈少愈好──就算率直的張申府如實寫出了，編輯恐怕也要嚴格把關。不過，考慮到共產黨在「顧順章事件」後所吸取的教訓，「單線聯絡」在白區工作中幾成鐵律──可能確是不同的共產黨聯絡不同的教授，哪怕在同一個城市，甚至同一所學校。

　　張東蓀他們的「北方救國會」，據趙乃基記載：

> 隨着世界反法西斯戰爭的發展，德、日、意軸心國日漸衰微。何其鞏、張東蓀、張懋德、許寶騤、王伯高等人組織的北方救國會已覺察到勝利的曙光，經常齊集在北池子何其鞏寓所，討論以後的局勢。大家一致同意，今後仍必須佯同日偽拉攏，以便及時取得一些真實消息，防止其威脅。[6]

　　這時說的已經是四十年代初了。一直沒斷了「佯同日偽拉攏」──如果不是底氣特別足，誰敢如此做並在日後如此說？堪稱忠貞英勇楷模，並且為共產黨得天下立下大功的潘漢年，性命不是就這麼丟了麼？

　　如此這般分析之後，或許可以得出這樣的結論：在1936年2月間，也即「一二‧九」、「一二‧一六」都已過去，「三‧三一」抬棺遊行還沒有發動，張申府、許德珩，包括張東蓀等教授，還都處於激憤澎湃的時候，北平文教界的一批人曾在一起「座談」過。不久，由於共產黨的實際介入，大家分開各自活動起來。「七君子」一派成了中間陣營中響噹噹的左派（共產黨最親密的戰友），活躍於戰時首都重慶和有租界的上海。鋒芒所向，多為共產黨的死對頭國民黨當局。留在北平的「救國會」，則艱難地在日據的抗日一線輾轉騰挪。他們

與中國抗日的兩股武裝力量（國民黨與共產黨）都有聯絡。不見激昂言辭，不見街頭濺血，只有拳拳忠貞和無法為外人道的良苦用心，[7] 包括日後濃得化不開的幾乎遍於全社會的深深誤解。

再說由「救國座談會派到延安」去聯絡的彭澤湘。

我們從第一章已經知道，這是個厲害角色，厲害到要中央軍委在那樣緊急關頭親自出手悶殺。

作為 1932 年[8] 為王明中央所開除的早期留蘇黨員，對《八一宣言》的領會，自是不同凡響。這一傾向，其實已經表現在他正活躍其間的「中華民族解放行動委員會」（農工民主黨的前身）的成立與新政綱的修訂上。[9]

他是在 1937 年春，也就是華北局勢相當緊迫的時候到達北平的。早年的同盟會員和共產黨員李錫九（李後來也被挑選列名第一屆中央人民政府委員）為他接通了延安，得以在 6 月成行。據《毛澤東年譜 (1893–1949)》記載，此行頗得毛澤東和張聞天的歡迎。他們沒有強調他大革命時代的經歷，只把這名 1921 年莫斯科入黨、十年後（1931 年六屆四中全會）即遭開除的前同志當作「解委」領導人[10] 在延安接待。雖然張東蓀他們在北平一直以「救國座談會派遣」來形容岳漁先生之此行，對彭而言，為教授們帶個訊兒，顯然是順手之勞。

對北平的這個「座談會」（可能也包括國社黨），毛那時候好像沒怎麼看重，否則怎麼在給當時中共北方局頭領王世英還有潘漢年的信[11] 裏邊，連提都沒提。

至於毛親筆給張東蓀回信，據張家後人七拼八湊的回憶，是由彭本人或別的地下黨員帶到他們那時候借住的西郊王家花園的。他們記得，那信曾經夾在一本線裝書的雙頁間，直到 1941 年 12 月張東蓀被捕入獄，燕東園成為日本兵營，燕京教工被悉數清出。張家後人回憶，這封信可能是在遷往城裏大覺胡同之前燒掉的。王家花園主人王世襄先生 2008 年 3 月 11 日告訴筆者，那花園不是借住，而是兩位張教授（東蓀和爾田先生）向他家租住的。陳夢家那時也住在那裏。「爾田教授學問極好，正教我作詞。我那時候什麼都玩，太愛玩

了，直到1939年從燕京畢業，母親去世，給了我巨大震撼，才知道唸書。」

　　原信已經在戰亂中銷毀，《毛澤東年譜 (1893–1949)》中又未見提及，具體內容已無法知曉。據對這封信曾瞄過兩眼的張家親屬說，那是一通按舊式尺牘格式書寫的回信，溫雅有禮、中規中矩。著者再三追問，信裏有沒有提1919年作者與舒新城為《湖南教育月刊》連袂向張東蓀、胡適等求援一節？有沒有提到《時事新報》發表他的作品？有沒有對兩年前收信人率先呼出的「何等轉向，何等光明」（包括與陶尚行的一番爭論）作些評述？張家人說「絕對沒有」。聯想毛對於細節所具有的令人吃驚的記憶力，比如一見到黃炎培即說「當年聽他演講」（1945年在延安）；見到張申府就說「早年當北大圖書館員時候的八塊錢薪水」（1948年在西柏坡）；見到章士釗則表示絕對不忘赴法留學前的資助……為什麼這次如此之不「念舊」？「七七」前後，毛與外界交往漸漸多了，就算是禮節性往還，其隨手小箋之文采風流，雖然不可能像當月感謝贈筆、贈畫的何香凝那樣文情並茂，[12] 總不致於不如給步兵學校教育長郭化若的那封吧。[13] 致張東蓀的這封信未能出現在1993年版的《毛澤東年譜 (1893–1949)》裏，最大的可能是沒有徵集到。而不以珍藏偉人手跡自炫，大概也屬於本書主人公不拘一格的風格。

　　雖然沒有在1937年6月間接到延安的特別指示，待到抗戰爆發，中共北方局還是派了當時正在北平特委工作（次年任特委書記）的王定南（即張東蓀「檢討」中的華北區王伯高）正式出面與張東蓀聯繫。

　　一直未能獲得「安排」，晚年才做到全國政協委員的王同志，其實在1929年中學畢業前就已經加入共青團。而一進入北京大學，就擔任了校團支部書記和學生會黨團書記。立三路線時期，應該說，他還真正浪漫了一把，[14] 不過很快又「回到黨的正確路線」。在他波瀾起伏的革命生涯裏，王定南用過不少名字：王作賓、王澤南、王正化等，當時使用（也是張東蓀唯一知道）的，是「王伯高」（有時為東蓀先生寫做「伯皋」）。

在五十年代初的政治運動中，張東蓀曾經對這段往來作過回憶：

> 當時我們通過王君（殘片原文在這裏刪去「伯高」兩字──著者按）做了兩件事情。一是送學生去解放區；一是送醫藥去。當時燕京有好多進步同學通過團契和我聯繫。其中替我奔走最多的就是燕京畢業生趙令瑜，現在他改名趙明，是公安部第一處長。

想來北平解放之後，趙明還曾拜望過他的前教授，否則張也不會知道他在新政權的任職。隨後，到了五十年代初的運動滾運動，這名公安幹部順理成章地再也不露面了。

將淪陷區的學生送走，本是張東蓀在武漢的時候決定回北平的原因之一（「多照顧幾個淪陷區的學生」）。他觀察到，出於對中國政局的判斷，包括與蔣介石的友情，司徒校務長在「學生一層」，是有分別的。「凡是送到國民黨的，大部分由學校辦，送到八路區的，由我們自己辦，一直到太平洋戰爭爆發為止。」[15] 前提當然是學生自己的選擇。張宗燁記得，常常是一車年輕人到西山郊遊，回來時候少了幾個──投奔八路去了。

由於不是英美系留學生，也不是基督徒，張東蓀與司徒的關係其實相當疏遠。司徒對他的倚重，顯然出於他在知識界的人望和與中共的關係：

> 在抗戰開始時才有往來，最初是他來找我。他說各黨派應該聯合抗日，包括中共在內的各黨派在淪陷區的地下人物，他都要求見面。
>
> 我常與他往來，是由那裏打聽一些後方消息。我在燕京協助送學生送醫藥到抗日區去，他也知道。

至於「送醫藥」，張家除了把自己在王家花園和後來城裏的房子給地下黨的交通人員當落腳點，還有一位「燕京校醫吳繼文大夫。他自己辦一個診所」，張宗燁覺得他其實是「以此為掩護」為八路購置醫藥。只是無法斷定，吳之所為，究竟出於同情，還是自己也是地下

人員。[16] 五十年代的鬥爭之後，吳大夫依舊是張家常客，顯然不屬於尊奉「鐵的紀律」以自保或尋求進身者流。醫藥的受用者，在他眼裏，一律為傷病患者，並非日後執政黨骨幹。這與具名給潛龍時期的首領送手錶，顯然不一樣。

曾在武漢作戰略性穿針引線的陳矩孫，自1938年因不服北平那幫地方領導，直奔延安找劉少奇（劉1937年3月離開天津回延安的），並在協助他工作了近兩年後，再度接受派遣，以回燕大讀研究生的身份，「配合北平特委負責人王定南」開展工作。很奇怪張東蓀被迫檢討的時候，沒人提到他。

有時候局面相當驚險。如後世研究者很少提及的「抗日殺奸團」（暗殺周作人即為他們所策動）。這是「七七」後活躍在京津一帶，以富家（包括漢奸）子弟為骨幹的小隊。1940年8月的一次大搜捕中，一名燕大成員李振英罹難，他的同志吳壽貞退回校園，最後在張東蓀和侯仁之兩教授的幫助下去了西山（吳後來在遊擊戰鬥中犧牲）。

這些，在我們後世讀史人看來，全都屬於淪陷中愛國者的人之常情，提不到周恩來在武漢對他期望的「回到淪陷區作用更大」那樣的高度，更無法解釋數年後毛澤東對他出乎尋常的倚重。

莫非張東蓀教授還有些什麼非同尋常之舉？

對中共而言，最實際的期望自然是獲得情報。[17] 張東蓀並不是唐生明，也絕非熊向暉。與北平偽政權王克敏、劉玉書之間的交情，應該說，只能算是北洋時期的熟人。恰如他在檢討中說的，「王是老朋友，常來看望」；而劉玉書，「是我出獄時的保證人。他當時是偽市長，我被日軍判緩刑三年，他負責監視，所以時常來看我」。

對此，「中共地工」顯然非常看重——絕對超過對張教授自己心愛的「民主主義與社會主義」話題。雖然絕非個中裏手，有心襄贊共產黨抗戰的張教授，還是勉為其難地作過一次「把蔣介石要與日寇媾和的條件交給中共地工人員」——引自張東蓀「交代殘片」。接受這一信息者，從時間講應該是王伯高。這裏說的「秘密媾和」，應該是從「七七事變」到汪精衛豔電之間的那一回。這樁「抗日戰爭期間最詭秘的事件」，直到二十一世紀才披露。[18] 有趣的是，這麼重大的一個隱

情，不但中共的「白區工作總結」之類文件從來不提，共產黨也沒有用來攻擊或要挾蔣介石。

因為與當道人物曾經有過的私交，估計有不少請託，從而也有大量誤解。哪怕絲毫無傷氣節，且眾人受益——到了1952年，都成了必須交代的準罪行。比如與王克敏的「交情」。

「七七事變」後，經過艱難的抉擇，司徒雷登決定，燕京大學不南遷，依舊留在日據的北平。可以想像，佔領當局如何數度態度強硬地往派教官。在所有拒絕的藉口都用光之後，司徒決定通過哈佛燕京學社，聘任一名真正的日本學者。人類與考古學家鳥居龍藏（1870–1953）進入視野。怎麼才能讓佔領當局接受呢？想來想去，可行的便捷辦法，是轉請也還懂得尊重學問的王克敏向日軍疏通。張東蓀教授代替校長出面。在1952年的「檢討」中，他說：

> 關於王克敏。遠在他做漢奸前我就認識他。也就是普通認識，並無往來。以後為什麼在他做漢奸後反而有往來呢？當時因為日本人要送進日本教官教授數人到燕京來，破壞燕京抗日環境。司徒聽吳雷川先生說我認識王，就請我去找他，設法阻止。這事後來成功了。

「成功」，即如笑蜀所描寫：

> 鳥居龍藏不僅學問博大精深，而且宅心仁厚，一直堅定地反對侵華戰爭。到燕大後，他埋頭治學，絕不與佔領當局合作。而當燕大遭佔領當局查封時，他竟以七十多歲的高齡，站在校門邊，顫巍巍地向被捕的燕大師生深鞠一躬，似乎要代表有良知的日本人民向受害的中國人民致以沉痛歉意。[19]

到了度日艱難的1942年：

> 在北洋政府時代原來認識王克敏和劉玉書。我出獄時（原文在這裏刪去一句：是劉玉書出名保的——著者按），日軍判令緩刑三年。因為劉認識我，他當時是偽市長。所以叫他保證我不離開

本市，而且負責監視、彙報我活動情況。因此，他常來我處。
並不是我與他有什麼把兄弟的關係。這事藍公武先生可以證
明。我只替他做過一件事情，當時北京市府有些存糧，老玉米
豆，準備散放給教育界人士，燕京方面，他託我替他通知，我不
得不替他做了。（檢討殘片）

就在張東蓀等淪陷區教授一邊教書、寫作，一邊保護學生、運送
物資──兼及相當外行地搜集情報、拉攏關係的時候，撤退到大後
方的知識分子們，也正在此國事維艱的時刻，為國運籌劃。

1939年9月，政府在重慶大學召開國民參政會一屆四次會議
──不開會則已，開會就得讓人說話，中國民主立憲運動由此發
軔。共產黨雖然也在會上提出議案，[20] 當權的國民黨雖然也表現得
「容納虛懷」，意圖經由憲政而從「武力奪權」變為合法執政，只因為
手裏都握有軍隊，雖然強虜當前依舊摩擦不斷。[21] 讀書人焦急之餘，
不覺走到一起，成立了一個互相激勵、互相聲援、俱樂部性質的「統
一建國同志會」，竭力兩邊勸和，梁漱溟還曾帶《信約》往見蔣介
石──無奈成效甚微。

後來，局勢發展愈發不堪：放着日寇不打，「同室操戈」愈見熱
衷。張君勱、左舜生、黃炎培、梁漱溟四人商量來商量去，覺得與
其求人，不如求己：加強中間派的組織，以自己的實力來爭民主、求
團結。這批絞盡腦汁的參政員，有的已有自己的政黨（國社黨、青年
黨和第三黨）；有的雖然不叫「黨」，也建成了影響力相當大的組織（職
教社、鄉建派、救國會）；還有的本人就已經是一面旗幟（張瀾、章乃
器等）。「中國民主政團同盟」遂秘密誕生。

雖然既不在重慶，也不在香港，張東蓀在淪陷區之燕京大學小環
境裏實踐着的，恰是他二十年前向同儕所許諾──「兄等為社會活
動，弟則以教育為助」。

四部真正在哲學的意義上屬於現代中國、並貢獻於肩千年之重負
且屢試屢躓的現代化進程的著作陸續推出：《知識與文化》、《思想與
社會》、《理性與民主》、《民主主義與社會主義》。這是在深切的國學

根基和到位的西學領悟力的基礎上，對可稱之為「中國哲學」的扎實貢獻。著者回答了「以哲學為代表的理論知識與有社會性的實際生活之關係究竟如何」：

> 一個文化要有自身的活力以從事於自身改造，則必在其內部常如火山一樣，能自己發火。這個火就是其活力，而代表這一活力的就是這個民族中（或這個文化中）的理想家，於此所謂理想家也就是哲學家。倘使哲學家而不能以理想提供於國家，則便失其為哲學家了。[22]

可惜，在那樣的年代，時代要求於學人的，已不僅僅做學問。在民族解放戰爭中，雖然有足夠的學理支撐，他們卻難於拒絕與一個幽靈，一個突起於二十世紀、具有中國千年「打天下／坐龍庭」底色，卻張着無產階級大旗的「幽靈，共產主義的幽靈」聯手。

在對《知識與文化》做編前改定時，作者對自己抗戰初起（1937年）在青年會的演講（〈思想自由與文化〉）作了大量刪節。不能說在這年（1941年），他對自由的見解已與1937年不同，只因大家共同抗日，過分刺激的話就不再重複。

比如「異說奇論」該不該提出和需要不需要禁止。演說當場，他曾舉「歐洲的例子」——「著書立說反對神權君權」，他說這在十八世紀會遭焚毀，但到了十九世紀就已被目為當然。接着舉出「今天俄國」：

> 蘇聯的出版物，一切書籍雜誌，以及戲院音樂會的秩序單，都要黏貼總檢查局所頒佈的印花票。總檢查局歸教育委員會管轄，不但監視蘇聯作家的出版品不帶「危險思想」，而且要阻止誘惑的見解由外國侵入。……至於音樂戲劇，另受腳本委員會節制。本國與外國的名作，有許多因為含有宗教意味，則被認為思想不健全而禁止公演。
>
> 如果我們認定十八世紀對於民權思想的禁止為不應當，則我們便應該同樣認為今天對於宗教思想的禁止亦是不應當的。十

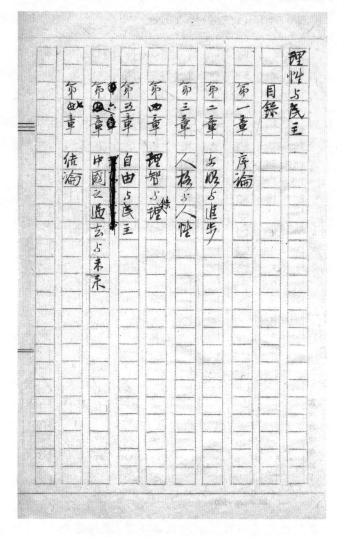

張東蓀的代表著作《理性與民主》手跡

八世紀教廷的荒謬固然應該攻擊，難道紅色政權如此荒謬就不應該揭穿麼？

在談到教育時，他認為主辦者為了「適合造作者的目的」，就「隨便把人當作軟膏來捏」，不僅不該，也沒那麼容易——「俄國總算是一個大試驗場。試驗的結果知道有若干人性，還是不能一蹴而去掉的」——這些，在《知識與文化》定稿中，都刪去了。

在第五節，他曾着力講解「共產黨主張必通過無產階級專政階段達到經濟平等之不通」，舉出「兩件最有力的事實以證明其妄」，即意識是由於階級利害所形成的：有產階級對於經濟革命一定全然不贊成，也即一定是反革命。他先舉俄國的遭到清洗的革命領袖，請問他們是無產階級還是反革命；他又舉法西斯，「德意法西斯並不完全由有產階級組成，無產階級反居大多數；這兩國中有產階級而愛自由的卻反不贊成此種舉動。」他的結論是：「則謂有產階級必全屬反動，只有恃無產階級專政以鎮壓之，豈非白晝見鬼之説耶？」

他接着以一名獨立學人的批判精神，指評「指導我們思想的理論基礎」的「馬克思列寧主義」：[23]

> 馬克思為偉大的思想家，則獨因此論，則因屢次企圖革命未成，由激憤而發，乃只是一時情感的衝動，並不合理性在內。最可憐的是一班馬氏徒黨，只知篤守其説，不敢變易一字一句，而俄國數千百萬生命遂斷送於此一言之中。

他那時並不知道，不過十五至二十年之後，中國留在自己家園（此時已是共產黨治下）的有產者，為了不成為反革命，已乾淨徹底地志願接受「剝奪」，無產階級專政下的經濟革命遂順利完成。而半個世紀之後，權力/資本轉換在紅旗的遮掩下再度實行：在崛起的中國，新的「有產者」，多有無產階級先鋒隊隊員之資格，馬導師之理論（當然遍塗「中國特色」），依舊曲不離口。

那回，張東蓀還刪掉了一段，即「嘗説：共產主義在經濟方面是進步的而其在政治方面卻是退步的。」他當時給出的根據是，據他的

觀察，共產黨「在經濟方面求自由，所以是進步的；在政治方面反而
毀壞自由，所以是退步的」。1941年，他覺得共產黨最接受不了的，
可能是他的這個看法：「以退步的政治方法而求進步的經濟狀態必是
增加許多麻煩。浦君認為現在歐洲的法西斯狂潮是共產黨所激起
的，這一點也與我所見相同。」張教授在這裏，真是以學究之心度泥
腳桿之腹了。我們現在已經知道的是，從二十年代以來，共產黨之
所以成為最後贏家，實在是打着經濟平等的招幌而求權力廝殺之全
勝。至於「經濟方面求自由，所以是進步的」，所有經歷（或者研究）
過各色土改、統購統銷、大躍進、公社化、超英趕美的中國人，都大
概掂得出這謬誤的份量吧。

著者堅信在那時，並沒有三審把關，也沒有來自日據當局或者國
民黨中宣部的電話通知。作出上述刪改，是張東蓀自己之所為。這
是不是說，即使將言論的自由與獨立看得如性命一般，在某種局面
下，也須主動作出克制或調整？

燕大再好（弦歌不輟的世外桃源），終不過小環境。引一段當時
故事，一現一心「多照顧幾個學生」的淪陷區教授們所處環境：

> 1940年冬，燕京大學物理系助教馮樹功騎自行車行經西直
> 門外白石橋時，被一輛橫衝直撞的日本軍車軋死。燕京大學當
> 即向佔領當局提出書面抗議，並在貝公樓禮堂召開了隆重的追
> 悼會。
>
> 追悼會由陸志韋主持，他緩緩走上講台，面色沉鬱。禮堂
> 一片靜寂，使與會者倍感壓抑！突然，他用嘶啞的聲音說道：
> 「我……我講不出話！因為我這裏，」這時他以拳捶胸，「我這裏
> 好像有一塊大石頭，壓得我喘不過氣！」[24]

半個世紀後，當「子弟兵」的坦克，並非僅僅「橫衝直撞」，而是
在距離當今衙門數百米的六部口，有意碾壓正在撤退的抗議學生的時
候，北大校長的反應——這無疑應當作為不可忘記的恥辱而列入北
大校史——是：主動將「涉嫌動亂」的助教，押送公安局。

2 監禁

1941年12月8日，日本對美國宣戰。

張東蓀得到消息是在那天凌晨——他接到林嘉通（燕大教務主任，他的甥婿）的電話，説林邁可半夜從收音機裏聽到⋯⋯。就在這位林賽爵士（Sir Lindsay）踩着腳踏車（有一説是開着司徒雷登的汽車）直奔西山（隨後成為八路軍無線電專家）的時候，張東蓀趕到教授們通常議事的燕京哈佛學社——日本憲兵隊已將「敵產」燕大校園包圍。

當晚，燕大中國籍教學及行政骨幹十六人，包括陸志韋、趙紫宸、鄧之誠、洪煨蓮、張東蓀、侯仁之等，以「抗日」罪名遭逮捕，先押往西苑日本憲兵隊，隨即轉到沙灘北大紅樓憲兵總隊部。

美日終於開戰！

大家總的感受，「想到國家民族的前途無不十二萬分的高興，想到個人卻都又知道有極大的危險在面前」。[25] 張東蓀想得更多些。他認為此次逮捕「雖在太平洋戰事發作的那一天，卻已早在九一八事變即就決定了的」，這恰與日本憲兵所公開揚言，要跟他們算「四五年來之賬」，「乘機作一總決算」相符。其實，早在珍珠港事件爆發前大學商討時局的「緊急會議」上，張東蓀就主張不要等正式開戰，學校先行解散，根據個人志向，或到後方或向「八路軍區」疏散，目的是「避免到那時的逮捕」——不幸説歸説，誰都沒動。待到已經給押在紅樓，他倒也沒特別後悔，「無論我離開燕大與否，日本憲兵早把我的行為記錄下來了。他們注意我恐怕有二三年之久」。由於未曾間斷地與國府、與中共合作，「要想作漏網之魚，那是決無可能的」。雖然這回屬於一攬子兜捕，他的身份並非如其他同事般僅是「日本敵對國之大學的教授」。「我所做的事卻只是一個人的，並不與他人相共」，「關鍵還在於他們究竟知道多少」。

一同關在「柙」（教授們見到監室木柵門想到這字）中的，是趙院長紫宸。三週後第一次提審，兵們發現，張東蓀竟然是上了日人編的《中國現代名人大辭典》之「有名人物」。審訊之准尉原先熏天氣焰陡變，開始對他使用敬稱「阿拿大」（您）而非「奧麻伊」（你小子）。提

審的第一個問題即是「講一講和陳獨秀組織共產黨的情形」。可惜他們依據的關於漁陽里組黨的那份雜誌，參加者還有個周佛海，能據此入罪麼？在後來問到「燕京大學送畢業生到重慶」的時候，張東蓀承認「道理上贊成、行動上協助」——憲兵隊即認為已「取得足以判罪根據」。緊接着想讓張答應與汪政府合作。東蓀答以：本人一向反對國民黨，因汪精衛是該黨，所以不能合作。憲兵還曾讓他「勸誘」、「感化」一同關在獄中的共產黨。他答以：「你們日本軍何必來管中國的事，因為共產黨是中國政治上的一個問題。」

兩個月之後，日本憲兵作為原告，對他們提起訴訟，移送炮局胡同陸軍監獄。張教授獲冠513號，並立即上銬：兩人一銬，與他成雙共銬的，是洪煨蓮。這回關的是十一人的大監房，與陸志韋、林嘉通等人又到了一起。大家原已鄭重互相囑咐「不卑不亢、避重就輕」，「日本人的話沒有一句靠得住的」，但正式的審訊不僅毫無內容，十一人中只傳訊了張、林，就再無下文。不審理，卻將合押改為單獨關押：「忽然把我們十一人分為每人在一間小房內，這便真正入了地獄」，原先的兇狠、凌辱、寒冷、飢餓、穢臭……似都可忍，「移到每人一間，那才是真苦到極點，非人所能堪了」。由此經驗，張東蓀悟到，人原是社會動物，使一個人孤立起來，就成一種精神上的罰，久而久之會使人發瘋。他望着牆壁上隱約可見的用血畫的人像和簽名，聽着間壁撕心裂肺的號叫，覺得像是「入以鬼的世界」。

因為身體素弱，擺脫不掉的念頭是，拿來槍斃也就罷了，最可怕的是長期禁錮——精神上發瘋、身體上生病。拿個體感受與全體民生做比，他切感「恰如長期內戰：如果在短期內，國民黨把共產黨剿平了，老百姓總可忍受；同樣，共產黨如能很快把國民黨推翻，我們亦決不反對。解決總是好的，不拘哪一途。」

他想到「受夠了苦痛與磨折，身心都經不住，最後還是不外乎一死」，開始籌思在監內了斷的各種可能的方法。他堅信，以拘禁把人弄得不死不活，無一刻不在受罪，乃是掌控他人命運者「最殘忍最下流最卑劣的心理」，於是，以一死而逃脫，使其計劃失敗，不失為一種抵抗：雖死而得勝。

想至此十分高興，此時心中沒有絲毫的悲觀。並且我更想到，一個哲學家對於人世的看法自與常人不同。哲學家不但不以死為可怕或可厭，必定還樂於一嚐這個滋味。蘇格拉地就有 to practice dying 之說。

獄方既以折磨囚犯為職志，能令你輕易抵抗成功麼？張東蓀嘗試了吊頸、絕食、以手銬擊頭、塞息、撞鐵釘等等辦法——直弄得「皮膚撞爛，流血如注。滿身都是血……地下亦有三四大灘血」……。獄方終於讓步，答應除去手銬，並叫一名燕京同難到房間陪伴，以「無論如何不再自殺」為交換。雖則如此，淤積於胸中之怒氣仍是愈積愈烈。他曾與獄卒對罵乃至對打，結果當然是被摜到地下且加倍受罰。洪煨蓮獲釋後作有「六人歌」，一開頭即寫東蓀：張公謾罵似狂顛，溷廁敗帚執為鞭，配劍虎賁孰敢前！[26] 此情此景，在東蓀筆下則是：

> 我同守兵吵鬧，不止這一次。所以我很感激洪煨蓮。有一次在一個大澡池，大家洗澡時，他低聲勸我千萬不要和他們鬧，不久必可出去。而趙紫宸勸我尤多。揭出八個字，是：在此忍耐，出後貢獻。他以為國家民族乃至於世界文化都待於我們作貢獻，萬不可輕生。
>
> 我自己知道性格偏於急躁，對於忍耐一層最不如人。不過我對於生死的觀念向來以為儒家最好。所謂大哉死也，小人休焉，君子息焉。又如張橫渠說，生，吾順事；歿，吾寧也。……
>
> 如是苦耐，直到天氣已大熱。……室內青蠅已成百成千……古人云死後青蠅為吊客，我對趙紫宸說，吊客已來，我輩其死矣乎？

教授們果然都感染赤痢：高燒不退、腹瀉不止。或許監獄當局已有察覺，發病翌日即送日本軍部，舉行軍事會審，在刑囚們已然病到不能站立的情形下宣判。眾人獲徒刑一年或一年半（張東蓀、蔡一諤），一律緩刑三年。卸下刑具，帶到會客室，在驚、懼、憂、喜無

所適從的親人面前，張東蓀的感覺是，因為身體難過已極，精神上竟無一絲高興，「只是希望早些到家可以臥下」。

六個月零十天，諸苦備嘗，「在死生的邊緣上往返打了幾個轉身」。他最深的感受是：

> 監獄制度萬萬要不得，必須廢除。因為坐監決不能改變人們的性格，而只有反把人性激成偏狹。世上有許多革命家都是坐過牢的，他們的性格反而比常人來得激烈。我願意把自己作一個有力的證明。我的性格本來是急躁與倔強。但經過了這樣牢獄生活六個月以後，我確自知我的性格有相當的變化。卻不是由急躁變為溫和，由倔強變為隨便；乃是更急躁更倔強，更是率性而行。平素對於不願看見的人尚能敷衍一下，現在不行了；平素對於不願意聽的話能忍受一下，現在亦不行了。因為在真理之前，不容有作偽，不能有屈服。於是我發見坐過監牢的人自會有「革命性」。

這番話，他是在1947年5月間說的。他不會料到，在不過兩年之後漫漫二十年的歲月裏，他的急躁、倔強與率性，要經受怎樣的磨礪；而不作偽、不屈服這類士之常行，將因為無人付得起的代價，在廣漠的中華大地上，幾告闕如。

3　黎明之前

燕京大學教授們遭逮捕後，校園也作為「敵產」被日軍霸佔——員工家屬一律限期出校。駐兵強佔的，不僅燕京校園，王家花園也落入敵手。老老小小一家人往哪裏去呢？張爾田憂憤交加，病勢愈加沉重。

> 這時，我家裏毫無辦法，城裏房子很難找。我太太去找梁秋水先生，他就說有個舊國社黨員劉敬堯，在山東作偽道尹，在北京有一所房子，他太太也在山東，房子空了。於是，梁秋水就介

紹我太太去住。而我出獄後，因為沒有錢，也就沒有搬家。(檢
討殘片)

張宗燁還記得那住處：

爸爸被抓走，我們就全都躲到城裏去了，住在大覺胡同。那本
是漢奸劉敬堯的房子，住在他的一個小跨院，裏邊有好幾個三間
房，大伯父就是在那裏去世的 (1945年1月)。

到1942年6月，遭抓捕的教授們一一宣判，張東蓀獲「徒刑一年
半，緩刑三年」。作保的是他在北洋政府時代的老相識劉玉書，時任
北平市長：不許離開本市，對「不法行動」監視、彙報。

除了劉玉書，緩刑執行期間，日本憲兵隊的安達也不斷來誘說，
動員張東蓀出任教育督辦。結果當然是遭「峻拒」。以「士」自我期許
的本書主人公，自律過苛，除了薪水和校方提供的住處，無任何資
產。但日子總要過下去：

在太平洋戰爭後，我一無收入，生活主要靠賣東西過日子。賣
掉一個漢玉璧和一幅戴文節公的中堂以及其他皮貨等，將換來的
錢買了一些貨，如襪子等，以求保值，隨吃隨賣，這樣才過了幾
年。[27]

張凱慈也聽家裏大人說過：

家裏原來有地，還不只一點，由二地主管的一大片，後來爺爺堅
決主張賣掉。奶奶說，「大爺爺事事都聽爺爺的」，地就這麼賣
了。……日本人來的時候，住在王家花園。聽奶奶說，那時候
過日子靠賣東西。地賣了之後，換了點美元，還買了點股
票——後來徹底光了。

這情景張宗燁也記得：

抗戰時候，爸爸沒有收入了，就靠這些美元和一點首飾什麼的貼
着過日子。有好幾年呢。媽媽說，她本來不想動那點美元，打

張東蓀1942年左右寫給兒子張宗炳的信

算以後分成四份給我們兄妹，後來差不多貼光了，一再說很對不
起我們。我想幸虧沒了，否則還不定說我們什麼呢。沒有了倒
消停。量不大，不過千把塊的樣子。

鄧雲鄉在他的晚年回憶裏，給出黎明之前古都學人處境：

中國大學在何其鞏氏主持之下，靠學生學費維持，因為人多，雖
然困難，也維持下去了。有不少不願到日偽學校任教，又一時
去不了抗戰大後方的名教師，都到中國大學來教書了。俞平伯
先生原在清華，淪陷時，擔任了中國大學中文系主任。待到
1941年太平洋戰爭爆發後，燕京大學被封門，有些名教授也到
了中國大學，如著名的張東蓀先生、歷史學家齊思和先生，還有
鄧以蟄（鄧稼先之父）、孫人和先生等位，一時都往來於二龍坑
路上了。[28]

即使如此，張東蓀與共產黨的聯繫並未間斷：

我出獄後，中共地工隨即與我聯繫。他底意思想要利用王克敏
準備為將來接收華北做佈置。我介紹他看過兩次王克敏。我個
人與王克敏並沒有什麼來往。不久王伯高被捕，供出了許多材
料。日軍憲兵部來我家搜查，好在沒發現什麼。（檢討殘片）

不知這個中共地工「他」是誰。為接收華北而聯絡王克敏？簡直
與潘漢年如出一轍！

據官方研究，中央敵後工委成立於1940年秋，周恩來總負責，
康生副之。各級軍事根據地都有城市工委。北平為十四個「據點」之
一，屬晉察冀分局，「劉仁、劉慎之主管日常工作」。他們聯絡虎口
餘生之張教授的時候，不知道毛澤東在太平洋戰事爆發後兩日（12月
10日）關於國社黨的指示，有沒有下達到此位「地工」：

最近國社黨張東蓀、湯薌銘等在北平向中共提出所謂兩黨合作抗
戰綱領，主張經濟上以社會主義為原則，採取計劃經濟，實現農

業集體化。這完全是托派的主張，是挑撥中共與地主資產階級的關係，以孤立我黨的陰謀。國社黨是一個極端投機取巧的集團，它有時以右的面貌出現，從國民黨方面挑撥國共關係；有時以「左」的面貌出現，企圖從共產黨方面離間國共關係。因此，我們對於國社黨應嚴加警惕，不應與他們簽訂任何政治文件，但不在報紙上公開反對國社黨。[29]

這則指示發佈時間過於荒謬。美日開戰這麼大的事，毛有可能在這當口關注此細故？張教授們有可能在那樣的時刻存這麼個心？國社黨與北平地工往來，或在兩三年前。以洞徹盟友政敵心機為超人特長的毛，說他們忽左忽右一點沒錯，可惜未能更深入地指出：這個匆忙間湊起的黨，本來就左右靡集。

回到1942、43年的北平。

兩次見王克敏，應屬北平地區地下黨的重大活動吧？有沒有向延安報告？可曾犯過誰的忌諱？所有這些，至今未見官方披露，但也未見有誰如潘漢年般遭誣陷——可見潘案要害不在見不見汪精衛。至於被捕的王伯高「供出許多材料」，顯然是後來不知哪位「地工」對他說的。張教授不僅當時(1943年)篤信不疑，還一直信到逼他交代的1952年。

出獄後即離開北平的王定南本人，對此沒作出辯解——估計也沒有人就「黨組織」已將他列入另冊一節正面告知，因為到了內戰初釁(1945年9月)，他還曾以共黨身份成功地策動了高樹勳起義。令讀史人難於索解的是，從1929年就在北大鬧革命、1938年即代表黨與淪陷區頭面人物聯絡的王同志，在黨得到政權之後，只落得一個中央內務部秘書之職。由此，我們或可窺見那隻無形卻無所不能地操作他人命運的手——中共組織與檔案系統。

不過，被日本憲兵逮捕之前，王伯高還是非常自信而活躍的。僅就與張東蓀的交往，他就曾把張的助手葉篤義，安排到唐山開灤礦務局，還在自己被捕後火速通知葉篤義撤出。在那起著名的、將周作人牽扯進「抵制死硬漢奸」的運作中，王也扮演了一定角色：

一九四零年十一月初，偽華北政務委員會教育總署督辦湯爾和
病死，這個職位出了缺。我當時在偽組織的高層政治圈中活
動，消息比較靈通，得知一些情況。有繆斌者，當時在日方一
派力量的牽線支持下，鑽營此缺甚力，頗有相當呼聲。另一方
面，在偽政權中也有人（如王揖唐）屬意於周作人，這當是出於
日方另一派力量的授意。在我們的一次「三人碰頭會」上（那時，
王定南同志和我還有張東蓀約每半月總要聚會一次，多數在弘通
觀四號我的家裏，彙集情報，研究工作），我報告了這些情況，
提出問題並商討如何運用如何應付的對策。我們認為，繆斌這
個國民黨黨棍、現新民會混混兒，若任其抓住華北教育肆行奴
化，那毒害青年真不知伊於胡底，所以應該把他排掉，不能讓他
得逞。[30]

在北京大學的思想改造運動中，許寶騤為這個問題給自己扣的帽
子是「曲線救國」。周作人為此而獲的「漢奸」罪，已是眾所周知。

當代讀者對西南聯大師生所經歷的艱難、困窘比較熟悉，而在淪
陷區，因為半個世紀來話語的主動權一直在國共旗幟下的抗日鬥士手
裏，不罵他們「腆顏留內地苟活」已經夠客氣了。[31] 他們的情形更為
複雜微妙，而不甘為奴者的努力，更是異常艱難。起碼，「堅守學術
崗位」[32] 與效勞敵酋，就顯得界限模糊。拘禁期間，鄧文如曾有詩，
其中一句：「豈料貔貅三百萬，居然重視幾書生。」[33] 張東蓀在他的
〈獄中生活簡記〉裏也説：

> 關於出獄後做事一層，我們在獄中時已早慮到。所最怕的是日
> 本人將強迫我們教書。當時我有一個意念，就是出獄後立即逃
> 上西山，因為王定南已將路徑全早告訴我了。孰知出獄時正大
> 病，一病就有一個月之久。以後卻不見日本人來十分強迫去做
> 事，所以也就無須如此了。

本著者在這裏特別援引一段著名經濟學家千家駒以歷史見證人身
份的鏗鏘論述 —— 譏彈1952年批鬥煎熬中的教授：

張東蓀不得不承認他歷史上是反共的，但他認為自己至少是愛
國的，並舉出在太平洋戰爭後，曾一度被日本憲兵司令部所逮捕
以為佐證。他說抗戰期間他所以沒有去大後方，是由於自己留
戀小資產階級的生活，怕吃苦。但燕大學生立刻有人揭發張東
蓀在淪陷時期與敵偽勾結的事實。原來敵偽把張東蓀逮捕後要
他出來當華北教育督辦（即周作人當過的腳色），張東蓀自己不
出面，卻推薦了國社黨黨員王謨任華北偽組織的教育督辦。為
了酬勞張東蓀的推薦，王每月叫兒子送米運煤給他，有時送晚
了，還要挨張東蓀的罵。這是王的兒子揭發的（張紹懲說）。王
謨於日本投降後已經被中央法辦了，這都是上張東蓀的當。於
是張東蓀愛國抗日的假面目也揭穿了。原來張東蓀不僅歷史上
一貫反共，還當過漢奸，不過自己不出面，做漢奸的幕後牽線人
而已。[34]

被網民敬冠以「終生憤青」的「千老」[35] 究竟是不知，還是不自覺
地投身權勢者「欲加之罪」的討伐大軍，完全不問當時一個處於地下、
鬆散的國社黨組織，其權限究竟有多麼大。這位經濟學家白紙黑字
寫下的「每月送米運煤」，也與唯一的揭發人所說不符。[36] 張東蓀只是
幾年前當選的總委，那時候既無專款、也無辦事機構。他充其所
能，也就是不許黨員以黨的名義出任。至於以個人身份接受偽職（如
楊毓洵、王謨之所為[37]），連蔣介石也無法阻止（如汪精衛「附逆」）。

現在回過頭來講1942年。張東蓀被保釋不久，王伯高也出來
了。[38] 雖然稱自己依舊代表組織，張東蓀卻是不敢盡信。他找到政團
同盟代表，可信的、「為朋友兩肋插刀」[39]的張雲川，聯絡到一名「確
實的」共產黨地下交通姚繼民（1949年後建工部部長助理），希望由他
證實王定南「是否依舊代表共產黨組織」。姚說這事非同小可，但他
答應設法為他們聯絡十八集團軍總部。[40]

這裏其實存在着一個疑問：請東蓀先生出面聯絡見王克敏（而佈
置接收華北）的「中共地工」，此時到哪裏去了？考慮到敵後工作極為
機密的頻繁調動，或許只有專業研究人員才有能力準確追蹤了。

　　但姚繼民從此與張家有了走動。據當時讀小學的張飴慈記憶，還有一個姚大嫂，一直留在北平，直到光復、直到「解放」。張飴慈說，建國後，姚大嫂在米市大街大華電影院旁開了一家「群眾書店」，匾額出自爹地（張宗炳）之手筆——可能「群眾書店」這名號也是他們一起商量的。張家當時住外交部街，離書店很近。他們兄弟還去買過打折的小人書。到後來聽說，這書店是公安系統的[41]——那位姚大嫂應該也是一名地工吧？張飴慈還記得店裏一名姓李的員工，曾到張宗穎家幫傭——是否屬於偵緝工作，他們就不得而知了。

　　從前線拐着彎兒找黨，或許不是一件易事。過了一年，到1943年6月，北平這邊終於得到「已接上頭」確訊——張東蓀立即派葉篤義做代表前往。十八集團軍總部則立即（6月18日）向中共中央書記處發報：

> 張東蓀派人以民主政團同盟的名義到總部聯繫，請求覆電告張及該同盟的情況。[42]

　　出發前，張對葉說，「此行的目的除了打聽王定南的關係而外，還希望如有可能，要同中共建立一個（共同抗日）協議形式的書面關係。」[43] 如此機密（甚至可能掉腦袋）之情事，張東蓀並未死死瞞住，中國大學校長何其鞏不僅知情甚至參與其中。何校長也寫了一封信託葉篤義帶交——可見處於日據下的知識人對抗日武裝力量的期待。

　　葉由北平坐火車出發，從邯鄲進入了解放區（當然須有小姚一路關照）。先經過129師劉伯承駐地，然後到達左權縣，即當時十八集團軍總部所在地。在那裏，他見到了彭德懷司令員和滕代遠參謀長。估計彭大將軍此時已得到中央書記處的答覆。他明確告訴葉篤義：王伯高的關係已斷，中共將派另一人同張東蓀接頭；至於教授所提出的「以書面形式確定合作關係」，十八集團軍很以為是。文獻披露，集團軍總部在獲知對方意圖後，曾於6月29日向中共中央請示：

> 華北民主政團同盟張東蓀派葉篤義為代表，要求與我方訂一共同綱領，擬與之訂立共同協定，是否合適？請告。並附《抗日建國同盟互相協定》全文。（《彭德懷年譜》）

7月4日，中央書記處覆電指示：可與張東蓀代表成立口頭協定，不立書面條約。不知彭總接此指示後出於什麼想頭，書面協定，雙方還是立下了。

具體出面的，是朱早觀（後任軍委辦公廳副主任）和李綺（全國政協委員）與葉篤義共同擬定了一份「抗日建國同盟互助協議」，內容簡單到不能再簡單，只有原則性的三點意見：

1）在抗日戰爭中，十八集團軍方面努力向日軍進攻。
2）在抗日戰爭中，張東蓀方面努力做好瓦解偽軍、偽組織的工作。
3）在抗戰勝利後，雙方合作爭取和平民主建國。

7月7日，彭德懷和「葉茂蓀」（由葉篤義冒充的張東蓀）在一式兩份的協議書上簽了字。葉篤義注意到，彭用的是刻有「衛立煌贈」的自來水筆。至於何其鞏校長，彭老總也託他帶回一封感謝信。

據葉篤義記載，這份協議書是寫在極薄的複寫紙上，裝在牙膏筒裏帶回來的。[44] 此節，無論八路軍軍史，還是彭總的傳記，以及對充滿戲劇性細節之文物本應感到興趣的軍事博物館，都沒有提及。[45]

很快，一位名叫殷之鉞（1949年後任海關總署副署長）的上海青年開始頻頻登門。當時正讀小學的張宗燁記得：

> 抗戰的時候就有地下黨來，叫小殷，他跟崔月犁有接觸。我家那時借住在大覺胡同別人家的跨院裏，有好幾層，都是很破的小房，三間三間的，靠一個小過道連着。日本鬼子也經常來，名叫安達。爸爸放出來之後，常來看看你在家幹什麼。所以，如果小殷或是什麼人在我們家，我們得特別注意。有人拉鈴，要先從門縫裏看：如果是日本鬼子來了，就趕快讓他們到另一層去。至於他們來商量什麼，我不知道，估計運藥品什麼的。……也有不少人從北平往解放區送。小殷剛解放時來過一次，後來就沒有再來。

「第三方面」的青年黨也派林可璣到北平活動。林先生幾十年後回憶他抵平後的情景：

……立即馳訪張東蓀，見面時，張什麼話還沒說，先告訴我，前一天有日本特務機關工作人員訪他，謂青年黨有一重要人物，這兩天要到北京來，渠答稱不知道，故渠認為日本方面既已知道，此後我的行蹤不如公開，秘密反而不妥。[46]

林隨後即在北平的日本溫和派中公開活動。想來除了殷（共產黨）、林（青年黨）之外，張東蓀與重慶「同盟」中其他黨還有另外的聯繫。林的回憶裏有：「一日，東蓀告訴我，左舜生、羅隆基二人因金錢小事鬧翻，甚不以為然。」

可見，在梁漱溟赴香港創辦《光明報》的前後，民主政團同盟淪陷區支部已經成立並活動起來。作為淪陷區支部主委的張教授，據重慶方面的估計，「暗中發展還順利」。

國府方面和他們也有聯絡。張卓然（當時化名張維平）本是抗戰開始那年陳立夫派到天津的地工，任「天津戰區教育督導員」。到抗戰後期，開始兼負北平工作。張卓然在北平的活動，主要是通過袁賢能。1943年4月間，袁曾帶他分別到陸志韋、張東蓀、藍公武家拜望，其時也有中國大學校長何其鞏。對此，葉篤義也有記錄，不過是以不屑的口氣。

除了已有記載的各種抗日力量，一些零星個體人物也出現了。

1941年12月那次燕京兜捕，張的學生，一直與他有聯絡的地下黨員姚克廣也未能免，而他的難友中，有一人名王志奇。姚克廣出獄後即將王志奇介紹給自己的老師——此人在我們後邊要講到的故事裏，將扮演重頭角色。

1942年4月，身在病中的張東蓀「偶然在《大公報·史地週刊》」讀到一篇「借題發揮，頗具弦外之音」的文章（素癡：〈梁任公辛亥以前的政論與現在中國〉）。作者從梁任公「畢生惡俄」及「晚年過分怕紅」說起，談到梁「淋漓精核」的政論，聯繫到中國社會三十年似無進步，最後慨歎「蓋世雄文浪擲」。

張東蓀幾乎立即着手答素癡（「病中拉雜寫此」）。與其說為離世十多年的老友作辯護，毋寧更近於夫子自道：

　　我敢説梁任公當其下筆為文的時候，他腦子裏直不知道什麼
叫「失望」，更不知道什麼叫「左右夾攻」，更更不知道什麼叫「浪
擲」。他只知道當時的熱情使他不得不如此説。他説了以後就心
裏很安。他若因為顧慮失望而不説，他的內心反而更痛苦。他
為免除當下的痛苦，所以他不計將來的如何。即所謂行其心之
所安是也。

　　因為梁任公這個人不是一個工心計的人。他有豐富的知識，
但他更有充滿的熱情。他的知識（即理智）是隨着他的熱情而前
衝的，不像那些冷靜的思想家以理智來左右感情。素癡先生太息
他的蓋世雄文的浪擲，而在他卻不知道浪擲是怎樣一回事。

對於發了言論而未能左右歷史，張東蓀認為：

　　就歷史來看與就道德來看，便很有不同的觀點。就歷史來
説，誠然是一個失敗，不必諱言。然就道德來説，這種知其不
可而為之的態度，正是人格的表現。未可因其不濟事而短之。

　　假使梁任公預知革命之不能免，不作雙方勸告，而專向一方
燒冷灶，則他即變為投機分子，不成其為梁任公了。[47]

　　「梁啟超研究」車載斗量。以著者之有限見識，對任公的理解，
沒有超過他老友的這段敍述。

　　隨着世界反法西斯戰爭的節節勝利，北方救國會諸位已然覺察勝
利的曙光，北池子何其鞏寓所成了大家經常聚會之地。大家都願為
這或遲或早、但必然到來的新局面作貢獻——當然也不同程度地瞻
顧自己在這局面中的位置，尤其覺着自己「身上或許有污點」者。

　　1943夏秋間，著名的詞人與詞章家、曾任汪偽政府立法委員和
汪精衛家庭教師的龍沐勛，[48] 專門到北平找張東蓀，為偽淮海省主席
兼保安司令郝鵬舉傳話：有意在時局變化時「帶起隊伍（當時有兩萬
人），打出民主政團同盟的旗號，由民主政團同盟作保，歸民主政團
同盟領導」。

　　天上掉餡餅？

軍隊，在近現代中國，簡直就是一切。維新的皇上擰不過太后，不就因為她調得動的軍隊比他多？孫中山為什麼將總統位置讓出？國民黨、共產黨怎麼絕處逢生的？以及，不論國家遭逢多大危難，有槍才能說話——固然是國家民族最大的災難，但身臨其境，很難不讓有心問政的人怦然心動。

國共怎麼發憤建黃埔、怎麼策動南昌暴動，大家已經非常熟悉。以二勃（朝氣蓬勃，野心勃勃）聞名於黨派間的青年黨，自二十年代就努力在軍中建立支部，七七事變後曾有「野戰抗日」的口號。

長袍先生佔主流的政團同盟呢？張瀾只以個人學問品德在職業軍人中保持人望，自己從不沾手軍隊。黃炎培、梁漱溟諸公也程度不同地如此。他們不沾，並不意味着所有盟員都「遠庖廚避腥膻」。而當他們偶然有所沾，並不知已臨深淵。據葉篤義文，他五弟之經歷，就是明證。

農業專家葉篤莊，是早期的民盟中委。1946 年，當國軍高樹勳部在晉冀魯豫地區起義之際，民盟[49]動念，想學國、共、青的樣子，在這支部隊裏建立支部。正好有一美國記者要到晉冀魯豫採訪，民盟以提供翻譯的名義，派葉篤莊到高樹勳部去建立民盟支部（是否成功，未見披露）。葉氏兄弟沒有說清楚的是，為此事，民盟當時曾向北平軍調部中共代表徐冰請示，並承蒙他給劉伯承、鄧小平發電報的時候，不僅說了「做翻譯」，還不見外地提到了「到軍中建支部」。立志農學的葉篤莊毫無問政興趣，只因為自己組織所信賴，又不幸能說幾句英文，竟為此樁犯了政客大忌的「插手武裝」，兩次坐牢共十五年（1957 至 1962 年；1968 至 1978 年）。

有志（並且特別有資格）於現代政黨政治的章伯鈞，對類似情事難於忘情，見其女兒所述：

> 父親早在二十年代就跟隨鄧演達先生搞第三黨（即中國農工民主黨），成為第三勢力的代表人物。即使四十年代在民盟中央主持工作期間，他一方面明顯靠攏中共，另一方面也仍在暗中堅持搞軍事活動。[50]

讀到此，想來列位已經相當清楚：私兵傳統籠罩之下，武力已然與外敵、與國防無涉，成了窩裏鬥的傢伙。對此，毛澤東説得最直白：

> 這些人們向共產黨人説：你交出軍隊，我給你自由。根據這個學説，沒有軍隊的黨派該有自由了。但是一九二四年至一九二七年，中國共產黨只有很少一點軍隊，國民黨政府的「清黨」政策和屠殺政策一來，自由也光了。現在的中國民主同盟和中國國民黨的民主分子並沒有軍隊，同時也沒有自由。[51]

這就明確揭示了現今已經不大為人提起的「小民革」(中國民主革命同盟，1941–1949)怎麼突然攢起來，又怎麼忽然解散的奧妙。

根據所能得到的記載，對龍榆生冒着性命危險所給出的建議，張東蓀當時的態度是：「民主政團同盟根本不搞武裝。搞上郝的這點軍隊，反而是個負擔；而且到時候也保障不了他的安全。」但餡餅總是誘人的。當時，一同見面的許寶騤(「小民革」成員許寶駒的兄弟)，按照組織意圖(也許是中共，或許就是乃兄)提出建議：「勸告他再往前多走一步，到時起義，乾乾脆脆投靠中共武裝力量。」只要不打仗、少殺人，想來張教授都沒意見。只是他沒有深想，中共武力的迅速擴大，意味着什麼前景。

三人商定之後，由許寶騤在這年深秋到郝部談妥。郝請許寶騤「回去後向東蓀先生深深致意」，並希望有一代表常駐，以便打通各方面關係。

回到北平，許寶騤「向東蓀先生報告了前情，都很高興」。本擬派許寶騤擔任常駐，但就在這時，上文説過的張雲川從重慶潛入北平。他帶來了民主政團同盟的《成立宣言》和《對時局主張的綱領》，並在燕京校長吳雷川家落腳。張雲川曾經就讀黃埔軍校，以熱情爽朗播名於友朋間。他本意原是拜望燕大校長，但傾談之後，覺得同盟一定要邀請東蓀先生——當時兩種議論流行：一曰「張先生混跡於左派人士中」；二曰「左派人士把他作為大牌人物撐門面」。對這些，張東蓀歷來如秋風過耳，只要宗旨相同就不拒絕。這回當然是慨允。

許寶騄幾十年後撰文回憶：張東蓀（在他從郝處回來後）高興地對他說：「告訴你一件事，太巧了，盟裏派了一個人名叫張雲川——他說在香港見過你——來搞盟裏的事。他是徐州人，看上去很老練，又熟悉那裏的情況，派到郝那裏，是再合適不過的了。我已經對他說了，他也欣然同意。」

張雲川此後即「往返奔走於城鄉，出入於日寇及蔣幫特務之間，是備極艱辛，也每歷危險」。當局的通緝，使他在徐州借住的一所藥店遭敲詐而告破產。在此前後，郝鵬舉曾有一封短信給張教授，有「決心一定，死生以之」之類的誓詞。民盟諸書生都很興奮。

順利完成這一策動之後，用許寶騄的話說：我們的「野心」有點發展了。正在這時，一名本黨（國社黨）同志楊琪山想活動山東偽省長。張、許決定順水推舟，促成此事。許遂出面向王克敏舉薦，楊如願以償。按照張東蓀、許寶騄的設想，楊到任之後抓緊練兵，掌握實力；時機一到即率部起義投歸八路軍。他們甚至在心裏還勾畫出一幅軍事地圖：郝在徐州、楊在濟南，兩方同時起義，連成一片，協助共軍阻擋蔣軍北上。

事實上，1945年日寇投降時，郝確曾履踐諾言，起義投共。[52] 但在收了蔣的大錢之後，又叛了過去，最後被新四軍滅掉。楊琪山到任之後，也練了小小一支隊伍。光復後，他選擇了投蔣，結果還是被逮捕，最後病死獄中。[53]

梳攏軍隊，這是學人應當（包括放膽）涉及的領域麼？出於道義、更出於友朋之慈恵，張東蓀違背自己關於現代社會軍隊組織之理念（軍隊國家化，絕對不屬於黨派與個人），做出越出專業領域的第一件事——未見嚴重後果，也就沒有從中取得教訓，從而沒能阻止他第二次再犯……這就是我們後邊要講的重頭故事了。

1944年，「民主政團同盟」改稱「民主同盟」，召開一大。張東蓀以民社黨代表身份自動成為民盟中常委。年底，民盟中委周鯨文抵達北平，「隨即同張東蓀、曾琦等人着手籌建民盟組織」。[54] 民盟華北總支部於1945年春末夏初在北平成立，張東蓀任主委，曾琦、林可

璣負責組織；周鯨文、葉篤義主管宣傳。日軍投降前後，開始發展組織。由於曾、林的關係，新盟員大多為青年黨員。

在張東蓀的「交待」殘片裏，有一段沒有為後世研究者所注意的話：

> 一九四五年日本投降前，殷先生叫我聯絡當時北平的一些民主人士佈置幫助中共受降。但等到日本正式宣佈投降時，國民黨即趕快令日軍保護北京，而使整個計劃全部失敗。

這其實是毛澤東當時對世界總體局勢「情況不明、頭腦發熱」而策動的一個未能付諸實施之大舉動的北平部分。[55] 平心而論，因勝利在望激動萬分而頭腦發熱的，並非毛澤東一人。中共中央北方局動員張東蓀開展活動，以敦促北平的日本人直接向中共投降，比延安更早一步。

張東蓀當時曾盡力配合。藍英年告訴著者，當時正讀中學的他，就曾聽到張先生來到家中，與他的父親（藍公武）說着說着就吵了起來。他只零星記得「漢奸」、「你還要不要命」等話語。

在這樣的危難與動盪之中，張東蓀居然迎來自己學術生涯的巔峰期。

1931到1941年，即日寇鐵蹄踐踏東北、華北，也即他從四十五歲到五十五歲的這十年，雖然以極大精神痛苦，面對國家山河破碎，張東蓀自身卻有幸託庇於星條旗下，作為燕京大學教授，推出一本本基於講義的哲學著述：《現代哲學》、《哲學》、《西洋哲學ABC》、《認識論》、《價值哲學》，以及《近代西洋哲學史綱要》、《唯物辯證法論戰》。[56] 並一再就社會重大問題發言：〈結束訓政與開放黨禁〉、〈黨派息爭是建設之先決問題〉、〈中國之過去和將來〉、〈知識分子與文化自由〉等。

他最重要的四部著作：《知識與文化》、《思想與社會》、《理性與民主》、《民主主義與社會主義》，也在黎明之前陸續截稿。張東蓀那年五十八歲，德行學問，都正處於人生最高峰。

註釋

1. 張申府：〈「一二九」運動的點滴回憶〉，載《一二九運動回憶錄》，第一集 (北京：人民出版社，1982)，頁21。

2. 許德珩：〈「一二九」的片斷回憶〉，載《一二九運動回憶錄》，第一集，頁218–219。

3. 何禮：〈我對「一二九」運動的回顧〉，載《一二九運動回憶錄》，第一集，頁80。

4. 據何其鞏後人撰文披露，到了1938年，救國座談會更名為「北方救國會」，已與中共晉察冀中央局社會部所轄下的北平聯絡局建立了聯繫，成為秘密的抗日統一戰線組織。理事長何其鞏，常務理事三人：何其鞏、張東蓀，王定南；理事有許少堅 (孔祥熙機要秘書代表國民黨)，許寶騤，胡海門，王之湘 (中國大學總務長)，唐悅良 (原西北軍外交處處長、馮玉祥的連襟)，楊宗翰 (原蒙藏委員會) 等。秘書長為中共地工張靖 (即張德懋，中大圖書館館長)。淪陷期間，「北方救國會」通過中大、燕大、輔仁三所私立大學及其所屬的中小學，掩護保存抗日力量，抵制日偽政權控制。見何嗣珈：《我的父親何其鞏》(未刊稿)。

5. 轉引至章立凡：〈歷史塵封的哲人──記張申府先生〉，載《君子之交如水》(北京：作家出版社，2007)。

6. 趙乃基：〈何其鞏與中國大學〉，「福田叢書網絡版」(http://www.futiancemetery.com.cn/ftcs/ftcsl/ftcs1-9.htm)。

7. 劉清揚的回憶或許可以作為以上分析的補充：「少數文化界座談會後來發展擴大改名為文化界救國會。先後參加文化界救國會的知識分子，就記憶所及有以下比較知名的人：北京大學：許德珩、尚仲衣。北京法商學院：白鵬飛、程希孟。私立中國大學：齊燕銘、菅桐 (張致祥)。燕京大學：張東蓀、雷潔瓊。北京師範大學：楊秀峰 (兼天津法商學院教授)。清華大學：張申府、劉清揚 (當時我已不是學生，所以參加座談會)。報界：張友漁 (可能是《世界日報》)、羅隆基 (天津《益世報》主編)。此外有時還有個東北人盧廣義 (不是固定參加的)，實驗中學 (中山公園旁) 梁實秋 (是張東蓀介紹來的，並不固定參加座談)。以後由於許德珩和程希孟的關係，我們得以認識邢西萍 (徐冰)，據他說，他因在

青島被捕受刑，腿被用杠子壓傷正在家養傷，並且已無黨的組織關係，因此，他不完全出面參加座談。」當時還有一個「南京救國會」，那是1936年千家駒憤然從北平跑到南京，和友人成立的。並立即與沈鈞儒、史良、章乃器他們的「上海救國會」取得聯繫。「南救」曾應聘在京城給國民政府軍事委員會副委員長馮玉祥將軍上課，講「中國的財政問題」。

8.　這是中共歷史上最不堪的、給共產國際當尾巴的時期。王實味髮妻劉瑩（北大學生黨員、捐出嫁妝做黨的活動經費）對此所作之非官方闡述最為生動。已經接上關係的劉瑩，當時不時接到命令去參加的「飛行集會」，實在給嚇壞了。她並不怕死。對死，早在1926年入黨的時候就有了思想準備。她怕靈魂玷污──她親眼見到三名女同學，熊宗瑛、劉敏和劉中一，無一倖免地在「飛行集會」時被捕，繼而遭姦污，終於當了警官或特務的小老婆。她以為黨是可以暫時離開一下的，待鬥爭策略改變之後再回來。誰知一離就是半個世紀，劉瑩從此再也沒能進入共產黨的大門。參見戴晴：〈王實味與「野百合花」〉，載《梁漱溟王實味儲安平》（南京：江蘇文藝出版社，1989）。

9.　為團結更多人一致抗日反蔣，對第三黨原來黨綱進行修訂，突出反對日本帝國主義的侵略，主張建立抗日民主政權；刪除其中批評中共的全部內容。彭澤湘承擔修訂黨的《臨時行動綱領》，把馬克思主義作為該黨的指導思想；響應中共《八一宣言》，同共產黨合作，實行聯俄、聯共、抗日、反蔣的總方針；把黨的名稱改為中華民族解放行動委員會（第三黨）。

10.　彭在1935年11月香港召開的中華民族解放行動委員會（即第三黨）第二次全國幹部會議上，當選為中央委員、中央常務委員、組織委員會書記。1937年6月，「解委」組織委員會書記彭澤湘應中共中央之邀赴延安。毛澤東與彭澤湘就建立抗日民族統一戰線問題進行了長談，廣泛交換了意見。這次談話使兩黨之間有了更深入的了解。「解委」完全贊同中共關於組織抗日民族統一戰線的主張、方針和政策。這次會談保證了兩黨在即將到來的全面抗戰中，實行密切合作。1937年6月15日，彭澤民代表解放行動委員會發表《致全國各界領袖書》。參見楊曉娟：〈淺析第三黨的歷史演變過程〉，《晉東南師範專科學校學報》，1999年第1期。

11.　1937年6月12日，毛澤東致電中共北方局王世英：「已與彭澤湘在延安談好我們同第三黨合作問題，他已同意我們的做法，並願回北平指示第

三黨同我們合作。」當日毛澤東還致電潘漢年:「第三黨彭澤湘來延安談,尚好,表示同意我們主張並願合作。他明日離延安經北平約半月到上海,我囑他找你。」參見中共中央文獻研究室編:《毛澤東年譜(1893–1949)》,上冊(北京:人民出版社、中央文獻出版社,1993),頁680。

12. 同上註,頁682–683。

13. 同上註,頁679。

14. 1930年7月,中共發表宣言,決定11月7日(蘇聯國慶節)召開全國蘇維埃大會,成立全國蘇維埃政府。9月21日,北平蘇維埃準備委員會召開全體會議。代表們一致要求盡快建立北平蘇維埃政權,認為中國工農群眾在國民黨統治下再無法生活,只有直接革命,武裝暴動,建立工農蘇維埃政權才是中國唯一的出路。王作賓(王定南)作為中共北平市委的代表,負責宣傳。

15. 摘自張東蓀「檢討」。

16. 據原燕京大學地下黨部分黨員:〈未名湖畔的風雲──記解放戰爭時期北平燕京大學地下黨的鬥爭〉(載中國人民政治協商會議北京市委員會文史資料研究委員會編:《文史資料選編》,第二十輯〔北京:北京出版社,1984〕)及沈啟無回憶:吳繼文與黃家駟等本為協和醫預科同學,前三年在燕大,後來都在協和醫院做大夫,吳繼文曾在燕大本校做校醫。他們都曾參加校內地下黨外圍活動。吳解放後任北京市政協委員,於1980年3月病故。

17. 由於「共產主義」對心靈單純、衣食無憂、有勁沒地方使的富家子弟的誘惑,成功攫取敵方情報,對共產黨武裝奪取所做的貢獻,佔到比官家歷史述說大得多的比例,如紅軍的脫逃,如遼瀋戰役的勝利。中共以「階級路線」,成功打壓了這批烈士與功臣──當然這已經是另一個不能不說的故事。

18. 參見楊天石:〈蔣介石親自掌控的對日秘密談判〉,載《找尋真實的蔣介石》(太原:山西人民出版社,2008)。

19. 笑蜀:〈北中國的自由「孤島」──燕京大學抗戰寫實〉,《南方週末》,2005年9月29日。

20. 如陳紹禹、江恒源、張申府等領銜提出《請政府明令保障各抗日黨派合法地位案》、《為決定立國大計解除根本糾紛謹提具五項意見建議政府請求採納施行案》等。

21. 1939年1月，國民黨通過《限制異黨活動辦法》，隨即接連發生博山、平江、竹溝等一系列慘案。

22. 張東蓀：《思想與社會》（上海：商務印書館，1946）。

23. 毛澤東語。文革期間入「語錄歌」，童叟男女無人不曉。

24. 同註19。

25. 本節引號中文字，均引自張東蓀：〈獄中生活簡記〉，《觀察》，1947年7月。

26. 轉引自陳毓賢：《洪業傳》（台北：聯經事業出版公司，1992）。

27. 張東蓀1952年的檢討，載《新燕京》，1952年6月3日。

28. 鄧雲鄉：《文化古城舊事》（北京：中華書局，1995）。

29. 《毛澤東年譜（1893–1949）》，中冊，頁344–345。

30. 許寶騤：〈周作人出任華北教育督辦偽職的經過〉，《團結報》，1986年11月29日。

31. 需要以此進行整肅的時候，更是隨手拿來就用。以民盟中央1952年10月《關於張東蓀叛國罪行的報告》為例：「張東蓀不僅是供給美帝情報的特務分子，在解放前，早已甘心做了親日的賣國漢奸。他在日寇佔領北京的期間，領取汪逆偽組織津貼，策動所謂『全面和平』（即汪、日、蔣合流共同反共），並與國社黨、漢奸頭子共提賣國提案。這一段事實由於當時敵戰區和大後方地域的阻隔及張東蓀一貫躲在幕後的作風，使民盟組織對他做漢奸的事實完全無知。但張東蓀對此種醜惡事實隻字不向組織上坦白交代。」

32. 許紀霖語，參見許紀霖：《曖昧的懷舊》（上海：上海教育出版社，1998）。

33. 轉引自張東蓀：〈獄中生活簡記〉。

34. 千家駒：〈雜談歷史人物（二）〉，《傳記文學》（台灣），1990年第2期。

35. 千家駒1989年7月赴美而後定居洛杉磯，11月皈依佛門。在以後幾年，《去國憂思錄》、《海外遊子聲》、《雜談歷史人物》、《逝者如斯夫》、《夕陽昏語》等相繼問世。九十歲前後再回中國，居深圳。逝世後新華社發電稱：「千家駒晚年曾多次致函中共中央領導，對鄧小平理論表示堅決擁護，對以江澤民同志為核心的黨中央表示由衷敬佩，對我國改革開放和社會主義現代化建設所取得的輝煌成就感到歡欣鼓舞。」此段經歷或可幫助讀者理解他對本書主人公所作的回憶。

36. 2009年3月，王謨之子王冀從大連致電著者，重複他1952年投書《新燕京·張東蓀批判專號》時候的揭發，說米、煤是他親自送的。著者問他米、煤一共送過幾次？送了多少？他說：「一次，好多。」

37. 對於王謨案，由於其子一再「揭發」，以期將附逆罪責歸於國社黨及其領袖。張東蓀在接受鬥爭審查的1952年一再說「有人可以證明」，無奈民盟七人小組沒有就此嚴格取證；毛澤東對此則大而化之，致使此情至今未見權威機構定論。

38. 查王伯高本人公諸於世的傳記與自述，均未提到此節。

39. 張東蓀語。張雲川是梁漱溟的學生，民盟和農工民主黨中委，當時與張東蓀同屬「民主政團同盟」。他性情耿直，愛說怪話。1957年被打成右派，致死未獲摘帽。

40. 葉篤義：《雖九死其猶未悔》(北京：北京十月文藝出版社，1999)，頁10–11。

41. 該傳言屬實。據群眾出版社網站稱：該社是新中國公安文化事業的搖籃，它的前身是解放前中共黨組織為在北平開展秘密工作而開設的群眾書店，1956年9月根據公安文化建設的需要改建成群眾出版社。參見「群眾出版社」網站 (http://www.qzcbs.com/xxzs/main/cbsjj.htm)。

42. 王焰主編：《彭德懷年譜》(北京：人民出版社，1998)，頁283。

43. 葉篤義：《雖九死其猶未悔》，頁11。

44. 同註42，頁11–12。

45. 《彭德懷年譜》，頁283–284。

46. 林可璣：〈從「中國民主政團同盟」到「中國民主同盟」的一段回憶〉，《傳記文學》(台灣)，1984年第5期。

47. 張東蓀：〈討論道德根本問題答素癡先生〉，《再生》，1943年。

48. 龍沐勳(1902–1966)，字榆生，詞家。1940–1945年，歷任汪偽立法院委員、陳公博私人秘書等職，1956年上海市政協委員，離世時為改正右派、上海音樂學院教授。

49. 當時同盟秘書長李璜，組織部長章伯鈞。

50. 章詒和：〈順長江，水流殘月──淚祭羅隆基〉，載《順長江，水流殘月》(香港：牛津大學出版社，2007)，頁180。

51. 毛澤東：〈論聯合政府〉(1945年4月)，載《毛澤東選集》(第二版)，第三卷 (北京：人民出版社，1991)，頁1072–1073。

52. 具體時間為1946年1月8日。據《中華民國史事日誌》稱:「駐蘇魯交界之新編第六路軍總指揮郝鵬舉,自稱民主聯軍總司令,叛歸共軍(郝原為淮海省長,投降後曾受勒索)。」7月20日,蘇北共軍(偽軍郝鵬舉部)圍攻東海。參見郭廷以編著:《中華民國史事日誌》,第四冊(台北:中央研究院近代史研究所,1985),頁451、544。

53. 以上敍述參見許寶騤:〈中國民主政團同盟的一幕軍事活動〉,《盟訊》,1981年3月號。

54. 葉篤義:《雖九死其猶未悔》,頁17。

55. 1945年8月6日美國在廣島投放原子彈,8日蘇聯對日宣戰,14日日本宣佈無條件投降。毛在延安公開號召:「人民得到的權利,絕不允許輕易喪失,必須用戰鬥來保衛」,同時批准了一項華中局報來的「奪取上海」的起義計劃。在這項計劃裏,他提議「發動南京、上海、杭州三角區內數百萬農民武裝策應,並調派新四軍部隊入城援助」。不僅如此,他還發電報到華北,要他們效仿華中局的作法,「迅速佈置(北平、天津等)城內人民的武裝起義」,配合軍隊奪取這些大城市——而當時美國正幫助國民黨運兵、運武器,打算搶先佔領。

56. 1944年,中國哲學會召開第四屆理事會。張東蓀、張君勱名列其間。西洋哲學名著編委會主任為該會常委兼秘書的賀麟擔任。

三

民族解放事業

1　同志會　政團同盟　民主同盟

　　説起1944年秋天秘密成立的「中國民主同盟」，不能不説它的前身、更秘密地於1941年春成立的「中國民主政團同盟」；若要了解更為清晰的歷史軌跡，還須追述到更早一些，追到幾具「俱樂部」性質的「統一建國同志會」。

　　「俱樂部」——在那樣的年代？

　　1939年9月，國民政府在重慶召集一屆四次國民參政會。當時退到大後方的參政員們踴躍提案。眾人最關注的，依舊是危難中國家盡早走上法制民主之途。《請政府明令保障各抗日黨派合法地位案》（共產黨參政員陳紹禹、董必武），《請結束黨治立施憲政，以安定人心，發揚民力而利抗戰案》（青年黨左舜生、第三黨章伯鈞等人）……全部在政府相當頭疼的「黨治」、「憲政」上做文章。那時候的辯論可不像1949年之後。如果有誰輸誠邀寵，立遭千夫之所指。在道義與輿論壓力下，會議最後通過了《請政府明令定期召開國民大會，制定憲法，實施憲政案》。蔣介石手裏沒有可以擺弄的大花瓶，不敢不指定黃炎培、張君勱等十九名真正有人望的參政員（後又增加章伯鈞等六人）組成「憲政期成會」，協助政府促成憲政。

　　張君勱那篇〈致毛澤東先生一封公開信〉就是在上年12月發表的（《再生》）。羅隆基認為該信「不能代表國社黨立場」的鮮明表態，一

定給中共留下深刻印象。他那時已從天津南下，脫去報人身份，受聘為西南聯大政治學系教授。在這回的國民參政會上，他風頭甚健，也受選為「憲政期成會」委員。

1940年4月，《中華民國憲法草案修正案》草成，由黃炎培、張君勱、羅隆基等提交到國民參政會一屆五次大會。蔣介石指示辦理。辦理歸辦理，當局有錢有槍，軍政、訓政的派頭並未稍假收斂。

「憲政期成」諸君「感到勢單力孤」，感到「無力促使國民黨實施憲政」，而國家的局面又弄得他們寢食難安。到10月間，黃炎培、梁漱溟連連開會，覺得必得做點事，而且頂好大家合在一塊兒做。當時國共對立火星四迸，用梁漱溟的話說，「若是兩大黨融洽無間，則形勢又自不同，亦許沒有此第三者之出現。反之，他們的尖銳對立，恰便⋯⋯」[1]——國共以外的有志之士，以「中間派」使命自賦，夾到了漢陽造和馬克西姆中間，力圖在「強虜當前、兄弟鬩於牆」的政治中，表達第三者的立場。

他們的《統一建國同志會信約》和《統一建國同志會簡章》出台。應該說很像樣子。如果今天哪位志士（無論海峽對岸或大洋彼處）也想玩一把，簡直可以拿過來就用——黨八股荼毒漢語文半個世紀，已無人寫得出這樣的文章。那次，咱們中國志士之間最要命的交椅，一點不成問題：同志會規定了「設常務幹事五至七人，輪流當選」的原則。

這俱樂部式的同志會還沒達到預期之效，又出大事了：一是在1940年9月，國民黨中央宣佈，原定本年11月12日召集的國民大會，因故（「交通不便」）改期——不僅今天讀史人，就是在當時，「同志會」對此也看得一清二楚：在當局眼裏，什麼國民大會，不就給你們搭起罵人的台子，讓我不痛快？

到了10月，杜重遠被逮捕；馬寅初遭拘留；鄒韜奮的生活書店給查封[2]⋯⋯憲政團體的活動太不愜意了。12月，在公佈國民參政會第二屆參政員名單時，沈鈞儒、鄒韜奮、史良、陶行知等奮勇襄贊中共的左派均被除名，裏邊居然還捎帶着一個羅隆基。羅遂以他的率真性情，為我們留下一句至今尚堪玩味的名句：「不要我做參議員（原

文如此，應為參政員，下同——著者按)，這並不稀奇，但也該換些比我好的。現在這些衰衰參政，算什麼呢？如果參議員是考選的，我考也考得上頭三、四十名。」[3]

到第二年(1941)，光是捂住嘴、趕下台已經不夠，兵大爺(此處的「爺」須讀第二聲)的手段用上了——「皖南事變」。這一事件，除了我們已經非常熟悉(但依舊充滿疑惑)的種種說項之外，對「第三力量」的形成，共產黨的說法是：

> 蔣(本來)認為圍擊新四軍、屠殺新四軍的指戰人員、並取消新四軍的番號，打擊了中共，其他黨派必然會低頭跟他走；而各個中間黨派卻認為，蔣既然敢打擊強有力的中共，那麼，小黨派只有團結起來，才不會被蔣介石吞吃。在皖南事變以前，不少民主黨派是站在中間，有時甚至傾向國民黨的；皖南事變以後，不少民主黨派感到國民黨的橫暴，感到自己生存的危機，它們雖然站在中間，但逐步同我黨靠攏。事變發生後，國共兩黨關係十分緊張，面臨着重開內戰的危機。各黨派對國民黨大為失望，對中共所持立場深表同情。[4]

雞們告猴不要吃「傲」。橫暴面前，大家不能引頸就戮。按照梁漱溟的說法，他們起初只是想在國共之間勸和，制止雙方的衝突。後來「張君勱、左舜生、黃炎培、梁漱溟等四人會商，決定加強中間的組織。因為想來想去，非民主團結，大局無出路；非加強中間派的組織，無由爭取民主團結」。[5]「中國民主政團同盟」開始秘密醞釀。

左舜生說得更為具體——依舊是道德判斷而非程序質疑，其實已經蘊含了日後的分手：

> 它是一九四一年發動的，其直接的動機，是由於政府將若干不必除名的參議員一律除名了。大家覺得與抗戰宗旨不合，與推進民主的政治也有不符，因此才發起這樣一個團體，以表示抗議。[6]

為突出共產黨在這一過程中的領導地位，官方正史如此描述：

1941 年 2 月 10 日，中共代表周恩來與各民主黨派領導人聚談，
各黨派「深感為民主與反內戰而團結之必要」。……經過反覆討
論，決定在統一建國同志會的基礎上組建中國民主政團同盟。[7]

「中國民主政團同盟」於 1941 年 3 月 19 日，在重慶特園秘密誕
生。那是張瀾的學生鮮特生宅邸。毛澤東後來特別為該園題詞「民主
之家」。與會十三人 —— 自然成為第一屆「中央執行委員」。

讀者諸君一定已經注意到，此時的着重點，已經由（大敵當前的）
「統一」移到（意在分權制衡的）「民主」。爭「民主」麼，第一須有聲
音；第二須有組織。據後世記載，「曾琦、張君勱等人在重慶發起成
立民主政團同盟，首先決定兩件事」：創辦言論陣地《光明報》；在淪
陷區成立支部。

第一件，梁漱溟自告奮勇到香港籌措。而第二項，曾琦囑咐，
「淪陷區民主政團同盟支部事，宜推張東蓀主持」。

另有一項不便大書特書的決定，是大家情合理順的擔心：別一上
來就給滅掉。為求得委員長的諒解，須佯裝跟共產黨保持距離。他
們於是敦請本屬「建國同志會」、但「太過左傾」的救國會暫時別露面，
並且選擇在境外發表宣言，以期事實既成之後，爭取回來取得合法地
位。5 月，梁漱溟銜命赴港。5 月 20 日到達後，即在八路軍駐港辦事
處及救國會海外組織的具體幫助下，開始籌備出版報紙。中國民主
政團同盟機關報《光明報》9 月 18 日正式出版，發表了成立宣言和對
時局的主張。《十大綱領》出於羅隆基之手，就是今天讀來，也很難
不動容。可惜不僅籌辦費是中共出的（五千元，經范長江交社長梁漱
溟），總經理（薩空了）也是奉周恩來之命前往的。[8]

中共那時對這批先生們相當客氣（乃至倚重）。至於私底下，自
詡為「出生入死打江山」的，就沒那樣的肚量了。包括處於聯絡第一
線的李維漢都曾有過這樣輕佻的論說：「民社黨黨員一共二十四個
人，張君勱，張排長。青年黨黨員不出一百人。」[9]但周恩來肯定清
楚，這個新政團雖然只有數千成員，大多數是各界頗有能量的頭面人
物，在知識界和工商界的影響力非同小可。[10]

「中國民主政團同盟」開始以獨立姿態，就重大國是發言，並實際切入國家政治生活。它要求當政的國民黨結束黨治，實現政治民主化，保障人民的自由；主張軍隊國家化，反對共產黨「武力割據」，要求其將軍隊交給政府。「政團同盟」對兩黨都進行了批評，也都提出了相應的要求，體現了秉公持中的「第三者」中間政治立場。《光明報》社論（就其文白參半的行文風格看，很像梁先生親筆）寫道：

> 大家都沒有武力作其政治要求的後盾。此為聯合內的各成員（各黨派或個人）之一共同點，而以與聯合外的兩個方面相較，則此為其一重大之不同點。他們的前途，只能以言論以理性去活動。

國府那邊拿不出辦法，只是一味地壓。比如孫科等魚腦子要員，就堅決否認「民主政團同盟」存在之合法。這不是時勢造英雄麼？政團同盟中央常委遂鄭重決定公開自己的組織。1941年11月16日，在國民參政會二屆二次大會召開的前一天，借大家都聚集重慶之機，主席張瀾、總書記左舜生、組織部長章伯鈞、宣傳部長羅隆基，一本正經在俄國餐廳舉行茶會，邀請國共兩黨代表和國民參政員出席。左舜生報告了成立經過，公開宣佈中國民主政團同盟的成立。

第二天，參政會開幕。民主政團同盟發出重炮，提出《實現民主以加強抗戰力量，樹立建國基礎案》（共產黨參政員董必武、鄧穎超等聯署）：[11]

> 立即結束訓政，實施憲政；
> 成立抗戰時期正式民意機關；
> 政府一切機關不得歧視無黨和異黨分子；
> 不得強迫公務人員加入國民黨；
> 國民黨黨費不得由國庫開支；
> 保證人民各項自由，停止特務組織對內的一切活動；
> 嚴禁官吏壟斷企業、投機倒把。

公開之後，他們依舊沒能認識實業界和商界的重要，不知如何保護其切實利益。能做的，充其量也就是開大會、發號召，影響輿論。比如張瀾紀念「九一八」的文章〈中國需要真正民主政治〉；黃炎

培、左舜生、章伯鈞等創辦《憲政》、《民憲》、《中華論壇》等雜誌，以及分別在不同城市成立「民主憲政促進會」、「民主憲政座談會」、「憲政研究會」等民意機構。還好除了比較原則的老生常談「切實實行民主、尊重人民言論之自由和人身之自由、思想信仰及一切集會結社之自由」等，已經明確提出「給予各級民意機關以必要的權力；切實改革徵兵、徵糧、徵稅之弊端；嚴懲貪污，杜絕中飽，革除苛擾，以減輕人民痛苦；以及實施全國動員——組織人民、武裝人民」。

所有張瀾、左舜生等在前台之作為，都有共產黨暗中支撐與公開敲邊鼓。而共產黨有了什麼為難之處，他們當然義不容辭。如1941年4月中旬，何應欽在西安召集軍事會議，定計突襲延安。周將得到的情報遍告第三方面，大家立即往謁蔣介石。[12]

形勢發展太快，快到「政團同盟」若是再怕犯忌，而將「救國會」諸人排除在外，已經違背時代精神。更何況兩年來，讀書人都要為國家盡力，個人盟員的數目不僅大大超過了黨派數目，戰鬥意識更是無比旺盛。

「政團同盟」已經顯得帽子小腦袋大。曾經對盟務最具實際操作能力的青年黨左舜生記下了當時的勉為其難：

　　……因為救國會分子沈鈞儒、張申府、史良、劉清揚、鄧初民等人的加入，而成都、昆明的支部又先後成立，活動範圍加廣，盟員也逐漸加多，好奇者投機者，紛至沓來，盟員也一天天複雜，中共想利用民盟作為工具的要求，也逐步的趨於明顯。這時主持昆明支部的為羅隆基、聞一多、李公樸諸人，他們覺得以同盟而冠以「政團」兩字，對於以個人資格參加者頗感不便，因提議取消「政團」兩字，改稱中國民主同盟。後來民青兩黨退出後，民盟也就命定的只好「一邊倒」……[13]

李璜也一步步看出，在重慶陪都時，第三勢力之集結成形，表面上是梁漱溟和左舜生，而骨子裏出計劃策，且用力最甚者，乃是黃炎培和羅隆基。後來由羅「勾結救國會」把第三勢力的民主同盟，引到傾向中共，於國民黨的損失甚大——也始終是黃羅兩人操辦的。[14]

吾識東蓀三十壽宣南會歡付流
聲學鑑精許聞羣士宰何
若摩此久大局如絲棼棼之作
長年惟酒一相親忽緒切後
趙人詐窮窮面來髮未銀
東蓀吾兄解辭其萋萋真固其
探存震俗之惠名攤壽辰之
著作手載春插何止三手情語
排荊晚開六十況值大亂初報
日月雲老不同凱唱前傳于
戈又起乃先生以屝狼崾吻
之餘生欲去如人攜水火刃兵
壺厄文山同甚專傳的氣放翁
入蜀天錫長驗何將軍大招
山林上馮寺爭未車馬已懲一
慶先生之苦慧平生許國報
國筐止文章萬年猶人作
因宣壽考用授觖竹公祝
長春帖無有以正之

民紀卅四年十二月十八日

黃炎培賀張東蓀六十壽辰的祝壽詩

晨披宿霧往暮帶斜陽鄰林風光胖主作家
入剝屏空尚日健步自適養生遊鄰又熟兒
怪強就肩與坐芳慕燈、遲復歆陽真鄉之
調稚究兹懷夢小人歆歌不作實現感不作主
淮兄出吾人世強調太古 右邁江日課四首 悅未兄
漫遊不來復自己風月與君同領君自領取□□
同世子法益一大地食善院廿吾宇可對君分家
詩陸□比蘇春陷泊累慧海教慶勞寒以一
百年禪且託世子於詩何足知以呈之此其
知音旦暮遇 右續正江日課四首 乙酉冬呈芰華

東蓀先生教證如陳銘樞

陳銘樞賀張東蓀六十壽辰的題辭

不管怎麼説，到1944年秋天，成立一個新的、更具代表意義的組織（民盟）已成定論。

不見有官家學者考證，那個搶着在9月19日召開的民盟全國代表會議（也即成立大會），與9月15日林伯渠在參政會三屆三次會議上的報告，有怎樣的直接聯繫，但讀者諸君或許記得毛在此關鍵時刻的親自部署。

在這個報告裏，在野方面已不僅僅只客氣地提提建議、要求參政等等，而是正式擎起美蘇兩強都一再強調的「聯合政府」：

> 希望國民黨立即結束一黨統治的局面，由國民政府召集各黨、各抗日部隊、各地方政府、各人民團體的代表，開國是會議，組織各抗日黨派聯合政府。[15]

隨後，中共又以書面形式向國民黨當局提出成立民主聯合政府的方案。中間力量改變了過去僅僅貢獻主張的姿態，決心以在野黨身份，具體介入國家政治生活、參與政治決策。

為迎接這一新的歷史使命，民盟成立大會在上清寺「特園」召開。雖然會議地點不過私邸，參加者不過五十四位，就其以救民族於水火之大任的自我期許而言，他們以後開過的任何一屆金碧輝煌的大會都無法與之相比。

兩項議程，第一項改組，去掉「政團」二字；幾年前藏着掖着的左派救國會，終於嚴正登堂；無黨派代表也大量湧入 —— 這都使得「第三勢力」相當明顯地向左（或者換句話說，向在野的共產黨那邊）擺。會議選出的領導機構，三十三名中央委員裏邊有了共產黨員（周新民）；十三名常委裏邊有了救國會領導人（終生左派、「比共產黨還共產黨」的沈鈞儒）。青年黨抓住了最具「顯性實權」的秘書長一職（左舜生）；而最具「隱性實權」的組織委員，落到名義上第三黨、實際上的前共產黨員和現共產黨親密戰友（章伯鈞）手裏。真正元老 —— 雖然那時已脫離國社黨 —— 羅隆基得了個響動大、實權小的宣傳委員。梁漱溟和張君勱分別為國內關係委員會和國際關係委員會的主

任——需要主持人具有德望的輔助性位置。青年黨依舊雄心勃勃，不僅大量發展本黨民盟成員，對進入中央委員會決不禮讓（三十三名中佔九名）。可憐民盟新成立，一無經費、二無辦公地點，日常工作全由青年黨中央代辦。

後世議者多強調此次會議組織上的成就：由民主政團同盟而民主同盟，卻往往忽略奮鬥目標的變更。應該説，「聯合政府」的提出，對在野黨而言，具有劃時代的意義。「有各黨派參加的聯合政府」——向當局叫板！權力再分配的制度性政治要求！

這一口號的提出並不簡單。它源於對外部形勢變化十分敏感的毛澤東。該年8月17日，毛在董必武請示周恩來的電報上批示：「應與張（瀾）、左（舜生）商各黨派聯合政府」。「聯合政府」四字「七七事變」以來第一次出現；半年後，登上（共產黨內）權力顛峰之際，又由他本人將其做成氣派雄偉、橫貫整個內戰、收攏國統區人心之大局：七大政治報告《論聯合政府》。

當時沒有人對該報告字面上傳遞的信息——聯合，立足於什麼呢，平等？共同目標？權謀？——有過懷疑，直到2008年李鋭在《炎黃春秋》撰文，才提到他1947年初由冀熱遼分局遷到林西時，聽分局負責人歐陽欽（楊清）所作的那個報告。那時，第三方面斡旋國共已然失敗，兩邊正準備大打，歐陽欽告訴與會者，原來在「七大」時，毛澤東的口頭報告裏就有這樣的話：我們戰勝蔣介石，革命成功之後，主要的鬥爭對象就是民主黨派了。[16]於是大家恍然：1949協商建國，艱難奮鬥、最大程度代表公意的「聯合政府」，連個「為什麼」都不問就為「人民政府」所代！

綜觀二十世紀在中土風詭雲譎之政治角鬥，真正稱得上毛澤東「你知我知」對手的，不過幾人。讀者諸君或許記得，「聯合政府」的旗號，李濟深直到徹底投降（服從安排由香港到東北參加新政協籌備）前夕還在用（本書第一章）；章伯鈞則在聖人、學究們依舊大談自由、民主、民意的時候，一再強調「實行聯合政府」！[17]至於蔣介石，直到他留在大陸的最後一天，對這一叫板，也不曾有過絲毫苟且。他的信條是：「黨派會議等於分贓會議，組織聯合政府無異於推翻政府。」[18]

　　因為會期定在學校上課的日子，張東蓀教授指派葉篤義為自己的代表赴重慶。作為國社黨元老，張東蓀自動列位民盟盟員。那時，以知識論為根基的第四本著述《民主主義與社會主義》已經結稿。他託葉篤義將自己的心愛命題帶到重慶，由張君勱作序之後交商務印書館王雲五出版；同時有題簽的稿本送周恩來。

　　對張東蓀在北平與中共的連手，張君勱很表贊成，說自己在重慶「同中共的關係也搞得很好」，「美國人對蔣介石很不滿意」，「將來可能成立聯合政府」。會後，葉篤義奉派回北平成立「民盟華北總支部」，委託張東蓀任主委。[19]

　　抗戰勝利前夕，醉心於「民主體制下的社會主義」之諸君，沒有人對「無產階級領導之下的新民主主義」懷抱絲毫警惕，也不知道「新民主主義制度」，能在一黨獨大的體系下延續多久。他們都覺得，毛公的講話，多麼真率、多麼氣勢磅礡啊——

> 有些人懷疑共產黨得勢之後，是否會學俄國那樣，來一個無產階級專政和一黨制度。我們的答覆是：幾個民主階級聯盟的新民主主義國家，和無產階級專政的社會主義國家，是有原則上的不同的。毫無疑義，我們這個新民主主義制度是在無產階級的領導之下，在共產黨的領導之下建立起來的，但是中國在整個新民主主義制度期間，不可能、因此就不應該是一個階級專政和一黨獨佔政府機構的制度。只要共產黨以外的其他任何政黨，任何社會集團或個人，對於共產黨是採取合作的而不是採取敵對的態度，我們是沒有理由不和他們合作的。[20]

　　何謂「合作」？何謂「敵對」？第三方面諸君，還有沒有人記得1913年底知識界那場關於「對抗論」的辨析？張東蓀那時在《庸言》、《正誼》連連發文，直指專制者杜絕「敵對」之「偏好」：

> 國家社會之進步，在調劑，不在統一；在競爭，不在專制；在活動，不在一程而不變也。[21]

到1949年秋天，各黨派、各人物雖然相互間爭得相當丟面子，但在與中共的合作上，都沒有採取「敵對的態度」。議論政府名號的時候，大家一致同意「中央人民政府」，已經沒有人計較什麼聯合不聯合。官方也周到地對此作出說明：

> 新中國成立時的中央人民政府，儘管不叫「聯合政府」，但比毛澤東在中共七大提出的「聯合政府」，代表性更為廣泛，中國人民政治協商會議第一屆全體會議，「包含了全中國所有的民主黨派、人民團體、人民解放軍、各地區、各民族、國外華僑和其他愛國民主分子的代表，代表了全國人民的意志，表現了全國人民空前的大團結」，是一次「準人民代表大會」。這次會議產生的「基於民主集中原則的人民代表大會制的政府」，具有更大範圍的民主性。[22]

六十年來，這「更大範圍的民主性」如何在中國體現，想來讀者有自己的判斷。

2　老政協

(1) 之前

1945年8月6日，美軍投放原子彈。兩天後，本該在2月就出兵，卻遲遲不肯動作的蘇聯，終於對日宣戰，百萬部隊揮師中國東北，直如餓虎撲食。

毛澤東這回不認為他的「筆桿子」們（胡喬木等）是在「誇大原子彈的作用」了。在與朱德聯名發電祝賀並熱烈表態[23]的同時，極為高興地對他的班底（全體中央委員）說：蘇聯參戰了，這就使抗日戰爭進入到最後階段。與蘇聯紅軍配合作戰，這太痛快了。原來以為要與美國配合，那才是麻煩呢。

　　他說這話的時候，宋子文還沒有趕到莫斯科去簽約；《雅爾塔協議》也還對包括中國在內的弱國保密——料事如神如毛澤東者，也不可能知道在以後的半年裏，與不知遵奉什麼才好（條約，抑或現成便宜）的蘇軍「配合作戰」，多麼痛快不起來。

　　朱德不失時機地連續兩天（8月10日、11日）對各解放區發佈反攻命令，「中國抗日力量」[24] 開始在東北與蘇軍並肩作戰——雖然美國全面支持國府，令日本不得向中共投降；蔣介石明令中共軍隊「就原地駐防待命」，「不得擅自行動」——毛才不管這些，他在延安公開號召：「人民得到的權利，絕不允許輕易喪失，必須用戰鬥來保衛。」（8月13日）——勇往直前（雖然頭腦略遜）的「先鋒官」曾克林正往山海關趕呢。

　　14日，《中蘇友好同盟條約》簽訂，[25] 蘇軍保證將東北交給國府。得到美蘇兩大強權全面支持，蔣介石自該日連連發電，邀請潤之先生到重慶會談。對此，中共中央例行通告黨內：「完全是欺騙」。不料蘇聯開口了。一封發自「俄共（布）中央委員會」（而非如以前親切署名）的電報，以救世主般嚴峻，要求毛澤東接受邀請前往：「如果發生內戰的話，中華民族將有毀滅的危險。」[26]

　　怎麼辦？打下牙往肚裏咽……這也不是第一回了。8月23日，一肚子委屈的中共領導審時度勢，決定順勢「走法國的路，即資產階級領導而有無產階級參加的政府」。當然，與法共不同，中共是不交槍的。毛的墊底主意：「只要把軍隊拿在手裏就有辦法。」

　　第三勢力當時能做的，也就是在重慶有聲勢、帶感情地開會慶祝了。對那兩件最關緊要的事：一曰國共軍隊到處發生衝突；二曰政府決定對日寬大，不索分文賠償；[27] 大家雖然內心焦急萬分，也是一籌莫展。

　　8月28日下午，毛抵達重慶，「整個山城為之歡騰」。雖然來自絕域窮邊，帽子手錶全是臨時抓來，但毛神采飛揚，舉止得體，一首十年前（在山西搶錢得手）舊作（「江山如此多嬌」），以狂草筆勢書就之行草，把一大片良相特色尚未褪盡的新政治家一攬子拿下。

　　但縈繞在他心頭的，究竟是什麼？

　　一下飛機，歡迎人群中，毛一步跨過去熱情拉手的，是民盟主席張瀾。雖說屬於列寧式底層暴動在現代中國版「農村包圍城市」之創建人，毛深諳私兵制在中華本土葉茂根深。這一歷史性拉手，與其說為將來民盟與共產黨之珠聯璧合墊底，[28] 不如說格外垂涎表老在地方軍人中的聲望。

　　除了禮儀性的應酬，從8月底到10月初，中共「僅與國民黨領袖們多日秘密商談」，[29] 沒有會見在野黨，也沒有向社會公開商談內容——唯張瀾除外。據後人記載，此期間毛不止一次專門登門拜望。[30] 有所企望的共黨主席話不多，張瀾反倒指點江山不已，即毛回到延安之後所說：「民主同盟說我們調子低。這樣，我們就開始攻勢。」[31]

　　小民革諸君（他們個人身份多為黨國高層）不宜怠慢，抵渝第三天即見，緊排在國民黨當權派和「國母」之後。對民盟實權人物青年黨左舜生，則只有過兩次禮節性宴請。比較不尋常的，倒是國社黨。當時，張君勱、張東蓀都不在重慶，毛竟然特別請徐冰將蔣勻田[32]（張君勱秘書、民盟中委）等幾名國社黨幹部約到自己在重慶下榻之處（桂園，蔣介石侍從室主任張治中家）。近三十年後，蔣勻田依據自己的筆記，對這次談話做了詳細披露。

　　毛告訴蔣勻田，與國民黨「商談了近二十日，時間白費，毫無結果，已面臨僵局了」。蔣勻田問僵在哪裏，毛回答說：「一個是軍隊分配的比例問題；一個是我們管理的地區自治問題。」

　　蔣勻田當時不過是無錢無槍在野黨的一名中級幹部。受到了別的大佬不曾有的待遇，居然沒像我們所熟悉的民主人士那樣感激涕零、奉命唯謹。他當時即直言：

> 你們所商談的問題失敗了，甚可惋惜！可是從人民的眼光看，即使如此商談成功了，那乃真的是失敗。……假使毛先生同國民黨的領袖討論此類問題，應讓其他少數黨領袖參與會談，不宜僅限於貴黨及國民黨。

　　毛沒有覺得冒犯，反倒補充說：

剛才在飛機上，赫爾利大使亦曾向我建議說：「既然實質的問題談不通，最好再從民主政治的原則商談。」假使同國民黨商談此類問題，我們共產黨的代表一定主張邀請其他黨派參加。

據蔣勻田記載，毛澤東還對他說：

此次來訪重慶，最大的憾事，就是未能見到張君勱先生。我少年時候，即拜讀張先生的大作甚多，所以已經久仰了。張先生多年來不計艱險*，為民主政治奮鬥的精神，亦至令人敬佩。他給我的一封公開信，想你亦必閱過，在那封信裏，他主張要我們將軍隊交給蔣先生，老實說，沒有我們這幾十萬條破槍，我們固然不能生存，你們也無人理睬。若教我將軍隊交給政府，理猶可說，教我交軍隊於蔣先生個人，更不可解。

對於百姓供養的軍隊應掌控在誰人手中，毛雖然有過「我們的原則是黨指揮槍，而決不容許槍指揮黨」、「整個世界只有用槍桿子才可能改造」等等不容置疑的宏論，[33] 但在當時，對蔣勻田說的是：

最近蔣先生曾對周恩來同志說：盼告訴潤之，要和，就照這條件和，不然，請他回延安帶兵來打。我異日拜晤蔣先生，當面對他說，現在打，我實打不過你，但我可以對日敵之辦法對你，你佔點線，我佔面，以鄉村包圍城市。你看交軍隊於個人，能解決問題嗎？

老實說：當我們經過二萬五千里長征的苦鬥，甫抵延安之時，人只有一萬多，槍只有八千餘。蔣若再派一師兵追擊，則我當時的處境，誠難設想。幸他派張學良、楊虎城率兵圍攻，可說給我們大的幫助。因此演變，乃克逼成對日抗戰，而有今日的勝利。不知君勱先生發表那封信時，想到這個問題沒有？我想君勱先生是沒有機會練兵。若有機會練兵，他也必會練兵的。

蔣勻田答，對於（張君勱）那封信，他、梁、沈都有不同看法。但是關於練兵一節，則追問毛有否看過國社黨創建時政綱，裏邊明確

載有：「不收現役軍人為黨員」；「我們深信民主政治的成功，是以全民的信心與力量為基礎，不是單憑武力可以打出來的。……不願以武力為建立民主政治的有效工具，而只有由政黨的組織行動，不計個人犧牲，反對一黨專政，啟發人民對民主制度的認識與信心，漸漸趨向民主政治成功的道路了。」

至於「幾十萬條破槍」，蔣勻田也有「任人宰割」的同感。但他問毛：「假使有一天我們認為不需要槍桿護衛，可以自由活動，如歐美的民主國家一樣，用自由競選的方式取得政權，毛先生，你願否放棄所有的槍桿呢？」

毛很技巧地說：

在未答覆你的問題以前，我先請你答覆我的問題：你相信或不相信共產黨的政治鬥爭技術，不在任何政黨之下呢？……你既相信共產黨的政治鬥爭技術，不在任何政黨之下，則你已答覆你所提的問題一半了。你想，假使我能憑政治鬥爭技術，以取得政權，我為什麼要負養數十萬大軍的重擔呢？不過還須請你注意一點，軍隊國家化固好，所有特務人員，更須國家化。不然，我們在前頭走，特工人員在後面跟蹤，這樣威脅，那我們又如何受得了呢？

據蔣勻田記載，毛先生講到特工跟蹤時，即站起來，以行動表現，左右轉頭向後看，使在座的人為之驚笑不已。其實當時隨他一同見毛的三名隨行國社黨員裏邊，一位孫姓者，就是「國民黨指派滲入貴黨的情報人員」──這是盡職盡責的民盟組織部長章伯鈞，在審查參加「制憲國大」民社黨代表名單時候明告的。章的這條報告，直到1964年才從側面得到證實。那年，蔣勻田到香港，港大教授劉伯閔對他說：你當年與毛的暢談，經由隨行特工寫出報告，說「毛坦然表示，只要能有政治競爭的自由而取得政權，他不願意負養兵的重擔。」──真是一名學問良知俱佳的特工！但為什麼這一情報沒能使國民黨相信中共在當時確實已經準備以在野身份加入政府了呢？「彼疑此譎，此疑彼詐」──中國千年政治文化傳統？[34]

不管怎麼樣，到 10 月 10 日，雖然在軍隊和地盤 (解放區) 的問題上，誰都不做絲毫讓步，但蔣還是第一次以共產黨為平等對手，簽訂並公開發表了《雙十協議》。簽字當天，比誰都想得早一步的毛，登門拜會蘇聯大使，打探「如果美國出兵，蘇聯怎麼辦」，彼得羅夫僅以官話應付。

《雙十協議》公佈當天，美國總統特使馬歇爾抵達重慶，「建議」國民政府盡快召開政治協商會議，以各黨合議的方式，調解國共兩黨直接的衝突。特使身後就是美援，國府會違拗麼？召開政協的日子立刻定下來：就在下月，11 月 12 日。在這條戰線上，共產黨也有相當準備，立即提出「民盟須作為政協會議單位之一」。

回到延安的當天 (10 月 11 日)，毛即對中央政治局做了彙報。如果從日後中國人自己再度自相殘殺凡四年看，這次的兩對頭會面，只能算是留了些歷史遺痕，並無任何實質上 (哪怕意念上) 的進步 —— 如果非説有，也只是負面：在一片讚許、歡呼聲中，歷史為毛澤東搭建了一個舞台，任由這名從劣勢起手的權謀大家，以開明、謙和之姿，玩弄民主高調以安撫輿論，同時忽悠有錢有槍的美國盟友，爭取時間，完成「全贏」的軍事部署。

我們且不評説他在重慶怎麼力爭「言論、集會、出版自由」，怎麼建議「減輕人民負擔、改善人民生活」，不説他如何向產業界人士許諾「在國家獨立、民主、自由之下，民族工商業的發展前途」，這些，敬請讀者自己對照他得到政權之後的作為。這裏只説他如何觀察、周旋於本書主人公所屬的「第三方面」的動績。

在那四十多天裏，他發現「民主同盟的調子」(或稱代表民意的在野黨對專制當局的要價)，比共產黨還高，由此激發了他的靈感，開創出共產黨奪權取勝的「三大法寶」之一：統戰。[35] 那年秋天，毛澤東愈來愈明晰，拿下國統區，絕不僅攻城略地一招。借「民主人士」之力，實現自己的最後勝利 —— 多麼現成！他和他心領神會的屬下，立刻捉住戰機。用他報告中的話説，就是「這樣，我們就開始攻勢。恩來十天之內向文化、婦女、產業、新聞、小黨派、國民黨民主派各界活動」。[36]

「被統戰者」那時候並不十分明確自己突然間給共產黨捧為座上客的由來，不像日後共產黨已大權在握，且「統戰工作」已經玩得圓熟諳練的時候。他們那時還以為，大家正憑着良知為國家攜手奮鬥。令他們百思而不得其解、而且誰都沒有辦法的是，禮遇歸禮遇，說到唇焦舌敝，兩邊該打還是照打。

10月13日，蔣介石再次下頒「剿匪密令」──「努力進剿，迅速達成任務」。不幸國軍在上黨、平漢線連連失敗，中間還夾了個高樹勳起義。共產黨這邊，則已改變意圖，開始「向北發展、向南防禦」的新戰略，從各解放區抽調十萬主力部隊和兩萬幹部趕往美麗富饒、有鐵路港口、有鋼鐵礦山的東北。毛澤東說得再直接不過了：從我們黨，從中國革命的最近將來的前途看，東北是特別重要的。如果我們把現有的一切根據地都丟了，只要我們有了東北，那末中國革命就有了鞏固的基礎。[37]

但民眾渴望和平，反戰運動如火如荼，停戰已刻不容緩。怎麼停？只有兩途：外邊強人出面調停。外邊人又有國外國內之分。蘇聯堅決拒絕介入；「停戰調處執行部」遂由美、國、共三方組成。同時，各黨派和最具威望人士集合的「政治協商會議」開場──這時已是1946年1月13日。

(2) 開場

1945年10月上旬，民盟抓緊時機，正式召開了第一次全國代表大會，張東蓀獲選為共有十三人的民盟中委常委之一。

會後，張瀾主席和左舜生秘書長接到張東蓀發自北平的電報，要求在將來的政協會議上佔一席──這或許出於國社黨攻略，但也符合我們主人公「就重大國是發言」之本意。11月底，張教授向燕京大學請假一年，抵達重慶。征塵未洗，「陳立夫先生在其官邸設宴款待，我亦被邀作陪。」(蔣勻田回憶)接着出席12月9日「昆明『一二一』反戰殉難烈士舉行追悼會」，與張瀾、梁漱溟合獻花圈。獻辭為：

「為反內戰而犧牲，真成痛史；試思中國之命運，能勿憂心。」這無疑出於他們之本心，但確已納入共產黨之統戰。

12月15日，馬歇爾接受任命，銜「美國駐華特使」，接替蔣最愛而毛最恨的赫爾利。白宮發表「對華政策聲明」，力主「召開全國主要政黨代表會議，以謀早日解決目前的內爭，以促成中國之統一」。中共政協代表團第二天即抵達重慶，全面同意美國意見之外，特別強調：一旦政府改組，即交出軍隊。

更有意思的是，馬特使在上海會過蔣介石、飛抵依舊是陪都的重慶的時候，舷梯旁恭候的，竟是兩名帥呆酷斃的戎裝共產黨將軍：周恩來和葉劍英——宋子文等國府高官還沒趕到。馬帥吃一小驚，因為根據協議，美國立即向中國提供的三十九個師及八個空軍大隊的裝備，國府是唯一受者，共產黨一粒子彈都分不到……忙問臨時代辦是不是大使館通知錯了，羅伯遜也一頭霧水——其實哪裏用得着大使館？馬帥甫抵上海，中共外事組已經從駐重慶美軍總部得到他的準確行程。

這批武器曾經深深刺傷中共。唯其刺傷之深，更激起志在必得的鬥志。美國朝野一直在質問：「制定這一政策的人，是否了解這些槍炮將派在什麼用場？」「蔣介石為什麼榮膺『運輸大隊長』之雅稱？」杜魯門也說過：「裝備國民黨，一個勝仗沒打；共軍繳獲之後，北平、西北幾天就打下來了。」[38]

本來一個多月前就應該召開的政治協商會議，因為名額拉鋸戰一拖再拖。12月19日，周恩來、董必武「接待來訪的中國民主同盟成員張瀾、張東蓀、梁漱溟、蔣勻田等，雙方就有關政治協商會議問題交換了意見」。[39] 最後，有「統戰」大略在胸的共產黨，以其包容、大度及高超的政治智慧，終使各方達成妥協。

為什麼國府在捱延一個多月之後終於同意了？為什麼共產黨在這件事上表現得如此識大局、顧大體，令人感動地一次次讓步？表面看，是馬帥抵華、三國外長一致表態，以及國內高漲的反戰運動；更深的原因是，從光復（8月中旬）到年底，國軍場面上氣勢雖凶，實際攻城略地沒佔到多少便宜；而共軍在這四個半月，地盤與兵力（特別

在東北)的擴充,已達到自建黨以來從未有過的局面。如果非言和不可,當然要在便宜佔得最大的時候——更何況局面是以「政協」之名目加以維持的。

望讀者諸君一定記住這個日期:「全面停戰生效的1月13日」。[40]這是光復之後約半年間,兩邊靠着自己的名頭、實力與士氣,分別從日軍、偽軍手上拿下地盤之截止期。此日之後,在美蘇兩強權或光明或卑劣染指下所發生的一波接一波局面翻騰,再也沒有被兩邊同時認可過。

毛澤東那時正累得一病不起。在延安主持全局的,似乎是雄霸天下之心略遜的劉少奇。戰場之外,政協會議遂成國共角鬥場。第三方面的政協代表,一時間身價陡升,成為兩邊着意拉攏的對象。

政協會議正式代表三十八位,[41]由各黨派協商產生。不能說已將中國彼時頂尖人物盡數網羅,但代表們在德望、參政議政能力上,尚得到整個社會的推許。至於傾向,總的説來,青年黨傾向國府已毋庸置疑;共產黨則拉住了民盟左派;立場持中的國社黨,顯得特別起來。羅隆基説:

> 在政協進行期間,國社黨的張君勱、張東蓀,居然成了賓客滿門、接應不暇的紅人。國民黨除經常派人個別地和他們保持接觸外,1月12日,蔣介石特別設宴款待二張。1月22日,張群、吳鐵城又設宴款待民社黨(應為國社黨。該黨與民憲黨合併而改成民社黨要到預備立憲國大的1947年了——著者按)這兩個巨頭。據當時報紙報道,在這兩次宴會上,都進行了長時間的談話。張君勱、張東蓀兩人在此以前並不是政治上的紅人,特別是張君勱,抗戰前在上海的時候,是被國民黨特務綁過票的。到了現在,蔣介石以國民黨總裁和中華民國主席的身份,居然躬親其事地設宴招待,豈是毫無目的的應酬嗎?[42]

目的歸目的,二張那麼容易入彀麼?席上談話,幸虧有零星記載留下。蔣勻田一年後對張群説:

勝利後初到重慶，蔣主席宴請你們三位張先生，（按即東蓀先生，君勱先生，及岳軍先生），暢談國事。（東蓀先生）曾建議不必劃東北為九省，增加將來管制的複雜。同時最後派張學良回到東北，本過去的關係，較易收攬人心。萬一不能信任張學良，即派首義抗日的東北名將馬占山回去主管接收，或易為喪失多年的東北同胞所信託。此一遠見上策，當時不幸未蒙採納。可是現因東北局勢變亂，據聞已有悔不當初之意。[43]

政協會議在國府大禮堂正式開幕，是 1946 年 1 月 10 日。出席人三十六名（莫德惠、張君勱因參加制定聯合國憲章尚未返渝）。這是真正能展開討論的人數，而非動輒上千的光鮮包裝表決機器。蔣介石作為「唯一主席」高調開場。[44] 接下來的周恩來的致辭，曾琦、沈鈞儒、無黨派的發言，都得體漂亮。用當時親聆者的話說：「上下中外欣喜若狂」。

在當天的會上，孫科以「政協協議之執行班底」身份發言，給出了政府的打算：修改國民政府組織法，擴大基礎，確立「國府委員會」為決策機關，國民大會如期召開（制憲而不行憲）。這一天也是聯合國首屆大會開幕的日子：嚴正警告世界不得再有戰爭。

多麼重大的一天。然而，半個世紀過去，無論政協還是聯合國，對強人和強權究竟有多麼大的約束力，我輩納稅平民實在樂觀不起來——政協期間，東北已經開打；本書截稿的 2008 年，伊拉克正血肉橫飛。

接下來的三天（1 月 11 至 13 日）是大會。在張群和周恩來分別報告了國共商談停戰和恢復交通等事宜之後，停戰令頒佈；調處執行部投入實際運作。

接着討論政府組織（即俗話分交椅排座次）：國民黨堅持共產黨先把軍隊交給政府，再逐步走上民主。共產黨則說沒有政治民主化，什麼都你說了算，我怎敢交軍隊？中間勢力力主軍隊立即脫離黨派而歸於國家，達到軍令、政令統一（漂亮空話）。爭到最後，在紙面上通過了軍隊屬於國家、軍黨分離、軍民分治等原則。

　　雖然主動要求參加政協會議，並且被推為最要命的軍事組主持人，張東蓀此時的態度，據他一年後回憶：

> 著者在政協會中除為人民爭自由外很少發言，後來亦非萬不得已不說話，不外乎總想不要因為個人言論而致民盟在國共橋樑的地位受影響。[45]

　　所謂「萬不得已」，第一次，是在國民黨代表王世杰提出政府改組的時候。方案強調「國民黨的領導地位及主席否決權」。中央社當時報道：

> 主席方面宣佈開始討論，民主同盟代表張東蓀忽然把問題扯過，說了一番「條件」的理論：「必要條件非足夠條件」！他說：「光討論政府組織是不夠的，必以先實施保障人民自由法令為條件。」

　　用中央社記者的話說，「政府不是已經宣佈要這樣做了嗎？但他（張東蓀代表）的條件來得厲害」，幾近「要挾」：

> 不行，政府一定要在三五日內做到，並報告實施情況。

　　據當時在場的蔣勻田所做的記錄，張東蓀發言的要點是：

> 　　在結束訓政，開始憲政之時，單談改組政府不夠。因為由一黨政府變為多黨政府，而不談人民自由，一般人民對多黨亦將失望。假如沒有人民自由，即使各黨加入政府，亦將無所施為。開幕時當局所宣佈之四項保障人民辦法，在討論改組政府以前應先做到。那麼進行政府改組時，才有很大的幫助。
> 　　如何做到保障人民的自由？照議事日程五天交換意見的結果，希望於星期六會議，政府即對此有具體的報告：何種條文已明令作廢？政治犯已釋放若干？有些法規，經立法院通過者，須經立法院廢除；而有經國民政府、中宣部、社會部頒佈者，一天內即可予以廢止。政治犯可分批釋放，特務機關即可明令裁撤。政府對以上應有明白報告。即使不能做到百分之百，也應做到百分之九十或八十。[46]

　　對張教授的立場，我們今天已經看得很明白：安全地陪着當局言辭漂亮地玩開會，外加豐厚薪酬，就像二十世紀中國自有「共和」以來，林林總總的光鮮人物們之所為，為他所不取。有他挑頭兒，同道者即跟上。據當時記載，張東蓀話音剛落，梁漱溟即發言支持這一質詢，追問政府的諾言：請先告訴我們你們做了什麼？如得不到報告，不願談其他問題。

　　青年黨代表覺得「這樣打岔實在不好」；政府方面認為「國民黨為第一大黨，應有其特殊地位」；「先要政治休戰，方能保障人民自由」。國民黨代表陳布雷認為他們以「條件」來對政府說話是不對的：

> 本人非為執政黨辯護，政府近年法律與文告，確已向保障人民自由方向之路努力。事情必須慢慢來，如此催促緊急，以中國之大，將不能做到確實與徹底。

　　陳布雷與張東蓀同為世紀初留日生，個人的道德操守也都無可挑剔。他們在這裏所表達的不同的政治理念，在我們後世讀史人，或可理解為：轉型期，張東蓀較接近普世價值；陳布雷更具中國傳統文人風格。

　　據蔣勻田記載，對陳氏的「慢慢來」，不苟言笑的張東蓀此時很動了感情——說到精神桎梏甚於身體刑拘：

> 「飽漢不知餓漢飢。」我坐過牢獄，我知道犯人的心理，一點鐘就等於一年。故對人民自由之保障，愈快愈好；而對政治事件，倒不妨慢慢的商量。

　　這番話，激動了周恩來，想到1936年底東北軍、西北軍義救共產黨於瀕死一幕，他說自己「受着政治、道義、良心的責備，要求政府回答一句話」，能否盡先釋放張學良和楊虎城：

> 九年前為着挽救國家危機，他們雖然魯莽了一點；但這卻是驚天動地的事業，安慰了全國人民。蔣主席也應允要政府釋放。就是以法律來說，也已過期。希望政府不念舊惡，以慰東北、西北的父老。

所有的人都知道，當時身處重慶而對張、楊獲釋最為關注的，可說有二人：周恩來和周鯨文。前者是政治考慮；後者是鄉誼。蔣勻田記錄了事情的緣由始末：

> 政協之前，……我曾在張表方先生寓所的涼亭中，與周恩來先生談及此事。他當時對我說：現在國共和談演成僵局，假若此時提出釋放張的問題，恐怕不但無效，可能更加有損他的安全。時隔未久，周恩來先生在政協大會中，如彼慷慨發言，要求釋放張、楊，前後設想迥殊。所以我說係受東蓀先生那段釋放政治犯言論的激動。

蔣勻田認為，周恩來的放人，只有道義和政治運作的考慮，這就是為什麼在他執政的時候，不曾對「反革命宣傳罪」等限制思想自由的法令提出過異議。周算是現代中國第一大政治家了。在此就看出他們的局限。張東蓀則主要出於政治理念，做法也是最根本的：廢除限制自由的法令。

「無黨派賢達」郭沫若當場發言支持民盟立場。在提到政府可以「就容易的先作」的時候，他特別提到「如新聞檢查制度」為什麼不廢除？這本不錯。但他又說，「重慶的電影戲劇檢查，尚未廢除。假如邵力子、陳布雷來審查，將受益無窮；而偏偏審查的都是文字不通的人。」

怎麼能不為中國近代化進程的崎嶇漫長哀歎：郭當時是九位賢達之一，後來又擔任共黨政權文化頭目凡二十年，在思想言論自由這一觀念上，發表的，竟是如此外行之見。他本人，還有胡喬木，若嫌不夠再加上日後榮任社科院副院長的「一代才子」錢鍾書，都可算文字大通了吧，於轉型期中國之思想言論自由的制度性變革，可曾有過些微建樹？

「慢慢來」——有些基礎建制或許須細磨深雕，但廢除明顯褫奪民眾權利的法令，也須「慢慢」麼？其實，對於「軍政」、「訓政」結束無時，張東蓀他們早在十多年前已有過堪稱「對當政者充分體諒」的評述。

　　或有人以為思想與言論太開放了，勢必導致國議紛紜，致使政治不能順利進行了。我們亦知國家的政治求其敏捷與效率高，只在於行政系統是否如身之使臂，臂之使腕。而對於社會上的輿論並無關係。並且社會上的輿論愈發達，行政反可得其助力。因為既許可言論自由以後，反對政府的思想固然可以發表，而贊助政府的言論更可以發表。

　　因為真正民治的政府，他的根基是坐在產生政府的大多數公民的同情上，其政治的設施又適合大多數人民生活實際的需要；所以言論愈自由，政府愈能得輿論的贊助。要在「贊助政府的言論」決不是專靠政府自己所製造的宣傳。倘使不許言論自由，而政府一味宣傳，決不會生任何效力。所以從這一點上可見政治上效率的提高，與社會上自由的開放，不但無抵觸與矛盾，並却正相助相成。

　　.因為我們雖然很愛護政治的效率，但我們却更愛護思想的自由。以為無政治的效率則行政失其意義；但倘無思想的自由，則國家失其靈魂。所以思想自由是人民的根本。縱使兩者即有衝突，我們斷乎不可犧牲自由而遷就效率。像俄國那樣的辦法，必須先經過一個階級的專政，把人民所有的自由暫時犧牲，而以為將來或可有一個自由天國出現。

　　我們則以為國家是一個民族全體的公器，斷不容哪一個階級來據霸一時，而犧牲其他的自由。倘事實上有此，則宜努力打破。於理論上更不可認為應該。

　　所以我們主張為政治效率起見，針箍權力當然宜於集中，但集中的限度是以行政為界，斷不容侵犯到社會上去，把人民的自由亦受管轄。[47]

　　但八年抗戰已經拖過，還要拖到什麼時候？與會代表們再度強烈表述，邵力子終於給出略有實質內容的回答：「國防委員會已通知有關機關在十天內檢討諸項有關人民自由法令」。

　　留學英國大才子羅隆基對當局的「七點質詢」，最為一言中的：

（一）如何使一人政治走到民主政治？

（二）如何使一黨政府走到舉國一致的政府？

（三）如何使缺乏行政效率之制度走向現代化政治之制度？……

這時已是全場一片肅穆。羅之疾言厲色，蔣勻田曾對友人做過如下解釋：

> 自羅隆基聲明脫離國社黨後，我們已甚少交往。不過自張東蓀
> 先生來渝後，又常晤談了。因此得悉他脫離國家社會黨時係受
> 國民黨的朋友勸誘。他對東蓀先生曾說：他自昆明來渝，當時
> 國民黨的大將張道藩先生請他吃飯，約有清華同學孫立人、吳國
> 楨、浦薛鳳等作陪。席間張道藩用獎譽的方式，勸他脫離國社
> 黨。獎譽他為不可多得的人才，尤其精通國際實況。若非有國
> 社黨的身份，至少可被任為外交部次長，俾能多有貢獻於國家。
> 同時又說國社黨黨魁張君勱先生已被軟禁，國社黨前途已渺茫
> 了。羅在既獎又脅的誘導後，乃聲明脫黨，因此招致許多知識
> 分子之白眼，可是外交部次長的許諾，終於石沉大海。這段插
> 曲，當然成為羅隆基心中難忘的隱恨，所以乘此機會略予發洩。
> 此即所謂逼友成敵之結果。[48]

到五十年代，羅本人曾有一篇憶舊的文字發表，對此節隻字未提。其實，就算是在老政協那樣的氣氛下，換了別人，這樣的經歷，一般也是千般委屈萬般怨，只悶在肚子裏。羅大才子對東蓀的坦言，反映出兩人不同的性格特色：努生的急功近利與胸無城府；東蓀的容諒與無是非。至於當權者的這類拉攏與丟棄，反倒是政客常態。

這裏值得一提的，還有被認為態度最溫和的共產黨代表董必武就政府改制所發表的「三同八異」。其中第八條為：「在訓政過渡到憲政時期，黨的費用不能由政府開支。」讀史人都知道這裏的「黨」，特指那時執政的國民黨。話音猶在耳，待到董代表的黨掌權（並且鄭重制定了憲法）之後，只因毛主席一句話，這一原則即完全扔到腦後。直到八十年代，才有企業揣揣提出「公司能否不再為職工訂閱黨報？」

到2004年，共產黨自稱憲政立國已經五十年，且正值人大就人權修憲，還不見一人提出「黨的費用不能由政府開支」。直到本文完成的2008年，執政黨，包括八個與它肝膽相照的小兄弟的費用——每年至少千億吧——還是天經地義般地以政府撥款方式由納稅人支付。

1月13日，停戰協議生效。政協休會一天。也是在這一天，蔣經國自莫斯科返抵重慶，帶回斯大林正告：美國如有一兵到中國，東北問題即難解決。美國如不在東北取得利益，俄可作必要讓步，並盼蔣主席訪俄。

1月14日之後，會議開始由大會轉入專題會，連接開了六次，「爭論甚多，經過相當困難」（蔣勻田語）。會員分為四類五組，每組有各方推薦一至二人。張東蓀被推為軍事組召集人。

中國當時局勢，沒有比軍事更緊要的了。蔣介石的既定政策是「政治放寬，軍事從嚴」。[49]毛澤東的底線是「只要把軍隊拿在手裏就有辦法」。政協軍事組召集人，竟然是一個對軍事從無論述、與軍隊毫無瓜葛的哲學家——現在想來，當時數方協調，可能正在於他的哪邊都不是，才獲選定。如此弱勢的召集人，自然一籌莫展。

張飴慈記得文革抄家後，爺爺奶奶擠在查封後留給他們的一間小屋裏，祖父對他說起當年情形：在會議期間，有好幾次他發現本來已經談好的事，第二天周恩來又反悔了，完全不認賬，不得不重新討論。後來他才知道，原來是周請示了延安，毛不同意。

16日，民盟九名代表聯名（青年黨附議）提出軍事問題提案，核心是「全國所有軍隊應即脫離任何黨派關係，而歸屬於國家」，要求「現役軍人脫離黨籍」——軍黨從此分離。國民黨代表提出「是否仿照國聯，將過於艱巨的問題不討論，放到將來的國民大會去；兩黨間的問題也不在此討論，由兩黨自己去解決」。張東蓀立即反對：「國共兩方的問題，不能只兩方談，不能只顧到兩方的利益，而不顧他方乃至全國的利益。」

對此議，梁漱溟、張申府贊同，別人未置可否。既是共產黨又是國民黨元老的邵力子就此發了等於沒發的言——不知屬於大奸還是大慧：

大家強調軍隊要脫離黨，我們已把軍隊黨部取消了。當然也有
人會說，國民黨中委裏將領很多……他們雖有黨籍而不做黨的
活動。我們對整編中共軍隊，第一步也並非要中共黨員都脫黨。

最後，兩項原則「軍黨分離」和「軍政分離」獲得通過：軍人可以
有黨籍，但在軍內不得有黨團組織和黨派活動；軍隊在駐地不與當地
政治發生任何關係，只能進行訓練，不負責地方防務。軍隊供給由
中央統一籌劃。

當天，依照慣例，張東蓀、郭沫若到陪都各界政治協商會議協進
會第四次夜會對會議情況作報告。他不是官員，沒有說廢話套話的
訓練。對剛剛完成的協議，這位軍事組召集人萬分感慨：

> 人民太苦了。抗戰結束了，要這些軍隊幹什麼，我們要大裁
> 軍，全國軍隊同時公平整編，以後軍隊要成為國防軍，不能再有
> 黨軍。

話還沒有完，「台下忽然跳出了十幾條壯漢」，齊聲抗辯：「政府
軍隊是國軍，不是黨軍。」張先生當時肯定氣胡塗了，竟跟這幫人對
罵起來：「是國民黨的黨軍，不是國軍。」……據《新華日報》載，由
於「國民黨特務的挑釁和有計劃的搗亂破壞」，報告會在混亂中結束。
這次夜會，是在楊滄白紀念堂[50]舉行的。後來類似「搗亂破壞」又發
生過幾次，統稱「滄白堂事件」，和我們後邊還要細說的「較場口事件」
可稱同曲同工。

1月17日，該討論國大問題了：政府認為原來的代表有效，民盟
認為無效。中共的態度反而比較緩和。張東蓀此時大概又到「萬不得
已」。據重慶媒體記載，「他站起身，發揮一番議論，主張國大代表
重選」，說「重選以後國民黨仍佔多數，也是甘心的」；「他忽然提到了
前天群眾大會的事，大概有什麼觸犯了他，他竟提高了他的聲音，對
着新聞記者席憤怒起來：『真理是真理，我要警告新聞記者，聽着，
你們不要來破壞了我們會議的和諧空氣。』罵得記者們個個莫名其
妙，不知前天出了什麼事。但他認為，從1927年起，已沒有了新聞
自由。喉舌們所為，當然如此。」

　　終其一生，張東蓀對兩邊（特別中共方）氣焰熏天的意識形態/宣傳（propaganda）部門，從未有過一絲好感。終其一生，不曾有過一個以「宣傳」為職志的朋友。

　　1月19日討論憲法草案。因為張君勱專業水準與為人之威望，協商順利。周恩來一分鐘都沒有耽擱，立即告蔣勻田懇請張君勱，將來憲法正式起草，一定擔任執筆人。周認為，若由國民黨掌控，一定偏於一私。碰巧在第二天，王世杰也表達了同樣的意思：若由國民黨執筆，共產黨一定逐字推敲，肯定難於通過。

　　張東蓀和梁漱溟對此都沒有很大熱情。1947年10月張東蓀回憶道：

> 梁先生的結論似乎是中國不能走上英美式憲政之路，因而亦就不必勉強去走。所以在政協開會時對於憲法的修改最不感興趣。不過當時我亦是一個對憲法不感興趣的人。我早明白歷史決不會因一紙憲法而翻身，憲法的討論近於白廢光陰。[51]

　　憲草條款已經沒有問題，貫徹政協協議懸到「國府委員名額確定」。原先的「國民政府委員會」，誰都知道，是一批「有薪可領無事可做」的「黨國元老」。國民黨代表（王世杰）這回提出「充實國民政府委員會案」：「增加委員名額，選任黨外人士，為政治最高指導機關。得討論立法、施政、軍政、財政，並得建議。主席得為緊急權宜措施。行政院置政務委員。」

　　羅隆基和王若飛看到了機會。他們擬定的計劃是：第一，轉變職能——接受王世杰的「擴大」計劃，但一定要使國府成為「有實際政治權力的最高國務機關」，即委員制的集體政府，具有立法委員、監察委員和各部長官的任免權；決算預算、施政方案、軍事大計，都必須經過該委員會討論決定。第二，以「三分之一否決權」（即四十名中的十四名）遏制專制，即「國民政府主席對政府委員會之決議，如認為執行有困難時，得提交復議。復議時，如有三分之二以上委員仍主張維持原案，該案應予執行」。

羅、王在「老政協『政府改組』組」的合作，一直傳為美談。試想老羅一生，曾經傾服過什麼人麼？但那時節，人前人後，王若飛在他口中成了「王司令官」。他們沒有料到，這則富於創意（從而也可稱之踩了專制者痛腳）的計劃，後來竟引發出國府委員名額分配的僵局，最後使得政協理想全部歸於失敗。

國民黨怎麼那麼死心眼兒？難道這點自信都沒有：十四席裏邊，不會個個都跟着共產黨指揮棒轉吧 —— 起碼國社黨的兩位張先生，外加鄉村建設的梁先生。

1月26日，簽定協議似乎成定局。周準備回延安彙報之後回來簽字，臨行前，特到民盟總部看望，表示馬上要改組政府，希望大家一道努力。不料兩位張先生和梁漱溟都表示，「努力可告一段落，不願參加政府。」[52]

(3) 閉幕

1月31日下午政協閉幕。國民黨的蔣總裁再度致辭：

政治協商會議開會以來，經過十餘天熱烈的討論，已經完成其應有的任務，今天宣告閉會了。……今後無謂的政爭，必可徹底化除；和平建國的目的，必可迅速達成；對於未來憲政實施的前途，也必能因此而愈顯光明。

會議通過了五項協議和四項「立即實施」，就等着三個月之後（5月5日）召開國大了：

五項協議：

《關於政府組織問題的協議》
《和平建國綱領》
《關於國民大會的協議》
《關於憲章問題的協議》
《關於軍事問題的協議》

四項政府決定立即實施的事項：

> 一、保證人民自由；
> 二、各政黨一律平等；
> 三、實行地方自治和普選；
> 四、釋放政治犯。

2月1日，因「神經疲勞」而「一病數月」的毛澤東「修改審定」了一則發到全黨的〈關於目前形勢與任務的指示〉：

> 重慶政治協商會議，經激烈爭論之後，已獲得重大結果。……從此中國即走上了和平民主建設的新階段。雖然一定還要經過許多曲折的道路，但是這一新階段是已經到來了，……中國革命的主要鬥爭形式，目前已由武裝鬥爭轉到非武裝的群眾的與議會的鬥爭，國內問題由政治方式來解決。[53]

2月6日，中共中央政治局會議決定：毛澤東等八人參加改組後的國民政府委員會。[54] 周恩來等四人參加行政院，力爭行政院副院長、兩個部及一個不管部部長。中共中央機關準備遷至江蘇淮陰地區，以靠近南京。當地解放區已着手安排中央機關的住房。

同一天，在劉少奇主持下，中共中央發出軍隊國家化的指示。從2月1日到7日，《新華日報》連續發表社論，讚揚蔣介石和國民黨在政協的態度，對「在蔣主席領導下」，國民黨能夠實行政協決議寄予希望，提出各黨派長期合作，民主協商解決中國問題。

我們後世讀史人不能不說，在這個千年專制古國現代化轉型的關鍵時刻，在全世界、特別是民主陣營堡壘美國的關注乃至親手下場操作下，就中國最急需的問題，由社會公認最受信賴的人物出場，經過論爭、理解、讓步，而最終達成即可付諸實踐的協議。

不可否認，整個過程中，確有由國、共分別代表的美、蘇戰略利益的較量，但在戰勝法西斯之後的世界民主大潮中，在戰後民不聊生、百廢待舉的中國，不可能有比實行政協協議更好的選擇了。

可惜不能光看會上。會下，在兩黨理性穩健派身後，全有「(獨大) 立場」十分堅定的本黨同志。[55] 他們沒有立即鬧起來，只為等待最好的時機——廝殺而後全贏！

對北洋時期國民黨與研究系勢同水火記憶猶新，張東蓀對中國政壇與政客之痼疾——全輸全贏的「黨爭」，雖有足夠認識，卻也一籌莫展。

> 倒袁的時候，我以為這是化除政爭的好機會。因為到了那時，無論緩進激進，無論集權分權，無論總統制內閣制，而共同的敵人只是帝制。既有共同的敵人，必須有聯合的戰線。聯合戰線一經組成，則黨爭便可化除。久而久之，養成一種聯合的習慣或同盟的習慣。不料倒袁以後，各方面所得的教訓卻正是一個反面。他們不但不認與人合作為必要，卻反而以為以前的排斥人家沒有徹底。於是大家都想來一個徹底的排除。[56]

到 1952 年被逼檢討，再度提及：

> 我要回頭來說一說舊政協開始，直到民盟解散總部為止……。這一時期內，我……始終認為只有國共和談是中國的出路。談判斷了幾次，我還希望能夠恢復。對於中共，尤其……以為他可能變為像戰後法國共產黨一樣，在議會中做鬥爭，所以以為必須由談判來解決。但國民黨方面不肯讓步……，應要求美國去壓他。我在這時期做了幾篇文章，全是為此。……[57]

但梁漱溟還是寫了〈八年努力宣告結束〉，先在閉幕宴會上交周恩來、張群、張東蓀看，第二天即交《大公報》發表，決定「不在現實政治上努力，要站遠一步來說話」。他當時無論如何沒有料到，在接著的半年裏，他這位民盟秘書長根本沒有可能站遠一步；而是俯身前沿、殫精竭慮。無奈所做努力，竟然招致幾乎終生的羞辱。和當時曾審讀該文、並且在他之後接任民盟秘書長的張東蓀一樣，在曾經親密合作過的共產黨認為他們已不堪再用的時候，不用自己「站」，都

給遠遠攌在一邊──想説話麼？説吧，只告訴你，看看頭頂上飄着什麼旗子，看看周遭坐着的老友怎麼乖乖地換了幹部服，你那套老經文，沒有人聽了吧。

不管怎麼樣，這是中國文人以獨立的姿態、全新的觀念，第一次出現在轉型期的中國政治舞台上。當時，司徒雷登也在重慶。校長找到他的哲學系主任，説自己即將出任大使，[58] 並説美國的政策是要調停中國內戰──想來在那一階段，張東蓀和第三方面諸位，不能不切切感到，國共之外，還正受着調停者美國的格外看重呢。

(4) 較場口

就在這時，發生了一樁影響到日後全局、乃至中國百年命運的大事──雖然那時候幾乎無人做出這樣的揣度。

我們知道，太平洋戰爭之後，蘇聯一直遲遲不發兵──直到原子彈爆炸、到他們的出兵已經有百分之百勝算的時候。8月9日，蘇軍集中絕對優勢兵力，以勢不可擋之勢，長驅直入。

國民政府擔心共產黨借勢搶佔地盤，爭分奪秒地派出宋子文，與蘇聯簽訂了出讓蒙古的《中蘇友好條約》，以換取受降後被佔領土全部交付國府。還有，比方説，我們已經知道的逼毛赴重慶談判。

從蘇聯出兵到政協會議閉幕這半年間，中國新政治格局即將和平地完成，蘇聯是個什麼姿態呢？第一，它一直接受「友好條約」約束，盡量不讓中共依仗「大家都是鐮刀斧頭」而得到東北地盤；第二，與宋子文簽約的時候沒料到東北如此富庶。開眼之後，貪心大熾難於抑制，於是在《雅爾塔協議》、《中蘇友好條約》之外，同意（一時趕不到東北實施換防的）國府之要求延緩撤兵。接下來，在幫國府當局接管了長春、瀋陽、哈爾濱等大城市和遼北、松江、嫩江各省行政之後，開始以當然的態度繼續向國府要價，除了聲稱日本在東北的資產（重工業設備）為蘇軍戰利品而外，還想得到鐵路、礦產等等更多利益。駐軍總司令馬林諾夫斯基已直接提出「中俄東北經濟合作問題」，

望雙方以軍事風格迅速達成——不願第三者插足。至於誰是第三者，中共？美國？東北人民代表？沒提。

就在這當口，1946年2月10日，政協閉幕不過數日，在重慶發生了一個簡直如莊子所云「有數存焉於其間」的「較場口事件」——這次事件的發動者，萬萬沒有想到，爾後生發出來的一系列情事，與始作俑者的初始本意，已然偏謬到超乎任何政客想像（罔論設計）的地步。

時至1946年2月，對日作戰早已結束，佔領已屆期滿（即拿下之後三個月）的俄軍，卻是怎麼也不撤出。而兩週前政府派往東北的調查人員張莘夫蹊蹺遭殺害，更令人對迷霧重重的東北局勢，再添憂懼。

事情起源於2月4日國府代表張公權和蔣經國回重慶的報告：接收全面受阻，原因是俄方「參加東北所有煤礦和鐵礦股本」之要求，沒有得到答覆。緊隨着，是蘇聯駐軍總司令一通接一通的電報，催促張、蔣速返東北，口氣已近於威脅：「拒簽將後悔不及」。斯大林也出面了，三次電邀蔣介石到莫斯科面談。

「後悔」什麼？這些，不能說國民黨重慶市黨部（即中統）完全不明細，但當時讓他們更覺得有如芒刺在背的，是擔心一旦政協成功，其老對頭政學系將在黨內佔上風。應該說，他們的擔心並非空穴來風。唐德剛曾經寫道，「抗戰勝利初期，其中（政學系）野心領袖們，據一位深知內幕老前輩告訴筆者，曾醞釀組織新黨掌握中央政權呢！」[59] 但鬧事總要有個由頭。正好，蘇聯在東北劣行為他們創下機會：發動較場口事件——「反對蘇俄插足東北經濟建設」，打擊「親蘇」的政學系！

更為湊巧（或許有意為之）的是，「較場口事件」第二天，2月11日，美、英、蘇三國披露了一年前為換取蘇聯東線出兵而秘密簽訂的《雅爾塔協議》，終極目的不言而喻，但直接導致了席捲全國各大城市（重慶、上海、南昌、北平、南京、青島、漢口、杭州等）的反俄示威大遊行，要求「赤色帝國主義」如約撤軍（本應在11月15日）。

周恩來一眼就看出門道。在駐地邀請民盟人士的晚宴上，他神情淒悶。他得到報告，昨日的遊行，警察、憲兵皆未干涉，因為陳立夫正坐在社會部內親自指揮。他對來賓說：

昨天特工裝學生在較場口的遊行示威，口號雖反對蘇俄，其實對國民黨內部言，則係反對政學系；而真正的目的，則想破壞政治協商會議的結果。所以我們今後雖不變更立場，但對政協的各項決議，很難持有樂觀的想像了。[60]

當晚，蔣勻田、羅隆基曾作徹夜長談。他們敏感到當前局面比「國府委員僵局」更為嚴峻。一直明確表態不介入中國事務(兩黨之爭)的蘇聯，將立即轉變態度，而蘇聯對中國轉變態度，直接影響美國對中共的態度。國民黨一定乘機以「反蘇」來「親美」，因一席國府委員之不讓已經開罪馬歇爾的蔣介石，無法以「民主化」討好美國，此刻又有了機會。

2月22日，重慶七千學生再度遊行反蘇──阻止張公權、蔣經國與蘇簽訂「合作」，國府再想以國土資源換取蘇聯對政治對手(即中共)的疏遠，看來沒戲了。第二天，23日，又舉行第二次遊行。這回是《新華日報》和《民主報》員工遭毆打、門市被搗毀。周恩來自此不再出席政協後續的憲草研討會──陳立夫目的達成：借學生之手實現國共徹底破裂，從而打擊持此立場的政學系。

這兩個破裂，最直接的影響是東北戰局。或者可以說，較場口事件遊行反蘇，導致中共軍隊在東北迅速發展。眾人皆知的「中國問題，看似國共，其實美蘇」──經數番博弈，兩強在中國的對峙，進入新一頁。

(5) 宗炳冊頁

這期間還有一個小花絮：東蓀先生長子張宗炳(字蔚原)的冊頁。

十年前(1936)，二十二歲的宗炳以燕京碩士資格考取美庚款，赴康乃爾大學。兩年後獲授生物學博士，旋即歸國，先在東南大學，接着到西遷的燕京任教。張家近年翻檢舊物，發現他的一個冊頁，很像是政協會議開始前後，在他到重慶民盟駐地探望父親的時候，請諸位參會「父執輩」(其實羅隆基不過長他十六歲，周鯨文長三

歲）的題字——雖然寥寥數語，有的還是舊作，但大家當時的性情心緒，如DNA般躍然紙上。

張瀾的表達最顯「聖人」歷來風格：

> 仁者愛人
> 義者宜人
> 居仁由義
> 大人之事而士之所志也
>
>   蔚原先生
>
>   張　瀾

沈鈞儒顯寫的是自己最擅長的七律，雖然他的一生並非如詩中所述。不過，詩所言，「志向」之謂也，與大醬缸裏的具體人生，不能強求一致：

> 半生不羨沐猴冠
> 數載賃廡趣自歡
> 潑案茶香留舌本
> 繞簷嵐翠壓眉端
> 笑談時具賓朋樂
> 俯仰深知宇宙寬
> 舉世囂囂我適靜
> 棕床趺坐作心觀
>
>   蔚原吾兄囑示近作
>
>   鈞儒（印章）

梁漱溟當時激蕩胸中的，自是會議中之自身角色（斷句標點為著者試加）：

> 君子居其室，出其言善，則千里之外應之。
> 況其邇者乎？

出其言不善，則千里之外違之。

況其邇者乎？

　　　蔚原兄索書

　　　　　　　　　　卅五年　梁漱溟

東蓀本人的「示兒」，字面平淡，意境……什麼意境呢？也正如他歷來身在此而心思已漫遊八荒的特色：

夕陽冥色來天地

人語雞聲共一邱。

　　　遊灌縣歸途忽憶宋人句輒為

　　　炳兒書之

　　　　　　　　　　　東蓀（印章）

彭一湖：

善繼人之志

善述人之事

於張子勉之

　　　蔚原世兄勒書

　　　　　　　　　彭一湖　三十五年一月十二日

與民國同年的周鯨文，已頗具「辦報辦學人生、半文半白為文」之特色：

古人所謂智仁勇

以今語言之則為認清目標以樂觀態度勇敢作去

本此旨作人立業，庶幾有成。

　　　蔚原兄囑書

　　　　　　　　　周鯨文　卅五年一月十四

君子居其室出其言善
則子里之外應之況其邇
者乎出其言不善則千
里之外違之況其邇者乎

蔚原先生索書 卅二年 梁漱溟

「宗炳冊頁」上梁漱溟的題字

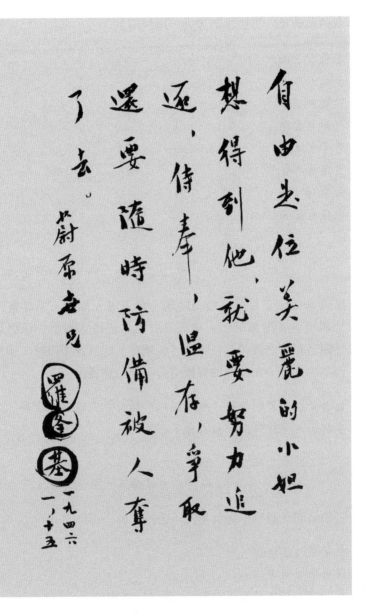

自由走位美麗的小姐

想得到他，就要努力追

逐，侍奉，溫存，爭取

還要隨時防備被人奪

了去。 蔚原吾兄

羅隆基 一九四六 一八十五

「宗炳冊頁」上羅隆基的題字。原稿上「羅隆基」三字上邊的圈圈為紅色，
出自辦案公安之手筆。他們為什麼圈了羅而放掉梁，請讀者自己揣摩

章伯鈞則是一貫的抱負遠大、道貌岸然：

意氣百年內
平生一寸心
欲交天下士
把晤自盧襟
君子重名義
直道冠衣簪
風雲行可託
懷抱自然深

　　　蔚原世兄囑書

　　　　　　章伯鈞　卅五年一月十四

　　羅隆基那時正是會上縱橫馳騁、會下風光無限。不僅與共產黨代表珠聯璧合，陪都第一大美人王右家也正追求到手。聯想日後他與異性間最私密之隱情都任曝光、任糟踐、成為定罪證據，讀到這名率性而為之大才子在此地的輕飄道白，只倍覺淒涼：

自由是位美麗的小姐，想得到他，就要努力追逐、侍奉、溫存、爭取，還要隨時防備被人奪了去。

　　　蔚原世兄

　　　　　　羅隆基　一九四六、一、十五

張伯駒和黃炎培的題詩是三年後補入的：

聲聲蜀魄路難行，
解喻伯勞處多情，
東□流人歸不得，
年年新筱為誰生。

謝稚柳君寓蜀種新竹一叢，飼伯勞一隻，寫圖為詠。潘伯鷹兄攜來索題率賦二詩，錄其一以應

　　蔚原世仁兄　雅命

　　　　　　　　已丑夏張伯駒 (印章)

待到任之先生補題，好似已經換了天地：

莫道陰霾凍不開，
天心終盼一陽回。
閉門忍聽千家哭，
袖手何曾萬念灰。
只欲投鞭平黑水，
坐愁抱蔓到□台。
鄰翁走告軍符急，
夜半搜床里正來。
蔚原老兄　哂正

　　黃炎培寫二年前舊稿

　　　一九四九年三月北平
　　　時北平解放甫逾兩月　　此詩乃作於國共和談破裂之時

(6) 離渝

　　4月1日，張東蓀應邀到成都，在南遷的燕大分校發表演講：談時局，談民主政治。當時正讀四年級主修新聞副修歷史的唐振常，在1993年，「懷着極為複雜感情」，寫了一篇「語焉不詳」的「記微」，談到張教授「絲毫沒有講哲學，也沒有發揮他研究有素的民主學說」，只「分析中國出路何在，中心不外反內戰、爭取民主」，其「躊躇滿志昂揚奮發之氣，我們學生聽了，深受鼓舞」。[61]

出面作邀請的燕大學生自治會，按照當時習俗，獻上一冊以毛筆書寫獻辭、有師生眾人親筆簽名的冊子《燕京大學學生自治會歡迎張東蓀先生蒞蓉大會紀念冊》：

我們熱烈歡迎着你——張東蓀先生，我們虔誠地崇敬着你——張東蓀先生。無論作為你的學生的學生，或作為中國人民的一員，我們都應獻出無比的熱情來接待你，像迎接太陽神阿波羅一樣。

因為你曾耗去了和中華民國一樣長的歲月在為民主奔走；因為你曾為中國思想界立下民主哲學的根基；因為你曾獨具慧眼地看出抗戰就是爭取民主這一條路線；因為你曾經領導着無數青年走上抗擊法西斯統治者的路途……而更因為你曾夜以繼日地呼籲國內民主和平，使政協會有着莫大的成就，把中國引上了一條和平建設的大道。

當有一天法西斯殘餘完全被消滅的時候，在我們念起奔走民主和平的戰士的名字時，第一個我們就要念起你。但我們從來不敢推委我們自己的責任，我們永遠和你走在一起。你獻身民主，奮鬥三十五年，我們要和你一起延續下去，直到民主的大門為中國人民大大地打開。

我們和先生一樣地從不懼怕任何的污蔑，我們也有着追求真理的反抗精神，我們絕不受謠言陰謀的欺騙，我們只知道要爭取學術的自由，也就是要爭取中國的民主。……我們用着這一些誓詞來歡迎你——張東蓀先生。你的言行都是我們的示範，你老當益壯為民主的努力，使我們比以前更加振奮。因此，我們要和你緊緊拉在一起。

三十五年四月成都燕大

（張富培、沈桓、唐振常、凌道新、粟嚴治、鄭莊等二百多名學生及教師簽名　標點為著者試加）

中華民國三十五年四月一日　成都燕京大學大禮堂

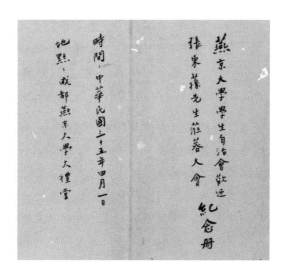

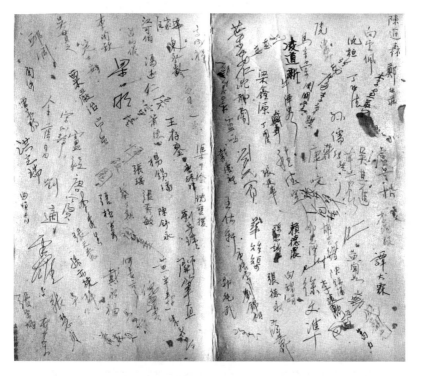

燕京大學學生自治會為歡迎張東蓀蒞臨而製作的紀念冊（上圖），
以及紀念冊中學生簽名部分（下圖）

幾乎就在這前後，3月15日的延安，毛澤東以大病初癒之體，[62]
出席政治局會議，為後世留下了〈政治局會議上的四條分析〉一文。
在這篇分析中，出現一個歷史壽命頗為短暫的新概念「和蘇和共
派」——不知是他自創還是從「遠方」薹來。其中第三條：

> 在各資本主義國家內有兩部分民主勢力，就是廣大的人民及
> 資產階級內部的和蘇和共派。
>
> 經過第二次世界大戰，不但廣大的人民極大地提高了覺悟，
> 能夠積極地反對反蘇反共的反革命活動和第三次世界大戰，而且
> 英、美、法、中的資產階級和德、意、日的資產階級正分裂為兩
> 大集團，今後還要繼續分裂，成為反蘇反共與和蘇和共兩大派。
> 過去資產階級內部的分裂，曾經是打倒法西斯主力軍的重要條件
> （如果只有張伯倫沒有丘吉爾，只有汪精衛沒有蔣介石，就打倒
> 不了法西斯），現在的繼續分裂必將起着新的更重要的作用，因
> 此我們應該促進他們的這種分裂。
>
> **資產階級和蘇和共派又包括兩部分人：資產階級的中派和左派，
> 如蔣介石就是中派。**他的主張有兩條：第一條是一切革命黨全部
> 消滅之；第二條是如果一時不能消滅，則暫時保留，以待將來消
> 滅之。而左派則和蔣介石不同，**如張東蓀等人。**

這則講話，引自中央檔案館保存的「講話記錄稿刊印」。而中共
中央文獻研究室編的《毛澤東年譜(1893–1949)》，對上文中之粗體部
分已盡行刪去。在政協閉幕不久的1946年春，蔣中正榮獲「中派」，
張東蓀則給派為「左派」——不提沈鈞儒、不提黃炎培，只提他一個
人。這或許可視為兩年與四年後本書主人公大起大落命運之序曲？

但張東蓀究竟做了什麼，使得毛有這樣的講話？聯繫唐振常所記
憶的東蓀先生「熱得很」；「慷慨激烈，多豪爽之語、滿鬥爭之詞」——
估計是政協前後、內戰開打之際，他對專制政府的不假辭色和實際戰
鬥力，給人們留下難以磨滅的印象。毛當時並不在重慶，此印象，
應是出於時時向延安報告的與會共產黨代表，具體說，是周恩來？望
讀者記住這一被歷來研究者所忽視的細節，並對照總理周公到了

1953年和1973年對張東蓀的「關照」（這我們在後邊要講到）。政治家的多重人格和他們內心的痛苦，或可瞥見一二。

如果將此情景與光未然（即張光年，黃河大合唱詞作者）光復之後回到北平的回憶對照着讀，幾可為毛的戰友出手劃拉「和蘇和共」們作腳註：

> 我一見到徐冰，就說：「我好不容易逃出來了，我是投奔解放區的，你趕快派我到張家口去。」他說：「我可不能當家，你是歸恩來同志管的（1940年以來，我的組織關係一直與恩來聯繫）。」然後他馬上打電話給在重慶的周恩來。
>
> 第二天他來找我說：「不行，恩來同志說北平正缺人來打開局面，讓你就留在這裏。」當時北平有張東蓀、張申府、吳晗、曾昭掄、張恨水、馬彥祥、盛家倫等一批黨外人士，但徐冰的身份不宜跟他們多接觸（他是中美調處執行部的中共代表，與美方、蔣方代表同住北京飯店），我對文化界熟悉，正好開展這方面的工作，這樣我在北平就留下來了。[63]

快成自己同志了！作為後世讀史人，我們已經清楚，到此刻，毛看得很準。可惜他看到的，只是我們的主人公對專制的憤恨和鬥爭，而沒有悟出（或者說在政客層次上無所謂悟，能用就抓來用），這憤恨實出於法理，並不看那專制屬於袁記、蔣記抑或毛記——當然也低估了這名抗專鬥士對名利的抵禦力。

3　制憲國大

「制憲國大」——這一中國走出軍政、訓政，開始踏上憲政之途的標誌性成果，本應在政協閉幕的三個月後的1946年春綻開，卻是一推再推，直推到深秋（1946年11月）。開雖開了，卻為共產黨和民盟冠以「偽」而峻拒。時至今日，我們已經看清楚的是，所有台面上的討價還價、成功失敗，全是戰局發展的反映。

從光復到再度大規模開打，國共間戰局大致經過了這麼幾個階段：

「8・15」至「1・13」（光復至停戰協議生效）
　　此階段，國府在道義和協議（雅爾塔、中蘇）上佔優勢，共產黨則依仗地利，搶佔了東北和華北不少地盤。
「1・13」至「3・12」（停戰至蘇軍撤離瀋陽）
　　大面上停戰，美軍介入調處。
　　獲得美國裝備的國軍，被運送到東北。
「3・12」至「10・11」（蘇軍撤離瀋陽至國軍攻下張家口）
　　蘇聯在「反蘇」聲浪中撤軍；將日軍物資留給共軍，允許並鼓勵它大打。
　　國軍美援和軍事裝備到手，一路進攻、全面收復。

看出來了吧？這就是全世界都在努力恢復戰爭創傷，唯中國之內戰以空前規模大打三年的秘密所在。或許也可看做毛在3月15日那則「關於時局四條分析」裏邊「有可能走到以內戰代替世界大戰」的呈現。民間呢？王雲五訪美，《紐約時報》頭條：「為苦難的中國，提供書本，而非子彈」。[64]

前兩個階段，張東蓀都在重慶協商的第一線。到兩邊分別獲得美蘇支持，以必得之心再度大打之時，他已經回到北平──日後「第三方面」在南京、上海的努力與掙扎，他沒有參與。

張家此時已經遷回燕大燕東園。因為民盟和共產黨已然「過了明路」，華北總組主委張東蓀在北平與中共人士的交往，就不必再通過「地工」了。當時「負責宣傳工作」的華北總支部委員葉篤義回憶，一次民盟幾個人在一個地方開會，徐冰走了進去。張東蓀把所有的人一一介紹給他。首席代表葉劍英也抓住時機，宴請在北平的民主人士、專家、知識分子，場上「氣氛熱烈」。[65]

國府那邊也沒閒着。與1949年以後當政者對「人大」的操作相類，在裉節兒上，當局對國大代表的控制[66]也不手軟。4月中旬，北平市組成「國大代表選舉協進會」，連續舉行「北平市國大代表選舉問

題座談會」，會員們分頭執函家訪，把社會名流聘為顧問。張東蓀自然也難逃羅致。[67]

10月11日，國軍拿下張家口，也即我們後世熟知的、出自梁漱溟之口的「一覺醒來，和平已經死了」。國府隨即決定「如期召開」國大（即一個月後的11月12日）。新國府中共產黨和民盟合起來究竟佔十三席還是十四席，依舊僵在那裏。

這局面，早在政協剛剛閉幕的時候，確曾打算參加政府的共產黨不僅料到，而且已經下手策應。據蔣勻田記載，2月初，陶行知請蔣勻田到他公館午飯。到達時，主人迎到門口說：周恩來、董必武兩先生有事與你面商，他們早已到了。周恩來對蔣勻田說：

> 政協前日已算圓滿閉幕，證明只要我們合作，總可闖過難關，以建國利民。現餘問題，為起草憲法，已由君勱先生執筆，我們兩方面每晚在民盟總部商妥，次日提交憲草審議會，諒無多大問題。其餘為改組政府問題、國府委員人數問題，尚待與國民黨協商。唯對於我們兩方面言，人選問題，最為重要。我們兩方須多選敢言之人為國府委員。不然，對蔣主席不能當面直言、明辨是非利害，唯有一味奉承，有何用處呢？希望君勱先生與東蓀先生都能參加國府委員會。兩位張先生都可說是能言敢言之人，在蔣主席領導的國府委員會中，需要他們一同擔任國府委員。

蔣勻田感謝「恩來兄」的好意，「但恐敝黨攤不到兩席國府委員。」周恩來立即回答說：「假使兩位張先生均願意擔任國府委員，貴黨如分不到兩席，我們讓一席給你們。」

蔣勻田表示謝意，答允竭誠奉勸兩張，並問：「毛先生是否參加國府委員會呢？」周答：「只要君勱先生參加，他一定參加。」蔣問：「毛先生在延安，如何每週到南京出席會議呢？」周答：「待國府改組成功，毛先生即遷移住於揚州。該城為新四軍總部所在地，距南京甚近，開會即乘汽車赴會，會罷即返回揚州，想無不便。」蔣勻田接着問：「閣下與董必老參加國府否？」周說，董必老可能參加國府，

他個人擬參加改組後的行政院，兼任農林部長。並勸蔣勻田最好也參加行政院，向國民黨索取教育部，因為據周估計，它是絕對不肯將教育部讓給共產黨人擔任的。

蔣勻田當時的感覺：中共不但決心參加改組後的政府，而且已定出深思遠慮的計劃，以除卻一黨訓政，造成多黨平衡的力量，走上和平民主建國的途徑。[68]

蔣勻田日後撰文說：

> 此一秘密，我當時除告之東蓀先生外，未向任何人言之。君勱先生之得任國府委員，似可預定，所以我也未向他報告周之建議與允諾。[69]

到3月間，周恩來與張瀾商定，十四個席位，民盟要幾個都可以商量，我們共產黨沒有問題，民盟的團結要緊。最後，經過討論，民盟提出國府委員七名：張瀾、黃炎培、張君勱、沈鈞儒、張東蓀、梁漱溟、章伯鈞。

然而不到半年，局勢已然大變。

武器和錢全部到手，地盤佔得愈來愈多，再用不着對動輒「民主」的老美陪小心 —— 國府態度愈見強硬，「設十四席」絕無商量餘地，「一黨包辦」(中共中央發言人廖承志語)的制憲國大也不再延期：11月12日召開。

共產黨當然「堅決不參加」，但一直留在南京聯絡「第三方面」，謹防最壞的、也即國民黨最期望的局面發生：把別人都招過去，場外頭就剩共產黨一家。

這都是面上的，暗地裏，也可說起到決定作用的，還是密電來密電去的戰場指揮。半年來丟了不少地盤、暫時處於劣勢的共產黨正悶使勁：「只要能大量殲敵，先打九十四軍或五十三軍再打十六軍也好，你們應爭取每月殲敵兩個旅左右，三至四個月殲敵六個旅左右不是不可能的。……」[70]另一邊呢？蔣介石已經制定了總兵力十五萬、飛機九十四架，直搗共產黨的老巢延安的作戰計劃。胡宗南和他的校長確

信，區區延安指日可下──確實「下」了，一座空城而已。待到胡長官貼身副官、機要秘書熊向暉的故事可以公開講述，已是十多年之後。

美籍學者林毓生曾有過一個論斷：中國現代兩個大獨裁者雖然僅幾歲之差，文化底色與行事手段尚有區別。一屬極右集權，一是極左極權。前者手段有限，沒有能力如共產黨那樣鼓動理想與正義──只要有所需，任什麼組織、什麼黨，都鼓弄得出來，比如民建、民促、九三、小民革之類。用人家自己的話說，就是「中國民主黨派是在中國共產黨的影響、推動和領導下，在和中國共產黨的親密合作下產生、成長和發展起來的」。[71] 為避免美英等最反感的「一黨獨裁」局面，同時混個「輿論支持」，國府也在努力拉攏政協參政黨派。無奈交易所出身的委員長除送錢、許官以外，不大在行其他。在1946年底這關鍵時刻，面對着民間一流角色，派不上用場。

11月上旬，民盟秘書長梁漱溟召開記者招待會，為和平作出最後建議：他認為為達此目標所存最後的希望，是組建一個對國共雙方均有約束力的「八人委員會」。他提出一個他自認為立論比較公正的人的名單：共產黨裏邊的周恩來和董必武；國民黨中的張群和邵力子；而張東蓀、張伯純、李璜、莫德惠代表第三方面。[72] 可惜此招沒有起到任何作用──根本原因，我們現在已經可以看得很清楚：別說在南京、在中國，就是在全世界，難道有對「國共雙方」（更確切地說是蔣毛二梟雄）有約束力的什麼機構或者人物嗎？

本來，青年黨與民社黨都曾表示與民盟一致行動，不料一封由李璜、張君勱牽頭的「進呈蔣委員長」信──爭取國大召開再延期（一個月）以換得政府改組、最後大家（起碼第三方面）都參加（而且鄭重簽了名）──引起中共強烈反彈（未曾與之商議在先）。周恩來發話（罕見地不顧辭令修飾）：「現在國民黨要分化中共與第三方面，用心是把中共踢開。現在有人要去跳火坑、進『國大』。我們願意諒解各位的苦衷，但我們必須堅持政協決議。」[73] 與周公走得最近的沈、章、張（申府）立刻抹掉自己署在信上的名字。[74] 左舜生對此嗤之以鼻：「甚矣哉。尾巴之不能當也。」反促他斷然宣佈：「我們青年黨參加（國大），我自己也參加。」

雖然因為塗抹而沒有正式進呈，蔣介石答應延期「三天」（而非一個月）。

民盟在南京的諸位舉棋不定。共產黨再度動作，暫代梁漱溟為秘書長的周新民（中共黨員）請張瀾從四川打來長途：「參加不得呀！」「政協議程全部完成之後才能參加國大，否則，就失去了民盟的政治立場。」民盟遂作出決斷：「國大開會前應完成政協各項手續，未完成前，絕不參加。」

雖然愈來愈看不慣民盟事事與共產黨商量，對參加與否，張君勱仍說須待民社黨內部討論之後。而「討論」，誰都知道，是努力勸說北方諸「大佬」。

此情，當時即有人論說：

> 國共兩黨的爭衡，是棋逢對手不相上下。可是在他們爭衡的天平以外，依然堆着一堆大大小小的砝碼，即所謂第三方面，待他們爭取與運用。這一堆砝碼，愈拿愈小，而價值也愈大，最後最小的砝碼，必定是一個決定的砝碼。[75]

10月底，在民社黨參加與否的關鍵時刻，張東蓀、梁秋水飛上海，力阻剛剛完成（國社、民憲兩黨）合併的民社黨參加國大。主要理由是，對專制者的制衡，不在一紙憲法，而在社會對抗力量的存在。據蔣勻田回憶，就在那次，張東蓀先生聽完他敍述君勱先生所面臨艱難後，甚為慨然地說：

> 你所敍述的往事，我都知道，所以我對君勱現在所存之複雜心理設想，雖不敢苟同，然確能予以原諒。不過事關國家前途，不應只因困於個人成敗心理，以定最後之計。

蔣勻田又提起蔣介石已經認識到1945年底在重慶宴請他們三位張先生時，對張東蓀智慧的建議未予理會，而鑄成今日局面。他或許願意在這樣關頭再聽聽意見。蔣勻田說：「老師若肯赴寧與蔣面談，懇勸他緩開國大，因那節往事，或可幸邀其考慮，甚至接受，也未可知。」

這建議得到張東蓀首肯。張君勱也促他一定前去。蔣勻田立刻赴南京請雷震安排，又返回上海陪同張東蓀一同前往。歷史如此「不巧」——當他們到達時，原先安排好的「個人面談」變成了「茶話招待」。蔣勻田認為，「在會眾人多的場合，商談政事的機會實無，使東蓀先生甚為失意」[76]——他難道沒有參悟透，戰場上之全贏在即，蔣介石會聽人勸和麼？

張東蓀從南京直接回到北平，沒有再回上海。

11月15日，國大開幕（預備會議。第一次正式會議要到十天之後）。青年黨交出了參會一百人名單——就剩下民社黨了。

張君勱做出最後努力，派孫寶剛（民社黨中常委）專程帶信到北平，力促張東蓀到南京，召開民社黨會議，最後定盤。此情為周恩來得悉。他立刻通知同為民社黨的葉篤義。葉日後回憶周當時對他說：

> 你為什麼不去呢？假如你不去，叫孫寶剛一個人去，張東蓀就非常有可能來南京。張君勱的民社黨參加國大是肯定的了，何必再拖一個張東蓀下水呢？你去北平可以作一點張東蓀的工作嘛。

葉篤義當時雖為二張所在之民盟盟員，但心已經另有所屬。他回憶道：

> 我聽了這個話之後馬上去找張君勱，表示願意前往。張君勱非常高興，以為我轉變了立場，而沒有料到我去拆他的台。臨行前，蔣勻田對我說：「東蓀先生對參加政府作教育部長可能有興趣吧？」

葉、孫二人乘同一架機到北平，約定第二天一道去燕京大學見張東蓀。降落後，孫搭乘民航汽車進城，葉詭稱到附近看親戚，實則一個人先到了燕大。據葉披露，「我對他介紹了南京的局勢，叫他萬萬不能去南京」。「就這樣，我和孫寶剛第二天去見張東蓀的時候，張即表示不能去南京，並寫了一封回信叫我帶交張君勱。」

　　據葉記載，在他到北平的第二天，看到蔣介石直接打給張東蓀的一封電報，再約他往南京參加國大。張東蓀覆電推説有病不能離開，待到燕大放寒假可能到京滬去看他。覆電最後本有一句，説假如國大能通過一部比較民主的憲法，中共雖不參加亦必擁護。葉篤義提醒他絕不能這樣講，因為無論通過什麼，都是由「非法的、違反政協決議」的大會做出的。張東蓀恍然，馬上叫兒子乘汽車到電報局，把最後一句刪掉了。[77] 如果此段記憶屬實，只説明在那時節，張東蓀對雙方了解之淺──也可以看出，在許多場合，屬於人性之悲劇的「理性對情感讓步」。因為以他一貫的觀點，黨治之下行憲，原理邏輯上是説不通的。[78]

　　這局面，當時的燕大左派學生陳尉有如下記載：

　　……政府索性全盤露骨地破壞政協而在是年12月裏，召開請客式的國民大會了。在這個大會裏，青年黨當然是很樂意參加的，但民社黨卻不能這樣，因為有許多有眼光、有骨氣的人在，張東蓀先生便是一個。當時民社黨在黨魁張君勱主持之下通過了《政府保證通過張君勱所修民主憲章》而有條件地參加「國大」的議決案後，就派孫寶剛專機去説動該黨的北方領袖張東蓀和梁秋水諸先生（因為他們實際還不知道民社黨已在張君勱主持下通過了有條件參加國大的議案這件事），要求他們親自出席「國大」，一方面蔣主席也在半夜裏打了一個電報給張先生等催駕，並且還派了專機去接他們。

　　對於這，是張先生立身處世得到北方青年的信仰的第二次的大考驗了。在一天早晨，張先生的房門口來了十幾個燕大的學生，他們特地來探問張先生要不要參加「國大」，他就給了他們這個肯定的回答：「你們放心，我絕不會使你們青年人失望的，我絕不參加『國大』，我很忙，有功夫再談吧。」

　　這時候，在這個哲學家的房裏正坐著民社黨派來的磋商出席「國大」的大員。而對於蔣主席的電催，他也給了「燕京課忙，不克分身」的電報回絕。[79]

不知「陳尉」是化名還是真名，也不知道他述說的是自己的見解還是地下黨的。如果屬於北平地下黨學委系統，對親負恩來先生之託的葉篤義之行，顯然不知情。同樣，「得到北方青年同情與支持」的張東蓀也不知道，他對民生的關注、對專制的反抗，已然納入共產黨奪取政權的戰略策劃之中。毛澤東在評價國統區學生運動時斷言：

> 中國境內已有了兩條戰線。蔣介石進犯軍和人民解放軍的戰爭，這是第一條戰線。現在又出現了第二條戰線，這就是偉大的正義的學生運動和蔣介石反動政府之間的尖銳鬥爭。……學生運動的高漲，不可避免地要促進整個人民運動的高漲。[80]

對此，〈中共中央關於蔣管區群眾鬥爭方針的指示〉說得就更清楚了：

> 靈活地運用鬥爭策略，有時直進，有時迂迴，有時集中，有時分散，公開與秘密，合法與非法，既區別又結合，使一切群眾鬥爭都為着開闢蔣管區的第二戰場……。[81]

事實上，第三天，葉篤義已經帶着東蓀交君勱的信回南京。信裏有這樣決絕的話：「民社黨交出名單之日，即我事實上脫離民社黨之時。」據葉篤義記載，張還寫了一封信直接寄給張公權，提到「君勱四十年聲名不易得，望有以全之」。[82]

在這前後，回燕京過聖誕節的司徒雷登也是一下飛機就找張東蓀，說國大就要開了，要他參加。以司徒識人之本領，對他親自聘任的這位系主任，應該說有相當了解。他很詫異為什麼民盟同共產黨走得這麼近；更替他的朋友蔣介石惋惜，認為蔣不懂得怎麼尊敬和聯絡這批人。

張家後人對這一時期的回憶要簡單得多：祖父決定不出席國大後，曾有人在家裏的門上畫了一支手槍。

陳尉的文章寫到張教授的感受：

> 現在張東蓀先生仍舊以私人的資格參加在民主同盟裏，並且還擔任了重要的職務。他將不斷地為着中國的民主奮鬥，一直

到中國實現了他的希望為止。那時候,他也許就會再回到書房
裏去研究他的哲學和以全副精力負起教育青年的責任。因為他
曾經說過:「今後士大夫的出路必須大改,我以為只有兩途。其
一是以教育為終身職業……另一個是與農打成一片……」(《理
性與民主》)

　　他以後一定更全力以赴地走第一條路,因為他就是現在也還
是不肯完全脫離燕大的教書工作。在學校裏,他與學生和同事
們都相處的很好,但司徒雷登校長常說:「張東蓀什麼都好,教
書教得好,同事間處得好,只是反對政府這一點有點……」。是
的,誰叫這個國家弄得這個樣子的呢?否則張先生也許根本就不
會走出書房一步的。[83]

國大召開,大局已定。決定19日返回延安的中共代表團團長周
恩來最後在梅園新村招待民盟戰友(11月16日)。到場諸位共誓:「風
雨同舟,並肩戰鬥,共進共退」──有如易水之畔的訣別。回到延安
之後,周做了一個《一年來的談判及前途》之報告(12月18日):

> 我們也料想到青年黨、民社黨一定要參加「國大」,只要把民盟
> 拉住不參加,「國大」開了就很臭。這個目的達到了,這是八年
> 抗戰和最近一年來談判的成果,第三方面大部分人居然敢於反對
> 蔣記國大,跟著我們這條路走了。[84]

就在這天(11月19日),蔣介石在官邸設晚宴款待民社黨主席
張君勱。君勱先生面帶倦容,觥籌交錯間,向蔣交出民社黨參加「制
憲國大」的人員名單(共四十人,沒有他本人),以及一封「民主社會
黨組織委員會主席張君勱致書中國國民黨總裁蔣中正」信,懇勸
「徹底實行停戰命令,實現政協決議之精神」。據記載,蔣介石喜不
自禁,命令立即交由各大報紙發表,並在第二天函覆民社黨主席張君
勱:中共問題以政治方法解決,政協憲草各方應負責通過。

　　對此,據蔣勻田回憶,張東蓀認為:

中共不參加，縱能照政協憲草通過，未有制衡的政黨力量，亦未必能實行所通過之憲法，而有補於和平建國。況政協閉幕時，蔣主席對政協憲草之採仿內閣制，及對無形國大選舉總統之規定，皆極表不滿，此更不應忘懷。綜其過去往事，不知有多少諾言，皆未實行，一封交換保證信，[85] 即可據以為憑嗎？未免太天真了！[86]

當時張東蓀先生這番爭論，無人可以據理反駁。進入12月，張公權還曾親赴北平，苦勸張東蓀、胡海門、梁秋水等。到此時，堅持不可參加的，只剩下張教授一人。

有趣的是，對這一大家調動資源、紛紛下場拉人的局面，與張東蓀共同見識者，居然只剩下政府陣營裏的張群一人。他曾經問范樸齋：

「民社黨在民盟裏有多少人？」

「只有二十個人，但很可能有一半人因為不同意參加國大而退出。」

「使得第三者都入混水，將來連一個轉圜的人都沒有，這是呆笨牛的做法。」[87]

「中間勢力」分別倒向極右與極左兩大集權集團。12月24日，對參加國大的民社黨，民盟發佈「難礙在盟內繼續合作」；民社黨遂於第二天宣佈退出，張東蓀以個人資格留在了民盟。訂交四十年、情同兄弟的二張從此分道揚鑣，直到流寓海外的君勱，在七十九歲時，伏案書寫〈東蓀先生八十壽序〉。

「民盟跟着共產黨走」局面已成，東蓀歷史地廁身其間。欣欣然，憤憤然，抑或淒淒然？作為「最後的砝碼」，張東蓀的決定，更加深了他在毛心目中的定位：「資產階級和蘇和共左派」——形勢逼人呀，一線權勢人物只要「行動」。至於行動背後之哲理，或許不重要；或許到時候再說。

　　從此，在共產黨與民盟的話語裏，民國成立以來第一次有點樣子的國民大會，變成「偽國大」、「偽憲法」。民、青兩黨和執政的國民黨，則在罵聲和質疑聲，外加華北、淮北不曾斷過的槍炮聲中，「一讀」、「二讀」、「三讀」，切磋制憲。

　　平心而論，傳統專制千年的中國要麼別提憲法，若立志以憲法規範行為，這還真是歷來最好的一部——即使以今天的標準看。比如第八十條規定：「法官須超出黨派以外，依據法律，獨立審判，不受任何干涉。」第一百三十八條規定：「全國陸海空軍，須超出個人、地域及黨派關係以外，效忠國家愛護人民。」以及第二十八條：「官吏不得當選為國大代表。」（後經蔣主席提請，修改為：「現任官吏不得在所在選舉區當選為國大代表。」）

　　但是，中國的事，一旦運行起來，不僅憲法莫奈何，新政府面對老權貴，也無法運轉。比如張群派蔣勻田查究「抗戰勝利後，國庫存有九億多美元，何以宋子文長行政院不過一年，交卸時只剩下一億掛零」——用到哪裏去了？政府接收十七萬棟「敵產房屋」，落到哪些人手裏？民眾不滿爆發的時候，當局拿出的辦法，也只是鎮壓——台灣「二二八慘案」（槍殺平民上萬人）就是在這時候發生的。

　　與當局決裂的共產黨，這階段也沒閒着。除了繼續擴大地盤，12月，延安決定「徹底複查土地改革」，將地主的田地、房舍、財產等，分給「貧僱農」。接着頒佈《土地法大綱》——擴軍運動開始。否則，四平保衛戰這類以「翻身農民」血肉堆疊起的仗可怎麼打？[88]

　　在近乎人格侮辱的「八上廬山」之後，馬歇爾宣佈退出國共調處，返國接任國務卿新任。美國對國民黨政府已不抱希望：讓其「自生自滅」吧——除非能按它自己的辦法解決共產黨。

　　什麼辦法？還能有什麼辦法麼？蔣介石告訴馬歇爾：共軍將在八至十個月內被殲。共產黨則宣佈：已在各處前線先發制人，六個月內粉碎政府軍事攻勢，武力恢復1月13日停戰協議生效前的地位——最為可恥復可悲的國人自相殘殺的陰雲，籠罩着飽受戰爭摧殘、等待喘息的大地。

　　民盟怎麼辦？

驚濤漸漸入蒼冥　碧水長運太白心　星心境欲融渾莫礙大鵬何事縱

南溟洶洶天下爭　氏主我衰敗生豈足悲　長物一無能飽腹魚龍識字

應饒詩太白初沈見海鷗孤飛隨豪不需舟　人間鐵網重重走羨爾翱翔獨

自由碧水長天雲片雲浪沟纖浮海成文傲瀾不忍歸房主顏毫不明

仁置席帆船默影向東行近震心爲有布樣浪鶯船脣帆飲水一時無

意爲屏營　一九四八年十二月三美港府中　東蓀老先生兩敎　馬敍倫

馬敍倫1948年贈張東蓀的題詩

　　張東蓀、施復亮諸人堅持主張中國應有一個「第三方面力量」，包括所有中間階層和中間黨派，而「民盟應成為一切『第三方面』的黨派和人士協力推動民主運動的公共組織」，「居於國共之間」，「取得舉足輕重的獨立地位。」[89]

　　但馬敍倫認為，不應該再出現什麼「第三方面」：「爭取民主的眼前階段上，只有民主和反民主兩方面，不容許有第三方面」；「目前反民主的正在用巧妙的手段或硬或軟地欺騙或強制來和緩民主鬥爭，以維持獨裁政權。我們該堅定立場，明白沒有調停兩可的餘地……」；第三方面「或者是被人利用的，或者是幫助反民主的忙的奸細，是我們的敵人，我們不願意再有這種事實出現，而且不願意在民主鬥爭裏再聽到這個名詞」。[90] 馬敍倫日後榮任「新中國」教育部、高教部部長（讀者應記得這是國共兩邊多麼看重的位置），背書復背書，連走台階都曾榮膺毛澤東攙扶，就很不偶然了。

　　年底，本書主人公從北平南下抵滬。1947年1月6日，大家聚到章伯鈞寓所，民盟一屆二中全會召開，作出左傾反蔣的重大決定（雖則語言仍是「堅持政協路線，調解國共衝突，恢復和談」），張東蓀當選為民盟中央秘書處主任（即秘書長）。

　　剛過去的、將處於一線之第三方面諸位的智慧、情感與精力幾乎用盡的「調停」，張東蓀並未親嚐。也就是說，在如此不堪之僵局下，還有膽氣再度領銜捲進和談的，也就剩他了。或許這就是「知其不可為為之」？半年前，就在他的諸老友幾近受辱般地苦旋於國共兩造間，他回想起一椿往事：

　　　國民黨北伐以前的二三年，我曾訪梁任公於協和醫院。彼
　　時他正要施行手術。我向之進言謂文化運動未有不含政治改革
　　者，故僅文化運動是不夠的。他告訴我，他之所以不願再談政
　　治就是對於民主完全提不起信仰來了。我聽了只好唯唯而退。
　　到了今天回想起來，實在不能不引為中國之一大損失。
　　　中國之始終未能走上民主軌道，可以說就因為沒有人肯作民
　　主主義之殉道者。必須有人和迷信財神與送子觀音那樣，不恤

徒步登山，數夜不睡，以迷信於民主主義，則民主方會發生力量。環顧海內，這個天賦的天命應該降在梁先生身上，他竟未曾擔起，豈不可惜。[91]

作為新晉的民盟秘書處主任，不得不與各方接交。他曾在上海見共產黨留下的代表董必武；又接受張君勱建議到南京去見蔣介石（作為國大之前那次推病拒絕邀請的回答）。他的這次南京行由張群安排，葉篤義陪同前往。

據葉篤義回憶，在與蔣的會面中，蔣告訴張教授說將要改組政府，希望張能參加。張東蓀回答說那樣一來，他就失去了參加和談的身份，並勸蔣不忙改組而是首先恢復和談。蔣介石沒有同意。也是這次，已經在南京大使位置上的司徒雷登曾邀請張東蓀午飯，葉篤義陪同前往。張首先向司徒介紹了與蔣見面的情況，並說在離開北平之前曾同北平的中共領導人見過面，已告訴他們將要到南京見蔣並盡力恢復和談。他說中共方面同意這樣，同時勸司徒也對蔣介石做同樣的勸告。司徒唯唯否否，說勸蔣不先改組政府而恢復和談，恐怕不大可能。說將來和談的時候，希望張再來南京繼續合作。[92]

南京勾留三四天後，東蓀回到上海，住在永嘉路集益里八號張瀾公館。即使在那樣的動盪中，還生出一樁由何公敢發起，張東蓀領銜創辦《展望》之舉。參加的人除張何二位，還有章乃器、施復亮、張雲川、羅涵先、葉篤義等。章氏稱他們的立場為「左不盲從，右不落水」。該刊只出了兩期，因經費無着而停刊。

離南京前，沈鈞儒贈詩：

春光慘淡舊京城，
桃李無言瘖舌鳴，
千百莘莘齊仰首，
九天雲啟見先生。

如此煙塵撥不開，
滿街緹騎向人埋，

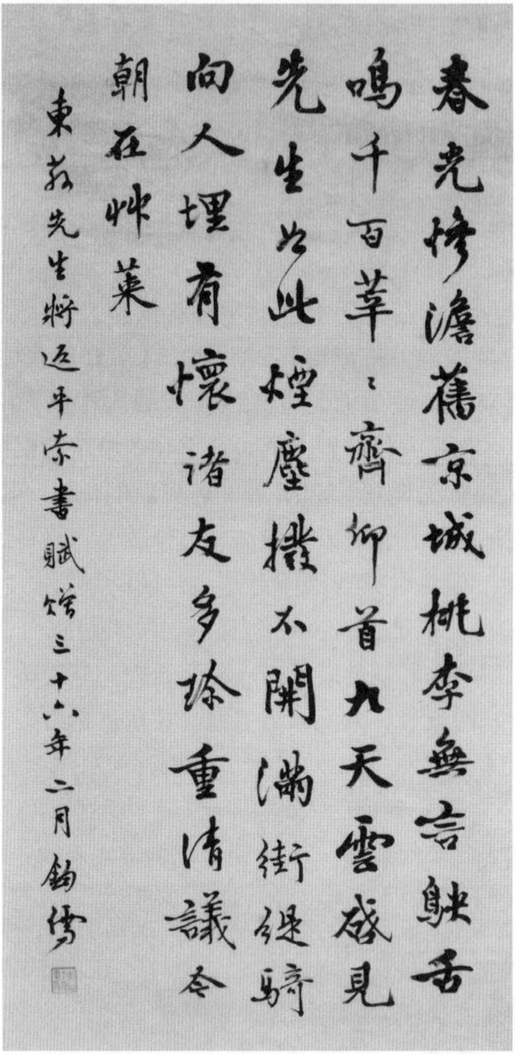

春光掩�

春光掩瀉舊京城　桃李無言躱舌
鳴千百革〻齊仰首九天雲歲見
先生以此煙塵撥不開滿街遲騎
向人埋有懷諸友多塗重清議在
朝在艸萊

東蓀先生將返平索書賦答三十六年二月鈞儒

張東蓀1947年2月從南京返北平前，沈鈞儒的贈詩

> 有懷諸友多珍重，
> 清議今朝在草萊。

東蓀先生將返平索書賦贈三十六年二月鈞儒

回到北平，因為和談即將破裂，調處執行部北京小組也決定撤離了。葉劍英、徐冰請民盟人員參加「座談會」（孟用潛語），談局勢，開告別酒會。張東蓀參加並講話。[93]

這年7月，在魏德邁到中國「調查」的時候，他第三次南下赴寧，見這人見那人，斡旋這、呼籲那，在近乎絕望之下，竭力避免國人自相殘殺。這局面，張教授自己回憶說：

> 即在政協失敗以後，我一個人還奔走寧滬幾次，想謀挽回，不外乎想忠告國民黨把這個幻想收起來吧，拿出真正的良心來以謀合作，因為破裂的結果，我們早知道國民黨並不能得到便宜。幾次談話的結果使我知道他們永遠不會有覺悟，於是我乃認定中國非經過一個最悲慘的時期不可了。[94]

他沒有提到在這前後還曾捲進過一場可謂空耗精神的無謂之爭：遭民社黨開除的同時，為革新派慫恿另組「獨立民社黨」。雖然作為民社黨顧問，他也說過諸如「應把握政治路線，不能見異思遷，投機取巧。……此時代之誘惑性大，尤須注意。黨員應對黨盡義務，而不能希望由黨而獵取地位。應避免黨內有派，此乃政黨擴大常有之病象，應慎之於始創立民主作風」等等，[95] 但總顯得十分隔膜，乃至痛苦。

這境況，也部分反映在民盟遭政府查禁而被迫宣佈自動解散之時。吳晗振衣投袂，堅決反對解散，責無旁貸地領導北平委員會轉入了地下，還收聽解放區廣播、油印散發（收音機是徐冰撤離之前提供的）。儘管北平盟員討論對策的會是在張家開的，他卻怎麼都打不起精神。

從春到夏，黨人當得毫無生氣。然而，作為學人，即當時「無人不識」的「革命學者」東蓀先生，卻頻頻撰文，並一次次受平、津、滬學生邀請，談南行見聞，談世界政局，談哲學家職責，論政治鬥爭，

談中國民族的良心。局勢如此，人們心底尚存的一息熱氣總難消逝殆盡啊。

著者一直參不透，為什麼在1947年1月，我們的主人公悲觀喪氣之余，卻又顯得如此不合時宜地英勇——因為無論「中央秘書主任」這種角色，還是為兩個打紅了眼的人拉架，都不是他的專長。

答案或許可以從他的性格當中找：每當有什麼念頭盤踞腦海時，如果不自己親歷，千方百計找出答案，永遠不得安寧。其實這不是一個非常特殊的性格特色，許多人都會處於這樣的精神狀態：江洋大盜、發明家、偵探等等。對張教授這樣的人而言，就是某種理念成型，某種學術突破，漆黑中的一線光明，千絲萬縷中的一點頭緒。

追索他的思路，如果說算是創見的話，曾比較簡略地表現在他的一篇文字〈一個中間的政治路線〉裏——這其實是一次演講，1946年5月底為天津青年會所做。這篇文字針對的，是即將給中國和世界帶來災難的對抗和冷戰——毛蔣對抗（兩個政治勢力）、美蘇兩大陣營冷戰（兩個主義）。他的理論是，不僅可以在兩個主義之間求得一個折衷方案，共產黨和國民黨之間更應該有一個「第三者的政治勢力」。這主義之間的折衷就是：

> 在政治方面比較上多採取英美式的自由主義與民主主義，同時在經濟方面比較上多採取蘇聯式的計劃經濟與社會主義。

我們今天已經看得很清楚，這不就是被斥為「共產主義叛徒」的第二國際理論麼，不就是現今瑞典等北歐諸國的國策麼？但在當時，區區一個教授，是沒有人理睬的。

國共破裂後，共產黨再次轉入地下。淪陷期間一直聯繫的小殷，曾在1945年底張東蓀赴重慶時，託他給周恩來、王若飛各帶一封信，從此告別。回到北平後，共產黨派了新人，名李才。張貽慈記得，一次李才與奶奶在王府井東華門一帶「接頭」，剛分手，即聽槍聲大作，奶奶嚇壞了，李從此不見蹤影——聽說逃到了解放區。到了北平和平解放那段時間，同仁醫院李大夫（崔月犁）登場。

　　這期間還有一個故事。1948年春，一名軍人帶着一幅詩畫長卷《林屋山民送米圖》到燕東園拜望並索題。來人即是長卷所述故事主角太湖林屋山暴方子之孫暴春霆。那長卷麼，則不僅有清末俞樾、吳昌碩等題詠，更有今人胡適、俞平伯、馮友蘭、徐悲鴻等題記（包括重繪）。其時正服役於傅作義部隊的暴春霆本人對他這次的往訪有如下記述：

> 　　張在全國解放前是燕京大學教授，民盟華北的負責人。他當時反對蔣介石的獨裁孤行，殘酷壓榨，因而招致蔣在北平的特務組織的迫害。特務曾數次糾集人眾到燕京大學附近遊行示威，高喊「打倒張東蓀」口號。有一次在遊行時把張先生住宅的玻璃全砸破了。

> 　　我對張先生能站在民眾立場與強權鬥爭的精神異常欽佩，於是帶着這卷《送米圖》前往燕京大學，請他題詞。和他見了面，才知道他是位五十多歲的瘦弱學者。我到了他的會客室，他讓我坐在沙發上和他談話。室內還有幾把沙發他偏不坐，卻雙手拿着《送米圖》坐在地下，倚着牆壁，仔細觀看。他的夫人也不坐沙發，偏坐在樓梯的最上層，拿着一杆水煙袋，吸得咕嚕咕嚕，還能從鼻孔內冒煙。[96]此情此景好似一幅幽默圖畫。

　　當時《送米圖》中還夾着俞曲園在我祖父撤職後給他的一封信，其中有「今之官場無是非可言」。這句話引起了張先生大發議論。他拿起筆來就寫：

> 　　暴君春霆以友人朱孟實之介，訪余於燕園，出示秦散之所繪饋米圖囑題。饋米圖者，紀春霆先人暴方子先生卻職甪頭巡檢後，貧不能舉炊，村民集米饋贈之事也。余既不能詩，頻年以來又習為語體文，顧春霆盛意則亦不敢卻，不得已書讀後感，固知不足以當跋也。

> 　　方子先生在吳縣甪頭時，常與曲園老人往還。其去官後猶得曲園函箚，謂今之官場無是非可言。其時距清之亡

不過十餘年，然即此一語已足證清之必亡矣。竊嘗讀史，每當革命之起，其前必有一黑暗時期，無是非，無賞罰，固不僅貪婪無能而已。方子先生清廉自守，宜其被劾。語云：「禮失求諸野。」黑暗時代，是非美惡之辨，只在人民。故一人倡議饋米，各村皆起應之，是公理猶在人心也。此饋米圖在春霆本以表彰先人品德，而吾以為大有歷史價值。即此一事亦已足證清室之必亡。蓋未有貪污橫行，是非不辨，賞罰不明，而能永臨民上者也。

春霆以是圖遍索人題，余披覽之餘，感慨或與人不同。當清末季，岌岌可危，士大夫猶欲竭智藎忠以謀挽救，顧終無濟，豈非以病已深入膏肓耶？則今日讀此圖，能不令人感慨繫之。

民國三十七年三月廿七日，張東蓀[97]

「竊嘗讀史，每當革命之起，其前必有一黑暗時期，無是非，無賞罰，固不僅貪婪無能而已。……未有貪污橫行，是非不辨，賞罰不明，而能永臨民上者也。」書於1948年的這段話，似已預言了國民黨政府的垮台——當鍾叔河再度發掘並出版此送米圖卷子，已是2002年，難道俞樾在辛卯(1891)、東蓀在戊子(1948)所感慨之國勢危殆，又見端倪？

此時已是1948年暮春。

註 釋

1. 《梁漱溟全集》，第六卷(濟南：山東人民出版社，1993)，頁596。

2. 「當時無統一檢查機關，各自為戰。憲兵、警察、圖書檢查會、市黨部、便衣密探等都可以突然檢查。」參見王大煜：〈生活書店見聞〉，載《四川文史資料選輯》，第32期。

3. 轉引自溫梓川：〈「世人皆欲殺」的羅隆基〉，載《文人的另一面——民國風景之一種》(桂林：廣西師範大學出版社，2004)，頁123。

4. 孫曉華文編：《中國民主黨派史》(瀋陽：遼寧人民出版社，1999)。

5. 同註1，頁598。

6. 原載《蕉風》(馬來西亞)，1967年第174期，轉引自溫梓川：〈「世人皆欲殺」的羅隆基〉，頁123。

7. 孫曉華主編：《中國民主黨派史》(瀋陽：遼寧人民出版社，1999)，頁137。

8. 據《李濟深與中國國民黨革命委員會》(廣州：廣東人民出版社，2004)，梁漱溟4月經過桂林拜望李濟深之後，得到李的資助4.5萬元港幣。薩空了究竟曾經參加過中共地下黨，還是一直以左派身份與中共密切合作到1960年正式入黨，不同文獻有不同的敘述。

9. 《中國社會團體與政治黨派的調查與分析》，1938。

10. 馮崇義：〈第三道路世紀夢——社會民主主義在中國的歷史回顧〉，《二十一世紀》網絡版，2002年10月號，總第7期 (http://www.cuhk.edu.hk/ics/21c/supplem/essay/0207033.htm)。

11. 由於國軍接防陝甘寧邊區，中共本以作出「七參政員不出席」的決定。項接國際 (崔可夫) 電報，希望中共出席，遂形成兩個在渝參政員參會的局面。

12. 蔣勻田：《中國近代史轉捩點》(香港：友聯出版社，1976)，頁83。

13. 同註6。

14. 李璜：〈談王造時與羅隆基〉(下)，《傳記文學》，1981年，第39卷第3期。

15. 引自《解放日報》，1944年9月22日。轉引自王漁：《林伯渠傳》(北京：紅旗出版社，1986)。

16. 李銳：〈毛澤東與反右派鬥爭〉，《炎黃春秋》，2008年第7期。

17. 孫曉華主編：《中國民主黨派史》，頁383。

18. 轉引自胡喬木：《胡喬木回憶毛澤東》(北京：人民出版社，1994)，頁360。

19. 葉篤義：《雖九死其猶未悔》(北京：北京十月文藝出版社，1999)，頁16–17。題贈人裏邊有並無交往的洛甫而沒有熱衷哲學的潤之，或許作者記憶誤差。可惜已經沒有機會面謁請教。

20. 毛澤東：〈論聯合政府〉，載《毛澤東選集》（第二版），第三卷（北京：人民出版社，1991），頁 1061–1062。

21. 張東蓀：〈中國之將來與近世文明國立國之原則〉，《正誼》，第 1 卷第 7 號，1915 年 2 月。

22. 張樹桐：〈新中國成立時的中央政府為什麼叫人民政府，而不叫「聯合政府」？〉，《廣東省社會主義學院學報》，2001 年第 1 期，頁 24–26。

23. 電文：「中國解放區的一萬萬人民及其軍隊，將全力配合紅軍及其他盟國軍隊消滅萬惡的日本侵略者。」這一意思，公開公佈的，是〈對日寇的最後一戰〉一文（8 月 9 日）：「最後地戰勝日本侵略者及其一切走狗的時間已經到來了。在這種情況下，中國人民的一切抗日力量應舉行全面規模的反攻，密切而有效力地配合蘇聯及其他同盟國作戰。」參見《毛澤東選集》（第二版），第三卷，頁 1119。

24. 1945 年 8 月抗戰勝利時國共兩軍形勢：國軍遠在千里之外，中共與東北地區的武裝力量則近在咫尺。從 1941 年即拉到蘇聯整訓（間或回來遊擊一番）的原東北抗聯，此時也隨蘇軍進入。關內的中共軍隊，準確知道的，是 1945 年 8 月 14 日「分三路急進東北」（冀熱遼軍區的三個軍分區：十四、十五、十六軍分區）。據青石：20 日，毛根據蘇軍進展情況，決定從華北各根據地抽調九個團，連同已在熱河邊境的幾個團，配備相當數量的地方工作幹部，限期開赴東北，並明確宣佈部隊的任務是：「乘紅軍佔領東北期間和國民黨爭奪東北」。中央甚至批准了華中局奪取上海的起義計劃，並提議組織各大城市武裝起義。毛澤東當天接連數電華中局，要求他們堅決徹底地執行起義方針，除發動南京、上海、杭州三角區內數百萬農民武裝起義策應以外，還應迅速調派新四軍有力部隊入城援助。他並且電示華北各區局，要他們效仿華中局的作法，對於北平、天津、唐山、保定、石家莊，也「迅速佈置城內人民的武裝起義，以便不失時機配合攻城我軍實行起義，奪取這些城市，主要是平津」。參見青石：〈東北決戰幕後〉，《百年潮》，1998 年第 4 期。

25. 1945 年 8 月 14 日，外交部長宋子文與蘇聯外交部長莫托洛夫在莫斯科簽署。蘇聯保證在出兵三個月內將東北歸還國民政府。代價是蒙古獨立、中長鐵路和大連港。

26. 此即後來有名的「不許革命」：「一九四五年當我們正在準備推翻蔣介石，奪取政權的時候，斯大林用他們中央委員會的名義，打了一個電報

給我們，指示我們不要反對蔣介石，說如果打內戰，民族就有毀滅的危險。」參見青石：〈斯大林「不許革命」！？〉，《百年潮》，1998年第3期——而不過數月後，它已經從物質到精神，一個勁鼓動共產黨大打：原來發現國民黨已經一心投靠美國，已經不再似簽約前那樣低聲下氣的時候。

27. 「時隔三日，國民政府宣佈對日寬大，不索分文賠償。如此要事，事前未與任何在野黨領袖商議，未免使人驚異。」參見蔣勻田：《中國近代史轉捩點》，頁1。

28. 8月30日民盟即發佈與中共配合無間的《緊急呼籲》：「由政府召集各黨派及無黨派人士的政治會議，解決當前一切緊急和重大的問題，包括產生在憲法政府成立以前的一個舉國一致的民主政府。」

29. 蔣勻田：《中國近代史轉捩點》，頁1。

30. 呂光光：〈毛主席同張瀾的會見〉，載中共重慶市委黨史工作委員會等編：《重慶談判紀實》（重慶：重慶出版社，1983），頁444。

31. 中共中央文獻研究室編：《毛澤東年譜（1893–1949）》，下卷（北京：人民出版社、中央文獻出版社，1993），頁33。

32. 蔣勻田，民盟「一大」當選為中央常務委員。政治協商會議期間擔任大會聯絡秘書。到台灣後，依舊任民社黨領袖。七十年代在香港《中華月報》發表一系列參與國共和談的文章，後由香港友聯出版社結集成書，名為《中國近代史轉捩點》。書中對當時人物如章伯鈞、羅隆基、梁漱溟、黃炎培、毛澤東、周恩來、孫科等，以親歷者身份描述。同為親歷者的葉劍英讀後，囑人傳話蔣勻田，謂該書：「所言皆真」。1979年，「總統府國策顧問」、民社黨主席蔣勻田和夫人到北京訪問，全國人大常委會委員長葉劍英會見時表示歡迎他們回大陸探親和參觀訪問。蔣回台灣後被民社黨開除黨籍、解除職務，史稱「蔣勻田事件」。

33. 參見毛澤東：〈戰爭和戰略問題〉（1938年11月6日），載《毛澤東選集》（第二版），第二卷，頁541–557。

34. 以上蔣勻田的回憶，引自蔣勻田：《中國近代史轉捩點》，頁2–5。

35. 「統戰」這一觀念正式進入毛澤東運籌帷幄之八卦陣，正是始於這時。在共產黨二十多年掙扎存活的歷史中，與敵對者及中間地帶力量的聯合，開始於1935至1937年的「聯蔣抗日」。在毛澤東取得黨內絕對勝利之

前，這一方面 (包括城市工作 —— 其實早期統戰部與城工部沒什麼區別，1948年9月24日和26日，中共中央正式發電，「將中央城市工作部改名為中央統一戰線工作部」) ，一直由王明、劉少奇、周恩來掌控。正宗黨史曾將「軍隊、群眾工作、統一戰線」列為取得勝利的「三大法寶」。

36. 《毛澤東年譜 (1893–1949) 》，下卷，頁33。

37. 毛澤東：〈關於第七屆候補中央委員選舉問題〉 (1945年6月10日) ，載《毛澤東文集》，第三冊 (北京：人民出版社，1993) ，頁426。

38. 引自蔣勻田：《中國近代史轉捩點》，頁6。

39. 《董必武年譜》編輯組編：《董必武年譜》 (北京：中央文獻出版社，1991) ，頁234。

40. 雙方同時下達停戰令，並規定至遲在13日午夜，雙方軍隊要在各自位置上停止一切軍事行動。

41. 國民黨八人 (九減一) ，中共七人 (九減二) ，青年黨五人，民主同盟九人 (無黨派二人，民社黨二人，救國會二人，職教社一人，村治派一人，第三黨一人) ；其他無黨派代表 (社會賢達) 九人 —— 由兩黨推選。

42. 羅隆基：〈從參加舊政協到參加南京和談的一些回憶〉，《文史資料選輯》，第二十輯，頁193。

43. 蔣勻田：《中國近代史轉捩點》。

44. 蔣介石致開幕詞：三原則 (真誠坦白，樹立民主楷模；大公無我，顧全國家利益；高瞻遠矚，正視國家前途) 、四諾言 (給人民自由權利；各黨派平等合法；推行地方自治；釋放政治犯) 。

45. 張東蓀：〈和平何以會死了〉，《時與文》，第3期，1947年3月。

46. 蔣勻田：《中國近代史轉捩點》，頁19–20。

47. 此段引述國社黨宣言〈我們要說的話〉。此宣言為集體討論，張東蓀執筆，刊於《再生》創刊號，1932年。

48. 蔣勻田：《中國近代史轉捩點》，頁23。

49. 也即「對政治之要求予以極度之寬容，而對軍事則嚴格之統一不稍遷就」 —— 似乎體現在他對思想與言論的容納，否則國民政府時期就不會有有理論、有著作而無行動的學者。但他所謂「政治」似乎並不包括「集會結社自由」。1946年政協國民黨代表雷震，到台灣之後，辦《自由中國》是可以的，但是，當雷先生「有意與台籍政治人物聯合組織反對黨的

時候，蔣氏政權便立刻以執行戒嚴的手法把他抓起來，以叛亂罪處刑」。參見林毓生：《殷海光林毓生書信錄》(台北：遠流出版社，1984)。

50. 楊滄白(1881–1942年)，1903年在重慶首倡「公強會」(後改組為「同盟會重慶支部」)，任主盟。1911年領導武裝起義推翻了清朝在川東之統治，成立「重慶蜀軍政府」，謙推他人出任都督，自己顧問職位。後協助孫中山組建中華革命黨，曾任四川省長、財政部長、廣州政府大元帥大本營秘書長、國民黨中央執委和候補監委、廣東省長、北京政府司法總長。1942年在重慶病逝，舉國哀悼，按國葬安葬於重慶東泉。1943年國民政府在重慶府中學堂舊址建立「楊滄白先生紀念堂」，將其所在炮臺街，改名為「滄白路」。

51. 張東蓀：〈我亦追論憲政兼及文化的診斷〉，《觀察》，第3卷第7期，1947年10月。

52. 見馬勇：《梁漱溟評傳》(合肥：安徽人民出版社，1992)，頁296。該著述接著寫到被中共政權定為敵人的二張：「張君勱、張東蓀二人只是口頭說說，作個姿態而已 」——不知該書作者作此斷語的依據。

53. 中央檔案館編：《中共中央文件選集》，第十六冊(北京：中共中央黨校出版社，1992)，頁62–63。

54. 這就是在後來幾個月裏爭論不休，最後成為爆發點的「交不交(國府委員黨派任選)名單」。四十天後，毛通知重慶中共代表團協調民盟，一致「不交名單」——如果蔣介石「執意修改憲法原則」。

55. 3月7日，在國民黨六屆二中全會上檢討孫科之政治協商會議報告，發言熱烈，反對「憲草修改原則」；認為國民大會權力不應受到約束；還有主張懲處國民黨八代表者。散會後一小時，就在距離會場僅一里之遙的黨部辦公地，國民黨中央立即開會，開了三個小時。會上數人大哭，說政協協議(接受張君勱設計的內閣責任制)，使國民黨「什麼都沒了」。蔣介石說：「姑且讓它通過，將來(等開國民大會時)再說。」

56. 張東蓀：〈黨的問題〉，《再生》，第1卷第3期，1932年7月。

57. 這裏「……」為屬於自辱的檢討套話。事實上，在1952年，六十七歲的檢討者自己已經沒有能力跟上新時代步伐寫出套話。那些麻木自辱，原本就是他的子女為應付過關而替老父親填上的(見手稿，以及著者對傳主親屬的採訪)。

58. 此時是1946年2月。但正式「應馬歇爾之請」出任,是在過完生日(6月24日)之後的十天。之前連傅涇波都不知道。參見林孟熹:《司徒雷登與中國政局》(北京:新華出版社,2001),第二章。

59. 唐德剛:《民國十年》。中共內部,何嘗不如此?讀者諸君或者願意稍稍回憶一下,對「大救星」而言,黨內對手,無論在什麼時候,都超出遠近外敵不知多少。

60. 轉引自蔣勻田:《中國近代史轉捩點》,頁66。望讀者細細體會四十三年零三個月之後,首都武警及治安警察出乎尋常地放任抗議盲眾盤踞廣場的奧秘。

61. 唐振常:〈張東蓀先生記微〉,載《半拙齋古今談》(太原:山西教育出版社,1998),頁199。

62. 據《毛澤東年譜(1893–1949)》,下卷:1945年「11月中旬–12月中旬因疲勞過度,患病住院。」1月7日,毛岸英與兩名蘇聯醫生抵達延安;1月28日覆信柳亞子:「一病數月⋯⋯」;3月14日覆洪禹信:「⋯⋯我這幾個月來都在病中」。

63. 張光年:《光未然脫險記》(上海:上海文藝出版社,2001)。

64. 《紐約時報》報道王雲五訪美標題,轉引自王雲五著,王學哲編:《岫廬八十自述(節錄本)》(上海:上海人民出版社,2007),頁2。

65. 葉篤義:《雖九死其猶未悔》,頁27。

66. 「國民黨反動派為了控制即將召開的國民大會,給他們的法西斯獨裁統治蓋上合法的印章,他們就在蔣管區各地大搞一黨包辦的國大代表選舉。同時強制推行其『公民宣誓』。北平的六十名國大代表候選人,就是由社會局召集十六個區的區長開會派定的。他們並派出敵偽時期強令老百姓向敵人獻銅獻鐵、尅扣配給物品,壓迫人民的坊長們,拿著名冊到處督催市民去履行『公民宣誓』。」參見沈勃等:〈中山公園音樂堂事件的前前後後〉,載中國人民政治協商會議北京市委員會文史資料研究委員會編:《文史資料選編》,第二十輯(北京:北京出版社,1984),頁306。

67. 此外還有曾昭掄、周鯨文、胡海門、何其鞏等共十人。參見沈勃等:〈中山公園音樂堂事件的前前後後〉,頁310。

68. 蔣勻田:《中國近代史轉折點》,頁50–51。

69. 蔣勻田：〈張君勱先生一生大事記〉，《傳記文學》(台灣)，1969年第4期。

70. 毛澤東1946年11月9日對聶榮臻、蕭克、羅瑞卿、劉瀾濤的指示。參見《毛澤東年譜(1893–1949)》，下卷，頁149。

71. 廖蓋隆：〈序言〉，載張軍民：《中國民主黨派史》(北京：華夏出版社，1989)。

72. 轉引自艾愷著，鄭大華等譯：《梁漱溟傳》(長沙：湖南出版社，1988)，頁330。

73. 中共中央文獻研究室編：《周恩來年譜(1898–1949)》(北京：文獻出版社、中央人民出版社，1990)，頁722。

74. 張申府對此舉的解釋是：「簽名之後我們三人去見周恩來，他不同意這一舉動，因而我們轉回來把名字塗掉。」參見葉篤義：《雖九死其猶未悔》，頁39。

75. 〈記民社黨南北內訌〉，載林天行編：《中國政治內幕》，第一輯(上海；南華出版社，1948)，頁33。

76. 蔣勻田：《中國近代史轉捩點》，頁170。

77. 葉篤義：《雖九死其猶未悔》，頁41–42。

78. 張東蓀：〈結束訓政與開放黨禁〉，《自由評論》，第1期，1935年11月。

79. 陳尉：〈革命學者張東蓀〉，《現代新聞》，1947年6月，第5期。

80. 毛澤東：〈蔣介石政府已處在全民的包圍中〉(1947年5月30日)，載《毛澤東選集》，第四卷，頁1224–1225。

81. 〈中央關於蔣管區群眾鬥爭方針的指示〉(1947年5月22日)，載《中共中央文件選集》，第十六冊，頁454。

82. 葉篤義：《雖九死其猶未悔》，頁41–42。

83. 同註79。

84. 中共中央文獻研究室、中共南京市委員會編：《周恩來一九四六年談判文選》(北京：中央文獻出版社，1996)，頁710。

85. 指張君勱與蔣介石互換保證信。為之奮鬥多年，且親自起草，張君勱、伍憲子等實在不願失去這部憲法獲得通過之大好機會，更不希望民社黨就此分裂。張君勱為此與蔣介石交換「必令其通過」之私人信件，前者保證民社黨出席國大；後者保證張「頓挫草成」的憲法獲得通過。

86. 蔣勻田：《中國近代史轉捩點》，頁169。

87. 同註75。

88. 參見張正隆：《雪白血紅》(北京：解放軍出版社，1989)。

89. 〈所望第三方面者〉；〈第三方面的組織問題〉，《文匯報》。

90. 中國民主促進會中央宣傳部編：《馬敍倫政論文選》(北京：文史資料出版社，1985)，頁299–301。

91. 張東蓀：《理性與民主》(上海：商務印書館，1946)。

92. 葉篤義：《雖九死其猶未悔》，頁43。對此，張東蓀在檢討時候說的與葉略有不同：在南京時，司徒請我去美國大使館吃了一次飯。司徒告訴我說，美方態度，還是堅持和談。當時我就不大相信。我在南京住了兩天就回上海了。

93. 《北京盟訊》，1981年第3期。

94. 張東蓀：〈日本投降三周年感言〉，《中建》半月刊，第1卷第4期，1948年9月。

95. 轉引自左玉河：《張東蓀傳》(濟南：山東人民出版社，1998)，頁374。

96. 張家孫輩對著者說，奶奶並不吸水煙。暴春霆所見，或許是東蓀長嫂「大奶奶」；也可能是「二姑奶奶」，張東蓀之姐，林嘉通岳母，當時也住在燕東園。

97. 〈暴方子和林屋山民送米圖〉，《文史資料選輯》，總121輯。

第四章

獵獵紅旗下

獵獵紅旗下
草間做人語
如來佛掌中
鵑血變湖煙

一

翻 臉

究竟為什麼，在建政初始，在治安、市政、民生……都還沒有走入正軌的時候，毛澤東就急不及待地發動文藝批判和知識分子改造運動？這幾項運動，比如院校改革跟抗美援朝；歷史電影《武訓傳》跟大學教授的思想；還有所涉及的完全是另一人群的「三反」、「五反」之間，又有什麼交錯、糾結的關係？

圖1是這幾件事情在時間上大致的錯疊。

最早起步的是院校改革。這一決心，在毛澤東1950年初匆匆赴蘇，為「繁榮強大的新中國」尋求支持的時候就已經定下。他懷着同志間的至誠，向斯大林彙報説：

> 在文化教育方面，美國人佔主要地位。……在軍事和政治領域，我們已取得完全的成功。至於文化和經濟，在這方面我們還沒有擺脱外國的影響。[1]

既然經濟制度全盤學習蘇聯，新的「社會主義大廈」所需的零件，當然也得按蘇聯模式車銑，即「按行業、按單一學科，大規模組建學院、培養人才，適應計劃經濟的要求」。[2] 以此為目標，到1952年，北京十多所名聲卓著的綜合大學開始一鍋燴：北大和燕大的工科併入清華；清華和燕大的文、法、理及輔仁、浙大的人文學科併入北大；北大遷入燕京校園，成立文理科綜合大學，清華變成多科系的工學院；輔仁、人大和燕京的教育專業併入北師大，輔仁大學取消……

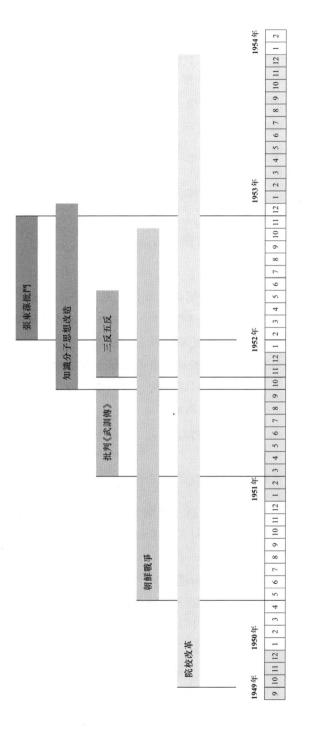

圖 1：建國初期政治運動時間段

真乃開天闢地的無產階級氣派 —— 無知而後無畏之足證！能不如此麼 —— 從今以後，在貫徹中央決策的流水線，效率與服從已經無障礙地擺到了第一位。[3] 至於人文精神和突破思想窠臼的創新能力 —— 這種讓組織為難、給領導添亂的自由化行為，將毫不留情地大張撻伐、送進刑場！

對張東蓀的批鬥，從圖1可直觀看出，正套在知改、韓戰、三五反及院校改革之時段間。

在這人心無日不怦怦然的1950年年初，張東蓀怎麼想呢？為適應經濟形勢而改革教育，他認為勢在必行。早在1948年，他就曾力排眾議，闡揚他對「計劃經濟」的期許 —— 包括(作為思想者)準備做出的奉獻與犧牲：

> 中國為了增產必須採取計劃經濟，尤其必須採取進步的計劃經濟。但經濟方面一有計劃，勢必不能讓其他方面仍留為無政府狀態的絕對自由。就中以教育一項而論，就不能不大加改變以與計劃相配合。政治經濟教育等全體如有了計劃性，則我們今天放任慣了的人必會感到很不便。這一點恐怕我們在心理上應得準備自願犧牲一些不入格的自由方好。……須知在計劃社會中，政治經濟等是沒有絕對自由了，但我們還不能不要絕對的自由。這個絕對的自由應該在文化與思想方面。如果社會因具有計劃性而有些呆板，則我們尚留一個絕對活潑的田地在其旁邊。[4]

我們在後邊會看到，統籌全部資財的政府，包括重新裝配的大學，以及其教程、教材、黨委和黨支部，再加上隨時派下的工作組甚至工宣隊、軍宣隊……包括在同樣「不可否定」的「後30年」裏堂皇推進的教育市場化，留給期望文化自由的人，什麼樣「活潑的田地」。

他依舊住在燕東園三十四號那座小樓裏 —— 這不是因為他任職政府而得的賞賜，從1937年燕東園教授區興建，依照燕大當時的規定，他即以教授、系主任的資格入住。

畢竟沒有了戰火。春天，熊十力應邀「北上議事」，「到京後聯絡了一些老朋友，也結識了一些新朋友」。在當代學者為他作的傳裏，

列舉了十多人，其中並無張東蓀。[5]該書成於九十年代，不知是作者
還是編輯，不知遵循的哪條戒律，也不知把「張東蓀」三個字依據事
實放入書中，會有哪片天塌下來──著者在《熊十力評傳》中反覆翻
找，不相信此時熊十力已經世故到故意不與自己撰寫《新唯識論》時
候的知交見面。這種「識時務」的政治姿態要到1957年之後才流行起
來──一直流行到今天。更況且，在1950年，當東蓀先生的長嫂爾
田夫人仙逝時，對政壇人事最敏銳的郭沫若還曾登門弔唁。還好我
們有一位有幸同時從學張、熊兩位「恩師」、得為關門弟子的前澳門
哲學會會長岑慶祺。從他的一篇文字裏，得以瞥見老派學人之間的
友情（後文詳述）。

　　暮春，張東蓀投稿最多的《觀察》雜誌，興沖沖地在「新中國」復
刊之後，辦到第十三期，不得不收攤了。在這十三期裏，沒有他一
篇文字──而不過一兩年前，在1947、1948年，他曾多麼活躍！新
中國不再需要政論家、獨立立場的民間發言人，他已經沒有了自己的
言論陣地，哪怕列居中央人民政府委員。當然，《人民日報》、《光明
日報》等都等着他們的稿子，只不過沒有了當初儲安平將他列為特約
撰稿人時候的精氣神兒與學識倚重。這年頭的發言，寫作者須投合
以自居喉舌為榮的報紙之需，比如朱光潛的〈自我檢討〉（1949年11
月27日）；費孝通的〈我這一年〉（1950年1月3日）；馮友蘭的〈一年
學習的總結〉（1950年1月22日）……。張東蓀一個字沒有。他絕不
敢輕易命筆，因為──

　　　原來古人有思想，著之於文字，無不是出於本心，從來沒有以言
　　論為他人作工具的。這乃是近來（或後來）的現象。我以為出賣
　　理智的良心比任何都可恥。現在報紙的言論都是代人說話，固不
　　必論；而最奇怪者是學者們也專作他人的啦啦隊。我今天乃是完
　　全說自己的話，在未說之前，先以口問心，是否所說即真正所
　　信，必須真信之不搖不動方敢說出。因為我以為唯有人能說自己
　　的話方能有學問。不然只有宣傳而無學問，無學問即無文化。[6]

就是這時候，1950年6月，「心比天高」的金日成，以其手中僅有的三個勉強拼湊的步兵師，揮戈南下，解放「被壓迫同胞」。他的後盾斯大林在自己的冷戰部署之下，為「避免蘇聯直接與美國衝突」，自然把「中國同志」推到前邊。

夏天，金日成發佈「八月底將美國侵略者趕出朝鮮」的命令。中國也在邊境「集中十二個軍以便機動」。剛從連續十二年戰禍中喘過一口氣的中國，又要把自己的子弟往戰場上送了。

據葉篤義回憶，6月底美國剛一介入，梁漱溟就對他說：「東蓀先生準備面見毛主席，在外交上有所進言。」葉覺得事關重大，連忙跑去問，張說：「我現在還不準備去見他，等到打一個時期打不下去的時候，我才去說。」[7]──想來他們「英美自由主義背景」一批人，還不大知道自己在「打了天下」的老革命眼中的可憎地位。而對重大國策之制定，更沒把共產黨品透，還想着有可能據實力爭，以說服當局。他要說什麼呢？據何炳棣21世紀初回憶：張奚若曾密告其弟子羅應榮，中國正式派兵保衛北朝鮮之前，東蓀先生曾特別請求深夜與毛澤東做一長談，談的內容主要是：

> 中國不可以不尊重歷史的教訓；除非萬不得已決不可輕易同美國作戰。試看德國兩次看錯（意思是德國事前總抱着美國不致參加歐戰的想法），就兩次大吃其虧；日本一次錯估，就遭受慘敗。原因是，美國技術、生產能力和潛力，實抵得其餘世界而有餘（就1950年的世界情勢而言）。中國應該好好地從事建國工作盡可能避免和美國衝突。[8]

他們沒有看到這場戰爭所具有的強烈意識形態色彩：為了「主義」，為了「大家庭」團結，區區平民百姓，軍裝一裹，發到戰壕裏，算什麼？而更深的、不可明言、卻實實在在起着作用的那層意思，則是「自己家裏」（也就是「新中國」國內）的博弈：政務院委員十五名──民主人士九名，佔60%；政務院所轄機構負責人九十三名──民主人士四十二名，佔45%。好嘛。但誰當家？誰說了算？

誰左右民意（即如今所謂的「掌握話語權」）？是你英美背景的資產階級，還是我們人民大眾？

9月初，匪夷所思的「炮轟天安門案件」偵破，在「美帝發動侵朝戰爭的嚴重形勢」面前，曾經吃美國飯、與美國交好的大教授、大買辦、大名流，隨着民族戰爭的聖火升騰，再沒了往日的神氣。「美國」二字，從此從漢語裏消失。提起太平洋對岸那個大國，無人不用「美帝」──而美國究竟有沒有殖民地、有幾個、佔據了多久、其間有過多麼大的爭論和掂量，沒人問，也沒人敢問。

到了10月，要不要為蘇聯火中取栗，已經擺到每個為中國命運之決策「說得上話」的人的面前。在1950年10月2日召開的政治局擴大會議上，毛澤東吃驚地發現，幾乎所有的領導人──他的袍澤與戰友──都對立刻出兵持懷疑和反對的態度。軍方一致表示「對美作戰沒有把握」。此後就是我們非常熟悉的故事了：彭德懷被緊急從西北召回，先在北京飯店的席夢思床、後來轉到地毯上，輾轉反側一夜，最後「同意了老毛」。靠着他一貫「不計戰場傷亡」的氣魄，大度地承擔起北方那個冷戰主策劃派給中國的角色。

五十多年後，楊奎松點出了這一決策之要害：

1950年6月（在鎮反問題上──著者按）毛澤東還極力勸告黨內同志不要急躁，切忌四面出擊。然而，幾個月後，隨着朝鮮戰爭爆發，北朝鮮人民軍很快失利，中國方面不得不準備出兵，他馬上就改變了此前對鎮壓反革命問題不甚積極的態度。他意識到，這是一個徹底清除國內反革命分子的「千載一時之機」。因此，中共中央10月8日正式決定出兵朝鮮，他兩天後就親自主持通過了新的《關於鎮壓反革命活動的指示》（又稱「雙十」指示），在全國範圍內部署大規模鎮壓反革命的工作。[9]

這是他登基前屢屢提及的「打掃房子」──抓住最有利時機，收拾內部「敵人」，雖然僅只「敵人」中的一部分。

這步棋，有幾個人能看得出來？我們的主人公在這前後專門見了一次周恩來。

　　從一開始，共和國大管家即艱難地抓住每一個可能的機會，或正面反對、或旁敲側擊，以避免捲入這場戰禍。對此，張東蓀在尚許他們參加的會上，可能已有所察覺。當然也可能僅憑直覺：一個明智的政治家此時應該有的最基本的判斷。

　　周恩來最後的努力是在10月10日。當時趕往莫斯科的周報告毛，蘇聯不可能提供空軍，只能提供飛機。周捉住時機，做出「放棄直接出兵援助北朝鮮，僅接納金日成到東北來成立流亡政府」的決定。不料三天後（10月13日）毛從北京電周：政治局全體同志一致認為「……應當參戰，必須參戰，參戰利益極大」……「斯大林感動得掉下了眼淚。」[10]

　　參戰已成定局，周只有調理自己——以及在毛眼裏歸他調理的人。

　　10月21、23日兩天，按照官方記載，周「邀請郭沫若、馬敍倫、章伯鈞、王昆侖座談抗美援朝問題，聽取意見、回答問題」。記錄中明確說總理「指出一部分人中存在着親美、崇美、恐美和對中朝兩國力量估計不足的錯誤思想」。[11]多麼微妙嫻熟的運作！最期望「直諫」的「一部分人」不僅未蒙寵邀，還明白地在黨的摯友面前獲冠「錯誤思想」。想來周將這幾位請來指出決策者最為討嫌的張東蓀一干人的「錯誤」，恐怕不僅僅依據中共歷來習慣，以「聽取意見」而實施「通報」。他須明確給出自己姿態，拉開與有美國背景的人的距離。為消解毛對自己的忌諱，還須在別的地方找補——比如「知識分子思想改造」。與東蓀先生有十多年交往（如果從1938年武漢一面算起）的周公，從此刻（包括後來）表現得超乎尋常的峻刻外加鮮有的輕飄（這我們在後邊將細細道來），與他歷來雍容謙和有悖。暴露出的，正是他機敏政客而非誠樸學人的質量。

　　1950年秋天，隨着百萬中華男兒（「最可愛的人」）投入戰場「將美軍趕回三八線」，中央人民政府政務院年底公佈了「管制美國在華財產、凍結美國在華存款的命令」，以及「處理接受美國津貼的文化教育、救濟機關及宗教團體的決定」，燕京大學已然不保。這些「決定」所涉及的人群，那些曾在燕園享受了自由的學術空氣、優裕的生

活待遇，包括對司徒校長及其辦學方針由衷感佩的前師生員工，立即「致電總理、發表宣言」，表態「堅決擁護支持」。[12]

張東蓀應該已經察覺，此時的燕園，已經不是「因真理，得自由，以服務」的大學。前地下黨員一一冒出地面，擔任起種種要職……當然已經不是當年懷着信賴與託付，與他秘密聯絡的那批團契青年。有理想而不諳權謀的一批學子，到此刻使命已經完結，該有新面孔接手了。時值朝鮮戰爭，政府要求肅清「親美、恐美、崇美」思想，樹立「仇視、蔑視、鄙視美帝國主義」觀念。對此，有人跟得上，有人跟不上。張東蓀倒要看看，政府指令，能否把過去歲月全部印記，一瞬間抹去。

此時，外籍教授正一家一家地撤走，包括司徒曾經倚為左右手的愛將、包括那些曾經以全部熱誠支持、掩護進步學生的教授們。夏仁德是在1950年8月離開的──背負着「特嫌」惡名。

不僅圖書館再不購進喬特的《復返於哲學》(C. E. M. Joad, *Return to Philosophy*) 等大部圖書，張教授也已經沒有可能自己訂閱英國的《哲學季刊》(*Philosophy*)。中國對西方前沿學科的了解，到他的孫輩讀書時，只限於《偉大的自然改造者米丘林》和《李森科的故事》了。現代西方哲學在中國，從此進入漫長的冬眠期，進入人為的「強迫遺忘」。[13] 到了九十年代中，大陸哲學專業的學生驚奇地發現，原來他們的太老師輩，早在二十年代就熟讀了柏格森、詹姆斯，還有倭依鏗、杜里舒！

1951年春天，電影《武訓傳》上映。

這是一部策劃於戰亂的四十年代，完成於建國之始的左翼電影。雖說編導和主演都來自國統區，但對共產理念絕對衷心折服。到製作的後期，政權已經易主。接到諸如「片尾須貼革命口號」之類命令，大家也勉為其難地順從了。不料公演之後，如潮之好評還沒推到高峰，毛澤東已經生氣了──生了很大的氣。

他親自動筆寫社論：這是「歌頌」麼？看「我國文化界的思想混亂達到了何等的程度」！「資產階級的反動思想侵入了戰鬥的共產黨」！[14] 社論下面，赫然開列着「有問題」文章和作者名號──黑壓壓

的一片。當年的藍蘋女士憋了那麼多年，終於乘此大好形勢走出臥房，為英明領袖已經作出的結論前往一線搜尋證據。《武訓歷史調查記》經主席閱後公開發表，在「中國革命究竟靠武裝鬥爭還是靠知識文化」這樣重大的課題上，作出了不容置辯的結論。

1957年1月，在省市自治區黨委書記會議上的講話中，毛對這個問題給出回答：「電影《武訓傳》，你們看了沒有？那裏頭有一支筆，幾丈長，象徵『文化人』，那一掃可厲害啦。他們現在要出來，大概是要掃我們了。是不是想復辟？」[15]

張東蓀不怎麼看電影。對這場討論，他可能相當不以為然。這幫「罵人黨」在幹什麼？就算是一部壞電影，一部具有惡劣的思想傾向的作品，也有它或生或滅的權利。因為他堅信：

> 沒有一個學說或思想不可以忍容。只要言之成理都應得加以承認；只講正統派的思想而置其他思想於不顧，這不是文化的自由主義之精神。[16]

在文化自由上，根本無所謂「邪說」，亦不能有「一尊」，這都是屬於常識範圍的東西，也是他們經常在著述、在課堂、在講演裏邊公開發佈的觀點。不論《武訓傳》有多麼荒謬與反動，就算如胡繩所點出的——《武訓傳》作者及其歌頌者，不過是借《武訓傳》表達他們的「政治訴求」（笑蜀語），即與「武裝起義的群眾」爭功，把自己擺在和「武裝起義的群眾並駕齊驅的位置上」，[17]也實在沒有什麼了不起。

他當然已經不可能著文細細駁析。但他沒有感到什麼嗎，比如對打下了天下的共產黨人？以前將他們僅僅看作奉「共產」為一種主義的民族戰士，是不是過於樂觀了？要知道，共產黨如今擺出的這樣一副面孔，以前大家一起反獨裁、反內戰的時候，可是不曾有過。那麼，毛公究竟什麼意思呢——嫌知識人對中共歸附得不夠徹底？

到了5月，梁漱溟頂不住了，寫了一篇〈何以我終於落歸改良主義〉，全文十五節，對於自己1938年與毛的爭論，作了一個檢討性結語。完稿一個月，左思右想之後又作了一個「跋語」：

張東蓀五十年代初攝於北京大學朗潤園家中

此文最大缺點即在自己今天批判的話，還沒有自己講明過去如何
用心思的話多。屬文之時未嘗不一再刪節，而刪節下來猶且如
是，可見胸中求為人知之念，多於其自慚自悔之念。慚悔之心
不切，檢討文字是不可能寫得好的。六月五日漱溟記[18]

這篇後來冠以《我的努力與反省》的長文，請林伯渠轉毛指教。
毛只批了兩句話：容當另寫一文發表，此稿之留存備查。

張東蓀還是一個字不寫。不僅檢討與「自斥」不寫，讚揚偉大時
代（如1951年7月黨的三十周年大慶）的好話也一句沒有，還說要保
持他「沉默的自由」。葉篤義着急了，「怕他消極態度惹起黨的不滿」：
批《武訓傳》，假裝不懂電影也罷了，別的表態文章怎麼也得有些吧？
經不住「自己人」一再苦勸，[19] 張東蓀終於為「黨的生日」「隨便湊了一
首（類似打油詩的）七絕交差」——依舊留着尾巴，不肯作出令權勢者
滿意的低眉順眼：

> 卅年艱苦憶長征，抗暴援鄰舉世驚。
> 今日萬方齊頌禱，獻詞我亦為蒼生。[20]

想來走到這一步，已經令他痛苦不堪。因為他確信，「人類的知
識一經開放，便無法再退回到蒙蔽的狀態」。[21] 知識人違背理念以求
存活，莫過於此了：

> 所謂說自己的話就是自己覺得非如此說不可。這是由於自己對
> 於真理有切實感，因對於真理愈切實，則對於言論便愈尊嚴。
> 於是覺得污辱言論即等於自墮人格。所以讀書人之人格就看其
> 對於本人的言論自己有無尊嚴的保持。凡為人作啦啦隊的都是
> 自己願意把他的言論作物品（即商品）來出賣，我以為非校正此
> 風不會有學問，不會使文化有進步。[22]

「此風」，如果說在1946年還存在着「校正」的可能性的話，到了
此時，用梁漱溟的話說，只能「向不通處變」了。翻檢張家舊紙片，
應該說，也不是一篇自我批判都沒有：

寫過一文……請周恩來、李維漢兩同志看過。他們大概認為還可以，也許認為這是我學習上的一個進步，所以交給《光明日報》發表。發表以後，隨即有人提出批評，我才感到自己真是不行了。[23]

出面批評他的是黎澍，「從本質上看改良主義」云云，説這是「調和階級」、「軟化階級鬥爭」。黎澍先生已經離世，無法向他求證，此文究竟是有人特別佈置（甚至代筆），還是前戰鬥的《文萃》主編那時候確實對他的唯心主義看不慣。

在被迫做檢討的時候，張東蓀還「暴露」過自己的「一件事實」：

有一次看《參考消息》時，看見美帝的輿論在批評毛主席的人民民主專政，説民主就不能專政，專政就不能民主。我當時竟然覺得很有道理。

他還深挖了自己「在新民主主義的國家中不積極」之根源，「感到言論不自由，感到學術不自由，而不認識反動的書籍及學説，加害革命的嚴重性。」[24]

《武訓傳》批判，聲勢雖大，但幾乎所有的人，包括毛澤東、周恩來，都已經看出：這實在是壓服而非人人心悅誠服。而「壓服，就是壓而不服」——對此，毛知道得比誰都清楚，自然不肯罷手。而曾被看作《武訓傳》後台、對毛的心思又比誰都摸得透的周恩來，也看到了這一層。再加上他與國統區文化人，特別是大知識分子們的淵源——毛對他們，敬歟？忌歟？憚歟？沒人説得清——當總理的（他的政務院裏，60%的副職和49%的部長屬非黨高幹），不得不有所表示了。

這邊廂《武訓傳》批判剛落幕，1951年9月，周恩來應馬寅初之請，親手啟動「知識分子思想改造運動」。他敢不如此麼？要知道，毛打算收拾的人，哪怕功比天高（如潘漢年），哪怕情深意篤（如孫維世），周從來沒護過。至於馬寅初此時突發的一唱一和，怕不是因為「老天真」不諳政壇招式吧？只看他為造勢而開口請的「教師」——毛

主席、劉副主席、周總理、朱總司令、董必老、陳雲主任、彭真市
長、錢俊瑞副部長、陸定一副主任和胡喬木先生——多麼明戲！而
膽敢如此放膽點名，難道不是已然看透或經人點透共產黨對這場即將
到來的運動有多麼重視？[25]

這封信由周立刻直接轉毛。毛也立刻轉批：「這種學習很好，可
請幾個同志去講演。」[26]

周隨後親自部署，並在定下「防止無限擴大」的戒條之後親自登
台。9月底，一場足令秦始皇（對儒，只知道滅掉肉身）蒙羞的靈魂擄
獲在北大開場。他的表率作用，他的溫和懇切，他將國家民族置於
一切之上的無私無畏，着實感動了一屋子的聽講者。高校知識分子
思想改造運動由此全面鋪開。一個月後，在毛的表揚和鼓勵下，文
藝界跟了上來，科學界、學術界、民主黨派（依舊民建打頭、民盟緊
跟）……開始了聲勢浩大的「集體貶責」、「集體自辱」。[27]

前往北大聽周恩來五個小時報告者，達1,700多人。張東蓀去了
麼？當他聽到周的講話之要害，即知識分子須通過改造，逐漸「從民
族的立場進一步到人民立場，更進一步到工人階級立場」，有沒有感
覺？不過兩年前，在季羨林一干人把自己想成「下了鍋的螃蟹，只等
人家加一把火，就都要變紅」、在對學術自由與思想自由完全喪失之
變局懷有恐懼與憂慮的1948年底，張教授還曾仗着膽給大家打氣，
包括給出他獨到的對馬克思思想的解釋：

> 無論有何種政治上經濟上的大改變，而知識分子自有其始終不變
> 的重要地位，但看知識分子自己是否了解本身的使命。倘使知
> 識分子真能了解其本身的時代使命，不但不必怕人清算，而且還
> 能造成比今天更好的光明前途。

他認為，思想自由與學術自由是建立在精神獨立之上的，而精神
獨立，在他看來，

> 中國接受西方文化雖只有短短將近五十年，然而卻居然在思想界
> 文化界中養成一種所謂 Liberal Mind。此字可譯為「自由胸懷的陶

養」，乃是一種態度，或風格，即治學、觀物、與對人的態度或性情，亦可説是一種精神。……一部哲學史與一部科學史就不外記錄這個自由精神如何生長，如何發展。……倘使沒有這個自由精神，恐怕即不會有實驗的科學，不會有進步（progress）的觀念，不會對於人生幸福，無論從個人方面抑或從社會方面，設法加以改良。……老實説，即馬克思的思想亦正是這個自由文化的產物。不先有這個氣氛，則馬克思的思想是不會產生的。[28]

這些，在1952年那熱烘烘的環境下，顯得多麼落寞岑寂。雖然在那時，對於「人民」、「工人階級」等等，將在未來的歲月裏，為一個政黨、一個領袖，用到何等南轅北轍、匪夷所思的地步，還沒有充分的估計。

運動持續了沒多久，三反、五反插了進來──別光逗知識分子們玩兒了。仗已經打了一年，還一天天捱着，怎麼支撐？打仗就是燒錢，這誰都知道。從百萬志願軍赴朝，局面就沒有緩解過，「1951年中國的財政出支有50%是用在朝鮮戰場上」。[29]窮啊，中國。這是農民連乾飯都吃不上的五十年代初啊。[30]錢從哪裏來？中國沒有殖民地，也不像今天這樣能出賣環境資源，大把找洋人貸款，只有勒緊褲帶一着：增產節約。這一勒不要緊，毛澤東發現，他忠實的部下──那些爬山涉水、進城迎戰「糖彈」的幹部們，竟如此奢侈、揮霍，還無師自通地立馬嫻熟於損公肥私。「增產節約運動的最大敵人，是貪污浪費和官僚主義」；「三反不反，黨就會變質。從二中全會算起，如十年內不進行三反，共產黨就會變成國民黨」。

對經濟無法像對軍事那樣師法三國、水滸的老毛，能不發狠麼？黨員幹部老虎，殺了一批。接着，順藤摸瓜，很快又發現了腐蝕他們的奸商：逃税、行賄……總之「資本家、工商業者」身上大有油水，於是開始了五反。

三反、五反，就理念而言，張東蓀不會有抵觸。他一直反對「經濟方面的放任」，而且以「替人民訴苦」為職志，對奢糜貪黷向來深惡痛絕。雖然兩年前受邀到西柏坡，對「解放區」有非常好的印象，但

有幼年在縣衙「實地考察」、觀摩「打板子」的經歷,加上長於思索而
短於激情澎湃的學人特色,對登上廟堂的「泥腳桿子」,張教授早有
估量:

> 不過中國還有一個特別情形:即除上述兩種人(官僚資本和地
> 主,張東蓀認為他們是妨礙「增產」的主因——著者按)以外尚有一
> 種人,即流氓是也。普通所謂無產者是指無財產而從事於生產
> 之人,如佃農與僱工之類。中國的流氓確是無產者,但卻不從
> 事於生產,以敲詐為生。這些人只要求在享用上得平等,其實
> 正是封建社會的產物。[31]

張東蓀撰文的時候,尚沒有讀過《湖南農民運動考察報告》,沒
有可能知道,那時節,和後續十多年間,扛着掀翻舊世界大旗的,正
是無恒產、無所事事外加無所忌憚的流氓。對他們的發動、倚重,
即是余英時所謂「毛澤東的真本領是在他對於中國下層社會的傳統心
理的深刻認識」。[32]

誰都沒有想到的是,這場本打算清理政權內部貪污分子的鬥爭,
並未有效地控制在財經紀律領域——如擔任上海常務副市長兼財經
委主任的潘漢年所做的那樣——卻在法律與制度缺失的局面下,以
毛澤東心愛的群眾運動方式,演成一場你死我活的階級鬥爭。發端
於1930年的清肅AB團、1943年延安「搶救」……種種手法,這回再
度顯靈。逼供、誘供、寧左勿右、車輪戰、達標、挑唆「狗咬狗」、
肉刑和變相肉刑……直至「將鬥爭開展到家庭,瓦解最後精神堡
壘」。這一整套閃爍着毛澤東思想光輝的當權者寶典,開了無需實
證、無需司法程序,任何「單位」、「街道」或「工作組」,只要有黨的
號令,即可拘捕並刑訊公民之先河。該手段此後一次次發威,知識
分子改造、反右、反右傾、四清……直到他老人家偉大事業之巔
峰——文革。

1952年2月7日,統戰部召開座談會,為五反造勢。據章乃器日
記,張東蓀出席並第一個發言,說「商人到社會主義都要發財。……
非有徹底覺悟,資產階級即不夠朋友」——言語間透着無能為力的譏

諷，對共產黨發動運動之初衷有沒有看透？而實業救國航運鉅子盧作
孚已於第二天自殺。[33]

就在這樣的背景下，燕大的思想改造運動開場。

與北大、清華和所有當時的高校不同，領導燕京大學思想改造運
動的，不是「京津高等學校教師學習委員會」（馬敍倫為主任委員），
而是市委派的工作組。組長蔣南翔、副組長張大中，[34]負責聯繫文、
法學院的，是燕京大學當時的黨總支統戰委員兼教職工支部書記張世
龍；[35]協助他的，是市委統戰部另派的一名幹部，原清華大學圖書館
職員（地下黨員）王志誠。從時間上，也比各大學（以及文藝、學術機
構）稍稍滯後。[36]

看張世龍回憶：

> 對不沾經濟的大學教師，無法用三反、五反的帽子扣下。於是
> 就借其名搞起「知識分子思想改造」的大運動。具體作法是按系
> 劃分，由青年助教開始，逐漸上升到老教授，人人「洗澡」。就
> 是每人講自己的基本經歷和思想歷程，並作自我批判。被稱為
> 「自我教育」。同時還有學生參加，幫助分析，其實就是批判。
> 直到大家沒有多少意見，算是「通過」了。事實上一切「幫助」批
> 判都已由單位領導事先安排好了。對於進步教師或民主人士的
> 幫助實以表揚為主，很快就過關。而對「落後」者則「組織火力」
> 大加鞭笞，並且總「不滿意」，多方刁難，不予「通過」。直至最
> 後還可以「掛起來」。

但如何界定「進步教師、民主人士」和「落後者」呢？有沒有法律
的、或者類似《戰時動員令》之類的依據，哪怕自己制定但對所有人
一律看待的標準？若從紅太陽初升的「搶救運動」看，結論是絕對沒
有。證據之一是：那場運動最要清肅的「叛徒」和「自首者」，江青「底
兒潮」的人證物證俱在，而執掌大權的康生，直到三十多年後他自己
快死的時候，才以只有他才想得出來的曖昧方式，輾轉向毛澤東揭
發。[37]那麼，打擊的標準又是什麼呢？只能説，從後來長達半個世紀

的苦難中，我們「被運動」的中國人，確切但顯然不夠精確地品出的，怕只有一條，就是「對黨組織」(而非共產主義理想)的熱愛和忠誠程度。且看張世龍回憶：

> 一般說，當時法學院教授多為民主人士、進步分子，如嚴景耀、雷潔瓊夫婦、趙承信教授、林耀華教授、鄭林莊教授等。文學院新聞系蔣蔭恩教授，中文系林庚教授等是進步分子，而中文系主任高名凱教授以及教育系廖泰初、胡夢玉夫婦屬中間。文學院重點是歷史系轟崇岐、齊思和二教授，他們曾參加1946年《華北日報》公開發表的所謂十八教授的反共聲明，轟還是發起人之一。因此在運動中經工作組批准(以三五反委員會名義)都曾被隔離寫檢查。心理系沈乃璋教授因被人檢舉，罵過共產黨，所以也被短期隔離寫檢查。

這些都屬於運動初起，為「造聲勢」而作的「排隊」。真正的目標，工作組早已得到上頭指令：

> 這次運動真正要「整」的對象卻是著名學者、校長陸志韋教授和著名民主人士(當時的中央人民政府委員)哲學系張東蓀教授。

參照另一位台面上的運動領導人張大中和別人的回憶，應該是三人，即「重點批判陸志韋、張東蓀和趙紫宸」。為什麼單選他們三人？是不是針對燕京普遍的「崇美、親美、恐美」思想，從而有的放矢地搞「抗美、反美、蔑美」？是不是因為抗美援朝，「戰士們在前線作戰，我們要把後方搞得乾淨一點」，必須把「所有跟美國有關係的人都清理了一遍」？[38] 我們現在已經知道，這是面上的宣傳。至於真正的目標——

> 「批倒、批臭」陸校長和張東蓀教授，是由工作組組長蔣南翔傳達的黨中央的決定。我們只是聽了傳達，按工作組提的要求組織實施。(張世龍)

黨中央！

蔣南翔當時是青年團系統的人 (籌委會副主任、團中央書記處副書記)。此人左傾學生出身，曾就讀清華中文系，是「一二‧九」時候的骨幹，親歷過延安的整風與搶救，還極為可貴地直接上書，從馬列主義信仰者的角度，對這一方式提出質疑。[39] 目前尚不清楚那次「上書」給了他什麼樣的經驗或教訓，總之到了1951年，他作為直接領受中央指令的工作組組長給派到重鎮燕京(注意，並非他的母校清華)，放膽施行與「搶救」沒什麼本質區別的逼供。從最好的方面估計，「上頭」向他交代任務的時候，曾有驚心動魄的敵情陳述，使得這名年屆三十九歲的前左傾青年，硬生生地當了回「槍」；但更大的可能是誰都不必明說的事成之後的重賞 ——運動剛一結束(1952年11月)，他就得到了清華大學校長兼北京市高等學校黨委第一書記的任命，接着創下毫不留情地整肅錢偉長、黃萬里、袁永熙等真正有資格擔任清華校長的優良人才之赫然紀錄 ——這已是另外的故事了。[40]

接着看張世龍回憶，看看為把這場戰鬥打得起伏跌宕，「進步教授」怎麼被他們玩弄於股掌之中：

> 為了形成「對比」，組織全校師生大會聽取某些教授的典型「自我思想檢查」。先有著名民主教授雷潔瓊(民進中委)、翁獨健教授，以及1949年由英國回國的侯仁之教授作「檢查」。這些發言事先都由工作組幫助，主要是王志誠同志和我直接與他們談話。我們並與學生幹部聯繫，讓他們在大會期間組織學生向大會主持人傳遞「表揚」、「滿意」的紙條，由主持會者宣讀。在一片掌聲中結束大會。

這類串演，雷潔瓊們知道麼？知道而心甘情願為之，是出於對黨的忠誠，抑或恐懼？他們有沒有想過，也許日後某一天，當專權者的罪孽受到清算時，他們算是「受了蒙蔽」，還是「參與共謀」？如果學歷如雷潔瓊、趙承信這樣的法學家都被蒙蔽了，師範生毛澤東欺矇智者的手段，也太不可思議了吧？

但對陸校長和張東蓀教授卻完全是另一景象。事先由王志誠和我分別向學生幹部報告「批判」他們的要點，其實是組織學生（主要是黨、團員）向大會主持人傳遞「不滿意」、「不通過」的紙條，以及對某些問題的「質問」。最後「轟」下台來不予「通過」，掛了起來。

主持者張大中已於2007年安然故去，位至北京人大常委副主任。他的回憶遠不如張世龍誠實，但也披露了一些實情：

> 當時很多燕京人說我：「大中，燕京也是你上學的地方，你怎麼不理解這些人？」這些人過去都做過我的老師，老師們的為人我都是知道的，但是在政治上怎麼樣，我心裏也沒有底。[41]

什麼叫「政治上」？是不是上面說的「對黨的熱愛與忠誠」？但作為非黨的共和國公民，憑什麼要對一個黨輸誠——只為它握有生殺予奪大權？

1952年2月8日，張東蓀受命「作第一次自我批判」，是在小文學院（即歷史、哲學、國文、心理四系）師生大會。這時候，他還什麼都不知道。在他眼裏，張大中、張世龍這些青年，不過是如今多擔負些行政責任的老燕京學生。政治潮流如此，他們，包括他自己都不得不跟着走。張教授就三方面作出自己的檢討：一是哲學系沒有辦好（有做客思想）；第二是對校務不太關心（開會不到；對「罵人團」讓他們鬧，想看他們自己翻船。對此他上綱為「卑鄙下流」）；接着，用剛學的新名詞，給自己定位為「文人型的小資產階級」（急公好義、好打不平）；屬於「改良主義者」（沒來燕京前，就已經受到了資產階級學說的影響）；是贊成多元論的「唯心主義的俘虜」，雖然「喜歡馬克思，但反對辯證法」。據《新燕京》報道：

> 張東蓀在這次大會上所做第一次檢討，「處處誇耀自己，儼然『老馬列主義者』、『老革命』自居。張東蓀用了大部分時間敍述他與中共領導同志的來往，辛亥革命以來就『革命』，始終站在革命

一邊。在蘇聯大革命前，日本留學時代就接觸了馬克思主義，而且早就『部分的接受了馬克思主義』。檢討中對自己的嚴重錯誤隻字不提，只空洞地再三說自己是『文人型的小資產階級』。說到自己與美帝國主義的關係，張東蓀說：『我同司徒從無關係，我與外國人不來往，不穿外國衣服，不吃外國飯……』」

師生們當然按照佈置「揭穿這個檢討的欺騙性」。許多先生指出，他並不是「老馬克思主義者」，不過研究者而已。對該主義，張非但沒有接受，而且反對過。掌握着火候的領導還是很沉得住氣：讓他充分表演，且聽他的「自我批判」——為什麼如此，我們將在下邊說到。

約兩週後，2月20日，終於到了張世龍說的「組織火力、大加鞭笞，總不滿意，多方刁難」時候。小文學院「揭穿（他檢討的）欺騙性」，勸他「洗澡」。賈淑英、翦伯贊、雷潔瓊上場。[42] 吳偉東（學生）拿出《觀察》文章批他「親美反共」。三個學生上陣，吳小美發言「揭穿」他；林振民專批「第三種力量」；陳驊駁斥他「反馬克思主義」的言論；徐德楙說他與「艾奇遜遙遙相對、東西呼應」；陳琰斥責「堅持反動立場，說效忠毛主席完全是虛偽的」；王元敬乾脆點出他「不擁護政府」。最後勞動系助教沈康南和學生會主席伍愉凝總結發言，「揭穿投機政客張東蓀的反動本質」、「站穩人民立場，堅決向反動思想作鬥爭」。

你們今天還在嗎，吳偉東、吳小美、林振民、王元敬……？當時情景和自己的發言，都還記得麼？待到後來一個接一個的運動再掀起，特別是文革時候，你們有沒有受過同樣磨難，或者從此就成了光榮的黨玩運動的骨幹？

有了黨中央「批倒、批臭」原則，燕京師生不可能不認為他「檢討不老實」、「對群眾的批評置之不顧」。接着，在2月20日和26日，又讓他在同一場合做第二次、第三次檢討（談自己一生幾大段經歷，兼扣帽子式的批判分析）。據《新燕京》所刊載的他的檢討文（估計是速記整理稿），似乎到這時候，對這回運動之所向，也就是黨中央為什

麼單單挑上他，還沒有一點察覺。這位《思想與社會》、《理性與民主》的作者，不得不結合「三反」主題，依照當時時髦，搜腸刮肚地「聯繫自己」——但顯然準備得不嚴謹（可能根本沒有底稿），新學到的詞兒用得彆彆扭扭，還說着說着就跑題——估計有時候唸他手裏的稿子，有時候忍不住離開稿子盡性說起來：

　　　　結合「三反」運動，主要是反貪污、反浪費、反官僚主義。奸商送禮、請客都沒請我。但是不是沒有貪污行為呢？正像沒有經過考試不能說及格一樣。從階級觀點看，我六十七歲，階級決定很久了。因為我是文人型的小資產階級，浪漫、隨便、空想，不要錢的人。實際也沒有。燕京有一種養老金，最高的有美金八十元。我二十年沒拿過，以前也不在乎，今天才說。只有管錢才貪污。但不對薪金很謹慎，對公家的錢也（不）很謹慎。哲學系是有浪費的，多買了幾本書。今天我老老實實，實事求是，主觀上不認識不能混淆大家視聽。我可怨的是官僚主義，主觀客觀上都知道。官僚主義有多種，有一種架子嚇人，如引得研究所的職員聽到轟崇岐的皮鞋聲就駭怕。我所犯的是文人型的官僚主義，不管事，你們愛如何就如何，一個月不到一次哲學系，到了三分鐘坐不住，在我看是沒有事嘛！可是也要不得。假如都是這樣，新社會都建設不起來。因此我要改造。認錯必須改。我最恨認錯不改的。表面上承認，肚子裏不認錯。我是自己懇切向大家說，願切實改造。但一切都改了是騙人的話，改正要有步驟。第一，學問上充實自己，這一點還要向哲學系的同學說；第二，辦事方面抓重點，以開會為例，我是中央人民政府委員，委員會從未缺席，其他會缺席多，以後要抓着重點，有些事就不做。政府初成立，每件事（都）要做，結果每件事要做也做不好。另外，慚愧的是，我對三反運動不夠重視，而且有實例，只有哲學系檢查重視，學校發動就發動吧！我注意在民主同盟裏面有貪污分子，我不但不檢舉他，還要拜訪他一次。我犯了小資產階級溫情主義。今天我還有一句話，希望大家幫助我，我感激，但咱後天要到城裏檢舉貪污分子來贖我的

罪，同時對溫情主義加以打擊，咱後天的會不參加了。我所說
的都是自覺，但不限於自覺。老話「醫不治醫」，可能還有病。
如果大家善意替我治病，是非常感激的。我垂暮之年，而能今
天看見新社會，背後說話的人當面說，這真是歷史上沒有的，是
毛主席領導之功，只有毛主席來到才有此日。如果大家罵得我
體無完膚，我也甘心，因為這是整個社會的事。

　　……今天我們有了新自由。記得毛主席對我說過「我們是有
自由的，你是有自由的」。那時我覺得毛主席太客氣了，沒有指
出我的錯誤。……在「三反」中才感到真正的自由。

張東蓀這兩回的表現，據《新燕京》：

……仍然誇示他和中國共產黨早就發生了聯繫，往來都是高級
幹部，自己是「熱烈地同情革命」，曾經「幫助過革命」。對自己
和美帝、日偽的關係雖然承認了，但只說一些表面事實，不作深
刻檢討。張東蓀對他以前散佈毒素的反馬克思主義的書籍，不
作批判，只說（有毒素就）「請圖書館收起來」。……

共產黨眼裏的檢討不能是這樣的吧？看看別人，別的「可挽救
者」——人家還沒有「被黨中央列入『不予通過』名單」呢：

當時馮友蘭在清華文學院範圍內做思想檢查，幾次下來，群眾
「反映很好」，領導認為「問題嚴重」、「不老實交代」。一天，金
岳霖去看他，安慰鼓勵之後突然很激動地對馮先生說：「芝生，
你問題嚴重啊！你一定要好好檢查，才能得到群眾的諒解。」馮
接著說：「我問題嚴重，問題嚴重……」這時金先生上前幾步，
抱住馮先生，兩顆白髮蒼蒼的老人的頭緊緊地偎依在一起，眼淚
和鼻涕齊下。下午，馮繼續檢查，文學院全體參加，燕京大學
有些教師也來「取經」。馮先生剛開始說話，就泣不成聲。以後
約兩個小時的檢查都是在極其沉痛的情緒下做出的。這次檢
查，獲得全場多次熱烈的掌聲。[43]

做戲麼？通觀馮、金二人一生的為學與為人，應該不是。只能
說，能製造出如此場面的共產黨，實在太厲害了。

張東蓀這幾次不像樣子的檢討立即由《三反》快報公佈了。結果
當然是「引起全校師生極大的不滿，紛紛寫信給《三反》快報，揭發張
東蓀一貫反馬列主義、親美反蘇反共的言論行為，並一致要求張東蓀
在全校大會上做檢討」。

但老在小文學院容易疲沓。《三反》快報將他的檢討公佈出來，
「全校師生展開廣泛熱烈的討論。許多先生同學組織起來，分別拜訪
和張東蓀熟悉的人士，搜集張東蓀一貫的言行材料，對張東蓀思想進
行全面的討論分析，並不斷寫信給《三反》快報揭發事實，表示自己
的意見。」[44] 工作組遂以挾了三反五反之威的「節約檢查委員會」之名
義，舉行全校師生員工批評張東蓀大會 (2月29日)。這回是算總
賬 ── 大會長達五個小時，共有二十五人發言。

根據工作組「事先向學生幹部交待的要點」，這次會上，要重點
清算歷史。這時，進步教授們已經洗淨了自己，躍過龍門，站到了
人民一邊，從運動的對象轉變為運動的動力了。

登台做重磅發言的有勞動系助教沈康白，題目是「揭穿投機政客
張東蓀的反動本質」，第一，張東蓀和民主黨及國民黨的關係；第
二，抗戰時張東蓀和漢奸的關係，「例舉」了他「訪問到的三件事實」：
通過許寶騤拿王克敏的錢；意圖請大漢奸殷同來 (殷汝耕字亦農？同
一個人？──著者) 投資以插足燕京；汪精衛的八百元津貼。第三，
和美帝大特務司徒雷登的關係；第四，舊政協時候的政治路線。特
別提到「民盟三中全會決議堅決跟着共產黨走」的時刻，「張東蓀卻寫
了一封信給香港民主同盟的負責人說，民盟的調子唱得太高了。」在
第五裏邊，揭發當抗美援朝轟轟烈烈開展的時候，「民盟選張東蓀做
捐獻委員會委員，他卻堅決拒絕。」

另一發重炮是學生會主席伍愉凝的「站穩人民立場，堅決向反動
思想鬥爭」，說他對運動採取抗拒態度，三次檢討一次不如一次，不
坦白、不老實、企圖欺騙群眾，甚至在檢討中說怪話罵人。還有一

位名「工力」的發言人,主要從他的著作中讓大家看清「張東蓀先生是中共怎樣的一個朋友」。

新聞系主任蔣蔭恩在〈張東蓀要徹底反省再作檢討〉中,主要揭他與「和美將特務有關、被開除盟籍」的張申府、「在台灣作蔣介石幫兇」的張君勱等人的關係。化學系同學陳驊則是從理論上批判他的長文〈駁斥張東蓀反馬克思主義的言論〉。

教務長翁獨健是燕京台柱洪煨蓮高足,學問人品,在校有口皆碑。由他開炮,威力不問而知。但不知是工作組沒交待清楚,還是這大才子陽奉陰違,總之:

> 這個哈佛畢業的大蒙古史專家的發言,太令官方失望。總共不到二百字,講了不足五分鐘,只是希望張東蓀「真誠向人民低頭認罪」。[45]

但發表在《新燕京·第二期》的將近五百字的〈張東蓀應該檢討親日賣國罪行〉,翁則從史學家的角度,要張講清國社黨是否為「和平反共」而拿汪精衛津貼「聯銀券每月八百元」。在發表的文字裏,翁獨健特別給出此說所依之證據:「國社黨文件(魏際青從南京寄給羅展青等等信和梁秋水的報告書)」。他也提到張的「『出獄保人』漢奸市長劉玉書」,其實是國社黨「賣國提案」的連署人,似乎不僅僅「保人」、「監視」關係。

《新燕京》這期還發了一篇沒有署名的〈從「賣國提案」看張東蓀的醜惡面目〉(附提案全文)。與之配合的,是在「讀者來信」欄目刊登的〈我要再揭發一件張東蓀醜惡的事件〉:「我要告訴大家一件事實,可以幫助大家認識張東蓀的真面目,知道他到底無恥到什麼地步。」投書者是「機械系同學王冀」,可作為「賣國提案」之由來的解說。原來王同學的父親,是曾與張東蓀同學、同事並同為國社黨同志的王謨教授,因做過八個月的敵偽教育總署督辦,勝利後被國民政府鎮壓。王冀同學的來信說,是王克敏叫張東蓀出來當,「張知道這事出面不得,但是又不加以拒絕,於是就推薦我父親出面做」,其實是被騙了。張家後人也記得這事:王謨有意出任,想讓國社黨擔當責任。

張東蓀、梁秋水等遂發出提案，明確誰要擔任什麼，是「個人參加不代表本黨」。

雖然上陣教授不少，林庚、洪謙、高名凱、張芝聯，若論份量之重，則非歷史系教授翦伯贊〈張東蓀一貫敵視馬克思主義〉莫屬。翦伯贊，這名後來被尊為「馬克思主義史學家，中國馬克思主義歷史科學的重要奠基人」的北伐戰士、共產黨員，曾在美國加州大學唸過一年多經濟學（1924年），回國後有感於革命失敗，開始「運用馬克思列寧主義研究中國社會的性質和中國歷史」，寫過一些戰鬥檄文和貽笑大方的史論文字（如《杜甫研究》）。以這樣的資歷得以出長燕大（其實就是北大）歷史系，不是因為他的學養、著述，而是他和當權者的關係，這在當時已經是公開的秘密。對此，機警如翦伯贊者，能不心知肚明麼？好，看不起是不是，那就讓你們看看。

他先代表歷史系，「認為張東蓀先生不僅是一個唯心論者，而且是一個反對馬列主義的唯心論者，……他自己的著作就是最好的證明。」接着就張著一一列舉。

在1931年《道德哲學》中，翦伯贊指出張「說資本主義不會滅亡，說共產主義不能實現，如實現則勞動者都會餓死。他說馬克思主義是迷信，是『不值一駁』的；又說『把馬列主義列為學說，乃是人類之奇恥，思想史上的大污點』」。

在1934年出版的《唯物辯證法論戰》和1946年出版的《思想與社會》，翦揭露張說「馬克思派的主張不是真理」；「馬克思派人們的這種企圖，不但是不成功，其結果只弄成既非科學又非哲學的東西，終謂四不像而已」；「馬克思主義雖自稱為科學的，然而在我看來，卻不是科學的」。

翦再引《理性與民主》，說張認為「無產者要推翻有產者的私有財產制度是不平等的、沒有道德的、不講理的」。他的結論是，張的理論與馬克思主義針鋒相對。

至於新政權的要害「無產階級專政」，翦揭發張認為「結果必變成少數人的專制，而絕不是無產階級專政」；「任何形式的專政都與民主原則背道而馳」。

對共產黨得以掌權的另一要害「武裝鬥爭」，翦説張在《民主主義與社會主義》中説，馬克思本人在海格的演説中認為工人取得政權可用和平手段。翦伯贊質問張東蓀：「毛主席認為中國人民如果要得到解放必須組織武裝革命。張先生只許反對派鎮壓人民，不許人民武裝革命，這是什麼意思？」

翦主任的發言，為張東蓀的「歷史問題」定下了「四反」基調 —— 反蘇、反共、反人民、反馬列主義。隨着這樣系統、有力的揭批，會場上不斷響起「徹底肅清反動親美思想！」、「馬克思列寧主義萬歲！」的口號。幸好當時革命群眾「氣炸了肺」、有恃無恐地跳上台揮拳頭之壯舉，還沒有引進大學校園。張東蓀靜靜地呆在他的座位上，看似沒什麼大觸動。不錯，這些他都説過，而且至今觀點不變。翦先生如果不同意，儘管撰文為馬列主義、無產階級專政正名，更況且，歷史將證明……。

工作組覺得火候已到，該把批判推向高潮了。一名揭發者[46]走上前，向與會群眾當場出示了一本大厚書：1934年版《唯物辯證法論戰》(張東蓀編輯)。在這本書的第一頁上，赫然印着五行編者親筆題辭：

> 如有人要我在共產主義與法西斯主義二者當中選擇其一，我就會覺得這無異於選擇槍斃與絞刑。

> 柯亨語 (見附錄) 東蓀書

與工作組的預計絲毫不爽，一顆重磅炸彈在會場上空開爆：全場譁然！廣大師生無不義憤填膺！

張東蓀依舊端坐在台上。1934，快二十年了啊！在編這本書的時候，他確實將英國政治理論家柯亨的一篇文字作為附錄。當然他絕不想就此作任何申辯。引用了，就是同意，就是鍾愛……。其實，在《唯物辯證法論戰》出版的1934年，他對共產主義的認識還停留在「美好理想，唯不敢深信」階段；羅素的《蘇聯訪問記》和奧維爾的《1984》那時候也還沒有出版。就是在批判大會的1952年，蘇共的

張東蓀親筆題詞堅決反共

這裏刊載了張東蓀先生的一個親筆題詞的版樣，這個題詞的全文是：「如有人要我在共產主義與法西斯主義二者中選擇，我就會覺得這無異于選擇槍斃與絞刑。柯亨語（見附錄）東蓀書。」

這個題詞是印在張東蓀先生所著一九三四年十月出版的「唯物辯證法論戰」的第一頁。在這本書的末尾張先生附印了柯亨的一篇文章，張東蓀先生就選擇了這篇文章的遭句話作爲書脊的題詞。張先生並在書的末尾說明爲什麼把柯亨的這篇文章作爲附錄，是因爲柯亨說的話正是張東蓀先生「胃所欲言」的。

由這個題詞，人們可以得出一個結論，張東蓀反共堅決到這種程度，就是視共產主義爲「槍斃」，「絞刑」罷。

就是「唯物辯證法論戰」及這個題詞出版於一九三四年，還一年正是工農紅軍在江西蘇區奧破蔣匪的二萬五千里長征，過雲山草地北上抗日進行的那一年。蔣匪一方面進行「軍事圍剿」，一方面張先生在白區進行「文化圍剿」，而「文化圍剿」極盡誣蔑之能事，也正是這主義的時候，請問張先生也表示：你那時是不是反攻……介石的不是認爲中共要被消滅，天長日久，蔣的一個決心。陷區的後抗日戰爭時期的，國社黨是在渝

主張「和平反共」的，到了解放戰爭時期，張東蓀先生又向美帝國主義搖尾獻策，要搞「溶共」的把戲，「消弭」共產黨還個「未來的隱患」，張東蓀堅決反共的立場是一貫的。張東蓀先生在解放後並沒有改變過他的反動立場，對工作，對革命運動都表示消極抗拒，幾次三番的不作老實坦白的「三反」運動，這樣叫「檢討」。

道是張先生在反動立場，堅決與人民爲敵，難道這樣叫「檢討」一貫的站在反動立場，堅決與人民爲敵，難道是張先生在反動立場中所說的「熱烈的同情革命」嗎？共產主義對於張先生是「槍斃」或「絞刑」，可是張先生在檢討中却說「效忠」毛主席。像張先生這樣一貫反動的人會「效忠」中國人民偉大領袖毛主席嗎？這個題詞充份揭穿了張東蓀的三次檢討的無恥欺騙。

如有人要我在共產主義與法西斯主義二者中選擇，我就會覺得這無異于選擇槍斃與絞刑。

柯亨語（見附註）東蓀書

《唯物辯證法論戰》(1934) 題辭手跡，《新燕京》在「張東蓀親筆題詞堅決反共」下刊載（第三版）

內部清肅、中共的鎮反、肅反和大饑荒,以及柬共的異己滅絕,有的沒有充分揭露,有的還沒有發生。但無論柯亨的述說,還是他的引用,都屬於思想和言論,而思想言論,無論其多麼荒誕不經,不僅談不到罪與非罪,甚至無所謂對錯。他可能相當後悔被「請」到這裏來「接受思想改造」。思想是能改造的麼,遑論以這種方式?更況且,《唯物辯證法論戰》是一本對戰鬥的、政治化的馬克思主義(左右兩派,托洛茨基派和斯大林派)加以揭露和批駁的結集,有他自己的文章,也有旁人的。他根本不認為辯證唯物主義屬於哲學,而是政治運動失敗後,馬克思「為堅其黨徒之迷信計,不得不擅作預言,謂資本制度將自行潰滅。而為證明此預言計,又不得不創有此種史觀」。其實論戰到後來,當他發現人家拿來作為鬥爭工具的馬列主義,和他力圖捍衛的純粹哲學並沒什麼關係,對這場論爭已經沒什麼興趣了:

> 我自信我近來有一個發見,就是我發見馬克思派所用的名詞都與我們相同,而其意義都與我們不同。……我們來駁他們,他們來罵我們,實在都是無的放矢,非常可笑。

3月6日,《新燕京》第二期(張東蓀專號)出版。共八版。軍管會登記證「新字第七八號 不准轉載」。專號也沒有說到這「十惡不赦的引語」被揭發出來之後,張東蓀的驚恐與懊悔。事實上,當天回到家裏,家人問起的時候,他只平靜地述說了原委,連這位接受贈書的友人是誰都沒提。至於這本書怎麼到了大會會場,也未見記者對持有者(揭發者)的採訪:覺悟有所提高?熬不住了?賣友求顯、求榮或者僅求自保?

專號頭版,以「中國民主同盟 燕京大學區分部全體盟員」的名義,要求「把張東蓀目前所擔任的一切盟內盟外職務(包括中央人民政府委員會委員職務)予以撤銷」。這一要求,得到了革命群眾聲援(在第三版「讀者來信」方式)。

不過兩三年呀。這些學生和同事,他們怎麼了?1996年,張東蓀的小女兒張宗燁告訴著者,1948、1949年,解放前夕,她正上高中──

那時候鬧學生運動，我們家天天開會。進步學生，燕京的、清華的⋯⋯，有時候用我們家地方他們自己開，有時候是爸爸跟着他們開，幾乎沒空過。前不久，燕京當時學生會主席、地下黨員陳樹普找到我，[47] 還來看了我一次，送我一本《無影子文集》，跟我説了半天，態度挺友好，就是特別正統。説起父親，「是好人啊，你也得理解，我們那個時候不敢來看他。」春節前他還打電話來，讓我給他寄一套書。他説他還是信奉共產主義的，但同時又信奉康德，所以叫康奉。

當時（1952年）怕我惹事，（父親挨鬥等）不讓我知道。所以解放後很長一段時間，我的思想總是轉不過來。因為當時那些進步學生若是不靠着進步教授、包括美國教授的話，都讓國民黨給宰了──他們都是藏在美國教授家裏呀。一位叫夏仁德，Dr. Celer，真的是就藏在他家，從他家化了裝一個一個逃走的。後來説這是文化侵略，都是特務，老天爺，嚇死我們了。現在當然又好了，把人家請回來了。可當時大會上誰要是説 Dr. Celer 幫助過進步學生，那可就完蛋了。

對燕京的另外兩個重點對象的轟擊，也取得了「決定性的勝利」。范興國寫道：

> 趙紫宸被迫在學生群眾大會上，自我否定燕大過去的校史，並對司徒雷登加以辱罵，斥司徒是美國的間諜，為一反共、反蘇、反華的反動派，為中國人民的死敵，並且是一粒裹着糖衣的毒藥，也是裹着棉花的一把刺刀，這就是所謂美國對華傳統友誼的象徵。他自稱是一年邁的老人，願意改造思想，學習前進，不願落後，雖不能如野馬奔馳，但能像駱駝一樣步步前進。這是趙紫宸在中共極權下的悲哀，他業已丟棄了他昔日最熱愛的基督世界主義的理想價值。
>
> 陸志韋更是一再的被中共洗腦，檢討過去的思想，不斷舉行會議，否定司徒雷登過去創校建校的價值，向北大、清華、南開等大學看齊，一如他們盲目檢討其過去的校長胡適、梅貽琦、張

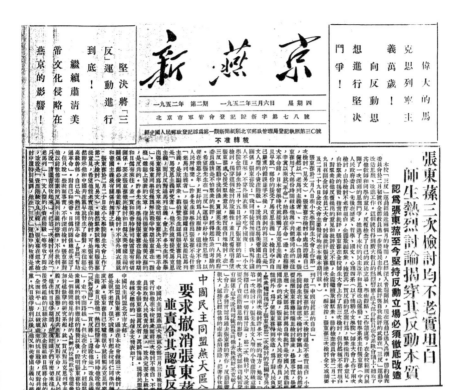

1952年3月《新燕京》第二期

伯苓等人的錯誤。最令陸志韋難堪的，是中共唆使他的親生女兒陸瑤華，幫助她的父親進行「思想改造」。一再的坦白悔過，還是無濟於事。最後還要陸瑤華出面控訴陸志韋的罪惡，說他是帝國主義的爪牙，一個對共黨無政治同情心的基督徒，毒害青年，為人民唾棄，長期潛伏親美意識，渴望美帝國主義重返北平，重溫燕大校長舊夢。[48]

如何處置張東蓀呢？大會之後，造聲勢的工作組交差，民盟接手組織處理——它此時已接到命令，由基層提出申請，召開中央常委擴大會議解決。我們今天已經能比較清楚地看出此中門道：對一些註定要刊諸史冊的糗事，有時候共產黨不願意沾手——既然有那些或嚇破了膽、或悟出玄機的民盟頭目們正一旁伺候着「為黨分憂」。

3月4日，中國民主同盟燕京大學分部全體盟員，報請北京市支部。市支部接到文件後，立即函給了中央章伯鈞秘書長。

沈鈞儒此時正式介入。從他對當時的回憶看，我們簡直如臨其境——盟裏出了大事，大佬們如熱鍋上之螞蟻：

> 昨天看到有封信給張主席，昨天下午我在政務院會上黃任老給我一個條子，這件事情是十分嚴重。(4月) 5號我 (沈) 和章到表老家，東蓀也去了，李徐兩部長也去了，一道談。李部長與張談，張表示深自悔悟，他說燕大發表的也有不是事實，如單獨見魏德邁。其餘是對的。李部長同意我的意見，要他回家請假反省。我說，張再作一次反省。李部長說，多反省一下是好的。張即退出。[49]

雖然在盟內分屬兩派，沈鈞儒這時候沒有落井下石。同樣摸不着頭腦的他勸東蓀「不妨不動，請假反省」，張接受了。

到了4月，毛出場。看過「猴戲」之後，他找到了下手點。4月21日，毛在北京市市長彭真的信上做了批示：張東蓀屬「個別的人」、「嚴重的敵對分子」，失去了接受幫助過關的資格。此批示下達後，4月22日，周炳琳教授在民主廣場舉行的全校大會上作思想總結和檢討，終獲通過。朱光潛也隨着過了關。

　　5月1日，馬寅初校長在《人民日報》上發表文章〈慶祝偉大的五一節〉。他在文章中寫道：「在運動中批判了違反共同綱領的封建、買辦、法西斯反動思想，全校空前大團結，一片新氣象。今年的五一節是北京大學前進道路上的一個重要里程碑。」

　　在「聖旨」中成了不宜幫助過關的「個別的人」，我們主人公的「假」不能無限期請下去。從6月到8月，新一輪的盟內鬥爭開始。從民盟的文件裏，我們讀到這一次次的「檢討」——所幸「自辱」高潮已過，我們的主人公做的，主要是「事實交待」——雖然讀着也難免令人心酸。

　　後來，張家後代翻檢遺物，發現了這一次次「檢討」的手稿——原來多出於子女之手。張宗燁這時候才想起來，當時還不到十九歲的她，雖然沒有像陸瑤華那樣在組織的軟硬兼施下，跳到台上劃清界限，但她和她的大哥（生物學家張宗炳）確實比父親「活絡」些，覺得不就是檢討麼，誰躲得過？況且，大家不都寫了麼？他們開始捉刀代筆替父書寫應時八股：

> 那時我在城裏唸高中，住大哥家（外交部街），一週回家一次（朗潤園）。我的印象是，一回家就讓我幫着抄檢查。父親很亂地寫在草稿上，改來改去。每過一段時間都要交一回。

張飴慈認得出父親與姑姑的筆跡：

> 手稿裏邊一部分是姑姑抄的，一部分是爹的（daddy 宗炳）的，也有他自己的，還有不認識是誰的。爹的告訴他怎麼寫。還有的是姑姑幫着寫，反過來爺爺抄的。他們那時候年輕，嫌他寫的不好，給他改兩句，即所謂「認識不上去幫着認識」。

　　雖然還有真心愛他的親人圍護在身邊，從精神生命而言，自由主義者東蓀已如行屍走肉，因為他背叛了自己的原則——「必須說自己的話，也只能說自己的話」[50]：

> 所謂說自己的話就是自己覺得非如此說不可。這是由於自己對於真理有切實感，因對於真理愈切實，則對於言論便愈尊嚴。

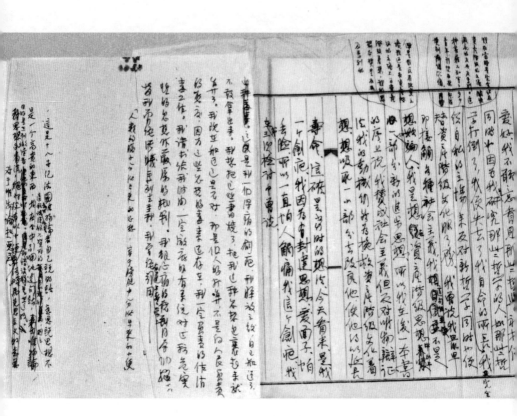

張東蓀的「檢討」手稿之一，以不同字體添加於文字中的段落，出於子女之手。
紙頭拼接，想來是由補充者所為

我在第三次檢討中曾說，我看到要使

國內共産主義和口民克的合作發生必係。必须
委中，我又進一步探到要發展資本主義我的經濟建設，中口沒有
資本，派有立美美妥协的方法。想到大利用美口借款，我就省挥我
這我借謊主張宗之紙之各三年。我這想不去借在什店地方呢？
我主張討起来，我首次甲乙克我是站在資产階級主場设法。
可是由半殖民地的中口資產階級是推的。因之必要會話入
席口主我忙抱。由借美帝力量来反得政况上平奪，并由借美
口資本来發展資本主義，站必形有美帝的殖民地。因之要失
去民族主場。解放後我之看到心们借谎，是我为的
因有国主義上我是不須賣去民張主場的。因为我对这心们施
一直不敢上就，也沒有公用的挖討。这次三反運動教育了我，很有公
用若汗。我傑將借谎，才發其正的把这招借谎总招挖出去！

對於招係！

張東蓀的「檢討」手稿之二，由長子張宗炳代筆

於是覺得污辱言論即等於自墮人格。所以讀書人之人格就看其
對於本人的言論自己有無尊嚴的保持。[51]

不過話説回來，和翁獨健、周炳琳比——這兩位的「態度」也都
不及格，只因為沒在毛那裏掛號，僥倖被放過了——張東蓀此時只
剩下半條命。但是，「那號」，是什麼時候、怎麼、又為什麼掛上的？

夏天到了，運動已近尾聲。

如果説運動之初，大家看在總理面子上，有節制、有尊嚴地勉力
投入，現在已是面目全非。以後世研究者的眼光，官方認為：

1952年秋，知識分子思想改造學習運動基本結束。經過這次學
習運動，廣大知識分子認真學習馬列主義基本理論，學習時事政
治和社會發展史，通過參觀或參加三大革命運動，思想政治覺悟
有了很大的提高，初步樹立了為人民服務的思想，基本上劃清了
敵我界線，《共同綱領》成為大家思想認識和行動的準則。[52]

這是新中國當局。「帝國主義」怎麼看呢？《劍橋中華人民共和國
史》是這樣寫道：

1951至1952年三個互相有關的運動（鎮反、三反五反和思想改
造——著者按），對到那時為止一直受到中共溫和對待、甚至優
遇的集團來説，是一個當頭棒喝。……雖然思想改造主要針對
被斷言是幫助「美國文化帝國主義」的高級知識分子，但更全面
的目的是削弱所有背離中共式馬列主義的思潮的影響。……這
三個運動的總的結果是使這些成分就範。[53]

就總體而言，説得不錯。但裏邊更深的機鋒，恐怕不是大洋那
邊的學者所能品得出來的了——或者説，在陰風嗖嗖的1952年，大
洋這邊的也一樣。

別的學校、機關都在「收」了，對東蓀先生，上邊究竟什麼意思？
民盟中央一直得不到個準話兒。問統戰部、問李維漢，全都不得
要領。

　　毛澤東究竟要幹什麼 —— 八十歲的張瀾不得不親自出場了。張宗燁記得那天，媽媽對她說，張瀾來過電話了，約媽媽在頤和園見面……。

註　釋

1.　轉引自沈志華：〈關於毛澤東與斯大林的會談：俄國檔案文獻〉，《國外當代中國研究動態》，1997 年第 1 期。

2.　院系調整以培養工業人才和師資為重點，組建專門學院。如北大法律系和清華政治系等組建了北京政法學院，清華石油系發展為北京石油學院，通訊專業匯總發展為郵電學院，冶金鋼鐵專業組建為鋼鐵學院……北京有名的八大學院，即從那時發展起來。

3.　清華大學新任校長蔣南翔（對畢業生講話）名言：今後要想上進，就兩條，一是聽話；二是出活。

4.　張東蓀：〈政治上的自由主義與文化上的自由主義〉，《觀察》，第 4 卷第 1 期，1948 年 2 月。

5.　宋志明：《熊十力評傳》（南昌：百花洲文藝出版社，1993）。1935 年，張東蓀在〈十年來之哲學界〉中說：「以我所見，熊十力的《新唯識論》不失為近來的一部奇書。書內所主張亦許為我們所不贊同，然而其為好學深思的結果，則不容否認。」

6.　張東蓀：《思想與社會》（上海：商務印書館，1946）。

7.　葉篤義：《雖九死其猶未悔》（北京：北京十月文藝出版社，1999），頁 82–83。另據何炳棣：《讀史閱世六十年》（桂林：廣西師範大學出版社，2005）。

8.　何炳棣：《讀史閱世六十年》（桂林：廣西師範大學出版社，2005）。

9.　楊奎松：〈新中國「鎮壓反革命」運動研究〉，《史學月刊》，2006 年第 1 期。張奚若曾密告其弟子羅應榮，「中國正式派兵保衛北朝鮮」之前，張曾特別請求？應與毛澤東做一長談，談話內容主要是：頁 179–180。

10.　青石：〈斯大林力主中國出兵援朝〉，《百年潮》，1997 年第 2 期。

11. 中共中央文獻研究室編：《周恩來年譜(1949–1976)》，上冊(北京：中央文獻出版社，1997)，頁87–88。

12. 「特別感到高興。因為他們覺得不但從此肅清了美帝對我的文化侵略，丟掉了『司徒雷登』這個大包袱，並且學校可以從此由中國人自辦了。」參見〈燕大師生一致擁護政務院決定〉，《人民日報》，1951年1月15日。

13. 錢理群：〈遺忘背後的歷史觀與倫理觀〉，《讀書》，1998年第8期。

14. 毛澤東：〈應當重視電影《武訓傳》的討論〉，載《毛澤東選集》，第五卷(北京：人民出版社，1977)，頁46–47。原載《人民日報》，1951年5月20日。

15. 毛澤東：〈在省市自治區黨委書記會議上的講話〉，《毛澤東選集》，第五卷，頁333。

16. 同註4。

17. 轉引自笑蜀：〈天馬的終結——知識分子思想改造運動說微〉，「香港中文大學中國研究服務中心」網站(http://www.usc.cuhk.edu.hk/wk_wzdetails.asp?id=141)。

18. 梁漱溟：《我的努力與反省》(桂林：灕江出版社，1987)。在李淵庭、閻秉華編《梁漱溟年譜》(桂林：廣西師範大學出版社，1991)，跋語末還有一句：「容當另寫一文發表，此稿只留存備查。」

19. 葉篤義：《雖九死其猶未悔》，頁83。

20. 《光明日報》，1951年6月26日。

21. 張東蓀：〈知識分子與文化的自由〉，《觀察》，第五卷第十一期，1948年11月。

22. 張東蓀：《思想與社會》。

23. 張東蓀：《檢討殘片》。

24. 同上註。

25. 運動開始後，馬寅初以口頭和書面形式，代表北大「有新思想」的教授，正式邀請中共中央領導人為北大教師學習會作報告：「敦請毛主席、劉副主席、周總理、朱總司令、董必老、陳雲主任、彭真市長、錢俊瑞副部長、陸定一副主任和胡喬木先生為教師。囑代函請先生轉達以上十位教師。」參見李揚：〈五十年代的院系調整與社會變遷——院系調整研究之一〉，《開放時代》，2004年第5期。

26. 《建國以來毛澤東文稿》，第二冊(北京：中央文獻出版社，1988)，頁448。

27. 同註17。

28. 同註21。

29. 《毛澤東選集》(北京：人民出版社，1977)，第五卷，頁66。

30. 參見張愛玲：《秧歌》(台北：皇冠出版社，1968)。

31. 同註4。

32. 余英時：《打天下的光棍——毛澤東一生的三部曲》，載《歷史人物與文化危機》(台北：東大圖書公司，1995，頁43–62)。

33. 章立凡：〈腐敗成因難探討——章乃器與梁漱溟往事之一〉，《二十一世紀》，2004年6月號。

34. 張大中 (1920–2008)，生於河北景縣。1938年加入中華民族解放先鋒隊，1941年考入燕京大學新聞系。入學不久即發生太平洋戰爭，隨後進入晉察冀地區進行地下黨活動。1946年重新返回燕京，領導燕京以及北京各高校的學生運動。後任共青團北京市委第一書記、中共北京市委常委、宣傳部長、秘書長、北京日報社社長、市委黨校校長，北京市人大常委會副主任。

35. 張世龍 (1927–2009)，燕京大學物理系1946級學生，在校時已是共產黨員。中國計算機事業的開創者之一。1958年，任北京大學計算器系教授，王選和許卓群曾是他的學生，設計研製了數字電子計算器「北京一號」(交付空軍使用) 和「紅旗」。只不知為什麼他在當時會擔任「中共黨總支專職委員及政治大課講員」。本書有關他的文字，均出自〈燕京大學「思想改造運動」紀實〉，載張世龍：《燕園絮語》(北京：華齡出版社，2005)。

36. 據當時在校學生阮明回憶，1951年秋季，彭真派了張大中、彭珮雲為正副組長的工作組，到燕京大學「蹲點」。彭珮雲是中共清華大學黨委書記，後來調到中共北京市委學校支部工作科，她的丈夫是彭真秘書王漢斌。工作組內一名來自教育部的徐宏九，注意到原來燕京校長辦公室秘書楊汝佶 (中共地下黨員)，一直經手燕京與美國之間的往來電報。經徐宏九開導，楊翻箱倒櫃，將他經手的從司徒雷登到陸志韋一大批電報找了出來。其內容除了燕京與美國托事部 (主管燕京財政、事務的機構) 之間一般事務和金錢往來之外，還有一些帶有中美之間的情報活動性質，涉及陸志韋和張東蓀向美方透露中共領導人對中美關係的一些內部談話。經彙報，燕京工作組迅速擴大到二十餘人，公安情報部門的幹部也

參加進來，根據彭真指示，燕京大學的「三反」運動，應同「清除親美、崇美、恐美反動思想」的鬥爭結合起來。一股反美巨濤洶湧而至，終將席捲燕京而去。引自阮銘：〈我的燕園歲月〉，《往事》，第 104 期。

37. 章立凡：〈解讀喬冠華晚年際遇的一封信〉，《文史博覽》，2007年第6期。

38. 張大中語，轉引自陳遠：〈燕京大學地下黨與工作隊負責人回憶與反思燕大「思想改造運動」〉，《新京報》，2005年6月9日。

39. 韋君宜：「直到1988年，我們又經過了無數冤苦，我才從蔣南翔臨終的遺稿上，知道他早在當年(就在經歷過執行錯誤政策之後)就提出了明確的反對意見。而且此意見劉少奇知道。但是這個反對搶救的意見送到了毛澤東手裏，結果卻是『留中不發』，並且給提意見者以批判，認為錯誤。」參見韋君宜：《思痛錄》(香港：天地圖書，2000)，頁24。

40. 錢偉長是反右運動受害人，但1979年獲得改正後，因告密「反右三十周年紀念會」(可能還有支持三峽工程)而獲重用，並光榮入住新街口外大街甲15號(部級待遇)。

41. 同註38。

42. 翦伯贊難道出場兩次？如果張世龍記憶無誤，這回定是稍稍示威，卻引而未發。

43. 周禮全：〈懷念金岳霖師〉，《人物》，1995年第6期。

44. 《新燕京》，第二期。

45. 章詒和：〈心坎裏別是一般疼痛——憶父親與翦伯贊的交往〉，載章立凡主編：《記憶——往事未付紅塵》(西安：陝西師範大學出版社，2004)。

46. 《新燕京》或當時工作隊辦的《燕京快報》的人。這份報紙的主編是彭珮雲，編輯伍愉凝。

47. 即康奉，五十年代後任職北京市科委。

48. 范興國：〈燕京大學與中美文化關係〉，《傳記文學》(台灣)，第35卷第6期，1979年12月。

49. 摘自沈鈞儒在民盟中央1952年批張會議上的發言。

50. 張東蓀：《思想與社會》，〈結論〉。

51. 同上註。

52. 參見「中共中央統一戰線工作部」網站 (http://www.zytzb.org.cn/zytzbwz/theory/lishi/lishi55.htm)。

53. 費正清等著，謝亮生等譯：《劍橋中華人民共和國史》，上卷 (北京：中國社會科學出版社，1990)，頁92。

二

落幕：如來佛手掌中

張夫人吳紹鴻神色不寧地從頤和園回來。張東蓀終於知道，「檢討」一次次通不過，原來「上頭」認為有一個「重大情節」他還沒有交代：王志奇，美國間諜王志奇，以及他與這個間諜的全部往來。

這是個什麼人呢？

王志奇，又名王正伯，估計是東北或京津一帶的人，大約出生在1910年間。半個世紀過去，關於他的出身、經歷、事業、社會交往，除了在「張東蓀案」中斷續出現，未見任何文字記載。

他是共產黨麼？

張東蓀與共產黨確有組織上的聯繫，開端於《八一宣言》之後的三十年代中期：他在北平與諸位教授一起，發起成立「北方救國會」，託前往延安的「解委」[1] 領導人彭澤湘向毛澤東致意，並收到了毛的親筆回信。

王志奇與此無關。

王的出現，是在太平洋戰爭之後。與他結識，確是出於共產黨員 —— 不過不是共產黨組織。

「七七事變」之後，中共華北局派了王伯高（又名王定南）和他直接聯繫；燕京大學的地下黨同時派學生姚克廣做張教授和司徒雷登之間的聯絡人。

所謂「聯絡」，當時還是小姑娘的張宗燁並不十分了解。在她的印象裏，「常有教授帶着學生到西郊郊遊，去時四、五人，回來二、

三個──革命去了。」1941年12月那次燕京兜捕，姚克廣也未能倖免。與他同坐憲兵隊牢房的，就有這個王志奇。他告訴姚克廣，自己是因為和瀋陽蘇聯領事關係不一般，才被日寇逮捕的。估計除此之外還說了一大通別的，比如有錢、有人脈、傾慕共產革命之類，這才有了出獄之後，姚克廣將這個「不凡之材」介紹給自己的老師、「進步教授」張東蓀之舉。姚當時對張教授說的是「可以與他合作」。

從這裏可看出王志奇好吹並且能吹的特性，也看出張教授對「進步學生」──特別如果還是共產黨員──的信賴。

不過這王某人確實是個人物。光復後，張東蓀與姚克廣決定在北平發起出版一張小型報紙《正報》，由許寶騤[2]出任主編。王志奇聞風而動，不僅慷慨解囊，還擔任副社長兼經理。張東蓀為這張報紙寫了〈發刊詞〉和〈一個提供大家參考的建國方案〉。葉篤義也拿起筆來寫社論，談到中共應該有受降的同等權利。不幸幾個月後因經費不繼而關張了──可見此報的出版，並非組織的意思。張隨後赴重慶參加政協會議。

這裏可以看出王志奇資財投向的不穩定性──不像有根基、重然諾的實業家，倒頗有些「說幹就幹，不成拉倒」的江湖人物特色。

政協會議之後，國內局勢不僅沒有緩和，反倒緊張起來。王現身北平，前往張府拜望東蓀教授。據他說，自己本來只和蘇聯方面有聯絡，現在經他妻弟的介紹，與美國也取得了「關係」。為什麼要這樣？他的解釋是「出於安全」──因為國民黨要捉他。

這樣的解釋，張東蓀居然相信了！面子如許了得的「妻弟」是什麼人，張教授竟然沒有深問。國民黨要捉的人，美國官方肯去保麼？就算想保，保得了麼？羅隆基給軟禁在虹橋醫院的時候，美國領館的人也只能送點藥、送點花，張東蓀這點判斷都沒有麼？

1948年，王再度登門，說自己仍覺得不安全，想逃到石家莊去，請張介紹中共方面的朋友。雖然張教授那時候正得到毛澤東非同尋常的倚重，畢竟這回守住底線，鄭重拒絕了他。後來，有傳言說，王志奇自己想辦法「逃」了過去了。估計就是這次，他於蘇、美之外（如果有的話），又搭上了中共的關係，比方說，答應做公安的

「朋友」——即那種不在編的非正式特工。他們的服務是「志願」的，只通過特別渠道與「組織」保持聯絡。「組織」則以其掌控的特權，在生意、出入境特許，以及權力所能觸及到的諸方面給以照顧。被延攬為「朋友」的，有的出於理想，有的出於實際利益，也有的是給「拿住小辮子」不得不幹。他們的身份也大異：有名聲赫赫的聞人，也有底層人渣。

據劉清揚回憶，王正伯（即王志奇）早在1946年調處執行部期間就以「天津商人」的身份結識了徐冰甚至葉劍英。這層關係，張東蓀似乎一無所知；在此後近乎十年間，上上下下的辦案人，也都絕口不提。[3]

再見到王志奇，已是1949年。他回到解放不久的北平，四處走動。沒過多久，有一個姓鮑的找到張家，說王突然被捕，託他懇請張教授和劉清揚設法保釋（可知除了張東蓀，他還混跡於別的文化名人之中）。張當時種種事務纏身，還沒來得及和劉清揚商量，王志奇已經放出來了——沒有解釋被抓的原因，估計是1949年7月軍委公安部成立之始的那次大動作。這是同時兼任北京市公安局長的羅瑞卿部長「率領公安隊伍在首都，並指導全國開展蕩滌舊社會一切污泥濁水」的那場鬥爭。正史對此的描述是：

> 在北京，他直接領導對全市反動黨團的登記工作，嚴密組織對警、憲、特等敵偽人員的查處。到1949年9月底，共清查登記敵特、反動黨團骨幹七千餘人，繳獲各類槍械近一百枝，基本上摧毀了國民黨潛伏在北平的反動力量。為中華人民共和國的成立，創造了良好的政治環境，受到了黨中央和毛澤東的稱讚。[4]

這就是說，1948、49年間，王志奇已在公安那裏兩次掛號。估計那時節，他還是個小人物：無關緊要的小「朋友」；大撒網裏邊的石頭瓦塊。「間諜」這樣的大罪名，那時節還沒按上。

行文到此，著者不得不引入一則刊佈於《北京公安史志》（1992年第3期）、長期以來一直沒有引起史學界特別注意的短文：〈張東蓀出賣情報案〉。[5]

該文作者朱振才供職於北京市公安局，屬於文壇與學術界為數甚微的佔據一定位置、有一定渠道、得以閱讀一般人不得接觸的公安檔案的研究人員。不僅研究，朱先生還有文章在本單位的網站發表、有專著在市面上發行。[6] 在這篇短文裏，作者明確提出「美國間諜王正伯」(即王志奇)：

> 1949年10月，有人向北京市公安局偵訊處舉報，說張東蓀有電台一部，正謀求和美國通報。
>
> 1950年9月，又發現張東蓀出賣情報的第二件線索，即張東蓀為付梓出版數十萬字的反動手稿給某人的一封信，信中對其反動觀點大加讚賞，並對美國大加吹捧。
>
> 這兩件線索反映了張東蓀與美國的關係可疑。偵訊處1949年初破獲美國間諜王正伯案時，王交代了張東蓀向美國原駐華大使司徒雷登出賣情報的情況，北京市公安局偵訊處又經過一年多的偵察，進一步證實了張東蓀出賣情報的事實。

第一段，讓人立刻聯想起曾任北京市副市長的崔月犁所撰那篇〈文革風雨磨練〉(回憶他坐牢秦城的經歷)。在這篇文字裏，1949年初受組織指派，與張東蓀有相當密切往來的「同仁醫院李大夫」(讀者諸君還記得本書一開頭即寫到的第二次談判出發伊始，「中共地工崔月犁到場，代表解放軍平津前線司令部，為兩名和平使者安排穿越火線的路線」吧)寫到1950年秋天的一個場面：

> 當時北京市委在德國使館。我當時任彭真同志的政治秘書，羅瑞卿兼北京公安局局長。有一次我們正在打枱球，羅瑞卿一拉我的胳膊：「老崔，張東蓀有個電台，他說是你讓他安的。」
>
> 「你去調查好了，調查是，就是我安的，調查不是，就不是我安的。」
>
> 我不知道張東蓀有電台，那跟美國人有關係。他一說是我給他安的，等於是共產黨讓他安的，為自己開脫罪責，可是卻把我牽扯進去了，我連知道都不知道。
>
> 他們把這件事提出來，又突擊審訊了兩次，六天六夜。[7]

1946年在香山公園一小石橋上的合照。照片中人包括張宗炳夫婦（後排左一、
左二）和兩個兒子張飴慈（六歲，前排左四）、張鶴慈（四歲，前排左二）；
張宗燧（後排中間的男士）；斜坐橋頭之男士是王志奇。另外兩個男孩推測是王
志奇之子。四名身著薄大衣的女士中，可能有王志奇夫人與張宗燧女友

　　這與朱文所說，應該是同一件事，雖然時間上差了一年。那麼，到底有沒有這部電台？屬於何人？是否正在某個案件裏起着作用？對此，無論是羅瑞卿、崔月犁還是撰文的朱振才，都言之不詳——張東蓀的電台只不明不白地存在於北京市公安局的檔案中。

　　其實，「電台」於張家，是一個老故事了。

　　如果1941年「姑父林嘉通」用來「通內地的無線電台」[8]不算，這裏說的或許就是老三張宗潁那台了。那是他的法國老闆1949年底離開北平的時候留下的——究竟做什麼用？誰都說不清。有人說不過一台普通收音機；有人說那東西沒人敢碰，一直埋在院子裏。一個篤定的事實是，在公安局前往查抄（羅瑞卿那次大兜捕?）當口，張宗潁家的女傭人居然懸樑自盡了——無論父母還是兄嫂都弄不清怎麼回事，只知道目睹這一場面的孩子（宗潁的兒子繼慈，時年七歲）精神受到極大創傷。

　　生於1920年的張家老三，聰明機敏，處置事情卻常常出於情緒而非冷靜的權衡。1937年剛入燕京大學，就差點跟進佔北平的日本人拼命。做父親的覺得太危險，遂託潘光旦把他帶到昆明去讀聯大，並在那裏被吳文藻看中，跟着研究社會學。去昆明的路上，張宗潁結識了一個小美人兒，不到二十歲就結婚了。後來這張家老三也曾考上留美獎學金，只因為已經有了家小，就沒有去。但維持一個家不容易，幸虧人機靈外語又「來得」，畢業後回北平找了四份工，包括法國通訊社、開灤煤礦等。當婆母的張夫人認為「全怪他的老婆，總嫌他掙錢少」。從此家裏立了規矩：第一只許學自然科學；第二不許早結婚。

　　1949年法國人離開時，將原住所後椅子胡同一號的房子包括其中不便搬動的設施和狗都留給了他。所謂「電台」、「法國情報機關」等等，1949年10月間，已在一定範圍傳開。也就是說，阿三這事，已然嚴重地、政治性地、並且不顧事實地安到父親頭上。比如與張東蓀關係最親密的葉篤義已經嚇得失態：

當年春天，報上登出在他兒子張宗穎天津的家裏搜出美國遺留下來的電台，我當着羅隆基的面問他知不知道這個事情的內幕。他堅決否認同這件事情有任何關係。我當時引用了一句美國人在法庭作證時常用到話追問他。我說：「你敢賭咒你說的句句是實話，並且除了實話之外沒有任何其他東西嗎？」他當時回答說：「我敢。」我叫他在報上或者在盟的會上公開表示一下態度。他拒絕了。他這樣說：「反正共產黨是知道我的。至於盟裏的人懷疑不懷疑由他們去好了。」事後羅隆基對我說，我當時逼張東蓀太過分了。[9]

從這則葉篤義晚年所述，我們已經看出其基本事實錯亂的程度，如登報，哪家？電台不是美國人的、張宗穎屆時也根本不在天津等。葉之不問情由向長輩發威，遍佈社會之風聲鶴唳、人人自危，已歷歷在目。張東蓀遂親自帶了兒子到公安部，直接見羅瑞卿。做父親的當天就回家了，張宗穎在那裏給留了一個星期。

沒有人知道這期間發生了什麼。後來，張宗穎給安置到天津，在文化用品採購站任文書，用英文寫一些出口產品說明等。每月工資區區幾十元，卻事事都要直接向市委一級的官員彙報。也有一說他被逼做了線人。但家裏人覺得這與他的精神狀態不合：線人怎麼會在採購站那種與重大社情不沾邊的地方工作？而且多年來一直那麼沉寂？六十年代初，陳毅向科學大會代表脫帽致歉，做學問的人鬆了一口氣。在北大任職的大哥（生物系教授張宗炳），曾動念把三弟調到北大英語系當講師，最後沒辦成。妹妹張宗燁還記得當年的情景：三哥那時不過三十多歲，從此換了個人，不常來北京，跟家裏幾乎斷了來往——與作為國家貴賓歸來的二哥無法相比。

現在回過頭來看朱文。在分析該文第二段之前，先對已知細節作一撮述：

1949年初，公安部門捉到過一個在北平四處走動、到過石家莊、自稱認識不少名人、跟蘇聯、美國有着特別關係的人。在他大量的交代裏，有一條後來被歸納為「張東蓀向司徒雷登出賣情報」。

這人雖然隨後就給放了，但他的案子看來沒有結案歸檔、束之高閣，而是又給翻檢出來，推動了「北京市公安局偵訊處」隨後「一年多的偵察」，結果「進一步證實了（王所供述的）張東蓀出賣情報的事實」。

為了什麼單把他給翻檢出來？在什麼時候？

讓我們看朱文的第三段：

1949年初破獲美國間諜王正伯案時，王交代了張東蓀向美國原駐華大使司徒雷登出賣情報的情況。

如此案情重大，犯人怎麼說放就放？更遑論已經有證據捏在公安部門手裏的出賣情報的罪犯（張東蓀），居然參加了新政協，並當選為中央人民政府委員？為此，著者傾向認為這裏的定性用語，屬於事後追加。這就是，1949年初，在王正伯（王志奇）的供詞裏邊，確實有他認識或拜望過的「張東蓀」、「司徒雷登」等「交代」，但「出賣情報」一節，如果不是審案者後來有目的放進去的，恐怕就是朱振才撰寫這篇短文時候自己的創作了。

到1949年10月，「電台舉報」線索出現。朱文明確標出的是，電台的主人「正謀求和美國通報」——如此重大罪行，本應立即逮捕才是，但公安局沒有動。是不是羅瑞卿見過了張氏父子之後，覺得電台一節，張家態度清楚坦承，也就放過了？讀者注意，張東蓀此時在羅眼裏，還是經毛主席挑選，擔任中央人民政府委員的「好人」——直到又一新的「出賣情報」線索出現，即文中所說：1950年9月，「張東蓀為付梓出版數十萬字的反動手稿給某人的一封信」。

這就是說，「王正伯／張東蓀出賣情報案」自1949年立案後，不結案、不實施逮捕，「電台」的事也放過，直等到1950年9月「第二件線索」（反動書稿）出現。難道一部書稿，就算「觀點反動，並對美國大加吹捧」，在公安人員眼中，比出賣情報罪還重？而張東蓀既然已經幹上出賣情報勾當，幹嗎要付梓出版反動書稿，張揚暴露自己？

讓我們接着細讀朱文，看作者如何給出他的分析，以及案件的後續進展：

張東蓀在民國時期曾供職南京政府內政部任秘書，後任北京政府元老院秘書長。1934年任燕京大學教授、主任等職，與當時擔任燕京大學校長的司徒雷登關係甚密。鑒於張東蓀為和平解放北平作了一些有益的工作，解放後被任命為中華人民共和國中央人民政府委員、政務院文教委員會委員等職。

但張東蓀從來不是共產黨的真正朋友，卻喜歡西方的所謂的「文明」，他屈從於司徒雷登的壓力，竟不顧人格國格，把抗美援朝中國出兵的具體日期和國家財經預算等國家核心機密，編成情報，派人送到香港，後轉交到司徒雷登手中。此案發生後，黨中央很重視，毛澤東主席、周恩來總理親自過問這起案件。

本來，張東蓀罪行嚴重，證據確鑿，完全可以依法逮捕，受到懲處，但是，黨中央、毛主席沒有這麼辦，而是採取了一種全新的辦法，即對其教育，通過這起案件不但教育張東蓀本人，而且也教育其他人。尤其知識界一些崇美思想嚴重的人。

精彩啊！

考慮到該文作者「自1970年代從部隊轉業到公安部門以來，一直從事黨史、公安史的徵集和研究工作，特別側重於對北京反間諜鬥爭史料的徵集和研究」，對於絕對看不到公安原始文件、卻特別想把事情弄個水落石出的我輩寫書人，怎麼能不將此文字斟句酌、認真考證呢？

先說在這一年半的時間裏（1949年初到1950年中），「情報」的買主（司徒雷登）與賣主（張東蓀）的身份處境。

按照朱文所說，在王犯交待出賣情報的1949年初，應是這名燕京大學教授從西柏坡回來，住在校園，偶爾也到城裏辦事、會友，包括多次與司徒雷登書信來往，並會見美國駐北平總領事柯樂博的那段時間。

那段日子，我們知道，正是黃華給派到南京，司徒和傅涇波也正急切地與學校各方人物聯繫，希望促成老校長返北平「過生日」，謀求與新政權的領導人見面的幾個月。對於包括張東蓀在內的燕京（及

民盟）一干人，與曾為舊友、上司，而眼下正在駐華大使任上的外交官的直接聯絡，無論決策中心西柏坡，還是處於外交與統戰前沿的周恩來，不僅清楚，還有意「倚重」，似乎沒有（也根本用不着）一個不通英文的王志奇廁身其間。

或許有讀者說，這都是大面上的活動，你怎麼知道私底下沒有情報買賣交易？好，就算有，賣什麼呢？

據朱文披露，是「把抗美援朝中國出兵的具體日期和國家財經預算等國家核心機密，編成情報，派人送到香港，後轉交到司徒雷登手中」。

我們現在已經知道，司徒大使1949年8月歸國之後，正逢美國國內麥卡錫運動猖獗，他處境艱難，領取賴以存活大使薪酬之局面幾不保。在對華關係上，早已不具任何影響力——這情形一直沒緩和過，直到他1962年去世。[10] 如果我們暫時不去計較處境已到如此地步的司徒前大使還要買情報，只說賣給他的「抗美援朝核心機密」：不知朱作家說的是金日成突破三八線（1950年6月），周恩來召開歷次會議（1950年7至8月），還是志願軍開過鴨綠江（1950年9月）。但這三個重大關頭，不僅張東蓀絕無消息來源，也都發生在將王逮捕（1949年初）乃至「經過一年多的偵察」之後——難道王志奇未卜先知，一年前就能交代出一年後才發生的「情報」並予以出賣？

著者在這裏特別提請讀者注意朱文（或者說公安局文件）下邊給出的這個十分重要的信息：

> 1950年9月，又發現張東蓀出賣情報的第二件線索（對美國大加吹捧的反動書稿）……這兩件線索反映了張東蓀與美國的關係可疑。

「數十萬字的反動手稿」，不知是張東蓀向出版社推薦的他人作品，還是就是他本人的。事實上，1949年至1950年，作為新政協籌備會議成員、中央人民政府和政務院文化教育委員，張東蓀不僅沒有時間撰寫數十萬字的書，對自己的作品能否出版，已完全不抱希望——只有兩篇發表在燕京校刊上關於佛學研究的舊作。估計這封「為付梓」而發出的關於「反動手稿」的信，寫於1948年或更早，只是

到了1950年秋，在中美已成交戰國那凜凜的大氣候下，[11] 持稿人膽戰心驚地或自己上交，或遭他人揭發。

雖說「反動觀點」與「出賣情報」沒什麼相干，然而，在1950年秋，當「張東蓀」三個字突然出現於新的揭發中，一定讓辦案人員興奮不已。「北京市公安局偵訊處」撿起舊案：王志奇的交待裏，書稿主人張東蓀直接聯着司徒雷登——這可是毛主席重點抨擊的敵人呀！崔月犂說的羅瑞卿突然問起他其實早就清楚的「張東蓀電台」，也正在這前後。

這裏有一個必要條件，就是「張東蓀」三字，在此時，即1949年秋到1950年秋，已經極不尋常地進入公安局的視野，否則不會有這樣的聯想——這我們在後邊要說到。

讓我們回過頭看看王志奇在這階段的行動。

沒等張東蓀、劉清揚等想辦法撈他，「美國間諜王正伯」不久又出獄了（估計此時是1949年夏），說決心從此專做買賣，隨後即在天津成立了一間進出口公司。

這是我們大家都很熟悉的經公安、安全部門招攬，而最終成為其「朋友」的常態：突然被捕、突然獲釋、突然之間有了錢，並且經當局安排，毫不費事地註冊了既賺錢，又便於和外界往來的公司。

張東蓀記得，1949年的一天，王從天津來，到張府拜望，說自己因為要作「特貨」，也就是禁運品進出口的買賣，又和美國發生了關係。他還告訴東蓀先生，自己常和公安局二處狄處長往來，而他的「特貨」，也是由經濟保衛局直接批准的。

「特貨」是一般人說做就做的嗎？他憑什麼拿到這種好處？但王也不是全在胡吹：「狄處長」狄飛是也；「公安局二處」指的是北京市人民政府公安局偵訊處（或預審處），當時的負責人正是馮基平、狄飛。至於「經濟保衛局」為了各種需要，特別是政治需要，為其「朋友」特批「特貨」，就算我們認為霍英東等人的發跡史過於遙遠，近年高瞻、陳文英等案件，都可引為此等手法的腳註。[12]

2008年12月，在姚錦的一本回憶她「六兄」的《姚依林百夕談》中，又有新故事披露。原來與前地下黨、當今幹部有着多線聯繫的王志奇，還介入過一件周恩來親手處置的事：

⋯⋯周恩來住進中南海，開始處理外事方面的許多工作。工商部找周恩來的事情很多，周總理直接向他們下達指示。

六兄記得當時遇到幾次有趣的外事活動：⋯⋯還有一次，由於我們對開灤礦務局實行軍管，停止了礦務局和英國的聯繫。英國人進行報復，切斷了香港和平津的電報聯繫。當時平津和香港的中英貿易、輪船往來均停止，我們希望很快恢復。這時有一個商人王正伯通過地下黨員、工商部秘書高炎找六兄商談，說是如我方恢復開灤礦務局和英國方面的聯繫，便可說通香港英方改善關係。當時開灤礦務局的英方人未走，我們承認英國企業，並無沒收之意。此事請示周總理同意，交涉成功。[13]

這就是說，王志奇那些日子來往的，並不止張東蓀、劉清揚等教授文人。但不知為什麼，與中共高層的直接往來，他並沒有告訴他們——但不會不向公安坦白。問題是，綜合案情（包括公佈張東蓀罪狀）的時候，此節為什麼不予以考量。

張東蓀記得，這以後，王跑北平的時間多了起來。1949年秋冬的一天，他對張東蓀說，美國已有佈置，決心打第三次大戰，麥克阿瑟總部已在那裏計劃。他還說，張過去的朋友包觀澄，還有孫連仲、張念清都去了。這件事，觸到張東蓀心上一直緊繃着的那根弦。據教授對二戰後局勢的分析，最怕的就是中國成為兩大陣營冷戰的犧牲品。但那時中國與社會主義陣營之外的世界已無交往，而準確分析局勢是要信息的。張教授於是告訴王志奇，如有重大的消息，請他一定前來告知。

後來，王志奇一次次與憂心忡忡的教授見面，大談形勢，似乎大戰的前景更為緊迫：美國正在加緊準備，半年後隨時可以發動。不知道王志奇有多麼大的游說本事，總之聽他一說，使得中美斷交之後對自己祖國既灰心又擔心的張東蓀，對這人愈來愈信任，乃至覺得或許在一定程度上——從聊勝於無的角度——可以倚重。

也就在這前後，張將他帶到民盟總部見了張瀾（葉篤義在座）。試問，賣情報的，會有如此作為？

當時，張東蓀對王志奇已信賴至此，居然和他商量：能不能把「一個意見」傳達給美國，即打起仗來千萬不要打中國。美國應該把蔣匪阻住，不要它進來，留着中國，且看將來。

那時候，王每次求見，張都答應。並一再問他，他的那個意見，究竟傳達過去沒有。王發誓都已經傳達了，但他不肯說傳達到了美國的哪家——國務院？還是別的機構。張東蓀居然也不深究。

只要讀過張教授的作品，沒有人會把這名苦學深思的哲學家歸到「弱智」一流。對他這時候明顯表現出的腦袋遭驢踢，只能說，通往外界的大門砰地關上，對那些將信息當作空氣、當作水一樣不可離之須臾的知識分子，如果不說給憋傻了，也真給逼急了。

接着，王志奇把話題轉到當時最為敏感，也是美國、中共和所謂民主人士正在較勁的「中間路線」，特別是「第三勢力」上。王主動問張，下一步會是個什麼局面呀？民主有沒有可能恢復？以及，比方說，民主人士裏，都有誰和他一樣想法呀？

真是句句打到張教授痛處。

張東蓀也真願意給他交底。他告訴王志奇，自己現在和他們很少談話，不過將來情形一變，共產黨是現實的，民主人士必有見重的地方。張接着拿出一個政協名單，把其中若干人用筆勾出。據當時負責整理資料，從而見過這張紙片的千家駒後來撰文說，「有雙圈」、「有單圈」，說將來可以找他們談合作。[14]

這時，已經是1950年深秋。當上了委員、部長的民主人士們，已經啞摸出什麼叫「寄人籬下」、「有職無權」，什麼叫戴着腳鐐跳舞；迫於大局的「自我批判」、「自我否定」，也已經進行了將近一年。公安部門對他們的監督摸底，按照我們已然知道的共產黨行事準則，一直沒有停止過。

有一次，他們談到國家建設發展，張告訴他：在國家預算的收入總數中，工商稅所佔不過百分之三十幾，你們商業還有前途（估計指的是王志奇與美國之間的商貿往來，但也可能指美國人直接到中國經商賺錢）。農業稅佔了百分之四十幾，可見國營企業還不行。對此，

王聽了以後還細問了兩次。張於是把收入總數與商、農兩筆收入轉成大略的小米斤數告訴了他。此外未提起其他項數字。

王志奇是不是在套他的話，教授一點都沒有察覺麼？也並不是。可惜，第一，他太希望王志奇傳達出去的「意見」和信息有可能打動對方（美國）了；第二，儘管這些數字來自他參加的一些政府會議，但依照正常民主國家的標準，張教授並不覺得屬於國家機密。

何雨文在《中共財政解剖》中提到：

> 關於財政洩密：國家預算和決算，由「中央人民政府」批准。本來民主制中的代議制，源出於限制徵稅。所以一般國家，把預、決算的權力放在民意機構。……薄一波的報告，公開了預、決算數字，但除了1953年還公佈了一個財政收支的數字外，此外就只有一、二個竭盡平衡或盈餘的百分比數字。此外我們就沒有見到公佈的決算。[15]

蕭濟容在《中共的財政收支》說：

> 必須着重指出，中共所公開發表的財政收入支出數字及百分比，絕非完全真確的。中共鐵幕深垂，普通小消息也動輒列為「國家機密」，絕不肯如民主國家一樣，坦然據實公佈，讓全國人民檢討。[16]

到本書出版的2008年，《中華人民共和國政府信息公開條例》（2007年4月公佈）正式實施。各級政府的財政預算、決算報告，作為「重點政府信息」，向公眾開放。

至於此時在王領口的兜、或者在他們談話的房子裏，有沒有公安特別放置的技術器材，則直到二十一世紀直接辦案人回憶錄發表，才有可能窺見一二。這我們到後邊還要具體說。

再回到王志奇的故事。

在這前後，張申府突然收到王志奇一封信，說他因為欠款被押在法院，必須於若干日交出款項，才能放出。張東蓀立即叫長子張宗

炳出面做保，王遂獲自由（北京市局在背後有沒有什麼動作？）。這時候，張東蓀已經有些不安，擔心王會以自己叫他轉達意見而要挾。

　　不久，王志奇前來致謝，還給張家送上四噸煤。剛剛獲釋，氣氛比較輕鬆，王說起他是天主教徒，雖然與輔仁並無關係，但還是希望輔仁大學保持私立，問張能不能從旁幫忙。當時張正打算從符定一之請，考慮掛名擔任輔仁大學的董事，並且即將到教育部討論此事。送王出門的時候，教授忽見這個自稱與輔仁沒關係的人，坐的卻是該大學的汽車。張警覺起來。天主教、美國政府、情治系統——這裏邊有太多他們這般文人無能力把握的東西。張東蓀找到潘光旦，兩人商定，輔仁的事情不能管了。

　　輔仁大學的去留是當時教育部接管中最敏感的一樁，幾乎到了中共所謂「敵我矛盾」邊緣。這，從1950年教育部部長馬敍倫給政務院的報告即可見一斑。馬敍倫的報告指出，天主教駐北京私立輔仁大學代表，將該校作為反動據點，6月策動反對我國教育政策事件；7月又提出五項要求，聲稱「不照辦將減少、停發經費」；到8月真的決定停發，並揚言將學校遷到菲律賓。9月，談判破裂，教育部建議對輔仁大學收回自辦。[17]

　　如果當時王志奇是奉公安局之命前來，看起來很像是打算再給張多加一個罪名——「勾結反動的天主教會」。

　　1950年秋天，中國政府決定出兵朝鮮。張從會上得知，各黨派將於11月3日發表宣言，支持政府抗美援朝。2日晚上，他主動約見王志奇，勸他趕快離開北京，因為中美即將成為交戰國，沒有了私下傳達信息、交流意見的可能。張鼓勵他繼續在政治方面（而非情報方面）努力，設法使美國不把中國看作敵人。王志奇一點不緊張，他對東蓀說，就在前幾個禮拜，他還曾派人到東北暗中查探有沒有這一軍事行動呢。臨別時，王還對張東蓀說，他將邀張申府同走。

　　此後一段時間王果然沒有露面。一次，張夫人在東安市場遇到他家僕人，才知王家已經闔宅遷往香港。

　　這前後王志奇曾希望張替他找一個人，能在香港幫他翻譯文件。後來張將上海的朱高融——他當時正在求職，也想到香港看看——

介紹給他。後來朱到北京,對張説,與王在上海見面之後,他就去了香港。到任後王不給他待遇,只叫他翻譯情報。他説他不願作這種下流工作,並且斷定王是一個到處騙錢的流氓。他告訴東蓀先生,因無法在香港另謀生活,所以回來了——這時應是1950年底了。

沒想到的是,1951年春,王又出現在北京。他説剛從香港來,住在張申府家裏,接洽某種貨品出口——也是得到黨的特許。張東蓀鬆了一口氣,以為他又專做買賣了。沒想到幾句話後,就開始探詢張對朝鮮戰爭的看法。似乎是,他仍有關係把民主人士的意見轉達到正想結束這場戰爭的美國。張東蓀此時對他已經有所警惕,覺得這人可能根本就是個騙子,只敷衍幾句,即催他快走——這是他們最後一面。

這次,王志奇是不是沒有走成就再次落入公安之手,從此沒再出來?兩個張家(張東蓀、張申府)都再沒有得到消息。著者傾向認為,他這次特地從香港回來登門打問朝鮮戰爭,是帶有公安局的任務的。

這就是張東蓀「出賣情報案」全部「叛國罪行」了。[18]

本著者在這裏,就案情提出以下疑點:

「出賣」一節,全部通過「美國間諜」王志奇。王志奇做間諜,除了他自己的口供,辦案人(當時的北京市公安局和北京市負責人彭真,以及1978、1985年進行複審的人員)有沒有掌握可以出具的證據,證明他已列入美方情報三大系統(國務院、國防部和中央情報局)中任何一個部門之名冊上——哪怕其下屬或分支機構?

如果美方名冊因拼寫等技術原因有可能出現紕漏,從這三大機構已然解密的報告,包括美國、中國的專家對此段歷史的研究中,有沒有哪一條、哪一款,可以證明「張東蓀情報」已經經由王志奇做了轉交?

説張東蓀「出賣」,辦案人能否出具賣方獲得利益的證據?如果為不留痕跡而沒有保留證據,辦案人能否出示賣者當時窘迫經濟狀況的分析,以給出「出賣行為」事出有因的旁證?

細究張東蓀對王志奇所説的「打起仗來千萬不要打中國」、「民主人士裏誰、誰、誰將來必有見重的地方」、「國家預算收入和商、農所

張東蓀和家人六十年代初期攝於大成坊。後排左起：二子張宗燧、女婿余友文、女兒張宗燁、長媳劉拙如、三子張宗潁、二媳包坤鐸、三媳呂乃樸、長子張宗炳；中排左起：夫人吳紹鴻、張東蓀；前排左起：張鶴慈、張繼慈、張飴慈、張凱慈、張佑慈

佔比例」，以及張得知「各黨派將於11月3日發宣言，支持抗美援朝」
從而勸這個與交戰國有聯繫的朋友趕快離開北京，究竟哪一條超出了
文人議政、親朋間交流時局信息的範圍而屬於叛國？況且到了此時，
美軍已經越過三八線，佔領了平壤；志願軍已經過江，第一次戰役已
經打過，還有什麼情報可出賣？

而所有這些，終生為國運焦心的張東蓀從來沒有打算隱瞞。與
此相反，他最擔心的反倒是自己的意見或不能發表，或為決策者所忽
視。不僅對自稱有能力「傳達意見」的王志奇，在新政權建立的前後
幾年，他對公眾、對共產黨、對同儕（如羅隆基、梁漱溟）、對美國
外交官（領事柯樂博），差不多說了同樣的話。[19]

這些觀點與活動，包括他與美國駐華大使及駐北平總領事的交
往，共產黨（統戰部）知道得一清二楚——無論在挑選北平和平解放
「解紐人」的時候、在帶人到西柏坡面見毛主席的時候、在為政協挑
選民盟正式代表，以及最後鄭重確定中央政府的委員的時候。怎麼
到了1950年收到一封關於書稿的「反動信」，就決定立案偵查？更
為令人不解的是，這封至關重要的「反動信」，在1952年大會小會逼
他交待，以至最後民盟中央形成「處理文件」的時候，竟然都忘了提。

事實上，在1949年夏天和深秋，張東蓀等人與尚未從北平撤離
的美國總領館，一直有處於當局掌控下的、無須隱瞞的接觸。僅引
當時美國駐北平總領事柯樂博報告：

> 7月17日，柯受邀請到張宗炳（Joseph，民盟成員）家。在座
> 的有張東蓀、羅隆基、周鯨文。談了很多，很直率（對毛澤東和
> 中共的認識；對馬歇爾使命的評價；對中美未來關係的考慮）。
> 柯樂博認為此次會面毛澤東是事先知情的，並立即向華府報告。
> 　　司徒離南京返美遇到一些手續上的麻煩。柯樂博在此聚會
> 上要求張向當局轉達。7月18日再向宗炳送備忘錄，宗炳說其父
> 會轉達——柯就此向國務卿報告。
> 　　7月29日，司徒致電國務院：「今晨上海總領館被一些前海
> 軍僱員所闖入，⋯⋯我建議你盡快與張宗炳或他的父親聯繫，
> 請求他將此肆無忌憚之事態向周或毛報告。」

　　11月23日和張東蓀進行交談過程中，張表達了對最近政治局勢的嚴重關注。我說看來目前經濟問題可能更為迫切，張同意近來經濟形勢之嚴重性，但回到政治方面時，他表示恐怕國際政治問題在某種情況下，會對中國的領導人構成沉重的國內問題。……他說最重要之問題是中國究竟是自己解決問題和處理事務，抑或僅僅聽從外面的指揮。

　　12月1日與張東蓀見面，他說他在11月30日的會議上見到周恩來。周告知已收到函件（瀋陽領館），但沒有提及瀋陽事件。張仍未收到對該函件的回覆。張對瀋陽事件感興趣，認為問題的解決會有進展。

　　1月23日和張東蓀見面時，他說原計劃之函件，已於「數天之前」送交周恩來。張沒有給我函件之文本。我告訴張目前（美國）對瀋陽之譴責以及表達我對他給與的幫助的讚賞。[20]

　　這些最高當局／統戰部／公安機關一定清楚知道的事，在猛烈批判張東蓀的時候（大學和民盟），也沒有人提。

　　最後，也是最有意思的：這樣一個重大的叛國案，竟是「根據他自己已經供認的材料」而「撮述」的。至於結案——大造聲勢的批判之後，是由民盟（而非法院或檢察院）的審查小組進行「審查」（而非專職人員通過法定程序）最後定奪。[21] 為公民量刑定罪的公、檢、法機關，居然自始至終沒露面——雖然審查小組中有一位現職司法部長。

　　審查小組第一成員章伯鈞一直隨着黨中央的部署行事，直到當了右派之後，才說出自己的真實想法：

這個事情一定非常複雜。我看民盟中央沒有一個人知道真相。

第二成員羅隆基為此而叫屈：「不知道真相，可一直受他牽連」，

都說我和張東蓀是一個小集團的人，可是，他的叛國案子出來，連我都嚇了一跳。49年的他，還在游說傅作義放下武器，讓共產黨兵不血刃佔領紫禁城。到了50年底，他就樂意讓美國人收拾毛澤東？這從邏輯上就講不通嘛！他和我都不希望中共外交倒

向蘇聯、去做斯大林的附庸。但我決不相信張東蓀為了這樣一個政治見解，就甘願充當什麼特務或間諜，儘管他和美國領事有些往來。我和他在一起經常議論國事，比如第三次世界大戰，抗美援朝。看法有時一致，有時也不一致。難道這就是集團性質的秘密活動？什麼叫共和國的公民？毛公知道不知道？[22]

對於「共和國的公民」，自詡為「馬克思加秦始皇」的毛公或許不屑於理論，但張東蓀「這個事情」，顯然沒人比他更清楚了。為講清他怎麼知道，先要説説背景。

從上邊的講述，我們已經清楚王志奇闔家遷到香港後，又於1951年春末在北京露了個面（住在張申府家[23]）──做生意的同時，繼續打探政壇大事。這時候，如果按照朱文，張東蓀的「間諜」罪名，經「一年多的偵察」（即1950年9月至1951年秋冬），已經得到「證實」。

從這時候到1952年2月的燕京大學批鬥三巨頭大會，大約有三四個月的時間。由工作組張世龍的回憶文章，我們知道，在那時候，「黨中央」已經通過北京市委和蔣南翔，向他們處於一線的共產黨員「通氣、透底」：

> 但真正的「新賬」，也就是真正批他的根據，卻是「向美帝國主義提供情報」。傳達他曾拜訪了還滯留在天津的美國駐津領事，向美方介紹了中央政府剛通過的國家預算案和外交政策的討論和抗美援朝的情報（因為張的英文口語不佳，故攜其子為譯員，後來又聽到不同版本的説法，這裏只記當時傳達，是否真情則不得而知）。但此事嚴格保密，不談出賣國家機密，只是組織學生「轟」了三次，「掛了起來」。[24]

也就是説，到這時候，「黨中央」已經定案，並做了批鬥部署，只是案情中要害的「叛國與出賣情報」，對一線革命群眾還須嚴格保密。

1952年4月，在懷着義憤的「民盟北京市支部、燕京大學區分部全體盟員」，奉命將檢討通不過的張東蓀上繳到民盟中央的時候，張

瀾、沈鈞儒、章伯鈞等還不知「底」在哪裏。李維漢和徐冰或許已經知道，但對他們（包括對張東蓀本人），還堅持打太極拳。到揉搓、要弄知識人的「思想改造運動」大獲全勝、運動接近尾聲、彭真正式向當道報告的時候，毛澤東才正式給出他的意見，就是那則有名的饒了周炳琳但不饒張東蓀的批示（1952年4月21日）。

2007年，當時公安部常務副部長徐子榮之秘書邢俊生回憶錄發表，終於將重重帷幕撥開一角。邢在回憶了毛對徐副部長做過第一次批示後，不無驕傲地談到又有的一次：

> 毛主席給徐子榮的第二次批示也是在二十世紀五十年代。在抓階級鬥爭的時期，由公安部某局負責偵控的一個政治案件，通過採用技術手段，查獲了被偵察對象的一些可疑活動。因為該對象是個社會名人，須及時向中央報告，又要注意保密。案件的進展情況公安部只報周總理和毛主席。上報材料不打印，由專人手抄一份，公安部常務副部長徐子榮簽名後，以絕密件報周總理辦公室。幾天後，原件退回，上面有毛主席親筆批示：「在如來佛手掌之中。」[25]

「只報周總理和毛主席」，正合朱振才文章〈張東蓀出賣情報案〉所說「黨中央很重視，毛澤東主席、周恩來總理親自過問這起案件」。作者邢俊生沒有提那位「社會名人」的名字。但如此鄭重其事，圈子也就相當小了。讀者或許記得張東蓀在檢討中所敍述的與王志奇一次次交往，特別是1951年春他從香港再回北京，頻頻探詢張對朝鮮戰爭看法那次，或許「技術手段」已然登台（王志奇揣個無線話筒之類）？眼下知道的，處於類似「社會名人」檔次，而確實給裝了竊聽器的，是黃炎培家。但黃之失寵於毛，要到1953年秋冬反對對農民實行糧食的統購統銷之後。更何況，在1950年10月立案以前，實不見任何值得毛、周如此鄭重對待的社會名人膽敢與當局鬥法。

1952年6月6日，第三次全國統戰工作會議在北京召開。一批處於前台，被黨派出去和資產階級「交朋友」的統戰幹部，在關於「民族

資產階級究竟是否仍舊屬於『中間階級』」這一要害問題上，接受了毛
澤東的「糾錯」──階級鬥爭升溫。或者説，敝履何用？當毅然棄之：

> 在打倒地主階級和官僚資產階級以後，中國內部的主要矛盾即是
> 工人階級與民族資產階級的矛盾，故不應再將民族資產階級稱為
> 中間階級。[26]

周恩來也指出：

> 當着我們反對三大敵人的時候，説民族資產階級跟小資產階級是
> 中間力量，那是恰當的，但是，現在不能再這樣説了。[27]

兩個月後，1952年8月，我們從上文已經知道，張東蓀在民盟
總部做了第四次檢查。對統戰部旨意不敢有絲毫暌違的盟領導，和
燕京鬥爭會時候的張世龍一樣，須繼續維持「通不過」。張瀾不得不
問個究竟了。他約上李維漢、徐冰，一同去見毛澤東。這回，毛説
的是：

> 這樣的人，壞分子張東蓀，我們不能坐在一起開會了。

張瀾做最後努力，説：

> 東蓀先生的問題，還是從緩處理為是。

李維漢代毛澤東講出要害：

> 我們不能和這樣的壞人合作。他出賣了國家情報。[28]

讀者注意，張東蓀這時候還沒有在民盟的會上作「供認」，而結
論已由李維漢給出。

想來張瀾大吃一驚之餘，一定又請李維漢做了具體説明。據張
家家人回憶，就在炎炎夏日，在怎麼檢討都通不過的時候，一天，接
到表老的電話，邀東蓀的夫人到頤和園一晤（本節開頭：「王志奇」三
字陡然登台）。張宗燁記得母親回來之後家中陰雲密佈的氣氛。父親
沒對家人説什麼，只開始準備新一輪的檢討。

　　張東蓀這時候已經相當清楚，批判等等都是面子上的事，不放過他的，就是毛本人。他想到了什麼——早年的學術論辯？西柏坡時候的「一面倒」？新政協籌備會議的缺席（執意不去東北）？抑或1949年9月30日的那次投票？但對別的人，包括親近的朋友和家人，他什麼都沒說。

　　據朱振才文，「是年11月，毛澤東主席在中央人民政府委員會上揭露了張東蓀的叛國罪行」。他所說，或許就是中央人民政府委員會第十九次會議（1952年11月14、15兩日）——除了朱振才，至今未在其他文件上看到毛在這次會議上做的這個「揭露」。

　　梁漱溟回憶，他本人「曾受張東蓀之託」，在張的第五次檢討「交代」了與王志奇往來之後，與毛有過的一次談話：

> 臨末，在承認張已經犯了叛國罪的前提下，（梁）說自己對張「既恨之，又憫之」，雖無意為之求情，亦願探悉主席將如何處理。毛回答說：「此事彭真來向我詳細報告了。彭真要捉起他來，我說不必，這種秀才文人造不了反。但從此我再不要見他，他再不能和我們一起開會了。想來他會要向我們作檢討的，且看他的檢討如何吧！」[29]

　　「秀才文人造反」——什麼意思？如果讀者僅把這幾個字定在洪秀才「揭竿起義」這類行止之上，對知微見著的偉大領袖就太低估了。梁漱溟那時候無論如何想不到，不過十個月之後，在毛的口中，他自己已經被作了如此歸類，還扯上了我們的主人公：

> 梁先生自稱是「有骨氣的人」，香港的反動報紙也說梁先生是大陸上「最有骨氣的人」，台灣的廣播也對你大捧。你究竟有沒有「骨氣」？如果你是一個有「骨氣」的人，那就把你的歷史，過去怎樣反共反人民，怎樣用筆桿子殺人，跟韓復榘、張東蓀、陳立夫、張群究竟是什麼關係，向大家交代交代嘛！他們都是你的密切朋友，我就沒有這麼多朋友。他們那樣高興你，罵我是「土匪」，稱你是先生！我就懷疑，你這個人是哪一黨哪一派！不僅我懷疑，還有許多人懷疑。[30]

這麼説，「秀才文人造反」，就是在這位「馬＋秦」面前絕不可有的「骨氣」？

張東蓀的檢討一直持續到12月底。民盟左右兩派連手組成審查小組，「審查」了張東蓀的叛國罪，作出最後結論——張被開除盟籍。審查組建議「提請政府依法辦理」——惜未見下文。帷幕重重的歷史，只為後世留下了始作俑者（毛澤東）的定案結語：

> 辭職，既往不咎，按人民內部矛盾處理，養起來。[31]

「辭職」如何執行？至今未見相應文件公佈。據家屬記憶，一次英國工黨代表團訪華，團長、前任首相艾德禮點名要見祖父。周恩來託人轉告，讓他稱病請假。從此就再沒有公開露過面。

從9月到12月，當年切磋學問、抗擊日寇、反對獨裁的老相識大家齊上陣，友情、自尊、容諒、揖讓……遙遠得像是另一個世界。張東蓀怎麼熬過的？1937年剛剛與共產黨連手時候所著之文字，有沒有時時縈繞耳邊：

> ……所以我説獨裁國家不是人格者的集團，乃是奴隸的集團。因為在這樣的國家中，只有獨裁的首腦是有獨立的人格，能自由發揮其意志，得運用自己的判斷，其餘一切人民只能奉令承旨，亦步亦趨，人云亦云而已。[32]

到最後，調整新中國知識分子「政治性格和生存狀態」的最後一顆重磅炸彈，由他們這批人曾經最心儀、最信賴，並且曾經共同戰鬥過的總理拋出。而在對「思想上的資產階級作戰」這個建政之後的重大戰役中，周某人是不能不給出自己明確的態度的。

1953年3月1日，在招待民革三中全會代表的時候，周恩來説起「民主黨派的工作」如何「同國家的中心任務相配合」。他特別提到「分清敵我」：

> 我們的敵人首先是美帝國主義，而帝國主義不是孤立的，是同國內的敵人有聯繫的。我們不應麻痹，要互相提醒，以先覺

覺後覺。……（此間插了些歷史上大家都曾麻痹上當的例子——著者按）公開的戰爭，志願軍在朝鮮打得很好；隱蔽的戰爭，要大家來打，不參加這個戰爭就不是愛國分子，不是革命黨員。

民盟出了個張東蓀，他在解放後還供給美國情報，這件事是不可饒恕的。任潮先生曾寫信給毛主席要求嚴辦，這是正氣。張東蓀在解放前與美、日、蔣、共四方面都有聯繫，有人說他是「押四寶」。

過去的事情以一九四九年為限，一九四九年以前的就不追究了，以後仍再搞這些活動就不可饒恕了。說毛主席厚道，共產黨寬大，這是對好人、對能改過自新的人而言的，如果對敵人寬大就是對人民的殘忍。張東蓀事件應引起嚴重注意。[33]

毛澤東大獲全勝。

周在這裏沒有提起民盟中央在《關於張東蓀叛國罪行的報告》裏鄭重放到第一位的「漢奸歷史」，而是強調「以1949年為限」。他當然要劃出這條「界限」。毛暫時同意他如此劃「限」，也是對他所持態度的獎賞。[34]

張東蓀與延安 (1935)、長江局 (1938)、北方局 (1935–1941)、十八集團軍總部 (1943)、南方局 (1945–1946)、調處執行部 (1946)、北平地下黨 (1931–1949)、老政協中共代表團 (1946)、中共中央統戰部 (1946–)、西柏坡中央局 (1948)、黨中央政務院 (1949–1950) 等等中共機構，直接聯絡、共同戰鬥凡十八年。一個受了十八年倚重與尊敬的人，突然間「叛國」、「出賣情報」、「打算造反」，說得過去麼？

但他必須是壞人。那麼，是個什麼樣的壞人呢？整整十八年，誰在這中間擔干係？

伴君如伴虎。難啊。掂來掂去，十八年間，只有一個1949年之後的王志奇，是跟大家都沒有瓜葛的。

非將張東蓀定為「美國間諜」（或別的什麼「壞人」）不可，還有一個插曲：即「新中國成立後的第一批美籍間諜案」當中的「李克、李又安」(Allyn & Adele Ricketts) 案。

這對青年夫婦於1948年10月獲富布賴特基金 (Fulbright scholar-lecturers) 資助，作為講師[35]從美國來到北平，在燕京大學進修古代思想史與文學。1951年7月，北京市公安局突然將他們逮捕，[36]經過十多天鬥智鬥勇、軟硬兼施的突擊審訊，李克終於承認受美國情報部門的派遣，極力搜集中國人民解放軍和新中國成立後的經濟、政治、文化情報，而且還有一個特殊使命，那就是在中國國內尋找和培植「第三勢力」，妄圖待時機成熟後，將執政的中國共產黨推下台；並特別交代了「北京一所大學的張教授，已經和我聯繫過，他自稱是『第三勢力』的代表。他原來是司徒雷登的密友」。[37]

這位「北京一所大學的張教授」，是朱作家筆下，這對「美國間諜」全部交代裏邊提到的唯一一個名字。其實這對夫妻當時交往的，遠不止張東蓀教授一人。作為渡洋求學的青年學子，他們雖然拿到一筆獎學金，仍須教教英文以補充生活不足──更何況有機會直接聆教於泰斗級文化人。二人於是周旋於北平／北京教授、文人圈。從後來周一良、錢鍾書等人的回憶文字裏，都能尋出這兩個青年與這批人的往來。[38]對此，李克自己當時也一一「交代」了。只因為對突擊抓他的公安局而言，一時沒用，就一直睡在檔案裏，直到文革時候該整肅周一良「特務間諜」了，才再度由紅衛兵小將掏出來。現在我們已經知道的是，在1951年夏天，在反覆訊問之下，在他已經供出的教授中，終於道出張東蓀──可以結案了。

有趣的是，羅瑞卿、彭真 (也許還有周恩來和毛澤東本人)，究竟出於什麼考慮，竟未將機智的預審員好不容易「擠」出來的真正美國人的「間諜事實」，加進張東蓀案。也就是說，在燕大和民盟中央逼他檢討時，並沒佈置人將他向這裏引。不知因為實在説不過去，[39]還是覺得有一個王志奇已經夠了。

更有趣的是，被突擊審訊了一週，接着又經歷了幾椿只有好萊塢電影裏才有的驚險 (遭投毒、強姦，接着又都獲救)，這對傾慕中國文化的年輕夫妻被釋放之後，直到寫書、再度回中國做生意，直到他們最後的日子，都把自己定位為欣然接受洗腦的典型，做夢都沒有想

到當局躊躇再三的本想由他們擔負、最後又放棄了的陷罪於張東蓀的打算。[40]

現在或許比較清楚地看清脈絡：此案，時至1951年7月抓捕李克，表面上的理由當然可以是他曾服役於美國海軍情報部門。但逼問兩青年學者與張東蓀的交往，坐實張與美國「情報特務」的聯繫——目的似乎達到，可惜沒審出可稱為「情報」的東西。相比之下，不如「有料的王志奇」好用。李克案於是突然結案。因為讓人家受了委屈，賠情的功夫須做得足，終於製造出了一個親中左派。

東蓀先生本人呢？在盟內的檢討之外⋯⋯

從張家親屬的述說，包括零星文章提及，似乎到了最後，即民盟大佬齊上陣出手「幫助」階段，他先是給張瀾、沈鈞儒寫了信，[41] 最後終於給毛主席寫了一封（據葉篤義生前告訴著者）。這種寫於「黑雲壓城」政治氣氛中的東西，恰如今日成批維權律師當堂恭順認罪，採信度十分可疑，但也不失為研究那個時代（以及今日）的珍貴證據。比如張東蓀對抗美援朝的總評價，雖然用的是自我批判的口吻，但幾乎已經透視當時的政治交易，並預見了幾十年之後的事態發展：

> ⋯⋯正值朝鮮事情發生，我當時很荒謬，誤認為此事是北朝鮮先發動，並且推測是蘇聯事前同意的。我認為這樣做就把朝鮮給犧牲掉了，恐怕第二個犧牲者將要是中國（對美國必勝的估計）。我就焦急起來，這是資產階級狹小的民族觀點在我身上作祟。同時又因為我迷戀原子彈一類武器，以至害怕起來。

遺憾的是，這幾封信，都沒能在毛澤東研究、民盟中央的檔案夾、或者同時代人的回憶錄裏見到。但民盟中央、中共中央統戰部和中共中央檔案館一定有。

關於此案，所能得到的最後的公開定案文字，除了徐子榮的秘書所憶「在如來佛手掌之中」，就是《建國以來毛澤東文稿》一書，對「北京高等學校三反簡報的批語」所做的批註了：

> 張東蓀，原為燕京大學教授、中國民主同盟中央委員會常務委員、中央人民政府委員。抗美援朝時，因出賣國家重要情報，

被免去政府委員職務，但從寬處理，不逮捕法辦，並照發工資。隨後民盟中央決定開除他的盟籍。[42]

文革當中，為防止接管了國家計委的造反派洩密，周恩來再提張案。雖說堂堂總理如此發「昏話」(時間、地點全錯)，但親口給出了「養起來」在文革中的具體操作形態：

> ……你們的隊伍一定要純，誰洩露了按國法處理。在政協會議上，有個張東蓀把我們的預算送到香港去，現在我們還看管他。計委的同志，我委託你們，信任你們，你們要負責任！嚴格審查。如果計委上層分子傳出去，同樣嚴辦。……[43]

終於，中共治下的人地，透出一絲陽光 ——「四人幫」倒臺。

1978年，因為「反革命罪」判刑十五年，服刑十年後獲得平反的張家二孫(張宗穎的長子張佑慈)，在天津通過和平區人民法院，對張家三代一系列冤案錯案，包括祖父張東蓀的「叛國」案，向當局提出申述。

法院很快就收到了中共中央統戰部辦公室的答覆(1979年1月4日)：

> 我部關於從寬處理張東蓀問題的請示報告中，對張東蓀問題的結論部分如下：
>
> > 張東蓀是特務分子，叛國罪證確鑿，罪行嚴重。但對他的問題，1951年中央已經作了處理，即「不予法律處分、養起來」，此後並未發現其有特務活動。他的兩本反動作品，沒有公開散佈，屬於思想反動。現張本人已死，為使其子孫後代免背政治包袱，建議仍照中央1951年原對他的處理，按人民內部矛盾，不給戴特務反革命帽子。以上意見，已經鄧副主席批示同意。

1951年！怎麼會是1951年？而且作出處理的，是「中央」——在中國，無人會誤會這是除了「中共中央」以外的別的「中央」。但此

前，無論是張家，還是民盟，以至整個對張東蓀案關注的學術文化界（包括耄耋之年還撰文言之鑿鑿的千家駒），都認為定性結論（至今唯一一份組織處理的結案文字）是在1952年12月由民盟中央作出的呀！

如果早在1951年就已經結案並處理了，燕大和民盟中央1952年從初春到嚴冬一本正經地開鬥爭會、成立審查組、撤銷職務、開除盟籍、提請政府依法處置等等，又算什麼？是不是這個「罪證確鑿，罪行嚴重」的叛國案，「處理」權本在執政黨，但須髒別人的手，須由一個聽招呼的在野黨去頂杠，擔起製造這檔本來應提起公訴並且由法院宣判的重案？

比「統戰部答覆」更具體、更晚近（1984年底）的敘述，是《周恩來統一戰線文選》一書的注釋：「張東蓀……解放戰爭後期充當美特機關情報人員，一九五一年六月被破獲」。[44]

1951年！難道「處理」之後可以不向當事人和他的家屬宣佈？

王志奇是在1951年春末再度回北京之後消失的[45]——即1950年9月「又發現張東蓀出賣情報的第二件線索」之後的幾個月。這件1949年10月至1950年初秋還在羅瑞卿手裏的對中央人民政府委員張東蓀的內部摸底，在什麼時候、出於什麼考慮，移交到徐子榮／彭真手上了？一部早年的「反動書稿」，算不上什麼「第二件線索」吧，怎麼竟然驚動了當時的政務院政治法律委員會黨組書記，作為「重大敵情」直接向周、毛報告？這是不是我們前邊說的，張東蓀在那時候，已然先被看成「壞人」、「敵人」，羅瑞卿那裏也盡力劃拉了一批東西，彭真的政法委接手接著做的，不過是為它安個新名頭，然後照此收集證據。

但——為什麼？也就是說，到底憑什麼，突然讓從毛到周到彭真到李維漢到羅瑞卿到徐子榮，一下子把這名與共產黨有着幾十年淵源，曾在一個個關鍵時刻為抗日的、反抗專制的、愛惜百姓的共產黨順利得到政權出過大力的哲學教授當壞人了？

不知道讀者還記不記得，我們在本書的開頭，曾經引用過的一名前中宣部幹部、後來在科學院尖端科學研究所負責黨的工作的何祚庥的那句話：「無論如何沒有想到——敵人這麼快就鑽到這麼小的圈子裏邊來了。」[46]

他們沒想到什麼？或者説，「敵人」究竟幹下了什麼冒天下之大不韙之大惡？用何同志的話説，那就是，居然在 1949 年，就「會有人投 (毛主席) 反對票」。

1982 年，在全國上下掙脱「凡是」桎梏、反思歷史功過的大潮中，張東蓀長子、北京大學教授張宗炳直接致信鄧小平，歷數父親勞跡，要求對他的一生做詳細調查，給出一個公正的評定 —— 不見答覆。他只好不停地致信白紙黑字地製造了這起案件的民盟大小領導，最後直接寫信給當時的公安部長。三年後，得到公安部回覆：

張宗炳同志：

　　你於今年九月寫給阮崇武部長的信已收悉。關於你父親張東蓀的問題，我們查閱了歷史檔案，作了認真地研究，認為公安部一九七八年十月進行複查後，[47] 決定仍維持一九五一年結論，即「按人民內部矛盾處理，不戴特務、反革命帽子」，是正確的。既尊重了歷史事實，又體現了黨的寬大政策，希望你能夠正確對待。

中華人民共和國公安部　一九八五年十二月十三日

原來，1979 年法院和統戰部答覆張佑慈的時候，用的是公安部的複查結論，不過沒有明確告知而已。

專政機關終於正式出面。

回覆中的關鍵是「按人民內部矛盾處理，不戴特務、反革命帽子」。如果説在 1951 年 (或民盟中央定案的 1952 年)，那時《中華人民共和國憲法》尚未制定，權且如此定論；到公安部 1978 年「複查」和 1985 年「認真地研究」，審查對象究竟是不是「特務、反革命」，總該有法律依據 (包括規定) 了吧？

在這則答覆中，涉案公民應該享受的基本權利 (比如知情權、名譽權、複議與上訴權、行政訴訟權等) 都不見出示，只讓子女「正確對待」。正確對待什麼？對待一個從未向本人宣判過的「特務、反革命」案麼？對待給一個公民、一個家庭 (包括幾代成員) 造成長達數十

中华人民共和国公安部用笺

张宗炳同志：

　　你于今年九月写给刘崇武部长的信已收悉。关于你父亲张东荪的问题，我们查阅了历史档案，作了认真地研究，认为公安部一九七八年十月进行复查後，决定仍维持一九五一年结论，即"按人民内部矛盾处理，不戴特务、反革命帽子"，是正确的。既尊重了历史事实，又体现了党的宽大政策，希望你能够正确对待。

一九八五年十二月十三日

公安部1985年就張東蓀的問題給張宗炳的回覆信

年的沒人說得清、也沒人敢問的政治案件麼？是不是到了今天，還要共和國公民不問條款、不問程序，只一味遵循專制古國馴民良臣的規矩──體恤上意？

讀者一定已經注意到公安部批覆的時間：1985 年 12 月／1979 年 1 月。這是「新中國」少有的開明時光，是當政的共產黨第一次對自己錯誤做有限反思、力主平反冤假錯案的年代，中組部長／總書記胡耀邦並因此而非同尋常地大得民心。不僅當年一同被逼着承認「美國特務」的陸志韋校長在 1982 年就獲得「徹底平反」，幾十年眾人噤若寒蟬的「汪偽奸細」潘漢年案，也在重新評價全部歷史案卷後於該年見了天日──這可是毛、康昧着良心栽贓自己出生入死戰友最為駭人聽聞的冤案！更不要說五十五萬右派，以及著名的三大黨內文化人（胡風、馮雪峰、丁玲），連時間更為久遠的王實味案，和涉及苦主不那麼赫赫的《武訓傳》案、俞平伯案、張志新案……，都有執掌大權的人在過問──出頭見天，指日可待。就連當初處置「張東蓀叛國案」的彭真、羅瑞卿、徐子榮、崔月犂、北京市公安局的馮基平、邢俊生、狄飛、齊超……，以及民盟的諸位（如章伯鈞、羅隆基、儲安平、葉篤義），都已在政治上恢復了名譽。

張佑慈、張宗炳這時候怎麼能不寫信申訴呢[48]──向他們認為有頭腦、有良知、有歷史見識的權勢人物？而中共中央統戰部、中華人民共和國公安部的答覆，包括其中最具份量的「以上意見，已經鄧副主席批示同意」（為什麼一定要這位副主席同意？主管公安部的不是國務院總理麼？），不僅張家人萬難料到，就是費孝通、葉篤義和後來注意到張東蓀的學術地位、從而介紹他的觀念、研究他哲學的一代又一代學人，也弄不懂吧？

著者再次在這裏作出推測，就教於 1950 年代的定案人員、公安部 1978 年和 1985 年對原案作出複查和研究的人員、彭真和李維漢的傳記作者，以及就復查研究結果作出「維持原結論」的決策人（比方說，阮崇武前部長，鄧小平前軍委主席）。

在 1985 年那樣的大背景下，對一個從表面看，不過經大批判（燕京批鬥）哄起，靠一級準行政機關（民盟）審查報送，最後由毛澤東口

頭定罪的案子，三十三年之後，在改革、平反與加強法制建設的熱潮中，經專業人員複查、鄧副主席批准而依舊「維持原結論」，實在太特別了。那緣由，是不是只有一個，就是如今還在台上，並且努力維持毛澤東光輝形象的共產黨，特別不願提起這個案子。而以這樣的態度對待此案，並不是第一回，1957年就曾有過。當時，民盟正在大造革命聲勢，大殺「章羅聯盟」右派威風，面對強詞奪理、拒不認錯的羅隆基——

> 民盟中央吸取教訓，秣馬厲兵整十日。這其間於(1957年)8月28日下午三時，在沈鈞儒家中，舉行了整風領導小組會議。會上，史良報告：(一)羅隆基交代與張東蓀的關係問題的這部分，因涉及張東蓀叛國案，《人民日報》未予發表。這是中共全面考慮問題，是正確的。……[49]

中共全面考慮的是什麼——哪怕犧牲批判的力度，也不要再提這案子？讀者切記這是在1957年和1985年。那時候，中共最討嫌的國際特赦組織的名單裏並沒有張東蓀，世界銀行也不會以此在貸款上要挾。

那麼，究竟為什麼呢？

1949年9月30日開箱唱票之後、還有第二天站在天安門城樓上一個一個地唸着五十六名中央政府委員的名字的時候，承受着全部光榮的毛澤東心裏總像梗着一塊什麼東西：對投了自己一票，他是知道的。那麼，那唯一的反對票是誰投的呢——所有代表都經過精心挑選啊！就算這一票對他當選主席、對他接受獻祭、對他日後發動鎮反肅反、大躍進、文革、包括清肅自己前戰友……都不會有任何影響，但是這麼大一個國家都拿下來了，這時候跳出來找彆扭……誰呢？他感到某種潛在的挑戰，感到專制者精神征服的不愜意、不圓滿——太想知道這人是誰了。

其實，在9月30日政協大會選舉之前，周恩來、林伯渠還曾發出〈中國共產黨人民政協黨組關於選舉問題的緊急通知〉，要求全體黨員代表負責保證選舉獲得成功，特別要保證投黨外人士的票。毛

澤東特意提醒黨內：我們要有精神準備，即使有幾十票不選我們，也一點不要難過，不要表示不滿，而要看作是全體代表中真實情況的反映。[50]

真實情況幾小時後浮出：不是幾十票而是只有一票。他高興抑或不高興？

我們知道的是，到1999年，在何祚庥與其前部下（張宗燁）私下談話之外，又一名前公安部辦公廳幹部寫出了自己和同志們對這一票的見識：

> 還有一件意外的事。會議最後，全體代表投票選舉中華人民共和國主席副主席，我負責選舉全過程。在選出的監票人監督下，打開票箱計票，突然發現毛澤東少了一票。再反覆計算，仍然是少了一票。大出我們的意外，大家認為選舉毛澤東做新中國主席，不僅是全體代表，也是全國軍民眾望所歸，絕對一致的。缺一票，太不應該，太遺憾了。於是我去報告周恩來同志，並反映選舉工作人員意見，這一票可能是寫票人一時疏忽，可作為廢票處理。周恩來馬上向毛澤東報告。毛澤東從容地說，缺一票就缺一票，不管什麼人，都有選不選毛澤東的權利，要尊重事實。這項表決結果就這樣記入史冊。它反映的不是缺一票的遺憾，而是反映了毛澤東尊重事實的態度。這是極其珍貴的時刻，我們這些工作人員不僅如釋重負，而且為之感動，留下了深刻的回憶。[51]

奇怪的是，怎麼周恩來和文章作者王仲方在當時都不認為可能是毛澤東沒有投自己的票？[52]而毛從容地說的那番話，敢從字面解讀麼？對此作出回答，絕不是王仲方輩可望可及。更何況，那時候，他們做夢都想不到毛多年後，會借「舞台小世界，世界大舞台」對自己有如此招供式的描述：「我是不看話劇的，因為我天天都在演話劇。」[53]

還有他那一套又一套生動、形象、令人難忘又感到深不可測的台詞：

人人都犯錯誤，只有高崗除外。

三天不學習，趕不上劉少奇。

北平和平解放，張先生第一功。

毛澤東就是毛澤東，「原則」於他，總是隨着形勢、隨着對象、包括隨着他自己的心境，想怎麼變就怎麼變。對此，周恩來了解最透。否則，這則報給他的「少一票」本屬常識的事，還須馬上向毛澤東報告？

況且，就算毛1949年「十一」前後表現得不怎麼在意，一年後呢？美帝逞兇狂、資產階級翹尾巴[54]的1950年呢？

讀者可能已經注意到了，從所有可以收集到的資料，在這宗「特務」、「叛國」案中，毛澤東從來沒親口說過「叛國」、「情報」、「間諜」等等有清晰法律界定之語——對王實味他還說過「叛徒、內奸、托派」——對張東蓀，他只說「壞人」、「再不要見他」、「再不能和我們一起開會了」。

毛澤東作惡不少。眼下世人所知，多數屬於秦始皇、張獻忠者流所造之大惡。如此狹隘刻毒、睚眥必報，非但不能令專制者增加威勢，只顯示其心理陰暗——還是不提也罷。

毛從來沒有服膺過誰，對他而言，不管你強盜、和尚、教授、戲子，對於只問「誰主沉浮」的強虜大梟，此時彼時、「有用」「沒用」而已。就算看上了什麼人，也極少慷慨施恩；而獲得點滴甘霖者，無不感激涕零。給一個人那麼大的恩惠（讀者還記得本書第一章第一節「軍委來電」麼？），不肝腦塗地而反咬的，非張某捨其誰？捂不熱麼，那你就等着……[55]但這事怎麼看怎麼有點下作。雖然出了氣，很容易讓人瞧不起。所以，在硬撐着共產法統的尷尬時代，事情幹過，人也滅了，特別是，這事臭雖臭，所幸影響不大——當時就沒敢如胡風案那樣大張旗鼓地折騰——頂好不要再提。當然也有這樣的可能：在1978年至1985年間，有一位當年直接插手者，不僅在世，還絕對不可無視地「在位」——彭真。是不是鄧辦、阮崇武等，或問到、或用不着問，就已經周到地顧及到了這一點。

但是，就算那些圍在毛的身邊，以窺探「當今」心思為自己終生職志的佞徒，能把檢過的不記名票再檢個遍，他們又怎麼知道這張不可饒恕的叛逆之票出自誰人之手？

讓我們試着想像當時的情景：

票箱開出來了，票數統計出來了，點票的人驚惶發現，五百多名投票者裏有「誰」(僅一人)不擁戴毛——經上報，大家接受了「情況正常，不去管它」的處置。

在接下來的日子裏，仗還在打，土改、鎮反、肅反、工商業調整……毛多麼忙啊，但這個「誰」，有如芒刺，不時在他心上不輕不重地刺一下。

他觀察着他們，近臣、僚屬、馬屁客、得意的和失意的……五百多人哪！

1950年是否入朝作戰，那麼多老戰友不同意他。帶兵打仗、籌備糧草的也就罷了，竟然還有人想翻老賬：翻出已經成為過去的「一面倒」——梁漱溟、李維漢、周恩來當中的誰，還告訴他，東蓀先生意有所進言。他的不快加甚……他搜尋那根芒刺的範圍在縮小……。

1950年，1951年，向他輸忠，多少機會啊，該有「態度」的都有了。他倒要看看這「打算進言的」有什麼要說。當年華北政府請他請不到；東北政協籌備會也不去；「和平解放」那麼大榮譽單給了他；一次次問他職務安排……幾個人攀得上？政府委員/政協委員雙待遇，他居然讓出去一個……好嘛。

估計就在這時候，他發下話——可能在談笑中，可能在會議上，也可能只有身邊人在場……。總之，一定是他本人而絕對不會是第二個人——讓同志們注意一下那個曾經跟咱們走得很近，但與美、蔣有太深淵源的燕京教授。他可能只淡淡地說，甚至笑着說，但跟了他幾十年的聽者什麼人？非要發文件才掂得出斤兩？羅瑞卿開始動作，讓他的手下「翻翻舊箱子底」；當然新線索也別放過。劃拉一陣之後，得到了張某在1949年初和一個混混的往來；那年秋天的電台就算沒掛上，再找電台也沒憑據，到1950年9月，又來了一份「反動書稿」。不大夠份量。這人和美國駐北平領館往來頻繁，要不

然像瀋陽領館案那樣來一下子？估計這主意一定為周恩來所堅決反對。那麼折衷一下，把曾經往他家裏跑的美國人李克抓起來……？

羅瑞卿如何敬業、如何忠於毛，只要領袖發了話絕不問為什麼，望讀者參閱自1980年代以來不停地披露出的故事。羅的夫人郝治平1966年3月間（文革前羅突然遭拘捕的「三月會議」）曾說過一段話：「最讓瑞卿受不了的是說他反對毛主席……說得多麼刺耳，他還是聽，還是每天都去。而且堅持不能說的話就是不說。有一些公安方面的事情就更不能說了。」[56]——這椿「特務叛國」案屬不屬於她說的不能說的「公安方面的事情」？

終其一生，關於這張選票，張東蓀沒說過一個字，無論對他的摯友、兒孫、他以沫相濡的老妻，以及在最後時刻到頤和園向他「交底」的「聖人」張瀾。他不說，因為投票，這是屬於他個人的神聖權利；他不說，是因為突然明白，原來這樣一件普通的事情裏，竟蘊含着毀滅性危險——他不想給他已經掙扎在生活邊緣的親人再增加無以抒解的驚懼；他不說，可能根本就沒有想到這一層：不就是投票麼，怎麼了？他自己還丟了幾十、上百張呢（張東蓀是第一屆中央人民政府獲選委員中得票倒數第二者）。他是一個思維縝密但心地單純的學者，沒有能力揣度當了皇上的農民，對「冒犯」懷有的切齒之恨。

毛呢，他說不說？從白紙黑字的資料看，他也沒正式說。但是，且慢，他不說，自有他的嘍囉替他說。不僅敍事性地說，還要上綱上線地說；不僅私下裏說，還要堂堂正正地、充滿階級感情地說。敢對偉大的毛主席懷有二心？在如此莊嚴關鍵時刻、如此小的範圍，公然劃「×」（或者不劃「○」），夠囂張的吧——不是政權的頭號敵人麼？

上有所好，下必效之。「欲加之罪」已經成了從上到下大大小小權勢者常規兇器。李維漢在1957年夏天如何佈局殺熟，周恩來等赫赫功臣如何幫江青誅戮仇人，已經是大家熟知的史實。張東蓀案呢，滅掉他一個，大家就平安了麼？

1968年4月4日，葉篤義被投入秦城監獄，接受當時最高當局中央專案小組審查，凡四年四個月：「間諜案」結論十條（三條涉及司徒

雷登，七條關聯張東蓀)，從1938年同張東蓀一道去漢口，到1943年
在解放區同十八集團軍領導人簽訂「七七協議」；到1946年由張東蓀
介紹認識徐冰；到1948年夥同張東蓀介紹彭澤湘給司徒雷登；到
1949年與張東蓀一同見美國駐北平總領事柯樂博；到1951年得知張
東蓀見過傅涇波派來接他老婆的朋友姓陶的卻隱瞞未報[57]……十大
條，什麼都能硬編，連「姓陶的」、「劉進忠」(葉從未聽説)、「盧廣聲」
(僅知他常到民盟閒談)都問到，唯獨王志奇，這個與他曾有正式交
往的《正報》社長(張、葉均為撰述人)，這個導致1951年由黨中央出
面為中央人民政府委員定罪的「與美帝英帝都有聯繫、把國家重要機
密供給美帝」的特務，反倒一字不提。

　　「中央項目小組」為周恩來親自領導。這樣的機構在文革期間，
會有調閱不到的資料？負責葉案(以及張東蓀案)的一撥又一撥「解放
軍」提審人，也不可能忽略這份最現成、也最扎眼的案卷。那麼，究
竟是誰，又為了什麼阻攔他們使用？彭真、羅瑞卿當時已成階下囚。
莫非偉大領袖毛主席和敬愛的周總理親自過問的這一栽贓，恰如已經
封住的糞缸。再去翻它，反添噁心？

　　諸位想知道進入「和平解放」了的五代國都，從雙清別墅移駕中
南海之後，無產階級戰士毛澤東如何看待自己麼——在1950年五一
節口號裏，本沒有「毛主席萬歲」，後來大家振臂高呼、而且從此高
呼了幾十年的這句仿「大清皇帝萬歲 萬歲 萬萬歲」格式的諛詞，是
他自己於新時代再度親手加上的！[58]

　　也許有讀者會說，這張選票確是有，但未必出自張東蓀。毛，
還有彭真、周恩來他們猜錯了。有可能。這樣，我們上邊講的故
事，就是一個對錯疑了的人的慘烈撲殺——這樣的人和事，在中共
和蘇共，外加柬埔寨和北朝鮮，還少麼？

　　我們等着這一天：公安部1951年定案、1978年復查請示並獲得
了鄧副主席批復的卷宗對公眾開放。

　　張家從此再也沒有給當局寫信。張東蓀，與他的老友章伯鈞、
羅隆基，還有主持《觀察》、發表他文章的儲安平等人一道，經鄧小
平拍板，成了為維持毛澤東的偉大、光榮、正確的祭品。[59]所幸共產

黨已經不能一手遮天 —— 神壇不再，將祭品撤下，還原成活生生的、不肯馴順地匍匐在專制者腳底下之志士的一天，已經到來。

至於王志奇，如果沒有毛澤東經手的張東蓀「叛國案」，這個小商人、小說客，以及公安小朋友，可能像其他成千上萬這類人一樣，早就給趕到國外，或發配到什麼地方去了。不幸牽涉到這樣重大的政治策劃中，估計只有庾死獄中一個結局了。

他可能到死都沒參透自己在這一年半的時間裏扮演的角色。他的後人呢，他們在哪裏？

在一個繼承了《資治通鑑》、《三國》和《水滸》全部政治智慧，在一個以「大同」、「共產」、「民族復興」為招幌而誘騙理想者，在一個依靠強奪農民、工人、商人和職員的膏血而張起來的「如來佛手掌」裏，無人得以逃遁 —— 這命題生動地彰顯於稱自己為「齊天」的孫猴子身上：最終不過是討了個還像樣子的封 ——「鬥戰勝佛」。

這就是我們的中華文明？

專制者剿殺思想者獨立精神的戰役中，「如來佛手掌」或許沒那麼神力無邊，因為肉體可以蹂躪，精神與理念卻是無形的。對憲法、公民等等，毛公或許不屑一顧，但他難道忘記，在中華民族精神遺產中，還有所謂貧賤不移、威武不屈與富貴不淫……，更何況，隨技術進步，「不願做奴隸的人們」正逐日裏受益於現代科技、享受着現代社會的淘洗？

註 釋

1. 1935年夏初，世界戰局大變。第三國際把反法西斯提到首位。在閩變中被迫解散的「中國國民黨臨時行動委員會」（李濟深、陳銘樞、章伯鈞等）重新聚攏，決定恢復組織，更名為「中華民族解放行動委員會」，簡稱「解委」。

2. 許實騋，1909年生，1932年燕京大學哲學系畢業，後在廣州、北京多所大學任教，「中國民主革命同盟」發起人之一。1949年後任民革中央宣傳

部副部長。1957年至1966年，在全國政協文史資料委員會負責審稿工作，後任《團結報》總編輯、社長等職，全國政協文史資料委員會副主任，第二、五屆全國政協委員。著者1995年就東蓀先生生平事蹟上門叩問的時候，除了一句「不同意君勱先生那樣寫呀」(指〈致毛澤東先生一封公開信〉)，當年叱吒風雲的許先生已不能思索。

3. 《劉清揚自述》(未刊稿)。

4. 于長治：〈共和國的首任公安部長羅瑞卿〉，《四川黨史》，1999年第4期。

5. 自九十年代中、晚期以來，有關張東蓀的著述、生平研究時有出版，凡涉及主人公的「叛國案」，或言辭閃爍，或諱莫如深。這則短文，可看做半個世紀以來，有關「張東蓀案」信息提供最具體，描述也最為「板上釘釘」的一篇──而且出自內部專業人士之手。

6. 朱振才，河北景縣人。現供職於北京市公安局，從事黨史、公安史的徵集和研究工作，側重於對北京反間諜鬥爭史料的徵集和研究。1984年開始發表文章、紀實文學。《保密局等待的第215次發報》、《張蔭梧案件》、《一起驚動了李克農將軍的特務案》等引起關注。史料專題《北京解放初期的反間諜鬥爭》榮獲1994年北京市第二屆黨史徵研優秀成果二等獎。2003年擔任《北京技防工作室》一書的副主編，並親自撰寫了該書的重要篇章。《建國初期北京反間諜大案紀實》(北京：社會科學出版社，2005)是一本頗有影響的文集，共收錄二十一個案例，包括多年前(網上發表)舊作〈張東蓀出賣情報案〉。

7. 徐書麟主編：《月犁──崔月犁自述及紀念文章》(北京：中國中醫藥出版社，2002)，頁66。

8. 語出張鶴慈。林嘉通，1940年代燕京大學教務主任，張東蓀之甥婿，林巧稚之侄。那台無線電台，參見張東蓀：〈獄中生活簡記〉，《觀察》，1947年7月。

9. 葉篤義：《雖九死其猶未悔》(北京：北京十月文藝出版社，1999)，頁83。

10. 司徒雷登1949年末應美國國務院所召，返回美國。隨行的還有他的私人秘書傅涇波一家。司徒雷登當時已是七十三歲的老人了，麥卡錫分子盯上了他。五十年代初，「麥卡錫主義」在美國大行其道，凡是與蘇聯、中國等共產黨國家有過關係的人都受到監控和盤查，像有名的中國通費正清都受到圍攻。司徒雷登是從中國回去的大使，當然也不能例外。國務院中國處的人專門向司徒雷登傳口風：不要亂說話。國務院立即向他

下令三個不許：不許演講，不許談美中關係，不許接受記者採訪。剛回美國後，採納了傅涇波的主意，沒有辭去大使職務。當時他們有兩個考慮，一是擔心美國派新的大使去台灣，給美中關係造成麻煩；二是從現實着想，不辭職就可繼續享受大使待遇，每月拿一千多美元。但兩三年後，美國國務院還是從多方面施加影響，司徒雷登不得不辭職。辭職後就沒了薪水，美國的一家慈善性機構「基督教高等教育聯合委員會」每月給司徒雷登六百多美元的生活費。參見王如君：〈司徒雷登的晚年生活〉，《環球時報》，2002 年 8 月 12 日。

11. 1950 年 7 月中旬，全國開展了以仇視、鄙視、蔑視美帝為主要內容的愛國主義與國際主義教育，同時組成東北邊防軍。參見中央文獻研究室、中央檔案館《黨的文獻》編輯部：《共和國走過的路──建國以來重要文獻專題選集》(北京：中央文獻出版社，1991)。

12. 霍英東一直謙虛地表示：抗美援朝聯合國禁運期間作特貨，並不緣於政治覺悟特高，而是「一盤生意，一百萬貨品可獲利二十萬」。高瞻「2001 年接受台灣間諜組織的任務，為其收集情報，犯間諜罪，判處有期徒刑十年，剝奪政治權利二年」，經美國和國際人權組織出面抗議，中國政府在宣判之後就把她驅逐出境。後來美國發現她在出售給中國的商品中含有禁售給中國的軍事物資，又反過來將她當作中國間諜抓起來。涉及雙重間諜案的美籍華人陳文英，曾於 2005 年 12 月就兩項罪名與聯邦檢方達成協議，獲判緩刑三年，另加一百個小時小區服務。

13. 姚錦：《姚依林百夕談》(北京：中共黨史出版社，2008)，頁 176、177。

14. 千家駒：《七十年的經歷》(香港：鏡報文化企業有限公司，1986)，頁 213。

15. 何雨文：《中共財政解剖》(香港：亞洲出版社，1953)，頁 26。

16. 蕭濟容：《中共的財政收支》(香港：友聯出版社，1954)，頁 8。

17. 馬永順：《周恩來組建與管理政府實錄》(北京：中央文獻出版社，1995)，頁 5。

18. 以上對張、王交往過程的敍述，全部來自張東蓀 1952 年 9 月至 12 月在民盟中央的擴大會議上所做的《第五次檢討》、《補充檢討》、《補充檢討再補充》、《補充檢討事實部分再補充交代一個事實》。民盟就此案的調查並定性，源於同一批資料。有興趣的研究者可前往調閱。

19. 張東蓀在民盟會議檢討：一、陳錦坤去延安的時候，曾有信給毛主席，希望對美態度緩和。二、我曾在《觀察》雜誌上發表數篇文章，指出我希望中共與美帝緩和的思想，目的是給美帝看的，使美帝不偏面援蔣。三、民盟約魏德邁談話後，又在南京民盟總部由羅、黃、章和我四人，邀他的隨員司布勞司來談。我們主張美帝使用壓力使蔣下野，使戰爭早停，恢復談判，並且希望美帝不與中共對立。四、我在重慶時候也曾將這樣的緩和美帝與共產黨的、與民盟和中共的想法與小民盟的一些朋友談過。

20. 柯樂博致電國務卿，轉引自林孟熹：《司徒雷登與中國政局》（北京：新華出版社，2001），頁168–175。

21. 審查小組由章伯鈞、羅隆基、史良、胡愈之、許廣平、曾昭掄、吳晗七同志組成。盟內右左兩派領袖人物張瀾和沈鈞儒未列名。他們審查唯一的依據是被整肅者的「口供」（或曰「檢討」）。同案犯王志奇的供詞既沒在會上，也沒在結論中提到。參見民盟中央「關於張東蓀叛國罪行的報告」。

22. 轉引自章詒和：《最後的貴族》（香港：牛津大學出版社，2004），頁333–334。

23. 就友朋間交往而言，王志奇與張申府、劉清揚的關係並不在張東蓀之下。但如此一樁間諜案，既沒有要求他們出面作證，對如何安置他們，也看不出任何直接影響（張申府到北京圖書館；劉清揚到全國政協）。

24. 張世龍：〈燕京大學「思想改造運動」紀實〉，載《燕園絮語》（北京：華齡出版社，2005）。

25. 邢俊生：〈我給徐子榮當秘書〉（2007年11月21日），「中華人民共和國公安部」網站（http://www.mps.gov.cn/n16/n1327/n4834/n1452593/1468478.html）。

26. 毛澤東：〈工人階級與資產階級的矛是國內的主要矛盾〉，載《毛澤東選集》，第五卷（北京：人民出版社，1977），頁65。

27. 《周恩來統一戰線文選》（北京：人民出版社，1984）。

28. 以上對話，見周鯨文：《風暴十年——中國紅色政權的真面貌》（香港：時代批評社，1959），頁232。

29. 李淵庭、閻秉華編：《梁漱溟年譜》（桂林：廣西師範大學出版社，1991），頁206。

30. 毛澤東：〈批判梁漱溟的反動思想〉（1953年9月16日），載《毛澤東選集》，第五卷，頁107。

31. 周鯨文：《風暴十年》。作為中央人民政府委員，張東蓀有一份薪水，隨時可以要車。結論一出，這兩項停了，仍享受教授待遇，直到反右運動。

32. 張東蓀：〈思想自由問題〉，《文哲月刊》，第1卷第10期，1937年。

33. 周恩來：〈民主黨派的工作要同國家的中心任務相配合〉，載《周恩來統一戰線文選》，頁242。

34. 作為中共奪江山「另一條」戰線（暗戰）頭領，周的「押四寶」（第四寶之「共」，此處暫指黨內派系），比起張東蓀之政治強人間的穿插，就其強勁、驚險、功效卓著而言，無疑超出百千倍。毛聽憑周此刻如此緊跟，而曰「暫時」，可證之於潘漢年冤獄，以及周臨終前對「伍豪事件」痛徹心扉的糾結。

35. 參見《兩個美國間諜的自述》。

36. 另據 Voices Carry：「1950年安全部門到清華大學宿舍裏找了英若誠和吳世良，警告他們Rickett夫婦是間諜，讓他們協助搜集這兩名美國人從事間諜活動的證據」——1950年開始收集證據；1951年逮捕。Ying Ruocheng, *Voices Carry: Behind Bars and Backstage during China's Revolution and Reform* (Maryland: Rowman & Littlefield Publishers, 2008).

37. 朱振才：〈新中國「大牆」內的一對美國間諜〉，載《建國初期北京反間諜大案紀實》，頁162。

38 在《人間詞話》英譯序言裏，李又安感謝錢鍾書夫婦，及周汝昌和吳興華教授，「感謝他們於1951年到1952年花大量時間為我通讀初始譯稿」。

39. 這個案子也是只有口供而無旁證。間諜李克的派出機構、聯絡人、經費、情報去處……無一落實，案的「成功破獲」，只有罪犯本人的「認罪態度」——那時節此態度已經好到成了「紅色中國宣傳家」。和張東蓀案一樣，李克、李又安案件，在美國外交、情報部門公佈的檔案裏，至今未見令人信服的記載。

40. 2010年春周一良的兒子周啟博專門托同學找到張飴慈，要了一本港版《在如來佛掌中》，並轉到李克手中。對書中描述，李沒有作評述。據周觀察，這位紅色中國的前「間諜」後友人，「到了今天，仍然非常左。」時至今日，著者依然未能得到機會，就當時種種奇特審訊，向年邁的李克求教（1987年罹患癌症的李又安或許已經離世）。

41. 同註14，頁214。

42. 《建國以來毛澤東文稿》，第三冊（北京：中央文獻出版社，1989），頁422。

43. 〈周恩來對國務院工交系統各部革命造反派的講話〉（1972年2月1日），據私編本《周恩來「文革」講話》。

44. 《民主黨派的工作要同國家的中心任務相配合》一文中的註釋347：「張東蓀……解放戰爭後期充當美特機關情報人員，一九五一年六月被破獲。隨後，撤銷了他的中央人民政府委員、中國人民政治協商會全國委員會委員、民盟中央常務委員等職務。」中共中央統一戰線工作部、中共中央文獻研究室編：《周恩來統一戰線文選》（北京：人民出版社，1984），頁242。

45. 對於「1951年春末」而後結案，目前查找到的文字依據見上註。

46 1996年著者對張宗燁的採訪。有採訪錄音及若干在場見證人，包括中國社科院張東蓀研究者左玉和。

47. 即上文1978年東蓀二孫（第三子張宗潁之子）在天津通過和平區人民法院提出申述，轉到北京後，公安部的復查工作。最後由中共中央統戰部辦公室於1979年1月4日函覆天津和平區人民法院。

48. 張家孫輩張佑慈1979年申訴後，子輩張宗炳1985年2月直接就父親張東蓀案致信鄧小平。不見回覆。3月，他將原信轉致當時的民盟中央主席費孝通。不見回覆。4月，再寫信給民盟秘書長高天（共產黨員）；月底再致信與父親有將近五十年交情的民盟副主席葉篤義。終於，到了6月底，一名名叫金若年的民盟中央工作人員，「到北大找了」盟員張宗炳，再次傳達統戰部給他的侄子的覆信，並強調「鄧副主席的批示」。本來在勸說下答應不再申訴的張宗炳，想想實在鬱憤難平，又在9月間直接致信公安部長，於是有了文中12月13日的回覆。

49. 章詒和：《最後的貴族》，頁349。

50. 郝在今：《協商建國——1948–1949中國黨派政治日誌》（北京：人民文學出版社，2000），頁356–357。

51. 王仲方：〈我參加新政協籌備會〉，《人民公安》，1999年第1期。

52. 當仁不讓地在民主投票中選自己，或許是「偉大領袖」的一貫風格。另一著名歷史證據是1969年的中共九大選舉：190名當選中委裏邊，只有兩人獲全票：毛澤東和莫名其妙地當了黨代表的齊齊哈爾工人王白里。

53. 1962年陳毅在廣州文藝工作會議上的傳達。

54. 望讀者注意笑蜀著作中對毛心目中「資產階級」的界定：經濟層面、思想層面與政治層面。此時最讓他不快、也最具挑戰性的，應是思想層面的資產階級。參見笑蜀：〈天馬的終結——知識分子思想改造運動說微〉，「香港中文大學中國研究服務中心」網站 (http://www.usc.cuhk.edu.hk/wk_wzdetails.asp?id=141)。

55. 讀者在這裏或許記得毛澤東當年說「誰敢橫刀立馬，唯我彭大將軍」，彭德懷給他回信，說改成「唯我英勇紅軍」為好。此時距1959年廬山會議有二十多年呢！

56. 羅點點：《紅色家族檔案——羅瑞卿女兒的點點記憶》(海口：南海出版公司，1999)，頁206。

57. 全部十條，均於1984年9月8日的中央統戰部致民盟中央的覆函中獲徹底平反。

58. 李銳《關於「毛主席萬歲」這個口號》：毛澤東自己在1950年五一節口號上親自加上了「毛主席萬歲」，這是1980年討論第二個歷史決議案時，朱德秘書陳友群親口說的，登在《中國共產黨中央委員會關於建國以來黨的若干歷史問題的決議 (草案)》的討論簡報 (中直機關討論歷史決議 (草稿) 簡報，第五組，第三十二號 [1980年11月17日] 陳友群同志十一月十四日的發言) 上的，陳友群當年還是中央文獻研究室的工作人員。(《炎黃春秋》雜誌2010年第8期)。

59. 1985年11月，農工與民盟中央召開《紀念章伯鈞誕辰90周年紀念會》，「給予章先生高度評價」；2015年5月，「獲得當地政府批覆同意」，儲安平衣冠冢落成於宜興西郊外龍墅公墓。張、羅二人的政治結論，未見鬆動。

三

哲人其萎

泰山其頹乎　梁木其壞乎　哲人其萎乎

——《禮記·檀弓》

大會鬥爭、小會批判、呼口號、流眼淚⋯⋯終於留在了1952年。1953春天，黨覺得「虛」已經「務」得足夠，該「落實到組織上」了。

這年春天，民主人士們——他們對「如來佛掌心」這一概念還不大明戲，但終於從「功臣心態」中覺醒，開始懂得什麼叫「夾起尾巴」。於是大家紛紛撰文開會，向共產黨亮出自己的新姿態。共產黨則一一撫慰，指明前程。

周恩來對張東蓀案正式發表意見（「押四寶」），就是在這年的3月1日。

總理講話是在民革做的，但民盟能沒有「態度」麼？6月，民盟一屆七中全會（擴大）會議閉幕，主題就是對張東蓀的揭露和處理。雖然沈鈞儒在報告的時候，綱上得很嚇人，諸如「一貫仇視馬克思主義、仇視蘇聯、仇視共產黨的思想，出賣祖國、勾結帝國主義⋯⋯，中國人民的敵人，美帝國主義派在我們新中國的特務」等等，但最後落到民盟中央「常務委員會第四十一次會議」決議，倒也還注意到自己的權限：「開除盟籍，提請政府依法處理。」

「政府」是誰，公安部門還是檢察部門？宣判應由誰和通過怎樣的程序作出？而且，一個在野政黨（權且認為得到正式註冊），有沒

有權力和資格對自己成員的「叛國罪」(而非「叛盟行為」)作組織審查？審查之後，究竟應依照哪部法律的哪些條款，通過怎樣的程序予以舉報？所有這些，恐怕不僅當時的報告人、共和國最高人民法院院長沈鈞儒不知道，審查小組成員、司法部長史良也「懵嚓嚓」。或者說，他們什麼都清楚，[1] 但更清楚的，則是怎樣在共產黨手下行事說話。就當時和後來公開的文字證據，[2] 似乎是，對於這樁「叛國案」，到民盟的會議開完，主角張東蓀的盟籍被開除掉，廣大盟員受足了警戒與驚嚇，就沒人接茬兒了。「政府」原沒打算「依法處理」，按照毛主席「養起來」的指示執行不就得了？「叛國案」就這麼無人能知深淺、無人敢置一詞地擱在那兒了。

燕京大學已然撤銷。北京大學全體和清華大學一部分，加上燕京的可留人馬，都集合到未名湖畔，合併成「新北大」。

他回到已經更了名的校園。

有沒有片言隻字留下來，彰示張東蓀在此時，對自己這番「天上地下」的遭際，有過什麼樣的體悟？1948年的時候，對國家即將來臨的新紀元，他曾引莊子「爝火」句。到了1951年11月，為《光明日報》撰文，在大大地誇了毛澤東光明萬丈之後，再度自嘲：

全國人應該在他的領導下繼續前進。我嘗笑向相熟的民主人士說，《莊子》上有許由對堯的一段話，他說「日月出矣，而爝火不息，於其光也，不亦難乎？」

牟宗三對此的解說是：這確是一新時代，你們或者完全相信，或者完全不信。一點一滴的贊成與不贊成完全是無用的。不但無用，也象徵你完全不解。你不解這新紀元的全幅來歷與全幅內蘊。[3]

張東蓀應該知道，一句「不能坐在一起開會」所具的份量，但作出解說……我們今天看到的，也不過這樣兩句：「亦覺人生百可疑，堪憐唯識此幾希」。[4]

他有沒有想過那張選票——可能根本沒有。除了魯迅所說「光明心地對陰暗、卑劣無法揣測」——所有1949年之後堂而皇之的政治運動，與毛得票575張看不出絲毫聯繫。況且，直到參加第一屆新政

協的籌備會議,他對共產黨將建立一個社會主義的民主政府,尚有比較樂觀的估計:

> 革命只有在變更政府現狀的那個短期內才是革命,過此即不能算革命,而應立刻即當走上建設之途,不復再是革命了。革命不能曠日持久的延續下來。[5]

而倡導民主、獲得擁戴,對已經取得成功的領袖,哪怕僅就個人素養而言,自應是民主社會的典範。也就是說,他與他們應具有:

> 自由討論的習慣,有肯與他人調和的性格,有在真理面前自甘讓步的氣量,有據理力爭而不傷和氣的胸襟。[6]

當然那時候梁漱溟在中央人民政府委員會會議上向毛澤東要求「雅量」的場面還沒有發生。也許此後他才會明了,容忍治下草民(包括下屬)本屬於公民天然權利的「獨立判斷與自主意志」,對獨裁者而言,是怎樣的苛求。他還記得那回麼?一次毛請張瀾吃飯,表老事前問他們大家有什麼意見要他當場向毛提。他說了關於大學改革以及工商業調整。過兩天,毛見到他,徑直問道:「表方那天的意見,是你讓他提的吧?」(張飴慈述)他和表方哪能料到,這時已不是1946年。毛肚子裏打的,已經完全是另外的主意,比如「加快進行資本主義工商業改造」:

> 出這麼一點錢,就買了這樣一個階級。這個政策,中央是仔細考慮過的。資本家加上跟他們有聯繫的民主人士和知識分子,文化技術知識一般比較高。我們把這個階級買過來,剝奪他們的政治資本,使他們無話可講。剝的辦法,一個是出錢買,一個是安排,給他們事做。這樣,政治資本就不在他們手裏,而在我們手裏。我們要把他們的政治資本剝奪乾淨,沒有剝奪乾淨的還要剝。[7]

燕東園34號早在鬥爭會之前即已調整給他人,張家從那棟住了將近十年(日據時候被大兵佔據)的小樓,搬到校園內靠近未名湖的

朗潤園178號。當時給出的理由是為「車」的緣故 —— 那部作為中央人民政府委員配給他的車須放在校園圍牆內。可發表於2008年的周啟博回憶[8]講得再明白不過，新搬進燕東園的共產黨員、歷史系主任翦伯贊不僅獨門獨棟，他的專車還曾在燕東園過橋時碾死另一位教授樊弘的外孫。1953年以後，張的車沒了，作為委員的一份薪俸也同時撤銷 —— 未見任何程序。

　　這是一棟朝南帶暖閣的中式平房，先是張家獨住，後來兩家合住，鄰居是懂哲學的英文名師胡稼胎。解放初，趙蘿蕤博士(即前宗教學院院長趙紫宸的女公子)被任命為燕大的西語系主任。她以為戰爭過去，國家安定，燕京將大發展，遂努力以她個人的關係與魅力網羅人才。1949年前後，與胡先生一同被她「挖來」的還有俞大綱，以及趙系主任在芝加哥大學時候的學弟、「不遠萬里」越洋而歸的巫寧坤。

　　在飄起了紅旗的燕園，張東蓀教授也曾經有過短暫的專注教學的機會。他的一名學生岑慶祺(應該說是最後一屆了)，撰文〈難再未名湖〉，談到恩師最後的教學生涯：

　　　　1950年，(我)中山大學畢業，讀了張東蓀師《道德哲學》，敬仰他，便考入燕京大學哲學系研究部。當時同學只有張月一人。恩師有張東蓀教授、洪謙教授、吳允曾講師，以後還來了汪毅助教。……

　　　　第一學年，東蓀師任我導師，並為系本科開了門西方哲學史，我也選了。他又介紹我到城裏熊十力師家中聽課。一齊聽到還有北大、清華哲學系同學七、八人。熊師講到性起時，喜歡摑學生的臉，我也在劫難逃。摑後寬懷大笑，我們也笑，不知是否即禪宗棒喝之類。有一次因故沒去，熊師給張師寄了個明信片，上面墨筆書寫後，用硃筆批註，又密密加圈，淋漓痛快。意思囑咐我要去聽講，說此課很重要，不應荒廢。當然我是很珍惜這機緣的。但不久便土改去了，再沒見到熊師，成為平生一大憾事。

　　張師又安排張月和我，隨系本科同學勞錦永、馬士沂、姚曼華、鄔茞茵、李筱菊，一起到清華大學聽馮友蘭、沈有鼎、王憲鈞諸師的課，並參加金岳霖師為《毛澤東選集》做索引的工作。這都是我在未名湖最歡欣美好的時光，今生難再！

　　第二學年，(我) 參加中央土改十六團到江西上饒專區東鄉縣，六個月。動身前，張師還給我題辭送行。江西風景秋、冬、春都很美，但我經常做夢，卻是坐在燕大圖書館自己專用的書櫃旁讀書。這期間傳來東蓀師被揭發、並以叛徒罪判刑消息，但沒關監獄，幽禁在燕園家中。土改後，我趕去看望。還沒進門，他說：「以後別來啦，對你不好。」不想遂成永訣，一生痛恨。[9]

當時，張爾田夫婦(孫輩們稱「大爺爺」、「大奶奶」)均已過世。東蓀長年來謹奉兄長為人處事風格，「寡嗜欲，自奉約而與人厚」，在燕東園，寄住在張家的親戚沒有斷過。但到了這時候，只剩下一位孫輩們的「姨婆」——東蓀夫人吳紹鴻之妹。

　「姨婆」嫁到藍家(藍公武的兄弟)未久夫婿棄世。青年守寡的藍吳氏一直隨姐姐住。在着兩位正宗女主人的家裏，藍吳氏實際擔負的，一直是管家的角色。她正讀大學的獨子藍文謹(張宗燁的表哥)住在學校。那段日子，唯一一椿讓東蓀先生表現一點生之樂趣的，就是這青年的婚禮。他畢業並且成家了，喜事由藍家操辦。宗燁記得：

> 那次，我們全家都去了。特別記得爸爸說：「儘管我這個人現在是受批判的，還是要講幾句話。」1950年以來就這麼一次，他自己說想講幾句話。

　　課，當然不會再安排。東蓀先生有時候還到系裏走走，但也不過兩三次——想來場面相當尷尬。

　　他終於有了閉門讀書的時間。讀什麼呢？從後來的詩作裏，知道他那時候曾再讀《南華經》(「金風拂地已添寒，一卷南華到夜闌。」

《克之以寒韻二十疊詩見示 再勉和三首》)。但專業研究,特別是追索
西方哲學前沿進展的舊習難改。對此,我們的主人公頗覺痛苦(「久
恨乏書堪供覽,倘逢舊友勸加餐。」《答謝戟門》)。與別的同樣處境
的人不同的是,淡巴菰,與之相伴已經半個世紀的香煙,居然戒掉
了——雖然顯得頗為失落:

> 憂患相依淡巴菰,一朝輕別亦何辜。
> 倘能健飯初堪償,況是幽居更覺孤。
> 留眼看雲猶昨日,迴腸盪氣失前吾。
> 海濱舊侶書來問,卻報詩思近漸無。

沒有報刊供瀏覽,他開始動手翻譯休謨的《人類理解力》,那首
「人生可疑,識此幾希」的《浣溪沙》就寫於此時。

這部譯著未見出版,手稿已不知去向。

一幅加框的字依舊掛在壁間。那是一通暫可稱作「手卷」的「信箋
橫鋪裝裱集合」,是北平圍城解紐一年之後,他的一批老朋友興奮感
念之餘,專門寫給他的。第一封是鄧文如的〈圍城四章並序〉:

> 戊子之冬,幽都罷兵,城守二十萬人,攻者或三倍之。生靈
> 百萬,不自意能全,將與宮室文物同爐矣。東蓀先生爽然傷之,
> 徒步兩軍間,剖陳利害,釋兵解大難。萬姓歡呼,出於意外。

> 東蓀儒者也。儒者濟物仁民,其功偉矣。三十年來競言愛
> 國愛民者,不能與之比量也。既許為文辭以稱美之,越歲成此
> 詩,慚其荒率奈何。

> 常山東走氣縱橫,
> 渤海灣環擁舊京。
> 閱世廢興知古樹,
> 有人留戀夢春明。
> 千門尚聳凌霄闕,
> 萬戶曾輝不夜城。

説着兵戎頻太息，
露盤多少淚珠瑩。

才憂鼙鼓遍諸方，
一夕郊原赤幟張。
倦眼嬾舒唐社稷，
御溝還繞漢宮牆。
遺民淚共圍城盡，
匹練光搖北斗長。
不道回天真有術，
春風拂面柳輕颺。

布襪青鞋竹杖藜，
衝寒冒雪走東西。
軍中刁斗容長揖，
席上瓊瑤勸短提。
一語解紛歡玉貌，
萬家賒死頌金泥。
輸君虎帳歸來日，
細與蒙莊論物齊。

老病常俱九轉丹，
養生爭似有生難。
愁來紙筆妨人識，
亂後鶯花帶淚看。
大好心期聊作達，
無多酒力勉加餐。
詩成已是隔年事，
回首驚魂總未安。

庚寅元宵節文如居士鄧之誠書於成府村居之五石齋

第二封信出自時任燕京大學藝術史導師，名列「民國四公子」之一張伯駒，詞寄《滿庭芳》，外加對當時情勢的描述：

> 萬姓生靈，五朝都會，千年文物風流。
> 重樓連榭，歌舞不知愁。
> 一旦風雲變色，覆巢下、完卵難留。
> 堪憐見、銅駝荊棘，灑淚對神州。
>
> 書生憑舌戰，折衝杯酒，慷慨陳謀。
> 頓日消霧瘴，浪散浮漚。
> 尚有東園桃李，春風待、還自歸休。
> 何須論、名山青史，一笑付陽秋。

> 　日敵降後，瘡痍未復，蔣氏重為內戰，不惜民命，人所共憤，眾以違離，不旋踵一敗塗地，兵火迫於燕都，兩軍角抵，玉碎堪虞。東蓀先生倡議和平，乃冒險入城，奔走斡旋，以為保全。予則追步驥尾，聊效贊襄。議定，君更犯風雪，衝鋒鏑，以至薊東。杯酒之間，化霧瘴為光明，閭閻無擾，萬姓騰歡。功既告竣，君乃歸去，重執教鞭。予亦埋首窗几，更理舊業。書生之事，不過如此。從茲干戈永寧，車書混一，得為太平之民，何幸如之。南宋徐君寶妻，有滿庭芳詞，膾炙人口，因效其體為贈，惟哀樂迥異而工拙不同耳。

> 　　　　　　　　　　　　　　庚寅上元後二日中州張伯駒

對於自己當時的努力，叢碧自謙為「追步驥尾，聊效贊襄」；而大事過後，「君乃歸去，重執教鞭，予亦埋首窗几，更理舊業」——多麼可敬可愛的書生本色。

此外還有林宰平的五言長歌：

> 掩卷倚長歎，吾生將何為。鼎鼎此百年，所恥儕毛錐。
> 壯哉吾東蓀，成就乃爾奇。魯連天下士，排患無挾持。
> 散聊徒苦民，捐燕誠識時。不尚墨翟守，詎屑田單知。

行吾所謂是，浩然出郊歧。徒步越黃莊，堅冰積長陂。
夜宿三家店，足瘃寒忘疲。易水接石門，八一颺紅旗。
軍門一相見，奉槃前致辭。大計遂以定，履險真如夷。
圍城百萬家，遽脫累卵危。君曰非我力，日轉影自移。
歷史此進展，人物從之馳。我所謂是者，信此無所疑。
僕聞君之言，慨然為伸眉。曹蜍與李志，厭厭使人悲。
劉勝如寒蟬，高蹈實已卑。大木憂將顛，一繩不可維。
眾繩足挾顛，眾志國以支。君唯為群眾，故周旋京師。
餘皆細事耳，時名寧足期。

庚寅六月北雲林志鈞七十二歲作

再有當代人已經相當陌生的西洋史專家傅嶽棻（《望海潮》著者，時年已逾耳順）及齒序更長的國文系教授、中山公園董事長夏仁虎（1874–1963）及杭州巢雲的詩、詞。

橫鋪「手卷」的最後，是東蓀自己的補敍：

戊子冬，北平圍城，余與劉后同、侯少伯、彭岳漁、張叢碧倡議罷兵，以保全人民古物，以余為雙方信任，使出城接洽。當時慮或不成，慄慄為懼，乃幸而一言得解。事後友人義之，有此題詠誦。余亦自謂生平著書十餘冊，實不抵此一行也。因裝成幅，留示子孫。東蓀自識。

讀者或許記得這則「補敍」中開列出的四位，正是本書第一章第一節「軍委來電」中提到的傅作義的老師和知交（劉后同）；李濟深代表（彭澤湘）；以及平日散淡、有了大事卻不讓人後的侯少白和張伯駒。東蓀在這裏沒有提到其實也相當關鍵的何其鞏（克之），想來沒有把這位北伐時期與傅即是朋友的前市長看作是民間人物。符定一他也沒有提。箇中緣故只有留給國史家了。

後來，還有詩記敍此事，但已是從朗潤園再遭驅趕，遷到校園外之後——1960年。而文如也已在嚴寒中遁世：

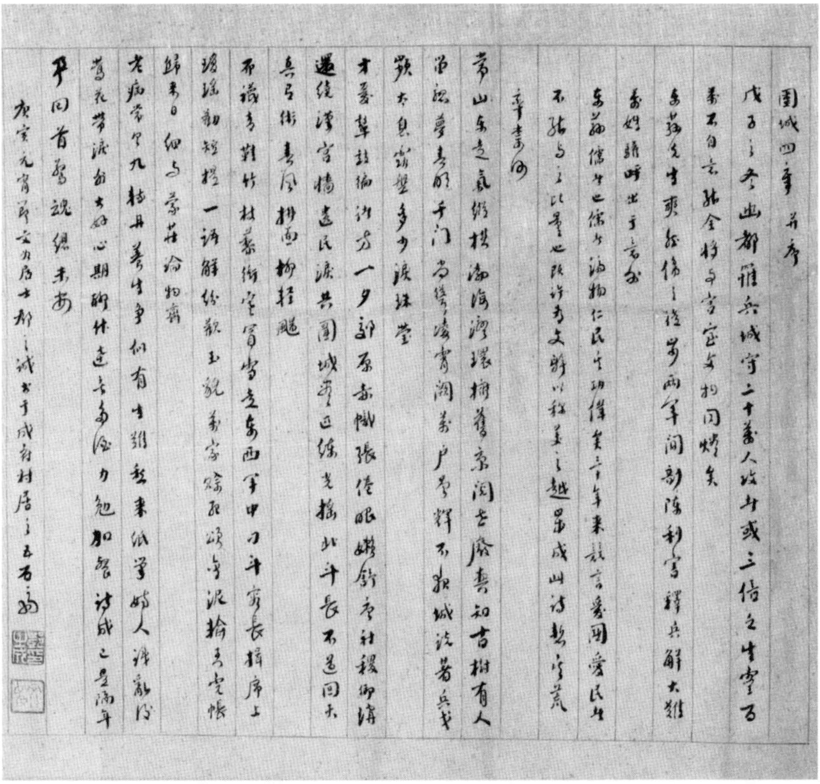

「圍城題記」之一：鄧文如的《圍城四章並序》

滿庭芳

萬姓生靈，五朝都會，千年文物風流。重擬連橫歌舞，不知愁。一旦風雲變色，西復巢下，完卵難留。智堪憐，見銅駝荊棘，漠漠對神州。

書生漫手戰折衝杯酒，懷慨陳誅。頸日消雲霧，療淺敝浮漚。尚有東園桃李春風待還自歸休，何須論名山青史，一笑付陽秋。

日歙降後，瘡痍未復，辭民重為內戰，不惜民命而共情泉以逞。離不旋踵一敗塗地，立火迫於燕郊，西軍角挑玉碎堪虞。東蘇先生倡議和平，乃胃險入城，李艾翰旋以為保全平則進步驅尾，聊敢貺篋，驀定君更犯風雲綠鋒，銦以至劉東杯酒之間，化霧瘴為光明，歷畝無援，萬姓歡功竟，君乃歸去重撓，敕鞭子亦埋首窮見更謀舊業。書生之事不遇如此，范蠡干戈永定軍書，況一得為太平之民，何幸如之。南宋徐君寶妻有滿庭芳詞，繪灸人口，因效其體為贈，惟哀樂過其，而工拙不同耳。

庚寅上元後二日中州張伯駒

望海潮　戲卹子江

漏閱千載龍宮萬琲燕京自古神都三邊邏撤三軍自退殘棋

薈工全翰霹靂淨歷 北齊書薛孤延傳 欵鐵圍難解玉碎悲予奮起

衝寒蛤崛豬口疾聲導　飛鳶我亦傳書 韻諸北方保護文化城及民今丑寧起

牽風雲漸辨霧嶂潛紆羽撤朝通珠盤夕定危

城頹保無虞萬堵恣歡娛和郎當舞裏擊瓊詞櫛事過嵐望先生

一笑早忘諸

庚寅孟陬七十四叟婿淨傅嶽棻倚聲

「圍城題記」之三：傅嶽棻的《望海潮》

讀文如圍城四章題後

叔逖著此數卷翁劉淡猶似烏驚弓幕寫已識全軍墨

山兔窮知隔歲出飛笭魯運功不細來時庾信賦雖工

余時作氣雖民賦有所諷喻信歎始末書卷為人之西歎信而不能言不能言者

西山閱世渾無語便歎相淺策短筇節

庚寅正月枝巢夏仁虎稿時年七十又七

傳烽真逼古城陰急景調年對筆侵排難惟愿

三寸舌極毫真滑羞人心霞葉兜卿微天幸殘局

枯棋閱世深讀書祇令猶毫交金盡夕斟賞沈吟

杭州巢雲

「圍城題記」之四：夏仁虎的《讀文如圍城四章題後》和巢雲的題詠

掩卷憍者右龍弓生將何為泉之此百年所恥儒毛錐

壯哉吾東蓀成猶乃京奇魯連天下士排患去挾持

敢聊徒苦民惜燕誠謙時不尚墨羅守詐盾田單知行

豈有唐是浩然出郊歧徒步越黃莊堅冰積長陂夜

宿三家店呈塚寒志疲易水抱石門八一颺紅旗軍門一

相見章樂前發辭大計遂以定廄陰志為英圍城百羊

家邊脫累卯老臾回飛泰力日禱影自發歷史此進展

人物民之馳我所謂是者作此姿所雜傑閣君之言怏

狁為伸眉曹餘與李志厭之使人熊劉勝如塞蟬高韜

寶已卑大木憂將頹一繩不可維衆繩足扶顛衆志

園以支天惟為群衆故園旋京師徐皆細事手時名

寧足期　　　庚寅六月北雲林志鈞七十二歲作

戊子冬北平圍城余心劉后同僕少伯彭岳漁從業碧倡議罷

兵此俟全人遺古物以余若双方信任使此城幸俗道此電成灰悵

為懼乃幸而一言促解事後友人戲之言此題誦余年自說生平

第廿六頁冊寅孟振生一門也因裝成幅誓示子孫　　東蓀自識

「圍城題記」之五：林宰平（志鈞）的五言長歌和張東蓀自識

追題文如圍城四章詩後

深感清詩記我狂，夢回猶自對蒼茫。
書生謀國直堪笑，總為初心誤魯陽。

月明猶見舊山河，搔首何堪問逝波。
我感微生君辱筆，人間熱淚已無多。

懸於牆上的另一幅是宗炳的朋友蔣兆和為東蓀先生作的水墨肖像速寫（與他為司徒雷登作的那一幅在尺幅、筆法上逼肖，估計出於同一時期），上有梁秋水的題詞：

其清如梅，其瘦如鶴，
所操者堅，所學者博。
此書生之本色，
乃吾儕之表率。

這幅畫已於1966年焚於紅衛兵在當院點起的革命烈火 —— 我們在後面還會講到。

他有了足夠時間思索往事，評判自己的一生。平直的自傳難於落筆，從幼年時候即瀦積於思緒中的詩詞工夫抬頭。獨宜老人《草間人語》——詞一百三十闋，詩七十首，就開始在這時候。用他完稿後的話說，就是「從1952年冬天開始寫（虛歲六十七），至1955年冬至（虛歲七十）完成」。

行年六十有七，始學為詩，繼而又勉為詞，乃竟忘老至，不自量力，妄欲與詩伯詞宗抗手，亦良堪發噱也。三年間積稿，詞得一百三十闋，詩七十首，錄而存之，以詩附詞後，共二百首，顏曰草間人語，僅為自覽之便而已。今七十已屆，遂不復再作矣。雖不必如疆村所云理屈詞窮，然亦精力就衰，宜不再有所作也。

自題此集

搜玄闡理只慮陳，報國孤懷似涸茵。
一事謝天多難後，餘年猶許作詩人。

百年豪氣向誰傾，倒海空尊亦數擎。
厭世攀天無一可，但將詩境慰今生。

萬象繽紛默坐時，虛廊淡月耐長思。
人天戡破心何寄，餘疚難除遣入詩。

本來萬物俱潛遷，煩惱只因道未堅。
寂寞料知千古笑，詩成卻作自家禪。

咀蹭人間久已瘝，不覲孤鏡亦陰陰。
殘年何恤逢奇事，甘把孤吟換陸沉。

用夷變夏各攀轅，我譜天心不叩閽。
世有烏台休再作，但留辛苦夢中痕。

寂寞千秋豈自哀，高歌神鬼莫須猜。
世間黃鵠蒼鷹事，不向詩中點筆來。

靜中天地自紛紜，身臥禪床眼透雲。
萬語蒼生今已贅，小詩留待後人焚。

　　讀者或許記得，民盟中央常委第四十一次會議「開除張東蓀盟籍，並提請政府依法處理」的決議在 1952 年 10 月底作出。也就是說，從鬥爭會回來沒多久，他就開始動筆，而《草間人語》之第一首，不見自身命運之憤懣哀痛，竟是憶往昔之「三事歎」——歎洪憲廢、對德宣戰和對日作戰的關鍵時刻，未能把握國運轉折的機遇：

憶昔有三事，曾博亡友歎。俱言事倘成，當時靡後患。
不忍驟回思，徒使屍顏汗。胡為今述之，自傳補斷片。

「補斷片」，自傳已經有了麼？何時動筆的？有記載的，只在給龍榆生的信裏説：詩寫不好，只填詞。而詞，他自我評價，六十七歲開始學，只幾首得意之作：《八十自壽》、《夢辛棄疾》。張鶴慈清楚記得爺爺怎麼抄錄好鄭重送給他，並一一為他講解辛詞。

雖説「靜中天地」，尚有些人氣。

除了家人，對他「身份」的改變，對他實際所處「軟禁」狀態完全不去理會，從而走得最近的，是所謂一月一次進城下小館的「三人幫」：東蓀以外，一為原美國總領館翻譯，北平英文《時事日報》總編，後入燕京任新聞系教授的孫瑞芹；還有曾留學法、德的錢公武。早在三十年代上海時候，錢公武準備拿日本人的錢辦報。張東蓀知道後嚴誡不可，並替他還了錢，二人從此成至交。到了五十年代，不拘小節的錢公武，居然成了京城鳳毛麟角的獨行伙，絕不在乎當局的態度，照樣跟被黨「滅」了的一個個前名人往來。張家的人都記得，他怎麼從城裏風塵僕僕到燕園，傳播種種小道消息。

在1952年至1955年間，即《草間人語》成書前後，與東蓀詩詞唱和最多的，則屬老友、正無官一身輕地「隱居」北池子家中的何其鞏[10]。讀者一定記得1949年北平和平移交時候那次何府的「四人家宴」。正是在那天（1月2日），傅作義將軍收到「詞近恫嚇」的「軍委來電」。至於後來傅作義發帖宴請二十位文教界名流（徐悲鴻、許德珩等），是天津已經丟失、不和已無任何出路的1月16日下午；而何思源、康同璧等「北平市民和談代表團」出場（1月18日），已屬於大局已定之後政治家的「秀」了。

令人難於索解的是，以何其鞏這樣出類拔萃的人物，且在與共產黨合作中的屢建功勳，怎麼到了人民共和國，竟沒有任何安排——因為沒有安排，到如今幾乎沒有人知道了。僅有的述説出自何家後人之筆：

> 北平和平解放後，新政協籌備期間，齊燕銘（畢業於中國大學並在該校任教，時任中央人民政府辦公廳主任——著者按）、史立德（畢業於中國大學，曾任全國供銷合作總社副主任——著者按）曾向

周總理彙報了何其鞏的工作情況及安排問題，沒想到總理了解的情況比他們還多。按照總理的要求，何其鞏書寫了「自述」，他在這篇三千餘字文篇的末尾寫道：「只求稍能裨益於人群，一息尚存、永矢不渝。」表明了自己的人生觀；(此件) 1950 年 4 月 10 日「交周新民同志轉翔宇同志」，又按中央意見，寫「自傳」呈毛主席。1954 年秋，齊燕銘和中央統戰部同志傳達總理意見，希望何其鞏參加第二屆政協工作。父親告訴齊燕銘自己已身患重病，不能出來工作了。1955 年秋，父親因肝病不治在京病逝。[11]

時年五十六歲。而病逝前，家中竟然「不能舉火」——這裏邊埋藏着什麼隱秘呢？東蓀「和克之何其鞏寒食感事詩」(估計作於 1953 年初春) 中說：

何郎奮筆詠春寒，夢入江南隔歲闌。
萬事悲歡身外過，一枰黑白局中觀。
放懷不作呵天語，緘口方能謀睡安。
他日西山結遊侶，相攜霜後看楓丹。

慣作「呵天語」的角色，能否「緘口」，怕是當局最不放心之處。這就是連閒職都不予安排的要害了吧。只望《何克之自傳》出版，以解後世讀者心頭疑問。

吟詩讀書，並不意味着晚年安度。當時，東蓀心裏最難過的一件事，是孩子們的事業受到的牽連。

雖然自己的國學課業，是在兄長的嚴格督責下完成的，張東蓀對自己的孩子，則給以充分自主與自由。張宗燁告訴著者：

爸爸這個人，除了他的學問，還有和別人談論時政，別的事一概都可以不要。他平常很少理我們，但對我們很好。吃飯時候聊天兒，也是他的那些天兒，腦子裏一天到晚，就是那點東西。人是特別好說話：請小朋友到家裏來了，鬧得一塌糊塗，翻了天，吵得他不能睡覺，「你們玩吧。」他就走了。好脾氣，

東蓀夫婦及盛裝孫輩「五慈」，攝於中山公園1950年
二叔／二伯的新婚日，從左至右：張繼慈、張凱慈、
張鶴慈、張佑慈、張飴慈

輕易不發火。從小長大，沒有對我發過一兩次火。但也很少引
導子女。

　　他天天忙他的事，跟我們沒有太多的接觸。我們家比較自
由開放，愛學什麼就學什麼，愛看什麼書就看什麼書，沒有指
導。上中學想多唸就多唸，唸完了想考什麼大學、什麼專業，
爸爸從來不干預。婚姻也不管，自己決定。

1952至1953年，在這屈辱、困惑的一年裏，他的長子與次子，
1938年獲美國康乃爾大學昆蟲學博士的張宗炳，和同年獲英國劍橋
大學統計物理博士的張宗燧，碰巧都與他在同一所大學。張宗炳是
因為恩師李汝琪點名而從北師大強調過來；張宗燧則還沒有給排斥到
北師大去。

　　三十年代張東蓀受聘到燕京大學任教時，他的兩名處於少年期的
兒子，一個十五歲，一個十四歲，因為在家庭教師的輔導下不停地跳

級，此時不僅都從中學畢了業，還都通過了燕京的入學考試。到了北平西郊，在充滿浪漫情調的未名湖畔，這兩個個子還沒有長足的少年新生，沒少被女同學捉弄。宗燧很快轉學了——他非唸清華不可，因為清華是國立大學，是得到國家認定的最重要的高等學府。到1936年，已然獲碩士學位的兩兄弟，又同時考上每科全國只有一個名額的庚款留美名額：哥哥宗炳生物；弟弟宗燧天文。按照規定，習天文的學生必先到紫金山天文台實習。張宗燧去了半年就毅然放棄了（1936年美庚）：第一他不大喜歡天文學；第二他覺得，科學重鎮還是在歐洲。第二年，他再考庚款留英，這回拿到數學（全國共有兩個名額）之一。

　　兩兄弟學成之後都是立即歸國報效。獲康乃爾大學昆蟲學系博士學位的張宗炳，1938至1941年在東吳大學任講師、教授。張宗燧則於劍橋畢業後去丹麥、瑞士等國，隨量子物理的創始人尼‧玻爾工作。1940年春，他接受了中央大學之聘，回到戰時陪都重慶，任中央大學物理系教授。1945年，抗戰勝利，應李約瑟推薦，張宗燧再次赴英，並在1946至1947一年間，在劍橋完成四篇高水平論文——年齡不過三十出頭。他知道自己的份量，提出在劍橋開課，獲得屆時任「魯卡辛（Lucasian）講學教授」狄拉克的支持，並安排講授場論——這是中國人第一次登上劍橋講壇。

　　國家的寶貝啊——在那樣紛亂的年月！儘管政權歸屬尚不明朗，北大校長胡適[12]還是親自出面，安排這「難得的人才」回國任教——雖然故土正是戰火紛飛、民不聊生，張宗燧說回來就回來了，好像什麼都沒想。

　　1952年的思想教育運動，因為父親，也因為他們自己，這兩名冰雪聰明、滿腹最前沿科學知識，卻「世事遠未通明、人情毫不練達」的青年教授（他們一個三十八歲，一個三十七歲），都沒少「經受考驗」。

　　1951年，宗燧即成北大的批判重點。當時，大家都滿懷新生國家主人翁的驕傲，學習毛主席的論述「美帝國主義是紙老虎」。對此，在普林斯頓和費城做過研究的宗燧有不同意見。在批判會上，他堅持稱美國的科學研究「很厲害」，「斷然不可能是紙老虎」。毛主

席都作結論了，你還起什麼哄呀？在與會同事經黨指引一陣劈頭蓋臉批駁之後，年青的張教授無奈地辯解：「非要說美帝是紙老虎，那起碼也是厚紙的」——全場哄然。更讓他不明白的是，在美國發表學術論文，為什麼就成了「不愛國」。他不斷地檢討，總不能過關。第二年，即被排擠到北京師範大學。

宗炳1951年從師大隨生物系調整到北大。和弟弟比，他其實隨和得多，在學生心目中，是一位「博學而且性格開朗」的老師。但當時環境，據他的學生回憶：

> 我和所有的同學們一樣，都與他保持著一定的距離。何事？因為同學們都模糊地知道他本人和他的家庭有著複雜的政治背景，但具體的事情大家又說不清。他的父親張東蓀在那時被認為是出名的「反動政客」。……
>
> 我那時不關心政治，因此無心知道他到底是個怎樣的人。只聽同學說，他曾向毛澤東提議，如果建設國家需要財務支持的話，他可以和美國接觸並洽談由美國提供經濟援助。在那時節，真不理解他怎會如此想，而竟然荒唐地去向毛澤東如此建言。1952年年中燕京大學被撤銷，北京大學全校和清華大學的部分院系及燕京的原班人馬都在燕京的校址合併成為了「新北大」。一位高班同學帶著我到附近郊區走走，在校址西北側看到了一座孤零零的房舍，那位同學悄悄告訴我，張東蓀就被軟禁在那棟房舍裏。[13]

這其實是不確的，張東蓀並沒有過這樣的軟禁經歷。然而，從于宗瀚同學的敘述，我們不難看出一個又一個的運動，橫掃傳統政治文化，重塑中國社會的偉力：連果敢率真的大學生都在無以名狀的壓力下變得畏畏葸葸。所幸，同情心還沒有完全泯滅，雖然只能深藏著：

> 我所知道的有關張師、其父、其弟的事情全是和要好同學們私下悄悄交談而獲悉的。在北京大學內部大家對所有有問題人物的事情都是避免公開談論的。為了撰寫此文，我問訊過在北大工

作了數十年之久的老同學可否知道有關張家的更多的事情，回答
是關於張家的事情幾十年來大家都不便於多問。[14]

燕京大學哲學系馬士沂 (張東蓀的學生，留北大任教直到八十年
代) 屬於對該案前後了解比較多的人。他一直心存疑竇，認為「雖然
證據確鑿，但張從未表示悔意與自責，反而理直氣壯宣稱自己愛國。
莫非背後另有內幕？」據與林孟熹八十年代交談，他「深信這是一件
內情複雜的冤案，終有大白之日」。

他的關門弟子前澳門哲學學會會長岑慶祺認為：

> 近代中國，第一個建立了自成系統的哲學的人，就是東蓀
> 師。四年前 (1996年——著者按) 我們籌備為他辦一次研討會。
> 但是當年為什麼要給他定罪判刑？到底定了什麼罪、判了什麼
> 刑？經數年代查訪、詢問，仍然問不出結果。只知道院系調整
> 後，他合併到北京大學。1958年後被迫辭去教授職務，調北京
> 市文史館……這便是中國近代第一個哲學家的下場。淪陷期
> 間，被日本憲兵司令部關押半年多，他堅決不屈。沒想到沒有
> 死在敵人監獄中，結果卻死在自己人手裏。

> 湖月應憐塔影低，
> 未名朗潤兩淒迷。
> 傷心最是當年柳，
> 北望無言對夕暉。

> 1998年5月20日於澳門[15]

到1953年，新整頓好的共和國還有另一項「任務」：通過普選，
召開人民代表大會。對此，周恩來曾對民革的代表解說道：

> 人民代表大會制屬於蘇維埃工農代表大會制的體系，完全不同於
> 資產階級的議會制。議會制實際上是資產階級專政，是假民
> 主，而人民代表大會，是經由人民選舉出來的，是代表廣大人民
> 利益的。……各黨派的成員怎樣才能被選為人民代表？……對
> 民主黨派的要求，當然不能像對共產黨員那樣嚴格。……但原

則是一致的，要選出肯為人民服務的人。只要真心為人民服務，民主黨派朋友是可以得到照顧和安排的。[16]

何謂「為人民服務」？何謂黨的「照顧和安排」？答案顯然不能從《說文解字》或者《辭源》中找。

「養起來」的張東蓀已經失去了民盟的盟籍，「照顧和安排」本落不到他頭上，但當局和「革命群眾」（讀者一定記得前文，開鬥爭會的時候，「積極學生」怎麼接受組織部署）並沒有忘記他。據後來零星材料拼接出來的場面，似乎是，政府須依法公告具有選舉權的居民（公民）名單，方式是由戶籍警按冊抄到彩色（一般是紅色）紙上張貼於牆。張東蓀在燕京校園已經住了二十多年，作為居民，自然紙上有名。這名字被「革命群眾」看到了——究竟是特別心明眼亮，還是接受了什麼人的部署，不詳。總之，發現了「張東蓀」三個字的幾位，大義凜然地向公安當局表達了與這樣的人並列為公民的憤怒。如果此情出現在1966年，他們一定自己上門極具戲劇效果地怒吼撕扯。但那時是1953年，未名湖學子表面上尚存斯文。我們只知道，那最後的結果是：被開除盟籍的張東蓀自己走到海淀法院，「交」出了自己的選舉和被選舉權。

所謂「交」，也總要走個過場。已故澳門哲學會會長岑慶棋記得：一天他遇一熟人（原燕大工會主席），他告訴岑，1953年普選時，他路過海淀，見有一佈告，是關於撤消張東蓀公民權的公訴大會之類，發起人中竟有自己的名字！

當時作為代表，到海淀法院表達義憤的華海峰對張家後人說，他是院系調整以後到北大的，所以不了解什麼情況。他曾作為學生代表，按照組織的安排，為張東蓀的選舉權到法院走過一次形式。其他的就什麼都不知道了。

不見法庭量刑定罪，公民權經「群眾反應」和隨後的「公訴大會」即予以剝奪，在現代法制社會似乎「匪夷所思」，但在無產階級鐵拳下，卻無人不「視為當然」——張東蓀本人似乎都沒有為此受到很大觸動。

之後呢？

　　五十年代中期他的一個學生偶然在北京王府井大街上遇見他，只見他身穿陳舊的布衣，面容憔悴，十分蒼老，低着頭混在人群中，像是怕被熟人認出的樣子。那學生不禁驚呼：愛國志士、學術泰斗竟潦倒至此。

　　1955年，張東蓀境況依舊——值得欣慰的是：被忘掉，也實在並非壞事。只看批胡風開場時，因為1948年「呼籲和平」，已從中共元老變成「叛徒」、七年不見文字發表的張申府，區區一個「北京圖書館研究員」，還須按照當局所定的腔調說話：〈必須嚴懲胡風這群萬惡劣徒〉。東蓀躲過了這一劫，免掉充當搖旗吶喊小丑的恥辱。

　　政治上的朋友一個都不來了。張宗燁觀察到：

> 藍公武絕對不敢來。私下其實他挺想和爸爸來往。凱慈記得奶奶對他說過，藍公武早就勸爺爺（估計1949年春北平剛剛解放的時候）：「已經登峰造極，什麼都別幹了，你弄不過共產黨！」

　　當時還「敢」跟他來往的，據家人記憶，第一屬朗潤園近鄰胡稼胎——住在同一棟房子的張、胡兩家近到什麼程度呢：共享正房客廳，連隔牆都沒有，只擺一排書櫃為分界。胡教授成了東蓀作詩、聊天，還一同在校園散散步的朋友：

> 結鄰卻喜共詩書，同歎長安不易居。
> 未許耳談飛室外，幸能目笑在茶餘。
> 忘機何日心徒壯，毀馬今生願恐虛。
> 每苦宵吟翻擾睡，失靈文字喚何如。

和稼胎用秋水詩韻

　　此外還有北大醫務室的楊大夫。即使張家沒有「告病」，他也常過來看看。晚輩學生也有人來。宗燁還記得父親的學生：吳允增（數理邏輯）、汪毅（可惜英年早逝）、沈有鼎（腦子裏只有哲學，蓄一部大鬍子，不洗澡，襪子破了不理會）。他的正宗同事，哲學系教授、外國哲學史教研室主任洪謙，也不時過來「一起談談哲學」，並且一

直到最後還來看望。老友蔣百里之女、偕夫婿（導彈專家錢學森）輾轉返國的音樂教師蔣瑛，那時候只知舊情，還不懂何謂「犯忌」，也到過朗潤園。

這前後，爾田先生忘年詞友、曾共同策反郝鵬舉的龍榆生，因為陳毅市長的關照，在上海終於得以「專心撰述」，來函告東蓀先生「將修訂舊輯宋詞選」。東蓀「閒中頗多雜想」，回了一封近二千字長信——以今日愛宋詞之讀者角度看，實不乏真知灼見：

1. 原書三百餘頁，即增至六百頁亦不為過多；

2. 每一人增加公曆紀元生卒年月；

3. 不必限於詞家，如岳武穆之《滿江紅》，王荊公之《桂枝香》似宜選入。二人非詞家而詞亦絕佳；

4. 女性作家之朱淑真宜選數闋；

5. 重刻時似詞之本文可用較大之字模，而註及其他皆用較小字；

6. 於比較最為初學者不易解之典，宜仿箋註東坡樂府之例，略加註釋，但不必過多；

7. 所選之詞仍可略加增益，如辛詞所選似偏於沉痛一路，他如「不恨古人吾不見，恨古人不見吾狂爾」之曠達一路，似可再增一二闋。[17]

在這封信裏，東蓀還就「比興之說」，以辛詞《摸魚兒》「算只有」三句究竟指張浚還是秦檜，「請詳言之」。僅此，著者即對張家後人所說「大爺爺讀史，爺爺只對詩詞有興趣」存疑。當然，此情此景也可理解為，東蓀不大讀史，只因愛辛詞，有宋南渡前後一段，已是熟諳貫通。

他自己最喜歡的《喜讀蘇辛詞欲效之，不能得似萬一，賦四律自嘲》就寫於這前後：

蘇辛讀罷思如潮，搖斷吟鞭不自聊。

東去大江收眼底，幾番風雨臥終宵。

小舟滄海難為寄，卯酒騷魂或可招。
獨立愴神更懷古，白雲渺渺暮迢迢。

蒼茫百感集今朝，拍遍欄杆意未消。
缺月疏桐雲淡淡，野棠花落雨蕭蕭。
埋荒匣底千年劍，吹裂人間一尺簫。
太息共誰歌水調，暮煙衰柳自飄搖。

天高難問意難支，獨抱蘇辛自養癡。
風雨幾番人醉後，大江東去我何之。
腸中冰炭今方盡，夢裏茗柯老不知。
偏是吟來無限感，黃樓夜景最堪思。

浩蕩閒心枕上馳，乾坤縮入宋人詞。
杯邀明月知何夕，腸斷斜陽奈此時。
飛絮簾前春去早，亂山橫處鳥歸遲。
遙知千載沙汀上，總有孤鴻冷自持。

盟內的前戰友呢，還有人記得東蓀先生麼？據葉篤義回憶：

> 等到張東蓀勾結美國特務叛國事件揭露出來之後，大家都害怕
> 了。羅隆基曾對我說：「張東蓀真不夠朋友了，瞞着人做那樣的
> 事。幸虧李維漢保我過了關，不然我是跳進黃河洗不清了。」[18]

到九十年代後期，著者前往葉家問教。篤義先生的心情已經平
靜了許多。他懷着無限感慨，全力扶助後輩學人弄清真相。雖然回
憶起當時的情景，他模糊記得的，已經全是後來栽到張東蓀頭上的
「罪行」：

> 當時民盟的人，忽然發現張東蓀不見了，怎麼回事？後來見
> 到他寫給毛主席的檢討。現在模糊記得的是：那時他和中共的
> 關係已不像當初那麼好，主要他反對「一面倒」的外交政策。所
> 以關於中國決心抗美援朝一事，張是有意告訴王志奇的。

　　他還告訴王舊政協的人裏有哪些能影響。他並非一味親
美，只覺得應「兩面倒」。為什麼要通過特務？那時和國外的一
切來往都斷了。後來民盟將他開除，以後就再也沒有見過了。
那時候，共產黨臉一變，民主黨派都不敢說話。過了相當久（大
約1954年），李濟深還找毛：「東蓀先生，可不可以請他參加一
些會議？」毛回答：「他的情況不一樣，不處理他，就算寬大
了。」[19]

　　當著者將留在張家後人手中《獨宜老人：草間人語》殘箋鋪開給
他看的時候，這位張教授早年的親密助手相當吃驚：

　　完全不知他能詩，因為在此之前，從未見他寫詩或與人唱和。
當然他的兄長是大詞家。

　　1956年，不知為什麼，哲學界突然熱鬧起來。所謂熱鬧，也不
過開始「打死老虎」。好像是，山東大學哲學系接到指令，大學《學報》
開始連續數期對「張東蓀的主觀唯心主義不可知論及其反動的階級本
質進行揭露和批判」。[20]上陣諸作者，後來均已成為學界重鎮。雖然
當年戰鬥檄文，全部白紙黑字的留在母校正規期刊中，卻未見其中一
人，將這些文字作為學術成果而收入自己文集。

　　東蓀本愛詩，從青年時候起，與文友，包括兄長，都有唱和，但
幾乎從不發表。五十年代後，郭沫若諸人的主旋律詩，就如版面作
料般日日見報——對此，他相當不以為然。但對毛澤東，則能以開
闊心胸以詩論詩。《送瘟神》在報上發表後，對這個他認為不合格的
政治領袖，東蓀對孫兒張飴慈說：「這才是詩！」

　　到了1956、1957年「知識分子的早春天氣」，有文章說，《文匯
報》復刊，自我定位為「高級知識分子的陣地」，華羅庚、向達、潘光
旦、張東蓀、吳晗、費孝通等人很快就成了那裏的常客。[21]其實不
確。那些日子，用宗燁的話說，「全家特別老實」：媽媽一再發令「誰
都不要說話，什麼都不能說，一句都不許說」。

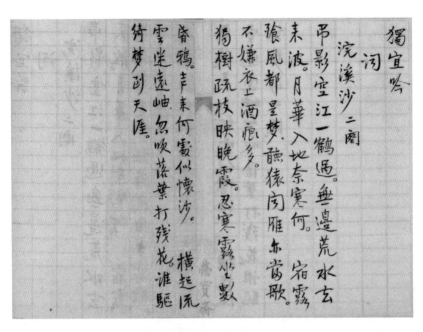

獨宜吟

詞

浣溪沙 二闋

吊影空江一鶴過。無邊荒水玄
末波。月華入地奈寒何。　宿露
瓏風都是夢，醉猿岡雁未嘗歌。
不嫌衣上酒痕多。

獨樹疏枝映晚霞。忍寒霜露坐欹
斜。　聲來何霎似懷沙。橫起沅
雲迷遠岫，忽吹落葉打殘花。誰驅
綺夢到天涯。

張東蓀詩詞手跡，這是沒有編進《草間人語》的「散篇及未定稿」中的一首詞《獨宜吟》中的《浣溪沙》二闋

但並不是每家都能攤上一個吳紹鴻女士（奶奶）。在那段日子裏，風頭正健的《光明日報》主編儲安平曾來拜望。張鶴慈撰文說：

> 我記得，在我向爺爺報告了儲安平來我們家並且問候祖父以後，父親也興沖沖而來。當時談話主要在父親和祖母之間，祖父說得很少。

> 儲安平當年真是意氣風發，雖然他不可能有取共產黨而代之的想法，但想作為一個認真的反對黨和反對派，和共產黨分庭抗禮的想法肯定有。父親感慨說，自己身在北大，對北大的鳴放情況的了解，還不如儲安平。這位儲兄對每天北大大字報的數目都很清楚，而一些有份量、有見解的大字報，談起來如數家珍。當父親談到儲安平的「黨天下」的時候，我記得祖父的回答是：人家已經談到了天下，下面還能再談嗎？

> 我當時感到吃驚，是因為爺爺剛剛不久前在和奶奶聊天時，談到黨天下，對儲安平是十分讚歎。幾年後，我才明白祖父為什麼會同時對黨天下，有兩種似乎相反的評價。

> 關於百花齊放，百家爭鳴，我記得祖父引用了兩句黃巢的菊花詩：待到秋來九月八，我花開後百花殺。

> 另一個是談到整風，談到不能相信毛澤東的話。後來，祖父也和我談起毛澤東之「不可信」。我寫在這裏，作為參考和補充。祖父說：看毛澤東絕對不能看他寫的。他是從來說話不算數的。看他的文章，會讓你覺得是那麼一回事。

到了1957年，他的兩名老友，向來冰炭不同器的民盟副主席章伯鈞和羅隆基，在反右鬥爭的開場鑼鼓裏，成了「聯盟」兼「政權的頭號敵人」。那年7月上旬，章伯鈞從統戰部談話回家，對秘書說：「李維漢對我還是很客氣，當年對張東蓀可不是這樣。」按照「政治地位與公費享用掛鈎」原則，這兩位入閣不過五六年的前交通部長和森林部長，如毫毛一般給拔掉之後，過着怎麼樣的日子呢？章詒和在她的書裏說，章伯鈞是三級降到八級，住房、專車、《大參考》和全套司

《人民日報》1957年8月28日有關羅隆基反共集團內幕的報道，張東蓀、葉篤義是該集團的核心分子

機保姆保留，口腹供應上屬於「肉蛋」級別。羅隆基四級降到九級，上邊的那些都沒有了，口腹上屬於「糖豆」級。[22] 張東蓀住北大教工宿舍，沒有額外享受，也就不必津津於嗟來之種種，而忍受這份遭「主子」撥弄的屈辱了。

對張東蓀生活境況的敍述，應該説，部分確切——那是在反右之前。到政治形勢陡變，也就是説，北大已經不再由教育家，而要由無產階級政治家掌管的時候，張東蓀連做「北大教工」的資格都沒有了。據歷史系57級學生王曾瑜回憶：

大約是彭真嫌原來的校黨委書記江隆基領導反右不力，由陸平前來加強領導。加強的結果當然是在處理右派的階段，增劃了大量新右派。[23] 江隆基在黨內挨了批判，調任蘭州大學校長，工作做得較好。他在文革之初，不明不白地死去，很可能是遭人謀

害。鄧廣銘先生曾對我説，江隆基無論如何也是教育家，不像陸平那樣不學無術。陸平指揮了批判馬校長後，就取而代之，正式當上北大校長。[24]

　　當時還在讀小學的張凱慈記得這次變故。家裏人（父親和祖父）輾轉聽到傳言：陸平到職之後即説，「咱們的大學裏怎麼能有（張東蓀）這樣的人？」這回，既用不着民盟出來擺樣子開會，也不用發動「革命群眾」抗議。一紙行政文書，張教授三十年教職説沒就沒了。他的「關係」被轉到北京市文史館——開始，僅僅是工資關係，人還能住在校園，但反右運動一結束，隨着將「反動學生、教師」徹底清出北大，他也不得在校園容身。遷到哪裏去呢？與朗潤園一牆之隔的北大東門外，有一處雜役人員居住區大成坊，張家給搬到三十七號。那是個標準的大雜院，住戶共享茅廁，水要從胡同裏提。凱慈記得張家當時只提了一個條件：要有自來水。後來北大行政在院子裏給裝了一個水龍頭。

　　院裏住有三、四家人。凱慈記得，東房是海淀供銷社老許；還有和丈夫老打架的姓金的；西房老呂家也是供銷社的。還有一個孤老太太。門外還有一排房，住着一個鞋匠。直到文革後鄰里紛爭，那鞋匠才亮出他高張家一等的身份：「你們別橫（讀作 hèng），早就讓我們看（讀作 kān）着你們了。」（屬於街道治安）

　　作為「經租戶」分給他們住的，有四間小北房。宗燁記得，房子「很老也很差，地上的磚都化成泥團了，東西搬過去都得長毛、爛掉。借着這機會，都處理掉了」。這是張東蓀夫婦最後的家。他在這裏住了十年，直到給抓進秦城監獄。張大人則住了三十年——她一生最艱難的歲月。

　　所謂「處理掉」的，也就是書。難道除了書沒別的「資財」了？用東蓀自己的話：

　　著者沒有一畝田，一間屋，一張股票，所以常常對於論壇上的左派提出異議。[25]

宗燁説：

> 自我懂事，就從沒聽他們説過買房買地，那時已經在燕京了。
>
> 父親幾乎不用錢，發的工資全交給母親，他自己唯一的一點開銷，就是買點書，抽點煙——紙煙，普通的，但也不是最蹩腳的。我幾乎沒有見過爸爸花錢，煙也是媽媽給他買好了的。吃的東西，家裏知道他喜歡吃點清淡的，都是媽媽安排，穿的也是媽媽給他弄好，從裏到外。我們家是進來的工資，月月花光，沒有積蓄。這錢是絕對不夠買首飾古董的。家裏唯一的幾幅畫，都是祖父留下的。不過日子過得也不扣兒，我從小過得挺好，家裏請着保姆，還有一部人力車，爸爸坐車去上課。有時候下雪了，那車也到學校去接我。……還有廚子——燕京教授的那份錢，養這麼一個家是夠的。一般教授大概都是這樣的水平。[26]

至於書籍，凱慈記得：

> 家裏的書是陸陸續續丟的。爺爺剛搬到大成坊的時候，我們家在中關園153號，從爺爺那裏搬來好多書，《諸子集成》、《全唐詩》等，都是成套成套的，我那時候沒事就翻《韓非子》。這些書一直到文化革命後才沒的。記得奶奶説過，大爺爺的書都是史書，爺爺不看。爺爺就看詩詞，所以都是全的。剩下的書大部分都送給北大了。全套哲學書賣給了社科院哲學所。奶奶説，爺爺的書，就這一套還算落個好下場。大爺爺的書最慘：全是線裝書，都爛了。[27]

宗燁記得：

> 爸爸的書確實是那次搬家沒了的。因為老早就想書怎麼處置——家裏情況愈來愈緊：一份份的錢沒有了（先是政府那份，後來北大）。書，我想起來了，是賣掉了，千把塊錢吧。

鶴慈也記得：

如果這批書沒有毀掉，每本扉頁上都有爺爺的章。會不會撕掉，或者加蓋上別的什麼？爺爺愛書，但不收版本。他也沒有那麼多錢做這個。我們一直不是一家過，養着很多親戚。搬到大成坊再也沒有了，就剩下爺爺奶奶他們倆了。

愛書的積習，就算住到大成坊那樣地方，也無法甩得乾乾淨淨。張凱慈記得文革初，1967年前後，還曾陪爺爺到王府井買書。那時節，買書？不錯，當然不會枉然找尋洛克或者休謨，東蓀那些年，正拜自己的長子為師，每周一天，由宗炳教授講解生物學——他一直為自己錯失中學基礎科學教育而遺憾。

大約在1959年底或1960年剛過，忽有一人跑到大成坊三十七號，說文如先生請東蓀先生過去一趟，有話要說（現在尚未弄清這人是鄧先生的學生、晚輩、抑或鄰居）。那年，他們倆人，一位七十三，一位七十四。儘管從張家住着的大雜院到鄧家老宅（成府桑樹園蔣家胡同街北偏東那「古槐蔭森」的院落）不過數百米，在捲着塵埃的北風中一步步挨過去，也不是什麼容易的事。如果再考慮到那年月糧食、副食品和取暖煤的定量供應……東蓀大意了，以為依舊不過談詩論文，回答說「待到春天，天氣暖和些」——沒想到竟……再也沒有機會。

鄧文如原籍江蘇，鄧廷楨曾孫。因為在四川出生，說的是一口儒雅成都官話。在年齡上，他其實還少東蓀一歲，但因同在史學界，與爾田反倒過從更密。[28] 三十年代初，他們三人一同受聘燕京大學，1941年二人同入虜獄（日軍當時放過了年已六十七歲的張爾田）。1945年復校後，又一同返回燕京。1952年院校調整（特別是運動）之後，作為燕大歷史系當家台柱，和極受學生愛戴的師長，六十五歲的鄧之誠「得到黨和人民政府的深切關懷和照顧」，特准他冠名「北京大學歷史系教授」而全薪退休。聽到這一安排，有人立刻聯想到給他當學生還未必夠格的新任歷史系主任（翦伯贊）；有人則為他慶幸，覺得這回「黨和人民政府」對他的「關懷和照顧」真是太慷慨了，他從此免了按馬列主義指導而到會上去背書的災難。更值得慶幸的

張東蓀六十年代初期攝於大成坊三十七號家中

是，東蓀文如二先生適時離開了那個弦歌不再的校園，不必在路過的時候忍受那尊「揮手我前進」，以及更晚時候的「科學頂個球，民主連球也不頂」。

老友在冷徹骨髓的1月離世。東蓀作《揚州慢》紀之——

文如病逝後多日始知並聞無人往唁賦此哭之

　　絕筆詩成，登樓眼瞑，聞耗老淚頻彈。怕騎鯨□去，亦世外同寒。卻猶有青蠅吊客，未須含恨，寂寞人間。欲招魂，憐才孤憤，翻在無言。

　　憶曾唱和借飛箋，絮語纏綿。奈松崩鶴瘦，吟情已冷，獨倚霜天。有□言留耳，蒼茫裏，徵驗應難。共瘦燈昏影，遺篇重讀千番。

又《挽文如鄧之誠》一首：

翰海淒音一夕聞，

不留老眼看風雲。

預期巽語無緣聽，文如忽遣人來邀，余覆以春暖面談，而今已矣。

但許秋衾有夢溫。

史鑒亦將同寂寞，

詩壇誰與話繽紛。閒有清詩紀事稿待刊。

北江異地遺何憾，指洪君煨蓮。

遁叟殘箋賴孰存。先兄遁庵有詩在文如處，閒有八十首之多，今不知落何人手。

贈句蒼涼重識我，

刊書徼幸莫憐君。

閉門自飲西州恨，

已悟人生欠鼓盆。

其中「贈句蒼涼重識我」一句，指的是鄧的學生陳樹普在回憶文章[29]中說的那首贈東蓀的五言律詩：

明哲張夫子，竹林早預流。

玄談驚四座，讜論動諸侯。

老去名心澹，書成眾望收。

羨君雙鬢綠，愧我雪盈頭。

陳樹普說，鄧之誠「不求名利窮居獨處時以詩文相唱和」，但通過往事談論，了解到他少懷修齊治平之大志，壯遊四方，存濟世匡時之宏圖，而不能遂所願。又嫉惡如仇誓不為浼⋯⋯。在他逝世前的那個嚴冬，切切帶話想見一面，文如先生要對東蓀先生說什麼呢？直到八十年代末，陳樹普在鄧之誠先生紀念會上發言，還不方便提「張東蓀」三字，只以「贈一位從事哲學的朋友張教授」代之。但他認為：

這雖屬贈友之作，但其中也隱約看出文如先生自己的意願和感慨。在先生示我以此詩時，我講「先生的詩很好，學生不敢讚一

辭，但我感覺您不止是在講張先生，實際上可說是夫子自道
也」。當時先生對此笑而未答，但我卻謬許自己可算是先生的一
位知音。

也是在這年，不知通過什麼渠道，張東蓀知道雷震在台灣「出了
事」。想到這位同學兼老友的遭際，對比自己，東蓀不免思緒聯翩。
當時正讀高中的孫子鶴慈最愛往大成坊跑，做爺爺的遂拿出一把支架
質地為黃銅、看上去已經很有年歲、但保養得相當精心的刮鬍刀。
祖父告訴鶴慈，這是雷震送給他的，並講了1947年南京旅途混亂中
丟了行李的故事。

在大成坊住定之後，1959年的時候，東蓀寫了一首《賀新郎》。
詞前一段前言：

> 曩者曾有人兩度以北京大學校長向余游説，一在虜獄中，一則在
> 石家莊旅居時。又一九五二年陳某欲余自白，以不得部長為
> 憾，當時引為侮辱。嗣知人之自視與他人之相視，實有千里相
> 隔，亦不足怪，但可一笑置之耳。偶然憶及，紀之以詞。

> 亦但捫方寸，算天涯誰知我者，莫須置問。
> 在世是非依勢轉，死後屢翻更案。
> 已慣看劇場打諢，豈謂梟鸞從古判，只掉頭一嘯餘何恨。
> 惟兩耳，欠全順。

> 故吾未益今吾損，任吹唇名牛名馬，自來無愠。
> 俗眼視人皆類己，安敢吠堯同論。
> 固不比佛頭着糞，本似□螟集虱睫，有浮思應向虛空隕。
> 題往事，亦隨泯。

看來對這樣的侮辱，實難「一笑置之耳」。雖痛覺「天涯誰知
我」，對於他「只許學科學」（奶奶家訓）的晚輩，竟然什麼都不提。
但這並非他的信條，因為他深信「歷史知識對於國民性之鑄成」之功
效，事關重大：

不但一個民族總是要獎勵其後裔必須知道其以往的歷史，即一個
家族總是要使其子孫能記得祖先的前言往行，這樣便把後世人們
的性格加以陶冶了。[30]

　　然而，宗燁記得的是，在當時那樣的情況下，他只希望我們業務
長進、生活安定，不願以自己的思想來影響我們——沒有讓我們讀
他的書，也不提他與共產黨在思想體系上有什麼不同。似乎是隨我
們跟共產黨走，他有不同意見是他自己的事。張飴慈也對著者說：

> 在家中，祖父從來不向我們灌輸他的思想。我入團、父親要求
> 進步，爺爺從不過問。最讓我後悔的是，在我讀了爺爺的書、
> 對他有所了解之後，已經沒有機會和他交談了。文革抄家後，
> 他幾乎與世隔絕，每次去看他才能聊上兩句。最讓我感念不已
> 的是，有一次祖父欲言又止，最後還是鄭重對我說，希望子孫後
> 代明白，他沒有做過對不起國家的事——像是在託付我。那一
> 次他特別嚴肅，我也大略知道他說的是什麼事——雖然對細節
> 不清楚，也沒敢追問。他沒再多說什麼。爺爺對自己的國家特
> 別看重。

　　但目睹了反右、大躍進和大饑荒，還能眼睛一閉一心跟黨走麼？
1962年，他的三孫，生於1943年的張鶴慈，開始與他的同齡朋友結
社作詩，並「叩問歷史」[31]。他們拼命找書看，生吞活剝而後激揚文
字，發掘離經叛道的精神資源；他們覺得1959年的盧山會議實在是
豈有此理，曾經爬過達園的高牆，打算會會掛甲屯裏的彭大將
軍……。對於身邊的爺爺，不知郭世英有沒有問過他的父親，但開
始接觸《通向奴役之路》和《資本家宣言》的鶴慈，一再敦勸爺爺動筆
寫下他所經歷的一切。

　　據張鶴慈告訴著者，祖父已經答應寫一部自傳體小說；動筆自撰
家譜也是在這時候。孫子對社會現實的追問，是不是讓他想起了為
《東方雜誌》、為《甲寅》撰寫意氣風發之雄文的早年？但他依舊什麼
也不說，只為這個聞雞起舞的愛孫起了表字：仲昂。據張仲昂從旁

張東蓀六十年代初期與孫子張鶴慈攝於大成坊

觀察，祖父的《自傳》已經動筆，起碼〈序〉已完成。不知是不是他自己在《草間人語》結束後，再度拿起筆的1959至1960年。在他《試作六言詩·三首》中，有自註「近擬撰章回體說部名曰《夢遊野語》，以代自傳，故及之」。

或許就是這部《夢遊野語》？

他們記得，這本或自傳、或說部，公安部的人、錢公武和三叔都讀過。不知是他們之中的誰，拿走之後沒有還回來，或許抄家抄走了？但是，無論希望讀到這段歷史的人多麼迫切，靜坐在大雜院破爛屋簷下的「囚人」，卻是百感交集、難於下筆：

孤憤潛觀瓜剖圖，食龍有鳥恨何如。

五魔遍地千秋夢，四海橫波一代書。

籍有大同疑古有，莫詢雜霸似今無。

重逢甲子誰堪語，但憶當年破唾壺。

1964年暮春，張東蓀曾有一封信給老友龍榆生。[32]從問安中，我們可以窺見他依舊難於平定的心緒（「否則竟日無事，未免有其乃親筆硯也」），以及日漸消耗的體力（「然已骨瘦如柴，攬鏡自驚矣」）。

> 榆生吾兄惠覽
>
> 　　久不得書，方正馳念，乃獲十七日手示，藉悉曾抱清恙，亦為之怏怏。心機硬化似不宜忽視，恐於腦力體力，皆有非宜。課事據弟所知，此間老教授多不授課，且有十之二三，終年養病在家，此實新社會之優點也。整錄積稿何如徐徐為之。如稍習氣功，目的不在治療，而在藉此靜坐以消永日，否則竟日無事，未免有其乃親筆硯也。弟亦自陰曆元旦，偶感寒疾，傷及胃腸，服藥累月，近始稍癒，然已骨瘦如柴，攬鏡自驚矣。亦曾彙集舊作，奈每有檢閱，輒作改篡，改後亦不愜意，有時又復改回，如是迄無定稿，奈何奈何。好在他日存留與否，本非所計。近數年來，益感詩之難工，因是於詩獨少，即偶爾動興，亦只詞而已。錄數闋，為　公病中消遣之助，倘蒙刪正，固所願也。此請大安
>
> 　　　　　　　　　　　　　　　　　　　　　　　東叩
>
> 　　　　　　　　　　　　　　　　　　　　　　二十二

6月3日，又有回憶舊時事的詞給龍榆生：「得讀新制，勉為步韻。聊藉舊事，且舒胸臆，亦遵來示勿尚雕琢之旨耳。（記倭氛，腥染遍幽燕，血喋雨花台⋯⋯）。病仍未癒，家人告誡。以後不敢再擾　公也。又及。」以後果然再無筆墨往來——而龍榆生也於兩年後的文革中心肌梗死發作離世。

一個接一個的運動、鬥爭，沒讓東蓀特別意外。對政客毛澤東的「八億人口，不鬥行麼？」「階級鬥爭，七、八年一次」——他早在二十年前已經有所論述：

永久鬥爭……就是無論如何必須立一個對象以引起內部人們之
向外敵愾心，藉以團結內部、增加服從，便利指揮……。一個
對象消滅後，不恤再尋另一個對象，總使永久在鬥爭中，庶可內
部不致渙散。[33]

不覺間，1965年（乙未）到了。按照中國老規矩，到第二年（丙
申），他已屆八十。東蓀在這年作了一首《沁園春·預作明年八十自
壽詞》，概述自己一生經歷，豎寫在一張橫格紙上：

彈指光陰，八旬將屆，愧此昂藏。
歎早年失怙，壯年遊學，晚年錮黨，幾度閱炎涼。
虜獄刑還，圍城勸解，應笑書生不自量。
休回首，似泥中曳尾，亦曰荒唐。
彷徨。更異尋常。問何事洪爐冶我狂。
喜今方拋卻，耗神理窟，早曾毀棄，憎命文章。
去日空過（平聲），來朝且樂，有酒聊澆鐵石腸。
知衰矣，顧天留老眼，猶見和祥。

太沖道兄吟正　獨宜老人稿

「太沖道兄」至今未能確切查找出名姓。據張家孫輩模糊記憶，
似是同遭驅趕而住在大成坊的一位北大教師。想來東蓀先生在他的
新居所也有了可以談談的鄰居。

也是在這年，他最年幼的孫兒（張宗潁幼子）張繼慈，碰上領袖
偉大號召：「到農村去、到邊疆去、到祖國最需要的地方去！」

繼慈那年17歲，應屆高中畢業。雖然一直隨父母住在天津，「但
每年寒暑假都到北京爺爺奶奶家」——想來主要是大成坊那局促的小
院了——他記得：

童年和少年時代，在爺爺奶奶家過寒暑假是最快活最幸福的
光。在我的眼裏，爺爺是一位不苟言笑、話語不多的慈祥老
人，但是偶爾說出一句卻富有哲理。

　　1965年我高考落榜（後來才知道我的檔案裏註明「此人家庭有政治問題，不得錄取」），一咬牙，毅然決然報名參加新疆生產建設兵團。通知9月15日離津赴疆，臨行前我專程到北京向爺爺奶奶告別。奶奶一聽到我要去新疆，心痛地不斷說：「你年紀這麼小，卻要跑到那麼遙遠荒涼的地方，以後怎麼生活啊。」而爺爺知道我要去新疆，高興得大聲說，「好啊，年輕人到邊疆去搞建設，太好了。如果大家都不去邊疆，國家什麼時候才能建設好？」

　　國家！此時離「二月提綱」、「516通知」等等魔咒，沒幾個月了。

　　親手贈予愛孫的，是一幀保存了半個世紀的照片：繼慈紀念 祖父八十歲祖母七十歲時所照 ── 也是東蓀夫婦留在世上最後的一幀了。

　　就在一陣緊似一陣的文化整肅中，張東蓀怎麼也沒有想到，萬里之外，與他一別二十年的摯友，正殷切地惦念着他。張君勱〈東蓀先生八十壽序〉在美洲《展望》雜誌發表 ── 受主到死都沒有見到：

　　……又其後，大陸淪陷，極權虐政，毒流人神。而余顛沛海外，皤然已老；既傷祖國，復念故人，緬懷昔遊，都如隔世。

據張飴慈回憶，這是1965年3月間，爺爺的朋友請客為他80歲賀壽時照的
（在莫斯科餐廳外牆）

是為余與東蓀一散而不可復聚，將且人天永隔，長無見期，黯然增歎之始。

　　嘗聞之北來友人：東蓀初曾以調停傅作義功，得為中共政治協商會議委員。乃不知何故，不旋踵亟解其教職；又不旋踵復撤其委員；今則軟禁寓中，並行動自由而亦喪失。酷已！《易》曰：「履虎尾，咥人凶」；東蓀固視自由民主過生命者，而乃獨欲周旋極權淫威之下冀或遂願生平，何殊與虎謀皮？幾何不與格羅采受制於墨索里尼，愛因斯坦見逐於希特勒同其命運耶！……

　　對於「視自由民主過生命者」，而「獨欲周旋極權淫威之下」，希冀理想實現──無疑張東蓀政治生涯的寫照。但在中國，不僅時時主導着統治者，且浸潤於全民心靈深處的集權乃至極權傳統，令他老友所遭受的挫折與磨難，實數倍於格羅采、愛因斯坦。

　　文革開始了！

　　衝到大成坊抄家的，不下數回。一直沒有弄清楚究竟屬哪路人馬，一般的紅衛兵？哲學系學生？民盟或者文史館的小幹部？周圍胡同的孩子？

　　最先打上門來的，是要張家「交出電台」。這是當時最具刺激的推動力。可惜老三的事五十年代就有了結論；而親戚林嘉通那部收聽新華社消息的電台，早在當時查抄的日本兵進門之前，已經由林太太親手毀掉了。

　　消息很快傳來：沒等肆虐降臨，天津的老三夫婦──張宗潁和他的妻子呂乃樸──雙雙自盡，時年四十六歲。

　　北大抄家團的出動，已經比較有組織有綱領。因為，撲向本與「四舊」無緣之平民區大成坊的，是生物系63級的學生──顯然有人告訴他們，你們教授(張東蓀長子張宗炳)的老太爺，更值得一抄。

　　當時正在北大讀一年級的凱慈記得：

　　　抄家是在66年6月。從我們物理系開始，先抄了黃昆、沈克琦(系副主任)的家。下午全校效仿，轟轟烈烈的大抄家開始。

　　　那天，我家和我爺爺家同時被北大生物系63級的學生抄了

個底兒朝天。家裏的書、畫、雜誌、故紙和其他東西撒滿一地。撕碎的紙有半尺厚；牆上的畫也全到了地上。

　　大成坊抄家時，我不在，是後來才去的。到底是大學生抄家，所以比起其他人要文明一點，只是把牆上的畫扯到地上，抽屜裏的東西全翻出來，由紅衛兵一一過目，分別處理。有價值的拿走，比如周總理的信；封、資、修的統統放到院子裏架起火來燒掉。書、畫、對聯、相冊全燒了，家裏的相片都是在那時候燒的。

飴慈當時也到過爺爺家。他說：

兇徒前來翻抄的時候，祖父站在一旁一動不動。罵他反共、反革命，他任憑他們罵去。唯當那些人開口罵他「漢奸」，八十一歲的老人，猛撲過去，用頭撞他們，要和他們拼命。

　　讀者一定記得，毛澤東和劉少奇都曾親筆給東蓀回信。張家認為正常通信而已，並沒怎麼深藏。文革一起，和林彪當年送的皮袍子一道，奶奶立刻把它們全燒了。只有一封周恩來的親筆信，因為夾在一本書裏沒注意，被抄家的翻了出來帶走了。還有一張譚嗣同的簽名照片，也是這個命運。

　　他自己的手稿呢——自傳、詩詞、友人來函……都燒掉了。

　　圍城解紐手卷呢，鄧文如、張伯駒他們的信？凱慈說：

那回抄家只倒櫃沒翻箱。家裏有些東西，凡是放在舊式的衣箱裏的，就成了漏網之魚。也就是，外面的（書架上、書櫃裏、抽屜裏、牆上）都查了一遍，大概紅衛兵沒有書箱的概念——這幅橫聯沒掛在牆上，也沒有玻璃框，和其他一些對聯、畫放在一起，保存了下來。爺爺家1958年搬到大成坊時，因為地方小，處理了很多東西，有些東西就放到箱子裏存放在我們家。當時家裏有兩個書桌，不過沒我的份兒，所以我用這些箱子和一塊木板搭了一個小桌，上面全是我的物理書。抄家時，這些箱子也沒有動。後來又來抄過幾次，但箱子裏的東西還是沒動。

凱慈自己也不知道給他當書桌的老式箱子裏有什麼東西。

　　67年，我們家從中關園搬到七公寓。因為搬家，所有的封條都撕開了，直到68年1月再次查封。那次所有的東西都被封了，只給我母親留下一張床，一把椅子。1967年3月一打三反，母親也進了公安局，家就徹底被封了。7月，北大為了騰房子，把我們家所有的東西都放到北大的倉庫。而爺爺家，66年紅衛兵抄家之後，三間房之中的兩間也封了門。到68年，公安部來人的時候，重新開封，仔仔細細搜了一遍，臨走留下一句話：「沒有公安部的允許，任何人不得動。」就這樣，一直到1976年平反。

　　前兩、三次抄家破壞比較大。那天，燒的東西真不少，原來滿滿的抽屜差不多都空了。

在1966年和1967年的紅海洋和武鬥高潮裏，兩老人怎麼蜷縮在大成坊那一間平房（另外三間已查封），沒有文字留下。

　　1968年1月，幾名軍人，突然由戶籍警帶着來到大成坊。來人搜查了近兩個小時，抽屜裏的東西都扔到地下，牆壁上下左右敲個遍。不見任何法律手續，八十二歲的張東蓀給帶走了。那批人走後，家人突然發現一批他文革抄家後新寫的詩詞散篇夾在舊報紙裏沒給搜走——奶奶當天夜裏全給燒了。

　　正在北大接受批鬥的張宗炳，也在同一天從生物系直接帶走。那晚張飴慈和母親在家等父親回來吃飯，在大約七點多樣子，系裏負責人帶着兩名軍人還有學生，再次上門抄家。和抄大成坊一樣，所有東西都到了地上，一片狼藉。

　　至於張家在天津的另一個孫輩、「全讓奶奶給慣壞了的」三房長子張佑慈，也是在這一年（1968），因「為父報仇」，給抓了起來（判刑十五年。1978年獲平反）。

　　張家的人不知道，幾乎就在同時，1968年1月初，他從前的學生、助手、老搭擋，摘帽右派葉篤義，也正在民盟機關，受到「中央統戰部」的調查。來人最感興趣的是：

張東蓀1946年底到1947年初由北平到上海，又由上海到南京去
見蔣介石，見了蔣介石之後又到美國大使館同司徒雷登談過一次
話——談了些什麼？有沒有提到在北平同軍調部中共方面的人
接頭的情況？有沒有談過徐冰？[34]

調查人就這幾個問題反覆追問，並說「如果其他單位的人來問這
事，不要答覆，讓他們直接到中央專案小組去問」——原來如此！

直到吳法憲回憶錄出版，對那個具有無上權威、動輒置人於生死
的中央專案小組，世人才有粗略了解：

> 中央專案組具體工作人員和負責人，由軍委辦事組根據中央碰
> 頭會的決定從軍隊選派，前後大約三次，一共約五百多人，由
> 周恩來帶領中央文革碰頭會的成員召集他們開會，講話，說明
> 任務的重要性，佈置工作。周恩來每半個月在人民大會堂東大
> 廳，主持專案組全體工作人員會議，由每個專案組彙報工作，
> 會議常常是從晚上八、九點鐘一直到第二天拂曉，每次會議都
> 是如此。[35]

到2月底，審問的人裏，多了一個「解放軍」。到4月，在他們對
調查的拉鋸戰也感到膩煩的時候，只逼葉篤義寫下：

> 我同司徒雷登是特務關係。
>
> 張東蓀是一個美國特務，我在解放前曾長期為他服務，因此
> 我同張東蓀也是一種特務關係。

中央專案小組的人對葉篤義説：「張東蓀已經逮捕入獄，對你
進行了揭發。從你同他的關係來看，他對你的揭發應當認為是有份
量的。」

月底，葉篤義被正式逮捕，押到秦城監獄（當時已由軍隊接管，
稱「衛戍區監獄」）。專案組放出其最常用手段，對他說，他的罪行主
要在1938、1945年這一段時間，張東蓀關於這一點有大量的交代和
揭發。「張東蓀今年八十多歲了，你還不到六十歲。你連張東蓀都不

如。」「你不要抗拒交代來企圖為徐冰翻案了。徐冰自己都已經交代出來了。」

到了夏天，再追問特務經費。葉篤義「實在支持不下去了，不能不按照他們所要的全部予以招認」：

> 我同徐冰之間的特務關係是張東蓀介紹的；我把徐冰提供的情報轉報給司徒雷登和張東蓀，我們四人之間形成了一條特務線。張東蓀把我的政治身份告訴了徐冰，接頭後我和徐冰發生了特務關係。[36]

到此已經可以知道，有軍人參加的中央專案小組，鎖定的目標是徐冰。[37] 徐冰之上呢？時至21世紀，已有當年毛澤東親批「轉發全國」絕密件從網上流出——1968年10月7日中共中央「中發〔68〕142號文件」《舊北京市公安局反革命集團與美蔣特務勾結進行特務活動的一些情況的報告》(簡稱「五·一三」報告)，「在彭真、羅瑞卿等領導、指揮下」，「公安部和北京公安局長期與美、蔣、日、英等特務合謀精心組成一個龐大的間諜特務網」，「瘋狂進行間諜特務活動，死心塌地為美、蔣、日、英等主子效忠」。康生則直指要害：「這對彭真、羅瑞卿、徐子榮、凌雲、劉仁、馮基平等反革命活動是有力的證據」。

著者在這裏忍不住請問同為中共的1951年與1968年辦案人員：張東蓀既然已經有了直通中共中央統戰部(徐冰)、直通美國國務院(司徒雷登)的特務聯絡渠道，幹嗎要費勁巴拉地去找王志奇那樣的小人物？

秦城監獄當時關押的，幾乎全是中央專案組的犯人(調查對象)。秦城什麼地方？那是蘇聯援建的第157個項目，不具法律依據的政治鬥爭拘留所。[38] 哪怕關上十年二十年，也沒人知道自己的鄰號難友是誰。張家父子和葉篤義三人分別關押。他們窮追不捨的那點子事，在1950年至1952年，只為讓「討嫌」的(偉大領袖常用語)張東蓀長長見識，並沒有牽進張宗炳(雖然父親和「美帝」的每一次見面他都在場)。所以這回，張東蓀不知道、也絕對沒有想到，自己的長子也給

關進來了。不僅關進來，逼供之下，這位聰慧、達觀、興趣廣泛、
愛交朋友的昆蟲學家已經精神失常了。

他同樣不知道的是，1969年6月底，監獄外的次子宗燧，因不堪
凌辱，服用安眠藥自盡，終年五十四歲。晚輩同事陸啟鏗回憶：

> 文化大革命開始不久，紅衛兵莫明其妙地(我不知道什麼原
> 因)，把張宗燧揪出來，在身上掛上牌子(或者是戴高帽子，或
> 者兩者兼有，我記不清楚了)，在從前的計算所與數學所的大樓
> 前面開了一個鬥爭會，然後由紅衛兵押送他在中關村遊街示
> 眾。第二年的夏天，我在上班的路上遇見他穿了一件冬天的大
> 衣也是上班去勞動(打掃衛生)。我很奇怪，我說「張先生，天氣
> 那麼熱，為什麼還穿大衣？」他說「陸啟(鏗)啊陸啟(鏗)，我快
> 要死了！」我大吃一驚，正想問他「你得了什麼病如此嚴重？」但
> 後面來了一些小孩，向他投擲小石頭，口裏還罵着難聽的話，
> 有的石頭落在我身上。我趕快離開他。以後我上班總繞路而
> 走，避免和他相遇以免受襲。過了一段時間以後，數學所造反
> 派宣佈「張宗燧畏罪自殺」。我聽了後心情十分沉重。當我在聽
> 到他對我講「快要死」的話時，應該意識到，他受到極大的人格
> 污辱，為了人的尊嚴，已萌發一死的念頭，可是我為了躲避幾
> 個小石頭的攻擊，不敢和他多談。他的話明顯有訣別的意思，
> 如果我當時能和他多談一會兒，了解他的話的真實意思，並且
> 加以勸導，比方說一些「留得青山在，不怕沒柴燒」之類的話，
> 也許悲劇不致於發生……。[39]

痛苦自責的陸啟鏗想得簡單了。研究本是宗燧的命。王元院
士曾回憶：

> 張宗燧幾乎從一開始就挨鬥。討論到毛主席「工人階級必須領
> 導一切」時，他還提出不同看法：「工人階級也有不能領導的
> 東西。」有人憤怒地質問他「什麼不能領導」，張宗燧答：「科學
> 研究。」[40]

記錄了多年積累的研究筆記被抄走，而且丟了，張宗燧傷心欲絕，夜裏無法入睡，身體逐漸衰弱。無休止的鬥爭折磨，更使他難以忍耐。他被關在數學研究所「牛棚」裏的時候，他的學生還動手打他。他的慘叫，「像老牛的聲音一樣，十分可憐」——數學家熊慶來家的保姆説。

他服安眠藥的那天是週末。妻子包坤鐸下班回家，趕快把人送到合同醫院北醫三院。三院的領導説，要搶救須有科學院的領導批准。數學所將情況報到科學院院部；院部已歸「工宣隊」領導，週末沒人。拖到下週一上班時間，人早已經死了。

家裏別的人呢？凱慈記得：

> 那年一打三反，母親奉命在大字報給「劉少奇」三個字上畫叉，不小心畫到「毛澤東」三個字上，成了「現行」，單位批鬥，還被「扭送」海淀公安局關押了一年。

> 家裏一個人都沒有了，正逢北大教師沒有宿舍，又開始攆。有一天我從學校回家，因為武鬥繞着走，見一輛三輪車駛過。裝在車上的傢具……怎麼這麼眼熟？趕緊往家裏騎，原來有人正給我們「搬家」——怎麼搬？很簡單，不管什麼東西都從三樓往下扔，所有的書都下來了，塵土飛揚。

> 東西扔出來之後，往北大倉庫裏邊一放，就完了。出面執行搬家作業的，全都是「黑幫」：教授們、系主任們、支部書記們……。我趕緊跑到奶奶家，説那邊（即父母家）什麼都搬光了。所以後來他們（哥哥們）回來，包括母親放出來，都住到奶奶處。

1972年春天，張宗燁從湖北幹校回來。父親已不在——糧票布票留了四年。老人八十多歲了啊！給帶到哪裏去了？九十年代中期，在她的大哥家，宗燁對著者説：

> 我爸爸和他爸爸給抓去之後，一點消息沒有。不知上哪兒去了，不敢問，也沒處去問。全家一直在等，希望有朝一日誰能告訴我們人在哪兒。後來實在等不下去了：從1968年1月，好幾年過去

了啊……1972年初我回來，先是去衛戍區，說不知道。「九一三」之後，飴慈、凱慈陸續回北京，萌生追問下落的念頭。

飴慈記得：

> 一次次寫信，都如石沉大海，後來想到姑姑的一個同事認識一位叫方明謙的老中醫，據說常給中央領導看病，與葉帥相熟。於是以沒有工作單位的奶奶的名義，通過方醫生致信葉帥，問周總理地址，說有一封信給總理。葉辦告訴我們一個辦法：別寫國務院，就寄中南海西門，能直接送到。

> 在給總理的信裏，沒敢提祖父，只以母親的名義問兒子下落。總理不到一週就回信了，批准見面（在這年的12月）。文史館、北大、公安部三方面都來了人，接奶奶（吳紹鴻）與母親（劉拙如）二人先去公安部，再到秦城監獄。到了部裏，頭頭差不多全都出來了，說「以後可以隨時來探視，不要再給總理寫信啦」。想來周的批覆可能有很重的批評。

婆媳二人先到秦城，見到瘋了的宗炳——無論母親還是妻子，他都不認識了。東蓀已經不在那裏。車開回北京，經李震特批，說可以到屬於公安系統的復興醫院見祖父——家屬探監。

張宗燁說：

> 第一次到復興醫院，是我和媽媽一起去的。當時父親在一個大病房，不是單間，但沒有別的人，床都空着。他正在打點滴，看到我們去，很激動。告訴我們，在那裏，他們照顧他照顧得很好。我們也告訴他「家裏最艱難的一段已經過去，我已經可以見外國人，[41]都沒事了」。

張家的人清楚記得那次奶奶回來之後的複述：

> 爺爺說「林彪出事了」。奶奶說「別瞎說，好好的」。「你不用騙我，我看得出來」。……他們還談到張申府、劉清揚……說起中美建交，爺爺說「還是我對。」

宗燁記得那次父親一直和媽媽說話，沒怎麼和我們子女說。她清楚記得：

> 帶我們來的人說不能讓老太太在這裏呆着，怕她出事。媽媽不肯走，一定要留下來陪。最後經過商量，還是把媽媽送回家，讓我和張飴慈兩個人留下來照顧。可能他們當時已經覺得，父親到了病危階段了。但我們去的時候爸爸神志完全清醒，什麼話都能說。

這時是 1973 年 3 月。林彪墮機已一年多，中美《上海公報》也已發表一年 —— 當局正密鑼緊鼓地籌備互設聯絡處。就在這年春夏之交，有人來到大成坊，東看看西看看，說「房裏怎麼這麼潮，地板都沒有」；還說「老人將來回來也不會住這兒了」。

到 1973 年 6 月，有關部門向總理辦公室打報告，總理於該月 5 日，對「張東蓀病危情況的簡報」做了批示：應盡力搶救。[42] 搶救的同時，家屬獲准探望。

張宗燁記得：

> 父親病重之後，北京市文史館一個姓孫的[43]，領着公安部的人到家裏來，說接到總理辦公室通知，接我們去醫院，我、媽媽、還有張飴慈。當時父親已經從復興醫院轉到北新橋第六醫院，一棟小樓，頂層，一道樓梯上去之後，通向一間間病房。走廊的另一頭堵着，站了兩個兵。這層住的全是秦城監獄的犯人。如果有人出來如廁，都要把別的病房的門從外邊鎖住。

張東蓀的病房裏，一直有一個年輕的穿軍裝的人。張宗燁清楚記得：

> 他一再跟我們說他們照顧父親很好，要吃什麼都滿足，每個星期給他洗澡，還配了新的眼鏡。聽他的意思，只要這次病好，沒有多久就可以回家了。他還說問題會很好地解決，也不會讓你們再住在大成坊那個破地方了，要在城裏給你們安個家。

他説：「話説到這個程度，你們就該清楚了。」還告訴我們，他「代表黨中央、公安部，有什麼要求儘管提出」。

我們知道那時候中美剛剛接觸，我們的理解也就到那裏：是不是希望爸爸在對美國的交往上作點什麼事情？不懂。也不敢問。他説，我們就聽着。

這些話都是當着爸爸説的。看他的表情，都呼應，也覺得他們對他好，自己快要回家了。前前後後大約也就呆了三四天。

第二天就換了一個單獨病房，旁邊專門支了一張床：我們陪着的人可以在那裏吃、住，不舒服還有藥。但到了第二天爸爸就昏迷不醒了。大哥的事他不知道。我們沒有告訴他二哥去世的事，也沒説三哥。

張飴慈説：

爺爺對奶奶説：「對不起。」奶奶説，「一輩子也沒聽他説過這句話。」知道自己時辰快到了，他對奶奶説：「我死不了。」

奶奶回來大哭，簡直崩潰了──因為能見面挑起了希望，現在希望一下子又沒了。回來之後，她一個人到頤和園坐着，覺得從來沒有過的孤單。但是想到爺爺最後總算和家人見了一面，也是一個安慰。

就在這前後，已經在留村農場「勞教」了十多年的張鶴慈，突然宣佈「解除」──意味着可以探親了。他趕着辦手續，回到了北京，祖孫二人在第六醫院見面。望着炯炯眼神依舊，卻已瘦成一把骨頭的愛孫，東蓀只説了一句：「健健[44] 你受苦了……」

張鶴慈還聽見他和奶奶説「回家要和阿三算賬」。他不知道幼子夫妻已然仙去，腦子裏存着的還是審訊員對他的誘、詐。

張家人心頭憂憤無以紓解：人都到了這份兒上，到底為什麼給抓進去，竟然一無所知。他們再託方醫生找葉辦，問1968年進監獄到底為什麼。方醫生轉告了自己子女也都無由入監的老帥的回答：「同情，但無能為力。」

对张宗炳同志问题的审查结论

张宗炳，男，1914年生，浙江杭州人，现任北京大学教授。1968年1月因潜伏特务嫌疑问题被拘留审查，1975年4月予以释放。经审查，张宗炳的潜特嫌疑问题予以否定。张历史上曾参加过美特组织的活动，在忠诚老实运动和肃反运动中已经作过交代，属于政治历史问题，不再追究。为此撤销1975年8月对张宗炳的审查结论和1979年1月对张宗炳问题的决定。

张宗炳在押期间的工资已予补发。

一九八〇年十二月六日

同　意

张宗炳

1981年1月21日

公安部1980年對張宗炳問題審查的結論

关于对孙经武、张鹤慈等人
在"文革"中受到错误处理的平反决定

一九六三年五月，孙经武、张鹤慈、郭世英、叶蓉青等人犯了组织"X"集团、编写"X"杂志，并密谋偷越国境的严重错误。当时因考虑他们都还年青，其错误尚未造成严重危害，故本着教育挽救的精神，没有给他们的问题定反革命性质和给予刑事处分。只是根据他们的不同情况，给予孙经武、张鹤慈劳动教养二年的处理。在劳动教养期间，孙经武、张鹤慈又于一九六四年底利用劳教场所管理上的漏洞，秘密串联，再次企图越境外逃，故延长了一年教养期。一九六六年五月，教养期满后，孙经武按时解除，由总后勤部安置在重庆三四〇三厂。张鹤慈则因"文革"开始，没有按时解除劳动教养。

在"文革"中，由于谢富治、李震等人的干扰破坏，给孙经武、张鹤慈戴上"反革命"帽子，重新加重处理。孙经武被揪斗进了"牛鬼蛇神劳动队"，以后，由石家庄三三〇二厂当做"三类人员"加以控制，张鹤慈则延长教养七年，于一九七三年劳动期满后留场就业。

粉碎"四人帮"后，一九七八年孙经武、张鹤慈本人及家长先后提出申诉，要求复查。经复查认为："文革"前，对张鹤慈、孙经武等人的处理是慎重的，正确的。"文革"中，给孙经武、张鹤慈戴上"反革命"帽子，重新加重处理是错误的，这完全是谢富治、李震等人干扰破坏造成的。公安部于一九八○年四月给张鹤慈、孙经武正式作出了"文革"中被错误处理进行平反改正的决定。并通知有关单位作了如下处理：

一、孙经武在重庆三四○三厂受冲击的问题，已经平反，有关材料均从档案中抽出销毁。孙在石家庄三三○二厂被当做三类人员控制的问题也已作了纠正。

二、给张鹤慈发了按一九六六年五月原定时间解除劳动教养的通知书，对档案中与"文革"中错误处理有关的材料做了妥善处理。并将张转回北京。

现将此平反决定发给本人，并归档存查。

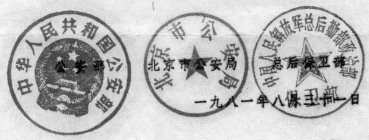

公安部　　　　北京市公安局　　　总后保卫部

一九八一年八月三十一日

公安部、北京市公安局及總後保衛部1981年發給張鶴慈的平反書

張東蓀的病勢一天天沉重。張宗燁記得：

> 迷糊的時候就叫媽媽。我告訴他：「媽媽累了，回去了。我
> 和康康留下來陪你也一樣。」

> 爸爸和媽媽感情特別好，相愛終生。媽媽沒進過學校，只
> 粗通文字，一生就是相夫教子，操持家務。爸爸很願意和媽媽
> 談天，什麼都和她談。在那樣的年代裏，我之所以老是「和家裏
> 劃不清界限」，就因為非常愛媽媽。

他對她說，「還是我對」——指的什麼？中國和美國的關係剛剛
解凍，中國即將從扼悶、匱乏的鐵幕之下走向開放世界。所有的人
都認為，「我對」指的是新中國的外交政策——絕對不能「一邊倒」；
但有誰知道，在這「我對」之中，說的不是投票者對共和國首腦的選
擇？1949年，那人正「如日中天」，而他自己也正給奉為「上賓」。他
覺得名實不符，行使自己的權利，不肯再擁戴這人。

「還是我對」，這是他最後說的。其實早在1915年，在他剛屆而
立、剛做父親的時候，就明確宣稱：

> 吾平生所最深惡而痛絕者，莫過於惡質而居美名，則其惡為名所
> 掩，而常人不之見，乃為其所欺也。[45]

崇尚自由主義的張東蓀，最不樂意的，就是「為人所欺」——無
論什麼人，不管如何欺。

張東蓀對了。以他的哲理、以他的深思、以他遍閱大小政客的
經驗，他在明知沒有實際效用的時候，選擇反對毛澤東。他的行
為不可能為自己帶來絲毫實利，唯有的，是對精神獨立與民主原則的
維護。

> 日月出矣，而爝火不息，其於光也，不亦難乎？[46]

離世的一瞬，東蓀口中頻頻呼着「姆媽…姆媽…」——他在呼他
的妻，以孩子們小時候的口吻。自1914年他們的長子誕生以來，他
這樣呼她已有六十年。

當時在身邊的，有女兒和孫子。斷氣的一瞬，守在一邊的青年軍人脫帽肅立。

爺爺怎麼走的？張凱慈記得：

> 火葬是我和姑姑、康康一起去的。那天正好來一位哪國元首，長安街淨街，爺爺裝在一輛卡車裏開過去，化名張得勝。
>
> 死亡證明還在我那裏。就那麼一張小條。第六醫院的死亡證明書，只有號碼，連代用名都沒有。[47]

張宗燁說：

> 他（那青年軍人）陪着去的，說我們想買什麼樣的骨灰盒都可以，他付錢。說放照片、寫名字都可以，都是他管。當時我們還挺害怕，不知到頭再給我們套上什麼罪名。他倒反過來說我們：政治問題是政治問題，親屬還是親屬。
>
> 他穿軍裝。年齡和我差不多。不敢打聽是哪裏的（中央三辦？公安部？）。他也不肯寫個東西讓我們帶回去請假（因為會有落款和簽名）。他只肯打電話。

張夫人吳紹鴻女士沒有去——難道去與一個號碼最後訣別？

父親去了。幾經艱難拉鋸，長子張宗炳從秦城監獄給送回家。他的牙齒全掉光了，一句話也不說。張飴慈記得：

> 爸是1973年出獄的，已給整成精神病。發病的時候，同時裝成兩個人：一會兒是審判員，橫眉怒目；一會兒是犯人，可憐又無奈。那時候家裏已經沒了房子，他回來就和奶奶住大成坊——他在病中只相信自己母親一人。他和我母親感情極好，這回一口咬定妻子早已去世。

在東蓀的檢討中，屢屢說及自己的戀家（「革命性不足」）。1957年之後，雖然住在與校園只有一牆之隔的大成坊，卻極少踏進校門。家人記得，十數年間，對這個給他榮耀、令他受辱的燕園，東蓀只進過一次——陪着他的妻到禮堂聽蘇州評彈。

　　沒有一封他們的通信留於世。在他承蒙「養起來」而後的二十年間所寫的百首詩詞中，也未見一首專門為她。只是他最後留在世上的語言是「姆媽……姆媽……」。

　　「儂作北辰星，千年無轉移」——這為他生兒育女，並共享人生顛躓與苦難的忠誠伴侶。

　　二十世紀的最後一個夏天，張東蓀的中、英文傳記作者，本著者與美國布朗大學的P. J. Cowan，與宗燁、飴慈一道，在北京大學大興土木的隆隆聲中，最後憑弔東蓀先生在西郊曾經生活過的地方：達園（1931–34年）；東大地23號（1934–37年）；燕東園34號（1946–49年）；朗潤園178號（1949–58年），最後來到大成坊（1958–68年）。

　　宗燁說，父親走後，鄰居對母親很好。1968年宗燁在幹校的時候，每月只能給母親三十元生活費。西院老呂家的三個女兒輪流陪她。後來奶奶做主，與這家結了親。

　　在大成坊的這個院子，鄰居們還照拂着張家當年種下的花，一株芍藥，一株月季。那月季已經長到了一人多高。鄰居們問：老太太好麼？「母親已經去世多年了。」宗燁答。著者問那些老鄰居是否記得張教授：

> 老先生好着呢，笑咪咪的，常在這兒（大約三平方米左右的院子——著者註）遛彎兒。

「遛彎兒」之餘，他返身回到那間小屋，提起毛筆——

> 無端握管復凝思，正是荒難喚夢時。
> 留得是非身後論，且屏辛苦眼前癡。
> 茫茫濁世歸何所，歷歷浮生只自知。
> 寫罷他年與誰看，一燈相對雨如絲。
>
> 不關積毀失心期，早識天涯路本歧。
> 自得自危因自述，無恩無怨更無奇。

為新建築讓位，拆毀中的朗潤園178號，攝於2007年

今生飽領人間味，此世常存萬古疑。

擲筆廢然推牖望，琅華一月漸西移。

就在這前後，他的老友君勱先生在大洋彼岸呼喊的，不正是這樣：

孔子曰：「德不孤，必有鄰」；乃吾人今日破國亡家之餘，並欲求以文會友、以友輔仁之一二素心人亦不可得！則余之念東蓀，寧有盡耶！

昔老杜送孔巢父詩有曰：「南尋禹穴見李白，道甫問訊今何如？」今日誰復能為余之巢父，足任問訊之勞者耶！而余與東蓀當年攜手一堂，上下議論之樂，寧可再得於今生耶！抑余與東蓀者，皆使命失敗之人也！則於茲東蓀覽揆之辰，安忍復辭文正之

誚，不一吐余二人生平之素，失敗之哀，與夫東蓀今者荊天棘地無所告訴之苦，於以訴之人類理性，訴之正義公道，訴之後世史家，一共評其是非曲直耶！

悠悠蒼天，曷其有極！[48]

註 釋

1. 沈鈞儒1913年即參與起草「天壇憲法」，1928年任上海法科大學教務長，同時執行律師業務；史良自1927年入法科讀書，1931年為執業律師。
2. 「中央1951年」的定案，直到1978年才通過天津市和平區法院轉張東蓀親屬。
3. 牟宗三：〈自由與理想〉，載《道德的理想主義》（台灣：學生書局，1978），頁135。
4. 張東蓀：獨宜老人《草間人語·續作補錄》休謨《人類理解力》譯後。
5. 張東蓀：《理性與民主》（上海：商務印書館，1946）。
6. 同上註。
7. 毛澤東：〈在省市自治區黨委書記會議上的講話〉（1957年1月），載《毛澤東選集》，第五卷（北京：人民出版社，1977），頁337。
8. 周啟博：〈鄰家小兒話「蔫老」〉，《開放》，2008年8月。
9. 岑慶祺：〈難再未名湖〉（未刊稿）。
10. 何其鞏（1899–1955），字克之，安徽桐城人，曾經任記者、西北軍文書，1924年留學蘇聯，北伐時期任國民聯軍司令部秘書長。1928年國民黨定於一尊並遷都南京後，北平特別市政府成立，為首任市長。任職期間主張「財政公開，造成廉潔政府」、增加教育經費（佔市政經費29.5％）、成立「貧民救濟總會」（北京歷史上第一個貧民救濟機構）等。1936年接受任命為中國大學代理校長。北平淪陷期間，參加「北方救國會」活動，堅決不任偽職。他與燕京大學校長陸志韋、輔仁大學校長陳垣，合稱為在北平堅持辦學的三位著名大學校長。
11. 何嗣焜：〈何其鞏：北平第一任市長〉，「千龍網」（http://www.21dnn.com/）。

12. 張東蓀所作文字中，不乏對胡博士適之直言抨擊，1947、1948年尤其多。對「研究系」不存好感的胡適不可能讀不到。這些均未影響他對張宗燧的評價與重用——可見當時學人風采。

13. 于宗瀚：〈懷念恩師張宗炳〉，「新語絲」網站（2003年）（http://www.xys.org/xys/netters/psi4/yuzonghan.txt）。

14. 同上註。

15. 同註9。

16. 周恩來：〈民主黨派的工作要同國家的中心任務相配合〉，載《周恩來統一戰線文選》（北京：人民出版社，1984）。

17. 張暉：《龍榆生先生年譜》（上海：學林出版社，2001），頁176。

18. 葉篤義：《雖九死其猶未悔》（北京：北京十月文藝出版社，1999），頁83–84。李維漢與胡喬木，或許再加上陳雲，應是中共從發軔到執掌政權這一時代，最為機智、有眼力、有內心矛盾但最終選擇沒心肝地周旋於獨裁者左右、到如今還以「正面」形象留在後日評說裏的僚臣。李之此派作為自1930年代初從蘇聯學成回國就開始了，直到垂危之年才有語焉不詳的反省。胡、陳兩位則緘默到死——不知內心有沒有痛苦。參閱張培森（整理）：〈楊尚昆1986年談張聞天與毛澤東〉，《炎黃春秋》，2009年第3期。

19. 著者1996年5月17日對葉篤義的採訪。

20. 計有蔣捷夫（山東社科院院長）、葛懋春（山東省哲學學會副會長）的〈批判張東蓀的主觀唯心論和不可知論〉（《山東大學學報》，1956年第1期）；朱作雲、龐樸（中國社會科學院研究員）的〈張東蓀——封建地主買辦資產階級代言人〉（同上刊，1956年第2期）；葛懋春的〈第二次國內戰爭時期馬克思主義者對張東蓀的反動哲學的批判〉（同上刊，1961年第4期）等。

21. 參見浦熙修女兒袁冬林：〈女兒回憶——浦熙修在文革期間〉，「博訊新聞網」（2005年1月10日）（http://news.boxun.com/news/gb/z_special/2005/01/200501100255.shtml）。

22. 章詒和：《最後的貴族》（香港：牛津大學出版社，2004），頁330。葉篤義女兒葉維佑告訴著者，她的父親劃右後降到十三級，依然有限量「肉蛋」供應。

23. 2008年，陸平之女陸瑩（「北京人民廣播電台老總」）接受採訪，對此節的敘述是：「我父親進北大時，北大的右派基本上已經劃完了。」對於自己在北大的經歷作為，陸平認為「不能寫，寫了也沒法發表」；「一個人默默來到人世間，仰不愧天，俯不愧人，內不愧心，也就夠了。」陸總說：「父親文革後很多年不能去北大，見到未名湖就難受，是挨打挨批鬥的地方。受不了這刺激。」在接受採訪中，陸總表示「一定要給父親寫一篇文章，把父親在北大的事寫出來」。著者在此提醒陸瑩女士，落筆時萬望不要忽略掉江隆基和張東蓀。這篇採訪發表於《中華讀書報》，2008年3月12日，題為〈父親是知識分子〉。

24. 王曾瑜：〈敬愛的馬校長和可悲的陸平〉，「學術交流網」（2007年9月30日）（http://www.annian.net/show.aspx?cid=18&id=21720）。

25. 張東蓀：〈告知識分了〉，《展望》，第2卷第4卷；《觀察》，第4卷第14期全文轉載，1948年。

26. 當時燕京大學不僅住宿好，師資待遇也是相當豐厚。教授級職員的月薪在三百元以上，約等於平民四十個人一個月的伙食費，而外籍教授則更是從美國教會領取美鈔工資，更為「富庶」。參見梁茜：〈不改丹青色 不減菊蘭香〉，《南方都市報》，「人物觀察」，2004年。

27. 主人公與書的關係，這裏插入一段別人對他的描述：張東蓀當時拒絕了蔣介石的邀請，沒有像胡適等那樣搭乘南京派往北平接人的飛機，一個重要的原因便是，張東蓀離不開他在北平執教二十九年所收藏的中外書籍。參見謝扶雅：〈懷念張東蓀先生〉，《傳記文學》（台灣），第26卷第6期，1976年12月。至於胡適舊居和他的書房、藏書，包括日記、草稿，全部為社科院近代史研究所接收。

28. 鄧之誠曾作〈張君勱別傳〉，載卞孝萱、唐文權編：《民國人物碑傳集》（北京：團結出版社，1995）。

29. 陳樹普：〈先生之風 山高水長——憶先師鄧文如教授一些懿德景行〉，載鄧珂編：《鄧之誠學術紀念文集》（北京：北京大學出版社，1991），頁27。

30. 張東蓀：〈現在與將來〉，《改造》，第3卷第4號，1920年。

31. 即有名的X詩社。成員除張鶴慈外，有郭世英、孫經武、葉蓉青。

32. 龍榆生（1902–1966），詞學大師，編《詞學季刊》，並著有《唐宋名家詞選》。因毛澤東好詞，本人與陳毅又有師生之誼，所以曾是毛風雅消閒

時候的座上客。可喜的是，他並未以此患上政治軟骨病，一直是東蓀被拋出現世的淳厚友人。

33. 張東蓀：《理性與民主》(上海：商務印書館，1946)。

34. 葉篤義：《雖九死其猶未悔》，頁142–143。

35. 吳法憲：《歲月艱難——吳法憲回憶錄》(香港：北星出版社，2006)。

36. 葉篤義：《雖九死其猶未悔》，頁147–150。

37. 據《吳法憲回憶錄》揭露，中央專案小組下設辦公室(主任謝富治)，下屬四個專案組：五·一六專案組、抓叛徒專案組、葉向真專案組、其他一些人的專案組。吳認為，專案組辦案最關鍵的要害在於，受專案審查者的「罪名」，基本上都是根據當權者的政治需要來製造的。估計對張家父子和葉篤義審問，屬於「中央三辦」中的「其他」，當然也可能歸「葉向真專案組」，因為對此女學生和徐冰的定罪，最終都指向葉劍英。

38. 依照《刑法》，只有法院有下設監獄。

39. 陸啟鏗：〈一位誠實的科學家——懷念張宗燧先生〉，《科學時報》，2005年12月6日。

40. 王元：《華羅庚》(上海：開明書店，1994)。

41. 能否見外國人，是當時「是否得到黨的信任」的標誌。張宗燁工作的高能物理所電子對撞機項目，最早與國外合作。

42. 中共中央文獻研究室編：《周恩來年譜(1949–1976)》，下冊(北京：中央文獻出版社，1997)，頁598。

43. 讀者或許記得，自「反右鬥爭」之後，張東蓀已經失去北大教職。自此，他的「單位」已是北京文史館。

44. 愛孫鶴慈乳名。另兩個是康康(飴慈)和凱凱(凱慈)。

45. 張東蓀：〈名實與帝制〉，《正誼》，第1卷第9號，1915年6月。

46. 語出《莊子·逍遙遊》。

47. 張家的人沒有記住那號碼。著者根據自己的經歷，推斷應是「68X」，即1968年第X個關進秦城的犯人。

48. 張君勱：〈張東蓀先生八十壽序〉，《展望》，172期，1969年。

初版後記

如果不是在異國他鄉遇見張鶴慈——僅因求知之渴望即遭十數年囚禁的「X案主兇」——傳主於我，恐怕只是一個飄散在舊籍陳檔中的杳渺魂靈。但東蓀先生以及他的同儕，曾經多麼生動、有骨氣地生活過——哪裏像我們，逃出口號即陷進廣告——但為什麼誰都不敢、不願（間或也做出不屑）説他？更何況，又有誰有本事在官員當道的中國，調出他的卷宗、追蹤案件經手人、遍訪他的故舊，呈上一部信史？

澳洲國立大學的白杰明（Geremie R. Barmé）立刻捉住這中國近現代絕對不可無視的人物。十多年來，只要碰面或通信，一定是：「動筆了麼？寫到哪兒了？什麼時候完成？」他推薦我到大洋彼岸的 Woodrow Wilson Center（著者獲 1999–2000 年研究基金），未能完成；又將我捉至南半球，關在澳洲國立大學 Contemporary China Centre（著者獲 2007 年研究基金），生怕旁鶩連連的著者在北京浪擲光陰。

掙扎着熬過艱難歲月的張家後人，打開塵封的寶庫：記憶中的；僥倖逃過劫難之舊箱子裏的。已經不再是燕京學生、早期民盟幹員、後期民盟副主席的葉篤義，也在離世前，出於對傳主（以及施虐者）的認識、再認識、再再認識，傾力幫助在中國近乎「路路不通」的著者。

書稿草成。如果沒有香港中文大學出版社鼓勵性接納，以及只有嚴格的學術出版機構才肯投入的上乘後期編輯：李大興、胡泊、黎耀強，以著者資歷及所受訓練，恐怕只能出手一個記者寫的大故事。也要感謝另兩本《張東蓀傳》的作者，著者得益於他們對傳主著作所下的工夫。

　　另有一事，難於啟齒卻又不得不老實招認：張家親屬萬難之中保存下的文字、詩詞手跡，工科出身、僅描過幾天紅模子的著者，竟不全認得——查書法字典、叨擾古文家也未盡全功。書內引文中留下之「□」，切望學富五車的讀者百忙之中慷慨出手友情辨析。

　　著者一生大部分時間都是在欺蒙與箝制下度過的。隨着已然敞開的國門和高效的信息互聯，前天、昨天和今天被掩蓋的樁樁件件將一一大白：它們不僅直接關涉國運，更是成千上萬，乃至上十萬、上百萬、上千萬及上億家庭或生或死（或者生不如死）的直接動因。

　　二十多年前，中國詩人北島呼喊「我不相信」；中國歌者崔健嘶叫「我們一無所有」。本書即將付梓，著者也想説我不相信，不相信中國百姓會永遠苟安於欺蒙中。本書即將付梓，曾經一無所有的我們，清楚知道今天之所有，並不能體現完整的人類尊嚴，拼死也要爭回本屬於自己的東西：思想獨立，言論自由。

　　　　　　　　　　　　　　　　　　　　　　　　　　戴　晴
　　　　　　　　　　　　　　　　　　　　　　　　　2008 年 10 月

第二次印刷補記

　　得知出版社將投入力量，重新拼版第二次印刷，作為著者，愧喜交集。

　　對這部過於「擁擠」的書，出版四個月來，著者接到口訊、信函與電話，數不勝數——多數是打氣與鼓勵，更多的：糾錯和補充。所以，在向購買了第一批書的讀者致歉之餘，誠摯地向為第二次印刷貢獻意見與心血的朋友致謝。燕京大學的校友們、彭澤湘的後人、何其鞏的後人、藍公武的後人、新西蘭的陳朗先生、墨爾本的孫萬國先生、內蒙的趙殿武與北京的胡泊小朋友……當然，還有東蓀先生的後人，有了你們的關愛，在這本新印出的書裏，多了史料（比如1952年《新燕京·張東蓀專號》、劉后同日記），少了錯字（及辨識不出的字）。只望大家再讀再補充再挑錯，將這一時代更多的隱秘揭出，給後人以更加豐茂的接續本。

　　謝謝出版社。謝謝大家。

戴　晴

2009年3月20日

增訂版・書外話一

平反 —— 沒有張東蓀

　　非兵災的政治剿殺 —— 強權出手，依照自己定下的法律、政策、條例、規定……乃至當政者私人之脾性好惡(包括「一時興起」)，將或屬下或百姓貶斥、流放、極刑……直至生命褫奪 —— 不說情境，僅就體量而言，自有文明以來，人類當中，皇權延續至今之中國，當屬第一了吧？

　　伍子胥、譚嗣同他們暫不說，只說「無產階級當家作主」的紅色中國，從肅AB、搶救、鎮反、肅反、五反、反右、反右傾……直至文革和文革中的「清查五一六」，直至1978年槍斃的王申酉(反對毛澤東思想)，直至千萬人籲請而終成畫餅的賈敬龍，多少冤魂？

　　中共骨幹們，成建制地讓老毛折磨了一溜夠兒。無論初心於「理想」還是「天下」，想想總覺不對 ——「老子們」要的，不是這吧？冤啊！必須「平」。而「平」，不能如江青(和她所依仗之故雄)那樣「好人壞人」就了事了吧，必得從根兒上找。胡耀邦最先開口：

把被林彪、四人幫搞顛倒了的思想是非、理論是非、路線是非再顛倒過來(1977年5月)。

同樣的意思，最終變成後世之「磕兒」的，源自地位正在恢復中的鄧小平：

過去講錯了的，改過來。撥亂反正(1977年9月)。

當然後來他又就此再做說明 —— 終於成就「鄧時代」之主調：

我們現在講撥亂反正，就是撥林彪、四人幫破壞之亂，批評毛澤東同志晚年的錯誤，回到毛澤東思想的正確軌道上來。

這是為毛，也為自己留了空當。

在大趨勢已定[1]局面之下，重大場合下鼇頭獨佔，自然非陳雲莫屬。1978年11月12日，該同志就解決歷史遺留問題作重要發言，提名道姓，為錯整的戰友發聲，遂成「改革開放之先聲──平反冤假錯案」的領頭人。

但究竟什麼是「冤、假、錯」？這案那案到底「冤假錯」到什麼份兒上？以及，平，哪位執掌？還有，怎麼個平法？

若將起自此刻，而一直延續至今[2]的強權主導的平反粗粗捋一遍，不難看出，率先重點獲平的，是文革受難者──偉大領袖「老早就」或「一度曾」討嫌的戰友們。爾後，「平反」大潮洶湧，誰個排上排前，誰個順順當當，誰個挫折反復，只看你憋的勁兒有多足、看你和管事的領導有多近、看你累積的人脈有多厚、看你是「雙紅一」抑或「晉察冀」……從資格老的、名望高的、工作迫切需要的、特能踏到點子上的……胡鄧時代的大平反，就那麼由高及低、由近及疏、由黨內到黨外……熱淚奔湧地平將起來。從潮頭上看，這「平」，只見好人怎麼遭罪，未見制度性深究；更不見有人諤諤地（哪怕顫顫地）問一句：你們文革遭的罪給「平」了；此前呢，此前您有沒有造孽，在幾十年間不曾間斷的黨內整肅和社會鎮壓中，有沒有應該承擔的責任和應受的懲辦？

還有，壓根就給擱在大潮之外的，有沒有呢？

饒漱石，怎麼回事？福建城工部，再沒人說了？土改時候的亂棒、鎮反時候的達標、夾邊溝餓斃……對此，既然「階級鬥爭一風吹」了，就別再和黨理論了好不好？

張東蓀後人，或許過於天真，或許悲憤難抑。他們感到洶湧的平反氣氛，他們看到周遭一個個實例，他們想，共產黨或許還有認真務實的？或許會念舊、會正視歷史、會要真相和正義？於是有了1978和1985張家四房二十多口裏邊兩位（二孫張佑慈、長子張宗炳）

的申訴信。他們得到了當局(絕非敷衍)的答覆——公安部複查，統戰部出面。更令人驚愕(同時心冷)的是：直推到鄧副主席面前。結果是：堅持中央1951年的結論和處理。至於鄧是在一份什麼交件上批示的，以及，這份交件誰起草、怎麼呈上、又一級級通過了誰、最後到鄧，一概不知。

1951年的「中央結論」！張東蓀「特務、叛國、出賣情報」！還有(最高指示)「壞人」！

這還不算「冤假錯」？怎麼誰都不碰(不願？不敢？)，定要由鄧親批？

眼下無人不知的是，「平反」於鄧，並不看什麼事實不事實、名望不名望。唯一標準，也即他心中那桿秤，只看是不是當年自己做下的。劉伯承粟裕不平；高饒不平；反右麼，留下幾個不全平……。但張東蓀？他本人並未沾手啊。結案的1951年，他還在大西南、在西藏，第二年夏天才調北京。

這椿案子，就當時直接沾手的而言，不算小。但知情者，直到今天也絕不漏風。從最早(毛主席)的不爽、到羅瑞卿徐子榮他們秉承上意搜羅、到彭真李維漢他們設計部署、到事後打點……和鄧沒有絲毫關係。那，為什麼呢，到了1978年？

那年，執掌公安部的，已經從謝富治、李震、華國鋒，轉到真正老公安趙蒼璧手上(1977–83)：張東蓀案，也正是在此期間複查並報送鄧小平——雖然最後對張宗炳的答覆，是在劉復之(1983–85)阮崇武(1985–87)任上的。

謹守本職業務的趙蒼璧幹練低調，平反熱潮中，大量冤案改正過他的手。就案情複雜、涉案人眾多而言，比張東蓀案不知難多少倍的，均一一處置。胡耀邦中組部發下來當然最多，報送「鄧副主席」親自處理的，也不在少數[3]，包括頂着汪東興的阻撓；包括一句話了事[4]；

與自己無關而親批不予平反的，好像就張東蓀一例。

為什麼？

身邊友朋，請教個遍：嚴謹的、詩意的、飛揚的、書蟲級的……蹙眉之外，一臉茫然。我和他們確切知道的是，胡耀邦主張：

我們必須堅持以客觀事實為根據，而不是以某些人的主觀意志為
轉移，對冤案、錯案、假案進行平反昭雪。凡是不實之詞，凡
是不正確的結論和處理，不管是什麼案件，不管是在什麼時候，
在什麼情況下搞的，也不管是什麼人批的，都要實事求是地改正
過來。全錯的全改，部分錯的部分改。事實是最頑強的東西。
一切不實之詞和錯誤處理，都經不起實踐的檢驗，都經不起時間
的考驗，最終都是站不住腳的。[5]

這是1978年。九年後，他的「總書記」，說撤就撤了──在一次
生活會上。鄧默許。

這，或許就是張東蓀得不到平反的時代和政治生態──言傳（白
紙黑字）並不作數，只可意會。

註釋

1. 即1977–1978年「兩個不管」與「兩個凡是」之博弈。

2. 開國元勳高崗110周年誕辰座談會，2015年秋天，在北京一個賓館禮堂
    召開。

3. 在天津市法院遞上張佑慈申訴的日子，鄧親批的申訴，包括：萬毅
    （1977年8月10日）、老舍（同年8月13日）、王若飛（9月1日）、吳晗（12
    月6日），還有案情詭異的閻紅彥（12月4日）、人數眾多、影響甚巨的
    「61人叛徒集團」（12月25日）、位高權重的陶鑄（轉年4月24日），以及
    張際春（1978年2月27日）、賈拓夫（1978年11月22日）……到1978年
    底，對作為文革開場戲拋出的吳晗，鄧批：應該平反。

4. 1980年，追究陳永貴與「四人幫」的關係的呼聲越來越高，陳永貴又氣
    又怕，找了鄧小平。鄧小平表態說：「你不是『四人幫』的人。」（《陳永
    貴人生沉浮錄（晚年）》，《鳳凰大視野》）

5. 沈寶祥：〈平反冤案的歷史借鑒〉，《理論動態》第98期，1978年11月20
    日；《人民日報》，11月22日。

增訂版・書外話二

何祚庥院士的蒙冤　兼論人性和黨性

本書初版2009年發售。2010年秋，「五柳村網站」發佈了一篇何祚庥院士的文章〈戴晴的「洗冤錄」讓我蒙冤——評《張東蓀和他的時代》〉。在這篇五千字的長文中，何院士絕口否認他對東蓀先生之女張宗燁說過關於「那張選票」的話，斷言「書中有關本人的記述純屬編造」。

如此重大話題，在講述者和講述對象都精神健全並且正常往來的時候，真名實姓的寫書人和嚴肅出版社，放膽編造？

事情起源于著者對本書主人公下一代(三子一女)中唯一尚在人世的女兒、原子物理學家張宗燁(時年62歲)的採訪。

1996年12月15日，在北京中關村劉拙如女士(長子張宗炳遺孀)家，著者得見劫波歷盡之後的張家親屬：東蓀先生幼女張宗燁、女婿余友文、三孫張鶴慈、四孫張凱慈。中國社科院研究員左玉河在座。

以下是宗燁的親口述說(錄音記述)[1]：

> 我大學畢業以後分到科學院的近代物理所，當時在我們那裏當黨支部書記的是何祚庥。90年代初，大約93、94年，偶然的一次在會議上碰見了，他和我聊天的時候說，「一直沒告訴你，當時我們可是大大地保了你。你到所裏一直內控使用⋯⋯」
>
> 因為我在這裏邊受衝擊算是比較早的。因為工作好、與人相處好，大家對我不錯。鄧稼先一直勸：為什麼不能和家庭劃

清界限。我說爸爸不對，但媽媽是無辜的，我不能不回去看她。保證不談政治，不受他們的影響，完全生活往來。[2]

應該說，除了文化大革命時候受到一點，整個反右時候，並沒有……他說他是黨支部書記，他對我，「給你說了好多好話。其實對你一直就是一種……主要有一個事情，大概解放後不久就成立了，什麼場合底下選什麼主席，當時選毛澤東當主席……」

戴晴插問：中央人民政府？

「一共才那麼三十多人——這我都說不準啊——投票，結果這裏邊就有一張反對票，當時他們就猜，就是張東蓀。他們想了半天，唯一的可能就是我爸爸幹的。雖然不能肯定，但他們猜是他投的。所以從那以後，對這事就很注意。」

戴晴插問：這事連黨支部書記都知道了麼？鬧到這麼基層？

那是後來傳達下來的，我估計是反右期間。所以何跟我說，當時他印象非常非常深，因為那時剛解放，無論如何沒有想到會有人投反對票——敵人這麼快就鑽到這麼小的圈子裏邊來了。

我很長時間都和父親生活在一起，但從來沒聽他自己說過他投反對票，所以何跟我說了之後，讓我大吃一驚。我是56年才分配到這個所的，我估計是57年反右的時候他們傳達下來——注意這人的政治動向等。

戴晴插問：57年的時候，他自己一點事都沒有？

好像沒有什麼，當時我們還都挺慶幸：我爸要是52年不出事，這回非惹大事不可。跟羅隆基、章伯鈞他們還不得和[3]在一起。(整他)早晚的事，只不過早了幾年就是了。

文革時候挨整(因為是頭兒，還有家裏的事)，大字報：「司徒雷登的大特務」；「反革命」。勒令不許回家、不許和父親、哥哥接觸。照樣回，不放心兩老人。開始的時候一直回家，直到家被抄，才把孩子接出來——我要是再關起來，爸爸媽媽那裏就更沒人去了。

這時，是1996年。羅瑞卿秘書、徐子榮秘書的文章都還沒有發表。在場的侄兒們也是第一次聽姑姑提到這事。大家只覺得以爸爸（爺爺）之個性，何祚庥所轉述的這舉動沒什麼奇怪。大家，現場的述說者與採訪人，對何不但沒什麼反感，反倒覺得他很平易、很近人情：黨支書受組織委派，到人事乃至更不得了的地方（比如民盟中央或者中央統戰部）查檔，紅色中國常態。至於回來之後分析下屬的家庭出身、政治態度，最後排隊、確定怎麼使用什麼的，更屬家常便飯——大家只為張宗燁感到慶幸，沒有人想到在東蓀先生此後的顛躓摧折中，這會是什麼重大關節。

直到公安部兩位要害人物王仲方（1999）、邢俊生文章發表（2007）。原來這「一票」的事，組織如此看重——查出誰人斗膽做下，竟勞動毛周親自出手！

問題於是變成：何支書的真實經歷——他有沒有在1950年代獲知案情，哪怕部分地、哪怕「上頭」僅僅給他透了點小風？他有沒有在1990年代對張宗燁脫口漏出，而到了2011年，凜然站出來矢口否認。

何院士說他「蒙冤」，著者反復思之，從某個角度看，是屬實的。因為，在本書的一版（2009年），著者原文引用張宗燁回憶之後，犯了一個錯誤，一個在普遍經驗之上貿然推理的錯誤，即下邊標有著重號處：

開篇第5、6頁：

> 著者在此奉上一個相信已經有相當多共產黨基層骨幹知道的故事：生於1886年的張東蓀育有四個兒女。
>
> ……
>
> 張宗燁沒敢追問何同志這內部資訊的來源。她估計是反右期間傳達下來的。當然她也沒敢去想，「他們猜」裏邊的「他們」究竟是誰、以及到底為了什麼、依據哪條規矩，去研究那張反對票。
>
> ……

以及第四章第442頁：

……

終其一生，關於這張選票，張東蓀沒說過一個字

……

毛呢，他說不說？從白紙黑字的資料看，他也沒正式說。但是，且慢，他不說，自有他的嘍囉替他說。不僅敘事性地說，還要上綱上線地說；不僅私下裏說，還要堂堂正正地、充滿階級感情地說；不僅小範圍說，還要讓同志們都知道，從此提高革命警惕，鞏固無產階級大好江山——這就是我們在本書開篇的時候提到的那個黨內傳達：從中央直到地方，直到支部書記，就黨和它的領袖所面臨的嚴重挑戰發出的層層告誡，同仇敵愾力剿那個劃了十惡不赦的「×」人（或者沒有劃「○」的人）。

以上顯示，在本書一版，著者做了錯誤的推斷：並沒有「相當多共產黨基層骨幹知道」張東蓀和選票的故事；對此，不曾有過「黨內傳達」，毛也沒有明令他的屬下「同仇敵愾力剿」這個十惡不赦的壞人。

之所以在此如此斷然認錯兼向讀者告白，不在何院士的否認，更基於著者自己的經歷，基於一版發行之後所感到的社會反應不正常，以及本著者極為艱難卻一無所獲的再取證。

先說反應：各界讀者，特別是紅旗下成長卻再不想受欺蒙的思想者，反應熱烈。不少朋友告訴我，他們是徹夜讀畢，只覺心中悲憤難已。但沒有一個曾擔任過黨的初、高級職務的人顯出略略知情，說自己經由黨的文件、會議或者什麼傳達知道這事——哪怕一點影子；哪怕「少一票」或者「張東蓀」這幾個字。

這麼大事，如此兼具戲劇性，只有何祚麻一人得知並且記得？

特別認真的讀者，尤其學界中人，對「這一票」出自誰手，也一直各有異見。比如張鳴和秦暉，據說有一次爭得研討會都跑題了。在此局面下，雖然堅持「等着共和國檔案向社會公佈那一天」，著者當然也打起精神，看能否為「再版」多尋出些佐證。

第一當然是當年做出結論的「中央」和「公安部」[4]：誰呢？說「1951年結案」，羅瑞卿手裏結的？中途交給了常務副部長徐子榮？已經轉

到政務院政法委/北京市(彭真)？路路不通之本著者想盡一切辦法，挖線索、上門問、側面探⋯⋯毫無結果。操權生殺予奪的專政部門，從上到下，無論幹系旁系在位退休，包括行將就木的，一致咬緊牙關，絕不透露一個字。

寫出那篇稀裏糊塗洩露天機文字的朱振才呢？發表該文的《北京公安史志》包括責編呢？像是突然間消失了，包括從網頁上。[5]

民盟與統戰部或有記載？它們不就是服從領導、馴順聽喝麼，但也高度遵循黨紀，對前來添亂的，絕不搭理。

於是悟出：也許確實沒有什麼「黨內傳達」。宗燁所述(也即本書開篇的時候提到)，本出於一個遠離政治的「黑五類」理科生揣揣的推測；而作為寫書人，在此之上所做斷言，過於以全代偏，過於只見森林不見樹木，腦子裏只有「階級鬥爭月月講天天講」嚇人大話，全然忘記要緊的事，小民們並不具參與的份兒——做下這椿案子的毛、周與公安們，與作者推斷的恰恰相反：「1949選票案」，第一必破；第二告破結案、壞人嚴懲。案情麼，絕不外泄！

想來這類秘案，中共手底下，絕不止這一椿——想想斃死夾邊溝的各界菁華。只是這一椿，碰巧後人沒有死盡——或者說心氣兒未盡⋯⋯。

現在回來說何院士。

原子能(乃至原子彈)研究，黨和國家頭等大事。介入者(哪怕從事基礎研究)，必須絕對政治可靠。這是黨國常識。

1958年，中國第一台迴旋加速器在房山建成，中科院物理所更名原子能所(401所)。除了一小部分人留在中關村，張宗燁他們「整個組依專業分工都過去」，但「一些有問題的人，轉到了別處(如科技大學等)」。所謂「問題」，以這批國家寶貝當時的理解，以為是反右運動時候有過言論，而他們沒有被轉走，是因為沒有「言論」[6]——直到多年後，何祚庥和她聊天的時候說，「一直沒告訴你，當時我們可是大大地保了你。你到所裏一直內控使用⋯⋯」

沒有「言論」，為什麼還須「保」？可見「言論」之外，更有要穴，或曰「疙兒」[7]：查歷史、查三代。

政工出動。

光看物理所(科學院？)檔案，或者再到北大乃至貝滿女中翻檢，想來是不夠的。著者再做推論：如果屆時張東蓀仍在北大「養着」，如鄧文如那樣閒或點個卯、如陸志韋那樣發到學部……可能也就放過了。無奈他那時候所處之境，已變得相當地打眼——被新任校長陸平大義趕出校園。這不能不讓絕密單位多了個心。咋回事麼……遂循着批鬥線索往上追：燕京—民盟—統戰部—直達公安。

不知接待何祚麻的是誰，也不知公安的「話」點到什麼份兒上，總之是：父親雖然罪大惡極，技術骨幹的女兒女婿還是可以照常為國效力。

不知是公安有特別囑咐，還是黨政紀律約束，也不知何祚麻回來之後彙報到了哪級(鄧稼先？)……總之，一無所知的張宗燁一直得以在「401」正常地、具有獨創並且真正做出成績地「內控使用」到改革開放、到寬鬆的「十一屆三中全會」之後、到不再內控地工作到80歲生日(2015年)。那天，該所黨委書記、副書記，還有中科院院士局負責人，連袂前往賀壽，讚揚她「勤懇敬業的工作態度，樸實低調的生活作風，積極樂觀的心態，緊跟時代步伐的精神」。

從本書出版的2009，到何祚麻為自己洗冤的2011，到張宗燁過生日的2015，在公眾輿論層面，沒有人追究當年何支書(而今何院士)對「敵人」親屬無意間的洩露，也沒聽說有人就此對他來點正告或者紀律處分什麼的[8]。連真正算得上本案白紙黑字「崗位洩密」的王仲方、邢俊生兩位，也未見有誰遭遇正告加整肅。中國畢竟變了。當局對個體的掌控變了，民眾的思維邏輯變了，黨員在黨性與人性間的掂量變了……

何祚麻呢？他當然也變了，否則不會在悶了三十多年之後，隨着「階級鬥爭」不再為綱，隨着思想牢籠的衝破，在開放大氣候下，相當釋然地把那根緊繃着的弦松下來，將當年一樁了不得的機密，當做「閑嗑兒」跟被查對象聊了起來。當然那時候本書也還沒出版：他不知道毛、周的直接介入、不知道涉入此案一連串大人物的作為，更不知當局對這個故事給抖出來，會怎麼看。

應該説，從學生時代即因理想而左傾、最後成為黨之骨幹的何祚麻，知識全面、思想敏鋭。雖然堅持「自然科學的階級性」，但深埋着的人性，尚未在殘殺中泯滅。1950年代末，他（他們）對張東蓀之女的「大大地保」，就是凜冽政治氣候下依舊富於同情心的明證。無奈對於共產主義戰士而言，對黨的忠誠，經幾十年鬥爭錘煉，已然慣性地、溶於血液裏地必放第一位。1980年代催生的人性甦醒曾讓他對自己「大大地保了你」心生欣慰，待他讀過這本書——或許有人正告——注意到自己無意中漏出的，竟然？？！！

想來何院士的大呼「蒙冤」，不是出於健忘；而痛批本著者，則是而今之時下對共產主義事業的捍衛了[9]——白雲蒼狗，風流雲變。當此之時，須站穩立場，堅決打擊「歷史虛無主義」。

最後再補充一句。

在一版，著者還出了個錯，經何院士指出在此更正：他只是科學院士，而非科學工程雙院士——比他更有膽魄、更具人脈的張光斗才是。

註釋

1. 卡盒式答錄機所錄。無刪節。翻錄文字講述者未過目。標點為著者根據述説口氣所加。

2. 此情此景，讀者可對比當政者對錢學森等研製兩彈「大寶貝」的隔絕性保護，包括與「有問題」的親屬的隔絕。對「小寶貝」張宗燁等，程度或有差異，原理相同。

3. 此處的「和」須讀 huò：北京童語，「和泥玩」。

4. 天津法院收到的，是中共中央統戰部辦公室答覆（1979年1月4日）；張宗炳教授收到的，是中華人民共和公安部回復（1985年12月13日）。

5. 內地百度，朱振才只查到他《建國初期北京反間諜大案紀實》（北京：中國社會科學出版社，2006）。〈張東蓀出賣情報案〉一篇沒有收入。《北京公安史志》不見電子版，唯有「1993年第一期」作為舊書（已售出）。朱振才發在該刊1993年第三期的這篇文字，已經從網上消失。

6. 此處原子能所情況，依據2016年10月張宗燁再答著者追詢（經張飴慈轉述）。

7. 疤，病理學上：難於癒合的瘡口。現代漢語中，成為社會政情俗語：「那人身上有疤兒」。

8. 真正身處「中央社會部」那樣機構，且案件自始至終經手的王珺，都已把自己同志的絕密冤情公諸於世。見〈王珺回憶：康生在延安中央社會部〉，《百年潮》，2003年第5期。

9. 何院士曾提出「三個代表符合量子力學原理」；提倡以「八榮、八恥」規範科學研究行為；曾在毛澤東思想指引下，在自己研究領域，就物質結構的層子模型，首創「毛子」冠名，近年更有「用原子彈炸開喜馬拉雅山引水北上」以解京畿水困之建議。

參考文獻

書籍類

丁文江、趙豐田編：《梁啟超年譜長編》。上海：上海人民出版社，1983。

于平凡：《中國民主自由運動史話》。香港：自由出版社，1950。

千家駒：《七十年的經歷》。香港：鏡報文化企業有限公司，1986。

中央檔案館編：《中共中央文件選集》，第十六冊。北京：中共中央黨校出版社，1992。

中共中央文獻研究室、中央檔案館《黨的文獻》編輯部：《共和國走過的路——建國以來重要文獻專題選集》。北京：中央文獻出版社，1991。

中共中央文獻研究室、中共南京市委員會編：《周恩來一九四六年談判文選》。北京：中央文獻出版社，1996。

中共中央文獻研究室編：《毛澤東年譜 (1893–1949)》，上卷，下卷。北京：人民出版社、中央文獻出版社，1993。

中共中央文獻研究室編：《周恩來年譜 (1898–1949)》。北京：人民出版社、中央文獻出版社，1990。

中共中央文獻研究室編：《周恩來年譜 (1949–1976)》，下冊。北京：中央文獻出版社，1997。

中共中央文獻研究室編：《建國以來毛澤東文稿》，第二冊，第三冊。北京：中央文獻出版社，1988。

中共中央文獻研究室編：《劉少奇年譜》，上卷。北京：中央文獻出版社，1996。

中共中央文獻研究室編：《毛澤東文集》，第一冊，第二冊，第三冊。北京：人民出版社，1993。

中共中央文獻研究室，中國人民解放軍軍事科學院合編：《毛澤東軍事文
　　集》，第五卷。北京：軍事科學出版社、中央文獻出版社，1993。

中國民主促進會中央宣傳部編：《馬敍倫政論文選》。北京：文史資料出版
　　社，1985。

中國社會科學院近代史研究所中華民國史研究室編：《胡適來往書信選》，上
　　冊。北京：中華書局，1979。

卞孝萱、唐文權編：《民國人物碑傳集》。北京：團結出版社，1995。

方然：《民主的求索者——張瀾》。北京：群言出版社，2005。

方漢奇：《報史與報人》。北京：新華出版社，1991。

毛澤東：《毛澤東書信選集》。北京：人民出版社，1983。

毛澤東：《毛澤東新聞工作文選》。北京：新華出版社，1983。

毛澤東：《毛澤東選集》(第二版)，第二卷，第三卷，第四卷。北京：人民
　　出版社，1991。

毛澤東：《毛澤東選集》，第五卷。北京：人民出版社，1977。

王元：《華羅庚》。上海：開明書店，1994。

王雲五著，王學哲編：《岫廬八十自述 (節錄本)》。上海：上海人民出版社，
　　2007。

北京市檔案館編：《北平和平解放前後》。北京：北京出版社，1988。

司徒雷登著，閻人俊譯：《在中國五十年——司徒雷登回憶錄》。香港：求精
　　出版社，1955。

左玉河：《張東蓀傳》。濟南：山東人民出版社，1998。

朱振才：《建國初期北京反間諜大案紀實》。北京：中國社會科學出版社，
　　2005。

牟宗三：《五十自述》。台北：鵝湖出版社，1989。

艾愷著，鄭大華等譯：《梁漱溟傳》。長沙：湖南出版社，1988。

何雨文：《中共財政解剖》。香港：亞洲出版社，1953。

何炳棣：《讀史閱世六十年》。香港：商務印書館，2004。

余英時：《歷史人物與文化危機》。台灣：東大圖書公司，1995。

吳法憲：《歲月艱難——吳法憲回憶錄》。香港：北星出版社，2006。

吳黔生等：《肝膽相照》。北京：軍事科學出版社，1993。

宋志明：《熊十力評傳》。南昌：百花洲文藝出版社，1993。

宋原放等主編：《上海出版誌》。上海：上海社會科學院出版社，2000。

宋雲彬：《紅塵冷眼 ── 一個文化名人筆下的中國三十年》。太原：山西人民出版社，2002。

李沛金：《我的父親李濟深》。北京：團結出版社，2007。

李淵庭、閻秉華編：《梁漱溟年譜》。桂林：廣西師範大學出版社，1991。

李輝：《在歷史現場 ── 換一個角度的敘述》。鄭州：大象出版社，2003。

沈雲龍：《民國史事與人物論叢》。台北：傳記文學出版社，1981。

亞東圖書館編：《科學與人生觀》。上海：亞東圖書館，1923。

周小舟傳記編寫組：《周小舟傳》。長沙：湖南人民出版社，1985。

周佛海：《往矣集》。上海：古今出版社，1943。

周恩來：《周恩來統一戰線文選》。北京：人民出版社，1984。

周鯨文：《中國大陸自由化運動 ── 救中國、救亞洲、救世界的鑰匙》。香港：時代批評社，1982。

周鯨文：《風暴十年 ── 中國紅色政權的真面貌》。香港：時代批評社，1959。

林天行編：《中國政治內幕》，第一輯。上海；南華出版社，1948。

林孟熹：《司徒雷登與中國政局》。北京：新華出版社，2001。

林毓生：《殷海光林毓生書信錄》。台北：遠流出版社，1984。

侯祥麟：《我與石油有緣 ── 侯祥麟自述》。北京：石油工業出版社，2001。

姚舜欽：《八大派人生哲學》。上海：中華書局，1931。

姚錦：《姚依林百夕談》。北京：中共黨史出版社，2008。

胡喬木：《胡喬木回憶毛澤東》。北京：人民出版社，1994。

茅盾：《我走過的道路》，上冊。北京，人民文學出版社，1981。

韋君宜：《思痛錄》。香港：天地圖書，2000。

唐振常：《半拙齋古今談》。太原：山西教育出版社，1998。

孫曉華主編：《中國民主黨派史》。瀋陽：遼寧人民出版社，1999。

徐慶全：《周揚與馮雪峰》。武漢：湖北人民出版社，2005。

郝在今：《協商建國 ── 1948–1949中國黨派政治日誌》。北京：人民文學出版社，2000。

馬永順：《周恩來組建與管理政府實錄》。北京：中央文獻出版社，1995。

馬勇：《梁漱溟評傳》。合肥：安徽人民出版社，1992。

張世龍：《燕園絮語》。北京：華齡出版社，2005。

張正隆：《雪白血紅》。北京：解放軍出版社，1989。

張仲禮主編:《上海社會科學誌》。上海:上海社會科學院出版社,2002。

張光年:《光未然脫險記》。上海:上海文藝出版社,2001。

張東蓀、姚璋:《近代西洋哲學史綱要》。上海:中華書局,1925。

張東蓀譯著:《社會論》。上海:商務印書館,1927。

張東蓀譯著:《創化論》。上海:商務印書館,1927。

張東蓀:《人生觀ABC》。上海:世界書局,1928。

張東蓀:《精神分析ABC》。上海:世界書局,1929。

張東蓀:《哲學》。上海:世界書局,1931。

張東蓀:《哲學與科學》。上海:世界書局,1931。

張東蓀:《道德哲學》。上海:中華書局,1931。

張東蓀:《現代倫理學》。上海:新月書店,1932。

張東蓀:《哲學叢書‧現代哲學》。上海:世界書局,1934。

張東蓀:《哲學叢書‧價值哲學》。上海:世界書局,1934。

張東蓀:《認識論》。上海:世界書局,1934。

張東蓀:《知識與文化》。上海:商務印書館,1946。

張東蓀:《思想與社會》。上海:商務印書館,1946。

張東蓀:《理性與民主》。上海:商務印書館,1946。

張東蓀:《民主主義與社會主義》。上海:觀察社,1948。

張雲:《潘漢年傳奇》。上海:上海人民出版社,1996。

張愛玲:《秧歌》。台北:皇冠出版社,1968。

張暉:《龍榆生先生年譜》。上海:學林出版社,2001。

張聞天選集傳記組等編:《張聞天早期文集》。北京:中共黨史出版社,1999。

張耀傑:《歷史背後:政學兩界的人和事》。桂林:廣西師範大學出版社,
    2006。

梁啟超:《歐遊心影錄》。北京:東方出版社,2006。

梁漱溟:《梁漱溟全集》,第六卷。濟南:山東人民出版社,1993。

許紀霖:《曖昧的懷舊》。上海:上海教育出版社,1998。

郭廷以編著:《中華民國史事日誌》,第四冊。台北:中央研究院近代史研究
    所,1985。

郭湛波:《近五十年中國思想史》。北京:人文書店,1935。

陳曉農編纂:《陳伯達最後口述回憶》,修訂版。香港:陽光環球出版香港有
    限公司,2005。

陶菊隱：《政海軼聞》。上海：上海書店出版社，1998。

陶菊隱：《蔣百里先生傳》。上海：中華書局，1948。

章詒和：《最後的貴族》。香港：牛津大學出版社，2004。

章詒和：《順長江，水流殘月》。香港：牛津大學出版社，2007。

斯諾著，董樂山譯：《西行漫記》。北京：三聯書店，1979。

舒新城編：《中國近代教育史資料》。北京：人民教育出版社，1961。

舒衡哲著，李紹明譯：《張申府訪談錄》。北京：北京圖書館出版社，2001。

費正清等著，謝亮生等譯：《劍橋中華人民共和國史》，上卷。北京：中國社
　　會科學出版社，1990。

黃玉順：《超越知識與價值的緊張：「科學與玄學論戰」的哲學問題》。成都：
　　四川人民出版社，2002。

黃華：《親歷與見聞》。北京：世界知識出版社，2007。

楊尚昆：《楊尚昆回憶錄》。北京：中央文獻出版社，2001。

楊親華等主編：《中國民主黨派詞典》。北京：中國政法大學出版社，1989。

楊繼繩：《中國改革年代的政治鬥爭》。香港：ECP出版社，2004。

溫梓川：《文人的另一面──民國風景之一種》。桂林：廣西師範大學出版
　　社，2004。

葉篤義：《雖九死其猶未悔》。北京：北京十月文藝出版社，1999。

董世桂、張彥之：《北平和談紀實》。北京：文化藝術出版社，1991。

《董必武年譜》編輯組編：《董必武年譜》。北京：中央文獻出版社，1991。

趙柏田：《歷史碎影──日常視野中的現代知識分子》。北京：中華書局，
　　2006。

劉少奇：《劉少奇選集》，上卷。北京：人民出版社，1981。

劉統：《北上──黨中央與張國燾鬥爭紀實》。南寧：廣西人民出版社，
　　2004。

蔣勻田：《中國近代史轉捩點》。香港：友聯出版社，1976。

蔡國裕：《一九二〇年代初期中國社會主義論戰》。台北：商務印書館，
　　1988。

鄧雲鄉：《文化古城舊事》。北京：中華書局，1995。

蕭濟容：《中共的財政收支》。香港：友聯出版社，1954。

錢穆：《八十憶雙親師友雜憶合刊》。台北：蘭臺出版社，2000。

戴晴：《梁漱溟王實味儲安平》。南京：江蘇文藝出版社，1989。

薄一波：《若干重大決策與事件的回顧》，上卷。北京：中共中央黨校出版
　　社，1991。

鍾叔河編訂：《林屋山民送米圖卷子》。長沙：嶽麓書社，2002。

龐松：《共和國年輪‧1949》。石家莊：河北人民出版社，2001。

羅點點：《紅色家族檔案——羅瑞卿女兒的點點記憶》。海口：南海出版公
　　司，1999。

文章類

A. 列多夫斯基編，馬貴凡譯：〈毛澤東同斯大林往來書信中的兩份電報〉，
　　《中共黨史研究》，2001年第2期。

丁石孫：〈「他有很高尚的精神」——紀念張瀾先生誕辰130周年〉，《中國統
　　一戰線》，2002年第8期。

于宗瀚：〈懷念恩師張宗炳〉，「新語絲」網站（2003年），http://www.xys.org/
　　xys/netters/psi4/yuzonghan.txt。

于長治：〈共和國的首任公安部長羅瑞卿〉，《四川黨史》，1999年第4期。

王凡：〈「一二‧九運動」策劃發動真相〉，《中華讀書報》，2002年12月4日。

王凡：〈一二九運動策劃發動真相是如何浮出水面的？〉，《黨史博採》，2003
　　年8月號。

王大煜：〈生活書店見聞〉，載中國人民政治協商會議四川省委員會，四川省
　　省志編輯委員會編：《四川文史資料選輯》，第三十二輯。成都：四川人
　　民出版社，1985。

王立新：〈意識形態與美國對華政策——以艾奇遜和「承認問題」為中心的再
　　研究〉，《中國社會科學》，2005年第3期。

王仲方：〈我參加新政協籌備會〉，《人民公安》，1999年第1期。

王如君：〈司徒雷登的晚年生活〉，《環球時報》，2002年8月12日。

王紅雲：〈北平和平解放和談記〉，《縱橫》，2002年第1期。

王曾瑜：〈敬愛的馬校長和可悲的陸平〉，「學術交流網」（2007年9月30
　　日），http://www.annian.net/show.aspx?cid=18&id=21720。

王新生：〈共產國際與紅軍長征〉，《光明日報》，2006年10月23日。

包惠僧：〈黨的「一大」前後〉，載知識出版社編：《「一大」回憶錄》。北京：
　　知識出版社，1980。

朱作雲、龐樸：〈張東蓀——封建地主買辦資產階級代言人〉，《山東大學學報》，1956年第2期。

朱學勤：〈費孝通先生訪談錄〉，《南方周末》，2005年4月28日。

何思誠：〈上海《時事新報》從研究系落入國民黨手中的演變概要〉，載《文史資料選輯》，第136輯。北京：中國文史出版社，1999。

何嗣泌：〈何其鞏：北平第一任市長〉。千龍新聞網，http://www.21dnn.com/。

何嗣珈：〈我的父親何其鞏〉（未刊稿）。

何禮：〈我對「一二九」運動的回顧〉，載《一二九運動回憶錄》，第一集。北京：人民出版社，1982。

呂光光：〈毛主席同張瀾的會見〉，載中共重慶市委黨史工作委員會等編：《重慶談判紀實》。重慶：重慶出版社，1983。

岑慶祺：〈難再未名湖〉（未刊稿）。

李永昌：〈中共中央與共產國際電訊聯繫〉，《百年潮》，2003年第11期。

李揚：〈五十年代的院系調整與社會變遷——院系調整研究之一〉，《開放時代》，2004年第5期。

李維漢：〈真假和談的鬥爭——記北平和談〉，載中共中央黨史資料徵集委員會，中共中央黨史研究室編：《中共黨史資料》，第16期。北京：中共黨史資料出版社，1982。

李銳：〈毛澤東與反右派鬥爭〉，《炎黃春秋》，2008年第7期。

李黎：〈最是倉皇辭廟日〉，《萬象》，2008年12月。

李璜：〈談王造時與羅隆基〉（上），《傳記文學》（台灣），1981年第2期，第39卷。

李璜：〈談王造時與羅隆基〉（下）。《傳記文學》（台灣），1981年第3期，第39卷。

沈志華：〈關於毛澤東與斯大林的會談：俄國檔案文獻〉，《國外當代中國研究動態》，1997年第1期。

沈勃等：〈中山公園音樂堂事件的前前後後〉，載中國人民政治協商會議北京市委員會文史資料研究委員會編：《文史資料選編》，第二十輯。北京：北京出版社，1984。

沈譜口述：〈沈鈞儒：民主人士的左派旗幟〉，「中國政協新聞網」（2005年4月18日），http://cppcc.people.com.cn/GB/34961/3328444.html。

邢俊生：〈我給徐子榮當秘書〉，「中華人民共和國公安部」網站（2007年11月21日），http://www.mps.gov.cn/n16/n1327/n4834/n1452593/1468478.html。

周北峰：〈北平和平解放〉，載全國政協文史資料委員會編：《中華文史資料文庫》，第七冊。北京：中國文史出版社，1996。

周啟博：〈鄰家小兒話「蔚老」〉，《開放》，2008年8月。

周禮全：〈懷念金岳霖師〉，《人物》，1995年第6期。

武宜三：〈千家駒們的悔恨與徐四民的明白〉，「新世紀新聞網」，http://www.newcenturynews.com/Article，2005年10月27日。

青石：〈斯大林「不許革命」！？〉，《百年潮》，1998年第3期。

青石：〈斯大林力主中國出兵援朝〉，《百年潮》，1997年第2期。

帥文潔：〈《新青年》與陳獨秀馬克思主義觀〉，「陳獨秀研究」網站（2004年12月14日），http://www.chenduxiu.net/ReadNews.asp?NewsID=403。

施樂渠：〈蔣介石在抗戰期間的一件投降陰謀活動〉，載《文史資料選輯》，第一輯。北京：中華書局，1960。

范興國：〈燕京大學與中美文化關係〉，《傳記文學》（台灣），1979年第6期，第35卷。

徐光壽：〈陳獨秀「漢奸」事件始末〉，《黨史縱覽》，2007年第2期。

徐炳昇：〈1937年廬山談話會見聞〉，載《上海文史資料選輯》，第四十四輯。上海：上海人民出版社，1985。

徐書麟主編：《月犁——崔月犁自述及紀念文章》。北京：中國中醫藥出版社，2002。

笑蜀：〈天馬的終結——知識分子思想改造運動說微〉，「香港中文大學中國研究服務中心」網站，http://www.usc.cuhk.edu.hk/wk_wzdetails.asp?id=141。

笑蜀：〈北中國的自由「孤島」——燕京大學抗戰寫實〉，《南方周末》，2005年9月29日。

耿雲志：〈傅斯年對五四運動的反思——從傅斯年致袁同禮的信談起〉，《歷史研究》，2004年第5期。

袁偉時：〈二十世紀中國社會變革的可貴開端——我看清末新政〉，《二十一世紀》（香港），2001年2月號。

馬連儒：〈彭澤湘：輝煌與坎坷伴隨一生〉，《人物》，2001年第7期。

馬逢華：〈懷念沈從文教授〉，《傳記文學》（台北），1963年第1期。

馬輝之、李楚離：〈回憶劉少奇同志在北方局〉，《人民日報》，1980年5月14日。

高文華：〈1935年前後北方局的情況〉，載中共中央黨史資料徵集委員會，中共中央黨史研究室編：《中共黨史資料》，第一輯。北京：中共中央黨校出版社，1982。

張友仁：〈周炳琳先生二三事〉，《北大人》，2003年夏季號。

張申府：〈「一二九」運動的點滴回憶〉，載《一二九運動回憶錄》，第一集。北京：人民出版社，1982。

張偉：〈1949年，司徒雷登差點到北京〉，《環球時報》，2002年7月8日，第十九版。

張業賞：〈毛澤東為何寫《別了，司徒雷登》〉，「大眾網」（2006年5月24日），http://dzrb.dzwww.com/dazk/ws/200403/t20040324_638947.htm。

張樹桐：〈新中國成立時的中央政府為什麼叫人民政府，而不叫「聯合政府」?〉，《廣東省社會主義學院學報》，2001年第1期。

梁實秋：〈我的一位國文老師〉，載《梁實秋散文》。北京：人民文學出版社，2005。

梁曉聲：〈先生之風　山高水長 ── 紀念張瀾先生〉，《出版參考》，2006年第17期。

許德珩：〈「一二九」的片斷回憶〉，載《一二九運動回憶錄》，第一集。北京：人民出版社，1982。

許寶騤：〈中國民主政團同盟的一幕軍事活動〉，《盟訊》，1981年3月號。

許寶騤：〈周作人出任華北教育督辦偽職的經過〉，《團結報》，1986年11月29日。

郭明秋：〈回憶「一二九運動」的黨的領導〉，載《一二九運動回憶錄》，第一集。北京：人民出版社，1982。

陳文彬：〈五四時期知識界的「挾洋自重」〉。《書屋》，2006年第7期。

陳伯鈞：〈兵臨城下 ── 回憶解放北平〉，載中國青年出版社編：《紅旗飄飄》，第十四集。北京：中國青年出版社，1995。

陳遠：〈燕京大學地下黨與工作隊負責人回憶與反思燕大「思想改造運動」〉，《新京報》，2005年6月9日。

陳樹普：〈先生之風　山高水長──憶先師鄧文如教授一些懿德景行〉，載鄧珂編：《鄧之誠學術紀念文集》。北京：北京大學出版社，1991。

陸啓鏗：〈一位誠實的科學家──懷念張宗燧先生〉，《科學時報》，2005年12月6日。

章立凡：〈腐敗成因難探討——章乃器與梁漱溟往事之一〉，《二十一世紀》，
　　2004年6月號。

章立凡：〈解讀喬冠華晚年際遇的一封信〉，《文史博覽》，2007年第6期。

章立凡：〈歷史塵封的哲人——記張申府先生〉，載《君子之交如水》。北
　　京：作家出版社，2007。

章詒和：〈心坎裏別是一般疼痛——憶父親與翦伯贊的交往〉，載章立凡主
　　編：《記憶——往事未付紅塵》。西安：陝西師範大學出版社，2004。

馮崇義：〈第三道路世紀夢——社會民主主義在中國的歷史回顧〉，《二十一
　　世紀》網絡版，總第7期，2002年10月號，http://www.cuhk.edu.hk/
　　ics/21c/supplem/essay/0207033.htm。

黃波：〈「書生謀國直堪笑」——關於張東蓀〉，《書屋》，2003年第7期。

楊天石：〈蔣介石親自掌控的對日秘密談判〉，載《找尋真實的蔣介石》。太
　　原：山西人民出版社，2008。

楊奎松：〈華德事件與新中國對美政策的確定〉，《歷史研究》，1994年第5
　　期。

楊奎松：〈一九四八年至一九五六年美國中央情報局對中國局勢的評估和預
　　測〉，《中共黨史研究》，2005年第6期。

楊奎松：〈新中國「鎮壓反革命」運動研究〉，《史學月刊》，2006年第1期。

楊曉娟：〈淺析第三黨的歷史演變過程〉，《晉東南師範專科學校學報》，1999
　　年第1期。

葉其忠：〈從張君勱和丁文江兩人和《人生觀》一文看1923年「科玄論戰」的
　　爆發與擴展〉，〈中央研究院近代史研究所集刊〉，1996年第25期。

葛懋春：〈第二次國內戰爭時期馬克思主義者對張東蓀的反動哲學的批判〉，
　　《山東大學學報》，1961年第4期。

虞昊：〈「一二·九」運動與張申府〉，《傳記文學》，2005年第3期。

雷永生：〈走近張申府〉，《社會科學論壇》，2005年第8期。

雷潔瓊：〈一次難忘的幸福會見〉，載邵康主編：《毛澤東和黨外朋友們》。北
　　京：團結出版社，1993。

雷潔瓊：〈沒有共產黨就沒有新中國是真理〉，《光明日報》，2001年6月12
　　日。

廖蓋隆：〈序言〉，載張軍民：《中國民主黨派史》。北京：華夏出版社，
　　1989。

趙洛：〈龔自珍南歸之謎〉，《北京晚報》，1990年12月23日。

趙錫驊：〈張瀾在開國大典前夕〉，《紅岩春秋》，2004年第5期。

劉白羽：〈難忘那一天〉，《光明日報》，2004年11月1日。

蔣勻田：〈張君勱先生一生大事記〉，《傳記文學》（台灣），1969年第4期。

蔣捷夫、葛懋春：〈批判張東蓀的主觀唯心論和不可知論〉，《山東大學學
　　報》，1956年第1期。

鄭惠：〈胡繩訪談錄〉，《百年潮》，創刊號，1997年1月。

錢理群：〈遺忘背後的歷史觀與倫理觀〉，《讀書》，1998年第8期。

錢鋼：〈紅心的故事〉，「民間歷史」網站，http://mjlsh.usc.cuhk.edu.hk/Book.
　　aspx?cid=4&tid=86。

薄一波：〈劉少奇同志的一個歷史功績〉，《人民日報》，1980年5月5日。

薛瑞漢：〈1949年司徒雷登滯留南京與中美和解問題淺析〉，《世紀週刊》，
　　2004年8月27日。

謝扶雅：〈懷念張東蓀先生〉，《傳記文學》（台灣），1976年第6期。

謝泳：〈政治與學術之間──羅隆基的命運〉，載牛漢、鄧九平主編：《六月
　　雪──記憶中的反右運動》。北京：經濟日報出版社，1998。

羅隆基：〈從參加舊政協到參加南京和談的一些回憶〉，載《文史資料選輯》，
　　第二十輯。北京：北京出版社，1984。

報章、期刊類

《二十世紀》，1931年。

《人民日報》，1949年，1951年，1957年。

《大公報》，1937年。

《中建》，1948年。

《中國青年》，1923年，1924年。

《中國建設》，1949年。

《文哲月刊》，1935年。

《北京盟訊》，1981年。

《正風》，1935年。

《正誼》，1914年，1915年。

《光明日報》，1951年。

《光華大學》半月刊，1935年。

《再生》，1932年，1946年。

《自由評論》，1936年。

《改造》，1920年，1921年。

《亞美雜誌》，1943年。

《奔流》，1928年。

《東方雜誌》，1923年，1925年，1929年。

《展望》，1969年

《時事新報》，1919年，1920年，1921年。

《時與文》，1947年。

《國訊》，1948年。

《國聞週報》，1935年。

《庸言》，1913年。

《教育》，1906年。

《掃蕩報》，1937年。

《湖南教育月刊》，1919年。

《傳記文學》(台灣)，1956年。

《新中國日報》，1945年。

《新青年》，1920年。

《新燕京》，1952年。

《解放日報》，1937年。

《解放與改造》，1919年，1920年。

《觀察》，1946年，1947年，1948年。

人名索引

十二畫